IDEE UND WIRKLICHKEIT EINER UNIVERSITÄT

GEDENKSCHRIFT

DER FREIEN UNIVERSITÄT BERLIN

ZUR 150. WIEDERKEHR DES GRÜNDUNGSJAHRES
DER FRIEDRICH-WILHELMS-UNIVERSITÄT ZU BERLIN

1960

WALTER DE GRUYTER & CO · BERLIN

VORMALS G. J. GÖSCHEN'SCHE VERLAGSHANDLUNG · J. GUTTENTAG, VERLAGSBUCHHANDLUNG · GEORG REIMER · KARL J. TRÜBNER · VEIT & COMP.

IDEE UND WIRKLICHKEIT EINER UNIVERSITÄT

DOKUMENTE ZUR GESCHICHTE DER FRIEDRICH-WILHELMS-UNIVERSITÄT ZU BERLIN

IN ZUSAMMENARBEIT MIT WOLFGANG MÜLLER-LAUTER
UND MICHAEL THEUNISSEN

HERAUSGEGEBEN
VON

WILHELM WEISCHEDEL

MIT ACHT BILDTAFELN

1960

WALTER DE GRUYTER & CO · BERLIN

VORMALS G. J. GÖSCHEN'SCHE VERLAGSHANDLUNG · J. GUTTENTAG, VERLAGSBUCHHANDLUNG · GEORG REIMER · KARL J. TRÜBNER · VEIT & COMP.

Archiv Nr. 360260/I

GELEITWORT

Die Freie Universität Berlin und die Westdeutsche Rektorenkonferenz — und mit ihnen die akademische Welt Deutschlands — gedenken mit dieser Schrift der Gründung der Friedrich-Wilhelms-Universität zu Berlin. Dazu besteht, mehr als bei andern Hochschul-Jubiläen, besonderer Anlaß. Als die erste Berliner Universität vor 150 Jahren ins Leben trat, geschah dies aus einer tiefdringenden Besinnung auf das Wesen der Universität und auf die Notwendigkeiten des geistigen Daseins eines Volkes überhaupt. Sich daran zu erinnern, bedeutet daher für uns Heutige, und bedeutet insbesondere für die neue Berliner Universität: sich unter den Anspruch dessen zu stellen, was damals gedacht, geplant und zum Teil verwirklicht wurde. Dies nicht in sklavischer Nachahmung des Vergangenen, sondern in dem Ernst, der, dem Gewesenen verpflichtet, in kritischer Besonnenheit die den Erfordernissen der Gegenwart entsprechende Gestalt einer freien Universität sucht.

DER REKTOR DER FREIEN UNIVERSITÄT BERLIN
EDUARD NEUMANN

VORWORT

Eine Universität kann ihrer Vorgängerin nicht angemessener gedenken, als im Versuch, den Geist, in dem diese lebte, noch einmal zur Sprache zu bringen. Das ist es, was sich die Gedenkschrift der Freien Universität Berlin zur Aufgabe gesetzt hat. Im Rückblick auf die Zeit der Gründung der Friedrich-Wilhelms-Universität und auf die ersten Jahrzehnte ihrer Geschichte will sie, was damals geschehen ist, wieder erwecken: damit die gegenwärtige Universität sich prüfe, ob und inwieweit sie sich in der ersten Berliner Universität wiederzuerkennen vermag, ob und inwieweit diese für sie ein verpflichtendes Erbe sein kann.

Das Vergangene soll in dieser Schrift nicht so sehr dargestellt werden, als vielmehr sich selber darstellen: in amtlichen Urkunden, Denkschriften, Vorlesungen, Reden, Briefen, Tagebüchern. Natürlich ist es unmöglich, die Ereignisse eines halben Jahrhunderts auch nur annähernd vollständig zu dokumentieren. Nur eine kleine Auslese aus einer Fülle von Schriftstücken konnte, zumeist gekürzt, in den Band aufgenommen werden. Zudem wurde die Auswahl der Dokumente durch ein äußeres Faktum eingeschränkt: da die nach Mitteldeutschland verlagerten Archivbestände unzugänglich sind, mußte für die der Gründungszeit gewidmeten Abschnitte des Buches von vornherein darauf verzichtet werden, noch unveröffentlichtes Material zu publizieren.

Die Herausgeber brauchen wohl kaum zu befürchten, daß man ihnen allzu große Subjektivität in der Auswahl vorwerfen werde. Ist doch Vergangenes nur in dem Maße lebendig, als das eigene Interesse derer, die sich ihm zuwenden, mit im Spiele ist. Dies Interesse aber ist die Besinnung auf die heute mögliche und heute geforderte Verwirklichung des Wesens der Universität.

Die Gründung der Friedrich-Wilhelms-Universität zeichnet sich vor der Entstehung anderer Universitäten dadurch aus, daß die anfänglich nur praktischen Erwägungen rasch durch eine tiefgründige Besinnung auf das Wesen der Universität überhaupt abgelöst werden. Im Rückblick darauf sagt Theodor Mommsen in seiner Rektoratsrede von 1875, daß »in der Großartigkeit der Begründung ... keine Hochschule Deutschlands der unsrigen sich vergleichen kann«. Das ist es, was es über den aktuellen Anlaß hinaus rechtfertigt, dieses Ereignisses in besonderer Weise zu gedenken. Der erste Teil der Gedenkschrift bringt daher insbesondere die grundlegenden Entwürfe Fichtes, Schleiermachers, Humboldts. Das Gewicht dieser Gründungsschriften im eigentlichen Sinne tritt besonders deutlich hervor, wenn man sie mit den vorhergehenden, auf das Praktische ausgerichteten Vorschlägen vergleicht, die aus Gründen des Kontrastes, zugleich aber auch als interessante Dokumente aus der Vorgeschichte der Berliner Universität abgedruckt wurden.

Im Unterschied zu der in der Sache liegenden Geschlossenheit des ersten Teils bietet der zweite eher den Anblick eines Mosaiks, bei dem sich die innere Einheit nur aus dem Ganzen der Bruchstücke ersehen läßt. Das ergibt sich aus seiner besonderen Aufgabe: er soll ein Bild von der Verwirklichung des Universitätsplanes geben. In den verschiedenen Äußerungen — amtlichen Schriftstücken, Selbstzeugnissen der Beteiligten und Schilderungen der Zeitgenossen — kommt zum Vorschein, wie unvollkommen sich in der Wirklichkeit, in der der handelnde Mensch ins Spiel tritt, die Idee darstellt, aus der die Entwürfe ihre Kraft bezogen hatten. Und doch lassen die mitgeteilten Dokumente etwas davon spüren, daß auch die entfremdete Realität noch Erscheinung der Idee bleibt. Die Berliner Universität lebt aus den Gedanken ihrer geistigen Urheber, wenn auch unvermeidlich in der Weise der widerspenstigen Realität. Das macht es auch, daß in dem Zeitraum, den der zweite Teil umfaßt (von der Gründung bis zur Mitte des 19. Jahrhunderts) die Philosophie im Vordergrund steht. In Gestalten wie Fichte, Schleiermacher, Hegel, Schelling verdichtet sich das Geschick der Universität in ihren Anfängen; aber auch andere, Savigny, Böckh, Ranke, leben aus philosophischem Geiste. Für die Berechtigung, dergestalt das Moment des Philosophischen zu betonen, können sich die Herausgeber auf keinen Geringeren als auf Rudolf Virchow berufen, der, über jeden Verdacht einer Vorliebe für die Spekulation erhaben, gleichwohl von dem ersten Halbjahrhundert der Berliner Universität sagt, es habe »unter dem Zeichen der Philosophie gestanden«.

Der dritte Teil bringt Zeugnisse namhafter Angehöriger der Friedrich-Wilhelms-Universität von der Mitte des 19. Jahrhunderts bis zum

Beginn des ersten Weltkrieges, vor allem Reden. Berücksichtigt wurden insbesondere solche Passagen, an denen einerseits Vorgeschichte und Anfänge der Friedrich-Wilhelms-Universität in eigentümlicher, in der Dokumentation des zweiten Teiles nicht ausreichend berücksichtigter Weise beleuchtet werden, andererseits etwas von der weiteren Geschichte der Berliner Universität und von den Problemen, denen sie sich gegenübersieht, sichtbar wird.

Im Anhang schließlich werden aus den in West-Berlin verbliebenen Beständen des ehemaligen Preußischen Geheimen Staatsarchivs einige bisher noch unveröffentlichte Dokumente vorgelegt, die sich um »Althoffs Pläne für Dahlem« gruppieren. In diesen Plänen kristallisiert sich das bereits in mehreren Stücken des III. Teils hervortretende, insbesondere durch das Anwachsen der Naturwissenschaften motivierte Drängen auf eine Erweiterung der Universität. Sofern die Forderung nach Begründung eines »deutschen Oxford« in Dahlem heute, wenn auch in einer damals nicht voraussehbaren Weise, Wirklichkeit geworden ist, schließt sich die Vergangenheit, deren wir gedenken, mit der Gegenwart zusammen, die uns aufgegeben ist.

Die Einleitung setzt sich vor allem zur Aufgabe, den Zusammenhang sichtbar zu machen, in dem die ausgewählten Dokumente stehen, sowie einige Erläuterungen über solche Personen und Vorgänge zu geben, deren genaue Kenntnis nicht bei jedem Leser vorausgesetzt werden kann. Das hat es möglich gemacht, bei den Texten selber mit wenig Anmerkungen auszukommen. Diese sind, soweit sie von den Autoren stammen, mit Sternchen, soweit sie Anmerkungen der Herausgeber sind, mit Ziffern bezeichnet. Hinzufügungen der Herausgeber im Text sind in eckige Klammern gesetzt. Orthographie und Zeichensetzung wurden, soweit sie nicht als Eigentümlichkeiten der Verfasser erschienen, der modernen Schreibweise angeglichen. Eine Ausnahme bilden die im Anhang abgedruckten Schriftstücke, bei denen — als Erstveröffentlichungen — auf dokumentarische Vollständigkeit und Genauigkeit Wert gelegt wurde. Am Ende des Bandes findet sich ein Quellenverzeichnis.

Der Herausgeber dankt — zugleich im Namen Sr. Magnifizenz, des Herrn Rektors der Freien Universität — all denen, die zum Gelingen des Werkes beigetragen haben: Professor Dr. Dr. Eduard Spranger, dem letzten Rektor der Friedrich-Wilhelms-Universität, für seinen kundigen Rat; Dr. Rainald Stromeyer von der Bibliothek der Freien

Universität Berlin, sowie dem Direktor des Hauptarchivs in Dahlem, Dr. Gerhard Zimmermann, und seinen Mitarbeitern, Dr. Hans Branig und Kurt Born für die Beschaffung wichtiger Dokumente; Frau Meta Schmidt-Ott und Dr. Hans Dietrich Schmidt-Ott für die Erlaubnis zur Benutzung des Nachlasses von Friedrich Schmidt-Ott; dem Verlag Walter de Gruyter, vor allem Dr. Heinz Wenzel, für die Sorge um die äußere Gestalt des Werkes. Besonderer Dank gebührt den Mitarbeitern im engeren Sinne, ohne deren unermüdliche Mithilfe eine so erhebliche Arbeit, wie es die Herausgabe einer Gedenkschrift ist, nicht hätte vollendet werden können: vorab den beiden Assistenten am Philosophischen Seminar der Freien Universität, Dr. Wolfgang Müller-Lauter und Dr. Michael Theunissen, die einen großen Teil der Planung und Ausarbeitung übernommen haben; sodann den Hilfsassistenten Eva Kramm, Dieter Adelmann und Peter Kellner.

Athen, am Tage des 150jährigen Bestehens der Friedrich-Wilhelms-Universität, 10. Oktober 1960

Wilhelm Weischedel

EINLEITUNG

von

WILHELM WEISCHEDEL

Die Gründung der Berliner Universität gehört in den Zusammenhang sowohl der politischen Schicksale Preußens, wie der Geschichte des deutschen Geistes. Was das Erste angeht, so mußte sich den verantwortlichen Staatsmännern der Gedanke an eine Neugründung aufdrängen, als im Herbst 1806 die Universität Halle von Napoleon aufgelöst wurde. Was das Zweite betrifft, so gibt es dafür kein gewichtigeres Zeugnis als die Tatsache, daß einige der bedeutendsten Köpfe des Zeitalters sich darum mühten, diesem Neubau ein geistiges Fundament zu schaffen.

Zwar greift man nicht auf den ebenso großartigen wie utopischen Plan einer »Universal-Universität« zurück, wie ihn der Große Kurfürst entwickelt hatte: einer »Universität für die Völker, die Wissenschaften und Künste«. Es gäbe freilich Ursache, dieses Planes gerade heute zu gedenken, wenn er sich auch nicht unmittelbar auf Berlin bezieht; denn der Fürst wendet sich in seinem Manifest »an alle, die an Ausübung ihres Gottesdienstes gehindert, die der Tyrannei überdrüssig sind, an alle politischen Flüchtlinge, sofern nicht unehrenhafte Gründe ihre Verbannung verschuldet haben«. Doch der groß gedachte Plan geht mit dem Zeitalter des Barock, dem er äußerlich und innerlich angehört, zugrunde.

Die Entwürfe zur Neugründung der Berliner Universität aus dem Beginn des 19. Jahrhunderts haben nicht den gleichen Mut zur Unmittelbarkeit. Sie werden von dem Bewußtsein hervorgebracht, ein solches Unternehmen dürfe nicht ohne einen eindringlichen Blick auf die allgemeine Situation des wissenschaftlichen Geistes begonnen werden. Dieses Bewußtsein entspringt zum großen Teil einem allgemeinen Mißbehagen an der überkommenen Gestalt der Universität, wie es sich in vielfältigen Diskussionen, nicht nur der Gelehrten, sondern auch der Staatsmänner äußert. Charakteristisch dafür ist, daß um die Jahrhundertwende der Preußische Justizminister von Massow, dem auch die »lutherisch geistlichen und Schulangelegenheiten« unterstehen, die Universität durch Fachschulen ersetzen will. Man müsse freilich »die anomalen Universitäten« noch eine Weile dulden, doch schon jetzt müsse gründlich reformiert werden.

Von der Notwendigkeit einer Reform gehen auch die meisten der abgedruckten »Entwürfe« aus. Der erste stößt freilich noch nicht in die Tiefe der Problematik vor. Er stammt von Johann Jakob Engel (1741—1802), einem in der Zeit der Aufklärung hoch geschätzten Philosophen, damals Professor am Joachimsthalschen Gymnasium, Mitglied der Akademie der Wissenschaften und zugleich Direktor des Nationaltheaters. Seine Schrift befaßt sich vorwiegend mit praktischen Fragen, etwa der, ob für eine große »Allgemeine Lehranstalt« Berlin der geeignete Ort sei. Dieses Problem bewegt nicht nur ihn. Es erscheinen Flugschriften, die das Für und vor allem das Wider leidenschaftlich erörtern, unter Titeln wie: »Soll in Berlin eine Universität sein?« oder: »Keine Universität in Berlin!« Engel bejaht die Frage eindeutig, unter anderem auch deshalb, weil in der großen Stadt die »lächerlichen Bocksbeuteleien der Universitäten«, worunter er vor allem die Auswüchse des zeitgenössischen Studentenwesens versteht, sich nicht so ungehemmt ausbreiten können wie in kleineren Orten.

Eine zweite Streitfrage, ebenfalls von Engel mit angeregt, bricht darüber aus, wie weit sich die zu gründende Universität an die überlieferten Formen der Hochschulen angleichen solle, ja, ob sie überhaupt noch den Namen Universität tragen solle. Beides verneint der zweite Gutachter, Theodor Anton Heinrich Schmalz (1760—1831), vor kurzem noch Professor der Jurisprudenz in Halle und später der erste von der Regierung designierte Rektor der Berliner Universität.

Verfasser des dritten Gutachtens ist Christoph Wilhelm Hufeland (1762—1836), Leibarzt des Königs, Mitglied der Akademie der Wissenschaften und Direktor des Collegium medico-chirurgicum zu Berlin. Angesichts dieser seiner Funktionen ist es nicht verwunderlich, daß sein Beitrag insbesondere auf die schon bestehenden Institute in ihrem Verhältnis zu der neu zu errichtenden Universität eingeht: die Preußische Akademie, nach den Plänen von Leibniz 1700 gestiftet; das Collegium medico-chirurgicum, eine von Friedrich Wilhelm I. gegründete Anstalt zur Ausbildung von Militärchirurgen mit einem weitgespannten Unterrichtsprogramm, das auch die Naturwissenschaften, ja sogar Geschichte und Philosophie mit einbezog; die chirurgische

Pépinière, eine 1795 gegründete Anstalt zur Ausbildung von Militärärzten; schließlich die Ecole vétérinaire.

Schon Engels Denkschrift verdankt ihre Entstehung der Anregung des Geheimen Kabinettsrates Karl Friedrich von Beyme (1765—1832). Auf seine Initiative gehen die Vorbereitungen für die Gründung der neuen Universität zurück. Man wird die Eigenart dieses Mannes kaum treffender charakterisieren können, als mit den Worten Varnhagen von Enses: Beyme habe »durch Tat und Gedanken stets das Rechte, Gute und Schöne gepflegt, und sich in treuester Anhänglichkeit an das bewährte Alte zugleich den freiesten Geistesblick für gedeihliche Entwicklungen der Zukunft offen erhalten«.

Zu den hohen Verdiensten Beymes gehört es, Johann Gottlieb Fichte zu einem Gutachten über die Neugründung aufgefordert zu haben. Damit erst kommt in die Reihe der bislang noch allzusehr am Äußeren haftenden Entwürfe der eigentliche Ernst und die eigentliche Tiefe.

Fichte weilt, nachdem er in Jena unter dem Vorwurf des Atheismus seines Amtes entsetzt worden war, seit geraumer Zeit in Berlin; charakteristisch für den Geist der Toleranz, der damals in dieser Stadt herrscht, ist die Äußerung des Königs, als man ihm die Ankunft dieses verdächtigen Philosophen meldet: »Ist es wahr, daß er mit dem lieben Gott in Feindseligkeiten begriffen ist, so mag das der liebe Gott mit ihm abmachen, mir tut das nichts.«

Fichte hält Vorträge, die weithin Aufsehen erregen. Auch Beyme befindet sich häufig unter den Zuhörern; er erzählt später dem Sohn Fichtes, er habe die erste Kraft des Morgens dazu verwendet, den am Abend zuvor gehörten Vortrag frei zu reproduzieren.

Unter den Gründungsschriften ist die Fichtes, verfaßt im Jahre 1807, »in einem einsamen Gartenhaus verschlossen«, jedoch erst 1817 veröffentlicht, die weitaus radikalste. Es kommt ihm darauf an, daß die neu zu gründende Universität eine »Erneuerung aller menschlichen Verhältnisse« möglich mache und damit »der armen, jetzt in ihrer ganzen Hilflosigkeit dastehenden Menschheit Hilfe und Rat« bringe.

Der Eigenart seines Denkens entsprechend »deduziert« Fichte auch hier; er leitet, was in der Wirklichkeit zu geschehen hat, aus dem höchsten spekulativen Begriff dessen ab, was eine Universität, und was das Wissen überhaupt sein können. Darin ist er mit den tiefer

Denkenden unter seinen Zeitgenossen einig. In seinen 1802 in Jena gehaltenen »Vorlesungen über die Methode des akademischen Studiums« macht sich Friedrich Wilhelm Joseph Schelling als erster daran, das Wesen der Universität von Grund auf neu zu denken. Wissenschaft ist ihm nicht ein zufälliges Konglomerat wissenswerter Dinge, sondern eine von der Idee des Wissens selber her sich organisierende Einheit, und die Universität erhält nur dann ihre angemessene Gestalt, wenn sich in ihr diese ideale Einheit alles Wissens verkörpert. Weil aber die Aufgabe, im Besonderen die Einheit zu erblicken, vor allem Sache des Philosophen ist, darum lehnt Schelling — wie dann auch Fichte und Schleiermacher in ihren Denkschriften — ein bloßes Fachstudium ab, und darum rücken alle drei die Philosophie — und ineins damit die Philosophische Fakultät — in den Mittelpunkt der Universität.

Die Möglichkeit, die konkrete Gestalt der Universität aus dem Begriff des Wissens abzuleiten, fordert des weiteren, daß Theorie und Praxis nicht streng voneinander getrennt, sondern innerlich aufeinander bezogen sind. Daher stellt Fichte den Grundsatz auf, es gehe in der Universität um die »Beziehung der Wissenschaft auf das wirkliche Leben«.

Was ihn selber angeht, so hat er freilich ständig Schwierigkeiten, dies beides — Theorie und Praxis, Philosophieren und Leben — miteinander in Einklang zu bringen. Ein Zeichen dessen sind die vielen Kämpfe, in die er zeitlebens verstrickt wird. Daß er mitten inne steht zwischen einem Hang zur Versenkung in einsame Spekulation und einem unbändigen Drang nach gestaltendem Eingreifen (in die Welt des Geistes wie in das Reich der Politik); daß er beides sagen kann: er besitze eine »entschiedene Liebe zu einem spekulativen Leben«, und: »Ich habe nur eine Leidenschaft, ein Bedürfnis, ein volles Gefühl meiner selbst: das, außer mir zu wirken«; daß er zur gleichen Zeit die »Reden an die deutsche Nation« und die »Anweisung zum seligen Leben« konzipiert, — dieser Zwiespalt kennzeichnet das Wesen dieses zugleich meditativen und gewalttätigen Menschen.

Dieselbe Unausgewogenheit bestimmt auch die Denkschrift Fichtes, und dem ist es vermutlich zuzuschreiben, daß die in ihr ausgesprochenen Gedanken bei der späteren Universitätsgründung kaum zur Geltung kommen. Denn auf der einen Seite wird die Universität einzig auf die Freiheit der Aneignung des Wissens gegründet; von da aus erhebt Fichte Forderungen, wie sie noch heute in die vorderste Reihe der Postulate einer gründlichen Universitätsreform gehören: etwa die dialogische Lehrweise oder die Befreiung der Examina aus der Starre des bloßen Abfragens. Doch dem steht auf der anderen Seite eine durchgängige Reglementierung des Äußern gegenüber, die zu einem »Papsttum der Wissenden« (Max Lenz) führen muß. In Fichtes aus dem Geiste der Freiheit zu errichtender Universität wird nichts dem »blinden Ohngefähr« überlassen. Eben dieser Universitätsplan aber, in seiner ganzen Widersprüchlichkeit, wird von Fichte mit dem vollen Anspruch dessen vorgetragen, der sich berufen weiß, die Welt vom Gedanken her zu verwandeln; was er vorschlägt, ist nicht bloß seine Sache, sondern »in der ewigen Zeit dermalen an der Tagesordnung«.

Von solcher spekulativ-praktischen Gewaltsamkeit ist der zweite bedeutende Entwurf zur Berliner Universitätsgründung frei: Friedrich Daniel Schleiermachers Schrift, verfaßt und erschienen im Jahre 1808. Während Fichtes Buch in der vollen Rüstung des deduzierenden Philosophierens einherschreitet, haben Schleiermachers behutsame Gedanken die Anmut des »Gelegentlichen«.

Schleiermacher gehört, wie Schmalz, dem Professorenkollegium der Universität Halle an. Aber er ist von früher her eng mit Berlin verbunden; vor seiner Berufung nach Halle ist er Prediger an der Charité gewesen: als Verfasser der »Reden über die Religion«, aber auch als Übersetzer Platons, im Kreise der Berliner Romantiker hoch angesehen. Nun führen ihn die widrigen Zeitereignisse wieder nach Berlin zurück, und wieder übt er — in Predigten und Vorträgen — eine bedeutende Wirkung aus.

In seiner Universitätsschrift unterscheidet sich Schleiermacher schon im Ansatz von Fichte. Hatte dieser die neue Gestalt der Universität von deren Begriff her konstruiert, so geht jener von den konkreten, organisch und geschichtlich gewordenen Formen der Universität aus. Eben darin drückt sich für ihn, den Romantiker, das eigentümlich Deutsche der »Universität in deutschem Sinn« aus, im Gegensatz zu dem mechanistischen Charakter der französischen Spezialschulen. Aus dieser geschichtlichen Perspektive erblickt er auch — freilich in einer unter historisch-kritischen Gesichtspunkten anfechtbaren Weise — den Ursprung der Universität in einer freien Privatvereinigung von Gelehrten. Er fordert deshalb, daß ihr das Wesensmoment der Freiheit und Selbständigkeit auf keine Weise geschmälert werde, und daß ihre Verfassung so sehr wie möglich »demokratischen« Charakter erhalte.

Von diesen Gedanken her kommt Schleiermacher zu seinen konkreten Vorschlägen für die Neubegründung der Universität: anders als Fichte, anders aber auch als die vorhergehenden, vom Geiste der Aufklärung bestimmten Denkschriften, vielmehr allen abstrakten und gewaltsamen Eingriffen gegenüber darauf vertrauend, es werde schon recht werden, wenn man nur »die Sache selber gewähren« lasse. Alles, was irgend aus der Tradition noch lebendig ist, soll bewahrt bleiben: von den freilich höchst reformbedürftigen akademischen Würden und Zeremonien an bis hin zu den studentischen Freiheiten, die er mit ergötzlicher Ironie schildert.

Eine derartige Konzeption der Universität macht deren Stellung zum Staate unvermeidlich zum zentralen Problem. Dieser lebt ja im Elemente der Macht und ist, wie Schleiermacher es sieht, der Freiheit feind. Angesichts dieser Bedrohung fordert Schleiermacher, daß der Staat die Wissenschaften und die Universitäten sich selber überlasse. Die Freiheit so weit auszudehnen, daß die Besetzung der Professuren Sache der Universität werde, findet Schleiermacher allerdings bedenklich, und zwar »wegen eines Geistes kleinlicher Intrigue«, deretwegen sie »berüchtiget« seien.

Diesen Gedanken steht der Mann nicht fern, der dazu berufen wird, die Gründung der Berliner Universität in die Hand zu nehmen, und der ihr den Stempel seines Geistes aufdrückt: Wilhelm von Humboldt, der Freund Schillers und einer der bevorzugten Gesprächspartner Goethes (dessen letzter Brief ist an ihn gerichtet). Das Wesen dieses außerordentlichen Menschen wird man kaum schöner kennzeichnen können, als es August Böckh in seiner Gedenkrede in der Akademie tut: »in neueren Zeiten [hat] doch schwerlich irgend einer die öffentlichen Verhältnisse zugleich und die Wissenschaft mit solcher Größe des Geistes und solchem Geschick gehandhabt als Wilhelm von Humboldt . . . Er war ein wirklicher, von Ideen durchdrungener und geleiteter Staatsmann, . . . er war ein Staatsmann von Perikleischer Hoheit des Sinnes . . . Philosophie und Poesie, Redekunst, geschichtliche, philologische, linguistische Gelehrsamkeit waren in ihm zu einer durch keinen Mißklang gestörten Harmonie, und zu jenem wunderbaren Ebenmaß verschmolzen, welches das Gepräge der besonnensten Meisterschaft ist«.

Nach dem Ausscheiden Beymes wird Humboldt im Jahre 1809 mit der Leitung der Sektion für Kultus und Unterricht betraut. Schweren Herzens nimmt er von Rom Abschied, wo er einige Jahre lang als Gesandter gewirkt hatte. Mit seinem neuen Amt übernimmt er auch die Sorge für das Entstehen der Berliner Universität.

Wie Humboldt die Idee der Universität versteht, zeigt die Denkschrift aus dem Jahre 1809 oder 1810. Ihren Ausgangspunkt bildet die Gefährdung der Freiheit, die zum Wesen der Universität gehört, durch den Staat: daß nämlich dieser »immer hinderlich ist, sobald er sich hineinmischt, daß die Sache an sich ohne ihn unendlich besser gehen würde«, und daß er sich demgemäß darauf zu beschränken habe, »äußere Formen und Mittel« für die Wissenschaft bereitzustellen. Wobei dann freilich im einzelnen die Konsequenz des Gedankens nicht allzu weit reicht; bei der Ernennung der Universitätslehrer etwa weist Humboldt, noch über Schleiermacher hinausgehend, jeglichen Einfluß des Senats und der Fakultäten ab; eben dies führt dann für lange Zeit zu heftigen Auseinandersetzungen zwischen Universität und Regierung.

Mit Humboldts Denkschrift endet der erste Teil der Dokumentation zur Gründungsgeschichte der Berliner Universität. Der zweite Teil hat in einem ersten Abschnitt die Gründungsvorgänge als solche und die Konstitution des Lehrkörpers zum Thema. Sodann konzentriert er sich in vier weiteren Abschnitten jeweils um eine beherrschende Gestalt und um die mit dieser verbundene Problematik der Universität. Im zweiten Abschnitt geht es um Fichte und seine Streitigkeiten wegen der Frage der studentischen Freiheiten, sowie um die Auswirkung der Befreiungskriege auf das Leben der Universität. Der dritte Abschnitt kreist um die Auseinandersetzung mit der sich ausbreitenden Reaktion und um die Rolle Schleiermachers bei der Verteidigung der Unabhängigkeit der Universität. Der vierte steht unter dem Zeichen Hegels. Ein fünfter schließlich berichtet vom Ausgang der ersten Epoche der Berliner Universität; im Mittelpunkt steht der alternde Schelling.

Bei der Anordnung der Dokumente herrscht zwar grundsätzlich das Prinzip der chronologischen Reihenfolge; es mußte jedoch gelegentlich zugunsten eines Sachzusammenhanges in den Hintergrund treten. — Nicht unerwähnt darf bleiben, daß die Gedenkschrift, vor allem in ihrem zweiten Teil, den Studien von Max Lenz, dem höchst verdienstvollen Geschichtsschreiber der Universität, sowie denen seines Vorgängers in dieser Aufgabe, des Historikers Rudolf Köpke, Wesentliches verdankt.

Als Humboldt nach Berlin gerufen wird, sieht er rasch, daß die Zeit der Entwürfe zu Ende und die Stunde des konkreten Handelns gekommen ist. Sofort aber entdeckt er auch, welchen Schwierigkeiten ein so ungeheures Unterfangen, wie es die Errichtung einer Universität ist, begegnen muß, zumal in einer Notzeit des Staates. Wie absonderlich dieser Plan auf viele wirken muß, davon findet sich ein Nachklang in einer Rede, die Fichte ein paar Jahre später — anläßlich der nachträglichen Promotion einiger Professoren — mit den Worten beginnt: »Ich weiß nicht, ob es der Universität anständig sein würde, sich zu verwundern, daß sie in Berlin ist, so wie viele außer ihr dermaßen darüber erstaunt sind, daß sie um der Wunderbarkeit willen die Wahrheit der Sache noch immer nicht recht glauben können«.

Zunächst bleibt denn auch in der Tat alles im Ungewissen. Zwar hatte Friedrich Wilhelm III. schon 1807 in jener Kabinettsorder, die Beyme anläßlich des Auftrages an Fichte erwähnt, verfügt, es solle eine »allgemeine Lehranstalt in Berlin« errichtet werden, und der Geheime Kabinettsrat solle sich derjenigen »Professoren aus Halle und von andern Orten, von denen der größte Nutzen für das Institut zu erwarten ist, ehe sie anderen Rufen folgen, versichern«. Doch immer wieder verzögert sich die Angelegenheit. Der Minister, Freiherr vom Stein, äußert Bedenken, insbesondere wegen des sittenverderbenden Charakters der Großstadt. Alexander von Humboldt ist besorgt, die studierende Jugend »den Elendigkeiten des bürgerlichen Lebens so nahe aufwachsen zu sehen«. Noch 1809 schreibt der Minister von Altenstein an Humboldt, der König sei »durch die vielfach gegen die Wahl von Berlin zur Universität erhobenen Stimmen hierüber etwas zweifelhaft geworden . . . , da viel von der Unsicherheit Berlins und der Gefahr, Kunst- und wissenschaftliche Schätze dort anzuhäufen, die Rede ist«. Vermutungen, Gerüchte, dringliche Vorstellungen, Hoffnungen, Enttäuschungen wechseln sich ab, und die Situation verschärft sich noch durch die allmählich immer mißlicher werdende Lage der Halleschen Professoren, die ihr Schicksal mit unterschiedlichem Gleichmut tragen. Schließlich macht Schleiermacher den kühnen Vorschlag, die Professoren selber sollten, aus eigener Initiative, die Universität provisorisch eröffnen.

Auch Humboldt ist sich seiner Sache nicht ganz sicher; wenn ihn aber die Verzweiflung am Gelingen des Planes überkommen will, ermahnt er sich, man dürfe »auch am Rande des Abgrunds das Gute nicht aufgeben«. In dieser Gesinnung übersteht er die kritischen Augenblicke und kann am 24. 7. 1809 den entscheidenden Schritt tun. Er richtet an den König den Antrag auf Errichtung einer Universität in Berlin, mit der sich »der deutschen Wissenschaft eine vielleicht kaum jetzt noch gehoffte Freistatt eröffnen« werde. Der König, der zwei Jahre zuvor den Abgesandten der Universität Halle gegenüber das später immer wieder zitierte Wort gesagt hatte: »der Staat müsse durch geistige Kräfte ersetzen, was er an physischen verloren habe«, verfügt nun, am 16. 8. 1809, die Errichtung der vorgeschlagenen allgemeinen Lehranstalt, und zwar, dem Antrag Humboldts entsprechend, ausdrücklich »mit dem alten hergebrachten Namen einer Universität«. Zugleich gibt er genaue Anweisungen zur Finanzierung des Instituts. Über diesen Punkt finden anschließend langwierige Debatten statt: ob die Universität, wie Humboldt will und wie der König zunächst verfügt, durch Dotation von Grundbesitz oder, wie sein Nachfolger vorschlagen wird, und wie dann endgültig festgelegt wird, durch laufende Zuschüsse erhalten werden soll.

Diese Königliche Kabinettsorder ist zwar nicht die Geburtsurkunde der neuen Universität — denn noch ist diese nicht ins Leben getreten —, aber doch ihr Ursprungsdokument. So kann denn auch Humboldt schon nach wenig mehr als einem Vierteljahr Erfreuliches über den Fortgang seiner Bemühungen berichten. Diese gelten insbesondere der Berufung geeigneter Hochschullehrer. Denn ihm, der allem Bürokratischen abhold ist, ist nicht die Schaffung einer komplizierten Organisation, sondern die rechte Auswahl der Gelehrten die Hauptsache: »man beruft eben tüchtige Männer und läßt die neue Universität damit sich allmählich encadrieren«.

In der Tat weist das Professoren-Kollegium glänzende Namen auf. Daß Fichte den zentralen Lehrstuhl, den philosophischen, erhält, ist nach all dem, was vorangegangen ist, fast selbstverständlich. Schleiermacher freilich zögert, aus vollem Herzen zuzustimmen, und der für die Universität zuständige Beamte im Ministerium meint,

Fichte werde sich wohl mit einer außerordentlichen Professur zufrieden geben müssen.

Einen zweiten philosophischen Lehrstuhl erhält Karl Wilhelm Friedrich Solger (1780—1819), bekannt geworden durch seine Schriften zur Ästhetik. Nach anfänglichem Zögern angesichts der »herzlosen Menge« der Berliner und der »gelehrten Klatscherei« entschließt er sich, die kleine Universität Frankfurt an der Oder zu verlassen und in die Großstadt zu gehen. Dort bildet er mit seinem Versuch, das Denken in das Leben aufgehen zu lassen, ein Gegengewicht gegen Fichte, freilich nicht ohne Resignation: daß er nämlich »etwas unternommen habe, was die Zeit nicht will und mag«.

Aus Halle kommt der klassische Philologe Friedrich August Wolf (1759—1813), berühmt als Homerforscher und gefürchtet wegen seines Hanges zur Unverträglichkeit; »Isegrimm« wird er von Zelter, dem Freund Goethes, genannt. Neben ihm wirkt im Fach der klassischen Philologie (außer Heindorf, Buttmann und Bekker sowie dem Archäologen Hirt) August Böckh (1785—1867), der Begründer der historischen Altertumswissenschaft. Er komme, schreibt er, »aus Liebe zu dem frischen und kräftigen Geist und Leben der neu zu errichtenden Universität«. In den langen Jahrzehnten seiner Wirksamkeit in Berlin ist er einer von denen, die am intensivsten an dem Geschick der Universität Anteil genommen haben; fünfmal wird er zum Rektor gewählt. Für seine wissenschaftliche Bedeutung gibt es kein beredteres Zeugnis, als daß Alexander von Humboldt noch mit 60 Jahren, die Kollegienmappe unter dem Arm, seine Vorlesung besucht.

Barthold Georg Niebuhr (1776—1831), zwar nur der Akademie und nicht dem Lehrkörper der Universität zugehörig, liest vom ersten Semester an seine »Römische Geschichte«; bedeutende Kollegen, darunter Schleiermacher und Savigny, sitzen zu seinen Füßen. An seine Seite tritt als Historiker Friedrich Christian Rühs.

In der Theologischen Fakultät ist Schleiermacher von Anfang an die beherrschende Figur. Aus Heidelberg werden der Alttestamentler De Wette und der Kirchenhistoriker Marheineke berufen. Beide bringen — der eine als Mann von radikalen Ansichten, der andere als enragierter Anhänger Hegels — die Gemüter der Kollegen und der Regierenden im Laufe der Jahre in heftige Bewegung. Nach einiger Zeit kommt, wiederum aus Heidelberg, Neander, der Neubegründer der Kirchengeschichte.

Auch unter den Naturwissenschaftlern finden sich Gelehrte von Rang: der Mathematiker Tralles, der Physiker Erman, der Chemiker Klaproth, der Zoologe Lichtenstein, der Biologe Rudolphi, der Geologe Karstens, und schließlich Willdenow, Direktor des Botanischen Gartens und Verfasser eines Buches mit dem hübschen Titel »Berlinische wilde Baumflora und ihre Anweisung zur Kultur«. Einige Zeit später kommt Karl Ritter, der Begründer der wissenschaftlichen Geographie.

Die bedeutendste Gestalt in der Juristischen Fakultät ist Friedrich Karl von Savigny (1779—1861), Schwager von Bettina und Clemens Brentano und von Achim von Arnim, vorher Professor in Landshut und in späteren Jahren Preußischer Justizminister. Humboldt beantragt seine Ernennung mit dem Hinweis, er zeichne sich »ebenso sehr durch philosophische Behandlung seiner Wissenschaft als durch echte und seltene Sprachgelehrsamkeit« aus. Obwohl von Wilhelm Grimm vor Berlin gewarnt, sagt er zu, mit dem Bemerken: »in der gebildeten, lebendigen, beweglichen Stadt wird sich auch wohl jeder Einzelne seine Existenz ganz behaglich zurecht richten können«. Neben Savigny wirken als Juristen Schmalz und Karl Friedrich Eichhorn sowie der Staatsrechtler Johann Gottfried Hoffmann.

Auch die Medizinische Fakultät weist bedeutende Namen auf: neben Hufeland vor allem Johann Christian Reil (1759—1824). Dieser hatte sich durch ein Gutachten über die Organisation einer wissenschaftlich-medizinischen Schule empfohlen, in dem sich die einsichtsvollen Sätze finden: »Vorzüglich müssen die Nützlichkeits-Apostel von der Universität in die Industrieschulen verwiesen werden, weil es ihnen ganz an Sinn für Wissenschaft fehlt, sie dieselbe nicht um ihrer selbst willen, ... sondern deswegen schätzen, weil sie dazu taugt, Häuser zu bauen, den Acker zu bestellen und das Kommerz zu beleben«.

Einige der Berufenen lehnen freilich ab. So der Historiker Johannes von Müller, der Mathematiker Karl Friedrich Gauß, Gustav Hugo, der Begründer der neueren, »philologischen« Rechtswissenschaft, und der Tübinger Physiologe Karl Friedrich Kielmeyer.

Andere wiederum werden in ihrer Hoffnung, an die neue Universität berufen zu werden, enttäuscht. So ein Teil der Halleschen Professoren, darunter der Naturphilosoph Henrik Steffens, Freund Schellings und Goethes. Ihn zu berufen lag nahe, hatte er doch in den

Jahren 1808 und 1809 vielbeachtete »Vorlesungen über die Idee der Universität« gehalten und überdies ausdrücklich erklärt, er werde »selbst mit Aufopferung« nach Berlin gehen. Insbesondere Schleiermacher und Reil setzen sich für ihn ein und erklären sich sogar bereit, falls die Berufung an finanziellen Schwierigkeiten zu scheitern drohe, zugunsten von Steffens für 2 Jahre auf 1000 Taler von ihrem Gehalt zu verzichten. Doch die Sache scheitert; Steffens kommt erst 1831 an die Berliner Universität.

Nicht alle Fächer, die man heutzutage als unentbehrliche Bestandteile einer Universität zu betrachten pflegt, werden sofort vollgültig in das Programm aufgenommen. Die deutsche Altertumswissenschaft etwa wird nur mit einem unbesoldeten Extraordinariat bedacht (das Friedrich von der Hagen erhält); dies auf den Einspruch Schleiermachers hin, der die interessante Begründung gibt, daß »der Staat ... in solchen Dingen nur der öffentlichen Meinung folge und ein neues Studiengebiet nicht eher als akademischen Lehrgegenstand aufstelle, als bis die allgemeine Stimme sich schon durch die Tat dafür erklärt habe«. Immerhin: die außerordentliche Professur für deutsche Sprache und Literatur an der Universität Berlin ist die erste ihrer Art in ganz Deutschland.

Auch die romanische und englische Philologie, beide von Wolf als »Armseligkeiten« bezeichnet, werden nur durch »Sprachmeister« vertreten, die im Vorlesungsverzeichnis unter der gleichen Rubrik erscheinen, wie der Exerzitienmeister, der Fechtmeister und der Reitlehrer.

Das Berufungsgeschäft ist im übrigen recht mühselig, Humboldt hat des öfteren Anlaß zu seufzen: über »die Gelehrten — die unbändigste und am schwersten zu befriedigende Menschenklasse — mit ihren sich ewig durchkreuzenden Interessen, ihrer Eifersucht, ihrem Neid, ihrer Lust zu regieren, ihren einseitigen Ansichten, wo jeder meint, daß nur sein Fach Unterstützung und Beförderung verdiene«, »davon«, schreibt er an die Gattin, »hast du, teures Kind, keinen Begriff«. Und ein andermal: »Gelehrte dirigieren ist nicht viel besser, als eine Komödiantengruppe unter sich zu haben«.

Vom Erfolg her gesehen lohnt sich jedoch die Mühe durchaus. Die Universität ist zum Zeitpunkt ihrer Eröffnung mit Lehrkräften wohl ausgestattet: 24 ordentliche, 9 außerordentliche Professoren, 14 Privatdozenten (aus allen Fakultäten, außer der juristischen), 6 Mitglieder der Akademie und 5 Lektoren, insgesamt also über 58 Lehrkräfte, die meisten zwischen 30 und 40 Jahre alt.

Auch der äußere Habitus der Professoren bietet Anlaß zu Überlegungen. Es wird erwogen, eine Amtstracht zu schaffen: eine Galakleidung von schwarzem Tuch mit ebenfalls schwarzen Unterkleidern und stählernem Degen in versilberter Scheide. Schließlich aber kommt man von soviel Pracht ab.

Umso bunter ist das Bild, das die Studentenschaft bietet. Ein Zeitgenosse schreibt darüber: »Welch eine Verschiedenheit der Individuen, ihrem Vaterlande nach, findet sich auf der Berliner Universität. Derbe Altpreußen, kecke Schlesier, aufgeräumte Rheinländer, patriotische Pommeraner, ritterliche Posener, pikante Brandenburger, gelehrt-spitzfindige Sachsen, sinnige Schwaben, verschlossene Anhaltiner, melancholische Schweizer, ernste Franzosen, französierende Russen, düstere Polen, tiefsinnige Schweden und Dänen, technisch-prosaische Nordamerikaner, kurz eine Mustercharte von fast allen Nationen sehet Ihr hier vor Euch.«

Eine wichtige Sorge gilt der Beschaffung eines geeigneten Gebäudes für die Universität. Wolf berichtet, »ein guter Kopf« habe das Opernhaus vorgeschlagen, und er fügt hinzu: »Der Mann ist noch aus der alten Zeit, wo man meinte, dann blühe erst eine Universität recht, wenn man recht viele Aufzüge mit Mänteln und Kapuzen und Orationes und dergleichen Zeug hätte, was in Berlin wohl nur selten gebraucht werden dürfte«. Am Ende wird dann das der Oper schräg gegenüberliegende Prinz-Heinrich-Palais gewählt: »der Wissenschaft ein Heldenschloß«, wie es Achim von Arnim, ein »Musenberg voll Gloria«, wie es Clemens Brentano, beide in ihren Festpoemen, nennen. Weniger in poetischem als in kanzlistischem Stil bezeichnet es die Schenkungsurkunde des Königs vom 24. 11. 1810, nämlich als »Unser, nach dem Ableben Unsers Großoheims des Prinzen Heinrich von Preußen, und der Prinzessin Gemahlin Desselben, an Uns zurückgefallenes Palais mit allen dazu gehörigen Gebäuden, Höfen und Gärten, welches von dem Opernplatz, dem Kupfergraben, der letzten und Stallstraße begrenzt ist«. Dies prächtige Haus also wird die Heimat der Berliner Universität, und wer es je gesehen oder gar darin studiert hat, wird nicht bedauern, daß andere Pläne nicht verwirklicht wurden: es zum Königlichen Postamt, oder gar zu einer Bierbrauerei zu machen.

Ehe das Prinz-Heinrich-Palais bezogen werden kann, bedarf es allerdings noch erheblicher Mühe. Mieter müssen exmittiert und Behörden anderswo untergebracht werden. Die Räumung der Stallungen und Remisen, die sich auf dem Grundstück der Universität befinden, kann das Departement nicht einmal durch den Hinweis auf die Unverträglichkeit des Stalldunstes mit den anatomischen Präparaten erreichen. Mühe kostet auch die — freilich wenig erfolgreiche — Reinigung des Stadtviertels, in dem die Universität liegt, von unsauberen Elementen.

Endlich wird das Gebäude für Vorlesungen freigegeben, und zwar für Fichte, Schleiermacher, Wolf und Schmalz, mit dem ausdrücklichen Bemerken, die Vorlesungen müßten »streng wissenschaftlich, nicht für ein gemischtes Publikum berechnet sein«. Dem nicht dem Lehrkörper angehörigen Volkswirtschaftler Adam Müller wird dagegen die Benutzung des Gebäudes untersagt, mit dem Hinweis, »daß in dem zur Universität bestimmten Gebäude schlechterdings Vorlesungen für ein aus beiden Geschlechtern gemischtes Publikum nicht gestattet werden sollen«.

Mit all dem ist die Hauptsache getan, und die Sektion kann in einem Schlußbericht an den König vom 22. 9. 1810 feststellen, daß unter allen berühmten Universitäten Deutschlands keine mit einer solchen Anzahl bewährter Lehrer, mit einem solchen Vorrat gelehrter Institute und mit solchem Glanze ihrer Gebäude aufgetreten sei. Am 10. Oktober, 4 Uhr nachmittags, findet die erste Senatssitzung statt, mit einer Rede des Rektors und mit der feierlichen Vereidigung der Professoren. Das ist das eigentliche Geburtsdatum der Friedrich-Wilhelms-Universität.

Die Statuten allerdings sind zu diesem Zeitpunkt noch lange nicht fertig. Die Diskussion darüber in einer Kommission der Universität, bestehend aus Schleiermacher, Savigny, Rudolphi und Böckh, sowie mit den Vertretern der Regierung, zieht sich über mehrere Jahre hin. Erst am 26. 4. 1817 werden sie feierlich übergeben.

Der Gang der politischen Ereignisse hat es inzwischen mit sich gebracht, daß Humboldt die Leitung des Departements niederlegt, wenige Wochen, nachdem die Vorlesungen begonnen haben; für eine Übergangszeit bleibt ihm jedoch noch weiterhin die Sorge für die Geschicke der Universität. An seine Stelle tritt Friedrich von Schuckmann (1755—1834). Er besitzt zwar nicht die einzigartige geistige

Weite Humboldts, doch ist auch er in nicht gewöhnlichem Maße für die Dinge des Geistes aufgeschlossen. Ein Beleg für die große Wertschätzung, die er bei seinen Zeitgenossen findet, ist, daß Goethe zweimal — wenn auch vergeblich — versucht, ihn für das Kabinett des Herzogs von Weimar zu gewinnen; überzeugt, mit Schuckmann werde es gelingen, »manche Knoten zu lösen, die die Menschen verwirren und unnötiger-, ja ungeschickterweise ihnen das bißchen Glückseligkeit rauben, dessen sie noch fähig wären«.

Im übrigen ist Schuckmann, weit mehr als Humboldt, der Mann der autoritären Regierung: »... der Geist der Zeit schwärmt in Theorien und gefällt sich in Spiel und Wechsel mit denselben. ... Wie aber auch die Köpfe exaltiert sein mögen, so behalten doch die Mägen immer ihre Rechte gegen sie ... Wem die Herrschaft über letztere bleibt, der wird immer auch mit ersteren fertig ...« Diese Haltung äußert sich auch gegenüber den Studenten. Als einige jüngere Doktoren Anregungen für eine Erweiterung des Lehrkörpers machen, erklärt Schuckmann: »Was der Universität nötig, nützlich und für sie nach den Verhältnissen tunlich sei, werde von der Behörde unter dem Beirat reifer, sachkundiger Männer erwogen, und es gezieme den Studierenden nicht, sich Vorschläge darüber anzumaßen«.

Eine solche Einstellung kann nicht dazu beitragen, die Beziehungen zwischen Regierung und Universität reibungslos zu gestalten. Differenzen treten auf, die zwar an sich nur zweitrangige Dinge betreffen, aber doch bis zur Rücktrittsdrohung des ersten Rektors, Schmalz, führen.

Sein Nachfolger ist schwerlich dazu geeignet, an diesem Punkte eine Änderung herbeizuführen. Denn dieser erste, nicht designierte, sondern vom Senat selber, freilich erst im vierten Wahlgang, gewählte Rektor ist Fichte. Der Andrang zu seiner ersten Vorlesung (in einem für 157 Taler, 21 Groschen rasch hergerichteten Auditorium) ist so groß, daß nur die Hälfte der Zuhörer Sitzplätze findet.

Am 19. 10. 1811 hält Fichte seine Antrittsrede als Rektor: auch dies ein markantes Datum in der Frühgeschichte der Berliner Universität. Thema ist die akademische Freiheit. Er deduziert sie aus dem Wesen der Universität und dieses wiederum aus der Aufgabe, unter der er im damaligen Stadium seines Denkens die ganze Welt sieht: daß sie die Darstellung der Gottheit sei. Großartiger ist wohl nie von der Universität gesprochen worden. Sie ist für Fichte, in ungeheurer Übersteigerung, »die sichtbare Darstellung der Einheit der Welt als der Erscheinung Gottes«, und daher »das Heiligste, was das Menschengeschlecht besitzt«. So muß ihr vor allem andern das kostbare Gut der Freiheit zukommen.

Eben diese wesenhafte Freiheit nun sieht Fichte tödlich gefährdet; freilich nicht, wie Schleiermacher, vonseiten des Staates, sondern vonseiten eines Teiles der Studierenden, und zwar, in eigentümlicher Paradoxie, gerade von dem her, was diese als das Eigentümliche ihrer studentischen »Freiheit« ansehen. Mit beißender Ironie wendet er sich gegen die »Landsmannschaften und Orden«; durch deren Überheblichkeit und Intoleranz wird, wie Fichte es sieht, die akademische Freiheit »in allen Punkten angegriffen und vernichtet, ja das ganze Wesen der Universität aufgehoben«.

Fichte unterstellt in diesem leidenschaftlichen, aus der Tiefe seines Philosophierens begründeten Appell, unter seinen studentischen Zuhörern werde sich niemand befinden, auf den die Schilderung des Mißbrauchs der akademischen Freiheit zutreffe; diese sei daher, in ihrem richtigen Verstande, »auf keiner Universität in der Welt mehr gesichert und fester begründet« als gerade in Berlin. Bald aber zeigt sich, daß auch die Berliner Universität sich von solchen Verirrungen nicht freihalten kann. Damit gerät sie in ihre erste schwere Krisis. Ein konkreter Vorfall, die Beschimpfung eines jüdischen Studenten durch zwei Kommilitonen, führt zu einer Spaltung in der Professorenschaft. Auf der einen Seite steht der Rektor, Fichte, unterstützt nur von wenigen, darunter auch Hufeland. Dieser sieht in jenem Geschehnis die »verderblichen Ideen des sogenannten Burschen-Komments« heraufziehen, »nach welchem die Studenten in zwei Klassen, honorige und nicht honorige, d. h. duellfähige und nicht duellfähige, eingeteilt werden«. Fichte gegenüber steht die Mehrheit des Senates, geführt von Schleiermacher, dessen »Gelegentliche Gedanken« Fichte als mitschuldig an dem studentischen Hochmut angreift.

Die Situation verschärft sich weiter, als die Intervention einer Gruppe von Studierenden zugunsten des Insultierten von der Mehrheit des Senates als »freche Insubordination« bezeichnet wird, indes Böckh findet, daß sich der Senat »solche Adressen der Studenten«, in denen sich »eine edle Regung der Gerechtigkeitsliebe« äußere, »geduldig gefallen lassen« müsse. Solger dagegen nennt das Vorgehen der Studenten »Vorwitz und Unverschämtheit« und tadelt ihren »Eigendünkel..., worin sie den akademischen Senat tief unter ihrer Weisheit halten«. Schmalz schließlich vermutet hinter der Bittschrift der Studenten eine verbotene Gesellschaft. Denn »wie kommen ruhige Studenten dazu, sich in Dinge zu mischen, die sie nichts angehen?« Das Ergebnis ist, daß Fichte, des Rückhaltes beim Senat beraubt, seine Demission anbietet, die nach einiger Zeit auch angenommen wird, freilich so, daß die Regierung ihm in der Sache recht gibt. Er zieht sich von den allgemeinen Angelegenheiten der Universität, für die er mit so tiefen Einsichten und mit so großer Tatkraft eingetreten war, zurück und nimmt bis zu seinem Tode nur noch einmal an einer Senatssitzung teil.

Es wird heute schwer sein, über Recht oder Unrecht dieser Auseinandersetzung, die die eben erst entstandene Universität zu zerspalten droht und in der die beiden großen Männer, denen vor andern die Universität ihre geistige Grundlegung verdankt, einander gegenüberstehen, zu urteilen. Löst man die Streitfrage von ihrem aktuellen Anlaß los und betrachtet man sie nach ihrer grundsätzlichen Bedeutung, so geht es darum, ob der Geist der Universität jene unbeugsame Kompromißlosigkeit verlangt, die Fichte vertritt, jenen »Eifer für Gerechtigkeit«, den Schuckmann an ihm rühmt, oder ob es in allen Fällen erforderlich ist, eine vermittelnde Linie zu suchen, für die denn freilich Fichte nicht der geeignete Mann ist; denn es fehle ihm, fügt Schuckmann hinzu, »an Gewandtheit, ... in Kollisionsverhältnissen sich mit Klugheit zu benehmen«.

Als ein letztes für Fichte charakteristisches Zeugnis wurde in die vorliegende Sammlung ein Brief aufgenommen, in dem er der Regierung anbietet, als eine Art philosophischer Feldprediger mit den gegen Napoleon kämpfenden Soldaten zu ziehen. In einer Tagebuchnotiz vom Frühjahr 1813 findet sich die das Gewalttätige seines Philosophierens ins Groteske steigernde Bemerkung, er sehe es als seine Aufgabe an, »die Kriegführer in Gott einzutauchen«.

Während der Befreiungskriege verläßt die Mehrzahl der Studenten die Hörsäle. Auch viele Professoren nehmen an militärischen Übungen teil. Sicherlich nicht ohne Übertreibung, aber gerade darum höchst ergötzlich, beschreibt Bettina von Arnim das kriegerische Treiben der Gelehrten: »Stelle Dir zum Beispiel in Gedanken Savigny vor, der mit dem Glockenschlag 3 wie besessen mit einem langen Spieß über die Straße rennt (eine sehr allgemeine Waffe bei dem Landsturm), der Philosoph Fichte mit einem eisernen Schild und langen Dolch, der Philolog Wolf mit seiner langen Nase hatte einen Tiroler Gürtel mit Pistolen, Messern aller Art und Streitäxten angefüllt.«

Die Folgen der Wiederherstellung des preußischen Staates sind nicht in allen Stücken erfreulich. Niebuhr etwa schreibt: »Es ist doch ein Jammer, wenn ein noch größerer Teil unserer Jugend fehlt und die übrigen bis auf einen gewissen Grad verwildern. Ein großer Verfall der Wissenschaft scheint dabei unvermeidlich und eine allgemeine Verwandlung der Nation in gewohnte Krieger ist den Hoffnungen bürgerlicher Freiheit auch nicht günstig«. Humboldt, der noch 1812 Goethe gegenüber äußert, er habe sich überzeugt, »daß man nur etwas stiften darf, um es dann mit Sicherheit seiner eigenen lebendigen Kraft zu überlassen«, sagt 1816 im Blick auf sein Werk, »daß die Berlinische Universität mehr noch als untergeht ... Der Geist ist aus allem gewichen. Man sinkt in eine ungeheure Alltäglichkeit zurück«. Auch Böckh klagt 1817 darüber, daß unter den Studierenden ein »engherziges Brotstudium« einreiße.

Die Regierung, auf diese »Schlaffheit« aufmerksam geworden, schlägt Reformen im Lehrbetrieb vor: stärkere Berücksichtigung der naturwissenschaftlichen Fächer, Erschwerung des Zugangs zur Universität. Das Übel sitzt jedoch tiefer, als daß es durch organisatorische Maßnahmen beseitigt werden könnte. Die weit verbreitete Stimmung des Mißmutes geht zuletzt auf politische Ursachen zurück: auf die Schwierigkeiten, in die die Universität angesichts des immer autoritativer und reaktionärer werdenden Geistes der Regierung gerät.

Dieser politischen Entwicklung kommt die grundsätzliche Haltung des in dieser Zeit an die Stelle Schuckmanns getretenen neuen Ministers für Kultus und Unterricht, Freiherrn von Altenstein, entgegen. Für ihn sind die Universitäten »Bildungs- und Erziehungsanstalten, und sonst weiter nichts ... Die Universitäten sind nicht Staaten im Staate. ... Die Regierungen sind vielmehr Meister der Institute«. Gleichwohl verdankt die Universität diesem Manne, der 22 Jahre lang die Geschicke der Universität bestimmt, Wesentliches. Er versucht, freilich vergebens, August Wilhelm Schlegel und Ludwig Tieck zu gewinnen. Er beruft die Historiker Friedrich von Raumer und Leopold von Ranke und bereitet die Berufung der Brüder Grimm an die Akademie vor. Auf seine Initiative ist schließlich die bedeutendste Berufung an die Universität zurückzuführen: die Hegels.

Ehe dies alles geschieht, brechen jedoch die politischen Mißhelligkeiten offen aus. In den Teplitzer und Karlsbader Beschlüssen wird u. a. eine strenge Überwachung der Universitäten gefordert; dazu gehört auch, »daß notorisch schlechtgesinnte und in die Umtriebe des heutigen Studenten-Unfugs verflochtene Professoren alsbald von den Lehrstühlen entfernt werden« sollen.

In Preußen erhält diese reaktionäre Haltung ihr geistiges Fundament durch Männer wie den lutherischen Bischof Rulemann Friedrich Eylert, den höchsten geistlichen Würdenträger des Staates. Zusammen mit Georg Philipp Ludolf Beckedorff, Geheimem Oberregierungsrat im Ministerium, Bernhard Moritz Snethlage, Direktor des Joachimsthalschen Gymnasiums, und Friedrich Schultz, dem Regierungsbevollmächtigten der Universität, verfaßt er eine grundsätzliche Denkschrift zur Zeitsituation. In ihr wird dem neueren Erziehungswesen, also Fichte, Schleiermacher und — ohne Namensnennung — Humboldt mit seinen Mitarbeitern die Schuld an dem Verderbnis der Gegenwart zugeschrieben. Fichte freilich ist tot, und Humboldt weiß sich aus der Schußlinie herauszuhalten. Umso mehr geraten Schleiermacher und sein Fakultätskollege De Wette in Bedrängnis. Sie werden in der Presse —wenn auch nur in Andeutungen — als die eigentlichen Väter des deutschen Jakobinertums bezeichnet.

Gegen Schleiermacher wird der Vorwurf erhoben, er verteidige »die Notwendigkeit einer Umwälzung der preußischen Staatsformen durch gewaltsame Ereignisse«, und er maße sich an, »die Schritte der Regierung öffentlich meistern und leiten zu wollen, um sie diesem Ziel entgegenzuführen«. Ein Kabinettsbefehl des Staatskanzlers, demgemäß er zu entlassen sei und binnen 48 Stunden Berlin zu verlassen habe, wird im letzten Augenblick zurückgezogen. Er erhält nur einen — freilich »derben« — Verweis: er habe sich »jeder unbefugten politischen Einmischung, die ihm als Geistlichen und Lehrer am wenigsten zustehe, künftig zu enthalten, oder sofortige Entsetzung vom Dienst und außerdem noch anderweitige gesetzliche Ahndung zu gewärtigen«. Durch diese Mißhelligkeiten wird Schleiermachers Verhältnis zum Staat und zur Universität so sehr getrübt, daß es nie wieder völlig in Ordnung kommt.

Schlimmer geht es De Wette. Ein Brief an die Mutter des Studenten Sand, der als fanatischer Anhänger der heraufziehenden studentischen Bewegung den Dichter Kotzebue ermordet hat, kostet ihn seine Stellung.

Die Universität hält sich in diesem Streite im Großen und Ganzen tapfer: in der Einsicht, daß in der Tat mit einem Angriff auf die Freiheit der Lehre ihr Lebensnerv getroffen wird. Wieder kommt es zu einer erfreulichen Tat der Solidarität. Varnhagen von Ense berichtet, eine Anzahl von Professoren habe dem entlassenen Kollegen De Wette »durch jährliche Beiträge ein Jahrgehalt zugesichert, bis er wieder ein Unterkommen hätte. Link gab 30 Taler, Hegel 25, Schleiermacher 50, und andre in ähnlichen Verhältnissen ihres Willens und Vermögens. Die Regierung hat dies nie recht erfahren können«.

Georg Wilhelm Friedrich Hegels Berufung auf den Lehrstuhl Fichtes ist nicht nur für die Berliner Universität, sondern auch im Gesamtzusammenhang der deutschen Geistesgeschichte von hoher Bedeutung; er macht selber in seiner Antrittsvorlesung auf den historischen Augenblick aufmerksam. Hier in Berlin schlägt sich das in der »Phänomenologie des Geistes« kühn Begonnene und in der »Logik« Fortgesetzte in der Gediegenheit der Vorlesungen nieder, und hier wird Hegel für eine Zeitlang der Philosoph des Preußischen Staates.

Hegel zu gewinnen gelingt nicht sofort. Der erste Versuch führt zu einer Rückfrage wegen seines Kathedervortrags. Friedrich von Raumer besucht ihn in Nürnberg im Auftrage des Ministers und kann diesen darüber beruhigen, mit den auch heute noch nicht unaktuell gewordenen Sätzen: »Freilich gilt ein falsches Pathos, Schreien und Poltern, Witzeleien, Abschweifungen, halbwahre Vergleichungen, einseitiges Zusammenstellen mit der Gegenwart, anmaßlich Selbstlob, bequemes Heftschreiben und dergleichen oft für den wahren guten Vortrag und zieht die Masse der Studenten an; aber diese Richtung des Urteils soll man wohl eher hemmen als befördern. In jenem falschen Sinne hat Hegel gewiß keinen guten Vortrag; ob er ihn in echtem Sinne haben könne, hängt zuletzt hauptsächlich von dem Inhalte seiner Philosophie selbst ab«.

Von der Wirksamkeit Hegels auf dem Katheder gibt einer seiner Schüler, Hotho, ein lebendiges Bild: »Abgespannt und grämlich sitzt er auf seinem Lehrstuhl, mit niedergebücktem Kopf: in sich zusammengefallen. Immerfort sprechend blättert und sucht er in den langen Folioheften vorwärts und rückwärts, unten und oben; das stete Räuspern und Husten stört allen Fluß der Rede; jeder Satz steht vereinzelt da und kömmt mit Anstrengung zerstückt und durcheinandergeworfen heraus; jedes Wort, jedes Silbe löst sich nur widerwillig los, um von der metallenen Stimme in schwäbisch breitem

Dialekt, als sei jedes das wichtigste, einen wundersam gründlichen Nachdruck zu erhalten. ... In den Tiefen des anscheinend Unentzifferbaren wühlte und webte jener große Geist mit großartig selbstgewisser Behaglichkeit und Ruhe. Dann erst erhob sich die Stimme und das Auge, blitzte scharf über die Versammelten hin und leuchtete im still auflodernden Feuer seines überzeugungstiefen Glanzes, während er in nie mangelnden Worten durch alle Höhen und Tiefen der Seele griff.«

Auch Hegel wird, nicht anders als Fichte, in Streitigkeiten verwickelt, vor allem mit Schleiermacher: man erzählt sich bei Hofe, die beiden Gelehrten seien mit Messern aufeinander losgegangen. Gleichwohl fühlt sich Hegel in Berlin wohl. Das wird ihm anläßlich einer Reise in die Niederlande besonders deutlich, auf der er auch das Rheinland besucht. Er schreibt an seine Frau: »Bonn ist höckerig, ganz engstraßig, aber die Umgebung, Aussicht, botanischer Garten — schön, sehr schön, bin aber doch lieber in Berlin.«

Die Dokumentation versucht, die Wirkung, die von Hegel in Berlin ausgeht, in Zeugnissen von Kollegen und Studenten, von Freunden und Gegnern, sichtbar zu machen. Wie weit sein Einfluß, auch über Berlin hinaus, reicht, zeigt der ebenso amüsante wie boshafte Ausspruch Heinrich Heines, der Anfang der zwanziger Jahre selber einige Zeit an der Berliner Universität studiert und Hegel hört: daß »in der gelehrten Karawanserei zu Berlin die Kamele sich sammeln um den Brunnen Hegelscher Weisheit, davor niederknien, sich die kostbaren Schläuche aufladen lassen, und damit weiter ziehen durch die Märkische Sandwüste«.

Wenn unter den andern Schriftstücken dieses Abschnittes auch Briefe Rankes auftauchen, so geschieht dies nicht nur, weil auch er zu den entschiedenen Bekämpfern Hegels gehört: »Man ist in ganz Deutschland über den schädlichen Einfluß der sophistischen, in sich selbst nichtigen und nur durch den Bannspruch seltsamer Formeln wirksamen Philosophie, die unsere Universität regiert oder regieren will, einer Meinung und voll Furcht«. Mehr noch soll die Aufnahme von Äußerungen Rankes — gleichsam stellvertretend — zeigen, daß bereits in der Zeit der hohen Wirkung Hegels eine neue Generation heranwächst, die die Wirklichkeit anders sieht als er, und die nach ihm das Gesicht der Universität bestimmt.

Der Tod Hegels am 14. 11. 1831 beendet eine Epoche an der Berliner Universität. Neun Jahre später stirbt auch Altenstein. Eine seiner letzten Sorgen gilt dem Rückgang der Universität infolge der finanziellen Miseren. Er schreibt, »daß es das größte Unglück sei, was dem Preußischen Staat widerfahren könne, die preußische Hauptuniversität vom Standpunkt einer ganz Europa imponierenden *Weltuniversität* immer mehr herabsinken zu lassen, und daß dieses der Fall sein müsse, wenn der Finanzminister allein eine Stimme habe bei dem was not sei ... Sowie eine Stelle vakant wird, dringt der Finanzminister auf die Einziehung des Gehaltes zur Deckung dessen, was früher aus andern Kassen in der Not bewilligt wurde. So sind schon bedeutende Männer ... für uns verloren gegangen«.

An Altensteins Stelle tritt Johann Albrecht Friedrich Eichhorn, der frühere Syndikus der Universität, ein Freund Schleiermachers, freilich während seiner Amtszeit von ebenso autoritativer Gesinnung wie sein Vorgänger, und doch mit diesem in dem Bestreben einig, die schlimmsten Auswirkungen der politischen Bevormundung der Universität zu verhüten. Wie hoch auch er von der Universität denkt, zeigt sein Briefwechsel mit Schelling.

Mit den Berufungen hat Eichhorn ähnliche Nöte wie seine Vorgänger: es allen recht zu machen ist unmöglich. Einer seiner Mitarbeiter berichtet darüber: »Dem Einen warf man zu viel Christlichkeit, dem Andern zu wenig vor, und von dem Dritten sagte man, er stehe unter dem Banner der Partei-Popularität«.

Eine der ersten Taten Eichhorns ist die Berufung Friedrich Wilhelm Joseph Schellings auf den seit Hegels Tod verwaisten philosophischen Lehrstuhl. Der Augenblick ist dafür günstig. Die Richtung, die der Zeitgeist genommen hat, ist der Philosophie Hegels und der Hegelianer gegenüber aufs höchste mißtrauisch geworden: insbesondere dem Versuch, die Religion in die Philosophie aufzulösen. Eine ergötzliche Illustration zu der Gespensterfurcht vor Hegel gibt Varnhagen: »Die Königin fragte neulich den Finanzminister Flottwell nach seiner Familie; als er unter andern erwähnte, eine seiner Töchter sei mit dem jungen Hegel verheiratet, fuhr die Königin schauernd zurück und fragte ängstlich: ‚Doch kein Hegelianer?' Flottwell erwiderte: derselbe sei kein Philosoph, aber er hoffe ein guter Sohn und ehre den Vater nach Gebühr.«

Schelling nun, so meint man, sei allein imstande, dem Glauben und der Offenbarung wieder ihr Recht zurückzugeben, und zwar ausdrücklich nicht in theologischer, sondern in philosophischer Argumentation. Als der König anfragen läßt, ob Aussicht bestehe, ihn für

Berlin zu gewinnen, läßt er ihm sagen, er halte ihn für den einzigen, der der »Drachensaat des Hegelschen Pantheismus« wirksam entgegentreten könne, für den »Retter aus dem Stillstande und der Versumpfung alles realen Lebens in Staat und Kirche«; für den »Lehrer der Zeit, auf den das ganze Geschlecht harre«.

Nach einigem Hin und Her gelingt es, Schelling, der in München als Präsident der Akademie der Wissenschaften wirkt, an Berlin zu binden. Hier nun beginnt er mit einer Lehrtätigkeit, deren weit über Berlin und über den aktuellen Anlaß hinausreichende Bedeutung er in seiner Antrittsrede von 1841 selber ausspricht: im vollen Bewußtsein dessen, was er in einem halben Jahrhundert für die Philosophie geleistet hat, und noch mehr, was jetzt zu sagen er sich berufen fühlt. Wiederum, wie einstmals bei Fichte und bei Hegel, drängt sich ein erlesenes Publikum in seinen Vorlesungen. Endlich, nach langem Schweigen, glaubt er das ihm gemäße Auditorium gefunden zu haben, mit dem zusammen er das bisherige Denken auf eine höhere Stufe heben könne.

Wie wenig freilich sich derartige Erwartungen, die Schelling nach Berlin mitbringt, erfüllen, zeigen die Äußerungen aus den Kreisen der Zuhörer, und nicht nur der Hegelianer unter ihnen. Was aber dieses Scheitern so erschütternd macht, ist, daß Schelling selber fühlt, dem, was er zu sagen hat, nicht mehr die vollendete Form geben und so auch nicht mehr das Ohr der Zeitgenossen erreichen zu können. Er, der in der Jugend allen andern vorauseilt und darum als der Zeitgemäßeste der Zeitgemäßen jubelnd begrüßt wird, schreitet nun wiederum, aber in einer verborgenen Weise, seiner Zeit voraus: in einem Denken, das erst den Späteren aufzugehen beginnt. Wie Schellings Berliner Wirksamkeit sich im Dunkel der Resignation verliert, endet zugleich die philosophische Periode der Friedrich-Wilhelms-Universität.

Mit dem »Übergang aus dem philosophischen in das naturwissenschaftliche Zeitalter« ändern sich auch die Probleme, die, wie der III. Teil zeigen soll, sich der Universität stellen. Das Verhältnis zu den Geisteswissenschaften muß neu durchdacht werden. Die Gefahr der Spezialisierung tritt hervor. Die finanziellen Probleme verschärfen sich. Es erscheinen Zeichen eines inneren Verfalls: etwa die Entwertung der akademischen Würden in der Massengesellschaft, oder der Einbruch des Antisemitismus in die Universität, für dessen Herannahen gerade die beiden Naturforscher Du Bois-Reymond und Virchow ein scharfes Auge haben. Doch es gibt auch Hoffnungsvolles zu berichten: das Wachstum der Universität und ihrer Institute, oder die Verstärkung der internationalen Beziehungen.

Daneben klingen, vor allem bei den Autoren, die im Rückblick auf die Gründungszeit und in der Auseinandersetzung mit dieser ihren eigenen Ort zu bestimmen suchen, immer wieder Fragen an, die die Universität Berlin durch ihre ganze Geschichte hindurch begleiten: das rechte Vorgehen bei den Berufungen; die richtige Verbindung von Forschung und Lehre; die angemessene Stellung der Studentenschaft; schließlich das große Problem des Verhältnisses zwischen der Macht des Staates und der Selbstverantwortlichkeit der Universität.

Die Freiheit ist auch heute noch das große Problem der Universität, und in besonderem Maße einer Hochschule, die sich »Freie Universität« nennt. So schließen sich in dieser Frage die 150 Jahre Berliner Universitätsgeschichte zusammen. Noch heute gilt, was Adolf von Harnack im Jahre 1901 in einer Rede zur Gedächtnisfeier für den Stifter der Berliner Universität sagt: »Man kann wohl in der Politik zwischen Freiheit und Zwang einen Mittelweg ausfindig machen, indem man bald diesen, bald jene walten und aus diesem Zickzack eine Art von mittlerer Marschroute entstehen läßt; aber in bezug auf die Frage, ob man die Erkenntnis frei lassen soll oder nicht, gibt es kein mittleres Verfahren; denn sie ist schon in Banden geschlagen, wo auch nur der Schein einer Bevormundung entsteht. Man wendet dem gegenüber die Überstürzungen und Fehler der freigelassenen Wissenschaft ein und daß sie nun der Praxis die alten Dienste nicht mehr voll leisten könne — aber was will das besagen gegenüber der furchtbaren Kalamität, daß dem Lehrer die Freiheit gebrochen wird, und der Lernende die Integrität und Wahrhaftigkeit seines Lehrers beargwöhnen muß. Ein einziger solcher Fall wiegt zehnmal all den Schaden auf, der durch Mißbrauch der Freiheit entsteht«.

Mit der Freiheit steht es freilich so, daß sie kein verfügbarer Besitz sein kann. Auch von ihr gilt, was Wilhelm von Humboldt in seiner Denkschrift zur Gründung der ersten Berliner Universität von der Wissenschaft sagt: sie ist »etwas noch nicht ganz Gefundenes und nie ganz Aufzufindendes«.

ENTWÜRFE

Johann Jakob Engel

Denkschrift zur Errichtung einer grossen Lehranstalt in Berlin. 13. 3. 1802

I. Von den Vorzügen einer großen Lehranstalt in Berlin

Wenn von einer in Berlin zu errichtenden großen Lehranstalt die Rede ist: so muß man zuerst auf den wesentlichen Zweck einer jeden solchen Anstalt sehen. Und so ist die Hauptfrage, mit der ich eben darum anfange: Kann der Jüngling in Berlin mehr als an jedem andern Orte des Landes, oder kann er es besser lernen? Ich behaupte beides und zwar aus folgenden Gründen.

Es gibt Objekte des Unterrichts, die in Büchern können vorgetragen, aber nie aus bloßen Büchern gefaßt, nie durch bloße Worte gelehrt werden, die durchaus Anblick, Gegenwart, Darlegung wollen. Von dieser Art sind Handwerke, Künste, Fabriken. Will der Jüngling, der sich zum Kameralisten bildet, wissen, wie man Salz macht, so gehe er nach Halle. Will er mehr wissen, so gehe er nach Berlin, dem fabrikenreichsten Ort des Landes. Kupfer helfen hier wenig oder nichts, sie legen die Maschinen nicht auseinander, setzen sie nicht wieder zusammen, zeigen sie nicht in Bewegung, zeigen nicht die Handgriffe der Arbeiter usw.

Eben so ist alles, was von schönen Künsten in Schriften gelehrt wird, nur toter Buchstabe. Ein paar Raffael, ein paar Tizian, oder Guido Reni sehen, unterrichtet mehr, als alles, was man davon hört oder liest. Berlin hat auf dem Schlosse eine Galerie, eine größere in der Nähe. Was haben andere Örter und besonders die, wo man die Universitäten anlegte? Nicht einmal eine der schönen Sammlungen, die man hier bei Privatpersonen findet: am wenigsten haben sie solche Kenner der Kunst, die den Jüngling führen und sein Auge auf das Bemerkenswerte hinleiten könnten.

Mit Naturalien ist es ganz derselbige Fall. Auch das beste Kupfer, illuminiert so schön man will, ist doch nicht das Tier, der Stein, die Pflanze, die Konchylie selbst. Die Berlinischen Naturaliensammlungen werden sich in kurzem, wie ich weiß, sehr vervollkommnen: hat Halle, hat Frankfurt deren beträchtliche? Ich weiß davon nichts, und ich zweifele.

Wo mehr Kenntnis von Musik, von Architektur, von tausend andern Dingen durch die Sinne selbst, nicht durch den bloßen gedruckten oder gesprochenen Buchstaben geschöpft werden könne: ob hier oder an den genannten kleinern Örtern? ist nicht die Frage. — Daß manche der genannten Gegenstände nicht eigentlich wissenschaftlich sind, macht keinen Einwurf. Tanzen, Fechten, Reiten sind es noch weniger; es sind bloße Leibesübungen, und doch wird Unterricht darin auf allen Universitäten verlangt. Von den Objekten des Unterrichts, wo zwar zur Not der bloße mündliche Vortrag hinreicht, aber der mitverbundene Anblick doch weit besser ist, nenne ich hier bloß die Literargeschichte.

Ich kann freilich auch, zwischen vier nackten Wänden sitzend, die Namen von Autoren, die Titel von Büchern, die Formate von Ausgaben usw. ins Gedächtnis fassen: aber, wie ganz anders ist es doch, wenn in einer großen reichen Büchersammlung mir der Bibliothekar die Werke selbst vor Augen hinlegt! Welchen Vorzug hat auch hier das oculis subjicere fidelibus vor dem bloßen demittere per aures! Dieses oculis subjicere ist aber nirgends in dem Umfange möglich, wie in Berlin, unter dessen Vorzügen auch der große Königliche Bücherschatz ist.

Ähnliche Bewandtnis hat es mit vielen anderen höchst wichtigen Objekten des Unterrichtes. Anatomie, Physiologie, Entbindungskunst, Pathologie, Therapie werden auf allen Universitäten gelesen, aber wo wäre ein so stark besetztes Krankenhaus, ein so reichlich versorgtes anatomisches Theater, so viel Gelegenheit, wirklichen Entbindungen, Krankenbehandlungen, Operationen aller Art beizuwohnen, als in Berlin? Und von diesen Dingen hängt doch, nächst der Vortrefflichkeit der Lehrer, die Güte des medizinischen und chirurgischen Unterrichts ab. Die Botanik hat hier ihren eigenen, wohl versorgten und unterhaltenen Garten; die Astronomie ihr eigenes mit vorzüglichen Instrumenten versehenes Observatorium, und beide sind gewiß im ganzen Lande eben so einzig, als die Männer, die ihnen vorgesetzt sind. Ich schweige von Physik, Chemie, und von noch anderen Objekten des Unterrichts, weil ich mich schon zu lange bei der bloßen Gelehrsamkeit aufgehalten habe. Ist denn Gelehrsamkeit alles? Wahrlich! nicht bloß durch sie wird die jugendliche Seele gebildet; mehr noch durch die Menge und Mannigfaltigkeit der Bilder, welche die Imagination, der Eindrücke, welche das Herz, des Stoffs zu Reflexionen, welchen der Geist erhält, und wie unendlich mehr von diesem allen bietet sich einem Menschen von offnen Sinnen und offnem Kopfe an einem großen Orte dar, als in einer kleinen geschäfts- und menschenarmen Provinzialstadt! Was in Kollegien vorgetragen wird, mag für den Jüngling an manchen Tagen bei weitem so viel Wert nicht haben, als was er auf den Straßen sieht, in Konversationen hört, in kleineren oder größeren Zirkeln beobachtet. Der Kopf eines Menschen, der nach seinem väterlichen Geburtsflecken nur noch Halle mit seinen Salzkoten, seinen Professoren und Stadtbürgern sah, kann doch wahrlich so reichlich nicht ausgestattet, nicht so erweitert und für allerlei Eindrücke so empfänglich gemacht, nicht so frei von tausend kleinen Torheiten und Pedanterien sein, als der Kopf eines anderen, der unter den mannigfaltigsten Menschen-Klassen, die eine an der andern ihre Rauhigkeiten abschleifen, in dem schönen, industriösen, kunstreichen, veränderungsvollen Berlin seine besten Jahre verlebt hat.

II. Von hier zu hoffendem Fleiß und Sitten

Aber eben dieses Berlin mit seinen trefflichen Instituten hat, leider! auch ein Theater, häufige Konzerte, Gärten zu Illuminationen und Picknicks; hat obendrein noch Häuser, und eine Menge Häuser, deren Bestimmung man lieber erraten läßt, als angibt. Wie viel Gelegenheit und Reiz zum Müßiggange, zur Geld-Verschwendung, zur Unsittlichkeit! Ich setze diesen so oft gehörten Einwürfen nur wenige ganz kurze Bemerkungen entgegen.

Daß ein junger Mensch sich vergnügen will, ist ihm nicht zu verargen und erwünscht ist es, wenn er Gelegenheit zu feinerem Vergnügen findet. Besser in ein Theater zu gehen, als nach Passendorf zu reiten; besser ein Konzert zu hören, als in schlechter Gesellschaft Studentenlieder zu brüllen. Ob er Maß halten und über dem Vergnügen seinen eigentlichen Zweck, das Studieren nicht vergessen wird, das hängt an dem größten, wie an dem kleinsten Orte von seiner Denkungsart ab. Wer lernen will, lernt überall; wer nicht will, lernt nirgends. Gewiß herrscht zu Berlin unter der Menge sich bildender Ärzte und Wundärzte eben so viel Fleiß, als auf der besten der Universitäten, und ich möchte behaupten mehr; denn die Verführung unter den jungen Leuten selbst ist geringer. Sie hängen hier minder zusammen, bilden keinen eigenen Stand, sind mehr unter die andern Menschen zerstreut.

Dieser Umstand, der für den Fleiß bedeutend ist, ist es noch mehr für die Sitten. Wo der Student einen Grad von Wichtigkeit, von Ansehen hat: da sieht er gern auf seine Mitbürger als auf eine geringere Menschen-Klasse hinab, er macht eine eigene Korporation aus, folgt Tonangebern, die insgemein zu dem rohesten, ausschweifendsten, kecksten Haufen gehören, errichtet Landsmannschaften, Ordensverbindungen, bekommt einen falschen Ehrgeiz, ein falsches Interesse in die Seele, wird sittenlos in seinem Innern und ungesittet in seinem Äußern. Alles das fällt weg, wo der Student sich unbemerkt unter den übrigen Menschen verliert, wo er noch eben so wenig bedeutet, als wirklich ist; wo er sogleich dem öffentlichen Gelächter bloß stände, wenn er sich's einfallen ließe, Figur zu machen, eine eigene Kraftsprache zu reden, eine eigene Kleidertracht anzulegen. Berlin zählt schon jetzt, wegen der einzigen hier blühenden Fakultät, der studierenden Jünglinge mehr als die Universitäten Greifswald, Rostock, Kiel, Rinteln zusammengenommen; aber wer sieht hier solche Karikaturgestalten, hört hier von solchen Wildheiten und Ausschweifungen, als an jenen kleineren Örtern tagtäglich vorkommen?

Was das Geldverschwenden betrifft: so findet das seine Grenzen in dem bald eintretenden Mangel, in der Verweigerung ferneren Kredits bei ausbleibender oder unordentlicher Bezahlung, in den Gesetzen der Obrigkeit gegen die Wucherer.

Von der Verführung zur Wollust nur das: mehrere Häuser gewisser Art, und unter Aufsicht sind besser, als wenige oder gar nur ein Haus und ohne Aufsicht. — Genug!

III. Von dem Gewinn des Staats bei einer blühenden großen Lehranstalt in Berlin

Über die Vorteile, welche der Staat unmittelbar gewinnt, wenn er kenntnisreichere, aufgeklärtere, gewandtere Diener in allen Fächern ansetzen kann, sag ich kein Wort. Sie springen von selbst in die Augen.

Aber über diejenigen Vorteile, die hieraus nebenher für den Staat entstehen können, möchte es nicht unnütz sein, einige Winke zu geben.

Was der eine Staat gebraucht, gebraucht mehr oder weniger auch der andere, nur ist nicht jeder in der glücklichen Lage, für seine Bedürfnisse in gleichem Maße zu sorgen. Gesetzt, daß ein kleinerer oder doch minder begünstigter Staat solche Anstalten zum Unterrichte nicht machen kann, als ein anderer, so ist natürlich, daß aus jenem in diesen eine Menge Lehrlinge, besonders von der vermögenden Klasse einströmt; und dieses führt nicht allein zur Bereicherung des letztern Staats, sondern auch dazu, daß bald in die fremden umgebenden Staaten sich eine Menge ihm ergebener, mit dankbarer Liebe an ihn zurückdenkender Einwohner verbreitet.

Frankreich hat die Vorteile beider Art von dem übrigen Europa seit Ludwig dem Vierzehnten so reichlich genossen. Sollte nicht Brandenburg von dem übrigen Deutschlande ähnliche Vorteile genießen können?

Aber nicht von dem übrigen Deutschland allein, auch von den andern Nationen Europens. ... Die vornehmen und reichen Gäste des Auslandes wollen nicht allein eine durch vortreffliche Einrichtungen berühmte, alles Wissenswürdige umfassende, mit vorzüglichen Lehrern versehene Lehranstalt; sie wollen auch einen Ort, wo der Aufenthalt durch Bildung der Einwohner, durch Güte der Gesellschaft, durch Ungezwungenheit des Tons angenehm ist; kurz, wo sie sich eben so gut und mannigfaltig vergnügen als unterrichten können, und welcher Ort des ganzen Deutschlandes könnte hierin Berlin es gleich tun? ...

Noch ein Umstand, der uns mehr Besuch von reichen und vornehmen Fremden, als jedem andern Orte verspricht, ist der: daß ein Vater oder Vormund, der seinen Sohn oder Mündel ins Ausland schickt, ihn doch gern an einen Freund, einen Bekannten empfiehlt, wo er sogleich eine gute Aufnahme finden, die erste Verbindung, die dann schon zu mehrern führen wird, anknüpfen und wegen so mancher Dinge, worin ein Fremder nicht Bescheid weiß, sich Rats erholen kann: daß es ferner einem Vater oder Vormund angenehm sein muß, seinen Pflegling unter noch anderer, wenngleich entfernterer Aufsicht, als der des unmittelbaren Führers zu wissen, und von dem Betragen, den Fortschritten desselben dann und wann noch andere Nachrichten, als bloß von dem letztern einziehen zu können. In einer großen Hauptstadt aber finden sich weit eher Freunde, Bekannte, Anverwandte; und wer sonst niemanden hat, an den er sich wenden kann, hat wenigstens den Gesandten des Staats, von dem er Untertan ist.

Doch nicht allein der reiche und fremde, auch der inländische arme Studierende befindet sich besser in einer großen menschenreichen geschäftvollen Stadt, als in einer kleinen und menschenarmen. Er gewinnt hier weit eher sein bißchen Unterhalt, teils durch die reichen Mitstudierenden, teils durch die übrigen wohlhabenden Einwohner des Ortes. . . .

IV. Von den aufzuwendenden Kosten für eine Berlinische allgemeine Lehranstalt

Eine Universität erst errichten, die nach dem jetzigen Zustande der Wissenschaften der Rede wert sein soll, erfordert allerdings große Summen, und ein Fürst bedenkt sich mit allem Rechte, eh' er sich darauf einläßt. Manches ist auch an manchen Orten mit allem Aufwand und allem Fleiß nicht zu machen. Ich erinnere mich noch der Unzufriedenheit der in Rostock studierenden Mediziner, daß wegen Mangels an Leichnamen die Anatomie Jahr aus Jahr ein bloß über Präparate gelesen ward, die noch dazu weder Hunterische noch Waltersche waren.

In Berlin brauchte das, was man anderswo Universität nennt, nicht eigentlich erst errichtet, nur vervollständigt zu werden. Und wie wenig, wenn man gehörig zusieht, wird fehlen! Was wird nicht schon alles gelesen und zum Teil von wie trefflichen Männern gelesen.

Die ganze eigentlich kostbare medizinische Fakultät mit demjenigen Teile der fälschlich so genannten philosophischen, der ihre Hilfswissenschaften begreift, ist nach allen Fächern da, und ist in solchem Grade der Vollständigkeit und der Güte da, daß nur wenig zu wünschen übrig sein kann. Es sind alle nötigen Gebäude, alle nötigen Werkzeuge vorhanden; und was an den letztern noch etwa fehlt, würde mit der Zeit ohnehin müssen angeschafft werden. Nur der Apparat der physikalischen Klasse der Akademie möchte noch sehr mangelhaft sein; sie selbst würde am besten das Fehlende angeben, und den Kostenanschlag davon machen können.

Zu einer Menge von Lektionen, als z. B. über alte und neue Sprachen, über Philosophie, Geschichte, Staatswissenschaft wird freilich nur eins erfordert, ein Hörsaal: aber Wohnungen mit großen Sälen sind in Berlin so äußerst kostbar, daß mancher Lehrer sein halbes, wo nicht gar sein ganzes Gehalt dafür hingeben könnte. Da sich dieses nicht fordern läßt, so wäre gar sehr zu wünschen, daß mehrere öffentliche Hörsäle vorhanden wären, die zu gewissen stark besuchten Vorlesungen, dergleichen die logischen, historischen, physikalischen sind, könnten angewiesen werden. ...

Ob man auch an eine theologische Fakultät zu denken hätte? wag ich nicht zu entscheiden. In Stuttgart war sie vergessen; aber die dortige Universität ging auch unter.

V. Von der inneren Organisation einer allgemeinen Lehranstalt in Berlin

Bei dem wichtigen Punkte von der Ausführung der angegebenen Idee einer Lehranstalt in Berlin stoße ich zuerst auf die Frage: was von den bisherigen Universitäts-Einrichtungen bleiben könnte, was daran verändert werden müßte. Die eigene Gerichtsbarkeit, die auf Universitäten viel Unheil gestiftet hat, fiele hinweg; alle Mitglieder der Anstalt, Lehrer und Schüler, ständen unter dem Königlichen Kammer- und davon abhängenden Hausvogteigerichte. Ob für Jünglinge die Strenge der Gesetze in gewissen Fällen gemildert werden müßte? stelle ich höheren Einsichten anheim. ...

Akademische Würden möchte derjenige, der Lust dazu hätte, auf den sogenannten Universitäten suchen. Sie verlieren täglich mehr von ihrem vormaligen Ansehen und sind in mehrern Fakultäten bei uns schon ganz herunter. Wir haben gewiß vortreffliche Juristen, ohne daß sie Doctores juris utriusque, vortreffliche Prediger, ohne daß sie, wie jeder Landpfarrer in Sachsen, Magistri christiani, vortreffliche Pröpste und Generalsuperintendenten, ohne daß sie Doctores S.S. Theologiae wären.

Das Disputieren, das ehemals so unaussprechlich wichtig war, ist ebenfalls in tiefen Verfall geraten. In der Medizin hat es wohl nie viel gegolten; desto mehr in der Theologie, die sich aber von dem heillosen Polemisieren immer weiter entfernt; in der praktischen Jurisprudenz war es das eigentliche lebenslängliche Geschäft des Advokaten, der aber damit weniger auf Akademien als vor Gericht, weniger mündlich, als schriftlich glänzte. In der Philosophie, leider! wird das Disputieren wohl nie ein Ende nehmen, aber, wie ich überzeugt bin, auch nie viel fruchten. Eigene Hörsäle für Disputationen zu bauen, wäre immer der Mühe nicht wert. Auch geschieht das Disputieren fast nur noch bei Gelegenheit des Promovierens, und wo also das letztere nicht stattfindet, fällt auch das erstere hinweg.

Einen Rektor mit seiner eingebildeten hohen Würde, und den akademischen vergoldeten Szeptern könnte man füglich entbehren. Hingegen müßte ein Aufseher da sein, welcher die neu ankommenden Mitglieder der Anstalt inskribierte, die Verzeichnisse der zu haltenden Vorlesungen sammelte, die Hörsäle an die Kompetenten verteilte, über die Tätigkeit der besoldeten Lehrer wachte, einreißenden Unordnungen wehrte und, falls Se. Majestät die Aufsicht über das Ganze einem Kurator übertrügen, an diesen jeden wichtigen Vorfall berichtete. ...

Da der Anatom, der Botaniker, der Astronom von der Akademie ihre Besoldung ziehen und die Erhaltung aller hiesigen gelehrten Anstalten, so viel ich weiß, aus den Fonds eben dieser Akademie geschieht, so würde es vorteilhaft sein und das Direktionsgeschäft sehr erleichtern, wenn beide Institute, die Akademie und die Lehranstalt, einerlei Kurator hätten. Jene bliebe darum gleichwohl für sich: sie wäre ungefähr das, was zu Göttingen in dem größern akademischen Körper die Sozietät der Wissenschaften ist. ...

Theodor Anton Heinrich Schmalz

DENKSCHRIFT ÜBER DIE ERRICHTUNG EINER UNIVERSITÄT IN BERLIN. 22. 8. 1807

Es kann nicht zweifelhaft sein, daß dem Staate eine wissenschaftliche Bildungs-Anstalt unumgängliches Bedürfnis sei, welche vollkommener wäre, als die Universitäten zu Frankfurt und Königsberg sind, und selbst durch die größten Kosten gegenwärtig werden können. Berlin allein, mit seinen mannigfaltigen Instituten, welche durch eine solche Anstalt erst recht nützlich werden können, bietet, als Sitz derselben, so viele Vorteile dar, daß es die Einrichtung nicht nur den Finanzen Sr. Majestät sehr leicht macht, sondern auch die gewisse Hoffnung gibt, daß die da zu errichtende Lehranstalt die glänzendste Europas werden müsse. Weit entfernt, die große Stadt den Sitten oder dem Fleiße gefährlich zu glauben, würde ich leicht zeigen können, daß beide vielmehr dort unendlich gewinnen würden. Aber erinnern muß ich, welche hohe Achtung diese Errichtung dem Staate erwerben müsse, der im Augenblicke seiner Reorganisation für die Wissenschaft zu nächsten sorgte.

Es ist unstreitig ratsam und nützlich, bei der Einrichtung dieser Anstalt alle Formen des alten Universitätswesens fallen zu lassen, welche einen Zunftgeist nähren, oder pedantischen Prunk, der ehemals Würde und Ansehen geben mochte, jetzt aber lächerlich macht.

... Nur liberalere Form, nur kein Magnificus, keine Jurisdiktion, keine Zunft unter dem Namen Fakultät! Aber doch soviel points de réunion, als die Leitung und Aufsicht des Ganzen notwendig machen.

Vor allen Dingen muß dafür gesorgt werden, daß stets für jede Wissenschaft Gelegenheit des Unterrichts vorhanden sei, daß keine Lücke sei, welche den Studierenden aufhalten oder nötigen würde, anderswo Unterricht zu suchen. Auch ist es bei der gegenwärtigen Lage der Dinge nötig, daß der Staat über die einzelnen jungen Männer, welche nach vollendeten Jahren des Unterrichts Anstellung suchen, offizielle Zeugnisse erhalten könne, obwohl nicht die bisherigen Zeugnisse der Fakultäten, welche stets durchaus unwahr sein müssen, indem niemand für ihre Wahrheit haftet, sondern Zeugnisse einzelner Lehrer, deren Glaubwürdigkeit die Landesbehörden sehr bald bestimmen würden. ... Diese Grundsätze haben die folgenden Vorschläge geleitet. ...

1. Die Berlinische Akademie nimmt das Lehr-Institut in sich auf, und das Ganze erhält, oder behält den Namen Königliche Akademie der Wissenschaften.

2. Alle angestellten und besoldeten Lehrer werden vom Könige zu Mitgliedern der Akademie ernannt. In der Folge aber würde es nützlich sein, wenn jede Klasse das Recht hätte, bei nötiger Besetzung einer Stelle Sr. Majestät einen oder mehrere Männer vorzuschlagen.

3. Vor der Hand teilten sich dann die Mitglieder der Akademie in lehrende und nicht lehrende, bis die letzteren allmählich abgingen und jedes Mitglied zugleich Lehrer wäre, außer wo ehrenhalber und ohne Besoldung einzelne ausgezeichnete Männer zu Mitgliedern der Akademie ernannt würden.

4. Aber jedermann steht es gänzlich frei, nicht nur zu lehren, was er will, sondern auch seine Vorlesungen in dem von der Akademie halbjährig herauszugebenden Verzeichnisse der Vorlesungen anzukündigen.

5. Doch werden bei der Akademie die unten aufgestellten ordentlichen Lehrstühle errichtet, nicht um irgend jemand ausschließend darauf zu beschränken, vielmehr mag jeder lesen, was und wie er will, auch Vorlesungen eines andern Lehrstuhls, auch einer ganz anderen Klasse, als in welcher er angestellt ist. Aber damit nie Lücken im Unterricht sein mögen, ist jeder für einen bestimmten Lehrstuhl angestellte Lehrer verpflichtet, wenn in einem Jahre niemand von den freien Lehrern diese Wissenschaft vortragen sollte oder niemand, dem man hinlänglich ordentlichen und gründlichen Vortrag zutrauen könnte, sie selbst zu übernehmen.

6. Zu den bisherigen 4 Klassen der Akademie, der philosophischen, physischen, mathematischen und philologisch-historischen, welche als allgemeine Klassen bleiben, kommen noch eine theologische, eine staatswissenschaftliche (juristische), eine medizinische als besondere Klasse.

7. Außer der Lehranstalt bleibt aber die Akademie ein Institut zur Erweiterung der Wissenschaften, wie sie bisher sein sollte, und sie hält zu dem Ende nach wie vor ihre Donnerstagssitzungen und Vor-

lesungen, und zu dem Ende werden die Mitglieder der 3 besonderen Klassen auch in eine der 4 allgemeinen Klassen versetzt, um in dieser in ihrer Ordnung mitzulesen.

8. Jede Klasse hat ihren Direktor, welcher, auf Lebenszeit vom Könige ernannt, die besonderen Angelegenheiten seiner Klasse besorgt und mit ihr beratet.

9. Alle 7 Direktoren bilden mit dem vom Könige zu ernennenden Kurator und dem beständigen Sekretär der Akademie ein Direktorium, welches die allgemeinen Angelegenheiten besorgt.

10. Der Regel nach sind die Vorlesungen halbjährig und fangen mit dem 1. Mai und 1. November an. Doch ist um so weniger darin jemand zu beschränken, da längeres Ausdehnen bei der ganz freien Konkurrenz ohnehin die Zuhörer bald verscheuchen würde.

11. Halbjährig sammelt jeder Direktor die Vorlesungen seiner Klasse, und die freien Lehrer senden ihm die ihrigen zur Publikation. Das allgemeine Direktorium prüft, welche Wissenschaft etwa fehlt, sucht durch Ermunterung etwaigem Mangel zu helfen, und es wird dann dem beständigen Sekretär die Anfertigung des allgemeinen zu druckenden Lektionen-Verzeichnisses übertragen.

12. Alle Collegia publica fallen weg, als Zwang und Pflicht, da sie im Ganzen nur Unfleiß nähren.

13. Die Größe des Honorars bleibt jedem Lehrer überlassen, da die freie Konkurrenz ohnehin übertriebene Kostbarkeit beschränken wird.

14. Das Honorar wird pränumeriert, da pränumerierte Vorlesungen am fleißigsten besucht werden. Um diese Pränumeration einzuführen, wird verordnet, daß kein Lehrer jemals wegen Honorars klagen könne.

15. Damit Lehrer und Studierende sich kennen, damit der Staat das Institut und Studienwesen übersehen könne, wird jeder Studierende von dem beständigen Sekretär der Akademie inskribiert und ihm ein Zeugnis deshalb erteilt. Schon in Rücksicht der Polizei der großen Stadt ist das nicht unwichtig, um den Zöglingen einen bestimmten Etat zu geben. Aber die Vorlesungen zu besuchen steht freilich ohne Unterschied auch nicht Inskribierten frei. Ohne Inskription würde manchen auch die Hebung von Familien- und anderen Stipendien unmöglich gemacht. Es wäre sehr nützlich, halbjährig das Verzeichnis der Inskribierten gedruckt an die Lehrer und sonst zu verteilen.

16. Zeugnisse beim Abgange werden nur von einzelnen Lehrern gegeben.

17. Die Studierenden mögen unter dem Hausvogtei-Gericht stehen, die besoldeten Lehrer unter dem foro der Königlichen Offizianten. In Polizei-Sachen stehen alle unter der Polizei-Behörde Berlins. Nur in Ansehung des Fleißes und der Sittlichkeit hat jeder Lehrer nicht nur das Recht der Ermahnung, sondern auch Unfleißige und Sittenlose dem Direktorium zu öffentlichem Verweise anzuzeigen. Unverbesserliche kann das Direktorium ganz ausschließen und die Polizei requirieren, sie aus der Stadt zu schaffen.

18. Für die ordentlich angestellten und besoldeten Lehrer wäre der Titel Professor doch wohl beizubehalten.

19. Die zu besetzenden Lehrstühle, deren Erhaltung stiftungsmäßig wäre, deren jeder aber mit mehrern besetzt werden könnte und müßte, wären folgende:

I. Philosophische Klasse.
1. Logik. 2. Metaphysik. 3. Praktische Philosophie. 4. Ästhetik.

II. Mathematische Klasse.
5. Mathematik. 6. Astronomie.

III. Physische Klasse.
7. Physik. 8. Chemie. 9. Mineralogie. 10. Botanik. 11. Zoologie und vergleichende Anatomie und Physiologie. 12. Ökonomie und Technologie.

IV. Philologisch-historische Klasse.
13. Römische und griechische Literatur. 14. Orientalische Literatur. 15. Historie. 16. Statistik und Geographie.

V. Theologische Klasse.
17. Exegese. 18. Dogmatik und Moral. 19. Kirchengeschichte. 20. Praktische Theologie.

VI. Staatswissenschaftliche (juridische) Klasse.
21. Staatswirtschaft, Finanzwirtschaft, Politik. 22. Natur-, Staats- und Völkerrecht. 23. Römisches Recht. 24. Kanonisches Recht. 25. Deutsches nebst Lehn-, Wechsel- und Handlungsrecht. 26. Kriminalrecht. 27. Preußisches Recht.

VII. Medizinische Klasse.
28. Anatomie und Physiologie. 29. Pathologie. 30. Therapie.

31. Chirurgie. 32. Klinik in verschiedenen Zweigen. 33. Psychische Medizin und medizinische Analyse. 34. Geburtshilfe. 35. Tierarzneikunde.

Es kann auch nicht bedenklich scheinen, mehrere Lehrstühle zu verbinden, wie in diesem Schema auch geschehen, um so weniger, da die Fixierung der Lehrstühle bei der ganz freien Konkurrenz ja keinen andern Zweck hat, als einen Lehrer für eine Wissenschaft gewiß zu haben, insofern kein anderer sich findet.

20. Die in Berlin schon jetzt befindlichen Lehrer bedürfen vor der Hand keine Besoldung, da sie schon bestimmte Lager haben. Nur für die aus Halle kommenden wird es Billigkeit erfordern, ihnen ihre bisherigen Gehalte zu lassen. Wozu etwa 12 000 Tlr. vor der Hand und bis zu mehreren Vakanzen in der Akademie erforderlich sein würden, wenn nicht alle kommen. . . .

21. Über die Vereinigung des Collegii medici und der Veterinär-Schule mit der Akademie, welche nicht bloß in Rücksicht der Kosten nützlich wäre, würden wohl die Vorschläge des Directoris Collegii medici, Herrn Geheimen Rats Hufelands zu erfordern sein. . . .

CHRISTOPH WILHELM HUFELAND

IDEEN ÜBER DIE NEU ZU ERRICHTENDE UNIVERSITÄT ZU BERLIN UND IHRE VERBINDUNG MIT DER AKADEMIE DER WISSENSCHAFTEN UND ANDEREN INSTITUTEN

[undatiert]

...

Organisation der Universität

Der *Hauptgrundsatz* muß sein, ihr die größtmöglichste Liberalität und Freiheit der geistigen Wirksamkeit zu geben, allen Zunftgeist und Zunftzwang der Studenten zu entfernen und die möglichste Aufmunterung zum Fleiße und Ämulation sowohl für Lehrer als Lernende hineinzulegen.

Das *Corpus academicum* besteht aus dem Kurator, den Direktoren (welche zusammen unter Vorsitz des Kurators das Kuratorium oder Direktorium ausmachen), den Professoribus ordin. und extraord. und den Studierenden.

Der *Kurator* ist diejenige Person, welche die Oberaufsicht auf die ganze Organisation, Geschäfte und Angelegenheiten der Universität führt, den Zentralpunkt für alle ihre Mitglieder und Verhandlungen konstituiert und zugleich sie mit der allerhöchsten Person des Monarchen in Verbindung setzt. (Der Chef der Sektion des allgemeinen Unterrichts.)

Ihm sind die Direktoren der 5 Klassen zugesellt und bilden mit ihm und einem Sekretär das Kuratorium oder Direktorium der Universität, welches alles entscheidet.

Aus jeder Fakultät wird nämlich ein *Direktor* ernannt, wozu derjenige, der die meiste Geschicklichkeit, Erfahrung und Autorität hat, zu wählen ist. Derselbe führt die spezielle Aufsicht in seiner Klasse, sowohl in Absicht der Lehrer, als der Lernenden und des Geschäftsganges überhaupt. In ersterer Hinsicht hat er darauf zu sehen, daß die Collegia ordentlich gelesen, zu rechter Zeit angefangen und geschlossen werden, daß keine skandalöse Streitigkeiten entstehen, und, wenn sie entstehen, brevi manu von ihm geschlichtet werden, wozu er als erste Instanz autorisiert wird. In letzter Hinsicht ist er

CHRISTOPH WILHELM HUFELAND

Kupferstich von Johann Georg Nordheim nach einer Zeichnung von Franz Krüger

der, bei dem sich jeder Student seiner Klasse bei seiner Ankunft meldet und von ihm inskribiert wird, dem die vorfallenden Mißhelligkeiten zwischen Studierenden und Lehrern und unter sich vorgetragen und von ihm geschlichtet werden. In dritter Hinsicht hat er alle Semester die Lektionsverzeichnisse seiner Klasse zu ordnen und einzureichen, auf Mängel und Verbesserungen in seiner Klasse aufmerksam zu sein, und darüber, sowie bei entstehenden Vakanzen Vorschläge zur neuen Wahl zu tun.

Die *Professoren* sind ... teils *ordinarii*, teils *extraordinarii*. Die ersteren haben ihre bestimmte Zahl, insofern sie ihre fundierten Gehalte und Wissenschaften haben. ...

Der *Studierende* lebt völlig frei und unabhängig wie jeder andere Staatsbürger und hat mit dem Institute keinen anderen Nexus, als der unmittelbar aus dem wesentlichen Zwecke fließt. Dahin gehört also lediglich, daß er die Verbindlichkeit erfüllt, die jeder Lehrer in Absicht der Besuchung und der Vorlesungen festsetzt und sich der Inskription unterwirft.

Die *Wahl* der ordentlichen Professoren geschieht so, daß die Klasse, wo die Vakanz ist, sowohl als das ganze Collegium dem Kurator einen Kandidaten durch die Direktion vorschlägt und es dem Könige zur Konfirmation überläßt. Aber auch der Kurator kann der Universität einen Mann nennen, worüber diese dann umfragt. Immer aber ist's der König, der entscheidet, und es hängt auch vom Könige ab, einen unmittelbar zu ernennen. ...

Vorlesungen

Jeder Professor ordinarius muß alle Jahre die Wissenschaft, für die er angestellt ist, vortragen; doch kann er außerdem noch lesen, was er will.

Der Prof. extraordin. und Dozent ist in der Wahl seiner Vorlesungen völlig uneingeschränkt.

Jedes Collegium wird in [der] Zeit eines halben Jahres vollendet, und so entstehen jährlich zwei Cursus der Vorlesungen, der Sommer- und Wintercursus, von welchen der erste mit dem 1. Mai anfängt und mit dem 1. Oktober endigt, der letzte mit dem 1. November anfängt und mit dem 1. April endigt. Diese Einrichtung hat den Vorzug, daß sie mit der in ganz Deutschland einmal angenommenen Ordnung der akademischen Studien übereinstimmt, folglich für die, welche von anderen Akademien kommen, als dahin gehen, die Fortsetzung ihrer Studien erleichtert. Auch hat es einen sehr wesentlichen Vorteil für das Studieren selbst, wenn das Fach in zwei Lehrcursus abgeteilt wird und nicht, wie hie und da vorgeschlagen worden ist, nur ein Cursus mit zwei Monat Ferien im Sommer bestimmt wird. Denn einmal entsteht dadurch die notwendige Folge, daß der Studierende nur die Hälfte der Kollegien in einem Jahre hören kann, die er bei dem halbjährigen Cursus hat, folglich seine Studienzeit gerade um noch einmal so lange — von den gewöhnlichen 3 Jahren auf 6 Jahre — vermehrt, ihm folglich noch einmal so kostbar gemacht wird. Zweitens habe ich immer gefunden, daß durch die beschränktere Zeit sowohl Lehrer als Lernende zu größerem Fleiße und Anstrengung aufgemuntert werden, wie ich aus Erfahrung von der Jenaischen Akademie weiß, wo diese Einrichtung stattfand, da hingegen, wo kürzere Cursus eingeführt waren, ich immer das Gegenteil beobachtet habe. — Und endlich ist für die meisten Wissenschaften ein halbes Jahr vollkommen hinreichend, wenn nur der Lehrer fleißig und ohne auszusetzen täglich seine Stunde liest. Bei solchen Wissenschaften, deren Umfang durchaus mehr Zeit erfordert, kann er sie teilen und in 2 halben Jahren lesen, ohnerachtet es hierbei besser ist, lieber täglich 2 Stunden dazu zu verwenden.

Alle Collegia werden, . . . weil dadurch das Interesse sowohl beim Lehrer, als beim Lernenden erhöht wird, bezahlt. — Die Publica fallen, als Pflicht, weg. Wer Sinn und Trieb dafür hat, wird allgemein nützliche Gegenstände auch ohne dies öffentlich vortragen. Die Honoraria müssen schlechterdings pränumeriert werden. Dies muß Gesetz sein und wird dadurch aufrecht erhalten, daß nie eine Klage wegen schuldigen Honorars gerichtlich angenommen werden darf. — Dürftige, die es durch beglaubigte Zeugnisse beweisen können, erhalten bei der Inskription vom Direktor der Fakultät ein Testimonium paupertatis, dessen Vorzeigung sie bei jedem Lehrer von der Bezahlung freispricht.

Alle Vorlesungen werden zu der allgemein bestimmten Zeit angefangen und beendigt, worauf der Direktor jeder Fakultät zu sehen hat. Dies ist nötig, damit die Studierenden in der Ordnung und ohne Zeit zu verlieren von einer Wissenschaft zur andern fortschreiten können.

Außerdem wird es den Lehrern zur Pflicht gemacht, Examinatorien und Disputatorien, auch Konversatorien zu halten, deren Nutzen zur sokratischen Erläuterung und Vervollkommnung des Lehrvortrages außerordentlich ist.

Akademische Disziplin

Jeder Studierende tritt in *die Rechte und Verbindlichkeiten jedes anderen Staatsbürgers* und hat die nämlichen Gesetze und Obrigkeit, wie jeder andere Einwohner der Stadt.

Es fällt also die ganze Idee einer besonderen akademischen Obrigkeit und Gerichtsbarkeit weg, die nur dazu dient, die Studenten in dem Wahn einer abgesonderten Menschenklasse zu bestärken und das Personale in Streitigkeiten mit andern Behörden zu verwickeln.

Die ganze Disziplin bezieht sich also bloß auf das Verhältnis des Studierenden zur Lehranstalt und seine Lehrer in Absicht des Unterrichts und der wissenschaftlichen Verbindungen. Und auch hier können nur die Punkte dazu gerechnet werden, die den Zweck des Ganzen stören. Dahin gehören einesteils unsittliches, ruhestörendes Betragen während der Vorlesungen, andernteils Unordnung in der Bezahlung der Honorare und drittens Nichtbefolgung der allgemein eingeführten Ordnung und Gesetze, z. B. Inskription.

Was das *erste* betrifft, so wird es jedem Lehrer, wenn er sich gehörig beträgt, sehr möglich sein, Ordnung in seinem Auditorio zu erhalten; und sollte ein Subjekt inkorrigibel sein oder sogar absichtlich darauf ausgehen, den Lehrer zu beleidigen, so steht es ihm frei, ihm den Zutritt zu verbieten (spezielle Exklusion).

Was die *Zahlung* betrifft, so fällt dieser Punkt ganz weg, da nach obigem die Vorausbezahlung gesetzlich eingeführt ist und also gar keine Klage wegen Nichtbezahlung angenommen wird.

Was das *dritte*, Unterlassung der Inskription, betrifft, so wird dies dadurch am besten verhütet, wenn kein Studierender zu einem Collegio zugelassen wird, der sich nicht als inskribiert legitimieren kann.

Wenn die Lehrer selbst in diesen Dingen auf Ordnung halten, so ergibt es sich von selbst, daß keine Appellation an eine höhere Behörde und folglich keine Zwangsmittel und Strafen nötig sind, denn es kann keine Klage über Unsittlichkeiten und Schulden geben, welches die einzig möglichen sein würden.

Da es aber doch einzelne Subjekte geben könnte, welche von einer so ungesitteten oder auch bösartigen und intriganten Gemütsart wären, daß sie sich immer und wiederholt solcher Vergehungen schuldig machten, die notorisch es darauf anlegen, Parteien und Hetzereien zu stiften und dadurch Unordnungen in den Vorlesungen und unter den Studierenden hervorzubringen, so behält sich die Universität vor, in solchem Falle die Exclusio generalis zu verfügen, d. h. zu dekretieren, daß ein solcher Mensch von allen Vorlesungen überhaupt ausgeschlossen ist.

Akademische Würden, Prüfungen, Feierlichkeiten und Preise

I. Akademische Würden und Prüfungen

Es ist billig und zweckmäßig, daß der, der seine Studien geendigt und seine Wissenschaft vollkommen erlernt hat, darüber für sich und das Publikum ein Zeugnis und eben dadurch auch eine bürgerliche Würde erhalte. So entstand die Doktorwürde, und sie soll demnach für die Gelehrsamkeit dasselbe sein, was die Meisterwürde für Künste und Handwerker ist. — Es ist kein Grund vorhanden, diese wohltätige Einrichtung abzuschaffen, im Gegenteil ist viel dafür:

a) Sie ist ein Sporn mehr für den Studierenden zum Fleiße, um bei der Prüfung dieses Zeugnisses würdig zu sein.

b) Sie beehrt zugleich den Fleiß durch die mit dem Zeugnisse verbundene Ehre.

c) Sie gibt dem Staate ein Mittel, die Vollendeten von den weniger Geschickten zu unterscheiden.

d) Sie ist in allen zivilisierten Ländern Europas eingeführt, und es würde eine unangenehme Ausnahme veranlassen, wodurch teils hier studierende Fremde genötigt sein würden, die Akademie zu verlassen, um wo anders zu promovieren, teils Inländer, welche auswärts ihr Glück machen wollten, auf auswärtige Akademien zu gehen, um zu promovieren.

e) Und endlich haben ja die noch bestehenden Akademien das Recht, Doktoren zu kreieren, und es würde ebenso ungerecht gegen sie und die einmal zugesicherten Einkünfte ihrer Lehrer sein, sie durch Abschaffung der Doktorwürden dieses zu berauben, als, wenn man es ihnen lassen und der Berliner Akademie nicht geben wollte, es ungerecht gegen diese und gegen die Studierenden derselben sein würde, indem letztere nun erst nach Endigung ihrer Studien eine Reise nach einer entfernten Akademie machen müßten, um sich prüfen und promovieren zu lassen, was überdies die Akademie, wo sie studiert haben, weit besser kann als eine andere.

Also das Recht, Doktoren zu kreieren, muß der Universität bleiben, und zwar für die medizinische Klasse vorzüglich, wo der Staat selbst nur geprüfte Ärzte verlangt, aber auch für die andern Klassen, weil es auch da Stellen gibt, die nur ein Doktor bekleiden kann, z. E. ordentlicher Professor zu sein. ...

Die Doktor-Promotion würde auch zweckmäßiger eingerichtet werden können, doch würde die öffentliche Disputation, als ein Mittel, das Studium der alten Sprachen und gründliche Gelehrsamkeit aufrecht zu erhalten, sowie die Publikation eines von ihm verfaßten Specimens (Inaugural-Dissertation) beizubehalten sein.

II. Feierlichkeiten

Diese würden die nämlichen bleiben können, die sie schon jetzt bei der Akademie der Wissenschaften sind: der Stiftungstag und des Königs Geburtstage; wobei die ganze Akademie sich versammelt, durch ein Programm dazu einladet und die Preis-Vorlesungen hält und an dem letzten Tage die Preise nicht bloß, wie bisher, an die Gelehrten, sondern auch Studierenden öffentlich verteilt, wovon gleich mehr.

III. Preisausteilungen

Die Aufstellungen von Preisfragen sind (wie sich auch in Göttingen bestätigt hat) ein so herrliches Mittel zur Ermunterung des Privatfleißes und zugleich zum Erkennen verborgener Talente, daß diese Einrichtung mit in den Plan der Akademie aufgenommen zu werden verdient, und man könnte dabei ganz die Göttingsche Methode befolgen. — Jede Klasse gibt jährlich eine Preisfrage für die Jugend, und alle Jahre in der feierlichen Sitzung an des Königs Geburtstage werden die Preise ausgeteilt und in den Actis oder der Gelehrten Zeitung bekannt gemacht.

Verbindung mit der Akademie der Wissenschaften, der medizinisch-chirurgischen Akademie und anderen schon vorhandenen Anstalten

I. Akademie der Wissenschaften

Dies Institut, dessen ursprünglicher, erhabener Zweck es war, Gelehrte in ihren wissenschaftlichen Bemühungen zu unterstützen, sie dafür, ohne Ansprüche auf bürgerliche Geschäfte, zu besolden und dadurch die Fortschritte der Wissenschaften an sich, ohne Rücksicht auf ihren bestimmten praktischen Nutzen, zu befördern, — ist allmählich in eine bloße Pensionsanstalt für Gelehrte und auch für andere übergegangen. Es stellt gleichsam ein Corpus mysticum et mortuum dar, dessen Existenz zwar durch den Namen und gewisse Gebräuche bekannt ist, aber von dem weder der Staat, noch selbst die Wissenschaften einen wesentlichen Nutzen ziehen, den ihm die Mitglieder wohl auch ohne diese Verbindung geleistet haben würden, und es scheint dies das Schicksal aller solcher Institute, ja selbst einzelner Individuen zu sein, wenn sie nicht durch irgend ein Band, besonders den Unterricht, ans äußere Leben geknüpft und dadurch selbst im Leben erhalten werden. — Eine Reform und neue Belebung war also schon lange als höchst nötig anerkannt worden, und gegenwärtig bietet sich die schönste Gelegenheit dazu dar. — Das Lehren der Wissenschaft, die man kultiviert, ist als das sicherste Mittel anerkannt, in ihr selbst vollkommner zu werden. Ja, ich behaupte, es geht unmittelbar daraus hervor, und wessen Geist recht durchdrungen und erfüllt ist von seiner Wissenschaft, der wird unwillkürlich getrieben, sie auch mitzuteilen. Dies war der Fall mit den Philosophen der alten Welt; sie lehrten alle. Auch zeigt uns die Erfahrung neuerer Zeit, daß die lehrenden Akademien auch die Fortschritte der Wissenschaften selbst viel mehr befördert und sie mit einem lebendigeren Geiste behandelt haben als die bloß spekulativen Akademien der Wissenschaften, deren sich sehr bald Trägheit und Unfruchtbarkeit bemächtigten. Es wird also nicht nur sehr anständig, sondern selbst dem ursprünglich hohen Zwecke der Akademie völlig entsprechend und zur Erreichung desselben höchst vorteilhaft sein, wenn das Lehrgeschäft damit verbunden wird. Auch wird in dieser letzten Rücksicht keine Einwendung dagegen aus den Statuten der Akademie gemacht werden können, da durch die gleich mehr zu bestimmende Verbindung der Akademie mit der Universität der Hauptzweck, dem Gelehrten mehr literarische Muße zur Bearbeitung seiner Wissenschaft zu geben, vollkommen erreicht wird.

Die Frage ist nun: auf welche Weise läßt sich diese Verbindung am schicklichsten machen? Dazu bieten sich zwei Wege an.

Entweder, daß die Akademie der Wissenschaften als ein Ausschuß, ein innerer Zirkel des ganzen Lehrinstituts betrachtet wird, wodurch vorzügliche Männer zu rein wissenschaftlichen Zwecken vereint werden, wie in Göttingen.

Oder, daß die Akademie der Wissenschaft [so!] als Basis des Ganzen angenommen wird, von welcher alle übrigen Teile des Lehrinstituts ausgehen und sich an sie anschließen.

Es bedarf weiter nichts, als daß die Akademie von nun an den Namen *Akademie der Wissenschaften und des öffentlichen Unterrichts* (Académie des Sciences et de l'Institution [so!] publique) erhält, daß die Einteilung in Klassen nach obigem Schema verändert wird, daß ein Kurator gesetzt und die oben angegebenen, zum Lehrgeschäfte nötigen Einrichtungen damit verbunden werden. Die Mitglieder der Akademie, die zum Lehrgeschäfte tauglich sind, werden zu Professoribus ordinariis ernannt und erhalten aus dem Fonds der Akademie 800 Tlr. Besoldung. Die zu dem Lehrgeschäfte nicht brauchbaren bleiben einfache Mitglieder der Akademie und behalten ihren bisherigen Gehalt. Inskünftige wird jeder, der zum Professor ordin. erwählt wird, eo ipso auch Mitglied der Akademie und erhält 800 Tlr. Gehalt.

Dieser *zweite Weg* würde aus ökonomischen Gründen vorzuziehen sein, im Falle der Universität keine hinlänglichen Fonds geschafft werden könnten, da die Akademie ansehnliche und sichere Fonds besitzt (die sich noch jetzt auf 20 000 Tlr. jährlich belaufen) und diese wohl nicht passender als zu diesem Zwecke verwendet werden könnten und müßten.

Aber der *erste Weg* ist für den höheren wissenschaftlichen Zweck unstreitig ersprießlicher, indem er in dem Gremium der Universität eine höhere Stufe, einen inneren Zirkel der eminenten Talente, bilden würde, wodurch selbst dem schon angestellten Lehrer ein beständiger Sporn und Aussicht zu höherer wissenschaftlicher Bildung gegeben und ihm zugleich durch die mit dem Einrücken verbundene Gehaltszulage Belohnung und manche Muße zum rein wissenschaftlichen

Leben verschafft würde. Dann würde die Einrichtung folgende sein: Derjenige Professor ordinarius, der sich durch besondere Talente und Verdienste um seine Wissenschaft auszeichnet, wird zum Mitgliede der Akademie in Vorschlag gebracht und hierauf von allen Mitgliedern derselben, aber namentlich und mit schriftlich beigefügten Gründen, über seine Aufnahme votiert und darnach dekretiert. Mit der Aufnahme ist eine Gehaltszulage von 500 Tlrn. verbunden. ...

II. Collegium medico-chirurgicum oder die bisher in Berlin bestandene medizinisch-chirurgische Akademie

Diese Verbindung ist äußerst leicht, da dies Collegium schon bisher ein bloßes Lehrinstitut war und eine ganz akademische Verfassung hatte.

Das ganze Colleg. med. chir. tritt für jetzt als Medizinische Fakultät in das allgemeine Lehrinstitut ein und wird nach den dabei angenommenen Grundsätzen organisiert.

Ein Hauptfehler dieses Colleg. war bisher, daß die Zahl der ordentlichen Lehrstellen nicht festgesetzt und mit hinlänglicher Besoldung versehen war, sondern daß man nach Belieben die Zahl der Professoren vermehrte, ihnen aber so wenig Gehalt gab, daß sie das Lehrgeschäft nur nebenher als Broterwerb, aber keinesweges als wissenschaftliches Studium trieben, woher es denn gekommen ist, daß wir 18 Professoren der Medizin und dennoch kein wissenschaftlich vollkommenes Institut haben. — Konnte auch diese Einrichtung bisher zureichen, da sie bloß den Zweck hatte, Militärchirurgen zu bilden, so kann sie doch nun nicht länger so bestehen, da sie die Hauptakademie zur Bildung der Ärzte für den ganzen Staat werden soll. Dieser Fehler fällt nun weg, da die medizinische Klasse der Akademie 6 ordentliche und besoldete Lehrstellen erhält. Die zu diesen Wissenschaften qualifizierten Männer treten sogleich in diese Stellen ein. Die anderen Professoren behalten für jetzt ihre Gehalte und werden bei ihrem Abgange nicht wieder besetzt [so!].

Noch muß ich bemerken, daß es für 3 Lehrstellen, nämlich Anatomie, Chirurgie und Klinik, sehr nützlich sein würde und notwendig ist, daß sie doppelt besetzt werden, weil dabei so viele praktische Übungen verbunden sind und es, wenn sie ihren Zweck ganz erreichen sollen, durchaus nötig ist, daß sich der Lehrer mit jedem Individuo einzeln beschäftigt, welches für einen Lehrer und bei einem Numero der Zuhörer, der sich nach der neuen Einrichtung leicht auf 80—100 belaufen kann, unmöglich ist. Auch war dies zeither schon bei der Anatomie und Chirurgie der Fall und müßte nur noch mit der Klinik auch so eingerichtet werden. Diese Professores secundarii könnten unter den Extraordinariis gezählt werden, bekommen dann 400 Tlr. Gehalt und einen Teil der Honorarien.

III. Chirurgische Pepinière

Dies zur Bildung der Militär-Wundärzte (sowie das ältere und auch noch bestehende Pensionärinstitut) bestimmte und vom Könige dotierte Institut hat den Zweck, 80 Chirurgen auf königl. Kosten 5 Jahre lang zu verpflegen und zu unterrichten. Die ersten Jahre sind bloß den Schulwissenschaften gewidmet — die 3 letzten erst dem akademischen med.-chirurg. Studio; und dieses hat es bisher von den Professoren des Medic.-chir. Collegii erhalten, und zwar nicht extraordinair, sondern in den nämlichen Stunden, die auch andere Studenten besuchten, wofür die Professoren von der Kasse der Pepinière eine bei der Stiftung festgesetzte Summe, wo die Hälfte des gewöhnlichen Honorarii zum Ansatz genommen wurde, als ein jährliches Gehalt erhielten. Dies Institut hat also nicht die mindeste anderweitige Beziehung auf das Lehrinstitut und kommt mit ihm in gar keine Kollision; so wenig bei der neuen Einrichtung, als bei der alten. Es kann ebenso, wie bisher, fortfahren, seine Zöglinge in die Collegia der Professoren der Akademie zu schicken und denselben das bisher gewöhnliche Honorar dafür auszuzahlen. Es wäre selbst zu wünschen, daß es dem Institute zur Pflicht gemacht würde, seine Zöglinge nur in die Collegia der bei der Akademie angestellten Professoren zu schicken, teils weil bei diesen zu erwarten ist, daß sie den besten Unterricht geben, teils weil sie fast in eine Art von Abhängigkeit von der Direktion der Pepinière kommen, und endlich, weil sich sonst bei einem parteisüchtigen Direktor der Fall denken ließe, daß er lauter eigene Lehrer wählen und sich dadurch eine abgesonderte chirurgische Akademie bilden könnte, woraus, wie die Erfahrung in Wien gezeigt hat, unangenehme Friktionen und Spaltungen entstehen.

IV. Ecole vétérinaire

Dies so herrlich etablierte und so reichlich dotierte Institut (man rechnet seine Fonds auf 20 000 Tlr. jährlich) beschäftigte sich leider bisher fast bloß mit dem Hufschlage, den Pferdekrankheiten und der Bildung der Fahnenschmiede, und verdiente schon längst auf eine höhere wissenschaftliche Stufe gehoben und dadurch erst seiner ganzen Bestimmung nahegebracht zu werden; welche Kultur die innere Naturgeschichte der Tiere und die Kenntnis und Heilung der Krankheiten aller Haustiere betrifft (die gar kein Arzt, wenn er Physikus werden will, entbehren kann), und insofern ein höchst wichtiger und wesentlicher Teil der Heilkunde, also der medizinischen Klasse der Akademie, und als solcher auch in den vollkommensten neuen Akademien Paris, Wien, Würzburg aufgenommen ist. — Die neue Einrichtung gibt dazu die beste Gelegenheit, hauptsächlich dadurch, daß das Institut der Direktion des Oberstallmeisters, der in der Regel kein wissenschaftlicher Mann zu sein pflegt, entzogen und in der Verbindung und Aufsicht der Akademie gesetzt, und dann, daß ein Mann von gründlichen und wissenschaftlichen Kenntnissen angestellt wird, welcher zugleich Anatomia comparata lehren könnte, und endlich, daß es zum Gesetz gemacht werde, nicht bloß kranke Pferde und Hunde, sondern auch alle andere Haustiere aufzunehmen und zum Unterrichte der Studierenden zu behandeln.

Fonds und Locale

Da die meisten Institute schon ihre Fonds haben, so würde, nach obigen Angaben, der für die Universität nötige jährliche Fonds etwa 30 000 Tlr. betragen.

In Absicht derselben würde vorzüglich zu wünschen sein, daß sie auf liegende Gründe angewiesen, folglich im Verhältnis zum Wert des Geldes bleibend und nicht der Willkür unterworfen wären.

Als Quellen des Fonds ließen sich vorläufig folgende nennen:

1. Die auf schlesische Güter fundierten Hallischen Revenüen, 7 000 Tlr.
2. Die Einkünfte der Universität Frankfurt.
3. Säkularisation eines Klosters in Schlesien oder Westpreußen.

Ein anständiges Locale ist der Universität zu ihren Feierlichkeiten, Versammlungen und Vorlesungen, auch Aufbewahrung ihrer Natur- und Kunstsammlungen, z. B. das Anatomische Präparatenkabinett, wofür bisher der König jährlich 1 300 Tlr. bloß Hausmiete zahlen mußte, sehr nötig — also ein akademisches Gebäude, was Galerien, große und auch kleinere Säle enthält, damit auch Professoren, welche in ihren Wohnungen keinen Raum haben, ihre Privatvorlesungen darinnen halten können. — Zu einem solchen Museum würde kein Gebäude schicklicher sein, als das *Heinrichsche Palais*, dessen ganze Bauart mehr zu öffentlichem Gebrauch als zum Bewohnen eingerichtet ist, das schon zu ähnlichen Zwecken bestimmt war (sogar zur Post), dessen Lage (nahe bei der Bibliothek, Akademie der Wissenschaften, Anatomie) es ganz dazu eignet, und das den besten Zentralpunkt bilden würde, in dessen Nähe sowohl Lehrer als Studierende ihre Wohnung nehmen, und sich dann in der großen Stadt eine kleinere Gelehrtenstadt (die Dorotheenstadt, Mittelstraße, Letzte Straße, Georgenstraße) bilden würde, die selbst in Absicht der Distanzen usw. die Vorteile einer kleinen Stadt gewähren würde.

Geheimer Kabinettsrat Karl Friedrich von Beyme

BRIEF AN JOHANN GOTTLIEB FICHTE VOM 5. 9. 1807 AUS MEMEL

Ew. Wohlgeboren wird es gewiß eine sehr erfreuliche Nachricht sein, daß Se. Majestät der König die Errichtung einer allgemeinen Lehranstalt in Berlin, in angemessener Verbindung mit der Akademie der Wissenschaften daselbst und mit bestmöglichster Benutzung aller Anstalten und Hilfsmittel, die der Ort darbietet, beschlossen und die Einrichtung derselben mir durch eine Kabinettsorder vom 4. d. M. aufgetragen haben. Eine solche Anstalt in Berlin war seit langer Zeit mein Lieblingsgedanke. Jetzt bringt ihn die Notwendigkeit zur Ausführung. Daß ich dabei ganz besonders auf Ihren Rat und Beistand rechne, werden Sie wohl ohne meine besondere Versicherung glauben. Niemand fühlt so lebendig als Sie, was uns not tut, und niemand übersieht dies so in seiner Allgemeinheit als Sie. Ich bitte Sie daher herzlich, Ihr Nachdenken auf die zweckmäßigste Ausführung der Königl. Absicht zu richten. Weder Gebrauch noch Mißbrauch, womit man auf alten Anstalten zu kämpfen hat, legen uns Fesseln an. Ihr Geist kann sich ganz frei von allem Zwange entwickeln, und daher erwarte ich ein vollkommnes Ganze. Auch über die Personen, die wir zur Ausführung zu wählen haben, bitte ich um Ihr Urteil. Eins tut mir nur leid, daß ich Ihnen bei der augenblicklichen Beschränktheit der Fonds nicht mehr als Ihren bisherigen Gehalt zusichern kann. Sie werden mir aber wohl zutrauen, daß ich gewiß die erste Gelegenheit zu Ihrer bessern Besoldung ohne Aufforderung wahrnehmen werde.

Übrigens wird die Sache, wenn sie gleich schon jetzt kein Geheimnis mehr sein wird, doch möglichst still gehalten und kein Aufhebens davon gemacht werden müssen.

Fichte

BRIEF AN BEYME VOM 19. 9. 1807
AUS BERLIN

Euer Hochwürden und Hochwohlgeboren

ehrenvollen Auftrag, der meinen durch allerhand Gerüchte schon sehr beunruhigten Wünschen entgegenkam, habe ich gestern erhalten, und seit demselben Augenblicke in der angeregten Idee gelebt. Schon steht ein organisches Ganzes vor meiner Seele, und es bedarf nur noch der Feder, um es aufzufassen, welche ich ohne Säumen ergreifen werde. Ich werde einen sicheren Weg suchen, um das Resultat davon an Sie zu befördern.

Die Notwendigkeit des Stillschweigens sehe ich selbst sehr tief ein. Es würden z. B. außerdem gar bald allerlei kleinliche persönliche Interessen sich an mich machen, und einen Einfluß auf meine Beratschlagungen begehren.

Meine eigene äußere Lage überlasse ich ganz Ihnen . . .

JOHANN GOTTLIEB FICHTE

DEDUZIERTER PLAN EINER ZU BERLIN ZU ERRICHTENDEN HÖHERN LEHRANSTALT, DIE IN GEHÖRIGER VERBINDUNG MIT EINER AKADEMIE DER WISSENSCHAFTEN STEHE 1807

1. Begriff einer durch die Zeitbedürfnisse geforderten höhern Lehranstalt überhaupt

§ 1

Als die Universitäten zuerst entstanden, war das wissenschaftliche Gebäude der neuern Welt großenteils noch erst zu errichten. *Bücher* gab es überhaupt nicht viel; die *wenigen*, die es gab, waren selten, und schwer zu erhalten; und wer etwas Neues mitzuteilen hatte, kam zunächst nicht in Versuchung, es auf dem schwierigern Wege der Schriftstellerei zu tun. So wurde die *mündliche Fortpflanzung* das allgemein brauchbarste Mittel zu der Erbauung, der Aufrechterhaltung und der Bereicherung des wissenschaftlichen Gebäudes, und die Universitäten wurden der Ersatz der nicht vorhandenen, oder seltenen Bücher.

§ 2

Auch nachdem durch Erfindung der Buchdruckerkunst die Bücher höchst gemein worden, und die Ausbreitung des Buchhandels jedwedem es sogar weit leichter gemacht hat, durch Schriften sich mitzuteilen, als durch mündliche Lehrvorträge; nachdem es keinen Zweig der Wissenschaft mehr gibt, über welchen nicht sogar ein Überfluß von Büchern vorhanden sei, hält man dennoch noch immer sich für verbunden, durch Universitäten dieses gesamte Buchwesen der Welt *noch einmal zu setzen*, und eben dasselbe, was schon *gedruckt* vor jedermanns Augen liegt, auch noch durch Professoren *rezitieren* zu lassen. Da auf diese Weise dasselbe Eine in zwei verschiedenen Formen vorhanden ist, so ermangelt die Trägheit nicht, sowohl den *mündlichen* Unterricht zu versäumen, indem sie ja dasselbe irgend einmal auch aus dem Buche werde lernen können, als den durch *Bücher* zu vernachlässigen, indem sie dasselbige ja auch *hören* könne, wodurch es denn dahin gekommen, daß, wenige Ausnahmen abgerechnet, gar nichts mehr gelernt worden, als was durch das Ohngefähr auf einem der beiden Wege an uns hängen geblieben, sonach überhaupt nichts im ganzen, sondern nur abgerißne Bruchstücke; zuletzt hat es sich zugetragen, daß die Wissenschaft, — als etwas nach Belieben immerfort auf die leichteste Weise an sich zu Bringendes, bei der Menge der Halbgelehrten, die auf diese Weise entstanden, in tiefe Verachtung geraten. Nun ist von den genannten zwei Mitteln der Belehrung das eigene Studieren der Bücher sogar das vorzüglichere, indem das Buch der frei zu richtenden Aufmerksamkeit standhält, und das, wobei diese sich zerstreute, noch einmal *gelesen*, das aber, was man nicht sogleich versteht, bis zum erfolgten Verständnisse hin und her überlegt werden, auch die Lektüre nach Belieben fortgesetzt werden kann, so lange man Kraft fühlt, oder abgebrochen werden, wo diese uns verläßt; dagegen in der Regel der Professor seine Stunde lang seinen Spruch fortredet, ohne zu achten, ob irgend jemand ihm folge, ihn abbricht, da wo die Stunde schlägt, und ihn nicht eher wieder anknüpft, als bis abermals seine Stunde geschlagen. Es wird durch diese Lage des Schülers, in der es ihm unmöglich ist, in den Fluß der Rede seines Lehrers auf irgendeine Weise einzugreifen und ihn nach seinem Bedürfnisse zum Stehen zu bringen, das leidende Hingeben als Regel eingeführt, der Trieb der eigenen Tätigkeit vernichtet, und so dem Jünglinge sogar die Möglichkeit genommen, des zweiten Mittels der Belehrung, der Bücher, mit freitätiger Aufmerksamkeit sich zu bedienen. Und so sind wir denn, um von der Kostspieligkeit dieser Einrichtung für das gemeine und das Privatwesen, und von der dadurch bewirkten Verwilderung der Sitten hier zu schweigen, durch die Beibehaltung des *Notmittels*, nachdem die Not längst aufgehoben, auch noch für den Gebrauch des *wahren und bessern Mittels* verdorben worden.

§ 3

Um nicht ungerecht, zugleich auch oberflächlich zu sein, müssen wir jedoch hinzusetzen, daß die neuern Universitäten *mehr* oder *weniger* außer dieser bloßen *Wiederholung* des vorhandenen Buchinhalts noch einen anderen edlern Bestandteil gehabt haben, nämlich das Prinzip der Verbesserung dieses Buchinhalts. Es gab selbsttätige Geister, welche in irgendeinem Fache des Wissens durch den ihnen wohlbekannten Bücherinhalt nicht befriedigt wurden, ohne doch das

Befriedigende hierin sogleich bei der Hand zu haben, und es in einem neuen und besseren Buche, als die bisherigen waren, niederlegen zu können. Diese teilten ihr Ringen nach dem Vollkommneren vorläufig mündlich mit, um entweder in dieser Wechselwirkung mit anderen in sich selber bis zu dem beabsichtigten Buche klar zu werden, oder, falls auch sie selbst in diesem Streben von geistiger Kraft oder dem Leben verlassen würden, Stellvertreter hinter sich zu lassen, welche das beabsichtigte Buch, oder auch, statt desselben und aus diesen Prämissen, ein noch besseres hinstellten. Aber selbst in Absicht dieses Bestandteils läßt sich nicht leugnen, daß er von jeher der bei weitem kleinere auf allen Universitäten gewesen, daß keine Verwaltung ein Mittel in den Händen gehabt, auch nur überhaupt den Besitz eines solchen Bestandteils sich zu garantieren, oder auch nur deutlich zu wissen, ob sie ihn habe, oder nicht, und daß selbst dieser kleine Bestandteil, wenn er durch gutes Glück irgendwo vorhanden gewesen, selten mit einiger klaren Erkenntnis seines Strebens und der Regeln, nach denen er zu verfahren hätte, gewirkt und gewaltet.

§ 4

Eine solche, zunächst überflüssige, sodann in ihren Folgen auch schädliche Wiederholung desselben, was in einer andern Form weit besser da ist, soll nun gar nicht existieren; es müßten daher die Universitäten, wenn sie nichts anderes zu sein vermöchten, sofort abgeschafft, und die Lehrbedürftigen an das Studium der vorhandenen Schriften gewiesen werden. Auch könnte es diesen Instituten zu keinem Schutze gereichen, daß sie den soeben berührten edlern Bestandteil für sich anführten, indem in keinem bestimmten Falle (auf keiner gegebenen Universität) dieser edlere Teil Rechenschaft von sich zu geben, noch sein Dasein zu beweisen, noch die Fortdauer desselben zu garantieren vermag; und sogar, wenn dies nicht so wäre, doch immer der schlechtere Teil, die bloße Wiederholung des Buchwesens, weggeworfen werden müßte. So wie alles, was auf das Recht der Existenz Anspruch macht, *sein* und *leisten* muß, was *nichts* außer ihm zu sein und zu leisten vermag, zugleich sein Beharren in diesem seinem Wesen und seine unvergängliche Fortdauer verbürgend: so muß dies auch die Universität, oder wie wir vorläufig im antiken Sinne des Wortes sagen wollen, die *Akademie*, oder sie muß vergehen.

§ 5

Was, im Sinne dieser höhern Anforderung an die Subsistenz, die Akademie sein könne, und, falls sie sein soll, sein müsse, geht sogleich hervor, wenn man die Beziehung der Wissenschaft auf das wirkliche Leben betrachtet.

Man studiert ja nicht, um lebenslänglich und stets dem Examen bereit das Erlernte in Worten wieder von sich zu geben, sondern um dasselbe auf die vorkommenden Fälle des Lebens anzuwenden, und so es in *Werke* zu verwandeln; es nicht bloß zu wiederholen, sondern etwas anderes daraus und damit zu machen; es ist demnach auch hier letzter Zweck keinesweges das Wissen, sondern vielmehr die Kunst, das Wissen zu gebrauchen. Nun setzt diese Kunst der Anwendung der Wissenschaft im Leben noch andere der Akademie fremde Bestandteile, Kenntnis des Lebens nämlich, und Übung der Beurteilungsfähigkeit der Fälle der Anwendung voraus, und es ist demnach von ihr zunächst nicht die Rede. Wohl aber gehört hierher die Frage, auf welche Weise man denn die Wissenschaft selbst so zum freien und auf unendliche Weise zu gestaltenden Eigentume und Werkzeuge erhalte, daß eine fertige Anwendung derselben auf das, freilich auf anderm Wege zu erkennende, Leben möglich werde.

Offenbar geschieht dies nur dadurch, daß man jene Wissenschaft gleich anfangs mit klarem und freiem Bewußtsein erhalte. Man verstehe uns also. Es macht sich vieles von selbst in unserm Geiste, und legt sich demselben gleichsam an, durch einen blinden und uns selber verborgen bleibenden Mechanismus. Was also entstanden, ist nicht mit klarem und freiem Bewußtsein durchdrungen, es ist auch nicht unser sicheres und stets wieder herbeizurufendes Eigentum, sondern es kommt wieder oder verschwindet nach den Gesetzen desselben verborgenen Mechanismus, nach welchem es sich erst in uns anlegte. Was wir hingegen mit dem Bewußtsein, *daß* wir es tätig erlernen, und dem Bewußtsein der *Regeln* dieser erlernenden Tätigkeit, auffassen, das wird zufolge dieser eigenen Tätigkeit und dem Bewußtsein ihrer Regeln ein eigentümlicher Bestandteil unsrer Persönlichkeit und unseres, frei und beliebig zu entwickelnden, Lebens.

Die freie Tätigkeit des Auffassens heißt Verstand. Bei dem zuerst erwähnten mechanischen Erlernen wird der Verstand gar nicht angewendet, sondern es waltet allein die blinde Natur. Wenn jene Tätigkeit des Verstandes und die bestimmten Weisen, wie dieselbe verfährt, um etwas aufzufassen, *wiederum zu klarem Bewußtsein erhoben* werden, so wird dadurch entstehen eine besonnene Kunst des Verstandesgebrauchs im Erlernen. Eine kunstmäßige Entwicklung jenes Bewußtseins der Weise des Erlernens — im Erlernen irgend eines Gegebenen — würde somit, unbeschadet des jetzt aufgegebenen Lernens, zunächst nicht auf das Lernen, sondern auf die Bildung des Vermögens zum Lernen ausgehen. Unbeschadet des jetzt aufgegebenen Lernens, habe ich gesagt, vielmehr zu seinem großen Vorteile, denn man weiß gründlich und unvergeßlich nur das, wovon man weiß, wie man dazu gelangt ist. Sodann wird, indem nicht bloß das zuerst Gegebene gelernt, sondern an ihm zugleich die Kunst des Erlernens überhaupt gelernt und geübt wird, die *Fertigkeit* entwickelt, ins Unendliche fort nach Belieben leicht und sicher alles andere zu lernen; und es entstehen *Künstler* im Lernen. Endlich wird dadurch alles Erlernte oder zu Erlernende ein sicheres Eigentum des Menschen, womit er nach Belieben schalten könne, und es ist somit die erste und ausschließende Bedingung des praktischen Kunstgebrauchs der Wissenschaft im Leben herbeigeführt und erfüllet. Eine Anstalt, in welcher mit Besonnenheit, und nach Regeln, das beschriebene Bewußtsein entwickelt und die dabei beabsichtigte Kunst geübt würde, wäre, was folgende Benennung ausspricht: *eine Schule der Kunst des wissenschaftlichen Verstandesgebrauches.*

Ohnerachtet auf den bisherigen Universitäten von ohngefähr zuweilen geistreiche Männer aufgetreten, die im Geiste des obigen Begriffs in einem besondern Fache des Wisssens Schüler gezogen, so hat doch sehr viel gefehlt, daß die Realisierung dieses Begriffs im allgemeinen mit Sicherheit, Festigkeit und nach unfehlbaren Gesetzen auch nur deutlich gedacht und vorgeschlagen, geschweige denn, daß sie irgendwo ausgeführt worden. Dadurch aber ist die Erhaltung und Steigerung der wissenschaftlichen Bildung im Menschengeschlechte dem guten Glücke und blinden Zufalle preisgegeben gewesen, aus dessen Händen sie unter die Aufsicht des klaren Bewußtseins lediglich durch die Darstellung des erwähnten Begriffes gebracht werden könnte. Und so ist es die Ausführung dieses Begriffes, die in Beziehung auf das wissenschaftliche Wesen in der ewigen Zeit dermalen an der Tagesordnung ist, und die sogar in ihrer Existenz angegriffene Akademie würde wohltun, diese Ausführung zu übernehmen, da das, was sie bis jetzt gewesen, gar nicht länger das Recht hat dazusein.

§ 6

Aber sogar dieses Anspruches alleinigen und ausschließenden Besitz wird etwas anderes der Akademie streitig machen, die niedere Gelehrtenschule nämlich. Diese, vielleicht selbst erst bei dieser Gelegenheit über ihr wahres Wesen klar geworden, wird anführen, daß sie, bis auf die Zeiten der neuern verseichtenden Pädagogik, weit besser und vorzüglicher eine solche Kunstschule des wissenschaftlichen Verstandesgebrauches gewesen, denn irgendeine Universität. Somit wird die Akademie zuvörderst mit dieser niedern Gelehrtenschule eine Grenzberichtigung treffen müssen.

Diese Grenzberichtigung wird ohne Zweifel zur Zufriedenheit beider Teile dahin zustande kommen, daß der niedern Schule die Kunstübung des allgemeinen Instruments aller Verständigung, der Sprache, und von dem wissenschaftlichen Gebäude das allgemeine Gerüst und Geripp des vorhandenen Stoffes, ohne Kritik, anheimfalle; dagegen die höhere Gelehrtenschule die Kunst der Kritik, des Sichtens des Wahren vom Falschen, des Nützlichen vom Unnützen, und das Unterordnen des minder Wichtigen unter das Wichtige, zum ausschließenden Eigentum erhalte; somit die erste: Kunstschule des wissenschaftlichen Verstandesgebrauches, als bloßen Auffassungsvermögens, oder Gedächtnisses, die letzte: Kunstschule des Verstandesgebrauches, als Beurteilungsvermögens, würde.

§ 7

Kunstfertigkeit kann nur also gebildet werden, daß der Lehrling nach einem bestimmten Plane des Lehrers unter desselben Augen selber arbeite, und die Kunst, in der er Meister werden soll, auf ihren verschiedenen Stufen von ihren ersten Anfängen an bis zur Meisterschaft, ohne Überspringen regelmäßig fortschreitend, ausübe. Bei unserer Aufgabe ist es die Kunst wissenschaftlichen Verstandesgebrauchs, welche geübt werden soll. Der Lehrer gibt nur den Stoff, und regt an die Tätigkeit; diesen Stoff bearbeite der Lehrling selbst; der Lehrer muß aber in der Lage bleiben, zusehen zu können, ob und wie der Lehrling diesen Stoff bearbeite, damit er aus dieser Art der Bearbeitung ermesse, auf welcher Stufe der Fertigkeit jener stehe, und auf diese den neuen Stoff, den er geben wird, berechnen könne.

Nicht bloß der Lehrer, sondern auch der Schüler muß fortdauernd sich äußern und mitteilen, so daß ihr gegenseitiges Lehrverhältnis werde eine fortlaufende Unterredung, in welcher jedes Wort des Lehrers sei Beantwortung einer durch das unmittelbar Vorhergegangene aufgeworfenen Frage des Lehrlings, und Vorlegung einer neuen Frage des Lehrers an diesen, die er durch seine nächstfolgende Äußerung beantworte; und so der Lehrer seine Rede nicht richte an ein ihm völlig unbekanntes Subjekt, sondern an ein solches, das sich ihm immerfort bis zur völligen Durchschauung enthüllt; daß er wahrnehme dessen unmittelbares Bedürfnis, verweilend, und in andern und wieder andern Formen sich aussprechend, wo der Lehrling ihn nicht gefaßt hat, ohne Verzug zum nächsten Gliede schreitend, wenn dieser ihn gefaßt hat; wodurch denn der wissenschaftliche Unterricht aus der Form einfach fortfließender Rede, die er im Buchwesen auch hat, sich verwandelt in die dialogische Form, und eine wahrhafte Akademie, im Sinne der Sokratischen Schule, an welche zu erinnern wir gerade dieses Wortes uns bedienen wollten, errichtet werde.

§ 8

Der Lehrer muß ein ihm immer bekannt bleibendes festes und bestimmtes Subjekt im Auge behalten, sagten wir. Falls nun, wie zu erwarten, dieses Subjekt nicht zugleich auch aus Einem Individuum, sondern aus mehreren bestände, so müssen, da das Subjekt des Lehrers Eins, und ein bestimmtes sein muß, diese Individuen selber zu einer geistigen Einheit, und zu einem bestimmten organischen Lehrlingskörper zusammenschmelzen. Sie müssen darum auch unter sich in fortgesetzter Mitteilung und in einem wissenschaftlichen Wechselleben verbleiben, in welchem jeder allen die Wissenschaft von derjenigen Seite zeige, von welcher er, als Individuum, sie erfaßt, der leichtere Kopf dem schwerfälligeren etwas von seiner Schnelligkeit, und der letzte dem ersten etwas von seiner ruhigen Schwerkraft abtrete.

§ 9

Um unseren Grundbegriff durch weitere Auseinandersetzung noch anschaulicher zu machen: — Der Stoff, welchen der Meister dem Zöglinge seiner Kunst gibt, sind teils seine eigenen Lehrvorträge, teils gedruckte Bücher, deren geordnetes und kunstmäßiges Studium er ihm aufgibt; indem in Absicht des letzteren es ja ein Hauptteil der wissenschaftlichen Kunst ist, durch den Gebrauch von Büchern sich belehren zu können, und es sonach eine Anführung auch zu dieser Kunst geben muß; sodann aber auf einer solchen Akademie der bei weitem größte Teil des wissenschaftlichen Stoffes aus Büchern wird erlernt werden müssen, wie dies an seinem Orte sich finden wird.

Die Weisen aber, wie der Meister seinem Lehrlinge sich enthüllt, sind folgende:

Examina, nicht jedoch im Geiste des Wissens, sondern in dem der Kunst. In diesem letztern Geiste ist jede Frage des Examinators, wodurch das Wiedergeben dessen, was der Lehrling gehört oder gelesen hat, als Antwort begehrt wird, ungeschickt und zweckwidrig. Vielmehr muß die Frage das Erlernte zur Prämisse machen, und eine Anwendung dieser Prämisse in irgend einer Folgerung als Antwort begehren.

Konversatoria, in denen der Lehrling fragt, und der Meister zurückfragt über die Frage, und so ein expresser Sokratischer Dialog entstehe, innerhalb des unsichtbar immer fortgehenden Dialogs des ganzen akademischen Lebens.

Durch schriftliche Ausarbeitungen zu lösende Aufgaben an den Lehrling, immer im Geiste der Kunst, und also, daß nicht das Gelernte wiedergegeben, sondern etwas anderes damit und daraus gemacht werden solle, also, daß erhelle, ob und in wie weit der Lehrling jenes zu seinem Eigentume und zu seinem Werkzeuge für allerlei Gebrauch bekommen habe. Der natürliche Erfinder solcher Aufgaben ist zwar der Meister; es soll aber auch der geübtere Lehrling aufgefordert werden, dergleichen sich auszusinnen, und sie für sich oder für andere in Vorschlag zu bringen. — Es wird durch diese schriftlichen Ausarbeitungen zugleich die Kunst des schriftlichen Vortrages eines wissenschaftlichen Stoffes geübt, und es soll darum der Meister in der Beurteilung auch über die Ordnung, die Bestimmtheit und die sinnliche Klarheit der Darstellung sich äußern.*

* Es dürfte vielleicht nicht überflüssig sein, der Erwähnung solcher Aufgaben noch ausdrücklich die Bemerkung hinzuzufügen, daß nicht bloß in dem apriorischen Teile der Wissenschaft, sondern auch in ganz empirischen Szienzen solche, die Selbsttätigkeit des Auffassens erkundende, Aufgaben möglich seien. In der Philologie, der Theologie usw. ist ja wohl bekannt, daß diese Fächer der eignen Kombinationsgabe und Konjekturalkritik ein fast unermeßliches Feld darbieten, wobei, gesetzt auch die Ausbeute wäre nicht von

§ 10

Zuvörderst vom Lehrlinge einer solchen Anstalt

Die äußern Bedingungen, wodurch derselbe teils zustande kommt, teils in seinem Zustande verharrt, sind die folgenden:

1. *Gehörige Vorbereitung auf der niederen Gelehrtenschule für die höhere.* Welche Leistungen für die Bildung des Kopfs zur Wissenschaft der niederen Schule anzumuten sind, haben wir schon oben (*§ 6*) ersehen. Dies muß nun, wenn die höhere Schule mit sicherm Schritte einhergehen soll, von der niedern nicht wie bisher, wie gutes Glück und Ohngefähr es geben, sondern nach einem festen Plane, und so, daß man immer wisse, was gelungen sei und was nicht, geschehen. Die Verbesserung der höheren Lehranstalten setzt sonach die der niedern notwendig voraus, wiewohl wiederum auch umgekehrt eine gründliche Verbesserung der letzten nur durch die Verbesserung der ersten, und indem auf ihnen die Lehrer der niedern Schule die ihnen jetzt großenteils abgehende Kunst des Lehrens erlernen, möglich wird; daß daher schon hier erhellet, daß wir nicht mit Einem Schlage das Vollkommne werden hinstellen können, sondern uns demselben nur allmählich und in mancherlei Vorschritten werden annähern müssen.

Zur Verbreitung höherer Klarheit über unsern Grundbegriff füge ich hier noch folgendes hinzu. Daß der für ein wissenschaftliches Leben bestimmte Jüngling zuvörderst mit dem allgemeinen Sprachschatze der wissenschaftlichen Welt, als dem Werkzeuge, vermittelst dessen allein er, so zu verstehen, wie sich verständlich zu machen vermag, vertraut werden müsse, ist unmittelbar klar. Diese positive Kenntnis der Sprache aber, so unentbehrlich sie auch ist, erscheint als leichte Zugabe, wenn wir bedenken, daß besonders durch Erler-

Bedeutung, dennoch die Selbsttätigkeit des Geistes geübt und dokumentiert wird. Aber auch der Lehrer der Universalgeschichte könnte, meines Erachtens, ein nicht wirklich eingetretenes Ereignis fingieren, mit der Aufgabe an sein Auditorium, zu zeigen, was bei diesem oder diesem von ihnen erlernten Zustande der Welt daraus am wahrscheinlichsten erfolgt sein würde; oder der des römischen Rechts irgend einen Fall, mit der Aufgabe an sein Auditorium, das aus dem Ganzen der römischen Gesetzgebung hervorgehende und in dasselbe organisch einpassende Gesetz für diesen Fall anzugeben. Es würde aus dem Versuche der Lösung dieser Aufgaben ohne Zweifel klar hervorgehen, zuvörderst, ob seine Zuhörer die Geschichte oder das römische Recht wirklich wüßten, sodann, ob und in wie weit sie diese Szienzen in ihrem Geiste durchdrungen, oder dieselben nur mechanisch auswendig gelernt hätten.

nung der Sprachen einer andern Welt, welche die Merkmale ganz anders zu Wortbegriffen gestaltet, der Jüngling über den Mechanismus, womit die angeborne moderne Sprache, gleichsam als ob es nicht anders sein könnte, ihn fesselt, unvermerkt hinweggehoben und im leichten Spiele zur Freiheit der Begriffebildung angeführt wird; ferner, daß beim Interpretieren der Schriftsteller er an dem leichtesten und schon fertig ihm hingelegten Stoffe lernt, seine Betrachtung willkürlich zu bewegen, dahin und dorthin zu richten für einen ihm bekannten Zweck, und nicht eher abzulassen in dieser Arbeit, als bis der Zweck erreicht dastehe. Es wird nun, um dieses Verhältnisses willen der *niedern* Kunst des wissenschaftlichen Verstandesgebrauches zu der *höhern*, notwendig sein, daß die Schule in ihrem Sprachunterrichte also verfahre, daß nicht bloß der erste Zweck der historischen Sprachkenntnis, sondern zugleich auch der letzte der Verstandesbildung an ihr sicher, allgemein und für klare Dokumentation ausreichend erfüllt werde; daß z. B. der Schüler auf jeder Stufe des Unterrichts verstehen lerne, was er verstehen soll, vollkommen und bis zum Ende, und wissen lerne, *ob* er also verstehen und den Beweis führen lerne; keineswegs aber, wie es bisher so oft geschehen, hierüber vom guten Glücke abhänge und im Dunkeln tappe, indem sehr oft sein Lehrer selbst keinen rechten Begriff vom Verstehen überhaupt hat und gar nicht weiß, welche Fragen alle müssen beantwortet werden können, wenn man sagen will, man habe z. B. eine Stelle eines Autors verstanden.

Betreffend das Grundgerüst des vorhandenen wissenschaftlichen Stoffes, als das zweite Stück der nötigen Vorbereitung, die der Schule zukommt, mache ich durch folgende Wendung mich klärer. Man hat wohl, um den Forderungen einer solchen geistigen Kunstbildung, wie sie auch in diesem Aufsatze gemacht werden, auszuweichen, die Anmerkung gemacht: eine solche besonnene Ausbildung der Geistesvermögen sei wohl bei den alten klassischen Völkern möglich gewesen, weil das sehr beschränkte Feld der positiven Kenntnisse, die sie zu erlernen gehabt, ihnen Zeit genug übriggelassen hätte; dagegen die unsrige durch das unermeßliche Gebiet des zu Erlernenden gänzlich aufgezehrt werde, und für keine anderen Zwecke uns ein Teil derselben übrigbleibe. Als ob nicht vielmehr gerade darum, weil wir mit ihnen weit mehr zu leisten haben, eine kunstmäßige Ausbildung der Vermögen uns um so nötiger würde, und wir nicht um so mehr auf Fertigkeit und Gewandtheit im Lernen bedacht sein müßten, da wir eine so große Aufgabe des Lernens vor uns haben. In der Tat kommt jenes Erschrecken vor der Unermeßlichkeit unsers wissenschaftlichen Stoffes daher, daß man ihn ohne einen ordnenden Geist und ohne eine mit Besonnenheit geübte Gedächtniskunst, deren Hauptmittel jener ordnende Geist ist, erfasset; vielmehr blind sich hineinstürzt in das Chaos, und ohne Leitfaden in das Labyrinth, so im Herumirren bei jedem Schritte Zeit verliert, also, daß die wenigen, welche in diesem ungeheuern Ozeane, vom Versinken gerettet, noch oben schwimmen, beim Rückblicke auf ihren Weg erschrecken vor der eigenen Arbeit und dem gehabten Glücke, und, die noch immer vorhandenen Lücken in ihrem Wissen entdeckend, glauben, es habe ihnen nichts weiter gemangelt, denn *Zeit*, — da doch die ordnende Kunst, die sie nicht kennen, indem sie keinen Schritt vergebens tut, die Zeit ins Unendliche vervielfältigt und eine kurze Spanne von Menschenleben ausdehnt zu einer Ewigkeit. Wenn schon die erste Schule für den Anfänger nicht länger das fähige Gedächtnis des einen Knaben für einen glücklichen Zufall, das langsamere eines andern für ein unabwendbares Naturunglück halten, sondern lernen wird, das Gedächtnis sowohl überhaupt, als in seinen besonderen, für besondere Zweige passenden, Fertigkeiten kunstmäßig zu entwickeln und zu bilden; wenn sie diesem Gedächtnisse erst ein ganz ins kurze und kleine gezogenes, aber lebendiges und klares Bild des Ganzen eines bestimmten wissenschaftlichen Stoffes (z. B. für die Geschichte ein allgemeines Bild der Umwandlungen im Menschengeschlechte durch die Hauptbegebenheiten der herrschenden Völker, neben einem Bilde von der allgemeinen Gestalt der Oberfläche des Erdbodens, als dem Schauplatze jener Umwandlungen) hingeben, und unaustilgbar fest in die innere Anschauung einprägen wird; sodann diese Bilder Tag für Tag wieder hervorrufen lassen, und sie allmählich, aber verhältnismäßig nach allen ihren Teilen, nach einer gewissen Regel der notwendigen Folge der *Gesichtspunkte*, und so, daß kein einzelner zum Schaden der übrigen ungebührlich anwachse, vergrößern wird; so wird jenes Entsetzen vor der Unermeßlichkeit gänzlich verschwinden, und die also gebildeten Köpfe werden leicht und sicher alles, was ihnen vorkommt, auf jene mit ihrer Persönlichkeit verwachsenen Grundbilder jedes an seiner Stelle auftragen, nicht auf ein unbekanntes Weltmeer versprengt, sondern in ihrer väterlichen

Wohnung die ihnen wohl bekannten Kammern mit Schätzen ausfüllend, die sie nach jedesmaligem Bedürfnisse wieder da hinwegnehmen können, wo sie dieselben vorher hingestellt.

Somit fällt die Vorbereitung, welche der Lehrling einer höheren Kunstschule auf der niedern erhalten haben muß, die Rechenschaft, die er vor der Aufnahme von seiner Tüchtigkeit zu geben hat, und die Vollkommenheit, bis zu welcher die niedere Schule verbessert werden muß, zu folgenden zwei Stücken zusammen. Zuvörderst muß der Adspirant eine seinen Fähigkeiten angemessene ihm vorgelegte Stelle eines Autors in gegebener Zeit gründlich verstehen lernen, und den Beweis führen können, daß er sie recht verstehe, indem sie gar nicht anders verstanden werden könne. Sodann muß er zeigen, daß er ein allgemeines Bild des gesamten wissenschaftlichen Stoffes, erhoben und bereichert bis zu derjenigen Potenz des Gesichtspunktes, an welche die höhere Schule ihren Unterricht anknüpft, in freier Gewalt und zu beliebigem Gebrauche als sein Eigentum besitze.

2. *Aufgehen seines gesamten Lebens in seinem Zwecke, darum Absonderung desselben von aller andern Lebensweise, und vollkommne Isolierung.* Der Sohn eines Bürgers, welcher ein bürgerliches Gewerb treibt, besucht vielleicht auch des Tages mehrere Stunden eine gute Bürgerschule, worin mancherlei gelehrt wird, das die gelehrte Schule gleichfalls vorträgt. Dennoch ist die Schule nicht der Sitz seines wahren, eigentlichen Lebens, und er ist nicht daselbst zu Hause, sondern sein wahres Leben ist sein Familienleben, und der Beistand, den er seinen Eltern in ihrem Gewerbe leistet; die Schule aber ist Nebensache und bloßes Mittel für den bessern Fortgang des bürgerlichen Gewerbes, als den eigentlichen Zweck. Dem Gelehrten aber muß die Wissenschaft nicht Mittel für irgend einen Zweck, sondern sie muß ihm selbst Zweck werden; er wird einst, als vollendeter Gelehrter, in welcher Weise er auch künftig seine wissenschaftliche Bildung im Leben anwende, in jedem Falle allein in der Idee die Wurzel seines Lebens haben, und nur von ihr aus die Wirklichkeit erblicken, und nach ihr sie gestalten und fügen, keinesweges aber zugeben, daß die Idee nach der Wirklichkeit sich füge; und er kann nicht zu früh in dieses sein eigentümliches Element sich hineinleben und das widerwärtige Element abstoßen.

Es ist eine bekannte Bemerkung, daß bisher auf Universitäten, die in einer kleinern Stadt errichtet waren, bei einigem Talente der Lehrer, sehr leicht ein allgemeiner wissenschaftlicher Geist und Ton unter den

Studierenden sich erzeugt habe, was in größern Städten selten oder niemals also gelungen. Sollten wir davon den Grund angeben, so würden wir sagen, daß es deswegen also erfolge, weil in dem ersten Falle die Studierenden auf den Umgang unter sich selber und den Stoff, den dieser zu gewähren vermag, eingeschränkt werden; dagegen sie im zweiten Falle immerfort verfließen in die allgemeine Masse des Bürgertumes, und zerstreut werden über den gesamten Stoff, den dieses liefert, und so das Studieren ihnen niemals zum eigentlichen Leben, außer welchem man ein anderes gar nicht an sich zu bringen vermag, sondern, wo es noch am besten ist, zu einer Berufspflicht wird. Jener bekannte Einwurf gegen große Universitätsstädte, daß in ihnen die Studierenden von einem Hörsaale zum anderen weit zu gehen hätten, möchte sonach nicht der tiefste sein, den man vorbringen könnte, und er möchte sich eher beseitigen lassen, als das höhere Übel der Verfließung des studierenden Teiles des gemeinen Wesens mit der allgemeinen Masse des gewerbtreibenden oder dumpfgenießenden Bürgertumes; indem, ganz davon abgesehen, daß bei einem solchen nur als Nebensache getriebenen Studieren wenig oder nichts gelernt wird, auf diese Weise die ganze Welt verbürgern, und eine über die Wirklichkeit hinausliegende Ansicht der Wirklichkeit, bei welcher allein die Menschheit Heilung finden kann gegen jedes ihrer Übel, ausgetilgt werden würde in dem Menschengeschlechte; und mehr als jemals würde hierauf Rücksicht zu nehmen sein in einem solchen Zeitalter, welches in dringendem Verdachte einer beinahe allgemeinen Verbürgerung steht.

3. *Sicherung vor jeder Sorge um das Äußere, vermittelst einer angemessenen Unterhaltung fürs Gegenwärtige, und Garantie einer gehörigen Versorgung in der Zukunft.* Daß das Detail der kleinen Sorgfältigkeiten um die täglichen Bedürfnisse des Lebens zum Studieren nicht paßt, daß Nahrungssorgen den Geist niederdrücken, Nebenarbeiten ums Brot die Tätigkeit zerstreuen und die Wissenschaft als einen Broterwerb hinstellen, Zurücksetzung von Begüterten dürftigkeitshalber, oder die Demut, der man sich unterzieht, um jener Zurücksetzung auszuweichen, den Charakter herabwürdigen: dieses alles ist, wenn auch nicht allenthalben sattsam erwogen, denn doch ziemlich allgemein zugestanden. Aber man kann von demselben Gegenstande auch noch eine tiefere Ansicht nehmen. Es wird nämlich ohne dies gar bald sehr klar die Notwendigkeit sich zeigen, daß im Staate, und besonders bei den höhern Dienern desselben recht fest einwurzle die Denkart, nach

welcher man nicht der Gesellschaft dienen will, um leben zu können, sondern leben mag, allein um der Gesellschaft dienen zu können, und in welcher man durch kein Erbarmen mit dem eignen, oder irgend eines anderen, Lebensgenusse bewegt wird, zu tun, zu raten, oder, wo man hindern könnte, zuzulassen, was nicht auch gänzlich ohne diese Rücksicht durch sich selber sich gebührt; aber es kann diese Denkart Wurzel fassen nur in einem durch das Leben in der Wissenschaft veredelten Geiste. Mächtig aber wird dieser Veredlung und dieser Unabhängigkeit von der erwähnten Rücksicht vorgearbeitet werden, wenn die künftigen Gelehrten, aus deren Mitte ja wohl die Staatsämter werden besetzt werden, von früher Jugend an gewöhnt werden, die Bedürfnisse des Lebens nicht als Beweggrund irgend einer Tätigkeit, sondern als etwas, das für sich selbst seinen eigenen Weg geht, anzusehen, indem es ihnen, sogar ohne Rücksicht auf ihren gegenwärtigen zweckmäßigen Fleiß, der aus der Liebe zur Sache hervorgehen soll, zugesichert ist.

§ 11

Wie muß der Lehrer an einer solchen Anstalt beschaffen sein und ausgestattet?

Zuvörderst, wie sich von selbst versteht, indem keiner lehren kann, was er selbst nicht weiß, muß er sich im Besitze der Wissenschaft befinden, und zwar auf die oben angegebene Weise, als freier Künstler, so daß er sie zu jedem gegebenen Zwecke anzuwenden und in jede mögliche Gestalt sie hinüberzubilden vermöge. Aber auch diese Kunstfertigkeit muß ihn nicht etwa mechanisch leiten und bloß als natürliches Talent und Gabe ihm beiwohnen, sondern er muß auch sie wiederum mit klarem Bewußtsein durchdrungen haben, bis zur Erkenntnis im allgemeinen sowohl, als in den besondern individuellen Bestimmungen, die sie bei einzelnen annimmt, indem er ja jeden Schüler dieser Kunst beobachten, beurteilen und leiten können soll.

Aber sogar dieses klare Bewußtsein und dieses Auffassen der wissenschaftlichen Kunst, als eines organischen Ganzen, reicht ihm noch nicht hin, denn auch dieses könnte, wie alles bloße Wissen, tot sein, höchstens bis zur historischen Niederlegung in einem Buche ausgebildet. Er bedarf noch überdies, für die wirkliche Ausübung, der Fertigkeit, jeden Augenblick diejenige Regel, die hier Anwendung findet, hervorzurufen, und der Kunst, das Mittel ihrer Anwendung auf der Stelle zu finden. Zu diesem hohen Grade der Klarheit und Freiheit muß die wissenschaftliche Kunst sich in ihm gesteigert haben. Sein Wesen ist die Kunst, den wissenschaftlichen Künstler selber zu bilden, welche Kunst eine Wissenschaft der wissenschaftlichen Kunst auf ihrer ersten Stufe voraussetzt, für deren Möglichkeit wiederum der eigene Besitz dieser Kunst auf der ersten Stufe vorausgesetzt wird; in dieser Vereinigung und Folge sonach besteht das Wesen eines Lehrers an einer Kunstschule des wissenschaftlichen Verstandesgebrauchs.

Das Prinzip, durch welches die wissenschaftliche Kunst zu dieser Höhe sich steigert, ist die Liebe zur Kunst.

Dieselbe Liebe ist es auch, die die wirklich entstandene Kunst der Künstlerbildung immerfort von neuem beleben, und in jedem besonderen Falle sie anregen und sie auf das Rechte leiten muß. Sie ist, wie alle Liebe, göttlichen Ursprungs und genialischer Natur, und erzeugt sich frei aus sich selber; für sie ist die übrige wissenschaftliche Kunstbildung ein sicher zu berechnendes Produkt, sie selbst aber, die Kunst dieser Kunstbildung, läßt sich nicht jedermann anmuten, noch läßt sie selbst da, wo sie war, sich erhalten, falls ihr freier Geniusflügel sich hinwegwendet.

Diese Liebe jedoch pflanzt auf eine unsichtbare Weise sich fort und regt unbegreiflich den Umkreis an. Nichts gewährt höheres Vergnügen, als das Gefühl der Freiheit und zweckmäßigen Regsamkeit des Geistes, und des Wachstums dieser Freiheit, und so entsteht das liebevollste und freudenvollste Leben des Lehrlings in diesen Übungen und in dem Stoffe derselben.

Diese Liebe für die Kunst ist in Beziehung auf andere *achtend* und richtet, vom Lehrer, als dem eigentlichen Fokus, ausgegangen, mit dieser Achtung aus dem Individuum heraus sich auf die andern, welche gemeinschaftlich mit ihm diese Kunst treiben, und zieht jeden hin zu allen übrigen, wodurch die § 8 geforderte wechselseitige Mitteilung aller und die Verschmelzung der einzelnen zu einem lernenden organischen Ganzen, wie es gerade nur aus diesen lernenden Individuen sich bilden kann, entstehet, deren Möglichkeit noch zu erklären war.

(Ein geistiges Zusammenleben, das *zunächst* der schnellern, fruchtbarern, und in den Formen sehr vielseitigen Geistesentwicklung, *später* im bürgerlichen Leben der Entstehung eines Korps von Geschäftsleuten dient, in welchem nicht, wie bisher, der eigentliche Gelehrte, der dem Geschäftsmanne für einen Quer- und verrückenden Kopf gilt, diesem meist mit Recht den stumpfen Kopf und den empirischen Stümper zurückgibt, — sondern, die einander frühzeitig durchaus kennen und achten gelernt haben, und die von einer allen gleichbekannten und unter ihnen gar nicht streitigen Basis in allen ihren Beratungen ausgehen.)

§ 12

Diese Kunst der wissenschaftlichen Künstlerbildung, falls sie etwa in irgend einem Zeitalter zum deutlichen Bewußtsein hervorbrechen und zu irgend einem Grade der Ausübung gedeihen sollte, muß, in Absicht ihrer Fortdauer und ihres Erwachsens zu höherer Vollkommenheit, keinesweges dem blinden Ohngefähr überlassen werden; sondern es muß, und dieses am schicklichsten an der schon bestehenden Kunstschule selbst, eine feste Einrichtung getroffen werden, dieselbe mit Besonnenheit und nach einer festen Regel zu erhalten und zu höherer Vollkommenheit zu bilden; wodurch diese Kunstschule, so wie jedes mit wahrhaftem Leben existierende Wesen soll, ihre ewige Fortdauer verbürgen würde.

Sie ist, wie oben gesagt, selbst der höchste Grad der wissenschaftlichen Kunst, erfordernd die höchste Liebe und die höchste Fertigkeit und Geistesgewandtheit. Es ist drum klar, daß sie nicht allen angemutet werden könne, wie man denn auch nur weniger, die sie ausüben, bedarf; aber sie muß allen angeboten, und mit ihnen der Versuch gemacht werden, damit man sicher sei, daß nirgends dieses seltne Talent, aus Mangel an Kunde seiner, ungebraucht verloren gehe.

Für diesen Zweck wäre demnach der Lehrling, doch ohne Überspringen und nach erlangter hinlänglicher Gewandtheit in den niedern Graden der Kunst, zur Ausübung aller der oben erwähnten Geschäfte des Lehrers anzuhalten, unter Aufsicht und mit der Beurteilung des eigentlichen Lehrers, so wie der andern in demselben Grade befindlichen Lehrlinge. So denselben Weg zurücklegend unter der Leitung des schon geübten Lehrers, und vertraut gemacht mit dessen Kunstgriffen, welchen Weg der Lehrer selbst, von keinem geholfen und im Dunkeln tappend, gehen mußte, wird dieser Lehrling es ohne Zweifel noch viel weiter bringen in geübter und klarer Kunst, denn sein Lehrer, und einst selber, nach demselben Gesetze, eine noch geübtere und klarere Generation hinterlassen.

(Es geht hieraus hervor, daß eine solche Pflanzschule wissenschaftlicher Künstler überhaupt, nach den verschiedenen Graden dieser Kunst, auf ihrer höchsten Spitze ein Professor-Seminarium sein würde, und also genannt werden könnte. Man hat homiletische Übungen gehabt, um zur Kunst des Vortrages für das Volk, man hat Schullehrer-Seminaria gehabt, um den Vortrag für die niedere Schule zu bilden; an eine besondere Übung oder Prüfung in der Kunst des akademischen Vortrages aber hat unseres Wissens niemand gedacht, gleich als ob es sich von selbst verstände, daß man, was man nur wisse, auch werde sagen können; zum schlagenden Beweise, daß man mit deutlichem Bewußtsein, so weit dieses in dieser Region gedrungen, mit der Universität durchaus nichts mehr beabsichtiget, als dem gedruckten Buchwesen noch ein zweites redendes Buchwesen an die Seite zu setzen: wodurch unsere Rede wieder in ihren Ausgangspunkt hineinfällt, zum Beweise, daß sie ihren Kreis durchlaufen hat.)

§ 13
Korollarium

Der bis hierher entwickelte Begriff, selbst angesehen in einem wissenschaftlichen Ganzen, gibt der Kunst der Menschenbildung, oder der Pädagogik, den Gipfel, dessen sie bisher ermangelte. Ein anderer Mann hat in unserm Zeitalter die ebenfalls vorher ermangelnde Wurzel derselben Pädagogik gefunden. Jener Gipfel macht möglich die höchste und letzte Schule der wissenschaftlichen Kunst; diese Wurzel macht möglich die erste und allgemeine Schule des Volks, das letzte Wort nicht für Pöbel genommen, sondern für die Nation. Der mittlere Stamm der Pädagogik ist die niedere Gelehrtenschule.

Aber der Gipfel ruht fest nur auf dem Stamme, und dieser zieht seinen Lebenssaft nur aus der Wurzel; alle insgesamt haben nur an, in und durch einander Leben und versicherte Dauer. Eben so verhält es sich auch mit der höhern und der niedern Gelehrtenschule, und mit der Volksschule. Wir unseres Orts, die wir die erstere beabsichtigen, gehen, so gut wir es unter diesen Umständen vermögen, aus unserm besondern und abgeschnittenen Mittelpunkte aus, unsern Weg fort, nur auf die niedere Gelehrtenschule, mit der wir allernächst zusammenhängen, und ohne deren Beihilfe wir nicht füglich auch nur einen Anfang machen können, die nötige Rücksicht nehmend. Eben so geht ihres Orts, und unserer, die wir nur selbst erst unser eigenes Dasein suchen, unserer Hilfe und unseres leitenden Lichtes entbehrend, die allgemeine Pädagogik ihren Weg fort, so gut auch sie es vermag. Aber arbeiten wir nur redlich fort, jeder an seinem Ende; wir werden mit der Zeit zusammenkommen und insgesamt ineinander eingreifen, denn jedweder Teil, der nur in sich selber etwas Rechtes ist, ist Teil zu einem größeren ewigen Ganzen, das in der Erscheinung nur aus der Zusammenfügung der einzelnen Teile zusammentritt. Da aber, wo wir zusammenkommen werden, wird der armen, jetzt in ihrer ganzen Hilflosigkeit dastehenden Menschheit Hilfe und Rettung bereit sein; denn diese Rettung hängt lediglich davon ab, daß die Menschenbildung im großen und ganzen aus den Händen des blinden Ohngefähr unter das leuchtende Auge einer besonnenen Kunst komme.*

* Da man oft unerwartet auf Verkennung dieses höchsten Grundsatzes alles unsers Lebens und Treibens stößt, so ist es vielleicht nicht überflüssig, hierüber noch einige Worte hinzuzufügen.

Ein blindes Geschick hat die menschlichen Angelegenheiten erträglich, und obgleich langsam, dennoch zu einiger Verbesserung des ganzen Zustandes geleitet, so lange in die Dunkelheit das gute und böse Prinzip in der Menschheit gemeinschaftlich und mit einander verwachsen eingehüllt war. Diese Lage der Dinge hat sich verändert, durch diese Veränderung ist eben ein durchaus neues Zeitalter, gegen dessen Anerkenntnis man sich noch so häufig sträubt, und es sind durchaus neue Aufgaben an die Zeit entstanden. Das böse Prinzip hat nämlich aus jener Mischung sich entbunden zum Lichte; es ist sich selbst vollkommen klar geworden, und schreitet frei und besonnen und ohne alle Scheu und Scham vorwärts. Klarheit siegt allemal über die Dunkelheit; und so wird denn das böse Prinzip ohne Zweifel Sieger bleiben so lange, bis auch das gute sich zur Klarheit und besonnenen Kunst erhebt.

In allen menschlichen Verhältnissen, besonders aber in der Menschenbildung, ist das Alte und Hergebrachte das Dunkle; eine Region, die mit dem klaren Begriffe zu durchdringen und mit besonnener Kunst zu bearbeiten man Verzicht leistet, und aus welcher herab man den Segen Gottes ohne sein eignes Zutun erwartet. Setzt man in diesem Glaubenssysteme jenem göttlichen Segen etwa noch eine menschliche Direktion und Oberaufsicht an die Seite, so ist das eine bloße Inkonsequenz. Das Alte ist ja jedermänniglich bekannt, diesem soll gefolgt werden, es gibt drum keine Pläne auszudenken; der Erfolg kommt von oben herab, und keine menschliche Klugheit kann hier etwas ausrichten; es gibt drum auch nichts zu leiten, und die Oberaufsicht ist ein völlig überflüssiges Glied. Nur in dem Falle, daß Behauptungen, wie die unsrige, von freier und besonnener Kunst sich vernehmen ließen und einen Einfluß begehrten, erhielte sie eine Bestimmung, die, der Neuerung sich kräftig zu widersetzen, und festzuhalten über dem alten hergebrachten Dunkel.

Es ist nicht zu hören, wenn die Sicherheit dieses alten und ausgetretenen Weges gepriesen, dagegen das Unsichere und Gewagte aller Neuerungen gefürchtet wird. Bleibt man beim Alten, so wird der Erfolg schlecht sein, darauf kann man sich verlassen; denn es kann, nachdem die Welt einmal ist, wie sie ist, aus dem Dunkeln nichts anderes mehr hervorgehen, denn Böses. Hofft

Diese Einsicht und das Bewußtsein, daß uns ein großer Moment gegeben ist, der, ungenutzt verstrichen, nicht leicht wiederkehrt, bringe heiligen Ernst und Andacht in unsere Beratungen.

2. Wie unter den gegebenen Bedingungen der Zeit und des Orts der aufgegebene Begriff realisiert werden könne

§ 14

Soll unsere Lehranstalt keinesweges etwa eine in sich selbst abgeschlossene Welt bilden, sondern soll sie eingreifen in die wirklich vor-

man etwa dabei das zu gewinnen, daß man sich sagen könne, man habe das Böse wenigstens nicht durch sein tätiges Handeln herbeigeführt, es sei eben von selbst gekommen, und man würde nichts dagegen gehabt haben, wenn statt dessen das Gute gekommen wäre? Man muß leicht zu trösten sein, wenn man damit sich beruhiget. Und warum sollte es denn ein so großes Wagstück sein, nach einem klaren und festen Begriffe einherzugehen? Wagen wird man allein in den beiden Fällen, wenn man entweder seines Begriffes nicht Meister ist, oder nicht schon im voraus entschlossen, sein Alles an die Ausführung desselben zu setzen. Aber nichts nötigt uns, uns in einem dieser beiden Fälle zu befinden.

Am wenigsten würden wir den Grundbegriff von einer Universität gelten lassen, daß dieselbe sei keinesweges eine Erziehungsanstalt, deren unfehlbaren Erfolg man soviel möglich sichern müsse, sondern eine im Grunde überflüssige und nur als freie Gabe zu betrachtende Bildungsanstalt, die jeder, der in der Lage sei, mit Freiheit gebrauchen könne, wie er eben wolle. Gibt es solche Anstalten, als da etwa wäre das Werkmeistersche Museum u. dergl., so können dieselben nur sein für weise Männer und gemachte Bürger, die in Absicht einer persönlichen Bestimmung und eines festen Berufes mit dem Staate sich schon abgefunden haben, keinesweges für Jünglinge, die einen Beruf noch suchen. Auch hat bisher der Staat, — und dies ist auch ein Altes und Wohlhergebrachtes, bei welchem es ohne Zweifel sein Bewenden wird haben müssen, — es hat der Staat allerdings auf die Universitäten gerechnet, als eine notwendige und bisher durch nichts anderes ersetzte Erziehungsanstalt eines Standes, an dem ihm viel gelegen ist; und es wäre zu erwarten, was erfolgen würde, wenn nur drei Jahre hintereinander es der Freiheit aller Studierenden gefiele, die Universität nicht auf die rechte Weise zu benutzen. Oder soll man voraussetzen, daß es mitten in unsern gebildeten Staaten noch einen Haufen von Menschen gebe, deren angeborenes Privilegium dies ist, daß kein Mensch Anspruch auf ihre Kräfte und die Bildung derselben habe, und denen es frei stehen muß, ob sie zu etwas oder zu nichts taugen wollen, weil sie außerdem zu leben haben? Soll für diese vielleicht jene freie und auf gar nichts rechnende Bildungsanstalt angelegt werden, damit sie, wenn sie wollen, hier die Mittel erwerben, ihr einstiges müßiges Leben mit weniger Langeweile hinzubringen? Alles zugegeben, möchten wenigstens diese Klassen selbst für die Befriedigung dieses ihres Bedürfnisses sorgen; aber dem Staate ließen die Kosten einer solchen Anstalt sich keinesweges aufbürden.

handene Welt, und soll sie insbesondere das gelehrte Erziehungswesen dieser Welt umbilden, so muß sie sich anschließen an dasselbe, so wie es ist und sie dasselbe vorfindet. Dieses muß ihr erster Standpunkt sein; dies der von ihr anzueignende und durch sie zu organisierende Stoff; sie aber das geistige Ferment dieses Stoffes. Sie muß sich erzeugen und sich fortbilden innerhalb einer gewöhnlichen Universität, weil wir dies nicht vermeiden können, so lange bis die letztere, in die erste aufgehend, gänzlich verschwinde: keinesweges aber müssen wir von dem Gedanken ausgehen, daß wir eine ganz gewöhnliche Universität und nichts weiter bilden wollen.

§ 15

Diese notwendige Stetigkeit des Fortgangs in der Zeit sogar abgerechnet, vermögen wir in dieses Vorhabens Ausführung um so weniger anders, denn also zu verfahren, da die freie *Kunst der besonderen Wissenschaft sowohl überhaupt, als in ihren einzelnen Fächern* dermalen noch gar nicht also vorhanden ist, daß sie sicher und nach einer Regel aufbehalten und fortgepflanzt werden könnte; sondern diese freie Kunst der *besondern* Wissenschaft erst selber in der schon vorhandenen Kunstschule zum deutlichen Bewußtsein und zu geübter Fertigkeit erhoben werden, und so die Kunstschule einem ihrer wesentlichen Teile nach sich selber erst erschaffen muß. So nun nicht wenigstens der Ausgangspunkt dieser Kunst in der Wissenschaft überhaupt, und unabhängig von dem Vorhandensein der Schule, irgendwo und irgendwann zu existieren vermöchte, so würde es niemals zu einer solchen Kunstschule, ja sogar nicht zu dem Gedanken und der Aufgabe derselben kommen.

§ 16

Mit diesem Ausgangspunkte der wissenschaftlichen Kunst verhält es sich nun also. Kunst wird (§ 4) dadurch erzeugt, daß man deutlich versteht, *was* man, und *wie* man es macht. Die besondere Wissenschaft aber ist in allen ihren einzelnen Fächern ein besonderes Machen und Verfahren mit dem Geistesvermögen; und man hat dies von jeher anerkannt, wenn man z.B. vom historischen Genie, Takt und Sinne, oder von Beobachtungsgabe und dergl. als von besondern, ihren eigentümlichen Charakter tragenden Talenten gesprochen. Nun ist ein solches Talent allemal Naturgabe, und, da es ein besonderes Talent ist, so ist der Besitzer desselben eine besondere und auf diesen Standpunkt beschränkte Natur, die nicht wiederum über diesen Punkt sich erheben, ihn frei anschauen, ihn mit dem Begriffe durchdringen, und so aus der bloßen Naturgabe eine freie Kunst machen könnte. Und so würde denn die besondere Wissenschaft entweder gar nicht getrieben werden können, weil es an Talent fehlte, oder, wo sie getrieben würde, könnte es, eben weil dazu Talent, das eben nur Talent sei, gehört, niemals zu einer besonnenen Kunst derselben kommen. So ist es denn auch wirklich. Der Geist jeder besondern Wissenschaft ist ein beschränkter und beschränkender Geist, der zwar in sich selber lebt und treibet und köstliche Früchte gewährt, der aber weder sich selbst, noch andere Geister außer ihm zu verstehen vermag. Sollte es nun doch zu einer solchen Kunst in der besondern Wissenschaft kommen, so müßte dieselbe, unabhängig von ihrer Ausübung, und noch ehe sie getrieben würde, verstanden, d. i. die Art und Weise der geistigen Tätigkeit, deren es dazu bedarf, erkannt werden, und so der allgemeine *Begriff* ihrer Kunst der *Ausübung* dieser Kunst selbst vorhergehen können. Nun ist dasjenige, was die *gesamte* geistige Tätigkeit, mithin auch alle besonderen und weiter bestimmten Äußerungen derselben wissenschaftlich erfaßt, die Philosophie: von philosophischer Kunstbildung aus müßte sonach den besondern Wissenschaften ihre Kunst gegeben, und das, was in ihnen bisher bloße vom guten Glücke abhängende Naturgabe war, zu besonnenem Können und Treiben erhoben werden; der Geist der Philosophie wäre derjenige, welcher zuerst sich selbst, und sodann in sich selber alle andern Geister verstände; der Künstler in einer besondern Wissenschaft müßte vor allen Dingen ein philosophischer Künstler werden, und seine besondere Kunst wäre lediglich eine weitere Bestimmung und einzelne Anwendung seiner allgemeinen philosophischen Kunst.

(Dies dunkel fühlend hat man, wenigstens bis auf die letzten durch und durch verworrenen und seichten Zeiten, geglaubt, daß alle höhere wissenschaftliche Bildung von der Philosophie ausgehen, und daß auf Universitäten die philosophischen Vorlesungen von allen und zuerst gehört werden müßten. Ferner hat man in den besondern Wissenschaften z. B. von philosophischen Juristen oder Geschichtsforschern oder Ärzten gesprochen, und man wird finden, daß von denen, welche sich selber verstanden, immer diejenigen mit dieser Benennung bezeichnet wurden, die mit der größten Fertigkeit und Gewandtheit ihre Wissenschaft vielseitig anzuwenden wußten, sonach die *Künstler* in der Wissenschaft. Denn diejenigen, welche a priori phantasierten, wo es galt Facta beizubringen, sind eben so, wie diejenigen, die sich auf die wirkliche Beschaffenheit der Dinge beriefen, wo das apriorische Ideal dargestellt werden sollte, von den Verständigen mit der gebührenden Verachtung angesehen worden.)

§ 17

Die erste und ausschließende Bedingung der Möglichkeit, eine wissenschaftliche Kunstschule zu errichten, würde demnach diese sein, daß man einen Lehrer fände, der da fähig wäre, das Philosophieren selber als eine Kunst zu treiben, und der es verstände, eine Anzahl seiner Schüler zu einer bedeutenden Fertigkeit in dieser Kunst zu erheben, mit welcher nun einige dieser wiederum den ihnen anderwärts herzugebenden positiven Stoff der besondern Wissenschaften durchdrängen, und sich auch in diesen zu Künstlern bildeten; von welchen letztern wiederum diejenigen, die es zu dem Grade der Klarheit dieser Kunst gebracht hätten, daß sie selbst Künstler zu bilden vermöchten, ihre Kunst fortpflanzten. Nachdem dieses letztere über das ganze Gebiet der Wissenschaften möglich geworden, in einer solchen Ausdehnung, daß man auf die sichere Fortpflanzung der gesamten wissenschaftlichen Kunst bis ans Ende der Tage rechnen könnte, alsdann stände die beabsichtigte wissenschaftliche Kunstschule da, und wäre errichtet.

§ 18

Dieser philosophische Künstler muß, beim Beginnen der Anstalt, ein einziger sein, außer welchem durchaus kein anderer auf die Entwicklung des Lehrlings zum Philosophieren Einfluß habe. Wer dagegen einwenden wollte, daß es, um die Jünglinge vor Einseitigkeit und blindem Glauben an Einen Lehrer zu verwahren, auf einer höhern Lehranstalt vielmehr eine Mannigfaltigkeit der Ansichten und Systeme, und eben darum der Lehrer geben müsse, würde dadurch verraten, daß er weder von der Philosophie überhaupt, noch vom Philosophieren, als einer Kunst, einen Begriff habe. Denn obwohl, falls es Gewißheit gibt, und dieselbe dem Menschen erreichbar ist, (wer über diesen Punkt sich noch in Zweifel befände, der wäre nicht ausgestattet, um mit uns über die Einrichtung eines *wissenschaftlichen* Instituts zu beratschlagen), der Lehrer, den wir suchen, selber in sich seiner Sache gewiß sein und ein System haben muß, indem im entgegengesetzten Falle er mit seinem Philosophieren nicht zu Ende gekommen wäre, mithin die ganze Kunst des Philosophierens nicht einmal selber ausgeübt hätte, und so durchaus unfähig wäre, dieselbe in ihrem ganzen Umfange mit Bewußtsein zu durchdringen und sie andern mitzuteilen, und wir uns daher in der Wahl der Personen vergriffen hätten — obwohl, sage ich, dies also ist, so wird er dennoch in seinem Bestreben, selbsttätige, die Gewißheit in sich selbst erzeugende und das System selbst erfindende Künstler zu bilden, nicht von seinem Systeme, noch überhaupt von irgend einer positiven Behauptung *ausgehen;* sondern nur ihr systematisches Denken anregen, freilich in der sehr natürlichen Voraussetzung, daß sie am Ende desselben bei demselben Resultate ankommen werden, bei dem auch er angekommen, und daß, wenn sie bei einem andern ankommen, irgendwo in der Ausübung der Kunst ein Fehler begangen worden. Wäre irgend ein anderer neben ihm, der ihm widerspräche, so müßte dieser etwas *behaupten;* ließe er sich verleiten dem Widerspruche zu widersprechen, so müßte nun auch er behaupten, und es entstände Polemik. Wo aber Polemik ist, da ist Thesis, und wo Thesis ist, da wird nicht mehr tätig philosophiert, sondern es wird nur das Resultat des, so Gott will, vorher ausgeübten tätigen Philosophierens historisch erzählt; somit hebt die Polemik das Wesen einer philosophischen Kunstschule gänzlich auf, und es ist ihr darum aller Eingang in diese abzuschneiden. —

(Dieselbe Unbekanntschaft mit dem Wesen der Philosophie würde verraten eine andere Bemerkung, die folgende: es müsse auf einer solchen Anstalt die Vollständigkeit der sogenannten philosophischen Wissenschaften beabsichtiget werden, und dies, da sie einem einzigen nicht wohl anzumuten sei, werde eine Mehrheit der Lehrer der Philosophie verlangen. Denn wenn nur wirklich der philosophische Geist und die Kunst des Philosophierens entwickelt ist, so wird ganz von selbst diese sich über die gesamte Sphäre des Philosophierens ausbreiten und diese in Besitz nehmen; sollte aber für andere, an welchen das Streben, sie in diese Kunst einzuweihen, mißlingt, die wir aber dennoch, aus Mangel besserer Subjekte, in den bürgerlichen Geschäften anstellen und brauchen müßten, irgend ein historisch zu erlernender *philosophischer Katechismus,* als Rechtslehre, Moral u. dergl. nötig sein, so wird ja wohl dieser in gedruckten Büchern irgendwo vorliegen, an deren eigenes Studium auch hier, so wie in den andern Fächern, dergleichen Subjekte vom Lehrer der Philosophie hingewiesen, und erforderlichen Falles darüber examiniert würden.)

§ 19

Mit diesem also entwickelten philosophischen Geiste, als der reinen Form des Wissens, *müßte nun der gesamte wissenschaftliche Stoff, in seiner organischen Einheit,* auf der höheren Lehranstalt aufgefaßt und durchdrungen werden, also, daß man genau wüßte, was zu ihm gehöre oder nicht, und so die strenge Grenze zwischen Wissenschaft und Nichtwissenschaft gezogen würde; daß man ferner das organische Eingreifen der Teile dieses Stoffs ineinander und das gegenseitige Verhältnis derselben unter sich allseitig verstände, damit man daraus ermessen könnte, ob dieser Stoff am Lehrinstitute vollständig bearbeitet werde, oder nicht; in welcher *Folge,* oder *Gleichzeitigkeit* am vorteilhaftesten diese einzelnen Teile zu bearbeiten seien; bis zu welcher Potenz die *niedere* Schule denselben zu erheben, und wo eigentlich die höhere einzugreifen habe; ferner, bis zu welcher Potenz auch auf der letztern *alle,* die auf den Titel eines wissenschaftlichen Künstlers Anspruch machen wollten, ihn auszubilden hätten, und wie viel dagegen der *besondern* Ausbildung für ein *bestimmtes praktisches* Fach anheimfiele und vorbehalten bleiben müsse. Dies gäbe eine philosophische Enzyklopädie der gesamten Wissenschaft, als stehendes Regulativ für die Bearbeitung aller besondern Wissenschaften.

(Wenn auch allenfalls die Philosophie schon jetzt fähig sein sollte, zu einer solchen enzyklopädischen Ansicht der gesamten Wissenschaft in ihrer organischen Einheit einige Auskunft zu geben, so ist doch die übrige wissenschaftliche Welt viel zu abgeneigt, der Philosophie die Gesetzgebung, die sie dadurch in Anspruch nähme, zuzugestehen, oder dieselbe in dergleichen Äußerungen auch nur notdürftig zu begreifen, als daß sich hiervon einiger Erfolg sollte erwarten lassen. Auch müßten, da es hier nicht um theoretische Behauptung einiger Sätze, sondern um Einführung einer Kunst zu tun ist, erst eine beträchtliche Anzahl von Männern gebildet werden, die da fähig wären, eine solche Enzyklopädie nicht bloß zu verstehen und wahr zu finden, sondern auch nach den Regeln derselben die besondern Fächer der Wissenschaft wirklich zu bearbeiten; daß es daher am schicklichsten sein wird, hierüber sich vorläufig gar nicht auszusprechen, sondern jene Enzyklopädie durch das wechselseitige Eingreifen der Philosophie und der philosophisch kunstmäßigen Bearbeitung der nun eben vorhandenen besondern Fächer der Wissenschaft allmählich von selber erwachsen zu lassen; daß mithin in Absicht dieses ihr sehr wesentlichen

Bestandteils die Kunstschule sich selbst innerhalb ihrer selbst erschaffen müßte.)

§ 20

Beim Anfange und so lange, bis es dahin gekommen, müssen wir uns begnügen, die vorliegenden Fächer ohne organischen Einheitspunkt bloß historisch aufzufassen, nur dasjenige, wovon wir schon bei dem gegenwärtigen Grade der allgemeinen philosophischen Bildung dartun können, daß es dem wissenschaftlichen Verstandesgebrauche entweder geradezu widerspreche, oder nicht zu demselben gehöre, von uns ausscheidend, das übrige aufnehmend, und es in seiner Würde und an seinem Platze bis zu besserer allgemeiner Verständigung stehen lassend; ferner in diesen Fächern die am meisten *philosophischen*, d. i. die mit der größten Freiheit, Kunstmäßigkeit und Selbständigkeit in denselben verfahrenden unter den Zeitgenossen, zu Lehrern uns anzueignen; endlich, diese zu der am meisten philosophischen, d. i. zu der, Selbsttätigkeit und Klarheit am sichersten entwickelnden, Mitteilung ihres Faches anzuhalten, und sie darauf zu verpflichten.

§ 21

Über den ersten Punkt, betreffend die Ausscheidung, werden wir demnächst beim Durchgehen der vorhandenen wissenschaftlichen Fächer uns erklären. Über den zweiten merke ich hier im allgemeinen nur das an, daß wir den Vorteil haben, in einigen der Hauptfächer diejenigen, welche als die freisten und selbsttätigsten allgemein anerkannt sind, schon jetzo die unsrigen zu nennen, und daß, falls nur nicht etwa einige für die Herablassung und für das Wechselleben mit ihren Schülern, das dieser Plan ihnen anmutet, sich zu vornehm dünken, wir hoffen dürfen, sie für unsern Zweck zu gewinnen, und daß in andern Fächern, in denen wir nicht mit derselben Zuversichtlichkeit dasselbe rühmen können, der Unterschied zwischen den Zeitgenossen in Absicht des angegebenen Gesichtspunktes überhaupt nicht sehr groß ist, und wir darum hoffen dürfen, ohne große Schwierigkeit die notwendigen Stellen so gut zu besetzen, als sie unter den gegenwärtigen Umständen überhaupt besetzt werden können; daß es aber ausschließende Bedingung sei, daß dieselben schon vor ihrer Berufung und Anstellung sowohl über unsern Hauptplan, als über den dritten Punkt in Absicht des zu wählenden Vortrages unterrichtet, und aufrichtig mit uns einverstanden seien. In Absicht dieses dritten Punktes endlich, stellen wir als eine Folge aus allem bisherigen fest, daß — die oben erwähnten Examina, Konversatorien und Aufgaben, als die erste charakteristische Eigenheit unserer Methode, deren Anwendung im besondern Falle am gehörigen Orte näher wird beschrieben werden, noch abgerechnet — alle mündliche Mitteilung über ein besonderes Fach ausgehen müsse von der *Enzyklopädie* dieses Faches, und daß dieses die allererste Vorlesung jedes bei uns anzustellenden Lehrers sein und von jedem Schüler zu allererst gehört werden müsse. Denn die bis zur höchsten Klarheit gesteigerten einzelnen Enzyklopädien der besondern Fächer, besonders wenn sie alle zusammen den Lehrern und Zöglingen der Anstalt bekannt sind, sind das zunächst in die von der Philosophie ausgehen sollende *allgemeine Enzyklopädie* (s. § 19 am Schlusse) eingreifende Glied, arbeiten derselben mächtig vor, und werden der letztern, wenn sie entstehen wird, die vollkommene Verständlichkeit erteilen müssen, indem auch sie selber umgekehrt von ihr neue Festigkeit und Klarheit erhalten werden; sodann ist Einheit und Ansicht der Sache aus Einem Gesichtspunkte heraus der Charakter der Philosophie und der freien Kunstmäßigkeit, die wir anstreben; dagegen unverbundene Mannigfaltigkeit und mit nichts zusammenhängende Einzelheit der Charakter der Unphilosophie, der Verworrenheit und der Unbehilflichkeit, welche wir eben aus der ganzen Welt austilgen möchten, und sie drum nicht in uns selbst aufnehmen müssen; endlich wenn auch dieses alles nicht so wäre, können wir aus Mangelhaftigkeit der niedern Schule zu Anfange bei unsern Schülern nicht auf ein solches schon fertiges Gerüst des gesamten wissenschaftlichen Stoffes, wie es oben (§ 10) beschrieben worden, rechnen, und müssen zu allererst diesen Mangel in unsern besondern Enzyklopädien ersetzen. Die Hauptgesichtspunkte einer solchen auf eine wissenschaftliche Kunstschule berechneten Enzyklopädie sind die folgenden: *daß sie zuvörderst die eigentliche charakteristische Unterscheidung des Verstandesgebrauchs* in diesem Fache und die besonderen Kunstgriffe oder Vorsichtsregeln in ihm, mit aller dem Lehrer selbst beiwohnenden Klarheit, angebe, und sie mit Beispielen belege (und so eben z. B. das *historische Talent* oder die *Beobachtungsgabe* mit dem Begriffe durchdringe); daß sie die Teile dieser Wissenschaft vollständig und umfassend vorlege, und zeige, auf welche besondere Weise jeder, und in welcher Zeitfolge sie studiert werden müssen; endlich, daß sie die für den Zweck des Lehrlings nötige Literaturkenntnis des Faches gebe und ihn berate, *was*, und in *welcher*

Ordnung und etwa mit welchen Vorsichtsmaßregeln er zu lesen habe. Besonders in der letzten Rücksicht ist der Lehrer dem Lehrlinge ein allgemeines Register und Repertorium des *gesamten Buchwesens* in diesem Fache, in wieweit dasselbe dem Lehrlinge nötig ist, schuldig; welches nun der Lehrling selber, nach der ihm gegebenen Anleitung, zu lesen, keinesweges aber vom Lehrer zu erwarten hat, daß auch dieser es ihm noch einmal rezitiere. Gehört nun ferner, wie wir hoffen, der Lehrer zu dem oben erwähnten edlern Bestandteile der bisherigen Universitäten, daß er mit dem gesamten Buchwesen seines Faches nicht allerdings zufrieden, und fähig sei, dasselbe hier und da zu verbessern, so zeige er in seiner Enzyklopädie diese fehlerhaften Stellen des großen Buches an, und lege dar seinen Plan, wie er in besondern Vorlesungen diese fehlerhaften Stellen verbessern wolle, und in welcher Ordnung diese besondern Vorlesungen, die insgesamt auf der festen Unterlage seiner Enzyklopädie ruhen und auf ihr geordnet sind, zu hören seien. Ist dessen so viel, daß er es allein nicht bestreiten kann, so wähle er sich einen Unterlehrer, der verbunden ist, in seinem Plane zu arbeiten. Nur sage er nicht, was im Buche auch steht, sondern nur das, was in keinem Buche steht. (Als Beispiel: daß in den Schüler der niedern Schule sehr früh ein Inbegriff der Universalgeschichte hineingebildet werden müsse, versteht sich und ist oben gesagt; wozu aber, außer der Anweisung, wie man die gesamte Menschengeschichte zu *verstehen* habe, welche wohl am schicklichsten dem Philosophen anheim fallen dürfte, auf der höhern Schule ein Kursus der Universalgeschichte solle, bekenne ich nicht zu begreifen; dagegen aber würde ich es für sehr schicklich und alles Dankes wert halten, wenn ein Professor der Geschichte ein Collegium ankündigte über besondere Data aus der Weltgeschichte, *die keiner vor ihm so richtig gewußt habe, wie er,* und er mit diesem Versprechen Wort hielte.)

(Wir setzen der Erwähnung dieser von vielen so sehr angefeindeten Enzyklopädien, zur Vorbauung möglichen Mißverständnisses, noch folgendes hinzu. Mit derselben vollkommnen Überzeugung, mit welcher wir zugeben, daß das Bestreben, bei solchen allgemeinen Übersichten und Resultaten *stehen zu bleiben,* von Seichtigkeit, Trägheit und Sucht nach wohlfeilem Glanze zeuge, und diese Schlechtigkeiten befördere, sehen wir zugleich auch ein, daß das Widerstreben, *von ihnen auszugehen,* den Lehrling ohne Steuerruder und Kompaß in den verworrenen Ozean stürze, daß, obwohl einige sich rühmen, hiebei ohne

Ertrinken davon gekommen zu sein, man darum doch nicht das Recht habe, jedermann derselben Gefahr auszusetzen; daß selbst die Geretteten gesunder sein würden, wenn sie der Gefahr sich nicht ausgesetzt hätten; und daß die Quellen dieses Widerstrebens keineswegs auf einer bessern Einsicht, sondern daß sie größtenteils auf dem persönlichen Unvermögen beruhen, solche enzyklopädische Rechenschaft über das eigene Fach zu geben, indem diese, nur groß im Einzelnen, niemals zur Ansicht eines Ganzen sich erhoben haben. Wer nun eine solche Enzyklopädie seines Faches geben nicht könnte, oder nicht wollte, der wäre für uns nicht bloß unbrauchbar, sondern sogar verderblich, indem durch seine Wirksamkeit der Geist unseres Instituts sogleich im Beginn getötet würde.)

§ 22

Wir gehen an die historische Auffassung des auf den bisherigen Universitäten vorliegenden Stoffes und schicken folgende zwei allgemeine Bemerkungen voraus. Eine Schule des wissenschaftlichen Verstandesgebrauchs setzt voraus, daß verstanden und bis in seinen letzten Grund durchdrungen werden könne, was sie sich aufgibt; sonach wäre ein solches, das den Verstandesgebrauch sich verbittet und sich als ein unbegreifliches Geheimnis gleich von vorn herein aufstellt, durch das Wesen derselben von ihr ausgeschlossen. Wollte also etwa die Theologie noch fernerhin auf einem Gotte bestehen, der etwas wollte ohne allen Grund; welches Willens Inhalt kein Mensch durch sich selber begreifen, sondern Gott selbst unmittelbar durch besondere Abgesandte ihm mitteilen müßte; daß eine solche Mitteilung geschehen sei und das Resultat derselben in gewissen heiligen Büchern, die übrigens in einer sehr dunkeln Sprache geschrieben sind, vorliege, von deren richtigem Verständnisse die Seligkeit des Menschen abhange: so könnte wenigstens eine Schule des Verstandesgebrauchs sich mit ihr nicht befassen. Nur wenn sie diesen Anspruch auf ihr allein bekannte Geheimnisse und Zaubermittel durch eine unumwundene Erklärung aufgibt, laut bekennend, daß der Wille Gottes ohne alle besondere Offenbarung erkannt werden könne, und daß jene Bücher durchaus nicht *Erkenntnisquelle*, sondern nur *Vehiculum* des *Volksunterrichtes* seien, welche, ganz unabhängig von dem, was die Verfasser etwa wirklich gesagt haben, beim wirklichen Gebrauche also erklärt werden müssen, wie die Verfasser hätten sagen sollen; welches letztere, wie sie hätten sagen sollen, darum schon vor ihrer Erklärung anderwärts her bekannt sein müsse: nur unter dieser Bedingung kann der Stoff, den sie bisher besessen hat, von unserer Anstalt aufgenommen und jener Voraussetzung gemäß bearbeitet werden. Ferner haben mehrere bisher auf den Universitäten bearbeitete Fächer (als die soeben erwähnte Theologie, die Jurisprudenz, die Medizin) einen Teil, der nicht zur wissenschaftlichen Kunst, sondern zu der sehr verschiedenen praktischen Kunst der Anwendung im Leben gehört. Es gereicht sowohl einesteils zum Vorteile dieser praktischen Kunst, die am besten in unmittelbarer und ernstlich gemeinter Ausübung unter dem Auge des schon geübten Meisters erlernet wird, als andernteils zum Vorteile der wissenschaftlichen Kunst selbst, welche zu möglichster Reinheit sich abzusondern und in sich selbst sich zu konzentrieren hat, daß jener Teil von unserer Kunstschule abgesondert und in Beziehung auf ihn andere für sich bestehende Einrichtungen gemacht werden. Was inzwischen auch in dieser Rücksicht von der wissenschaftlichen Kunstschule zu beobachten sei, werden wir bei Erwähnung der einzelnen Fälle beibringen.

§ 23

Nächst der Philosophie macht die *Philologie*, als das allgemeine Kunstmittel aller Verständigung, mit Recht den meisten Anspruch auf Universalität. Ob auch wohl überhaupt *für das gesamte studierende Publikum* auf der höheren Schule es eines philologischen Unterrichts bedürfen, oder vielmehr dieser schon auf der niedern Schule beendigt sein solle, ob insbesondere für diejenigen, *die sich zu Schullehrern bestimmen*, und für die es allerdings einer weitern Anführung bedarf, die dahin gehörigen Anstalten nicht schicklicher mit den niedern Schulen selbst vereinigt werden würden: — die Beantwortung dieser Frage können wir für jetzt *dem* Zeitalter, da die allgemeine Enzyklopädie geltend gemacht sein und die niedere Schule sein wird, was sie soll, anheimgeben, und vorläufig es beim Alten lassen.

§ 24

Von der *Mathematik* sollte unseres Erachtens der reine Teil bis zu einer gewissen Potenz schon auf der niedern Schule vollkommen abgetan sein; und es wäre hierdurch das, was oben über das Pensum dieser Schule gesagt worden, zu ergänzen. Da auch hierauf im Anfange nicht zu rechnen ist, so wäre vorläufig ein auf diesen gegenwärtigen Zustand der niedern Schule berechneter Plan des mathematischen Studiums zu entwerfen. –

Auf allen Fall ist mein Vorschlag, daß eine *Komitee* aus unsern tüchtigsten Mathematikern ernannt, diesen unser Plan im Ganzen vorgelegt, und ihnen aufgegeben würde, die Beziehung ihrer Wissenschaft auf denselben zu ermessen, und dem zufolge durch allgemeine Übereinkunft *einen* aus ihrer Mitte zu ernennen, oder auch einen Fremden zur Vokation vorzuschlagen, dem die Enzyklopädie, der Plan und die Direktion dieses ganzen Studiums übertragen würde.

§ 25

Die gesamte Geschichte teilt sich in die Geschichte der *fließenden* Erscheinung und in die der *dauernden*. Die erste ist die vorzüglich also genannte Geschichte, oder Historie, mit ihren Hilfswissenschaften; die zweite die Naturgeschichte; – welche ihren theoretischen Teil hat, die Naturlehre.

In der ersten ist der zu rufende Ober- und enzyklopädische Lehrer über unsern Grundplan zu verständigen; worüber er vorläufig mit uns einig sein muß.

Das ausgedehnte Fach der *Naturwissenschaft* betreffend, welche durchaus als ein organisches Ganze behandelt werden muß, kann ich nur eine *Komitee*, so wie oben bei der Mathematik, in Vorschlag bringen, die aus ihrer Mitte, oder auch einen Fremden rufend, den Enzyklopädisten, Entwerfer des Lehrplans und Direktor des ganzen Studiums erwähle, und falls es so nötig befunden würde, nach desselben Plane den Vortrag desselben auch hier mit der beständigen Rücksicht, daß nicht mündlich mitgeteilt werde, was so gut oder besser sich aus dem Buche lernen läßt, *unter sich verteile*. Das Hauptherfordernis eines solchen Planes ist Vollständigkeit und organische Ganzheit der Enzyklopädie. Zugleich hat sie für ihr Fach sich mit der niedern Schule über die Grenze zu berichtigen, und dieser die Potenz, die sie hervorbringen soll, als ihr künftiges Pensum aufzugeben, welches auch für die oben erwähnten, so wie für alle folgenden Fächer gilt, und hier einmal für immer erinnert wird. Bloß die Philosophie verbittet die direkte Vorbereitung der niedern Schule und ist mir nur ausschließend eine Kunst der höhern.

§ 26

Die drei sogenannten höhern Fakultäten würden schon früher wohl getan haben, wenn sie sich, in Absicht ihres wahren Wesens, in dem ganzen Zusammenhange des Wissens deutlich erkannt und sich darum nicht, pochend auf ihre praktische Unentbehrlichkeit und ihre Gültigkeit beim Haufen, als ein abgesondertes und vornehmeres Wesen hingestellt, sondern lieber jenem Zusammenhange sich untergeordnet und mit schuldiger Demut ihre Abhängigkeit erkannt hätten; indem sie nämlich verachteten, wurden sie verachtet, und die Studierenden anderer Fächer nahmen keine Notiz von dem, was jene ausschließend für sich zu besitzen begehrten, wodurch sowohl ihrem Studium, als der Wissenschaft im Großen und Ganzen sehr geschadet wurde. Wir werden auf Belege dieser Angabe stoßen. Eine wissenschaftliche Kunstschule mutet ihnen sogleich bei ihrem Eintritte in ihren Umkreis diese Bescheidenheit zu.

Der wissenschaftliche Stoff der *Jurisprudenz* ist ein Kapitel aus der Geschichte; sogar nur ein Fragment dieses Kapitels, wie sie bisher behandelt worden. Sie sollte sein *eine Geschichte der Ausbildung und Fortgestaltung des Rechtsbegriffs unter den Menschen*, welcher *Rechtsbegriff* selber, unabhängig von dieser Geschichte, und als *Herrscher*, keinesweges als *Diener*, schon vorher durch Philosophieren gefunden sein müßte. In ihrer gewöhnlichen ersten, lediglich praktischen Absicht, — nur *Richter*, welches ein untergeordnetes Geschäft ist, zu bilden, wird sie Geschichte jener Ausbildung in dem Lande, in welchem wir leben, und, wenn es hoch geht, unter den Römern, und so Fragment; aber ihr letzter praktischer Zweck ist der, den *Gesetzgeber* zu bilden; und für diesen Behuf möchte ihr wohl das ganze Kapitel ratsam sein; denn obwohl, was überhaupt Gesetz sein solle, schlechthin a priori erkannt wird, so dürfte doch die Kunst, die besondere Gestalt dieses Gesetzes für jede gegebene Zeit zu finden und es ihr anzuschmiegen, der Erfahrung der gesamten bekannten Zeit in demselben Geschäfte bedürfen. Richteramt sowohl als Gesetzgebung sind praktische Anwendung *der Geschichte;* und so hat die Jurisprudenz zu ihrer ersten Enzyklopädie die Enzyklopädie der Geschichte, indem dieses der Boden ist, auf welchem sie und der wissenschaftliche Verstandesgebrauch in ihr ruhet, und die Ausübung derselben in ihrer höchsten Potenz eigentlich die Kunst ist, eine Geschichte, und zwar eine erfreulichere, als die bisherige, hervorzubringen. Die Anführung aber zur praktischen Anwendung im Leben fällt ganz außer dem Umkreis der Schule, und wären hierin die Schüler an die ausübenden Collegia zu verweisen, unter deren Augen, aber auf die *Verantwortung* der Beamten, denen sie anvertraut worden, sie für die künftige Geschäftsführung sich vorbereiteten. Ich schlage daher für dieses Fach eine *Komitee* vor, in welcher aber der oben beschriebene Enzyklopädist der Geschichte Sitz, und für seinen Anteil entscheidende Stimme hätte. Diese hätte einen besondern Enzyklopädisten für die *Teile* und die Literatur des beschriebenen Kapitels anzustellen, den Studienplan vorzuzeichnen und die Anstalten für praktische Bildung unabhängig von der wissenschaftlichen Kunstschule zu organisieren. Ich hoffe, daß bei entschiedener Durchführung des Satzes, nicht mündlich zu lehren, was im Buche steht, der Lektionskatalog dieser Fakultät kürzer werden wird, als er bisher war; wiewohl durch unsere Grundsätze des zu Erlernenden mehr geworden ist.

Die *Heilkunde* ruht auf dem zweiten Teile des positiv zu Erlernenden, der *Naturwissenschaft;* jedoch erlaubt ihr gegenwärtiger Zustand den Zweifel, in welchem auch der Schreiber dieses sich zu befinden gern bekennt, ob aus jener unstreitig wissenschaftlichen Basis in der wirklichen Heilkunde auch nur ein einziger *positiver Schluß* zu machen, und somit, ob diese Basis *Leiterin* sei in der Ausübung, wie in der Jurisprudenz dies offenbar der Fall ist; oder ob nur gewissen allgemeinen Resultaten jener Basis bloß nicht *widersprochen werden dürfe* durch die Ausübung; jene daher (die Wissenschaft) für diese (die Ausübung) nur *negatives Regulativ* und *Korrektiv* wäre. Sollte, wie wir befürchten, das letzte der Fall sein, und wie wir gleichfalls befürchten, immerfort bleiben müssen, so gäbe es von der Wissenschaft in irgend einem ihrer Zweige zu der ausübenden Heilkunde gar keinen stetigen positiven Übergang, sondern die letztere hätte ihren eigentümlichen Boden in einer *besondern,* niemals auf *positive Prinzipien zurückzuführenden* Beobachtung; sie wäre somit von der wissenschaftlichen Schule, welche alle Zweige der Naturwissenschaft bis zu Anatomie, Botanik u. dergl. ohne alle Rücksicht auf Heilkunde, und als jedem wissenschaftlich gebildeten Menschen überhaupt durchaus anzumutende Kenntnisse, sorgfältig triebe, abzusondern, und in einem für sich bestehenden Institute, rein und ohne wissenschaftliche Beimischung, die als in der Schule erlernt vorausgesetzt wird, von der materia medica z. B. an, die ja nichts ist, als die Anwendung der ärztlichen Empirie auf die Botanik und dergl., zu treiben. Welche unermeßlichen Vorteile eine solche Verselbständigung der Naturwissenschaft, die bisher häufig nur als Magd der Heilkunde betrachtet und bearbeitet worden, an ihrem Teile auch der Heilkunde, und dadurch dem ganzen wissenschaftlichen Gemeinwesen bringen würde, leuchtet wohl von selbst ein. Es wäre daher aus Sachkundigen eine Komitee zu Beantwortung der oben aufgeworfenen Frage, und zu Organisierung derjenigen Anstalten, welche das Resultat dieser Beantwortung erforderte, zu ernennen. Daß ein solches selbständiges Institut der Heilkunde den ihm anheimgefallenen Stoff nach einem festen, auf seine Enzyklopädie begründeten Plane, nach der Maxime, nicht zu lehren, was im Buche schon steht, behandelte, wäre auch ihm zu wünschen, und es würde sich von selbst verstehen.

Nun aber, welches ja nicht aus der Acht zu lassen, haben auch die wichtigsten Resultate der fortgesetzten ärztlichen Beobachtung, deren wirkliche Vollziehung ihnen allein überlassen wird, als ein Teil der gesamten Naturbeobachtung, Einfluß auf den Fortgang der ganzen Naturwissenschaft, und so muß auch die wissenschaftliche Schule sie keinesweges verschmähen, sondern sich in den Stand setzen, fortdauernd von ihr Notiz zu haben und bei ihr zu lernen. Jedoch wird die Ausbeute davon niemals sofort und auf der Stelle eingreifen in das Ganze und so in den enzyklopädischen Unterricht gehören; es wird drum eine andere, an ihrem Orte anzugebende Maßregel getroffen werden müssen, dieselbe aufzunehmen und sie bis zur Eintragung in die Enzyklopädie aufzubewahren.

Daß die *Theologie*, falls sie nicht den ehemals laut gemachten und auch neuerlich nie förmlich zurückgenommenen Anspruch auf ein Geheimnis feierlich aufgeben wolle, in eine Schule der Wissenschaft nicht aufgenommen werden könne, ist schon oben gezeigt. Gibt sie ihn auf, so bequemt sie sich dadurch zugleich zu der bisher auch nicht so recht zugegebenen Trennung ihres praktischen Teiles von ihrem wissenschaftlichen.

Um zuvörderst den ersten abzuhandeln: der Volkslehrer, den sie bisher zu bilden sich vorsetzte, ist in seinem Wesen der Vermittler zwischen dem höhern, dem wissenschaftlich ausgebildeten Stande (denn einen andern höhern Stand gibt es nicht, und was nicht wissenschaftlich ausgebildet ist, ist Volk) und dem niedern, oder dem Volke.

Zunächst zwar, und dies mit vollem Rechte, knüpft er sein Bildungsgeschäft an an die Wurzel und das Allgemeinste aller höhern menschlichen Bildung, die Religion; aber nicht bloß diese, sondern alles, was von der höhern Bildung an das Volk zu bringen und seinem Zustande anzupassen ist, soll er immerfort demselben zuführen.

Nichts verhindert, daß er nicht noch neben diesem Berufe ein die Wissenschaft selbst in ihrer Wurzel selbsttätig bearbeitender und sie weiter bringender Gelehrter sei, wenn er *will* und *kann;* aber es ist ihm für diesen Beruf nicht notwendig, und drum ihm nicht anzumuten. Es ist für ihn hinlänglich, daß er überhaupt die Kunst besitze, über wissenschaftliche Gegenstände zu *verstehen* und sich *verständlich zu machen*, die er ja schon in der niederen Schule, welche er auf alle Fälle durchzumachen hat, gelernt haben wird; ferner von dem gesamten wissenschaftlichen Umfange die allgemeinsten Resultate, und das Vermögen, erforderlichen Falles durch Nachlesen sich weiter zu belehren, worin ihm die an der wissenschaftlichen Schule eingeführten Enzyklopädien den Unterricht und die nötigen Literaturkenntnisse geben. Die nötige Anführung zum Philosophieren hat er beim Philosophen zu holen. Für sein nächstes Geschäft der religiösen Volksbildung hat er zu allererst sein Religionssystem in der Schule des Philosophen zu bilden. Für das Anknüpfen seines Unterrichtes an die biblischen Bücher wird es vollkommen hinreichen, daß ein Buch geschrieben und ihm in die Hände gegeben werde, in welchem aus diesen Büchern der Inhalt echter Religion und Moral entwickelt werde, wobei nun weder die Verfasser dieses Buches, noch der dadurch zur Bibel*anwendung* anzuleitende künftige Volkslehrer sehr bekümmert zu sein brauchen über die Frage, ob die biblischen Schriftsteller es wirklich also gemeint haben, wie sie dieselben erklären; das Volk aber vor dieser durchaus nicht in seinen Gesichtskreis gehörigen Frage sorgfältig zu bewahren ist. Der Volkslehrer hat darum durchaus nicht nötig, die biblischen Schriftsteller nach *ihrem wahren, von ihnen beabsichtigten Sinne* zu verstehen; wie denn ohne Zweifel auch bisher, ohngeachtet es beabsichtiget und häufig vorgegeben worden, weder bei ihm, noch auch oft bei seinem Professor in der Exegese dies der Fall gewesen; und wir somit nicht einmal eine Neuerung, sondern nur das Geständnis der wahren Beschaffenheit der Sache und das besonnene Aufgeben eines unnötigen und vergeblichen Strebens begehren. Über *Pastoralklugheit*, d. i. über seine eigentliche Bestimmung als Volkslehrer im Ganzen eines Menschengeschlechts, und die Kunstmittel, dieselbe zu erfüllen, wird er ohne Zweifel auch beim Philosophen einige Auskunft finden können. Sein eigentümlich ihm anzumutender Charakter, die *Kunst* der *Popularität*, und die Übungen derselben durch katechetische, homiletische, auch *Umgangsinstitute* mit Gliedern aus dem Volke, sind der wissenschaftlichen Schule, welche den szientifischen Vortrag beabsichtigt, entgegengesetzt, drum von ihr abzusondern und am schicklichsten den ausübenden Volkslehrern, wie bei den Juristen, zu übertragen. Das eigentliche Genie für den künftigen Volkslehrer ist ein frommes und Menschen, und besonders das Volk liebendes Herz; hierauf wäre bei der Zulassung zu diesem Berufe hauptsächlich zu sehen, und besonders bei Besetzung der Konsistorien, als etwa der künftigen Schulen solcher Lehrer, würde weit mehr auf diese Eigenschaften, als auf andere glänzende Talente oder auf ausgebreitete Kenntnisse Rücksicht genommen werden müssen.

Der wissenschaftliche Nachlaß dieser als einer priesterlichen Vermittlerin zwischen Gott und den Menschen mit Tode abgegangenen Theologie an die wissenschaftliche Schule würde durch eine solche Veränderung seine ganze bisherige Natur ausziehen und eine neue anlegen. Es hat derselbe zwei Teile, ein von der Philologie abgerissenes Stück, und ein Kapitel aus der Geschichte. Die morgenländischen Sprachen, zu denen der den Theologen bis jetzt fast ausschließend überlassene hebräische Dialekt einen leichten und schicklichen Eingang darbietet, machen einen sehr wesentlichen Teil der Sprachentwicklung des menschlichen Geschlechts aus und sind bei einer einst zu hoffenden organischen Übersicht derselben ja nicht auszulassen; die hellenistische Form nun vollends der griechischen biblischen Schriftsteller gehört zur Kenntnis der griechischen Sprache im ganzen, welche Sprache ja auf unsern Schulen getrieben wird. Beide erhalten gegen den aufgegebenen höchst zweideutigen Anspruch, heilige Sprachen zu sein, den weit bedeutendern, daß sie menschliche Sprachen sind, zurück, und fallen der niedern Schule, die sich ja der Trägheit schämen wird, die beschränkte hebräische Sprache nicht allgemein bearbeiten zu können, da sie die sehr reiche griechische Sprache mit Glück bearbeitet, wiederum anheim. Ferner sind die biblischen Schriftsteller ja höchst bedeutende Formen der Entwicklung des menschlichen Geistes, deren wahrer Wert bloß darum

JOHANN GOTTLIEB FICHTE

Kupferstich von Albrecht Schultheiss nach einem Gemälde von Friedrich Bury

nicht beachtet worden, weil ein erdichteter falscher alle Aufmerksamkeit der einen Partei abzog, und den Haß und die unbedingte Nichtbeachtung der andern Partei erregte. Von nun an, sine ira et studio in dieser Sache urteilend, werden wir es eben so belehrend und ergötzend finden, den Jesaias zu lesen, als den Äschylos, und den Johannes als den Plato, und es wird uns mit dem richtigen Wortverständnisse derselben, *welches das gelehrte Studium allerdings anstreben wird*, weit besser gelingen, wenn auch die ersten eben sowohl als die zweiten zuweilen auch *unrecht* haben dürften, als vorher, da sie immer, und für die besondere Ansicht jedes neuen Exegeten, recht haben sollten, welches ohne mancherlei Zwang und ohne nie endenden Streit nicht zu bewerkstelligen war. Diese Exegese wird redlich sein, auch redlich gestehen, was sie nicht versteht, dagegen die vom theologischen Prinzipe ausgehende höchst unredlich war; (das oben Vorgeschlagene aber gleichfalls keine unredliche Exegese ist, da es überhaupt nicht Exegese ist, noch sich dafür gibt, indem eine solche eine gelehrte Aufgabe ist, die durchaus vor das Volk nicht gehört).

Das Kapitel aus der Historie, wovon die bisherige Theologie einen Hauptteil sich fast ausschließend zugeeignet, ist die *Geschichte der Entwicklung der religiösen Begriffe unter den Menschen.* Es geht aus dem gebrauchten Ausdrucke hervor, daß die Aufgabe umfassender ist, als die Theologie sie genommen, indem auch über die Religionsbegriffe der sogenannten Heiden Auskunft gegeben werden müßte, und daß die wissenschaftliche Schule sie in dieser Ausdehnung nehmen wird. Mit diesen zu ihr gehörigen und sie erklärenden Bestandteilen versehen, ferner ohne alles Interesse für irgend ein Resultat und mit redlicher Wahrheitsliebe bearbeitet, wird auch die eigentliche Kirchengeschichte eine ganz andere Gestalt gewinnen, und man wird der Lösung mehrerer Probleme, (z. B. über die wahren Verfasser mancher biblischen Schriften, über die echten oder unechten Teile derselben, die Geschichte des Kanons usw.,) die dem Unbefangenen noch immer nicht gründlich gelöst zu sein scheinen könnten, näher kommen, oder auch genau finden und bekennen, was in dieser Region sich ausmitteln lasse, und was nicht. Es wäre, wie sich versteht, dieser Teil der Geschichte dem Enzyklopädisten der gesamten Geschichte zur Verflechtung in seinen Studienplan anheimzugeben.

Zur Entscheidung über die oben vorgelegte Hauptfrage, und falls die Antwort darauf befriedigend ausfiele, zur Entwerfung eines festen Planes und Errichtung eines besondern Instituts zur Bildung künftiger Volkslehrer wäre eine aus sachverständigen und guten Theologen und Predigern bestehende Komitee niederzusetzen.

§ 27

Diesen zu beauftragenden einzelnen Männern und Komitees wäre, außer den schon angeführten Geschäften, auch noch folgendes aufzugeben, daß sie vollständig untersuchten, was an gelehrtem Apparate für jedes Fach (Bücher, Kunst- und Naturaliensammlungen, physikalische Instrumente u. dergl.) vorhanden sei, welche Notwendigkeiten dagegen uns abgingen und angeschafft werden müßten; für vollständige Katalogen und Repertorien dieser Schätze sorgten und in ihre Studienpläne den zweckmäßigen, folgegemäßen Gebrauch derselben aufnähmen. Falls die beauftragten einzelnen Männer neben ihrem ersten Geschäfte zu diesem nicht Zeit fänden, so wären sie zu ersuchen, einen andern tüchtigen Mann für dasselbe zu ernennen.

In diesem Geschäfte hätten sie von einer Seite sich sorgfältig zu hüten, daß sie nicht, etwa um nichts umkommen zu lassen, oder aus Streben nach äußerem Glanze und Rivalität mit andern gelehrten Anstalten, durch Beibehaltung überflüssiger Dinge der Reinheit und Einfachheit unsrer Anstalt Abbruch täten; so wie von der andern Seite nichts zu sparen am wirklich Nötigen. Was den äußern Glanz betrifft, so wird uns dieser, falls wir nur das innere Wesen redlich ausbilden, von selbst zufallen; die bedachte Beachtung desselben aber, und die Nachahmung anderer, von denen wir nicht Beispiele annehmen, sondern sie ihnen geben wollen, würde uns wiederum in die Verworrenheit hineinwerfen, welche ja von uns abzuhalten unser erstes Bestreben sein muß.

§ 28

Durch die allseitige Lösung der aufgestellten Aufgaben wäre nun fürs erste zustande gebracht das *lehrende Subjekt* der wissenschaftlichen Kunstschule. Wir könnten mit den enzyklopädischen Vorlesungen eine, fürs erste in ihren übrigen Bestimmungen *ganz gewöhnliche, Universität* eröffnen. Es wären jedoch diese gesamten

Vorlesungen, in denen, immer nach dem Ermessen des Lehrers, der fortfließende Vortrag mit Examinibus und Konversatorien, deren Besuchung jedem Studierenden *frei stände*, keiner aber dazu *verbunden* wäre, abwechselte, über das erste Unterrichtsjahr also zu verteilen, daß die Studenten, und wenn sie es wollten auch die Lehrer, diese Vorlesungen alle hören könnten, dennoch aber den erstern zum aufgegebenen Bücherlesen und zur Ausarbeitung der Aufsätze, von welchem demnächst, den letztern zu Beurteilung dieser Aufsätze Zeit übrig bliebe. Es möchte in dieser Zeitberechnung bei beiden Teilen in Gottes Namen auf noch mehr als den üblichen Fleiß und Berufstreue gerechnet werden; indem diese Eigenschaften ohnedies an unserer Schule an die Tagesordnung kommen sollen, und drum nicht zu früh eingeführt werden können.

§ 29

Während dieser enzyklopädischen Vorlesungen des ersten Lehrjahres stellen der philosophische Lehrer sowohl, als die übrigen enzyklopädischen eine *Aufgabe* an ihr Auditorium; in dem oben sattsam charakterisierten Geiste, so daß das aus dem mündlichen Vortrage oder dem Buche Erlernte nicht bloß wiedergegeben, sondern daß es zur Prämisse gemacht werde, damit sich zeige, ob der Jüngling es zu seinem freien Eigentume erhalten habe und als anhebender Künstler etwas anderes daraus zu gestalten vermöge. Diese Aufgabe bearbeitet jeder Studierende, der da will, in einem Aufsatze, den er zu einem bestimmten Termine vor Beendigung des Lehrjahres, mit einem versiegelten Zettel, der den Namen des Verfassers enthalte, bei dem aufgebenden Lehrer einsendet. Der Lehrer prüft diese Aufsätze und hebt die vorzüglichsten heraus.

In dieser Beurteilung der Aufsätze ist bei rein philosophischem Inhalte der Lehrer der Philosophie unbeschränkt: zur Krönung anderer aber, die einen positiv-wissenschaftlichen Stoff haben, müssen der enzyklopädische Lehrer des Faches und der Philosoph (später, wenn wir eine solche haben werden, die philosophische Klasse) sich vereinigen, der *erstere* entscheidend über die Richtigkeit und die auf dieser Stufe des Unterrichts anzumutende Tiefe und Vollständigkeit der historischen Erkenntnis, der zweite über den philosophischen und Künstlergeist, mit welchem jener Stoff verarbeitet worden. Ein von *einem* dieser beiden verworfener Aufsatz bleibt verworfen, obschon der andere Teil ihn billigte. Die Notwendigkeit dieser Mitwirkung der philosophischen Klasse liegt im Wesen einer Kunstschule: die Mitwirkung des historischen Wissens aber soll uns dagegen verwahren, daß nicht in empirischen Fächern a priori phantasiert werde, statt gründlicher Gelehrsamkeit.

Am *Schlusse* des ersten Lehrjahres wird das Resultat der also vollzognen Beurteilung der eingegebenen Aufsätze und die Namen derer, deren Ausarbeitungen gebilligt sind, bekannt gemacht; und es treten von ihnen diejenigen, *welche wollen*, zusammen, als der erste Anfang eines *lernenden Subjekts*, in höherm und vorzüglicherem Sinne, an unsrer wissenschaftlichen Kunstschule. Welche wollen, sagte ich; denn obwohl die Ausfertigung eines Aufsatzes und die Unterwerfung desselben unter die Beurteilung des lehrenden Korps diesen Willen vorauszusetzen scheint, so können mit dem ersten doch auch mancherlei andere Zwecke beabsichtiget werden, von denen zu seiner Zeit; alle Studierenden an unserer Universität können auch für diese Zwecke berechtigt werden; und es muß darum jedem, der sogar beitreten *dürfte*, überlassen werden, ob er *will*. Inzwischen wird die Fortsetzung unsres Entwurfs ohne Zweifel die sichere Vermutung begründen, daß jeder wollen werde, der da dürfe.

§ 30

Sie treten zusammen zu einer einzigen großen Haushaltung, zu gemeinschaftlicher Wohnung und Kost, unter einer angemessenen liberalen Aufsicht. Ihre Bedürfnisse ohne alle Ausnahme, nicht ausgeschlossen Bücher, Kleider, Schreibmaterialien usf., werden ihnen von der Ökonomieverwaltung in Natur gereicht, und sie haben, die Verwaltung eines mäßigen Taschengeldes abgerechnet, wofür ein Maximum festgesetzt werden könnte, während ihrer Studienjahre mit keinem andern ökonomischen Geschäfte zu tun. (Der Grund dieser Einrichtung ist schon oben angegeben worden; und auf die Einwendung, daß junge Leute auf der Universität zugleich das Haushalten mitlernen müßten, ist zu erwidern, daß, falls dieselben bei uns das Ehrgefühl, die Gewissenhaftigkeit und die intellektuelle Bildung erhalten, die wir anstreben, es sich mit dem künftigen Haushalten von selbst finden werde; erhalten sie aber bei dem Grade der Sorgfalt, den wir anwenden werden, dieselbe nicht, so ist gar kein Schaden dabei, daß sie auch äußerlich verderben, und mag dies immer je eher je lieber geschehen.) Inwiefern aber diese Verpflegung *ihnen frei auf Kosten des Staats*, oder auf ihre eigenen Kosten gereicht werden solle, davon behalten wir uns vor, tiefer unten zu sprechen; und wollen wir mit dem Gesagten keineswegs unbedingt das erste gesagt haben.

Mit diesem also zustande gebrachten Stamme tritt nun das lehrende Korps in das oben beschriebene innige Wechselleben. Sie werden fortdauernd erforscht und in ihrem Geistesgange beobachtet, sie haben den ersten Zutritt zu den Examinibus, Konversatorien, dem Umgange und der Beratung der Lehrer, und stehen, in der Benutzung der vorhandenen literarischen Hilfsmittel, jedem andern vor; auf ihre nächsten unmittelbaren und wohlbekannten Bedürfnisse rechnet immerfort der gesamte mündliche Vortrag der Kunstschule. Im Falle der würdigen Benutzung dieser Schule, die durch eine tiefer unten zu beschreibende Prüfung dokumentiert wird, stehen sie bei Besetzung der höchsten Ämter des Staates allen anderen vor (und tragen den von Gottes Gnaden durch ein vorzügliches Talent ihnen geschenkten und durch würdige Ausbildung jenes erstern verdienten Adel).

Immerhin mögen neben ihnen andere Studierende an den vorhandenen Bildungsmitteln der Anstalt, welche recht eigentlich doch nur für jene sind, nach allem ihrem Vermögen teilnehmen und in freier Bildung jenen den Rang abzulaufen suchen, welches, falls es ihnen gelänge, auch nicht unanerkannt bleiben soll. Diese wachsen gewissermaßen wild, wie im Walde; jene sind eine sorgfältig gepflegte Baumschule, welche in alle Wege doch auch sein soll, und aus welcher sogar dem Walde manches edlere Samenkorn zufliegen wird. Jene sind *regulares*, und es wird wohl auch eine anständige deutsche Benennung für sie sich finden lassen; diese sind *irregulares*, die lat. Observanz, bloße Socii und *Zugewandte;* und dies wären die beiden Hauptklassen, in die unser studierendes Publikum zerfiele.

§ 31

Es würde auch fernerhin nach jedem abgelaufenen Lehrjahre denen, die bis jetzt noch unter den Zugewandten sich befänden, frei stehen, durch gelungene Ausarbeitungen, (indem gegen das Ende jedes Lehrjahres Aufgaben für dergleichen gegeben werden), ihre Aufnahme unter die Regularen nachzusuchen. Außerdem würden diejenigen der jungen Inländer, welche vorzügliches Talent und Progressen von der niedern Schule zu dokumentieren vermöchten, (über deren Grad und die Art der Beweisführung später etwas Festes bestimmt werden kann), gleich bei ihrem Eintritte auf die Universität ein Recht haben auf einen Platz unter den Regularen.

§ 32

Es wäre zu veranlassen, daß gleich bei der Eröffnung der Universität, da es noch keine Regularen gibt, diejenigen, welche die Aufnahme unter sie durch Ausarbeitungen zu suchen gedächten, eben so wie späterhin die Regularen es sollen, zu einem gemeinschaftlichen Haushalt zusammenträten. Dies, obwohl unter besonderer Aufsicht des Lehrinstituts stehend, wäre dennoch keine eigentlich öffentliche, sondern eine Privatanstalt, und die Mitglieder lebten nicht, wie es mit den Regularen unter gewissen Bedingungen wohl der Fall sein kann, auf Kosten des Staates, sondern auf die eigenen, die jedoch, ganz wie bei den Regularen, gemeinschaftlich verwaltet würden. Es könnte auch denjenigen unter diesen Vereinigten, welche beim Anfange des zweiten Lehrjahres nicht unter die Regularen aufgenommen und so aus dieser ersten Verbindung in eine neue hinübergenommen würden, nicht verwehrt werden, in dieser ihrer ersten Verbindung fortzuleben, indem sie zufolge des vorhergehenden § beim Anfange des künftigen Lehrjahres glücklicher sein können, und so *Kandidaten* der *Regel* bleiben. Es können zu ihnen hinzutreten, um denselben Anspruch zu bezeichnen, andere, die bisher unter den Zugewandten sich befanden, desgleichen die von der niederen Schule Kommenden, die nicht schon von daher das Recht, unmittelbar unter die Regularen zu treten, mitbringen. Diese machen nun eine dritte Klasse der bei uns Studierenden, ein Verbindungsglied zwischen den Regularen und den Zugewandten: *Novizen*. Sie sind schon durch die Natur der Sache, indem die Lehrer wissen, daß vorzüglich aus ihrer Mitte beim Anfange des neuen Lehrjahres sie das Kollegium der Regularen zu ergänzen haben werden, der besondern Beachtung derselben empfohlen.

§ 33

Damit nun nicht etwa die Zugewandten, — denn von den Novizen, die ihren Anspruch auf die Regel durch ihr Zusammenleben bekennen, ist dies nicht zu befürchten — um der größern Lizenz willen, jemals versucht werden, sich für vornehmer zu halten, denn die Regularen, soll der Vorzug der letztern sogar äußerlich anschaubar gemacht werden durch eine *Uniform*, die kein anderer zu tragen berechtigt sei, denn sie und ihre ordentlichen Lehrer. Damit dieser Rock gleich anfangs die rechte Bedeutung erhalte, sollen sogleich von Eröffnung der Universität an die ordentlichen Lehrer diese Uniform gewöhnlich tragen, also daß im ersten Lehrjahre nur sie, und diejenigen, die in demselben Verhältnisse mit ihnen zur Universität stehen, damit bekleidet seien; später, nach Ernennung des ersten Collegium von Regularen, sie auf diese fortgehe, und so ferner bei allen folgenden Ergänzungen des letztern.

§ 34

Diese Einrichtung soll zugleich die äußere sittliche Bildung unserer Zöglinge unterstützen und die Achtung derselben bei dem übrigen Publikum befördern und sicherstellen. Gründliches und geistreiches Treiben der Wissenschaft veredelt ohnedies ganz von sich selbst; überdies wird für die Entwicklung der Ehrliebe und des Gefühls für das Erhabene, als das eigentliche Vehiculum der sittlichen Bildung des Jünglings, durch Beispiel und Lehre gesorgt werden; die Ordnung aber kommt durch die getroffene Einrichtung von selber in seinen Lebenslauf: und so ist für die innere Bildung gesorgt.

Die äußere wird, bei entwickelter Ehrliebe, der Gedanke unterstützen, daß sein Rock ihn bezeichne, und daß dieses Kleid nicht im Müßiggange auf den Straßen sich herumtreiben, oder wohl gar an gemeinen Orten und bei Zusammenläufen sichtbar werden, sondern daß es, als Mitglied der Gesellschaft, nur in Ehrenhäusern erscheinen dürfe. Was aber Ehrenhäuser sind, wird man ihm sagen, und auf alle Weise die Erlaubnis, in solchen Häusern ihn zu empfehlen, zu verdienen suchen. (Z. B.: Mag immerhin beim jetzigen Zustande der Dinge unter gewissen Umständen ein ehrliebender Jüngling, der in ein Duell verflochten worden, Entschuldigung verdienen, so soll doch unser Zögling durchaus keine finden *darüber*, daß er sich erst unter Pöbel, von welcher Geburt derselbe auch übrigens sein möge, begeben, wo dergleichen möglich war. Dahin werde der point d'honneur des ganzen Korps gerichtet. Feige übrigens sollen sie nicht werden.)

Nach außen hin ist gegen die Hauptquelle der Verachtung im Leben, Unordnung im Haushalt und Schuldenmachen, unser Zögling gesichert. Daß bei Exzessen, deren Urheber unbekannt bleiben sollten, nicht auch unschuldig, wie dies in Universitätsstädten wohl zu geschehen pfleget, dies Korps als der stets vorauszusetzende allgemeine Sünder aufgestellt werde, dagegen werden die Lehrer sich durch die Vorstellung schützen: Habt ihr unsern Ehrenrock bei dem Exzesse gesehen? Habt ihr dies nun nicht, so verleumdet nicht unsere Zöglinge, denn diese gehen nie aus, außer in diesem Rocke: und sie (diese Lehrer) werden überhaupt alles Ernstes auf die Ehre ihrer Zöglinge, und auf alle die Einrichtungen halten, die ihnen möglich machen, dies mit ihrer eignen Ehre zu tun.

§ 35

Die *Zugewandten* stehen, da sie weder eigentliche Mitglieder unsrer Anstalt, noch eigentliche angesessene Bürger sind, unter der allgemeinen Polizei, und es muß diese, ohne alle Mitwirkung von seiten der Anstalt, und ganz auf ihre eigene Verantwortung, die Einrichtungen, wodurch den übrigen Bürgern die gehörige Garantie in Hinsicht dieser Fremden geleistet werde, treffen. Nicht anders würde es sich mit den Novizen verhalten; welche jedoch, da sie eine Einheit bilden und ein sichtbares Band dieser Einheit an ihrer ökonomischen Verwaltung haben, eine tüchtigere Garantie zu geben, auch durch diesen ihren Repräsentanten in Unterhandlung mit der Polizei zu treten vermögen, und so, in Absicht der Individuen, einer liberalern Gesetzgebung unterworfen werden können, als die erstern. Nun aber steht die Lehranstalt mit diesen beiden Klassen noch in einem engern Verhältnisse, denn die übrigen Bürger, und es ist der allgemeinen Polizei völlig fremd, dasjenige, was aus diesem engern Verhältnisse hervorgeht, zu ordnen. Demnach fielen die dahin gehörigen Anordnungen dem Institute, als dem einen und vorzüglichsten Teilnehmer des abzuschließenden Kontraktes anheim. — Diese Klassen haben zu allen von der Schule getroffenen Lehranstalten den Zutritt; da aber ferner die Schule weder um ihre wissenschaftlichen Fortschritte, noch um ihre Aufführung sich im mindesten bekümmert, so beschränkt sich ihr Recht an diese lediglich auf den Punkt, *sich gegen die Verletzungen, welche aus der Erteilung dieses Zutrittes entstehen könnten*, (denn gegen andere Verletzungen schützt auch sie die allgemeine Polizei), *zu schützen*.

Dergleichen Verletzungen würden sein: Störung der Ruhe und Ordnung in den Lehrübungen, zu denen sie den Zutritt erhalten; Verletzung der Achtung, die das Verhältnis des Lernenden zum Lehrer, oder der Zugewandten zu denen, um deren willen die Anstalt eigentlich da ist, erfordert; endlich könnten bei dem bekannten Eigendünkel und der verkehrten Reizbarkeit der gewöhnlichen Studierenden, aus dem, Dingen der ersten und zweiten Art entgegengesetzten Widerstande der Lehrer andere gröblichere Beleidigungen und Angriffe erfolgen, welche, als erfolgt lediglich aus dem verstatteten Zutritte, nicht nach allgemeinen polizeilichen Grundsätzen, sondern nach strengeren, beurteilt werden müßten.

Es müßte dem zufolge zwischen der Lehranstalt und jedem Individuum der Kontrakt, durch den das letztere das Recht des Zutrittes erhält und sich auf die Bedingungen, unter denen es dasselbe erhält, verpflichtet, durch einen ausdrücklichen Akt abgemacht werden. Dieser Akt ist die *Inskription;* die Bedingungen aber sind die *Gesetzgebung* für den Zugewandten, welche, da das übrige Verhältnis desselben zu andern Bürgern eine Sache der Polizei ist, durchaus nur sein Verhältnis zur Lehranstalt, *als solcher*, zu bestimmen hat. Die Novizen können, aus dem schon der Polizei gegenüber angegebenen Grunde, auch in dieser Beziehung unter eine mildere Gesetzgebung gesetzt werden.

Der Akt der Inskription und Verpflichtung auf die Gesetze ist ein juridischer, und wird drum am schicklichsten, so wie die unten zu bezeichnenden Justizgeschäfte, einem besonders zu ernennenden *Justitiarius* der Lehranstalt anheimfallen.

Da die Anstalt in gar kein anderes Verhältnis mit den Zugewandten eingeht, als auf die Erlaubnis des Zutrittes, so bleibt ihr auch kein anderes Zwangsmittel übrig, als die Zurücknahme dieser Erlaubnis. Dieses kann geschehen im *besondern* oder im *allgemeinen*. In Absicht des erstern muß es jedem einzelnen Lehrer auf seine eigene Verantwortung vor seinem Gewissen frei stehen, einem Zugewandten, dessen Unruhe und Zerstreutheit ihn oder sein Auditorium stört, oder der ihn oder seine mit ihm enger verbundenen Schüler beleidigt hat, den Zutritt zu seinen Lehrübungen für eine gewisse Zeit, oder auch auf immer, zu untersagen; und das ganze lehrende Korps muß ihn hiebei, durch die Verwarnung vor größerem Übel, auf seine bloße Anzeige unterstützen. Das zweite erklärt sich selbst; und sind die Fälle, — unter die der, daß jemand der Verweisung eines einzelnen Lehrers aus seinem Auditorium nicht Folge geleistet hätte, mit gehört, — durch das Gesetz festzustellen. Sollte, bei Verborgenheit der Urheber beleidigender Attentate, etwas erst ausgemittelt werden müssen, so fällt diese Untersuchung dem Justitiarius der Universität anheim, vor dessen Gericht sich der Inskribierte, bei Strafe der Relegation in contumaciam, zu stellen hat. Bisherige Universitäten, z. B. die Nutritoren der Jenaischen Universität und derselben Senat, haben angenommen, daß es in solchen Fällen für die Verurteilung keinesweges des strengen juridischen Beweises bedürfe, sondern daß ein dringender Verdacht dazu hinreiche; indem ja nicht irgend eine Strafe zugefügt, sondern nur eine frei erteilte Erlaubnis wiederum zurückgenommen werde, weil deren Fortdauer gefährlich scheine; und der Verfasser dieses ist der Meinung, daß diese recht haben, und daß auch wir denselben Grundsatz aufzunehmen hätten. Der Justitiarius ist in dieser Qualität, als Verwalter des Rechtes des Instituts, sich selbst zu schützen, demselben verantwortlich.

Mit der Zurücknehmung der Inskription ist, teils um die Mitglieder der Universität gegen den fernern Überlauf und die Rache der Entlaßnen zu sichern, teils, weil ein solcher gar keinen Grund mehr aufweisen kann, seinen Aufenthalt an diesem Orte fortzusetzen, die Verweisung aus der Universitätsstadt und ihrer nächsten Nachbarschaft, oder die *Relegation* natürlich verknüpft. Die Pflicht, über diese zu halten, fällt der Polizei, die in dieser Rücksicht gar nicht Richter oder Revisor des Urteils, sondern lediglich Exekutor des schon gesprochenen Urteils ist, anheim; und müßte gegen diese, falls sie ihre Pflicht lässig betriebe, die Universität als Kläger auftreten.

(Sollte in dieser Ansicht einige Richtigkeit sein, so würde daraus auch erhellen, wie die bisherige Justizverwaltung auf Universitäten, bald in der Voraussetzung, daß die Universität nicht mehr dürfe, als eine Erlaubnis zurücknehmen, die sie selbst gegeben, bald, indem sie zugleich das ihr fremde Geschäft der Polizei und der Ziviljustiz ausüben sollte, endlich, indem ihr auch ein Gefühl ihrer Vater- und Erzieherpflichten entstand, geschwankt, und bald zu viel, bald zu wenig getan habe. Hier ist, durch die Trennung zwei sehr verschiedener Klassen von Studierenden der Widerspruch gelöst; und durch die anheimgegebene Freiheit, zu welcher Klasse jemand gehören wolle, das persönliche Recht behauptet.)

§ 36

In Absicht der Verknüpfung der Relegation mit der Zurücknahme der Inskription, die bei Fremden ganz unbedenklich ist, dürfte in dem Falle, da die zu Relegierenden ihren elterlichen Wohnplatz in der Universitätsstadt hätten, billig das Bedenken eintreten, ob die Universität, so wie sie ohne Zweifel das Recht hat, diese aus ihren Hörsälen zu verweisen, auch das Recht habe, sie aus ihrem väterlichen Hause zu vertreiben. Da inzwischen, falls man ihr dieses Recht absprechen müßte, sie gegen diese durchaus nicht weniger gefährlichen Jünglinge ohne eine besondere Einrichtung nicht gesichert werden könnte, so wäre als eine solche besondere Einrichtung vorzuschlagen: 1) daß Söhne aus der Universitätsstadt, falls sie nicht etwa schon als Mitglieder einer niedern Schule das gute Zeugnis dieser ihrer Lehrer für sich hätten, sich einige Zeit vor der Inskription zu derselben anmelden müßten, und von da an beobachtet würden, und daß man ihnen, falls diese Beobachtung Bedenklichkeit gegen sie einflößte, die Inskription verweigern könne; 2) daß ihre Eltern eine namhafte Summe als Kaution für sie stellten, deren erste Hälfte im Falle der Zurücknahme der Inskription, statt der Relegationsstrafe, mit der sie dermalen verschont blieben, verfiele; daß aber, falls sie hinfüro von neuem sich einiger Exzesse gegen die Lehranstalt schuldig machten, auch die andere Hälfte verfiele, und sie dennoch relegiert würden. Sollten Eltern diese Kaution stellen nicht können oder wollen, so müssen sie sich es eben gefallen lassen, daß auch ihre Söhne im Falle der Verschuldung relegiert werden; so wie bisher zuweilen sogar Professoren sich haben gefallen lassen müssen, daß ihren unfertigen Söhnen dieses begegnet; indem es gänzlich in dem freien Vermögen aller Studenten in der Welt beruhet, diejenigen Handlungen, welche Relegation nach sich ziehen, und deren Katalog bei uns, die wir der Polizei und dem Zivilgerichte überlassen würden, was ihres Amtes ist, gar nicht groß sein würde, zu unterlassen.

§ 37

Die Regularen werden vom Staate und seinem Organe, der allgemeinen Polizei, (denn mit der Ziviljustiz könnte wohl die Ökonomieverwaltung derselben, keinesweges aber ein Einzelner von ihnen zu tun bekommen), betrachtet als ein Familienganzes, das als solches für seine Mitglieder einsteht. Wäre von den letztern gesündigt, so ist freilich das Ganze zur Verantwortung und Strafe zu ziehen; dagegen bleibt die Bestrafung des einzelnen Mitgliedes der Familie selbst überlassen und wird im Schoße derselben vollzogen, und ist väterlich und brüderlich, und soll dienen als Erziehungs-, keinesweges aber als schreckendes Mittel. Nur wenn ein Individuum vom Körper abgesondert und ausgestoßen werden müßte, könnte es wieder als Einzelner dastehen und dem Forum, für welches es sodann gehörte, anheimfallen.

Es erhellt, daß ohne vorhergegangene Degradation und Ausstoßung keine der bisher aufgestellten gesetzlichen Verfügungen auf die Regularen passen, und daß für sie weder Justitiarius, oder Relegation, oder des etwas stattfinde. Durch die bloße Ausstoßung könnten sie doch nicht weniger werden, als das, was sie ohne Einverleibung in das Korps der Regularen gewesen sein würden, *Zugewandte*, und erst als solche müßten sie von neuem sich vergehen, um der Polizei, oder dem Justitiarius, welchem sie ja von nun an erst anheimfallen, verantwortlich zu werden. Daß die Fälle, in denen ein Familienganzes seine Mitglieder nicht vertreten kann, z. B. Kriminalfälle, ausgenommen sind, daß aber auch sodann die Degradation der Auslieferung an den Richter vorhergehen müsse, ist unmittelbar klar.

Die Regularen hätten sonach zuvörderst für sich eine Regel zu finden, nach der die Möglichkeit solcher Fälle so gut als aufgehoben und überhaupt alle Vorkehrungen so getroffen würden, daß die Polizei keine Gelegenheit fände, von ihnen Notiz zu nehmen: sodann ein Ephorat und Gericht zu errichten, das über die Ausübung dieser Regel hielte. Ohnedies würde in dem Hause, in welchem sie beisammen wohnten, ein alter ehrwürdiger Gelehrter, der selbst einst mit Ruhm und Verdienst Lehrer am Institut gewesen wäre, als der unmittelbarste Hausvater der Familie, mit ihnen wohnen und leben. (Sollte späterhin die Gesellschaft also anwachsen, daß sie in mehrere Häuser verteilt werden müßte, so müßte diese nicht etwa durch die Benennung verschiedener Collegia getrennt, sondern das Einheitsband müßte durch die Gemeinschaftlichkeit *eines* Hausvaters und durch andere Mittel auch äußerlich sichtbar bleiben.)

Dieser wäre der natürliche Präsident dieses Familiengerichts. Ferner sind natürliche Beisitzer desselben alle ordentlichen Lehrer an der Anstalt, indem ja deren eigne Ehre von der Ehre ihres Zöglings abhängt; und könnten dieselben, zur Sparung ihrer Zeit, *abwechselnd* in demselben sitzen. Endlich wären, damit ein wahrhaftes Familien- und Brudergericht entstände, aus den Regularen selbst, nach einer leicht zu findenden Regel, Beisitzer zu ernennen. Deren richterliche Verwaltung trüge nun den oben angegebenen Grundcharakter; die Verhandlungen aber und Richtersprüche derselben blieben durchaus im Schoße dieses Korps; hierüber andern etwas mitzuteilen, würde betrachtet als eine Ehrlosigkeit, die unmittelbar die Ausstoßung nach sich ziehen müßte.

Eine ähnliche Einrichtung können die Novizen, falls sie eine Verwaltung finden, deren Garantie die Polizei annehmen will, treffen. Nur haben sie keinen Anspruch auf den Beisitz der ordentlichen Lehrer in ihrem Familiengerichte; es kann ihnen aber erlaubt werden, außerordentliche Professoren, von denen zu seiner Zeit, oder auch andere brave Gelehrte, zu diesem Beisitze einzuladen. Überhaupt, so ähnlich auch das Noviziat jetzt oder künftig dem Collegium der Regularen werden möchte, so bleibt doch immer der Hauptunterschied, daß das letztere unter öffentlicher Autorität und Garantie steht, das erste aber ein mit Privatfreiheit zustande gebrachtes Institut ist, dessen Mitglieder von Rechts wegen keinen größeren Anspruch haben, denn die Zugewandten, und die die Begünstigungen, welche Polizei und Universität ihnen etwa geben, nur anzusehen haben als ein freies Geschenk, das ihnen auch wieder entzogen werden kann.

§ 38

Durch das Bisherige ist nun auch die Entstehung des *lernenden Subjekts* in seinen verschiedenen Abstufungen, und wie dasselbe immerfort ergänzt und erneuert werden solle, beschrieben. Wir können nunmehro auch an eine weitere Bestimmung des schon oben im allgemeinen aufgestellten lehrenden Subjekts gehen.

Auf den bisherigen Universitäten war es Doktoren und außerordentlichen Professoren erlaubt, sich im Lesen zu versuchen und zu erwarten, ob ein Publikum sich um sie herum versammeln werde. Haben dieselben schon auf einer andern Universität das Recht, Vorlesungen zu halten, gehabt, so können auch wir es ihnen erlauben.

Im entgegengesetzten Falle mögen sie das anderwärts Gebräuchliche auch bei uns leisten. Die eigentlichen Lehrer für die Regularen und die, so es zu werden streben, sind freilich die enzyklopädischen Lehrer, die ja auch die entscheidenden Aufgaben geben, so wie die von diesen etwa eingesetzten Lehrer des Teils eines Faches, welche, obwohl Unterlehrer, dennoch *ordentliche* Lehrer sind. Für diese, die wir immer insgesamt *außerordentliche* Professoren nennen könnten, blieben demnach die Zugewandten übrig, an denen sie sich versuchen könnten. Dennoch sollen auch nicht nur Regularen, und zwar die geübtesten und befestigsten, von dem enzyklopädischen Lehrer des Faches zur Besuchung ihrer Vorlesungen ernannt werden, sondern auch dieser Lehrer selbst und andere Lehrer befugt sein, denselben insoweit beizuwohnen, bis sie einen bestimmten Begriff von den Kenntnissen und dem Lehrertalent des Mannes sich erworben.

Die erste Erlaubnis zu lesen geht nur auf *ein* Lehrjahr. Nach Verfluß desselben muß abermals um dieselbe eingekommen werden, und es kann diese nach Befinden der Umstände erneuert oder verweigert werden; oder auch der zweckmäßig befundene Lehrer kann als ordentlicher Unterlehrer oder auch als Enzyklopädist, wenn der vorherige abgehen will, ernannt werden.

Die Entscheidung über beide Gegenstände hängt, wie bei Beurteilung der Aufsätze, ab von der Klasse des Faches, so wie von der philosophischen Klasse, wo die erstere über die Gründlichkeit der empirischen Erkenntnis, die zweite über die philosophische Freiheit und Klarheit entscheide. Auch hier müssen für ein bejahendes Urteil beide Stimmen sich vereinigen, indem jede Klasse erst unter sich und für sich einig sein muß, und ihre Stimme hier nur für eine gezählt wird. Da jedoch, so wie das Alter beschuldigt wird, jeder Neuerung zuweilen sich feindselig zu zeigen, eben so die kräftigere Jugend von Eifersucht gegen fremdes Verdienst nicht immer ganz freizusprechen ist, so müßte bei einem die Erlaubnis zu lesen oder die Anstellung eines Lehrers betreffenden Falle fürs erste jede besondere Klasse (die hier requirierte empirische, so wie die philosophische) zuvörderst in sich selber in zwei Teile geteilt werden, den *Rat der Alten* und den *der ausübenden Lehrer*, und nur wenn diese beiden Teile nein sagten, hätte die Klasse Nein gesagt, dagegen auch das einseitige Ja des einen Rates zum Ja der Klasse würde. Dadurch würde hervorgebracht, daß weder die Neuerungsfurcht des einen, noch die Eifersucht des andern Teiles den Fortschritt zum Bessern hindern könnte, und diesen beiden Dingen an einander selber ein wirksames Gegengewicht gegeben; wo aber beide Teile Nein sagten, da würde wohl ohne Zweifel das Nein die richtige Antwort sein. (Übrigens wird eine solche Einteilung unsers gelehrten Korps in einen Senat der Alten und der Lehrer zu seiner Zeit aus dem Wesen des Ganzen, ganz ohne Rücksicht auf das soeben erwähnte besondere Bedürfnis, sich sehr natürlich ergeben.)

§ 39

Eine Auswahl der Regularen in jedem Fache wird beim Fortgange der Anstalt, als ein Professorseminarium, ohnedies unter der Aufsicht der ordentlichen Lehrer zu den Geschäften des Lehrers angehalten werden. Diesen könnte, wenn sie aus der Klasse der Studierenden herausgetreten und zu *Meistern* ernannt worden, das Recht zu lesen auf dieselbe Weise erteilt werden, so wie aus ihnen die Lehrstellen nach derselben Regel sehr leicht besetzt werden. Doch würden uns immerfort auf jeder Stufe unserer Vollendung, zu uns kommende fremde Lehrer, auf die § praeced. erwähnte Weise, willkommen sein, und wir dadurch gegen jede Einseitigkeit des Tones uns zu verwahren suchen.

§ 40

Die Verwaltung des Lehramtes, besonders nach unsern Grundsätzen, erfordert jugendliche Kraft und Gewandtheit. Nun ist wenigen die Fortdauer dieser jugendlichen Frischheit bis in ein höheres Alter hinein zugesichert; auch fällt die Neigung der meisten originellen Bearbeiter der Wissenschaft in reifern Jahren dahin, ihre Bildung in einer festen und vollendeten Gestalt niederzulegen in das Archiv des allgemeinen Buchwesens, und es ist sehr zu wünschen, daß dies geschehe, und ihnen die Zeit und Ruhe dazu zu gönnen. Wir müssen drum nicht anders rechnen, als daß wir die Lehrer an unserer Anstalt nur auf eine bestimmte Zeit beibehalten wollen. Alle diejenigen, mit denen das Institut zuerst beginnt, werden sich bald nach der ehrenvoll verdienten Ruhe sehnen und gern den Zeitpunkt ergreifen, da unter ihnen ein jüngeres Talent sich gebildet hat, das ihren Platz würdig besetze. Alle während des Fortganges des Instituts neu angestellten Lehrer sind nur auf einen bestimmten Zeitraum (etwa für die Periode, innerhalb welcher das studierende Publikum sich zu erneuern pflegt) anzunehmen, nach dessen Ablaufe beide Teile, die Universität und der Lehrer, auf die § 38 beschriebene Weise, den Kontrakt erneuern, oder auch aufheben können.

§ 41

Um im ökonomischen Teile solcher Verhandlungen dem bisher oft stattgefundenen anstößigen Markten zwischen Regierungen und Gelehrten, indem die ersteren zuweilen von der Verlegenheit eines wackern Mannes Vorteil zu ziehen suchten, um seine Kraft und sein Talent wohlfeilen Kaufes an sich zu bringen, die letztern zuweilen auch mit dem Gehörigen sich nicht begnügen mochten und ihre übertriebenen Forderungen durch teils mit List an sich gebrachte auswärtige Vokationen unterstützten, in der Zukunft und für unser Lehrinstitut vorzubauen, mache ich folgenden Vorschlag.

Entweder sind diese Lehrer Einländer und auf unserm Institute, wohl gar als Regulare, wie zu erwarten, gebildet; so hat das Vaterland ohnedies den ersten Anspruch auf ihre Kräfte, so wie *sie* Anspruch auf die Fürsorge desselben, in jedem Falle und ihr ganzes Leben hindurch, haben; oder sie sind Fremde, welche bei uns auch ihre Bildung nicht erhalten haben. Im letzten Falle fordere man von ihnen, daß sie, beim Eingehen irgend eines Verhältnisses mit uns, oder bei der Erneuerung eines solchen, sich erklären, ob sie ihr Fremdenrecht beibehalten, oder ob sie das völlige Bürgerrecht haben (sich *nostrifizieren* lassen) wollen. Im ersten Falle müssen wir uns freilich gefallen lassen, daß, falls sie uns unentbehrlich sind, sie sich uns so teuer verkaufen, als sie irgend können; jedoch wird diese Verbindung immer nur auf einen Zeitraum eingegangen; und können wir etwa nach dessen Abfluß sie entbehren, so sollen sie wissen, daß wir uns sodann um sie durchaus nicht weiter kümmern werden, und sie gehen können, wohin es ihnen gefällt. Im zweiten Falle erhält der Staat an sie, und sie an den Staat alle Ansprüche, die zwischen ihm und den bei uns gebildeten Eingebornen stattfinden. Um nun in diesem letztern Verhältnisse zugleich die persönliche Freiheit des Individuum sicherzustellen, zugleich eine rechtliche Gleichheit des Individuum mit dem Staate, der bisher seinem Diener lebenslänglichen Unterhalt zusichern, von ihm aber zu jeder Stunde sich den Dienst aufkündigen lassen mußte, hervorzubringen, und besonders, um dem Gelehrtenstande zu größerer Moralität und Ehrliebe in Dingen dieser

Art zu verhelfen, setze man den Anspruch auf lebenslange Versorgung, verhältnismäßig nach dem Fache, als *gleich einem gewissen bestimmten Kapital*, das der des vollkommnen Bürgerrechts Teilhaftige dem Staate zurückzahle, wenn er dessen bisherige Dienste verlassen will. Ist er nun dem auswärtigen Berufer dieser Summe wert, so mag derselbe sie bezahlen, und er ist frei; aber es ist zu hoffen, daß dieser Fall nicht sehr häufig eintreten und auf diese Weise wir mit der Beseitigung so mannigfacher Vokationen verschont bleiben werden.

§ 42

Es ist, in der Voraussetzung dieser Einrichtung, bei der Frage, wie abgetretene Professoren zu versorgen seien, nur von solchen die Rede, denen das vollkommene Bürgerrecht angeboren, oder von ihnen angenommen ist; indem diejenigen, welche dasselbe abgelehnt, nach ihrem Austritte nicht nur nicht versorgt werden, sondern es sogar eine feste Maxime unserer Politik sein soll, dieselben sobald wie möglich entbehrlich zu machen.

Die bei uns erzogenen und beim Austritte aus den Studierenden des *Meistertums* würdig befundenen Regularen haben ohnedies den ersten Anspruch auf die ersten Ämter des Staates, und man könnte auch immerhin den Lehrern, die das Institut beginnen werden, denselben Anspruch erteilen, den man ihren spätern Zöglingen nicht wird versagen können. Dieser Anspruch und die Fähigkeit, dergleichen Ämter zu bekleiden, werden dadurch ohne Zweifel nicht vermindert, daß der Mann durch einige Jahre Lehreramt es zu noch größerer Gewandtheit in demjenigen wissenschaftlichen Fache, dessen Anwendung im Leben das erledigte Staatsamt fordert, und nebenbei zu größerer Reife des Alters und der Erfahrung gebracht hat; es wäre vielmehr zu wünschen, daß alle diesen Weg gingen, und das Leben der ersten Bürger in der Regel in die drei Epochen des lernenden, des lehrenden und des ausübenden wissenschaftlichen Künstlers zerfiele. Weit entfernt daher, um die Anstellung ausgetretener Lehrer verlegen zu sein, müßten wir, wenn wir auch sonst keines Korps der Lehrer bedürften, ein solches schon als Pflanzschule und Repertorium höherer Geschäftsmänner errichten, und bei eintretendem Bedürfnisse aus diesem Behälter zuweilen sogar den, der lieber darin bliebe, herausheben.

Dieses Bedürfnis austretender Lehrer für den Staat und den höhern Geschäftskreis desselben noch abgerechnet, bedarf auch für sich selbst das literarische Institut solcher Männer. — Es gibt sehr weit von der Wurzel des wissenschaftlichen Systems abliegende, in ein sehr genaues Detail eines Faches gehende Kenntnisse, welche in die allgemeine Enzyklopädie und den gewöhnlichen Kreis des Unterrichts an der wissenschaftlichen Schule nicht eingreifen, und ohne deren Kenntnis jemand ein sehr trefflicher Lehrer sein kann. Doch kann das Bedürfnis auch dieser Kenntnis für Lehrer und Lernende eintreten; es muß daher das Mittel vorhanden sein, sie irgendwo zu schöpfen. Dies seien fürs erste die ausgetretenen Lehrer. Vielleicht arbeiten sie ohnedies an einem Werke, in welchem sie ihre individuelle Bildung in das allgemeine Archiv des Buches niederlegen wollen, zu dem ihnen die Muße zu gönnen ist. Nebenbei mögen auch Lehrer und Lernende sich bei ihnen Rats erholen über das, worin sie vorzüglich stark sind; oder auch vorkommenden Falles beide sie um einige Vorlesungen ersuchen, in Gottes Namen über ein orientalisches Wurzelwort, oder die Naturgeschichte eines einzelnen Mooses. Sie sind mit einem Worte Rat und Hilfe der Jüngern bei eintretenden Notfällen im Wissen sowohl als der Kunst.

Indem sie nun doch nicht mehr eigentliche und ordentliche Lehrer an der Universität, und ihre noch fortdauernden Leistungen nur frei begehrte und frei gewährte Gaben sind, sind sie eine *Akademie der Wissenschaft*, im *modernen* (eigentlich französischen) Sinne dieses Wortes; und für die Universitätsangelegenheiten der oben erwähnte *Rat der Alten*. Mit ihnen tritt bei dergleichen Beratschlagungen das Korps der wirklichen Lehrer, als *Rat der ausübenden Lehrer*, zusammen; daher sind auch die letztern natürliche Mitglieder der Akademie; und die gesamte Akademie ist, in Beziehung auf die Universität, der *Senat* derselben, nach den erwähnten beiden Hauptteilen in allen festzusetzenden besondern Klassen.

Freie Mitglieder der Akademie bleiben auch die zu andern Staatsämtern beförderten ausgetretenen Lehrer, und sie sind befugt und, inwiefern es ihre anderen Geschäfte erlauben, ersucht, an den Beratschlagungen derselben, als Mitglieder des Rates der Alten, teilzunehmen; (und sie werden gebeten werden, welche Dekorationen auch sonst ihnen zuteil geworden sein dürften, dennoch zuweilen auch unsre Uniform, welche überhaupt jeder Akademiker trägt, mit ihren Personen zu beehren.)

In dieser Akademie Schoß bleibt ihnen auch immer, welche Schicksale auch sonst auf ihrer politischen Laufbahn sie betroffen haben möchten, der ehrenvolle Rückzug, und ist ihnen da ein sorgenfreies, geehrtes Alter bereitet, indem der Charakter eines Akademikers character indelebilis wird.

§ 43

Noch wäre, in derselben Rücksicht, um sichern Rat und Hilfe in jeder literarischen Not zu finden, eine andere Art von Akademikern, die sogar niemals ordentliche Lehrer gewesen, anzustellen; ich meine jene lebendigen Repertorien der Bücherwelt, und die, welche groß und einzig sind in irgend einer seltenen Wisserei, obwohl sie es niemals zu einer enzyklopädischen Einheit der Ansicht ihres Faches, oder zu einer lebendigen Kunst in demselben, gebracht haben, und darum als ordentliche Lehrer für uns nicht taugen. Wir wollen sie nur dazu, daß unser ordentlicher Lehrer diese lebendigen Bücher zuweilen nachschlage; die Klarheit und Kunstmäßigkeit wird er dem bei ihm geschöpften Stoffe für die Mitteilung an seine Schüler schon selber geben.

(So starb vor mehrern Jahren zu Jena ein gewisser B., der mehrere hunderte von Sprachen zu wissen sich rühmte, und von dem andere, auch nicht mit Unrecht, sagten, er besitze keine einzige. Dessen ohnerachtet, glaube ich, würde auch der Besitz eines solchen uns wünschenswürdig sein. Denn falls etwa, wie es denn in der Tat dergleichen Leute gibt, jemand glaubte, das gesamte menschliche Sprachvermögen sei im Grunde eins, und die mancherlei besondern Sprachen seien nur, nach einem gewissen Naturgesetze, ohne einige Einmischung der Willkür fortschreitende weitere Bestimmungen und Ausbildungen jener *einen* Wurzel, und es lasse sich sowohl diese Wurzel als jenes Naturgesetz finden; und etwa einer unsrer Akademiker an die Lösung dieser Aufgabe ginge, so würde diesem aus andern Gründen nicht füglich anzumuten sein, daß er alle Sprachen der Welt wisse; es möchte sie aber neben ihm und für seinen Gebrauch ein solcher B. wissen, der wiederum immer unfähig sein möchte, ein solches Problem zu denken und sein Wissen für die Lösung desselben zu gebrauchen. — So müssen wir denn den ganzen vorhandenen historischen Schatz aller Wissenschaft bei uns aufzuspeichern suchen, nicht um ihn tot liegen zu lassen, sondern um ihn einst mit organisierendem Geiste zu bearbeiten. Ist dies geschehen, dann wird es Zeit sein, das caput mortuum wegzuschaffen; bis dahin wollen wir nichts wegwerfen oder verschmähen.)

So ist, nachdem der Theologie der Alleinbesitz der orientalischen Sprachkunde und der der Kirchengeschichte abgenommen worden, kaum zu erwarten, daß beides, bis auf seinen letzten bekannten Detail, in den gesamten enzyklopädischen Unterricht der Philologie oder der Geschichte an unserer Kunstschule werde aufgenommen werden; daß wir sonach eines ordentlichen Lehrers der orientalischen Sprachen, oder der Kirchengeschichte kaum bedürfen werden. Dennoch müssen immerfort Männer in unsrer Mitte sein, bei welchen jeder, der aus irgend einem Grunde das Bedürfnis hat, über das Enzyklopädische hinaus bis zu dem äußersten Detail dieser Fächer fortzugehen, sein durch das bloße Buch nicht also zu befriedigendes Bedürfnis zu befriedigen vermag.

Übrigens sind diese Anführungen nur als Beispiele zu verstehen. Eine systematische Übersicht der Summe unserer Bedürfnisse in dieser Rücksicht, so wie die Angabe der bestimmten Männer, die wir zu diesem Behuf für den Anfang mit uns zu vereinigen hätten, werden die Beratschlagungen der oben erwähnten einzelnen Männer und Komitees, welche auch über diesen Teil unseres Plans zu instruieren wären, an die Hand geben.

Auch diese Art von Akademikern besitzt alle Rechte eines solchen, und sitzt im *Rate der Alten.*

§ 44

Betreffend den Übergang aus dem Korps der Lehrlinge in das der Lehrenden oder praktisch Ausübenden:

Der Regulare müsse am Ende seines Studierens dokumentieren, daß der Zweck desselben bei ihm erreicht worden, sagten wir oben. Da nun der letzte Zweck unsrer Anstalt keinesweges die Mitteilung eines Wissens, sondern die Entwicklung einer Kunst ist, der in einer Kunst Vollendete aber Meister heißt, so würde jene Dokumentation darin bestehen, daß er sich als Meister bewähre.

Das Meisterstück würde am schicklichsten in einer zu liefernden Probeschrift bestehen, nicht über ein Thema freier Wahl, sondern über ein vom Lehrer seines Faches ihm gegebenes und *darauf* berechnetes, daß daran sich zeigen müsse, *ob der Lehrling die in seiner individuellen Natur liegende größte Schwierigkeit,* die dem Lehrer ja wohl bekannt sein muß, durch die kunstmäßige Bildung seines Selbst besiegt habe. (Wählt er selbst, so wählt er das, wozu er am meisten Leichtigkeit und Lust hat, daran aber zeigt sich nicht der Triumph der Kunst; der Lehrer soll ihm das aufgeben, was für seine Natur das Schwerste ist; denn das Schwere mit Leichtigkeit tun, ist Sache des Meisters.) Über diese seine eigene Schrift nun und auf den Grund derselben werde er, bis zur völligen Genüge des Lehrers, öffentlich examiniert.

Es sind zwei Fälle. Entweder wird in einem besondern empirischen Fache das Meistertum begehrt. In diesem Falle gibt der Lehrer dieses Fachs das Thema; die Prüfung aber und das Tentamen zerfällt in zwei Teile, von denen, wie auch bei den früheren Beurteilungen der Aufsätze der Studenten, der Lehrer des Faches nach der Erkenntnis, und beim Kandidaten des Meistertums insbesondre darnach forscht, ob er sie in der Vollständigkeit und bis zu demjenigen Detail, bis zu welchem der mündliche und Bücherunterricht an der Kunstschule fortgeht, gefaßt habe; die philosophische Klasse aber über die lebendige Klarheit dieser Erkenntnis ihn nach allen Seiten hinwendet und versucht.

Oder der Kandidat begehrte bloß in der Philosophie das Meistertum; so würde er in Absicht des Thema sowohl, als der Prüfung, auf den ersten Anblick lediglich der philosophischen Klasse anheimfallen, und die Empirie an ihn keine Ansprüche haben. Da inzwischen die Philosophie gar keinen eigentlichen Stoff hat, sondern nur das allen Stoff der Wissenschaft und des Lebens in Klarheit und Besonnenheit auflösende Mittel ist; und derjenige, der sich für einen großen Philosophen ausgäbe, dabei aber bekennte, daß er weder etwas anderes gelernt, vermittelst dessen, als eines Mittelgliedes, er seinen philosophischen Geist ins Leben einzuführen vermöchte, noch auch seine Philosophie unmittelbar von sich zu geben und sie andern mitzuteilen verstände, ohne Zweifel der Gesellschaft völlig unbrauchbar und keinesweges ein Künstler, sondern ein totes Stück Gut sein würde; so muß der, der sich auf die Philosophie beschränkt, wenigstens sein Vermögen, sie mitzuteilen und einen kunstmäßigen Lehrer in derselben abzugeben, dokumentieren. Und so kann keiner als Meister in der Philosophie anerkannt werden, der sich nicht auch zugleich als *Doktor* derselben bewährt hat.

Nun ist es ferner gar nicht hinlänglich, daß er in dieser Fertigkeit des Vortrages seiner Klasse genüge; er soll auch Nichtphilosophen, dergleichen ja, wenn er das Lehramt einst im Ernste verwaltet, alle seine Lehrlinge anfangs sein werden, verständlich werden können; und so fällt denn in dieser Rücksicht das Endurteil von seiner eigenen Klasse an die empirischen Klassen insgesamt, die es durch aus ihrer Mitte ernannte Stellvertreter verwalten können. Hier also entscheidet umgekehrt die philosophische Klasse über die Richtigkeit des Inhalts, als Resultat der erlernten Kunst, die Gesetze des Denkens im Philosophieren frei zu befolgen, die empirischen über die Gewandtheit und Klarheit in dieser Kunst, die er durch den Vortrag darlegt. Mögen diese immerhin über das Vorgetragene kein Urteil haben; der Vortrag selbst wenigstens muß ihnen als meistermäßig einleuchten. — Es werden darum diejenigen, welche um das Meistertum in der Philosophie nachzusuchen gedenken, sich schon früher in dem Lehrerseminarium geübt haben, da der philosophische Vortrag ohnedies der vollkommenste und das Vorbild alles andern Vortrages bleiben muß, und darüber an unsrer Kunstschule alles Ernstes zu halten ist.

Dagegen kann der empirische Gelehrte, der seine Kenntnisse vielleicht nur praktisch anzuwenden gedenkt, Meister sein, ohne gerade Doktor sein zu können. Macht er auch auf das letztere Anspruch und begehrt er an unserm Institute zu lehren, so muß er seine Fertigkeit darin noch besonders dartun, und hat er hierüber beiden, sowohl der philosophischen Klasse, als der seines Faches, Genüge zu leisten.

Es läßt sich auch den Zugewandten das Recht, das Meistertum in Anspruch zu nehmen, nicht durchaus versagen. Da jedoch hierbei die, den Lehrern auch von allen schwachen Seiten ihrer individuellen Natur oder Erkenntnis weit besser bekannten Regularen in Nachteil kommen würden, so wäre von den Zugewandten in diesem Falle, für Herstellung der Gleichheit, zu fordern, daß sie wenigstens *ein* Lehrjahr vor ihrer Erhebung zu Meistern ihren Anspruch dem Lehrer des Faches, so wie dem der Philosophie, bekannt machten, und dieses Jahr hindurch sich dem allseitigen Studium dieser Lehrer bloßstellten. Könnten nicht diese beiden Lehrer am Ende des Jahres mit gutem Gewissen erklären, daß ihnen diese jungen Männer für die Absicht hinlänglich erkundet seien, so müßte die Beratung über ihr Gesuch abermals ein Lehrjahr hinausgesetzt werden, während dessen sie zu diesen beiden in demselben Verhältnisse blieben, wie im ersten Jahre. Sie möchten auch an diese Lehrer für diese eigentlich nicht im Kreise ihres Berufs liegende Mühe einen Ersatz auszahlen, der in jedem Falle, ob sie nun des Meistertums würdig befunden wären, oder nicht, verfiele.

Erst durch die Erlangung des Meistertums beweist der Regulare seine würdige Benutzung des Instituts und tritt ein in sein Recht des ersten Anspruches auf die ersten Würden des Staates. Ganz gleich läßt sich ihm hierin nun einmal nicht setzen der Meister aus den Zugewandten, der uns die nähere Bekanntschaft mit seinem moralischen Charakter und seiner bisherigen sittlichen Aufführung versagt hat. Jedoch auch hierüber das Beste hoffend, und da er denn doch auch der Kunst Meister ist, könnte man ihm den ersten Anspruch da, wo kein Meister aus den Regularen sich gemeldet, zugestehen.

Den Regularen, die etwa in dem Gesuche des Meistertums durchfielen, so wie Zugewandten, die keinen Anspruch darauf machten, möchte man immerhin den gewöhnlichen *Doktorgrad* erteilen, und mögen die empirischen Klassen über die dabei nötigen Leistungen etwas festsetzen. Ein gewöhnlicher und gemeiner Doktor nämlich ist derjenige, der nicht zugleich auch, wie die früher oben angeführten, Meister ist, und es ist in diesem Falle mit den beiden letzten Buchstaben nicht eigentlich Ernst, indem wirklich Doktor zu sein nur derjenige vermag, der Meister ist; sondern es ist jenes Wort nur euphemisch gesetzt, statt doctus, einer der etwas erlernt hat.

Die rechten heißen Meister schlechtweg, und kann man den Doktor weglassen; wiewohl man auch, um den Unterschied noch schärfer zu bezeichnen, die letzten Titulardoktoren nennen könnte. Die philosophische Klasse hat bei dergleichen Promotionen gar kein Geschäft; denn in ihr selber gibt es nur Meister und Doktor in Vereinigung; um die andern Klassen aber bekümmert sie sich nur, wenn diese Anspruch auf den Rang des Künstlers machen, dessen diese letzte Art der Doktoren sich bescheidet.

Aus ihnen werden im Staate die subalternen Ämter besetzt. (Man kreierte magistros artium, und in den neuern Zeiten, da der Magistertitel in Verachtung geraten, hat man nur noch den für vornehmer geachteten Doktortitel führen mögen, da es doch offenbar weit mehr bedeutet, ein Meister zu sein, denn ein Lehrer. *Wir* haben mit jenen magistris artium gar nicht zu tun, da wir keinesweges *Künste* annehmen und in denselben etwa bis auf Sieben zählen, sondern nur *eine*, die Kunst schlechtweg, und diese zwar als unendlich, kennen; sondern unser Meister ist artis magister schlechtweg, der Kunst Meister, und es ist zu erwarten, daß die, die dieses Namens wert sind, sich seiner nicht schämen werden. Und so mögen sie denn immer Meister schlechtweg ohne Beisatz, und ohne das, auch nur verringernde, Herr, angeredet werden, und sich schreiben: der Kunst Meister.

Vor der Neuerung haben wir uns auch nicht zu fürchten, denn auch andere Universitäten machen Neuerungen, wie die Jenaische, die anfing gar keine magistros artium mehr, sondern nur Doktoren der Philosophie zu kreieren, oder die zu Landshut, die dermalen Doktoren der Ästhetik kreiert.

Nun ist dieser gradus magistri dermalen nirgends vorhanden, und wir können uns denselben nicht erteilen lassen. Ohne Zweifel aber wird das Meisterstück der die Kunstschule anfangenden Lehrer dann geliefert sein, wenn sie andere Künstler gebildet haben. Indem sie nun mit gutem Gewissen diese für Meister erklären dürfen, erklären sie zugleich sich selbst dafür; sie erhalten den Grad, indem sie ihn erteilen, und können ihn drum von da an auch führen.)

§ 45

In allen den erwähnten Aufsätzen, so wie in denen über das Meistertum und den damit zusammenhängenden tentaminibus wird die *deutsche* Sprache gebraucht, keinesweges etwa die lateinische. Der in diesem oft angeregten Streite dennoch niemals deutlich ausgesprochene entscheidende Grund ist der: Lebendige Kunst kann ausgeübt und dokumentiert werden lediglich in einer Sprache, die nicht schon durch sich den Kreis einengt, sondern in welcher man *neu* und *schöpferisch* sein darf, einer lebendigen, und in welche, als unsere Muttersprache, unser eignes Leben verwebt ist. Als die Scholastiker in der lateinischen Sprache mit freiem und originellem Denken sich regen wollten, mußten sie eben die Grenzen dieser Sprache erweitern, wodurch es nun nicht mehr dieselbe Sprache blieb, und ihr Latein eigentlich nicht Latein, sondern eine der mehreren im Mittelalter entstehenden neulateinischen Sprachen wurde.

Wir haben für diese freie Regung unsere vortreffliche deutsche Sprache: das Latein studieren wir ausdrücklich als das abgeschlossene Resultat der Sprachbildung eines untergegangenen Volkes, und wir müssen es darum in dieser Abgeschlossenheit lassen.

Der Philolog, eben weil er sein Geschäft in diesem fest abgeschlossenen Kreise treibt, kann bei Interpretation der Klassiker sich der römischen, und, wie in Gottes Namen zu wünschen wäre, auch der griechischen Sprache bedienen; und es wäre den Zöglingen unseres Instituts anzumuten, daß sie schon beim Austritt aus der niedern Schule diese Fertigkeit, auch lateinisch zu reden und sich zu unterreden, gelernt hätten. Sollte man in gewissen Fällen, z. B. wo der Anspruch auf ein Schulamt ginge, nötig finden, daß auch der Kandidat des Meistertums die Fortdauer und noch höhere Ausbildung dieser Fertigkeit zeigte, so könnte er dies tun, aber nur an Gegenständen jenes historisch geschlossenen Zyklus; wo aber ursprünglich schöpferisches Denken gezeigt werden soll, da wird die schon fertige Phrasis bald für uns denken, bald unser Denken hemmen; und darum bleibe bei diesem Geschäfte die tote Sprache ferne von uns.

§ 46

Wir gehen über zur Ökonomieverwaltung unsers Instituts.

Es ist vor allem klar, daß ein zu *fester Einheit* organisiertes Verwaltungskorps dieser Geschäfte eingesetzt werden müsse, dessen höchste Mitglieder wenigstens aus dem Schoße der Akademie selbst seien, etwa ausgetretene Lehrer, indem nur diesen die gebührende Liebe sich zutrauen läßt, die übrigen aber diesen und der gesamten Akademie verantwortlich sind.

Um den Folgen aus der Veränderlichkeit des Geldwertes für ewige Tage vorzubeugen, wären die Einkünfte des Instituts nicht auf Geld, sondern auf Naturalien festzusetzen, also daß es z. B. zu einem bestimmten Termine von einem bestimmten Bezahler so und so viel Scheffel Korn zu ziehen hätte, die allerdings nicht in Natur, sondern in klingender Münze abgeliefert würden; nicht jedoch nach einem für immer festgesetzten Preise, sondern nach dem, den dieses Korn am Termine der Zahlung auf dem Markte wirklich hätte. Ebenso hätte es nun auch an seine Besoldeten terminlich so und so viel Scheffel Korn zu bezahlen.

§ 47

Die beiden Hauptquellen von Einkünften, auf die wir fürs erste zu rechnen hätten, wären die Einkünfte des Kalenderstempels von der Akademie, sodann die der eingegangenen Universität Halle, inwiefern dieselben uns verbleiben, wozu noch die Verwaltung der *Zahlstellen* im Korps der Regularen, und späterhin andere, tiefer unten zu erwähnende, Hilfsquellen kommen würden. Nicht bloß darum, weil die Nation zahlt, sondern aus noch weit tiefern Gründen, soll dieselbe innigst mit dieser Angelegenheit verflochten werden, und unser Institut sehr deutlich als ein Nationalinstitut dastehen.

Wir werden dies auf folgende Weise erreichen. Da den eigentlichen wesentlichen Teil unsrer Anstalt, um dessen willen alles andere da ist, das Korps der Regularen bildet, so werden die Stellen in diesem Korps verteilt auf die *Kreise* und *Städte* der Monarchie*, nach dem Maßstabe, wie jeder, gezwungen oder freiwillig, beiträgt. *Stellen*, nicht in dem Sinne, daß nur der aus dem Kreise oder der Stadt Gebürtige diese Stelle haben könne, sondern jeder, dem eine solche Stelle zukommt, und sie begehrt, erhält sie ohne Verzug; sondern also, daß zwischen dem Besitzer der Stelle und dem Kreise oder der Stadt, dem sie zufällt, ein Verhältnis entstehe, wie zwischen Klienten und Patron; daß der erstere glaube, so wie sein eigentlicher Geburtsort ihn zu dem natürlichen Leben, so habe dieser Kreis oder diese Stadt ihn zu dem höhern wissenschaftlichen Leben geboren, daß die letztere an den Sukzessen dieses ihres Alumnus den Anteil von Ruhm nehme, den die griechischen Städte an den aus ihnen stammenden Siegern in den olympischen Wettkämpfen nahmen, endlich, daß der erstere, wie hoch er auch jemals emporsteige, dennoch zeitlebens zu dankbarem Gegendienste bei jeder Gelegenheit bereit sei, und aus dem Klienten ein Patron werde. Mehrere zarte sittliche Verhältnisse, die daher entspringen, abgerechnet, wird sich auch ein Interesse und eine Achtung für Wissenschaft durch die Nation als ein sie ehrenvoll auszeichnender Charakterzug verbreiten, der wiederum die Quelle großer Ereignisse werden kann. Stellen ferner, nicht in dem Sinne, daß die Zahl derselben jemals geschlossen sei, vielmehr soll jeder, der es wert ist und es begehrt, aufgenommen werden; sondern daß die vorhandenen und besetzten nach diesem bestimmten Maßstabe unter die Kreise etc. verteilt werden. Auch dem *deutschen* Ausländer (wer von anderer Nation wäre, qualifiziert sich

* Wie es z. B. mit den Stellen an den sächsischen Fürstenschulen die Einrichtung ist; auch mit den weiterhin beschriebenen Modifikationen.

wegen Abgang der Sprache nicht zum Wechselleben mit uns) soll, wenn er würdig ist, besonders wenn er beim Eintritte zugleich der Verpflichtung, die das vollkommne Bürgerrecht (§ 40) mit sich führt, sich unterwürfe, die Aufnahme unter die Regularen nicht abgeschlagen werden. Doch würde, nach dem Grundsatze, daß mit dem Auslande nur der Repräsentant der Einheit des Staates zu verhandeln hätte, diese Erlaubnis nur der König erteilen können, und wären somit alle an Ausländer gegebenen Plätze *königliche*, keineswegs aber *Landes*stellen. Doch wäre der König zu ersuchen, diese Erlaubnis den von dem Lehrerkorps Vorgeschlagenen nicht leicht, und nicht ohne höchst bewegende Gründe zu versagen; indem, anderer Rücksichten zu schweigen, hierdurch die preußische Nation recht laut ihre Anerkennung des allgemeinen deutschen Brudertumes dokumentiert, und auch dies in der Zukunft wichtige Ereignisse nach sich ziehen kann.

§ 48

Nach Maßgabe, wie jeder Teil des Landes beiträgt, sollten auf ihn die Stellen verteilt werden, sagte ich. So möchte, ohne alle Rücksicht, ob dadurch die Verwaltung vereinfacht werde oder nicht, indem weit höhere Dinge (die wirkliche Beschäftigung der Nation mit diesem Gegenstande und derselben Folgen) zu beabsichtigen sind, der bisherige Kalenderpacht ganz aufgehoben werden, dagegen aber die Kreise und Städte sich selber taxieren, wie viele Scheffel Korn für diesen Stempel sie zahlen wollten, die sie hernach durch eigene Distribution der Kalender wieder beitrieben; wobei ihnen vorbehalten bleiben müßte, die Stempelgebühr nach Steigen oder Fallen der Kornpreise zu steigern oder zu verringern. Nach dieser ihrer Quote am Beitrage zum Ganzen richtete sich ihr Anteil an der Berechtigung auf Stellen. Falls nicht, was der Schreiber dieses in seiner dermaligen Lage nicht erkunden kann, dadurch eine andere, schon eingeführte Stempeltaxe aufgehoben würde, so könnte diese Einnahme noch auf folgende Weise vermehrt werden, daß durch alle Teile der Monarchie dasselbe *eine* Maß und Gewicht eingeführt werde, was ohnedies seit langem sehr zu wünschen. Die Bestimmung eines solchen, und des Mittels, es unwandelbar zu erhalten, ist ein natürlich einer Akademie der Wissenschaften anheimfallendes Geschäft. Die Übereinstimmung mit diesem Grundmaße und Gewicht wäre nun allen

Maßen und Gewichten durch einen Stempel zu attestieren, dessen Ertrag dem Institute zu gut käme, und auf dieselbe Weise beigetrieben würde.

Ebenso würde das, woraus der bisherige Fond der Universität Halle bestanden, auf Naturalien gesetzt, und denen, die es abzutragen schuldig sind, als Quotum ihrer Berechtigung zur Besetzung der Stellen angerechnet.

§ 49

Da die bei uns gebildeten Regularen den ersten Anspruch auf die ersten Stellen des Staates haben sollen, so würden, wenn noch andere Universitäten außer uns in der Monarchie bestehen sollten, dieselben entweder auch sich zur Kunstschule, und zu diesem Behufe ein Korps von Regularen in ihrer Mitte bilden müssen; oder sie würden, als reine Zugewandtheiten, in denen auch nicht einmal ein besserer Kern wirkte, zu betrachten sein, und derselben Zöglinge ebenso am Verdienste wie an Rechte der unsrigen nachstehen. Es ist zu befürchten, daß das erstere ihnen nicht sonderlich gelingen werde, indem wir, die wir ohnedies im Anfange nicht einmal auf Vollständigkeit für unsern Behuf rechnen können, ihnen ohne Zweifel weder im Inlande noch im Auslande etwas für eine Kunstschule Taugliches übrig lassen werden; daß sie sonach, bei dem besten Bestreben, dennoch in die zweite höchst nachteilige Lage kommen würden. Und so dürfte denn vielleicht das in Anregung Gebrachte zugleich die Veranlassung werden, um über eine tiefere bisher mannigfaltig verkannte Wahrheit die Augen zu öffnen.

Das Bestreben, die Schule und Universität recht nahe am väterlichen Hause zu haben, und in dem Kreise, in welchem man dumpf und bewußtlos aufwuchs, ebenso dumpf fortzuwachsen und in ihm sein Leben hinzubringen, ist unseres Erachtens zuvörderst entwürdigend für den Menschen; denn dieser soll einmal herausgehoben werden aus alle den Gängelbändern, mit denen die Familien- und Nachbar- und Landsmannsverhältnisse ihn immerfort tragen und heben, und in einem Kreise von Fremden, denen er durchaus nichts mehr gilt, als was er persönlich wert ist, ein neues und eignes Leben beginnen, und dieses Recht, das Leben einmal selbständig von vorn anzufangen, soll keinem geschmälert werden; sodann streitet es insbesondere mit dem Charakter des wissenschaftlichen Mannes, dem freier, über Zeit und Ort erhabener Überblick zukommt, das Kleben an der Scholle aber, höchstens dem gewerbtreibenden Bürger zu verzeihen, ihn entehrt; endlich wird dadurch sogar die organische Verwachsung aller zu einem und demselben Bürgertume gehindert, und lediglich daher entstehen die Absonderungen einzelner Provinzen und Städte vom großen Ganzen des Staats; daher, daß z. B. der Ostpreuße dem Brandenburger, der Thüringer dem Meißner, als etwas für sich bedeuten wollend, gegenübertritt, und man sich nicht wundern muß, daß z. B. der Bayer dem Preußen gegenüber sich der gemeinsamen Deutschheit nicht entsinnt, da ja sogar der Ostpreuße zuweilen des gemeinsamen Preußens vergißt. Aus keinem in solcher Beschränktheit Aufgewachsenen ist jemals ein tüchtiger Mensch oder ein umfassender Staatsmann geworden. Wäre dieses Bestreben einmal in seiner wahren Natur erkannt, und so eingesehen, daß dasselbe keinesweges geschont, sondern ohne Barmherzigkeit weggeworfen werden müsse, so wäre auch kein Grund mehr vorhanden, warum mehrere Universitäten in derselben Staatseinheit bestehen sollten; es würde erhellen, daß der Ausdruck „*Provinzial-Universität*" einen Widerspruch enthielte, indem die Universalität das Besondere aufhebt, und daß *ein* Staat von Rechts wegen auch nur *eine* Universität haben sollte. Sollen und müssen einmal diejenigen Bürger des gemeinsamen Staats, die nicht bestimmt sind, aus der unbeweglichen Scholle den Nahrungsstoff zu ziehen, durcheinander gerüttelt werden zu allseitiger Belebung, so ist dazu die Universität der einzig schickliche Ort, und mögen sie von da an wiederum nach allen Richtungen verbreitet werden, jeder, nicht dahin, wo er geboren ist, sondern wohin er paßt, damit wenigstens an dieser edlern Klasse ein Geschlecht entstehe, das nichts weiter ist, denn Bürger, und das auf der ganzen Oberfläche des Staats zu Hause ist.

Nach diesen Prinzipien müßten die andern in der preußischen Monarchie vorhandenen Universitäten eingehen, und die Fonds derselben zu unserer Anstalt gezogen werden. Die in die neue Anstalt nicht herübergezogenen Lehrer könnten ihre Gehalte fortziehen, oder auch nach Maßgabe ihrer Brauchbarkeit anderwärts versorgt werden. (Einen Teil derselben würden wir, als die § 42 beschriebene Art von Mitgliedern des Rats der Alten, sogar notwendig brauchen.) Diese herübergezogenen Fonds würden auf die Provinzen der eingegangenen Universitäten, als Quoten ihrer Berechtigung auf Stellen, verteilt, zum Ersatze des verlorenen Rechtes, im Schoße der

Familie den gelehrten Hausbedarf an sich zu bringen. Über unsern Plan gehörig verständiget, ist sogar zu hoffen, daß sie sich diese Abänderung gern werden gefallen lassen.

(Als Einwürfe dagegen erwähne ich zuvörderst einen, den man kaum für möglich halten würde, wenn er nicht wirklich gemacht würde, den *von der weiten Reise.* Gerade die Möglichkeit, junge Menschen vorauszusetzen, welche die Unbequemlichkeit eines Transports scheuen, wie Bäume, oder vor den Gefährlichkeiten einer Reise, z. B. von Königsberg nach Berlin, sich fürchten, beweiset, wie notwendig es sein möge, dem Mute mancher in der Nation hierin ein wenig zu Hilfe zu kommen. Oder ist der Kostenaufwand für ordinäre Post und Zehrung auf dieser kurzen Reise ihnen so fürchterlich, so könnte man ja den sich berechtigt glaubenden Provinzen aus den Fonds eine Reisestipendienkasse zugestehen, aus denen sie für die gar Dürftigen diese kleine Ausgabe bezahlten.

Sodann meint man, es könnte doch etwa einmal auf einer solchen Universität ein besonderer und interessanter Geist und Ton entstehen, den wir durch eine Aufhebung dieser Universität ganz unschuldig viele Jahre vor seiner Geburt morden würden, und man befürchtet, daß wir der Entwicklung der herrlichen Originalität innerhalb solcher kleinen Beschränkungen Eintrag tun würden. Hierauf dienet zur Antwort, daß zufolge der Zeit, in welcher die Wissenschaft steht, es in derselben nicht mehr Legionen Geister, die jeder für sich ihr Wesen treiben, sondern nur *einen,* in seiner Einheit klar zu durchdringenden Geist gibt, für dessen ewige allseitige Anfrischung gerade an unserm Institute, durch die sehr häufige Erneuerung des lehrenden Korps und durch den offen geführten edlen Wettstreit aller miteinander, vorzüglich gesorgt ist; daß aber diese vorgebliche Originalität innerhalb lokaler Beschränkung nicht Originalität, sondern vielmehr *Karikatur* sei, welche, so wie den schlechten Geschmack, der an ihr sich labt, immer mehr verschwinden zu machen, auch ein Zweck unserer Anstalt ist. Es bliebe nach Beseitigung dieser sich aussprechenden Einwürfe kein anderer übrig, als das dunkle Gefühl des Strebens, doch ja nichts umkommen zu lassen, indem allerhand, uns freilich nicht bekanntes Heil durch irgend eine Zauberkraft daraus sich entwickeln könne, mit welchem, als selbst nicht auf deutliche Begriffe zu bringen, man in der Region deutlicher Begriffe nicht reden kann.)

§ 50

. . .

§ 51

Wie in Absicht der regularen Stellen überhaupt der Grundsatz feststeht, daß jedwedes Individuum, das zu einer solchen sich qualifiziert und sie begehrt, sie haben müsse, so steht in Absicht der *Zahlung* der Grundsatz fest, daß, wer zahlen könne, zahlen müsse, wer aber nicht zahlen könne, dieselbe, *inwiefern er nicht zahlen kann*, unweigerlich frei erhalte. Nicht die Zahlung qualifiziert, sondern die anderweitige Leistung; und so soll auch der doppelt oder dreifach Zahlende dennoch, als Ausländer bei dem Könige, als Inländer bei einem Kreise, eine Stelle, als freie Gunst, nachsuchen, damit er wisse, daß es in unserer Anstalt noch etwas gibt, das für Geld nicht zu haben ist, und soll der etwanigen ökonomischen Rücksicht, daß man den Zahlung Anbietenden in Absicht der Proben der Würdigkeit gelinder behandle, durchaus kein Einfluß gestattet werden. Ebenso schließt auch nicht das Unvermögen zu zahlen aus, sondern das geistige Unvermögen.

Die zu leistende Zahlung ist zu berechnen im Durchschnitte (am besten auch nach Scheffeln Getreide) auf die eben erwähnten dem Zöglinge in Natur zu liefernden Bedürfnisse, auf Honorar an die Lehrer für Unterricht und Prüfung bei Erteilung des Meistertums, auf Gebrauch der öffentlichen literarischen Schätze usw., und haben die Eltern oder Vormünder des zahlenden Zöglings der Ökonomieverwaltung Kaution zu leisten auf die Zeit, für welche der Zögling in das Institut aufgenommen wird, indem man ihn, um späterhin ausbleibender Zahlung willen, ja nicht ausstoßen könnte, dennoch aber die Verwaltung auf ihn als Zahler rechnet. Die Form dieser Sicherstellung wird leicht sich finden lassen. Und zwar werden alle jene in Rechnung kommenden Gegenstände also berechnet, wie sie dem Zöglinge zu stehen kommen würden, wenn er einen Privathaushalt führte, keinesweges aber also, wie sie der alles in Ganzem an sich bringenden Verwaltung zu stehen kommen: wie denn dies, da dieser große Haushalt, ohne Zutritt des Einzelnen, als eine Einrichtung des Staates besteht, ganz billig ist, und schon dadurch, zu Deckung der Freistellen, ein Beträchtliches gewonnen werden kann.

Es ist zu hoffen, daß unsre reichen Häuser, deren Glanz ja sonst bei also getroffenen Einrichtungen in ihrer Nachkommenschaft erlöschen würde, den Zutritt zu unsern Regularen fleißig nachsuchen, und daß besonders unser Adel diese Gelegenheit mit Freuden ergreifen werde, um zu zeigen, daß es nicht bloß die versagte Konkurrenz war, die ihn bei seinem bisherigen Range erhielt, sondern daß er auch bei eröffneter freier Konkurrenz mit dem Bürgerstande denselben zu behaupten vermöge. Es könnte hiebei festgesetzt werden, daß die *Grafen* doppelte Zahlung leisteten, wie dies in Absicht der Kollegienhonorarien auch bisher also gehalten worden; andere Adelige noch die Hälfte des ganzen Quantum zuschössen.

Freistellen müssen nicht notwendig *ganze* Freistellen sein, indem eine Familie, die zwar nicht alle diese Kosten zu tragen vermöchte, doch vielleicht einen Teil derselben tragen kann. Es kann also Viertel-, Halbe-, Dreiviertelfreistellen geben, nach Maßgabe des Vermögens der Familie.

Doch sollen ganz Unvermögende auch ganz freie Station erhalten; und es soll in Rücksicht dieser sogar eine Veranstaltung getroffen werden, wodurch sie beim einstigen Austritte aus dem Collegium der Regularen, wie dieser auch übrigens ausfallen möge, für die erste Zeit und bis zu einiger Anstellung gedeckt seien.

Die Entscheidung über diese teilweisen oder ganzen Befreiungen fällt der ökonomischen Verwaltung des Instituts zu, welcher zu diesem Behufe die Eltern oder Vormünder des Zöglings genügende Einsicht in die Vermögensumstände desselben zu geben haben. Es muß bei dieser Einsicht Genauigkeit stattfinden, indem hierüber das Ehrgefühl der Nation selbst geschärft werden soll, und so, wie Armut keine Schande, das Sicharmstellen und die Raubgier, welche den Ertrag milder Stiftungen wirklich Unvermögenden wegzunehmen sucht, zur großen Schande werden sollen. Hinwiederum ist mild und freundlich dem wirklichen Unvermögen das Gebührende zu erlassen, und es ist drum klar, daß diese Verwalter für den Fortgang der Wissenschaften redlich interessierte und talentvolle Jünglinge, auch wenn sie arm sind, herzlich liebende Männer, und also selbst *Akademiker*, wo möglich *ausgetretene Lehrer* sein müssen.

Welcher nun unter den Zöglingen seine Stelle ganz, oder teilweise frei habe, braucht niemand zu wissen, außer die Eltern oder Vormünder eines solchen und die erwähnten Verwalter; indem dieses die beiden Teile sind, welche die Abkunft geschlossen, und sind diese allerseits zur Verschwiegenheit zu verpflichten. Denn obwohl Armut fernerhin keine Schande sein soll, so soll doch so lange, bis es allgemein dahin gekommen, dem zahlenden Zöglinge auch die Versuchung erspart werden, sich über den ihm bekannten Nichtzahler neben ihm zu erheben. Alle sollen in solche Gleichheit gesetzt werden, daß dem Reichsten das wenige, anständigkeitshalber vielleicht nötige Taschengeld von der Verwaltung nicht reichlicher gereicht werde, als dem ganz freien Armen. Nicht einmal der freigehaltene Zögling selbst braucht diesen Umstand zu wissen; denn obwohl wir für das Dasein der Anstalt überhaupt die Dankbarkeit aller, Zahler oder Nichtzahler, in Anspruch nehmen, so wollen wir doch dafür, daß jedes Talent, auch ohne Äquivalent in Gelde, bei uns Entwicklung findet, keinen besondern Dank, indem wir dies für Pflicht, so wie für den eigenen Vorteil des Vaterlandes erkennen. Und so sind denn die an die Kreise zu verteilenden Stellen keinesweges Kost- oder Freistellen, sondern es sind Stellen überhaupt. Jede mögliche Stelle kann auch Freistelle werden; nur weiß der Kreis selber nicht, wie es sich damit verhält, sondern nimmt unbefangen Anteil an den wissenschaftlichen Fortschritten seines Klienten, ohne zu wissen, auf welche besondern ökonomischen Bedingungen er dieses ist.

§ 52

Indem der Ausfall, der durch diese erteilten Befreiungen in der Ökonomie des Regulats entsteht, aus der Gesamtheit der oben verzeichneten Quellen bestritten werden muß, dieser Ausfall aber, je nachdem das vorzüglichere Talent aus den reichen, oder aus den unbegüterten Klassen der Nation hervorgeht, sehr wandelbar und veränderlich sein dürfte, so ist klar, daß in diesem Hauptteile der Ausgaben keine Fixierung stattfinde, daß der Verwaltung große Hilfsmittel zur Disposition stehen müssen, daß dieselbe durchaus kein Interesse hat, dieselben ohne Not zu verschwenden, daß sie demnach die etwanigen Ersparnisse getreulich zu den Händen der Regierung, welche über die Wahrhaftigkeit des Resultats der geführten Verwaltung durch eine, gleichfalls auf Stillschweigen zu verpflichtende Behörde Einsicht nehmen kann, zurückliefern wird; endlich, daß dieser ganze Teil der Verwaltung dem übrigen Publikum ein dasselbe nicht angehendes und ihm undurchdringliches Geheimnis bleibe. Das lehrende Korps ist es eigentlich, das nach den gelieferten Aufsätzen, oder der von der niedern Schule gebrachten Tüchtigkeit, ohne alle Rücksicht oder Notiz von den Vermögensumständen, das Regulat erteilt; dies ist das Erste und Wesentliche. In dieser Erteilung können sie, nach dem aufgestellten Grundsatze, daß durchaus kein vorzügliches Talent ausgeschlossen werden solle, nicht beschränkt werden. Wie es mit dem also zum Regularen unwiederbringlich Ernannten in ökonomischer Rücksicht gehalten werden solle, ist die zweite außerwesentliche Frage, deren Beantwortung der Ökonomieverwaltung anheimfällt. Dieser verbietet Gerechtigkeitsgefühl und Rücksicht auf Ehrliebe der Nation, Befreiung ohne Not zu begünstigen; die Natur der ganzen Einrichtung aber, sie der dargelegten Not zu versagen; und so kann auch diese auf keine Weise eingeschränkt werden.

Ebenso wenig findet im zweiten Hauptteile der Ausgaben, der Besoldung der Lehrer und anderer Akademiker, der Erhaltung oder neuen Anschaffung von Literaturschätzen und andrer den Fortgang der Wissenschaften befördern sollender Einrichtungen eine Fixierung statt. Denn obwohl sich auch etwa ein Maximum des Gehaltes für einen einzigen festsetzen ließe, so läßt sich doch durchaus nichts festsetzen über die Anzahl der zu Besoldenden, von so höchst verschiedenen Arten und Klassen, sondern es richtet sich diese, so wie die andern angegebenen Veranlassungen von Ausgaben, nach dem jedesmaligen Zustande der Wissenschaft, und ist wandelbar, wie dieser. Die Mitglieder der Anstalt können in diesen Beurteilungen nur das Heil der Wissenschaft und ihrer Anstalt als höchstes Gesetz anerkennen, und sie sind diejenigen, denen gründliche Durchschauung desselben, so wie herzliche Liebe dafür sich am vorzüglichsten zutrauen läßt; auch verbietet die Erwägung dieses Heils selbst ihnen ebenso unnötige Verschwendung in allen den erwähnten Zweigen, als schädliche und unwürdige Sucht zu sparen. Und so geht denn auch für diesen Teil dasselbe Resultat hervor, das wir oben für den ersten Teil aufstellten; es gilt dasselbe demnach fürs Ganze.

§ 53

In Absicht des Besoldungssystems möchte festgesetzt werden 1) ein Gehalt, der dem Akademiker, als solchem, gereicht wird, und der dem des vollkommenen Bürgerrechts teilhaftigen unter keiner Bedingung entzogen werden kann. Da nicht so leicht jemand bloß Akademiker sein wird, so ist dieser Gehalt nur als ein Beitrag, keinesweges aber als das, woraus der ganze anständige Unterhalt des Mannes zu bestreiten sei, zu betrachten. 2) Das Mitglied des Rates der Alten hat entweder ein anderweitiges Staatsamt, oder eine von den mannigfaltigen ökonomischen oder Aufseherstellen, die aus der Natur unseres Instituts hervorgehen, wofür er besonders besoldet wird; auch wäre er für die Weisen, wie er durch vorübergehende Vorlesungen oder andere Leistungen uns nützlich wird, durch vorübergehende Remunerationen zu entschädigen. Arbeitet er an einem gelehrten Werke, so könnte ihm auch für diesen Behuf die Ökonomieverwaltung Unterstützung oder Vorschüsse leisten. 3) Der ausübende Lehrer wird nach Maßgabe seiner Arbeit an Vorlesungen und andern Übungen und Prüfungen besonders besoldet. Die Zugewandten zahlen für alle diese Gegenstände, inwiefern sie an denselben Anteil nehmen wollen, ein festzusetzendes Honorar; und zwar *voraus*. Denn es wird dadurch eines solchen Zugewandten, der sein vorausbezahltes Geld nun auch wiederum abhören will, Fleiß und Regelmäßigkeit sehr befördert; und mögen wir ihm diese Art der Ermunterung gern gönnen. Der Regular ist hierin frei, und wird eben der Gehalt des Lehrers als sein von der Verwaltung für ihn bezahlter Beitrag, der ja bei Zahlstellen auch angerechnet wird, betrachtet. Dieses von den Zugewandten zu ziehende Honorar ist jedoch dem Lehrer bei Fixierung seines Gehaltes nicht eben in Rechnung zu bringen, sondern derselbe also zu setzen, als ob er, neben seinem Gehalte als Akademiker, von diesem leben müßte; um ihn von dem Beifalle dieser Zugewandten ganz unabhängig zu erhalten.

Dasselbe Honorar von den Zugewandten haben auch die außerordentlichen Professoren zu ziehen.

Eigentlich ist es die Akademie selbst, welche als unumschränkte Ökonomieverwaltung (§ 52) sich selbst aus ihrer Mitte besoldet. So wie die andern Stände nicht verlangen sollen, daß diese in Anständigkeit des Auskommens ihnen nachstehen, so wird auch ihnen von ihrer Seite gerade jenes, nicht zu vermeidende Verhältnis die Pflicht auflegen, vor den Augen der Nation nicht als unersättliche und habsüchtige, sondern als edle und sich bescheidende Männer dazustehen; und ist diese Denkart auf alle Weise in sie hineinzubringen.

§ 54

Für das erste Lehrjahr möchte es zweckmäßig sein, den enzyklopädischen Lehrern, sowie etwa den andern nötig befundenen Unterlehrern, wenn, wie es größtenteils der Fall sein dürfte, sie schon außerdem, als Akademiker oder dergl., einen fixierten lebenslänglichen Gehalt haben, eine besondere Remuneration für die Arbeiten dieses ersten Lehrjahres zuzugestehen, und für die folgenden Lehrjahre sich ein weiteres Bedenken vorzubehalten; unter andern auch, damit man erst sähe, wie sich jedes machte, und ob nicht indessen etwas anderes sich findet, das sich noch besser macht. In Bestimmung dieser Remuneration wäre, inwiefern nicht etwa der Mann schon sonst ausreichend besoldet ist, und man in dieser Rücksicht schon ohnedies einen Anspruch hat auf seine ganze Kraft, billig als Maßstab unterzulegen, was in dieser Zeit durch Schriftstellerei hätte erworben werden können. Denn obwohl das bisweilen auch übliche Ablesen eines vor langen Jahren angefertigten Heftes etwas höchst Bequemes ist und kaum eine andere Kraft fordert, als die der Lunge, so dürfte doch eine solche Verwaltung des Lehramts, wie wir sie gefordert haben, und die unter andern auch den größten Teil der alten Hefte unbrauchbar macht, alle Kraft und Zeit des Lehrers in Anspruch nehmen; und wer diese Verhältnisse kennt, weiß, daß Kollegienlesen auf die gewöhnlichen Bedingungen für einen nicht ungewandten Schriftsteller in ökonomischer Rücksicht ein Opfer ist, das zwar der wackere Mann gern bringt, der auch wackere aber nicht ohne Not fordert.

§ 55

Für dieses erste Jahr könnte nun der Universität vom Staate ein öffentlicher Hörsaal eingegeben werden. Die Studierenden löseten gegen ihr Honorar, etwa bei dem, um der Inskriptionen willen auch gleich anfangs anzustellenden Justitiarius der Universität *Belege* (Zutrittskarten), nach welchen ihnen, durch einen gleichfalls anzustellenden *famulus communis*, auf eine zu Jena seit 1790 übliche, dem Schreiber dieses wohlbekannte Weise, ihre Plätze im Auditorium angewiesen werden. Da wir im ersten Jahre noch keine Regularen haben, (Novizen können wir haben, die aber doch immer nur als Zugewandte zu betrachten sind), sonach diese etwa künftigen Regularen, denen vielleicht auch künftig Freistellen gegeben werden, in der allgemeinen Masse der Zugewandten noch unentdeckt liegen, so soll der Justitiarius, nach einem ihm etwa anzugebenden Kanon, diese erwähnten Belege auch frei geben können, worüber er sich hernach mit dem Lehrer, der das Collegium liest, zu berechnen hat. Ebenso wäre ein Plan zu entwerfen, wie man während dieses ersten Jahres unvermögende Studierende, durch Stipendien, Freitische u. dergl., unterstützen könne. Doch ist die Einführung gewöhnlicher Konviktorien-, Stipendiatenexamens [so!] u. dergl., durch welche der Unvermögende herausgehoben und bezeichnet wird, als mit unserm allerersten Grundsatze über diesen Gegenstand streitend, auch im ersten Jahre zu vermeiden. Sollte man nicht etwa späterhin über den Grundsatz sich einverständigen, *daß bei solchen, die da Regularen werden weder könnten noch wollten,* (wo bei Bejahung des letzten Falles die einigermaßen frei zu haltenden wenigstens *Novizen* sein müßten, und es im Noviziate über diesen Punkt eben also gehalten werden könnte, wie oben (§ 51) für das Regulat vorgeschlagen worden), und da die zu subalternen Geschäften nötigen Handwerksfertigkeiten weit sicherer und schicklicher außerhalb der Universität erlernt werden, *das Studieren ein bloßer Luxus sei, der, wenn er ja statthaben solle, aus eignen Mitteln, keinesweges aber auf Kosten des Staates bestritten werden müsse*; sondern sollte man darauf bestehen, die milden Stiftungen der über diese Dinge freilich nicht so scharf sehenden Vorwelt auf die bisherige Weise zu verwenden, so kann man nichts dagegen haben, daß dergleichen Benefiziaten unter den bloßen Zugewandten auf alle Weise bezeichnet werden, und, so Gott will, ihnen sogar eine metallene Nummer an den Ärmel geheftet werde, damit die Liebeswerke doch auch recht in die Augen fallen. Nur soll man den nicht also behandeln, der einmal ein Ehrenjüngling und Regulare werden könnte.

§ 56

Diese also zu einem organischen Ganzen verwachsene Akademie der Wissenschaften, wissenschaftliche Kunstschule und Universität muß ein Jahresfest haben, an welchem sie sich dem übrigen Publikum in ihrer Existenz und Gesamtheit darstelle. Der natürlich sich ergebende Akt dieses Festes ist die Ablegung der Rechenschaft über ihre Verhandlungen das ganze Jahr über; und es sollten hiebei zugegen sein Repräsentanten der Nation, gewählt aus den zu den Stellen Berechtigten, und des Königs, beider als der Behörde, der die Rechenschaft abgelegt wird. Zu diesem Feste wäre der Geburtstag Friedrich Wilhelm des Dritten, als dessen Stiftung jener Körper existieren wird, falls er jemals zur Existenz kommt, unabänderlich und auf ewige Zeiten festzusetzen.

§ 57

Korollarium

Die einzelnen Vorschläge dieses Entwurfs sind keinesweges unerhörte Neuerungen; sondern sie sind, wie sich bei einem so viele Jahrhunderte hindurch in so vielen Ländern bearbeiteten Gegenstande erwarten läßt, insgesamt einzeln irgendwo wirklich dagewesen, und lassen sich bis diesen Augenblick in mehrern Einrichtungen der Universitäten Tübingen, Oxford, Cambridge, der sächsischen Fürstenschulen, in ihrem sehr guten, das Gewöhnliche weit übertreffenden Erfolge, darlegen. Lediglich darin könnte der gegenwärtige Entwurf auf Originalität Anspruch machen, daß er alle diese einzelnen Einrichtungen durch einen klaren Begriff in ihrer eigentlichen Absicht verstanden, sie aus diesem Begriffe heraus wiederum vollständig abgeleitet, und sie so zu einem organischen Ganzen verwebt habe; welches, wenn es sich also verhielte, demselben keinesweges zum Tadel gereichen würde.

Den Haupteinwurf betreffend, den derselbe zu befürchten hat: den der Unausführbarkeit, muß in der Beratschlagung hierüber nur nicht die im Verlaufe von allen Seiten hinlänglich charakterisierte, übrigens ehrenwerte und von uns herzlich geehrte Klasse gefragt werden, welche, wenn nur sie allein in der Welt vorhanden wäre, mit ihrer Behauptung der absoluten Unausführbarkeit Recht behalten würde. Wir selbst geben zu, daß im Anfange die Ausführung am allerunvollkommensten ausfallen werde, glauben aber sicher rechnen zu dürfen, daß, wenn es überhaupt nur zu einigem Anfange kommen könne, der Fortgang immer besser geraten werde; selbst aber auf den Fall, daß wir befürchten müßten, es werde sogar nicht zu einem rechten Anfange kommen, müßten wir dennoch den Versuch nicht unterlassen, indem im allerschlimmsten Falle wir doch nichts Schlimmeres werden können, denn eine Universität nach hergebrachtem deutschem Schlage.

Die allgemeinen Merkmale der Gründlichkeit eines Planes, der sich nicht bescheiden mag, ein bloßer schöner Traum zu sein, sondern der auf wirkliche und alsbaldige Ausführung Anspruch macht, sind diese: daß er zuvörderst nicht etwa die wirkliche Welt liegen lasse und für sich seinen Weg fortzugehen begehre, sondern daß er durchaus auf sie Rücksicht nehme, wiewohl allerdings nicht in der Voraussetzung, daß sie bleiben solle, wie sie sei, sondern daß sie anders werden solle, und daß im Fortgange nicht *er* sich ihr, sondern *sie* sich ihm bequeme; und daß er, nach Maßgabe der Verwandtschaft, eingreife auch in die übrigen Verhältnisse des Lebens, und wiederum von diesen getragen und gehoben werde; sodann, daß er, einmal in Gang gebracht, nicht der immer fortgesetzten neuen Anstöße seines Meisters bedürfe, sondern für sich selbst fortgehe, und, so er's braucht, zu höherer Vollkommenheit sich bilde. Nach diesen Merkmalen sonach ist jeder Entwurf zu prüfen, wenn die Frage über seine Ausführbarkeit entschieden werden soll.

3. Von den Mitteln, durch welche unsere wissenschaftliche Anstalt auf ein wissenschaftliches Universum Einfluß gewinnen solle

§ 58

Das in unsrer Kunstschule einmal begonnene wissenschaftliche Leben soll nicht etwa in jeder künftigen Generation sich, so wie es schon da war, nur *wiederholen;* viel weniger soll es ungewiß herumtappen, und so selbst Rückfällen ins Schlimmere ausgesetzt sein; sondern es soll mit sicherm Bewußtsein und nach einer Regel zu höherer Vollkommenheit fortschreiten. Damit dies möglich werde, muß diese Schule die in einem gewissen Zeitpunkte errungene Vollkommenheit irgendwo deutlich und verständlich niederlegen; an welche also niedergelegte Stufe der Vollkommenheit dieses Zeitpunktes das beginnende frische Leben sich selber und seine Entwicklung anknüpfe. Am besten wird diese Aufbewahrung geschehen vermittelst eines *Buches.*

§ 59

Da aber das wirkliche, in unmittelbarer Ausübung befindliche Leben der wissenschaftlichen Kunst fortschreitet von jeder errungenen Entwicklung zu einer neuen, jede dieser Entwicklungen aber, als die feste Grundlage der auf sie folgenden neuen, niedergelegt werden soll im Buche; so folgt daraus, daß dieses Buch selbst ein fortschreitendes, ein *periodisches* Werk sein werde. Es sind *Jahrbücher* der Fortschritte der wissenschaftlichen Kunst an der Kunstschule; welche Jahrbücher, wie ein solcher Fortschritt erfolgt ist, ihn bestimmt bezeichnet niederlegen für die nächste und alle folgende Zeit, und welche, wenn die wissenschaftliche Kunst nicht unendlich wäre, einst nach derselben Vollendung begründen würden eine *Geschichte* dieser — sodann vollendeten Kunst.

§§ 60—66

...

§ 67

Korollarium

Unsere Akademie an und für sich betrachtet, gibt in der von uns angegebenen Ausführung das Bild eines vollkommnen Staats; redliches Ineinandergreifen der verschiedensten Kräfte, die zu organischer Einheit und Vollständigkeit verschmolzen sind, zur Beförderung eines gemeinsamen Zweckes. An ihr sieht der wirkliche Staatskünstler immerfort dieselbe Form gegenwärtig und vorhanden, welche er auch seinem Stoffe zu geben strebt, und er gewöhnt an sie sein, von nun an durch nichts anderes zu befriedigendes Auge.

Dieselbe Akademie stellt in ihrer Verbindung mit den übrigen, außer ihr vorhandenen wissenschaftlichen Körpern dar das Bild des vollendet rechtlichen Staatenverhältnisses. Alle, in sich übrigens allein, geschlossen und selbständig bleibend, kämpfen aus aller ihrer Kraft um denselben Preis, die Beförderung der Wissenschaft und der wissenschaftlichen Kunst; aber ihr Wettkampf ist notwendig redlich, und keiner kann den errungenen Sieg verkennen oder schmälern, ohne sich selbst der, allen gemeinschaftlichen, und bei unendlicher Teilung dennoch immer ganz bleibenden Ausbeute des Sieges zu berauben. Ihr Wettkampf ist liebend; das beleidigte Selbstgefühl des Überwundenen hebt sogleich sich wieder empor an der Freude über den gemeinsamen Gewinn, und die augenblickliche Eifersucht geht schnell über in Dank an den Förderer des gemeinen Wesens.

Diese Form einer organischen Vereinigung der aus lauter verschiedenen Individuen bestehenden Menschheit vermag in ihrer Sphäre die Wissenschaft zu allererst, und dem Kreise der übrigen menschlichen Angelegenheiten lange zuvorkommend, zu realisieren. Als einzelne Republik darum, weil zuvörderst das Interesse, das in dieser Sphäre scheiden, trennen und voneinander halten könnte das zu Einigende, bei weitem nicht so dringend und gebieterisch herrscht, als das der sinnlichen Selbsterhaltung, welches auf des Staates Gebiet entzweiet und sich befeindet; sodann, weil selber das Element, das die Wissenschaft bearbeitet, die Denkart veredelt und die Selbstsucht schmählich macht. Als ein Verein von Republiken darum, weil alle genau wissen und verstehen, was sie eigentlich wollen; dagegen die politischen Entzweiungen der Völker und weltverheerende Kriege sich sehr oft auf die verworrensten und finstersten unter allen möglichen Vorstellungen gründen. In dieser frühern Realisierung der für alle menschlichen Verhältnisse eben also angestrebten Form ist sie an dem einen, das sie gestaltete, Weissagung, Bürge und Unterpfand, daß auch das übrige einst also gestaltet sein werde, der strahlende Bogen des Bundes, der in lichten Höhen über den Häuptern der bangen Völker sich wölbt.

Aber selbst indem sie noch verheißet, erfüllet sie schon, und ist gedrungen zu erfüllen. Die einzige Quelle aller menschlichen so Schuld wie Übels ist die Verworrenheit derselben über den eigentlichen Gegenstand ihres Wollens; ihr einiges Rettungsmittel daher Klarheit über denselben Gegenstand; eine Klarheit, welche, da sie nicht uns fremd bleibende Dinge erfaßt, sondern die innerste Wurzel unsers Lebens, unser Wollen ergreift, auch unmittelbar einfließt in das Leben. Diese Klarheit muß nun jeder wissenschaftliche Körper rund um sich herum, schon um seines eigenen Interesse willen, wollen und aus aller Kraft befördern; er muß daher, so wie er nur in sich selbst einige Konsistenz bekommen, unaufhaltsam fortfließen zu Organisation einer Erziehung der Nation, als seines eigenen Bodens, zu Klarheit und Geistesfreiheit, und so die Erneuerung aller menschlichen Verhältnisse vorbereiten und möglich machen; durch welche Erwähnung der Nationalerziehung wir wieder am Schlusse unsers ersten Abschnittes niedergesetzt werden, und so den bis ans Ende durchlaufenen Kreis schließen.

FRIEDRICH DANIEL SCHLEIERMACHER

GELEGENTLICHE GEDANKEN ÜBER UNIVERSITÄTEN IN DEUTSCHEM SINN

Nebst einem Anhang über eine neu zu errichtende

1808

Vorrede

Nur ein kleines Vorwort für die kleine Schrift. Schon durch die Art, wie sie sich bezeichnet, will sie gern diejenigen abweisen, welche hier etwa aus irgendeinem Mißverstand eine wissenschaftliche erschöpfende Behandlung des Gegenstandes suchen möchten. Es wäre falsche Bescheidenheit, wenn, was so gemeint ist, sich nur für etwas Gelegentliches ausgeben wollte; wie es Anmaßung wäre und leere Prahlerei, wenn, was nur gelegentlich entstanden ist und nur so wirken soll, sich wissenschaftlich gebärden wollte. Die Sache verträgt allerdings eine strenge und gründliche Behandlung; das wissenschaftliche Feld, wohin sie gehört, mag auch dem Verfasser nicht ganz fremd sein, und er hofft, daß die hier vorgetragenen Gedanken selbst größtenteils auch dort eine Stelle würden finden müssen. Nur hier macht er gar nicht Anspruch auf wissenschaftliche Reife oder strenge Darstellung. Er trägt seine Ansicht ohne diesen Grad der Vollendung vor, gelegentlich und soviel möglich leicht hingeworfen als ein verständliches Wort, zur Beherzigung für eine Zeit, welche während der Zerstörung so vieles Alten auch so manche neue Keime entwickelt.

Wer bei Pflanzung oder Erneuerung wissenschaftlicher Anstalten mitzuwirken hat, kann sich doch nicht genug vorsehn, ob er auch den Gegenstand, über den er zu ratschlagen hat, und seine einzelnen Teile in ihrer wahren Beziehung aufgefaßt habe. Schon seit langer Zeit werden die entgegengesetztesten Ansichten über diese Sache aufgestellt. Jede enthält unstreitig etwas Wahres und ist beherzigungswert; aber wenn es doch nur *eine* Seite ist, die sie nach Neigung oder nach Umständen heraushebt, so muß doch die Vorstellung des Ganzen, die sich bloß hieraus bildet, unsicher, störrig und verschroben ausfallen; denn einzelne Beziehungen können nie das Maß der Sache selbst sein, ja auch ihr eignes Maß nicht in sich haben. Und leider, wie schwer ist es nicht zu vermeiden, daß Neigung, daß besondere Verhältnisse, daß oft sogar ein fremdartiges Bedürfnis nicht Einfluß erhalte auf die Überlegungen derer, die eben zu handeln haben!

Drum soll auch derjenige nicht unwillkommen seine Stimme vernehmen lassen, der Muße hat, sich vor dem Gegenstand niederzulassen, und ihn, wie er sich seit langer Zeit verschiedentlich unter uns gestaltet hat, von allen Seiten zu betrachten. Denn auch, wo Neues gebaut werden soll, ist es von der größten Wichtigkeit zu wissen, was von dem Bisherigen wesentlich oder zufällig, und was vielleicht gar in Irrtum und Mißverständnis gegründet gewesen, und also verwerflich ist, wie sich dessen in allen Zweigen des menschlichen Tuns und Wirkens immer finden muß.

Eine solche Betrachtung eignet sich am meisten zur öffentlichsten Mitteilung, weil sie nicht nur für die wenigen angestellt wird, welche auf diesem Gebiet schaffen, umbilden, regieren sollen, sondern für alle, die einen lebhaften Anteil an der Sache nehmen. Diese alle daher möchte sich der Verfasser einladen, ihm bei seiner Beschauung zuzuschauen, und dadurch aufgeregt zu werden, den Gegenstand, es sei nun so wie er oder besser als er, auf jeden Fall aber gründlicher als zuvor zu erkennen.

1. Vom Verhältnis des wissenschaftlichen Vereins zum Staate

Man kann annehmen, daß fast allgemein die Voraussetzung gemacht wird, es solle unter den Menschen nicht nur Kenntnisse aller Art geben, sondern auch eine Wissenschaft. Die Ahndung von ihr, das Verlangen nach ihr regt sich überall. Selbst die, welche ihr Geschäft am allermeisten nach hergebrachter Gewohnheit behandeln, berufen sich auf die Voreltern; was gar keinen Sinn hat, wenn nicht das dunkle Gefühl darin liegt, diese müßten bei dem gleichen Verfahren nicht bloß das Recht der Gewohnheit für sich gehabt haben, sondern vielmehr einen höheren Grund. Ebenso die, welche in menschlichen Dingen irgend etwas durch die Kraft des bloßen Instinkts weiter fördern, berufen sich darauf, daß andern obliegen müsse, ihr Tun zu erklären und verständig zu rechtfertigen. Dies alles weiset auf die Wissenschaft hin.

Daß aber diese durchaus nicht Sache des einzelnen sein, nicht von *einem* allein zur Vollendung gebracht und vollständig besessen werden kann, sondern ein gemeinschaftliches Werk sein muß, wozu jeder seinen Beitrag liefert, so daß jeder in Absicht ihrer von allen übrigen abhängig ist, und nur einen herausgerissenen Teil sehr unvollkommen allein besitzen kann, auch das muß gewiß allgemein einleuchten. Wie genau hängt doch alles zusammen und greifet ineinander auf dem Gebiete des Wissens, so daß man sagen kann, je mehr etwas für sich allein dargestellt wird, um desto mehr erscheine es unverständlich und verworren, indem streng genommen jedes einzelne nur in der Verbindung mit allem übrigen ganz kann durchschaut werden, und daher auch die Ausbildung jedes Teiles von der aller übrigen abhängig ist. Diese notwendige und innere Einheit aller Wissenschaft wird auch gefühlt überall, wo sich bestimmte Bestrebungen dieser Art zeigen. Alle wissenschaftlichen Bemühungen ziehen einander an und wollen in *eines* zusammengehen, und schwerlich gibt es auch auf irgendeinem andern Gebiete des menschlichen Tuns eine so ausgebreitete Gemeinschaft, eine so ununterbrochen fortlaufende Überlieferung von den ersten Anfängen an, als auf dem der Wissenschaft. Freilich nicht, als ob nicht auch hier die Bemühungen der Menschen gesondert und mannigfaltig geteilt, ja hie und da sogar gewaltsam und willkürlich auseinander gerissen wären. Was verschiedene Völker gleicher Zeit wissenschaftlich betreiben, hängt oft äußerlich gar wenig zusammen; und noch mehr erscheinen ganze Zeitmassen voneinander gesondert. Allein wer die Sache etwas im Großen ansieht, dem kann auch hier in dem fortschreitenden Bestreben, alles Getrennte allmählich zusammenzubringen, die vorherrschende Gewalt einer inneren Einheit nicht entgehen.

Bei diesem Zusammenhange nun kann es nur ein leerer Schein sein, als ob irgendein wissenschaftlicher Mensch abgeschlossen für sich in einsamen Arbeiten und Unternehmungen lebe. Vielmehr ist das erste Gesetz jedes auf Erkenntnis gerichteten Bestrebens: Mitteilung; und in der Unmöglichkeit, wissenschaftlich irgend etwas auch nur für sich allein ohne Sprache hervorzubringen, hat die Natur selbst dieses Gesetz ganz deutlich ausgesprochen. Daher müssen sich rein aus dem Triebe nach Erkenntnis, wo er nur wirklich erwacht ist, auch alle zu seiner zweckmäßigen Befriedigung nötigen Verbindungen, die verschiedensten Arten der Mitteilung und der Gemeinschaft aller Beschäftigungen von selbst gestalten; und es wäre irrig zu glauben, daß alle dergleichen Anstalten, wie es jetzt scheint, nur das Werk des Staats sein könnten. Niemand wird angeben können, wie dieser darauf gekommen sein sollte, das Wissen, wenn es ursprünglich ganz zerstreut gewesen wäre, auf solche Weise zu sammeln. Nur da werden alle Unterrichtsanstalten eigentlich vom Staate ausgehn müssen, wo über ein noch ganz rohes Volk eine kleine Anzahl eines gebildeten bildend herrscht, und den Trieb des Wissens erst in jenem erwecken will. Man sehe nur, wie schon im Schoße der Familie die Elemente zum Unterricht und zur Gemeinschaft der Kenntnisse sich selbst bilden; wie zweifelhaft es im allgemeinen bleibt auch von den größeren Vorkehrungen, ob sie von selbst entstanden, oder vom Staat, oder von der Kirche gegründet sind. Ergibt sich nicht aus allem, daß wir, um der Natur der Sache getreu zu bleiben, alle solche Veranstaltungen als etwas Ursprüngliches, aus freier Neigung, aus innerem Triebe Entstandenes ansehen müssen?

Aber freilich je mehr sie sich ausbilden, um desto mehr erfordern sie Hilfsmittel, Werkzeuge mancher Art, Befugnis der Verbundenen, auch als solche mit andern auf eine rechtsbeständige Art zu verkehren. Dies alles kann freilich nur durch den Staat erlangt werden, und daher ergeht an ihn die Anmutung, diejenigen, die sich zum Behuf der Wissenschaft miteinander verbunden haben, wie wir uns ausdrücken, als eine moralische Person anzuerkennen, zu dulden und zu schützen. Bei deutschen Völkerschaften und Verfassungen kann diese Zumutung am wenigsten befremdlich sein, da wir bei ihnen beständig eine Menge freier Vereinigungen zu allerlei Zwecken bestehen und entstehen sehen, die der Staat nicht nur duldet, so lange sie sich als unverdächtig ausweisen, so daß man ihnen, um Verfolgung gegen sie zu erregen, immer etwas Unbürgerliches, Staatzerstörendes erweisen muß, sondern denen er auch Vorrechte mancher Art einräumet, wie sie zusammengesetzten Personen, die ja doch größer sind als einzelne, wohl geziemen mögen.

Wie es aber auch mit andern Vereinigungen vielfältig geschieht, daß, wenn der Staat von ihrer Nützlichkeit überzeugt ist, er sie sich allmählich so aneignet und sie in sich aufnimmt, daß man hernach nicht mehr unterscheiden kann, ob sie frei für sich entstanden oder von der verwaltenden Macht gestiftet worden sind, dasselbige ist auch, wie wir sehen, sogar mit den wissenschaftlichen Verbindungen geschehen; wiewohl, wenn die Erfahrung nicht so klar vor Augen stände, jeder zweifeln möchte, ob wirklich, bei dem genauen Zusammenhang aller wissenschaftlichen Bestrebungen derselben gebildeten Zeit, diejenigen, die innerhalb eines gewissen Staates entstanden sind, sich gutwillig von den übrigen trennen, und dagegen dem Staat, der ihnen eigentlich fremd ist, sich so genau würden anschließen wollen. Und freilich fehlt es auch nicht an einer ebenso in die Augen fallenden Widersetzlichkeit des wissenschaftlichen Vereins gegen diese zu genaue Verbindung. Das Wahre und Natürliche von der Sache scheint aber dieses zu sein.

Alle wissenschaftlichen Tätigkeiten, welche sich in dem Gebiet *einer* Sprache bilden, haben eine natürliche genaue Verwandtschaft, vermöge deren sie näher unter sich, als mit irgend anderen zusammenhängen, und daher ein eignes gewissermaßen abgeschlossenes Ganzes in dem größeren Ganzen bilden. Denn was in *einer* Sprache wissenschaftlich erzeugt und dargestellt ist, hat teil an der besonderen Natur dieser Sprache; wenn es sich nicht ganz unmittelbar auf Erfahrungen und Verrichtungen bezieht, die überall notwendig dieselben sein müssen, wie im Gebiete der Mathematik und der experimentalen Naturlehre, so läßt es sich nicht genau ebenso in eine andere Sprache übertragen, und bildet daher unter sich vermöge des Zusammenhanges mit der Sprache ein gleichartiges Ganzes. Für die Wissenden bleibt es allerdings eine notwendige Aufgabe, auch die Trennung zwischen diesen verschiedenen Gebieten wieder aufzuheben, die Schranken der Sprache zu durchbrechen, und, was durch sie geschieden zu sein scheint, vergleichend aufeinander zurückzuführen; eine Aufgabe, in welcher vielleicht die wissenschaftliche Beschäftigung mit den Sprachen ihr höchstes Ziel findet. Allein diese Aufgabe ist offenbar für die Gemeinschaft des Wissens die höchste, vielleicht nie aufzulösende, und eben dadurch bewährt sich nur desto mehr jene Absonderung als eine unumgängliche. Denken wir uns also auf allen Punkten aus freiem Triebe nach Erkenntnis wissenschaftliche Verbindungen entstehend, so werden sich diese zunächst so weit zu vereinigen streben, als das Gebiet einer und derselben

Sprache reicht. Dies wird der engste Bund sein, und jede darüber hinausgehende Gemeinschaft nur eine weitere.

Dem Staat aber leuchtet auch ein, daß Kenntnisse und sogar Wissenschaften etwas Heilsames und Treffliches sind. Wie groß oder klein er auch sei, wie recht oder unrecht er daran tue, ein eigner sein zu wollen: er kann als solcher nur durch eine Masse von Kenntnissen bestehn, die sich möglichst der Totalität nähert, so wenigstens, daß von allen Zweigen des Wissens einige Spur, einiges Bewußtsein in ihm vorkomme durch lebendigen Sinn, durch Nachfrage, durch williges Aufnehmen, wenn denn auch zu einer eigentümlichen Art der Vollendung nur einiges in ihm gedeiht. Wenigstens ein anständiges und edles Leben gibt es für den Staat ebensowenig als für den einzelnen, ohne mit der immer beschränkten Fertigkeit auf dem Gebiete des Wissens doch einen allgemeinen Sinn zu verbinden. Für alle diese Kenntnisse nun macht der Staat natürlich und notwendig eben die Voraussetzung wie der einzelne, daß sie in der Wissenschaft müssen begründet sein, und nur durch sie recht können fortgepflanzt und vervollkommnet werden. Er sucht sich daher in einen lebendigen Zusammenhang zu setzen mit allen Bestrebungen, die zu dieser Vervollkommnung führen; er nimmt sich der Anstalten an, die er selbst müßte gestiftet haben, wenn er sie nicht gefunden hätte; und da auch der wissenschaftliche Verein ein Bedürfnis hat, vom Staate geschützt und begünstiget zu werden, so werden beide ein Bestreben haben, sich miteinander zu verständigen und zu einigen. Der Staat aber arbeitet nur für sich, er ist, wie er geschichtlich erscheint, durchaus zunächst selbstsüchtig, und will also auch die Unterstützung, die er der Wissenschaft bietet, nicht über seine Grenzen hinaus wirksam sein lassen. Wenn nun der Staat das Gebiet seiner Sprache ganz erfüllt, so strebt auch die wissenschaftliche nähere Vereinigung nicht über seine Grenzen hinaus; und so geht die Verbindung zwischen beiden ohne allen Zwiespalt vor sich, schneller oder langsamer, je nachdem beide Teile lebendiger überzeugt sind, oder nur mangelhafter einsehen, wie sie einer des andern bedürfen, und was sie einander leisten können. Wenn aber der Staat dieses Gebiet nicht ausfüllt: so haben er und der wissenschaftliche Verein bei ihrer abzuschließenden Verbindung ein verschiedenes Interesse. Die wissenschaftlichen Männer wollen den Staat und seine Unterstützungen nur gebrauchen, um in dem größeren Gebiet der Sprache recht kräftig wirken zu können zu ihrem Zwecke; die engeren Grenzen des Staates wollen sie nicht für die ihrigen anerkennen; und müssen sie ihm für seine Unterstützungen Dienste leisten, so sehen sie diese nur als etwas Untergeordnetes an. Die Regierungen hingegen sind nur um so mehr eifersüchtig aufeinander, als sie einander näher stehen, und fürchten von der weiterstrebenden wissenschaftlichen Verbindung Gleichgültigkeit für den Staat, oder gar Vorliebe für fremde Einrichtungen, und andere nachteilige Einflüsse auf den Geist der Untertanen; sie tun daher das Mögliche, um den näheren Verein auch der Gelehrten in den Grenzen des Staates eingeschränkt zu halten. Umgekehrt, wenn ein Staat das Gebiet mehrerer Sprachen umfaßte: so würde er alle Gelehrten in seinem Umfange einladen, sich gleich nahe zu vereinigen und auch als solche ein Ganzes zu bilden. Diese aber würden offenbar zwei Parteien darstellen, jede Zunge würde die Begünstigung des Gewalthabers der anderen abzuringen suchen, und aufrichtige Verbrüderung würde nur unter denen stattfinden, die *eine* Sprache reden. Daß es unnatürlich ist, wenn ein Staat sich über die Grenzen der Sprache hinaus vergrößern will, hat neuerlich ein großer Herrscher selbst behauptet, so daß man sich nur wundern muß, was doch für eine dringende Notwendigkeit selbst ein so klares Bewußtsein wie das seinige beherrschen konnte. Ob es ebenso unnatürlich ist, wenn das Gebiet einer und derselben Sprache sich in so viele kleine Staaten zerteilt, als Deutschland erleidet, das sei dahingestellt. Wenigstens scheint es ratsam, wenn sie in einer genauen Verbindung bleiben, und töricht, wenn jeder von ihnen seine wissenschaftlichen Einrichtungen abgeschlossen für sich besitzen will. Denn nur äußerlich und erzwungen können diese ein Ganzes bilden, welches, je kleiner der Staat, desto lächerlicher werden wird, wenn es sich vollständig gestalten will; der Natur der Sache nach können sie immer nur Teile des weitergreifenden Vereins sein, und müssen sich, je mehr sie sich absondern wollen, um so mehr des wohltätigen Einflusses der übrigen Teile und damit zugleich ihrer Nahrung und Gesundheit berauben. In der Tat wunderlicher und von dem, was das gemeine Wohl erfordert, entfernter kann wohl nichts sein, als wenn ein deutscher Staat sich mit seinen wissenschaftlichen Bildungsanstalten einschließt. Vielmehr inniger sollte sich die Gemeinschaft, in welcher solche Staaten stehen müssen, nirgends aussprechen als in wissenschaftlichen

Dingen; und wenn gar die natürliche Richtung dahin gehen sollte, daß sie ebenso *eins* würden, wie die Sprache immer mehr *eine* wird, wo gäbe es wohl ein leichteres sichreres und natürlicheres Vorbereitungsmittel hiezu, als wenn auf dem wissenschaftlichen Gebiet, welches in so genauer Wechselwirkung sowohl mit dem Staate als mit der Sprache steht, die vielseitigste, treueste, eifersuchtsloseste Gemeinschaft gestiftet würde, durch welche die innere Einheit des äußerlich Getrennten recht klar zutage käme? Und wodurch soll denn endlich klar und leidenschaftslos entschieden werden, wie lange diese Absonderung dauern, und wie weit sie gehen soll, als durch die möglichst weit verbreitete wissenschaftliche Bildung, welche die Besonnenheit erhält, von keinem einzelnen Interesse geblendet wird, und die kleinlichen Leidenschaften und Vorurteile allmählich ausrottet?

Dennoch haben sich wenige von unsern vaterländischen Regierungen von allen Fehlern in dieser Hinsicht frei gehalten; sondern anstatt daß jede bei sich sollte gepflegt haben, was sie konnte, und überall Regierung und Volk mitgenießend und benutzend froh und stolz gewesen sein über alles, was sich irgendwo im Umfang des deutschen Vaterlandes bildete, haben je länger je mehr zwei ganz entgegengesetzte Maßregeln überhand genommen. Einige Regierungen nämlich wetteiferten miteinander darin, die ihnen untergebenen Bildungsanstalten zum Mittelpunkt alles wissenschaftlichen Verkehrs für ganz Deutschland zu machen, indem sie darauf bedacht waren, von weit umher alles, was sich wissenschaftlich auszeichnet, an sich zu ziehen, sollten auch andere Staaten dadurch in Dürftigkeit versetzt werden. Wenn hiebei nur ein wahrer Wetteifer zum Grunde gelegen hätte, ja nicht hinter dem zurückbleiben zu wollen, was man tun konnte; wenn dabei die gute Meinung gewesen wäre, für die kleinern Staaten, die hierauf nicht zu viel verwenden konnten, mit zu arbeiten, Anstalten für sie mit zu unterhalten, und Talente für sie mit zu belohnen: so wäre nicht viel dagegen zu sagen gewesen. Die Absicht war aber eigentlich zuerst, daß jeder Staat in Befriedigung seiner wissenschaftlichen Bedürfnisse sich unabhängig machen wollte von jedem andern, da doch die wahre Unabhängigkeit hierin nur die sein kann, wenn zu des gemeinschaftlichen Gutes Erhaltung und Vermehrung jeder nach Verhältnis reichlich beiträgt, jenes aber nur eine hochmütige, verderbliche Prahlerei ist. Dann wollte man auch durch geistiges Übergewicht dem

Staate Macht und Ansehn verschaffen über sein eigentliches Gebiet hinaus. Dies ist freilich die friedlichste und schönste Art der Eroberung; aber der Wissenschaft kann es leicht gefährlich werden, wenn das bloße Geld den Gelehrten zur Lockspeise gemacht wird. Und werden diese Eroberungen im Mißverhältnis mit der natürlichen Wichtigkeit des Staates oder in einem kleinlichen Stile betrieben: so ist das überhaupt lächerlich oder krankhaft. Die andere Maßregel ist die wissenschaftliche Sperre, wenn nämlich die Regierungen das wissenschaftliche Verkehr mit dem Auslande beschränken oder aufheben, und ihre Bürger hindern, auf jede Art, wie sie es wünschen, an den wissenschaftlichen Bemühungen benachbarter Staaten teilzunehmen. Geschieht dies, wo die Kirche den Staat beherrscht, wie bis neuerlich größtenteils im katholischen Deutschland: so ist das ein bedauernswürdiger Beweis eines finstern Zustandes. Versucht diese Sperre ein mäßiger Staat, der von größeren umgeben ist, und fühlt, daß er sich auf alle Weise anstrengen und alle Mittel zu Hilfe nehmen muß, um seine Selbständigkeit so lange als möglich gegen sie zu behaupten: so ist zu beklagen, daß man sich so gewaltig verrechnen kann bei so löblicher Absicht, indem doch geistige Beschränktheit, die aus solcher Absonderung entstehen muß, niemals die Selbständigkeit sichern oder vermehren kann. Wenn aber gar ein selbst mächtiger Staat, und der auch jenes Erobern mit Erfolg betreibt, wenig zufrieden mit dem, was er in diesem Fache schon geleistet hat, bis er das Fehlende ersetzen kann, auch noch die Sperre verordnet: so ist das offenbar ein Hochmut, eine Illiberalität, eine niedrige und geldsüchtige Ökonomie, die auch auf die Absicht jener Eroberungen ein noch nachteiligeres Licht wirft, und mehr als irgend etwas eine solche Regierung bei allen Gebildeten der Nation verhaßt machen muß.

Allein in einem noch wesentlicheren Punkte pflegt der Staat, indem er sich der wissenschaftlichen Anstalten annimmt, von der Art, wie sie müssen geleitet und geordnet werden, eine ganz andere Ansicht zu haben, als die Gelehrten, welche zum Behuf der Wissenschaft selbst näher unter sich verbunden sind. Beide Teile würden gewiß sehr einig sein, wenn der Staat von den Forderungen eines alten Weisen, wenn auch nicht die erste, daß die Wissenden herrschen sollen, doch die zweite, daß die Herrschenden wissen sollen, recht wollte gelten lassen in ihrem vollen Sinne. Die Staatsmänner, auch diejenigen, welche das gemeine Wesen am meisten fortbilden, erscheinen sich und anderen mehr den Künstlern ähnlich, als daß sie wissenschaftlich zu Werke gingen, indem sie den Staat handhaben. Glücklich ahndend, das Rechte herausfühlend, bringen sie unbewußt hervor, und gestalten mit geschickter Hand nach einem ihnen einwohnenden Urbilde, wie jeder Künstler nach dem seinigen. Das ist leicht zu erkennen und aufrichtig zu loben, und so herrschen sie allerdings nicht als Wissende. Aber daß dieser künstlerische Sinn doch bei denen am gebildetsten und richtigsten sein wird, welche entweder selbst die Tatsachen und Erfahrungen wissenschaftlich anzusehn verstehn, oder wenigstens Darstellungen derselben, die diesen Endzweck haben, zu benutzen; daß der Staatsmann, wie jeder, der künstlerisch etwas hervorbringt, aus dem Schatze der Wissenschaft mittelbar oder unmittelbar für seine Kunst schöpfen muß, wie gewiß auch er ihn seinerseits durch seine Werke wiederum bereichert; daß wahre Verbesserungen in allen Zweigen der Staatsverwaltung nur um so sicherer eingeleitet werden und gedeihen können, als die Herrschenden und soviel möglich auch die Beherrschten die wahre Idee des Staates überhaupt sowohl, als auch dieses bestimmten richtig aufgefaßt haben, und mit dem Bewußtsein derselben Beispiele aus dem ganzen Gebiet der Geschichte zu benutzen wissen, und daß also auf jede Weise wahrhaft gewußt werden muß, wenn gut geherrscht werden soll: dies sollte wenigstens um so mehr anerkannt werden, da schon die Erfahrung zeigt, daß, wenn man sich auf irgend einem Gebiet von dieser Einsicht entfernt, in demselben entweder ein tumultuarischer, anarchischer Zustand sich bildet, wie im ehemaligen Polen und in manchem anderen Reiche, welches bei vielen Kenntnissen nur gar wenig Wissenschaft besitzt, oder auch ein Kastenwesen entsteht, eine ärmliche Empirie, die sich streng und ängstlich an die Tradition anschließt, im offenbaren Mißverhältnis mit andern besser geleiteten und daher fortschreitenden Zweigen. Allein eben dies wird doch oft gar nicht anerkannt, sondern vielmehr der Einfluß, den die Wissenschaft auf den Staat zu gewinnen sucht, gehaßt und gefürchtet. Der Staat ist alsdann natürlich nur von dem unmittelbaren Nutzen der Kenntnisse überzeugt und ergriffen. Ausgebreitete Bekanntschaft mit Tatsachen, Erscheinungen und Erfolgen aller Art sucht er zu begünstigen, und wenn er sich der wissenschaftlichen Anstalten annimmt, sie vorzüglich hierauf zu lenken. Denjenigen hingegen, welche sich zum Behuf der Wissenschaft freiwillig vereinigen, kommt es auf ganz etwas anderes an, als allein auf die Masse der Kenntnisse. Was sie vereiniget, ist das Bewußtsein von der notwendigen Einheit alles Wissens, von den Gesetzen und Bedingungen seines Entstehens, von der Form und dem Gepräge, wodurch eigentlich jede Wahrnehmung, jeder Gedanke, ein eigentliches Wissen ist. Und eben dieses Bewußtsein suchen sie vornehmlich zu erwecken und zu verbreiten, durch welches allein auch in allen Kenntnissen und in jeder Erweiterung derselben die Wahrheit und die Sicherheit kann erhalten werden. Darum arbeiten sie überall schon bei einer mäßigen Summe von Kenntnissen darauf hin, ihnen diesen wissenschaftlichen Charakter zu geben. Wo nur erst das Notdürftigste über einen Gegenstand in Erfahrung gebracht ist, ziehn sie ihn in das Gebiet der Wissenschaft, suchen die Einheit darin auf, aus welcher alles Mannigfaltige begreiflich wird, trachten das Ganze in jedem Einzelnen zu sehen, und wiederum jedes Einzelne nur im Ganzen. So auch jeden Menschen, den sie sich ähnlich bilden wollen, führen sie, auch nur mäßig ausgerüstet, gleich auf diesen Hauptpunkt wissenschaftlicher Einheit und Form, üben ihn in dieser Art zu sehen, und lassen ihn nur, nachdem er sich so festgesetzt hat, noch tiefer in das Einzelne hineingehn, weil er alles wirklich wissen soll im strengeren Sinn, und sonst alles Anhäufen einzelner Kenntnisse nur ein unsicheres Umhertappen wäre, was immer nur in bezug auf eine bessere Behandlung einen vorläufigen Wert haben könnte. Der Staat hingegen verkennt nur zu leicht den Wert dieses Bestrebens, und je lauter sich die Spekulation — so wollen wir immer nennen, was sich von wissenschaftlichen Beschäftigungen überwiegend nur auf die Einheit und die gemeinschaftliche Form alles Wissens bezieht — je lauter sich diese gebärdet, desto mehr sucht der Staat sie zu beschränken, und allen seinen Einfluß, den aufmunternden und den einengenden, dazu zu gebrauchen, daß die realen Kenntnisse, die Massen des wirklich Ausgemittelten, auch ohne Hinsicht darauf, ob jenes Gepräge der Wissenschaft ihnen aufgedrückt ist oder nicht, allein gefördert werden, und als die einzig echten Früchte alles auf Erkenntnis gehenden Bestrebens erscheinen. Dieser Richtung nun muß der wissenschaftliche Verein notwendig entgegenstreben, und die edleren Mitglieder desselben werden daher immer darnach trachten, sich möglichst zur Unabhängigkeit vom Staat heraufzuarbeiten, indem sie teils ihre Vereinigung der Gewalt und Anordnung des Staates zu entziehen, teils ihren eigenen Einfluß auf denselben zu erhöhen suchen. Wo möglich flößen sie dem Staate eine würdigere und wissenschaftlichere Denkungsart ein; wo aber nicht, so suchen sie wenigstens sich selbst je länger je mehr Glauben und Ansehn zu verschaffen. Je mehr aber die wissenschaftlich Gebildeten so in den Staat verflochten sind, daß das Wissenschaftliche bei ihnen vom Politischen überwogen wird und nicht zum klaren Bewußtsein kommt, desto eher werden sie sich diesen Eingriffen des Staates fügen; und je genauer sich in diesem Sinn beide Teile verbinden, um desto mehr isoliert sich ein solcher Teil des größeren wissenschaftlichen Nationalvereins von allen übrigen, die ihre eigentümlichen Prinzipien fester halten, und sinkt zu einer bloßen Veranstaltung für den Gebrauch des Staates herab. Vorzüglich wo der Staat schon das gesamte Gebiet der Sprache zu *einem* Ganzen verbunden hat, und also sehr mächtig und glänzend ist, schlägt dieser Kampf gewöhnlich zum Nachteil der Wissenschaft aus. Und wenn man dem entgegengesetzten Zustand einige Vorzüge zugestehen will, so ist gewiß dies keiner der geringsten, daß alsdann der Staat wenigstens in dieser Hinsicht die Wissenschaft freier gewähren läßt, wäre es auch nur um sich mit ihr zu schmücken.

Auf dasjenige, was in dieser Darstellung flüchtig hingeworfen ist, werden wir öfters zurückweisen müssen; denn ohne die vornehmsten Momente dieser Gegenwirkungen zwischen Staat und Wissenschaft im Auge zu haben, ist es nicht möglich, die äußeren Schicksale der letzteren zu begreifen, oder wenn eine bestimmte Aufgabe gelöset werden soll, einen, dem jedesmaligen Verhältnis zwischen Staat und Wissenschaft angemessenen Gang einzuschlagen. Am wenigsten aber kann man sonst verstehen, warum der Staat die Universitäten gerade so, wie wir sehen, zu behandeln pflegt, und warum diese so sehr nach der Unabhängigkeit von ihm trachten, und es als die vorteilhafteste Lage ansehn, wenn sich der Staat in ihre Verwaltung wenigst möglich einmischt. Doch wir müssen zuerst sehen, welchen Platz eigentlich die Universitäten einnehmen in dem wissenschaftlichen Verein, und welches ihr vorzüglichstes Geschäfte ist.

2. Von Schulen, Universitäten und Akademien

Unter Akademien werden hier, was man gelehrte Gesellschaften nennt, von aller Art verstanden, und die Verbindung, in welcher sie untereinander stehen sollten, und innerlich gewiß auch stehen. Von Schulen aber denken wir hier nur an diejenigen, die man wenigstens ansehn kann, als wären sie unmittelbar aus dem Bedürfnis und Trieb nach Erkenntnis entstanden, also nur die gelehrten, deren Vorsteher notwendig vollkommen wissenschaftlich gebildete Männer sein müssen, und in denen Kenntnisse mitgeteilt werden, die unmittelbar in das Gebiet der Wissenschaft fallen.

Alsdann sind dieses die drei Hauptformen, in welche sich jetzt alle Vereinigungen zum Betrieb der Wissenschaften gestalten. Sie kommen zwar überall im neueren Europa vor; aber auch deshalb könnte man wohl Deutschland als den Mittelpunkt der Bildung ansehn, weil in anderen Ländern zwar einzelne dieser Formen, Schulen besonders und Akademien, in einem größeren Stil vorkommen, alle drei nebeneinander aber nirgends so rein heraustreten als bei uns. Auch könnte man wohl sagen, der ganze Typus, der sich darin zeigt, sei ursprünglich deutsch, und schließe sich genau der Bildung anderer auch aus Deutschland hervorgegangener Verhältnisse an. Die Schule als das Zusammensein der Meister mit den Lehrburschen, die Universität mit den Gesellen, und die Akademie als Versammlung der Meister unter sich. Doch für die meisten, die von einer tiefen Verachtung für alles Zunftwesen durchdrungen sind, heißt dies wohl wenigstens das, was erst beschrieben werden soll, durch Dunkleres erläutern, wo nicht gar die wissenschaftlichen Anstalten herabwürdigen durch Gleichsetzung mit diesen verschrienen Formen, denen aber doch auch gar viel Schönes zum Grunde liegt. Betrachten wir also diese drei Verbindungen, Schule, Universität und Akademie, lieber für sich und fragen, was doch jede bedeutet, und wie sie unter sich zusammenhängen. Denn ohne sie alle drei verstanden zu haben, möchte es uns schwerlich gelingen, über das Wesen und die zweckmäßige Einrichtung der einen, auf die es uns ankommt, einig zu werden.

Die Wissenschaft, wie sie in der Gesamtheit der gebildeten Völker als ihr gemeinschaftliches Werk und Besitztum vorhanden ist, soll den Einzelnen zur Erkenntnis hinanbilden, und der Einzelne soll auch wiederum an seinem Teil die Wissenschaft weiter bilden. Dies sind die beiden Verrichtungen, auf welche alles gemeinschaftliche Tun auf diesem Gebiet hinausläuft. Man sieht leicht, wie die erste von ihnen in der Schule ganz die Oberhand hat, und in der Akademie dagegen die andere. Die Schulen sind durchaus gymnastisch, die Kräfte übend, und besitzen ihren fremden Namen mit Recht. Den Knaben von besserer Natur und hervorstechenden Gaben, welche die Vermutung erregen, er könne für die Wissenschaft empfänglich sein, oder wenigstens eine Masse von Kenntnissen vorteilhaft verarbeiten, diesen übernehmen sie, und versuchen auf alle Weise, ob dem wirklich also sei. Zweierlei aber ist, woran sich zeigen muß, ob ein Mensch für diese höhere Bildung sich eigne, auf der einen Seite ein bestimmtes Talent, welches ihn an ein einzelnes Feld der Erkenntnis fesselt, auf der andern der allgemeine Sinn für die Einheit und den durchgängigen Zusammenhang alles Wissens, der systematisch philosophische Geist. Zusammentreffen muß beides, wenn der Mensch sich zu etwas Ausgezeichnetem bilden soll. Auch das entschiedenste Talent wird ohne diesen Geist keine Selbständigkeit haben, und nicht weiter gedeihen können, als daß es ein tüchtiges Organ wird für andere, die das wissenschaftliche Prinzip in sich haben. Und der systematische Geist ohne ein bestimmtes Talent wird sich mit seinen Produktionen in einem sehr engen Kreise herumdrehen, und sich in wunderlichen Auswüchsen, Wiederholungen und Umbildungen immer des nämlichen höchst Allgemeinen erschöpfen, weil er eben keines Stoffes recht Meister ist.

Dies hindert aber nicht, daß nicht auch, bei der Vereinigung beider, bei einigen das Talent hervorherrsche, bei andern der allgemeine wissenschaftliche Geist. Beides aber bedarf, wo es nicht in einem ganz ausgezeichneten Grade vorhanden ist, um erweckt und ans Licht gebracht zu werden, bald mehr bald minder eines absichtlich angebrachten Reizes, einer kunstmäßigen Behandlung. Und so muß die Schule auf beides wirken. Sie muß elementarisch auf der einen Seite den gesamten Inhalt des Wissens in bedeutenden Umrissen vorführen, so daß jedes schlummernde Talent zu seinem Gegenstande sich kann angelockt fühlen, und muß auf der andern dasjenige besonders herausheben und mit vorzüglichem Fleiß behandeln, worin die wissenschaftliche Form der Einheit und des Zusammenhanges am frühsten kann deutlich angeschaut werden, und was aus demselben Grunde zugleich das allgemeine Hilfsmittel alles andern Wissens ist. Aus dieser Ursache sind mit Recht Grammatik und Mathematik die Hauptgegenstände auf Schulen, ich möchte sagen: die einzigen, die mit einem Anklang von Wissenschaftlichkeit können vorgetragen werden. Zugleich muß aber auch die Schule methodisch alle geistigen Kräfte so üben, daß sie bestimmt auseinander treten und ihre verschiedenen Funktionen klar eingesehen werden, und sie so stärken, daß jede sich eines gegebenen Gegenstandes mit Leichtigkeit ganz bemächtigen kann. Dies vereinigt durch die einfachsten und sichersten Operationen zu bewirken, ist das Ziel der Schulen. Gewiß wird keine auch bei der besten Einrichtung und Leitung dies alles in gleicher Vollkommenheit leisten, sondern die eine mehr in diesem, die andere mehr in jenem Teile sich Vorzüge erwerben. Aber nur um desto nötiger wird es sein, daß man überall den Gesamtzweck vor Augen behalte, damit jede auf dem Wege zu der ihr angemessenen Virtuosität sich vor verderblicher Einseitigkeit bewahren könne; und desto mehr ist eine höchste allgemeine Leitung zu wünschen, um von jeder solchen Anstalt ganz den Nutzen für das wissenschaftliche Gebiet zu ziehen, den sie gewähren kann.

In der Akademie hingegen finden sich die Meister der Wissenschaft vereinigt; und wenn nicht alle auf gleiche Weise Mitglieder derselben sein können, so sollen wenigstens alle durch sie repräsentiert werden, und zwischen den Mitgliedern und den übrigen des Namens würdigen Gelehrten ein solcher lebendiger Zusammenhang stattfinden, daß die Arbeiten der Akademie wirklich als das Gesamtwerk ihrer aller können angesehen werden. Jeder muß darnach streben, dieser Verbindung anzugehören, weil das Talent, was einer in sich ausgebildet hat, ohne die Ergänzung der übrigen doch nichts wäre für die Wissenschaft. Darum bilden alle ein Ganzes, weil sie sich Eins fühlen durch den lebendigen Sinn und Eifer für die Sache des Erkennens überhaupt, und durch die Einsicht in den notwendigen Zusammenhang aller Teile des Wissens; eben darum aber sondern sie sich auch wieder in verschiedene Abteilungen, weil jeder Zweig des Wissens einer noch engern Vereinigung bedarf, um gründlich und zweckmäßig bearbeitet zu werden. Je feiner diese Verzweigung sich vervielfältiget und je lebendiger dabei die Einheit des Ganzen bleibt, ohne sich in eine leere Form zu verlieren, so daß in jedem Einzelnen die Teilnahme an den Fortschritten des Ganzen und der Eifer für sein besonderes Fach einander gegenseitig beleben, und also die engste Gemeinschaft zwischen den verschiedenen Teilen der Wissenschaft in dem Schoß der Akademie auf das leichteste unterhalten wird: um desto vollkommner ist die Einrichtung des Ganzen.

Wie viele Akademien nach dieser Idee Deutschland wohl haben sollte? Eine höchstens oder zwei, eine nördliche und eine südliche, die aber auch in der innigsten Verbindung stehn, und überall, teils wo ein natürlicher Zusammenfluß von Gelehrten aller Art entstünde, teils wo ein Ort für ein besonderes wissenschaftliches Gebiet sich vorzüglich eignete, ihre Töchter haben müßten. So lange eine solche Vereinigung, nach welcher der Natur der Sache wegen alles strebt, noch nicht erfolgt ist, können sich also unsere zerstreuten gelehrten Gesellschaften nur als Bruchstücke ansehn, und nur durch das lebhafteste Verkehr untereinander sich ihr Dasein bis zu diesem Zeitpunkt, der vielleicht nicht mehr fern ist, erhalten.

Mit dieser Ansicht von Schulen und Akademien stimmt auch das ganze Verfahren dieser Anstalten zusammen. Die Schulen geben in den öffentlichen Prüfungen eine Ausstellung, die ganz gymnastisch ist, und nur zeigen kann, wie weit die intellektuellen Kräfte für das Wissen geübt sind. Literarische Produktionen aber kommen ihnen als solchen gar nicht zu, weil nichts öffentlich erscheinen soll, was nicht die Wissenschaft weiter fördert. Darum sieht man auch immer den Programmen oder Einladungsschriften der Vorsteher das Mißverhältnis an, indem sie entweder gar nicht verdienen aufgestellt zu werden, oder wenn das, sich für das Publikum nicht eignen, welches sie doch zunächst in Anspruch nehmen. Daher in vieler Hinsicht ein vortreffliches Zeichen für eine Schule ist, wenn dergleichen gar nicht von ihr gefertiget werden. Dagegen fordert man von jeder Akademie, daß sie Werke hervorbringt, nämlich nicht große, das Ganze umfassende oder gar revolutionäre Bücher, sondern Sammlungen von Aufsätzen, welche einzelne noch unerforschte Gegenstände beleuchten, eigene Entdeckungen darlegen, neuerfundene Methoden ans Licht bringen oder prüfen. Denn so durch viele kleine Beiträge die Wissenschaften, welche schon Umfang und Sicherheit in gewissem Maß gewonnen haben, zu fördern, das ist die Sache der Akademie; und je mehr Gehalt und Zusammenstimmung sich in ihren Werken zeigt, um desto mehr Verdienst wird man ihr zuschreiben. In demselbigen Sinne läßt auch die Akademie Aufgaben zur Auflösung ergehen, teils um sich für einzelne Fälle, wo der Versuche nicht genug gemacht werden können, oder wo Untersuchungen erforderlich sind, die sich nicht an jedem Ort anstellen lassen, auch außerhalb ihrer Mitte Hilfe zu verschaffen — daher mit Recht die eigentlichen Mitglieder ausgeschlossen sind von der Preisbewerbung — teils auch um auszuspüren, wer, noch nicht zu ihr gehörend, sich mit wissenschaftlichen Gegenständen aus einzelnen Gebieten ernsthaft und erfolgreich beschäftiget, damit sie sich aus diesen von Zeit zu Zeit würdige Genossen aneignen könne.

Was ist nun aber die Universität zwischen beiden, der Schule und der Akademie? Man könnte denken, daß diese beiden sich in alle wissenschaftlichen Verrichtungen teilten, und jene ganz überflüssig wäre zwischen ihnen. So urteilen auch gewiß manche unter uns, schwerlich mit echt deutschem Sinn; denn diese Ansicht ist ja die herrschende eines anderen Volkes, welchem, je mehr es sich in sich selbst konsolidierte, um so mehr alles ausgegangen ist, was einer Universität ähnlich sieht, und nichts übrig geblieben, als Schulen und Akademien in unzähliger Menge und in den mannigfaltigsten Formen. Allein man übersieht hiebei offenbar einen sehr wesentlichen Punkt. Die Schulen beschäftigten sich nur mit Kenntnissen als solchen; die Einsicht in die Natur der Erkenntnis überhaupt, den wissenschaftlichen Geist, das Vermögen der Erfindung und der eigenen Kombination suchen sie nur vorbereitend anzuregen, ausgebildet aber wird dies alles nicht in ihnen. Die Akademien aber müssen dies alles bei ihren Mitgliedern voraussetzen; nur von einem gemeinschaftlichen Mittelpunkt aus, und durch das Bewußtsein desselben — das spricht ihre ganze Organisation aus, wenn sie auch keine Veranlassung finden, es ausdrücklich zu erklären — wollen sie die Wissenschaften fördern; auch kann dies nur so auf eine übereinstimmende Weise geschehen. Wie leer müßten die Werke einer Akademie sein, wenn sie überall bloße Empirie triebe, und an keine Prinzipien in jeder Wissenschaft glaubte! Wie leer wäre der ganze Gedanke einer gemeinschaftlichen Beförderung aller Wissenschaften, wenn diese Prinzipien nicht wiederum zusammenstimmten und *ein* Ganzes bildeten! Und wie jämmerlich die Ausführung, wenn etwa die Mitglieder über alle diese Prinzipien uneins wären! Offenbar also wird vorausgesetzt, jedes Mitglied einer Akademie sei über die philosophischen Prinzipien seiner Wissenschaft mit sich selbst und den übrigen verstanden, jedes behandle sein Fach mit philosophischem Geist, und eben dieser in allen sich ähnliche Geist in seiner Vermählung mit dem jedem Einzelnen eigentümlichen Talent mache nur jeden zu einem wahren Gliede der Vereinigung. Soll dieser Geist dem Menschen von ohngefähr kommen im Schlaf? Soll nur das wissenschaftliche Leben aus dem Nichts entstehen, nicht wie jedes andere durch Erzeugung? Soll nur dieses in seinen ersten zarten Äußerungen keiner Pflege bedürfen, und keiner Erziehung? Hier also liegt das Wesen der Universität. Diese Erzeugung und Erziehung liegt ihr ob, und damit bildet sie den Übergangspunkt zwischen der Zeit, wo durch eine Grundlage von Kenntnissen, durch eigentliches Lernen die Jugend erst bearbeitet wird für die Wissenschaft, und der, wo der Mann in der vollen Kraft und Fülle des wissenschaftlichen Lebens nun selbst forschend das Gebiet der Erkenntnis erweitert oder schöner anbaut. Die Universität hat es also vorzüglich mit der Einleitung eines Prozesses, mit der Aufsicht über seine ersten Entwicklungen zu tun. Aber nichts Geringeres ist dies als ein ganz neuer geistiger Lebensprozeß. Die Idee der Wissenschaft in den edleren, mit Kenntnissen mancher Art schon ausgerüsteten Jünglingen zu erwecken, ihr zur Herrschaft über sie zu verhelfen auf demjenigen Gebiet der Erkenntnis, dem jeder sich besonders widmen will, so daß es ihnen zur Natur werde, alles aus dem Gesichtspunkt der Wissenschaft zu betrachten, alles Einzelne nicht für sich, sondern in seinen nächsten wissenschaftlichen Verbindungen anzuschauen, und in einen großen Zusammenhang einzutragen in beständiger Beziehung auf die Einheit und Allheit der Erkenntnis, daß sie lernen, in jedem Denken sich der Grundgesetze der Wissenschaft bewußt zu werden, und eben dadurch das Vermögen selbst zu forschen, zu erfinden und darzustellen, allmählich in sich herausarbeiten, dies ist das Geschäft der Universität. Hierauf deutet auch dieser ihr eigentlicher Name, weil eben hier nicht nur mehrere, wären es auch andere und höhere, Kenntnisse sollen eingesammelt, sondern die Gesamtheit der Erkenntnis soll dargestellt werden, indem man die Prinzipien und gleichsam den Grundriß alles Wissens auf solche Art zur Anschauung bringt, daß daraus die Fähigkeit entsteht, sich in jedes Gebiet des Wissens hineinzuarbeiten. Hieraus erklärt sich die kürzere Zeit, welche jeder auf der Universität zubringt als auf der Schule; nicht als ob nicht um alles zu lernen mehr Zeit erfordert würde, sondern weil man das Lernen des Lernens wohl abmachen kann in kürzerer; weil eigentlich, was auf der Universität verlebt wird, nur *ein* Moment ist, nur *ein* Akt vollbracht wird, daß nämlich die Idee des Erkennens, das höchste Bewußtsein der Vernunft, als ein leitendes Prinzip in dem Menschen aufwacht. Hierauf weisen alle Eigentümlichkeiten hin, welche die Universität von der Schule auf der einen, von der Akademie auf der andern Seite unterscheiden. Auf der Schule geht man nach den Gesetzen des leichtesten Fortschrittes von einem einzelnen zum andern über, und ist wenig bekümmert darum, ob jeder überall etwas Ganzes vollende. Auf der Universität dagegen ist man hierauf so sehr bedacht, daß man in jedem Gebiet das Enzyklopädische, die allgemeine Übersicht des Umfanges und des Zusammenhanges als das Notwendigste voranschickt, und zur Grundlage des gesamten Unterrichts macht. Und die Hauptwerke der Universität als solcher sind Lehrbücher, Kompendien, deren Endzweck nicht ist, die Wissenschaft im einzelnen zu erschöpfen oder zu bereichern, wo auch weder das Leichteste noch das Schwerste noch das Seltenste den Vorzug genießt bei der Auswahl, sondern deren Verdienst in der höhern Ansicht, in der systematischen Darstellung besteht, und welche dasjenige am meisten herausheben, worin sich am faßlichsten die Idee des Ganzen darstellt, und wodurch Umfang und innere Verbindung desselben am anschaulichsten wird. Ferner in den Akademien kommt alles darauf an, daß das einzelne vollkommen richtig und genau herausgearbeitet werde im Gebiet aller realen Wissenschaften; dagegen die reine Philosophie, die Spekulation, die Beschäftigung mit der Einheit und dem Zusammenhang aller Erkenntnisse und mit der Natur des Erkennens selbst durchaus zurücktritt. Gewiß nicht als etwas für das reale Wissen Geringfügiges, oder gar an sich Verwerfliches und Nichtiges. Denn, wie man sich auch anstelle, alles einzelne Wissen ruht doch immer auf jenem Allgemeinen; es gibt kein wissenschaftlich hervorbringendes Vermögen ohne spekulativen Geist, und beides hängt so zusammen, daß, wer keine bestimmte philosophische Denkungsart sich gebildet hat, auch nichts Tüchtiges und Merkwürdiges wissenschaftlich selbständig hervorbringen wird, sondern er wird immer, bewußt oder unbewußt, auch da, wo er durch einen wunderbaren Instinkt erfindet, von einer spekulativen Richtung der Vernunft abhängen, die sich vielleicht nur in andern deutlich offenbart. Auch wird eines jeden philosophische Denkungsart sich in der Sprache, in der Methode, in der Darstellung, bei jedem wissenschaftlichen Werke aussprechen. Sondern deswegen tritt die Philosophie hier zurück, weil, wenn auf akademische Weise die Wissenschaften gemeinschaftlich sollen gefördert werden, alles rein Philosophische schon so muß in Richtigkeit gebracht sein, daß fast nichts mehr darüber zu sagen ist. Diese Voraussetzung scheint freilich bisher nirgends unter uns vollkommen begründet gewesen zu sein, und man würde vielleicht nicht zu viel einräumen, wenn man gestände, eine solche völlige Einigung und Befriedigung in Sachen der Philosophie könne sogar unter *einem* Volk, wenn es ihm wirklich ernst ist mit der Sache, nie als wirklich vollendet gegeben sein, sondern nur durch eine immer fortschreitende Annäherung und Verständigung. Allein jede Akademie macht dennoch diese Voraussetzung notwendig, wenigstens insofern, daß es ihr natürlich ist, dasjenige, was in dieser Hinsicht schon geschehen ist, als die Hauptsache anzusehn, und was noch übrig ist, als das Kleinere. Eine spekulative Abteilung kann sie eigentlich nur in dem Sinne haben, daß sie, voraussetzend, es gebe unter *einem* Volke nur *eine* philosophische Denkungsart, die Einerleiheit dessen, was zu verschiedenen Zeiten verschieden ausgedrückt worden ist, darstellt, die in einer und derselben Zeit gegeneinander tretenden Differenzen beleuchtet, was sich philosophisch gebärdet und doch nur Polemik gegen die Philosophie ist, in seiner Blöße zeigt, kurz durch historische und kritische Behandlung des auf diesem Gebiete Vorhandenen jene Annäherung und Selbstverständigung der Nation befördert. Selbst hervorzubringen aber und neue Wege einzuschlagen auf dem Gebiete der eigentlichen Philosophie, dies scheint der Akademie weniger zuzukommen. Dagegen ist für die Universität allgemein anerkannt der philosophische Unterricht die Grundlage von allem, was dort getrieben wird; und weil eben diese höchsten Ansichten vorzüglich mitgeteilt werden sollen, und zwar auf die individuellste Weise, so müssen sie auch in ihrer Differenz von allem, was Gleichartiges neben ihnen besteht, dargestellt werden, daher auf und zwischen Universitäten vorzüglich die philosophischen Streitigkeiten ihren Platz haben, und auf ihnen vornehmlich die philosophischen Schulen sich bilden.

So ist die Universität in Absicht ihres Hauptzweckes etwas ganz Eigentümliches, von Schule und Akademie gleich wesentlich Verschiedenes; allein äußerlich, das will nicht sagen zufällig, sondern so wie es für jedes Innere notwendig ein Äußeres gibt, äußerlich hat sie ebenso notwendig etwas Ähnliches von beiden; sonst würde es auch wunderliche Sprünge geben in dem wissenschaftlichen Leben der einzelnen Menschen. Der wissenschaftliche Geist als das höchste Prinzip, die unmittelbare Einheit aller Erkenntnis kann nicht etwa für sich allein hingestellt und aufgezeigt werden in bloßer Transzendentalphilosophie, gespensterartig, wie leider manche versucht und Spuk und unheimliches Wesen damit getrieben haben. Leerer läßt sich wohl nichts denken, als eine Philosophie, die sich so rein auszieht, und wartet, daß das reale Wissen, als ein niederes, ganz anders woher soll gegeben oder genommen werden; und vergeblicher für die Wissenschaft würde wohl nichts die Jünglinge in den schönsten Jahren vorzüglich beschäftigen, als eine Philosophie, die keine bestimmte Leitung für das künftige wissenschaftliche Leben in allen Fächern gäbe, sondern höchstens diente, den Kopf aufzuräumen, was man ja schon an der gemeinen

Mathematik rühmt. Sondern nur in ihrem lebendigen Einfluß auf alles Wissen läßt sich die Philosophie, nur mit seinem Leibe, dem realen Wissen zugleich läßt dieser Geist sich darstellen und auffassen. Daher werden auf der Universität auch Kenntnisse mitgeteilt, höhere zum Teil und andere, die in dem Plan der Schule gar nicht lagen. Insofern entsteht also Zulernen, und die Universität ist zugleich Nachschule. Ebenso ist sie auch Vorakademie. Der wissenschaftliche Geist, der durch den philosophischen Unterricht geweckt ist, und durch Wiederanschauung des vorher schon Erlernten aus einem höheren Standpunkt sich befestiget und zur Klarheit kommt, muß seiner Natur nach auch gleich seine Kräfte versuchen und üben, indem er von dem Mittelpunkt aus sich tiefer in das einzelne hineinbegibt, um zu forschen, zu verbinden, Eignes hervorzubringen und durch dessen Richtigkeit die erlangte Einsicht in die Natur und den Zusammenhang alles Wissens zu bewähren. Dies ist der Sinn der wissenschaftlichen Seminarien und der praktischen Anstalten auf der Universität, welche alle durchaus akademischer Natur sind. Daher auch beide Benennungen wieder in die Universität hineinspielen, und sie oft hohe Schule genannt wird, und dann wieder Akademie. Daher es Unverstand ist, zu behaupten, Universitäten dürften solche Anstalten nicht haben, weil sie nur für Akademien gehörten.

Dies scheint im wesentlichen, wie aus der Betrachtung ihrer Hauptzüge hervorgeht, das Verhältnis jener drei verschiedenen Anstalten zu dem gemeinschaftlichen Zwecke zu sein; und in der Tat, wenn sie wohl eingerichtet sind und recht ineinandergreifen, so scheint gar nichts zu fehlen, sondern dieser Zweck vollständig durch sie erreicht werden zu müssen. Um desto verderblicher aber muß es auch sein, wenn sie ihr Gebiet und ihre Grenzen verkennen. Verderblich, wenn die Schulen sich hinauf versteigen wollen und spielen mit philosophischem Unterricht, um vorzuspiegeln, als sei es nur ein leerer Schein mit dem wesentlichen Unterschiede zwischen ihnen und den Universitäten. Denn nicht sicherer können die Zöglinge verdorben werden für letztere, und für das wissenschaftliche Leben überhaupt, als wenn man sie anleitet, auch die höchste Wissenschaft, die nur Geist und Leben sein kann, und sich sehr wenig äußerlich gestaltet, nur so anzusehen wie eine Summe einzelner Sätze und Angaben, die man ebenso erwerben und besitzen kann wie andere Schulkenntnisse. Verderblich, wenn die Universitäten ihrerseits jenes Vorgeben wahr machen und in der Tat nur fortgesetzte Schulen werden, indem sie zwar voreiligerweise Akademien vorstellen und vollendete Gelehrte treibhäuslich bei sich ausbilden wollen durch immer tieferes Hineinführen in das Detail der Wissenschaften, dabei aber, was ihnen eigentlich obliegt, nämlich den allgemeinen wissenschaftlichen Geist zu wecken und ihm eine bestimmte Richtung zu geben, darüber vernachlässigen. Verderblich, wenn die Akademien von Parteigeist ergriffen sich in spekulative Streitigkeiten einlassen, oder ebenso verderblich, wenn sie, in ein nicht allzuwohl begründetes reales Wissen eingehüllt, hochmütig herabsehend auf jene Zwistigkeiten, denen etwa die Lebhaftigkeit der mitteilenden Begeisterung den Anschein des Leidenschaftlichen gibt, sich wenig darum kümmern, ob diejenigen, die sie zur Bereicherung der Wissenschaften unter sich aufnehmen, durch diese spekulativen Untersuchungen hindurchgegangen sind oder nicht.

Woher aber diese Mißverständnisse so häufig? Gewiß großenteils aus Mangel an inniger Einheit in allem, was für die Wissenschaft und durch sie unter uns da ist. Wer nur in *einer* dieser Formen des wissenschaftlichen Vereins lebt, dem kann es gar leicht begegnen, daß er, durch Vorurteile verleitet, vergessend was ihm die andern früher gewesen sind, sie für nichts hält, und die seinige zu allem machen will. Diese Vorurteile finden sich auch überall. Was ist gewöhnlicher, als daß akademische Gelehrte auf den Schulmann als auf einen Unglücklichen, in hartes Joch Verdammten herabsehn, der, um nur seine Pflicht zu erfüllen, sich unvermeidlich gewöhnen müsse, pedantisch an Kleinigkeiten zu haften, und der in den Vorhof der Wissenschaften eingezwängt, die höchsten Genüsse derselben für immer entbehre? Was gewöhnlicher, als daß sie den Universitätslehrer als einen sich vornehmer dünkenden Schulmann betrachten, der gleichsam nur ihr Diener sei, bestimmt, die Wissenschaften, wie sie sie ihm übergeben, fortzupflanzen, und ihrem Gange demütig zu folgen als der Unsterblichen Fußtritte? So verschreit wiederum der Schulmann die Akademiker als Müßiggänger, weil sie wenig täten im Vergleich mit ihm zur Ausbreitung des Reiches der Wissenschaften, und klagt über die Universitätslehrer, als über anmaßende Undankbare, die oft die bessere Hälfte von dem wieder verdürben, was er gebaut hat. Diese wiederum beweisen den Schulmännern Geringschätzung, als solchen, die nur am Buchstaben kleben, und denen der Geist ihrer eignen Wissenschaft größtenteils fremd bleibt, und schildern die Akademien als Versorgungs- oder Mitleidsanstalten für zudringliche, falschberühmte oder abgelebte Gelehrte. Wie verkehrt ist dieses alles! Der tüchtige Vorsteher einer gelehrten Schule muß als Gegengewicht gegen das, was er beständig auszuüben hat, und selbst als Leitung dafür, eine Umsicht des Ganzen besitzen, durch die er in seiner Person die Akademie repräsentiert; er bedarf derselben wissenschaftlichen Besonnenheit, desselben reinen Beobachtungsgeistes, wie einer, der die Wissenschaft weiter fördert, und die Entwicklung der Jugend, die er leitet, ist wohl schwieriger als irgend eine einzelne Untersuchung. Wie der Akademiker in einsamer Meditation alle vorhandenen Resultate erwägen, alle Andeutungen benutzen, und so neue Entdeckungen fördern, und wie der Universitätslehrer immer in demselben Kreise sich umdrehend mit der erkenntnislustigen Jugend leben und sie auf alle Weise erregen, dies sind freilich zwei sehr verschiedene Beschäftigungen: aber von der einen aus über die andere als über etwas weit Geringeres hinwegsehen, das kann doch nur der, welcher gar nicht beide miteinander verbindet. Und es ist unmöglich, daß dies dem ausgezeichnetern Gelehrten begegne. Denn auch der stillste emsigste Forscher muß eben in seinen glücklichsten Augenblicken, in denen der Entdeckung, welche doch allemal auch zu einer neuen lebendigern Ansicht des Ganzen führt, sich zu der belebendsten begeisterten Mitteilung aufgelegt fühlen, und wünschen, sich im Geiste der Jünglinge ausgießen zu können. Und kein bedeutender Universitätslehrer kann wohl eine Zeitlang seinen Lehrstuhl würdig ausgefüllt haben, ohne auf Untersuchungen und Aufgaben gestoßen zu sein, die ihm den großen Wert einer Vereinigung fühlbar machen, in der jeder bei allen Unterstützung und Hilfe findet auf seinem wissenschaftlichen Wege. Um aber diese gegründete gegenseitige Wertschätzung bei allen immer zu erhalten, müßte eine genauere Gemeinschaft gestiftet sein zwischen den öffentlichen Bildungsanstalten; die vortrefflichsten Schulmänner, Universitätslehrer und Akademiker müßten gemeinschaftlich an der Spitze der wissenschaftlichen Angelegenheiten stehen, dann würde sich wahrer Gemeinsinn für ihre ganze Sache von ihnen aus unter allen Gelehrten immer weiter verbreiten.

Geschieht das nicht? wird man fragen; vereinigt nicht der Staat Gelehrte aus allen diesen verschiedenen Klassen in den Verwaltungsräten, durch welche er die Sache des öffentlichen Unterrichtes leitet? Wohl; aber als Staatsdiener vereiniget er sie da mit andern Geschäftsmännern, unter ihm eigentümlichen, ihnen aber fremden Formen, zu einer Aufsicht, die alles immer vorzüglich in Beziehung auf den Staat betrachtet. Von hier aus gibt es für die Verhältnisse dieser Anstalten eine ganz andere Ansicht; und jemehr bei so beamteten Gelehrten ihr Verhältnis als Staatsdiener überwiegt, was so natürlich erfolgen muß, um desto leichter tragen sie dann auch diese Ansicht auf ihren eigentlich wissenschaftlichen Wirkungskreis über, alles schätzend und behandelnd nach seinem unmittelbaren Einfluß auf den Staat, und, wie auch die Erfahrung lehrt, gewiß nicht zum Vorteil der geistigen Verbesserung. Es ist dem ganzen Gang neueuropäischer Bildung angemessen, daß die Regierungen auch der Wissenschaften sich aufmunternd annehmen und die Anstalten zu ihrer Verbreitung in Gang bringen mußten, wie es mit Künsten und Fertigkeiten aller Art der Fall zu sein pflegt. Allein hier wie überall kommt eine Zeit, wo diese Vormundschaft aufhören muß. Sollte diese nicht für Deutschland allmählich eintreten, und wenigstens in dem protestantischen Teile desselben bald ratsam sein, daß der Staat die Wissenschaften sich selbst überlasse, alle innern Einrichtungen gänzlich den Gelehrten als solchen anheimstelle, und sich nur die ökonomische Verwaltung, die polizeiliche Oberaufsicht und die Beobachtung des unmittelbaren Einflusses dieser Anstalten auf den Staatsdienst vorbehalte? Die Akademien, denen die Regierungen immer nur einen mittelbaren Einfluß auf ihre Zwecke zutrauten, sind von jeher freier gewesen, und haben sich wohl dabei befunden. Aber Schulen und Universitäten leiden je länger je mehr darunter, daß der Staat sie als Anstalten ansieht, in welchen die Wissenschaften nicht um ihret-, sondern um seinetwillen betrieben werden, daß er das natürliche Bestreben derselben, sich ganz nach den Gesetzen, welche die Wissenschaft fordert, zu gestalten, mißversteht und hindert, und sich fürchtet, wenn er sie sich selbst überließe, würde sich bald alles in dem Kreise eines unfruchtbaren, vom Leben und von der Anwendung weit entfernten Lernens und Lehrens herumdrehen, vor lauter reiner Wißbegierde würde die Lust zum Handeln vergehn, und niemand würde in die bürgerlichen Geschäfte hinein wollen. Dies scheint seit langer Zeit die Hauptursache zu sein, weshalb der Staat sich zu sehr auf seine Weise dieser Dinge annimmt. Und allerdings kann man nicht leugnen, daß, wenn den Reden zu glauben wäre, die bisweilen einige Philosophen führen, so würden diese alle ihre Schüler, und sie wissen die Jugend sehr zu fesseln, von aller bürgerlichen Tätigkeit zurückhalten. Allein warum sollte man das, und warum dem vorübergehenden Reiz einen so dauernden Einfluß zuschreiben? So ist von jeher gesprochen worden, und von jeher sind die jungen Männer aus den Schulen der Weisen unmittelbar in die Säle der Gerichtshöfe und die Verwaltungskammern geströmt, um die Menschen beherrschen zu helfen. Schauen und Tun, wenn sie auch gegeneinander reden, arbeiten einander immer in die Hände; das Verhältnis zwischen denen, welche sich der bloßen Wissenschaft widmen, und den übrigen bestimmt die Natur selbst immer richtig und sehr ebenmäßig. Man vergleiche nur den großen Haufen derer, welche durch die Schulen und Universitäten hindurchgehn, mit der kleinen Anzahl derer, welche endlich die Akademie eines Volkes bilden, und betrachte, wie viele auch von den letzteren noch zugleich angesehene Staatsdiener sind, um sich hierüber für immer zu beruhigen, und zu gestehen, daß der Staat Vorsprung genug hat durch die vielen Vorteile, die er allein bieten kann, und durch die Gewalt, mit welcher politisches Talent, wo es sich irgend findet, immer durchzubrechen weiß. Nährt aber der Staat durch falsche Besorgnisse und darauf gegründete Anordnungen jene Mißverständnisse der mit der Verbreitung der Wissenschaften beschäftigten Gelehrten unter sich: so werden die Schulen ungründlich; auf den Universitäten wird die Hauptsache unter einer Menge von Nebendingen erstickt; die Akademien werden verächtlich, wenn sie sich je länger je mehr mit lauter unmittelbar nützlichen Dingen beschäftigen, und der Staat beraubt sich selbst auf die Länge der wesentlichsten Vorteile, welche ihm die Wissenschaften gewähren, indem es ihm je länger je mehr an solchen fehlen muß, die Großes auffassen und durchführen, und mit scharfem Blick die Wurzel und den Zusammenhang aller Irrtümer aufdecken können.

3. Nähere Betrachtung der Universität im allgemeinen

Die Vergleichung der Universität mit den Schulen und Akademien hat uns ihren wesentlichen Charakter gezeigt, vermöge dessen sie notwendig in die Mitte tritt zwischen beide, daß nämlich durch sie der wissenschaftliche Geist in den Jünglingen soll geweckt und zu einem klaren Bewußtsein gesteigert werden. Und dies haben wir fast ohne Beweis, wie es denn höchst anschaulich ist für sich, hinzugenommen, daß hiezu die formelle Spekulation allein nicht hinreiche, sondern diese gleich verkörpert werden müsse in dem realen Wissen. Auch genügt hiezu nicht etwan eine beliebige Auswahl von Kenntnissen, wie auf Schulen zur gymnastischen Übung. Denn der wissenschaftliche Geist ist seiner Natur nach systematisch, und so kann er unmöglich in einem einzelnen zum klaren Bewußtsein gedeihen, wenn ihm nicht auch das Gesamtgebiet des Wissens wenigstens in seinen Grundzügen zur Anschauung kommt. Noch weniger können sich in den einzelnen der allgemeine Sinn und das besondere Talent vereint zu einem eigentümlichen intellektuellen Leben ausbilden, wenn nicht auf der Universität jeder dasjenige findet, was sein besonderes Talent anregen kann. Die Universität muß also alles Wissen umfassen, und in der Art, wie sie für jeden einzelnen Zweig sorget, sein natürliches inneres Verhältnis zu der Gesamtheit des Wissens, seine nähere oder enferntere Beziehung auf den gemeinschaftlichen Mittelpunkt ausdrücken. Nur *eine* Abweichung hievon, scheint es, kann man gestatten, daß nämlich dasjenige überwiegend hervorgezogen werde, wohin sich überhaupt das Talent der Nation vorzüglich neigt; eine Abweichung, die sich auch nur in den der Akademie sich nähernden Veranstaltungen der Universität zeigen dürfte.

So müßte es sein, wenn ohne fremden Einfluß der wissenschaftliche Trieb allein die Universitäten errichtete und ordnete. Sehen wir aber, wie sie sind, so finden wir alles ganz anders. Wissenschaftlich angesehen erscheint das meiste höchst unverhältnismäßig, dem Unbedeutenden ein großer Raum vergönnt, vieles, was an sich gar nicht zusammenzugehören scheint, äußerlich verbunden, Wichtiges dagegen verkürzt, oder noch ganz neu aussehend, als ob es erst hinzugekommen wäre, vieles auch so behandelt, als wäre es gar nicht für die bestimmt, in denen wissenschaftlicher Geist sich entwickeln will, sondern für die, denen er ewig fremd bleiben muß.

Offenbar geht dieser Geist nicht in jedem, auch nicht in allen denen auf, die wohl fähig und geneigt sind, eine schöne Masse von Kenntnissen zu sammeln und in gewissem Sinne zu verarbeiten. Deshalb soll schon die gelehrte Schule nur eine Auswahl junger Naturen in sich fassen, und aus diesen selbst wiederum nur eine Auswahl zur Universität senden; allein weil sie nur vorbereitend ist, und nicht bestimmt, diese Gesinnung selbst schon ans Licht zu bringen, so kann sie auch über den Grad der wissenschaftlichen Fähigkeit nicht zuverlässig und definitiv entscheiden. Sie schließt aus der Lust und Leichtigkeit, mit welcher die von ihr dargebotenen Kenntnisse aufgefaßt werden, aus der mehr oder minder aufkeimenden Vorliebe für den wissenschaftlichen Gehalt in denselben. Aber das alles ist ziemlich trüglich, und das Sicherste davon grade am wenigsten in eine äußerlich gültige Form zu bringen. Wie oft findet man erstaunlichen Fleiß und große Lust und Liebe, die sich nur für den Kenner durch etwas gar unbewußtes Tierisches unterscheidet, bei gar wenig Geist und Talent. Ja bei manchen öffnet sich grade in dieser entscheidenden Zeit eine taube Blüte, die nur zu leicht für fruchtbar gehalten wird. Und wiederum, wenn die Schule sich in ihrem Urteil die größte Strenge zum Gesetz machen wollte: wie manche, die sich erst später entwickelt hätten, würden dann voreilig der ferneren Pflege beraubt! Kurz, es ist unvermeidlich, daß viele zur Universität kommen, die eigentlich untauglich sind für die Wissenschaft im höchsten Sinne, ja daß diese den größeren Haufen bilden, weil in der Tat dies weit weniger nachteilig sein kann, als wenn ein einziges großes und entschiedenes Talent die wohltätigen Einflüsse dieser Anstalt ganz entbehren müßte. Der Gedanke, schon auf der Schule oder beim Abgehn von derselben eine Trennung festzusetzen zwischen denen, welche der höchsten wissenschaftlichen Bildung fähig, und denen, die für eine untergeordnete Stufe bestimmt sind, und für letztere eigene Anstalten zu stiften, wo sie ohne die philosophischen Anleitungen der Universität gleich für ihr bestimmtes Fach der Erkenntnis mehr handwerksmäßig und traditionell weitergebildet würden, dieser Gedanke ist jedem furchtbar und schrecklich, der an der Bildung der Jugend einen lebendigen Anteil nimmt. Nicht in eine Zeit gehört er, wo jede Aristokratie der Natur der Sache nach untergehen muß, sondern in eine solche, wo man sie erst recht pflegen und erweitern will. Oder meint man, angehende Jünglinge, welche sich auf gelehrten Schulen auch nur mit einigem Erfolge gebildet haben, sollten sich selbst zu einer Zeit, wo sie unmöglich schon sich selbst zu erkennen vermögen, das Urteil einer solchen Herabsetzung sprechen, und nicht vielmehr nach aller Herrlichkeit der Wissenschaft ihre Hand ausstrecken wollen? Solche verdienten wirklich, ganz verstoßen und verunehrt zu werden! Nein, man lasse zusammen die trefflicheren und die minderen Köpfe erst die entscheidenden Versuche durchgehen, welche auf der Universität angestellt werden, um ein eignes wissenschaftliches Leben in den Jünglingen zu erzeugen, und erst, wenn diese alle ihres höchsten Zweckes verfehlt haben, werden sich von selbst die meisten auf die untergeordnete Stufe treuer und tüchtiger Arbeiter stellen. Solcher bedarf der wissenschaftliche Verein gar sehr; denn die wenigen wahrhaft herrschenden und bildenden Geister können gar viele Organe in Tätigkeit setzen. Darum müssen die Universitäten so eingerichtet sein, daß sie zugleich höhere Schulen sind, um diejenigen weiter zu fördern, deren Talente, wenn sie auch selbst auf die höchste Würde der Wissenschaft Verzicht leisten, doch sehr gut für dieselbe gebraucht werden können. Und zwar darf sich dies nicht als eine besondere Veranstaltung äußerlich unterscheiden lassen, weil ja auch beide Klassen von Lernenden nicht äußerlich unterschieden sind, sondern sich erst durch die Tat selbst voneinander trennen sollen. Noch mehr aber bedarf der Staat von diesen Köpfen der zweiten Klasse. Er kann sehr wohl einsehen, daß die obersten Geschäfte in jedem Zweige nur denen mit Vorteil anvertraut werden, welche von wissenschaftlichem Geiste durchdrungen sind, und wird doch danach streben müssen, daß ihm auch der größte Teil von jenen untergeordneten Talenten anheimfalle, welche auch ohne diesen höheren Geist ihm durch wissenschaftliche Bildung und eine Masse von Kenntnissen brauchbar sind. Daher muß er nun aus demselben Grunde dafür sorgen, daß die Universitäten zugleich höhere Spezialschulen seien für alles dasjenige, was von den in seinem Dienst nutzbaren Kenntnissen zunächst mit der eigentlichen wissenschaftlichen Bildung zusammenhängt; und wenn es auch auf diesem Gebiete nicht ebenso notwendig ist, ist es doch natürlich genug, auch hier die äußere Unterscheidung zu vermeiden.

So weit ist also alles gut, und auch dies letztere nicht als ein Mißbrauch, oder als eine Verunreinigung rein wissenschaftlicher Anstalten anzusehen; sondern vielmehr vortrefflich, weil auf diese Weise doch auch in der größeren Masse der Gebildeten so viel, als jedem möglich ist, aufgeregt werden kann, wenigstens vom Sinn für wahre Erkenntnis, weil denen, die eine solche Schule gemacht haben, wenigstens eingeprägt bleiben muß das Gefühl der Abhängigkeit der Kenntnisse, die sie dort einsammelten von den höheren wissenschaftlichen Bestrebungen, und weil die Bildungsanstalten für den Dienst des Staates durch ihre Verbindung mit den rein wissenschaftlichen empfänglicher bleiben müssen für jede Verbesserung, und in sich selbst lebendiger. Und dieses ist unstreitig das Wesen der deutschen Universitäten, wie sie seit langer Zeit wirklich sind. Wenn aber hie und da die Regierungen anfangen, den politischen Teil dieser Anstalten für die Hauptsache anzusehen, hinter welcher das eigentlich Wissenschaftliche in jedem streitigen Falle zurückstehen müsse: so ist das schon ein sehr verderblicher Mißverstand; und wenn sie gar wünschen, der Form der Universität ganz überhoben zu sein, und an die allgemeinen gelehrten Schulen gleich die Spezialschulen für die verschiedenen Fächer des Staatsdienstes anknüpfen zu können, so ist dies ein trauriges Zeichen davon, daß man den Wert der höchsten Bildung für den Staat verkennt, und daß man den bloßen Mechanismus dem Leben vorzieht. Ja, wo ein Staat die Universitäten, den Mittelpunkt, die Pflanzschule aller Erkenntnis zerstörte, und alle dann nur noch gleichsam wissenschaftlichen Bestrebungen zu vereinzeln und aus ihrem lebendigen Zusammenhang herauszureißen suchte: da darf man nicht zweifeln: die Absicht oder wenigstens die unbewußte Wirkung eines solchen Verfahrens ist Unterdrückung der höchsten freiesten Bildung und alles wissenschaftlichen Geistes, und die unfehlbare Folge das Überhandnehmen eines handwerksmäßigen Wesens und einer kläglichen Beschränktheit in allen Fächern. Unüberlegt handeln diejenigen, oder sind von einem undeutschen verderblichen Geiste angesteckt, die uns eine Umbildung und Zerstreuung der Universitäten in Spezialschulen vorschlagen; so wie in jedem Lande, wo jene Form von selbst ausstürbe, oder wo, auch wenn die Regierung es nicht hinderte, doch nie eine wahre Universität zustande käme, sondern alles immer schulmäßig bliebe, die Wissenschaft gewiß im Rückgang und der Geist im Einschlafen begriffen sein müßte.

Wie nun, so lange der Staat die Grenzen des rechtmäßigen Einflusses, den ihm die Wissenschaft gestatten kann, nicht überschreitet, der Unterricht auf der Universität sich gestalten muß, das läßt sich an jeder nur noch mittelmäßig eingerichteten leicht erkennen. Das Allgemeinste nämlich ist allen gemein, und alle beginnen damit, und trennen sich erst späterhin auf dem Gebiete des Besondern, nachdem in jedem sein eigentümliches Talent und mit demselben die Liebe zu dem Geschäft erwacht ist, in welchem er es vorzüglich kann geltend machen. Alles also beginnt mit der Philosophie, mit der reinen Spekulation, und was etwa noch propädeutisch als Übergang von Schule zu Universität dazu gehört. Nur beruht das Leben der ganzen Universität, das Gedeihen des ganzen Geschäftes darauf, daß es nicht die leere Form der Spekulation sei, womit allein die Jünglinge gesättigt werden, sondern daß sich aus der unmittelbaren Anschauung der Vernunft und ihrer Tätigkeit die Einsicht entwickele in die Notwendigkeit und den Umfang alles realen Wissens, damit von Anfang an der vermeinte Gegensatz zwischen Vernunft und Erfahrung, zwischen Spekulation und Empirie vernichtet, und so das wahre Wissen nicht nur möglich gemacht, sondern seinem Wesen nach wenigstens eingehüllt gleich mit hervorgebracht werde. Denn ohne hier über den Wert der verschiedenen philosophischen Systeme zu entscheiden, ist doch klar, daß sonst gar kein Band sein würde zwischen dem philosophischen Unterricht und dem übrigen, und gar nichts bei demselben herauskommen, als etwa die Kenntnis der logischen Regeln und ein in seiner Bedeutung und Abstammung nicht verstandener Apparat von Begriffen und Formeln. Die Aussicht also muß eröffnet werden schon durch die Philosophie in die beiden großen Gebiete der Natur und der Geschichte, und das Allgemeinste in beiden muß nicht minder allen gemein sein. Von der höhern Philologie, sofern in der Sprache niedergelegt sind alle Schätze des Wissens und auch die Formen desselben sich in ihr ausprägen, von der Sittenlehre, sofern sie die Natur alles menschlichen Seins und Wirkens darlegt, müssen die Hauptideen jedem einwohnen, wenn er auch seine besondere Ausbildung mehr auf der Seite der Naturwissenschaft sucht; so wie sich kein wissenschaftliches Leben denken läßt für den, dem jede Idee von der Natur fremd bliebe, die Kenntnis ihrer allgemeinsten Prozesse und wesentlichsten Formen, der Gegensatz und Zusammenhang in dem Gebiete des Organischen und Unorganischen. Daher das Wesen der Mathematik, der Erdkenntnis, der Naturlehre und Naturbeschreibung jeder innehaben muß. Je mehr aber ins Besondere hinein, in Geschichtsforschung, Staats- und Menschenbildungskunst, in Geologie und Physiologie, desto mehr auch beschränkt sich jeder auf das einzelne, wozu er berufen ist; und an diese Beschränkung wendet sich hernach der Staat mit seinen besondern Instituten für die, welche an der politischen und religiösen Fortbildung, sowie an der physischen Erhaltung und Vervollkommnung der Bürger arbeiten sollen; Institute, welche, wenn sie der Universität nicht ganz fremd und verderbliche Auswüchse auf ihr sein sollen, sich selbst abhängig erklären und erhalten müssen von der wissenschaftlichen Behandlung der Natur und der Geschichte, und mithin von der Philosophie.

Weil aber selbst hierin, und ohnerachtet an diesem Unterricht viele teilnehmen, denen der philosophische die wahre Weihe nicht gegeben hat, dennoch der äußere Unterschied, um auch von dieser Seite die Einheit des Ganzen nicht zu stören, möglichst vermieden wird, weil in jedem Unterricht, wenn er noch einigermaßen dem Charakter der Universität treu bleibt, die wissenschaftliche Darstellung die Hauptsache ist, und das Detail nur Wert hat als Belag, als Handhabe, als roher Stoff für die Versuche in eigner Kombination und Darstellung: so ist auch die Lehrweise mit geringen Abstufungen überall dieselbe.

Wenige verstehen die Bedeutung des Kathedervortrages; aber zum Wunder hat er sich, ohnerachtet immer von dem größten Teile der Lehrer sehr schlecht durchgeführt, doch immer erhalten, zum deutlichen Beweise, wie sehr er zum Wesen einer Universität gehört, und wie sehr es der Mühe lohnt, diese Form immer aufzusparen für die wenigen, die sie von Zeit zu Zeit recht zu handhaben wissen. Ja man könnte sagen, der wahre eigentümliche Nutzen, den ein Universitätslehrer stiftet, stehe immer in gradem Verhältnis mit seiner Fertigkeit in dieser Kunst.

Jede Gesinnung, die wissenschaftliche wie die religiöse, bildet und vervollkommnet sich nur im Leben, in der Gemeinschaft mehrerer. Durch Ausströmung aus den Gebildetern, Vollkommenern, wird sie zuerst aufgeregt und aus ihrem Schlummer erweckt in den Neulingen; durch gegenseitige Mitteilung wächst sie und stärkt sich in denen, die einander gleich sind. Wie nun die ganze Universität ein solches wissenschaftliches Zusammenleben ist, so sind die Vorlesungen insbesondere das Heiligtum desselben. Man sollte meinen, das Gespräch könne am besten das schlummernde Leben wecken und seine ersten Regungen hervorlocken, wie denn die bewundernswürdige Kunst des Altertums in dieser Gattung noch jetzt dieselben Wirkungen äußert. Es mag auch so sein zwischen zweien, oder wo aus einer ganzen Menge einer als Repräsentant derselben mit Sicherheit kann aufgestellt werden, oder wenn einzelne die niedergeschriebenen trefflichen Werke dieser Art genießen, und gleichsam das

Dargestellte an sich wiederholend durchleben. Allein es muß wohl nicht so sein unter vielen und in der neueren Zeit, weil doch ohnerachtet so mancher erneuerten Versuche das Gespräch nie als allgemeine Lehrform auf dem wissenschaftlichen Gebiet aufgekommen ist, sondern die zusammenhangende Rede sich immer erhalten hat. Es ist auch leicht einzusehen warum. Unsere Bildung ist weit individueller als die alte, das Gespräch wird daher gleich weit persönlicher, so daß kein einzelner im Namen aller als Mitunterredner aufgestellt werden kann, und das Gespräch eine viel zu äußerliche, nur verwirrende und störende Form sein würde. Aber der Kathedervortrag der Universität muß allerdings, weil er Ideen zuerst zum Bewußtsein bringen soll, doch in dieser Hinsicht die Natur des alten Dialogs haben, wenn auch nicht seine äußere Form; er muß darnach streben, einerseits das gemeinschaftliche Innere der Zuhörer, ihr Nichthaben sowohl als ihr unbewußtes Haben dessen, was sie erwerben sollen, andererseits das Innere des Lehrers, sein Haben dieser Idee und ihre Tätigkeit in ihm recht klar ans Licht zu bringen. Zwei Elemente sind daher in dieser Art des Vortrages unentbehrlich und bilden sein eigentliches Wesen. Das eine möchte ich das populäre nennen: die Darlegung des mutmaßlichen Zustandes, in welchem sich die Zuhörer befinden, die Kunst, sie auf das Dürftige in demselben hinzuweisen und auf den letzten Grund alles Nichtigen im Nichtwissen. Dies ist die wahre dialektische Kunst, und je strenger dialektisch, desto populärer. Das andere möchte ich das produktive nennen. Der Lehrer muß alles, was er sagt, vor den Zuhörern entstehen lassen; er muß nicht erzählen, was er weiß, sondern sein eignes Erkennen, die Tat selbst, reproduzieren, damit sie beständig nicht etwa nur Kenntnisse sammeln, sondern die Tätigkeit der Vernunft im Hervorbringen der Erkenntnis unmittelbar anschauen und anschauend nachbilden. Der Hauptsitz dieser Kunst des Vortrags ist freilich die Philosophie, das eigentlich Spekulative; aber alles Lehren auf der Universität soll ja auch hievon durchdrungen sein, also ist doch dies überall die eigentliche Kunst des Universitätslehrers. Zwei Tugenden müssen sich in ihr vereinigen: Lebendigkeit und Begeisterung auf der einen Seite. Sein Reproduzieren muß kein bloßes Spiel sein, sondern Wahrheit; so oft er seine Erkenntnis in ihrem Ursprung, in ihrem Sein und Gewordensein vortragend anschaut, so oft er den Weg vom Mittelpunkt zum Umkreise der Wissenschaft beschreibt, muß er ihn auch wirklich machen. Bei keinem wahren Meister der Wissenschaft wird das auch anders sein; ihm wird keine Wiederholung möglich sein, ohne daß eine neue Kombination ihn belebt, eine neue Entdeckung ihn an sich zieht; er wird lehrend immer lernen, und immer lebendig und wahrhaft hervorbringend dastehn vor seinen Zuhörern. Ebenso notwendig ist ihm aber auch Besonnenheit und Klarheit, um, was die Begeisterung wirkt, verständlich und gedeihlich zu machen, um das Bewußtsein seines Zusammenseins mit den Neulingen immer lebendig zu erhalten, daß er nicht etwa nur für sich, sondern wirklich für sie rede, und seine Ideen und Kombinationen ihnen wirklich zum Verständnis bringe und darin befestige, damit nicht etwa nur dunkle Ahndungen von der Herrlichkeit des Wissens in ihnen entstehen, statt des Wissens selbst. Kein Universitätslehrer kann wahren Nutzen stiften, wenn er von einer dieser Trefflichkeiten ganz entblößt ist; und die rechte gesunde Fülle der Anstalt besteht darin, daß, was etwa einem Lehrer, der von der einen Seite sich vorzüglich auszeichnet, an der andern menschlicherweise abgeht, durch einen andern ersetzt werde. Diese beiden Tugenden des Vortrags sind die wahre Gründlichkeit desselben, nicht eine Anhäufung von Literatur, welche dem Anfänger nichts hilft, und vielmehr in Schriften muß niedergelegt als mündlich mitgeteilt werden; aus ihnen fließt die echte Klarheit, nicht besteht sie in unermüdetem Wiederkäuen, in preiswürdiger Dünne und Dürre des Gesagten; aus ihnen die wahre Lebendigkeit, nicht aus dem Reichtum gleichbedeutender Beispiele und, gleichviel ob guter oder schlechter, nebenherlaufender Einfälle und polemischer Ausfälle. Wunderbar genug ist die Gelehrsamkeit eines Professors zum Sprichwort geworden. Je mehr er besitzt, desto besser freilich; aber auch die größte ist unnütz ohne die Kunst des Vortrages. Übet der Lehrer diese an seinen Schülern gehörig aus, so kann es wenig schaden, wenn sie ihn auch bisweilen darauf ertappen, etwas einzelnes auf dem Gebiet seiner Wissenschaft nicht zu wissen; sie werden dennoch wissen, daß er die Wissenschaft als solche vollkommen besitzt. Ja man kann immer hoffen, daß einem jungen Universitätslehrer die Gelehrsamkeit noch komme: wenn er aber jenes Talent der Mitteilung nicht in den Jahren hat, wo er seinen Zuhörern am nächsten steht, so wird er es späterhin schwerlich erlangen. Was hilft alle Gelehrsamkeit, wenn statt des echten Kathedervortrags nur der falsche Schein, die leere Form davon vorhanden ist! Nichts Jämmerlicheres zu denken als dieses. Ein Professor, der ein ein für allemal geschriebenes Heft immer wieder abliest und abschreiben läßt, mahnt uns sehr ungelegen an jene Zeit, wo es noch keine Druckerei gab, und es schon viel wert war, wenn ein Gelehrter seine Handschrift vielen auf einmal diktierte, und wo der mündliche Vortrag zugleich statt der Bücher dienen mußte. Jetzt aber kann niemand einsehn, warum der Staat einige Männer lediglich dazu besoldet, damit sie sich des Privilegiums erfreuen sollen, die Wohltat der Druckerei ignorieren zu dürfen, oder weshalb wohl sonst ein solcher Mann die Leute zu sich bemüht, und ihnen nicht lieber seine ohnehin mit stehenbleibenden Schriften abgefaßte Weisheit auf dem gewöhnlichen Wege schwarz auf weiß verkauft. Denn bei solchem Werk und Wesen von dem wunderbaren Eindruck der lebendigen Stimme zu reden, möchte wohl lächerlich sein.

Soll aber der Vortrag den geforderten Charakter haben: so dürfen freilich die eigentlichen Vorlesungen nicht das einzige Verkehr des Lehrers mit seinen Schülern sein. Steife Zurückgezogenheit und Unfähigkeit, auch außerhalb des Katheders noch etwas für die studierende Jugend zu sein, hängen auch gewöhnlich mit den schon gerügten Untugenden des Vortrages zusammen. Wenn der Lehrer mit Nutzen anknüpfen soll an den Erkenntniszustand der Zuhörer; wenn er ihnen helfen soll, die Abweichungen zu vermeiden, zu welchen sie hinneigen; wenn er sich glücklich hindurcharbeiten soll durch die unter ihnen herrschenden Unfähigkeiten im Auffassen: so müssen noch andere Arten und Stufen des Zusammenlebens mit ihnen ihm zustatten kommen, um ihn in der nötigen Bekanntschaft mit den immer abwechselnden Generationen zu erhalten. Man sage nicht, daß dies der Zahl wegen unmöglich sei. Es schließt sich an die Vorlesungen eine Kette von Verhältnissen, an denen, je vertrauter sie werden, schon von selbst desto wenigere teilnehmen, Konversatorien, Wiederholungs- und Prüfungsstunden, solche, in denen eigne Arbeiten mitgeteilt und besprochen werden, bis zum Privatumgang des Lehrers mit seinen Zuhörern, wo das eigentliche Gespräch dann herrscht, und wo er, wenn er sich Vertrauen zu erwerben weiß, durch die Äußerungen der erlesensten und gebildetsten Jünglinge von allem Kenntnis erlangt, was irgend auf eine merkwürdige Weise in die Masse eindringt und sie bewegt. Nur indem er allmählich diese Verhältnisse knüpft und benutzt, kann der Lehrer die herrliche Sicherheit der Alten, welche immer den rechten Fleck trafen in ihren Unterredungen, verbinden mit der edeln Bescheidenheit der Neueren, welche eine schon angefangene und selbständig fortgehende individuelle Bildung jedes einzelnen immer voraussetzen müssen.

Man sieht, diese Gabe der Mitteilung läßt noch die mannigfaltigsten Verschiedenheiten zu. Dem einen wird besser gelingen, das Scheinwissen zu demütigen und das Bedürfnis wahrer Wissenschaft zu erregen, dem andern, die Grundzüge derselben anschaulich darzustellen; der eine wird mehreren durch Begeisterung die erste Weihe geben, der andere mehr sie durch Besonnenheit befestigen; der eine wird geschickter sein, indem er nur scheint es mit dem Einzelnen und Mannigfaltigen zu tun zu haben, doch immer zu der innersten und höchsten Einheit die Betrachtung zurückzuführen; ein anderer wird mit seinem Talent mehr dem Einzelnen angehören, und es auch da vorwalten lassen, wo er an das Allgemeinste und Höchste geheftet zu sein scheint. Jeder aber wird ein vortrefflicher Lehrer sein, bei welchem sich, wie auch das eine oder das andere überwiege, doch alles Notwendige lebendig vereint findet; und die Universität muß auch darin Universität sein, daß sie alle diese Verschiedenheiten in sich zu vereinigen strebt, damit jeder Zögling imstande sei, einen solchen Lehrer zu finden, wie ihn unter den gegebenen Umständen und bei den gemachten Fortschritten seine Natur begehrt.

Allein wie lebendig und glücklich auch dieses Bestreben sei, ein völliges Gleichgewicht, so daß für jedes Bedürfnis auf gleich vollkommene Art gesorgt sei, wird doch auf *einer* solchen Anstalt wohl nie erreicht werden. Jede wird sich zu jeder Zeit auf irgend eine Seite hinneigen. Die eine wird sich auszeichnen durch lebendigere Erregung des wissenschaftlichen Geistes im allgemeinen, aber in den meisten Fächern vielleicht zurückbleiben in gründlicher Ausführung des Einzelnen, die andere umgekehrt dieses mehr leisten als jenes; die eine wird vorzüglicher sein in rein philosophischer Hinsicht, die andere als Vorakademie oder als Aggregat von Spezialschulen; die eine mehr ihren Zöglingen vorarbeiten, und dagegen die freiere, höhere Kombination ihnen selbst überlassen, die andere sie mehr zu dieser anleiten, aber alles, was irgend Sache des Fleißes ist, ihnen selbst zumuten. Ja ziemlich lange behaupten oft Universitäten denselben Charakter, daß die eine mehr spekulative Köpfe bildet, die aber wohltun werden, die realen Wissenschaften anderwärts zu suchen, und eine andere lange Zeit fast nur Rotüriers erzieht, weil schon ein entschiedenes Talent dazu gehört, um auf ihr einen höheren wissenschaftlichen Geist zu entwickeln, welches dann die beiden schon gefährlichen Extreme der Einseitigkeit sind, zwischen welchen die übrigen besser schwanken. Dies deutet darauf, daß notwendig auch innerhalb des Gebietes einer und derselben Nationalbildung eine Mehrheit von Universitäten sich finden muß, und daß das möglichst freie Verkehr und der unbeschränkteste Gebrauch von jeder nach eines jeden Bedürfnis nicht zu entbehren ist. Wie natürlich diese Wahrheit ist, geht freilich schon daraus hervor, daß die Universitäten in der Mitte stehen zwischen den gelehrten Schulen und der Akademie. Achtunddreißig davon zu besitzen, wie die deutsche Nation bis jetzt geduldet hat, mag freilich ein großes Unglück sein, und die Ursache, warum so wenige zu etwas Tüchtigem gediehen sind: aber wie soll nun das rechte Maß gefunden werden? Man finde nur zuerst das rechte Maß der gelehrten Schulen, man bringe dann mehr Einigungsgeist unter die Deutschen, daß nicht jeder Gau auch hierin etwas Besonderes für sich haben wolle, und dann lasse man mehr die Sache selbst gewähren, künstle nicht, und wolle nicht Leichen frisch erhalten, so wird sich allmählich das Rechte finden. Doch immer noch besser hier das Maß überschritten, als den Gedanken an eine deutsche Zentraluniversität aufkommen lassen, oder den an eine gänzliche Umschmelzung der alten Form, zwei Extreme, von denen jedes das größte Unglück wäre, welches nach allen bisherigen den Deutschen noch begegnen könnte.

4. Von den Fakultäten

Man hat schon oft und viel gesagt, unsere vier Fakultäten, die theologische, juridische, medizinische und philosophische, und noch in dieser Ordnung obenein, gäben den Universitäten ein gar groteskes Ansehn. Und das ist auch gewiß unleugbar. Wenn man es aber dennoch als einen großen Vorteil ansieht, den Umschaffungen oder bedeutende Veränderungen solcher Anstalten gewähren können, daß man dabei zugleich dieser Formen sich entledigen und bessere dafür einführen werde: so übereile man sich doch ja nicht, damit man nicht etwas ganz Willkürliches an die Stelle dessen setze, was sich auf eine natürliche Art gebildet, und eben seiner Natürlichkeit wegen so lange erhalten hat; sondern suche doch erst die Bedeutung dieser bisherigen Formen recht zu verstehen.

Durch das bisher Gesagte sollte dies Verständnis schon sehr erleichtert und vollständig eingeleitet sein. Es kann wohl von unserm Gesichtspunkt aus niemanden entgehen, daß diese Formen, wie grotesk sie auch sein mögen, wenigstens sehr repräsentativ sind, und sich ganz genau auf das Gewordensein und den jetzigen Zustand der Universitäten beziehen. Offenbar nämlich ist die eigentliche Universität, wie sie der wissenschaftliche Verein bilden würde, lediglich in der philosophischen Fakultät enthalten, und die drei anderen dagegen sind die Spezialschulen, welche der Staat entweder gestiftet, oder wenigstens, weil sie sich unmittelbar auf seine wesentlichen Bedürfnisse beziehen, früher und vorzüglicher in seinen Schutz genommen hat. Die philosophische hingegen ist für ihn ursprünglich ein bloßes Privatunternehmen, wie der wissenschaftliche Verein überhaupt ihm eine Privatperson ist, und nur durch die innere Notwendigkeit und durch den rein wissenschaftlichen Sinn der in jenen Fakultäten Angestellten subsidiarisch herbeigeholt worden, weshalb sie denn die letzte ist von allen. In der ganzen Form also spiegelt sich die Geschichte der Universitäten in ihren Grundzügen ab. Die positiven Fakultäten sind einzeln entstanden durch das Bedürfnis, eine unentbehrliche Praxis durch Theorie, durch Tradition von Kenntnissen sicher zu fundieren. Die juridische gründet sich unmittelbar in dem staatbildenden Instinkt, in dem Bedürfnis, aus einem anarchischen Zustande — anarchisch, weil die Gesetzgebung nicht gleichmäßig fortgeschritten war mit der Kultur — einen rechtlichen hervorgehen zu lassen, in dem Gefühl, daß dies nur geschehen könne, indem man zu dem Besitz eines Systems vollständiger, unter sich übereinstimmender Gesetze zu gelangen suchte, und zu höheren Prinzipien, nach welchen in zweideutigen Fällen die Gesetze auszulegen wären. Die theologische hat sich in der Kirche gebildet, um die Weisheit der Väter zu erhalten, um, was schon früher geschehen war, Wahrheit und Irrtum zu sondern, nicht für die Zukunft verloren gehen zu lassen, um der weiteren Fortbildung der Lehre und der Kirche eine geschichtliche Basis, eine sichere, bestimmte Richtung und einen gemeinsamen Geist zu geben; und wie der Staat sich näher mit der Kirche verband, mußte er auch diese Anstalten sanktionieren und unter seine Obhut nehmen. Die medizinischen Schulen haben sich seit uralten Zeiten gegründet auf das Bedürfnis, teils den Zustand des Leibes zu erkennen und zu modifizieren, teils auf eine mehr oder minder dunkle, geheimnisvolle Ahndung von den innigen Verhältnissen der gesamten übrigen Natur zu dem menschlichen Leibe. Daher waren sie von Anfang an teils überwiegend gymnastisch, teils magisch und mystisch. Durch Vereinigung beider Zweige gewannen diese Bemühungen allmählich ein mehr kunstmäßiges Ansehn, und in dem Maß, als sie anfingen, durch Beobachtungen und Versuche in die verschiedenen Zweige der Naturwissenschaft sich hineinzuarbeiten, und also großer äußerer Unterstützungen zu bedürfen, mußte der Staat sich ihrer ebenfalls annehmen. So sind diese Anstalten entstanden; der tiefe, richtige Sinn, der sich immer mehr über das Schlechte hervorarbeitet, hat die Neigung zu dem bloß Handwerksmäßigen und Empirischen besiegt, und der wissenschaftliche Geist, wir dürfen sagen vorzüglich der deutschen Nation, das immer klarer werdende Gefühl von dem innern Zusammenhange alles Wissens, hat sie in *einen* Körper endlich vereinigt, wobei natürlich, wenn dies nicht als ein bloß zufälliges und äußeres Nebeneinandersein erscheinen sollte, auch jener Zusammenhang, jene gemeinschaftliche Begründung sich äußerlich darstellen mußte, was denn durch die philosophische Fakultät geschieht. In dieser *einen* ist daher allein die ganze natürliche Organisation der Wissenschaft enthalten, die reine transzendentale Philosophie und die ganze naturwissenschaftliche und geschichtliche Seite, beide vorzüglich mit denen Disziplinen, welche sich am meisten jenem Mittelpunkt der Erkenntnis nähern; aber doch auch die mehr ins Besondere gehenden schließen sich so lange an die philosophische Fakultät an, als sie nicht zum Behuf eines bestimmten Zweckes pragmatisch behandelt werden. Jene drei Fakultäten hingegen haben ihre Einheit nicht in der Erkenntnis unmittelbar, sondern in einem äußeren Geschäft, und verbinden, was zu diesem erfordert wird, aus den verschiedenen Disziplinen. Diese *eine* also stellt allein dar, was der wissenschaftliche Verein für sich als Universität würde gestiftet haben, jene drei aber, was durch anderweitiges Bedürfnis entstanden, und wobei die reinwissenschaftliche Richtung äußerlich untergeordnet ist. Die Ordnung, welche sie unter sich beobachten, beweiset offenbar das dominierende Verhältnis des Staats auch in den öffentlichen wissenschaftlichen Anstalten; und genauer angesehen zeigt sich darin teils das geschichtliche Vorantreten der Kirche vor den Staat, teils die alte löbliche Weise, die Seele dem Leibe voranzustellen.

Was sich unstreitig sehr bald, gewiß sobald als wahrer Nutzen dadurch wird gestiftet werden können, von selbst machen wird, das ist eine Umbildung der juridischen Fakultät. Die bloße Kenntnis eines positiven Gesetzbuches als solchen, welches doch immer mit Unrecht ein feststehendes und unveränderliches ist, und von den wissenschaftlichen Männern soll fortgebildet werden, nicht sie sich unterwerfen, hat zu wenig wissenschaftlichen Charakter. Hier müssen also die Politik, die Staatswirtschaft, die philosophische und historische Kenntnis der Gesetzgebung selbst mehr heraustreten. Was sollen aber andere Veränderungen, wie man sie hie und da entwerfen und ausführen sieht? Was man damit meint, ist Willkür, Spielerei; und was man damit bewirkt, ist wohl etwas Übleres; und es ist zu fürchten, daß man nicht ungestraft Einrichtungen vertilgen kann, die für sich schon geschichtliche Denkmäler sind, und die, wenn gleich von vielen nicht verstanden, den Geist der Nation aussprechen. Entsteht je eine Universität durch eine freie Vereinigung von Gelehrten, dann wird von selbst das, was jetzt in der philosophischen Fakultät vereiniget ist, die erste Stelle finden, und die Institute, welche Staat und Kirche bitten werden damit zu verknüpfen, werden ihre untergeordneten Stellen einnehmen. Solange dies nicht geschieht, sondert sie sich am besten dadurch von den übrigen ab, daß sie die letzte ist, besser als wenn sie sich zwischen die andern stellt und sich dadurch mit ihnen vermischt, oder wohl gar als wenn sie — damit das nicht als *eins* und also weniger erscheine als die übrigen drei, was doch weit mehr ist als sie — sich spalten wollte in mehrere Abteilungen. Gewiß würden dann die einzelnen Disziplinen den wissenschaftlichen Charakter immer mehr verlieren, und sich den pragmatischen Instituten nähern. Und für die reine Philosophie ist in dieser Vereinigung mit den realen Wissenschaften zu *einem* äußerlichen Ganzen so schön ausgesprochen die Freiheit, bald mehr einzeln für sich herauszutreten, bald mehr an den realen Wissenschaften, als außer ihnen, sich darzustellen, eine Freiheit, ohne welche sie nicht gedeihen und sich in ihrem wahren Wesen zeigen kann, und die nicht mehr bestehen könnte, wenn ein äußeres Zeichen der Trennung festgestellt wäre.

Erhalte sich also nur die philosophische Fakultät dabei, daß sie alles zusammenfaßt, was sich natürlich und von selbst als Wissenschaft gestaltet, so mag sie immerhin die letzte sein. Was ist auch hier an dem Range gelegen? Sie ist doch die erste deshalb, weil jedermann ihre Selbständigkeit einsehen und gestehen muß, daß sie nicht wie die übrigen, sobald man von einer bestimmten äußeren Beziehung hinwegsieht, in ein ungleichartiges Mannigfaltiges zerfällt und aufgelöst werden kann. Sie ist auch deshalb die erste und in der Tat Herrin aller übrigen, weil alle Mitglieder der Universität, zu welcher Fakultät sie auch gehören, in ihr müssen eingewurzelt sein. Dies Recht übt sie fast überall aus über die ankommenden Studierenden; von ihr werden zunächst alle geprüft und aufgenommen, und dies ist eine sehr löbliche und bedeutende Sitte. Nur scheint sie noch erweitert werden zu müssen, um ihre Bedeutung ganz zu erfüllen. Es ist gewiß verderblich, daß die Studierenden gleich anfänglich sich können irgend einer andern Fakultät einverleiben. Alle müssen zuerst sein und sind auch der Philosophie Beflissene; aber alle sollten eigentlich auch in dem ersten Jahre ihres akademischen Aufenthaltes nichts anderes sein dürfen. Das alte Unwesen, die Knaben in der Wiege für ein gewisses Geschäft zu bestimmen, ist immer noch nicht ausgerottet; denn für das wissenschaftliche Leben ist die gelehrte Schule nur die Wiege. Was für Vorstellungen von seinem künftigen Beruf, von dem Verhältnis desselben zu dem ganzen großen Gebiet der Wissenschaften und des durch sie unmittelbar befruchteten Lebens kann der angehende Jüngling wohl von dort her mitbringen? Die allgemeinen Übersichten, theologische, juridische, mit welchen man die Abgehenden hie und da zu versenden pflegt, sind nur Huldigungen, welche man verkehrterweise jener Verkehrtheit der voreiligen Bestimmung darbringt, und ein Raub, der schwerlich ungestraft an den Universitäten begangen wird. Gewiß sind die Fälle selten, wo sich eine bestimmte Richtung des Talentes schon auf der Schule offenbart, und mit Recht kann man sagen, daß in jedem solchen Falle nur desto notwendiger sei, den Jüngling, wenn er für die Wissenschaft gedeihen soll, eine Zeitlang im Allgemeinen derselben aufzuhalten, damit sein allgemeiner Sinn nicht ganz unterdrückt werde von der vorherrschenden Gewalt des besonderen Talents. Möchte man doch bald dahin kommen, die Jünglinge nur zum Studieren überhaupt der Universität zuzuschicken. Wenn sie sich ein Jahr nehmen dürfen, um sich in den Prinzipien festzusetzen und sich von allen wahrhaft wissenschaftlichen Disziplinen eine Übersicht zu verschaffen: so wird diese Zeit nicht verloren sein; während derselben wird am sichersten ihre Gesinnung, ihre Liebe, ihr Talent sich entwickeln; sie werden untrüglicher ihren rechten Beruf entdecken, und des großen Vorteils genießen, ihn selbständig gefunden zu haben.

Nicht anders aber sollten auch alle Universitätslehrer in der philosophischen Fakultät eingewurzelt sein. Besonders kann man bei der juridischen und theologischen Fakultät nie sicher sein, daß nicht das Studium allmählich immer mehr einer handwerksmäßigen Tradition sich nähere, oder in ganz unwissenschaftlicher Oberflächlichkeit verderbe, wenn nicht alle Lehrer zugleich auf dem Felde der reinen Wissenschaft eignen Wert und Namen haben, und eine Stelle als Lehrer verdienen. Man sollte daher nicht nur ausschließend solche wählen, sondern es müßte gesetzmäßig sein, daß jeder Lehrer dieser Fakultäten, wenn auch nicht zugleich Mitglied der philosophischen, doch als außerordentlicher Lehrer bei irgend einem Zweige derselben verpflichtet wäre, und von Zeit zu Zeit Vorträge aus dem reinen wissenschaftlichen Gebiete hielte, die in gar keiner unmittelbaren Beziehung auf seine Fakultät ständen. Nur dadurch könnte man auch äußerlich sicher sein, die lebendige Verbindung dieser Doktrinen mit der wahren Wissenschaft, ohne welche jene gar nicht auf die Universität gehören könnten, zu erhalten. Und in der Tat verdient ja wohl jeder Lehrer des Rechts oder der Theologie ausgelacht und von der Universität ausgeschlossen zu werden, der nicht Kraft und Lust in sich fühlte, auf dem Gebiet, es sei nun der reinen Philosophie oder der Sittenlehre oder der philosophischen Geschichtsbetrachtung oder der Philologie, etwas Eignes mit ausgezeichnetem Erfolg zu leisten.

Wenn übrigens schon die philosophische Fakultät am besten tut, *eine* zu bleiben, und wenn sie sich zum Behuf gewisser Geschäfte in Unterabteilungen spalten müßte, dies ja nicht auf eine zu bestimmte und bleibende Art, kurz ja nicht so zu tun, daß die Einheit als das Wesentlichere darüber verloren gehe: so ist ja wohl deutlich, daß auch das allgemeine Streben der Universität darauf gehn muß, sich nicht zu sehr ins einzelne hinein bestimmt zu teilen, jeden Lehrer etwa streng in den Grenzen seiner Fakultät zu halten, oder gar in dieser ihn ganz bestimmt auf ein gewisses Fach einzuschränken. Vieles fällt freilich von selbst weg, wenn jeder Lehrer einer Fakultät zugleich, wenn auch nicht ebenso genau, der philosophischen angehört und in dieser selbst die Sektionen nicht streng geschieden sind. Aber warum sollte auch ein Lehrer gehindert werden, einmal das Gebiet einer andern Fakultät zu betreten? Grenzen doch alle aneinander und berühren sich in mehreren Punkten, so daß es an Veranlassungen nicht fehlt, aus einer in die andern hinüberzuschweifen. Ergreift diese ein Gelehrter recht, und begnügt er sich nicht damit, nur für sein eignes Studium zu leihen, was er von dort her braucht: so muß er gewiß etwas recht Eigentümliches und Geistreiches hervorgebracht haben auf dem fremden Gebiet, wenn er sich entschließt, es öffentlich vorzutragen. Die Eifersucht der Fakultäten aufeinander wegen ihres Gebietes ist etwas mit Recht Veraltetes und Lächerliches. Wem einmal öffentlich die Würde eines wissenschaftlichen Lehrers gegeben und sein Talent dazu anerkannt ist, der muß es auch üben können, auf welchem Gebiet er will. Die Zeit, während der einem Gelehrten diese Gabe der Mitteilung zu Gebote steht, ist zu beschränkt; die Gabe selbst ist zu zart und zu schwer ganz in die Gewalt zu bekommen, als daß man nicht jede gute Stunde und alles, was sie eingibt, vollständig genießen und auch benutzen sollte.

Eben deshalb ist auch der wahre Geist der Universität der, auch innerhalb jeder Fakultät die größte Freiheit herrschen zu lassen. Ordnungen vorschreiben, wie die Vorlesungen aufeinander folgen müssen, das ganze Gebiet unter die einzelnen bestimmt verteilen, das sind Torheiten; nicht einmal ein solches Privatabkommen der Lehrer unter sich wäre wünschenswert. Es wäre immer eine Beförderung der Stagnation, dahingegen neues Leben in einen jeden Zweig der Wissenschaften kommt, wenn er wieder von andern, und vorzüglich von solchen, die sich mit andern Zweigen mehr abgegeben haben, aufs neue bearbeitet wird. Darum lasse keiner sein Talent so bestimmt und äußerlich binden, oder binde es selbst. Männer von Geist und Fleiß, und denen das Geschäft wert und lieb ist, welches sie auf der Universität treiben, können unmöglich in dieser Hinsicht eines äußerlichen Gesetzes bedürfen; sie haben in sich, was sie treibt, so viel zu tun als sie können, und sie müssen sich selbst ihr Gesetz sein. Auch ist dies natürlich viel zu eigentümlich, um von einem andern oder im allgemeinen gegeben zu werden, da es so genau von dem Verhältnis des Lehrers zu seinen Schülern abhängt. Je fester diese ihm anhangen, je mehr sie sich in ihrem wissenschaftlichen Streben allgemein von ihm gefördert fühlen, durch ein desto größeres Gebiet werden sie von ihm wollen geführt sein; je mehr sie dagegen in ihm nur eine besondere Virtuosität bewundern, um desto weniger werden sie wünschen, daß er sich aus deren Gebiet hinaus versteige, sondern so etwas vielmehr mit einer leisen Schadenfreude ansehn.

Daher ist es auch gewiß mehr schulmäßig als im wahren Geiste der Universität, wenn die Nominalprofessuren zu stark hervortreten. Einem Lehrer vorschreiben, daß er in einem bestimmten Zeitraume dasselbe wieder vortrage, heißt ihm sein Geschäft zuwider machen, und also schuld sein, daß sein Talent nur desto schneller ablaufe. Auch ist es natürlich, daß, wer noch auf andere Weise als auf dem Katheder für die Wissenschaft arbeitet, sich einrichten muß, damit seine Arbeiten sich nicht allzusehr hindern, wenn er anders mit Lust und Interesse vortragen soll, und sich also solchen Geboten unmöglich fügen kann. Freilich sagt man, es müsse doch dafür gesorgt werden, daß in einem solchen Zeitraum, als man für einen gewöhnlichen Aufenthalt auf der Universität rechnen kann, alles Wesentliche eines jeden Gebietes wirklich vorkomme. Gewiß richtig! aber ist nur eine gehörige Fülle von Lehrern rechter Art vorhanden, so hat es damit keine Not. Und sollte es ja: nun wohl, so weise man jedem sein besonderes Fach an, aber nur insofern, daß, wenn innerhalb des bestimmten Zeitraumes keiner sich gefunden habe, der es in dem gehörigen Umfang vorgetragen hätte, dieser alsdann dazu verpflichtet sei. Und diese Anweisung sei so wenig rechtlich verklausuliert und so lose als möglich, so daß ohne alle Weitläufigkeit zwei Lehrer die Gewährleistung, welche sie übernommen haben, gegeneinander vertauschen können. So wird jeder seine Freiheit behalten, und das Ganze dadurch nicht vernachlässiget werden, sondern nur gewinnen.

Je mehr nun jeder Lehrer auf diese Art seinen Kreis selbst bestimmen und nach Belieben bald erweitern bald verengern kann, um desto mehr söhnt man sich auch aus mit dem so sehr verschrieenen Honorar. Auch dies muß doch wunderbar genug mit dem Geist und Wesen unserer Universitäten zusammenhängen, weil es sich so beständig, trotz mancher spöttischen Ausfälle der neuesten Verfeinerung, erhalten hat, und man kann wohl sagen, daß das die schlechtesten Universitäten und die schlechtesten Partien jeder Universität sind, wo am meisten das Honorar umgangen wird. Zuerst gehört es zu den wenigen Einrichtungen, worin sich die Universität als aus einer ganz freien Privatvereinigung von Gelehrten entstanden darstellt. Weil dies nun ihre natürlichste und schönste Seite ist, so hat auch gewiß das Verhältnis, sich seinen Unterricht bezahlen zu lassen, nie einem Lehrer, der es nicht selbst durch niedrige Gesinnung entweihte, in der Achtung der Jünglinge geschadet, noch kann es ihm selbst erniedrigend erschienen sein, da es zugleich das Gefühl seiner Abhängigkeit vom Staat verringert. Daher soll sich auch der Staat in dies Verhältnis gar nicht mischen; er soll das Betragen gegen die Ärmeren dem guten Ton der Lehrer überlassen. Will er vorschreiben, was oder wie oft jeder auch unentgeltlich vortragen soll: so mahnt dies an die schlechtesten Einrichtungen kleiner Schulen, wo das Gemeinere öffentlich und das Seltnere und Höhere in Privatstunden zu lernen ist. Viel besser werden die Lehrer selbst finden, was sich von Zeit zu Zeit dazu eignet, ein solches Gastmahl für eine auserlesene Anzahl zu sein.

Hierher gehören denn auch die Seminarien, welche mit den meisten Fakultäten, der medizinischen, der theologischen, und der philologischen Sektion der philosophischen verbunden zu sein pflegen, und fast überall als eigene Anstalten erscheinen, welche ganz besonders vom Staate gestiftet und begünstiget sind. Die Lehrer, welche ihnen vorstehen, werden dafür noch besonders besoldet, und größtenteils (nur in den klinischen Anstalten der Mediziner ist es nicht üblich) genießen auch die Jünglinge, welche daran teilnehmen, namhafte Vorteile. Es ist schon oben erwähnt, daß diese Seminarien dasjenige sind, wodurch sich die Universität der Akademie nähert, und daß die eignen darstellenden Versuche, die ins einzelne gehenden Studien und Untersuchungen der Jünglinge darin sollen geleitet werden. Daher der innerste Kreis der reinen Philosophie auch nichts von dieser Art aufzuzeigen hat, sondern für ihn die Stelle jener Anstalten eigentlich die Disputierübungen vertreten sollten, welche den Zweck haben, sich in den philosophischen Prinzipien und in den allgemeinen Ansichten recht festzusetzen. Die Seminarien aber schließen sich an die Disziplinen an, welche mehr in das Besondere gehen, und sind dasjenige Zusammensein der Lehrer und Schüler, worin die letzteren schon als produzierend auftreten, und die Lehrer nicht sowohl unmittelbar mitteilen, als nur diese Produktion leiten, unterstützen und beurteilen. Daß in den Seminarien Höheres, als im gewöhnlichen Laufe der Vorlesungen vorkommt, unmittelbar gelehrt werden soll, ist notwendig eine ganz falsche Ansicht. Denn auf alles unmittelbare Lehren haben auf der Universität alle ein gleiches Recht; die Seminarien sind aber ihrer Natur nach immer nur für einen Ausschuß bestimmt. Zwischen ihnen und den Vorlesungen liegen noch die Konversatorien, in welchen die Reaktion des Jünglings zuerst dem Lehrer sichtbar wird; er unterscheidet das minder faßlich Vorgetragene, und gibt es dem Lehrer zur Umarbeitung und Erläuterung zurück; er bringt Zweifel und Einwendungen vor, um sie sich lösen zu lassen. Diese fast wesentliche Form fehlt freilich häufig genug, aber die Lücke muß gewiß sehr fühlbar werden, wo sich nicht etwa eine solche freiere Vereinigung mit in den Seminarien versteckt. Schon bei dieser mehr gegenseitigen Mitteilung erscheinen gewiß nur diejenigen, in welchen der wissenschaftliche Geist sich wirklich regt. Natürlich ergibt sich hier Gelegenheit genug, den Jünglingen Arbeiten anzuweisen, und sie zu Untersuchungen aufzufordern, wodurch sie mehr Licht in einzelne Gegenden ihres Wissens bringen, und die Nebel, von denen sie umfangen sind, zerstreuen, oder die Unbeholfenheit in ihren geistigen Tätigkeiten, welche sie drückt, überwinden können. Nur die ernsteren, hinlänglicher Kräfte sich bewußten, werden den anstrengungsvollen Weg nicht scheuen; und wenn sie das Bedürfnis fühlen, auch auf diesem die Gemeinschaft mit dem Lehrer fortzusetzen, so ist das Seminarium gemacht. Eigentlich also muß jedem Lehrer, welchem es gelingt, eine Anzahl der Jünglinge seines Faches näher an sich zu ziehn, diese Leitung ihrer eignen Arbeiten von ihnen selbst übertragen werden, jeder muß sich sein Seminarium selbst bilden. Diesem natürlichen Gange tritt der Staat in den Weg, wenn er für jede Fakultät *ein* Seminarium stiftet, und dieses mit besonderen Begünstigungen *einem* Lehrer überträgt. Daran, daß der Staat gewöhnlich auf Lebenszeit verleiht, und daß, auch wenn er eine solche Anstalt zuerst stiftet, doch die in Deutschland so sehr herrschende Achtung für das Alter sie dem Ältesten übertragen wird, der zu einem solchen näheren persönlichen Verkehr mit der Jugend, wenn alles Übrige gleich gesetzt wird, der Regel nach der minder geschickte ist, daran wollen wir nicht einmal denken; das größte und sichtbarste Übel ist, daß, wenn *ein* Lehrer mit solchen Begünstigungen versehen ist, der Anteil an den eignen Arbeiten der Jünglinge dadurch ein Monopol wird, und die andern außer Stand gesetzt werden, ihr Verhältnis zu den Jünglingen zur Vollendung zu bringen, und so viel zu nutzen, als sie könnten. Ebenso wenn der Staat eine bestimmte Anzahl von Studierenden, oft schon bald nach ihrer Ankunft auf der Universität, als Seminaristen begünstigt: so zieht er nicht nur die Jünglinge auf eine unreine Art zu dem Lehrer ausschließend hin, der diese Begünstigungen zu verteilen hat; sondern er verfällt auch in den so allgemein dafür anerkannten Fehler, reine Aufmunterungen, die nur selten wirklich aufmuntern, Belohnungen, ehe noch etwas geschehen ist, zu verteilen. Auf diese Art sollte es wohl keine Seminarien geben, sondern der Staat sollte die Unterstützungen, welche er jeder Fakultät zu diesem Behuf bestimmt hat, gemeinsam niederlegen, und jeder Lehrer, welcher einen Kreis von engeren Schülern zu eignen, wahrhaft wissenschaftlichen Arbeiten unter sich vereinigen will und kann, müßte den tüchtigsten unter ihnen einen Teil davon können zufließen lassen. Nur wenn der traurige Fall eintreten sollte, daß kein Lehrer von selbst, und ohne eine besondere Belohnung, Beruf hierzu fühlte, müßte die gesamte Anstalt oder der Staat zutreten. Vielleicht sind die bestehenden Seminarien zum Teil auf diese Art, zum Teil aus dieser Voraussetzung entstanden; auf jeden Fall aber müßte das Monopol in demselben Augenblick aufgehoben werden, wo sich ein anderer Konkurrent zu diesem Geschäft findet.

Nach ähnlichen Grundsätzen, daß nämlich der Staat nie Aufmunterungen und Wohltaten verteilen soll, sondern nur Belohnungen und Ehrenzeichen, muß auch das ganze Stipendienwesen beurteilt und auf seinen ursprünglichen Zweck zurückgeführt werden, da es nur durch die allmählich eingerissene Weichlichkeit in ein Benefizienwesen ist verwandelt worden. Der Student müsse keine anderen Stipendien mitbringen, als die er auf der Schule schon verdient hat, und diese müssen nur so lange dauern, bis er sich auf der Universität neue verdienen kann, damit er nicht, ohne daß es bemerkt und geahndet werde, aus einem trefflichen Schüler ein schlechter Student werde. Alle Unterstützungen müssen nur dem Geprüften, und für ausgezeichnet Erkannten, erteilt werden, und ein Ehrenzeichen begleite sie, so daß sich der Reiche ebensowohl darum bewerbe als der Arme, und nur den Vorteil davon einem andern gern überlasse. Nur so wird der ursprüngliche Zweck erreicht, und Demütigungen und Unterscheidungen vermieden, welche nirgend weniger an ihrer Stelle sind als auf der Universität.

Alles dies setzt freilich voraus, daß die Lehrer der Universität sind, wie sie sein sollen. Allein wie könnte man auch eine andere Voraussetzung als diese bei den wesentlichsten Einrichtungen zum Grunde legen? Es mag vielleicht andere Dinge geben, welche gedeihen können, wenn auch diejenigen, die daran arbeiten, nur durch einen äußern Zwang gehalten und getrieben werden; dieses Werk aber nicht, sondern es kann nur durch Lust und Liebe bestehen, und was ohne diese auch die vortrefflichsten äußeren Gebote und Statuten tun können, kann immer nur ein leerer Schein werden. Wer sich die Aufgabe setzt, eine Universität so einzurichten, daß sie gehen und Dienste leisten müßte, wenn auch die Lehrer kaum mittelmäßig wären, und nicht vom besten Willen, der unternimmt ein töricht Ding. Denn was für den Geist sein und ihn kräftigen soll, das muß auch aus der Kraft des Geistes hervorgehen.

Darum ist nun freilich die erste Sorge die: wie bekommt man Lehrer, welche den rechten Sinn haben, und welchen alle die nötigen Kräfte mit großem Geschick zu Gebote stehen? Wir haben die wesentlichsten Zweige der Universität betrachtet; aber wie erneuern sie sich nun in jedem vorkommenden Fall am besten? Die Erfahrung scheint zu verraten, daß gerade dieser wichtige Punkt noch nicht auf eine der Idee und dem Wesen des Ganzen angemessene Art ist eingerichtet gewesen. Es finden sich überall der Mißgriffe zu viele, als daß man dies glauben könnte; und man darf nicht annehmen, daß die Anzahl tauglicher Männer zu diesem Geschäft so gering wäre, als die Anzahl trefflicher Lehrer wirklich ist; ja es lassen sich ganze Perioden unterscheiden, wo eine Universität mit fast lauter ausgezeichneten, und andere, wo sie mit minder als mittelmäßigen Männern besetzt ist. Dies scheint seinen Grund darin zu haben, daß die Regierung die Sorge für die Besetzung dieser Ämter gewöhnlich *einem* bedeutenden Staatsmanne überläßt. Hat dieser das rechte Talent und den wahren Eifer für die Sache, so wird es ihm nicht fehlen, vortreffliche Männer zusammenzubringen; folgt ihm ein anderer Übelgewählter, so werden auch dessen schlechte Wahlen allmählich statt jener trefflichen eine Reihe von unbedeutenden Männern aufstellen. Ja es ist zu besorgen, daß nur in einem kleinen Staate, der unmöglich die Universität als für seine Bedürfnisse daseiend ansehen kann, der Aufsicht führende Staatsmann lediglich auf die wissenschaftliche Qualität sehen wird; je größer aber der Staat, desto mehr wird er sich verleiten lassen durch die so allgemeine herrschende Ansicht, und den talentvollsten Gelehrten, denen es aber um die Wissenschaft selbst zu tun ist, solche Männer vorziehn, welche sich als Freunde und Meister in der Kunst gezeigt haben, die Wißbegierde der Jünglinge nur zum vermeinten Besten des Staats zu bearbeiten. Sollte man also nicht dieser so schwer zu vermeidenden falschen Richtung, und jener für das Gedeihen der Universität so üblen Veränderlichkeit derselben zuvorzukommen suchen, indem man die Besetzung der Lehrstellen weniger von *einer* Person abhängig machte? Spricht nicht die Natur der Sache dafür, daß, wenn die Wissenschaft nicht untergehn soll, an der Wahl ihrer eigentlichsten Erhalter und Fortpflanzer auch der wissenschaftliche Verein einen bedeutenden Anteil nehmen müsse?

Man sagt freilich, der Kurator der Universitäten sei ja notwendig immer ein wissenschaftlich gebildeter Mann, und nicht minder diejenigen, welche ihm zunächst an die Hand gehen, Mitglieder gewöhnlich des höchsten Kirchenrats oder Schulrates; allein hier tritt nun die Besorgnis ein, daß diese alle je länger je mehr sich vorzüglich als Staatsdiener betrachten werden, und der Wunsch, daß der Anteil des wissenschaftlichen Vereins an dieser Angelegenheit bestimmter und abgesonderter von dem des Staates hervortreten möge. Auch darauf kann man freilich erwidern, es stehe jeder Universität frei, diese Wahl dem Wesentlichen nach ganz in ihre eignen Hände zu bringen und sich aus sich selbst zu erneuern. Denn sie könne aus ihren eigenen Zöglingen Privatdozenten bilden, und wenn diese eine Zeitlang mit Erfolg aufgetreten wären und sich Verdienste erworben hätten, würde der Staat sie gewiß nicht übergehen; und wenn er es auch täte, würden sie doch wirksamer sein auf der Universität als die von ihm angestellten Lehrer. Das heißt aber zu wenig aus der Natur der Sache gesprochen. Ein Privatdozent als solcher wird es nie über einen öffentlich sanktionierten Lehrer, auch nicht über einen solchen, der ihm wissenschaftlich weit nachsteht, davontragen; bleibt er immer ausgeschlossen von der Teilnahme an der innern Leitung des Ganzen, so muß ihm Mut und Lust vergehen, und er wird sich entweder hinwegbegeben, oder sein Talent wird ungenutzt verwelken. Ist also der Staat nicht daran gebunden, solche Männer aufsteigen und einrücken zu lassen, so ist mit dieser Freiheit des Lehrens wenig gewonnen für die Sache der Wissenschaft. Auf der andern Seite aber wäre es wahrlich nicht gut, wenn eine Universität sich so ganz aus sich selbst erneuerte, wie es auch sonst keine gedeihlichen Früchte gibt, wenn in einem Boden immer nur der Same ausgestreut wird, den er selbst hervorgebracht hat; oder wie in Familien, die immer nur unter sich verkehren und heiraten, die Manieren sich versteinern und der Geist verschwindet, so würde auch eine solche Universität immer einseitiger werden und trockener. Eine jede muß vielmehr auf jede Weise auch von den andern auf sich einwirken lassen, und es müsse keiner je an Lehrern fehlen, welche in mehreren wissenschaftlichen Gemeinheiten gelebt haben, um das fremde Gute und die Früchte eines vielseitigen Verkehrs auch den nur daheim Erzogenen mitzuteilen.

Die Universität selbst muß freilich am besten wissen, was sie bedarf, so oft ihr eine Lücke entsteht, oder sie Gelegenheit bekommt, sich zu erweitern; und da man bei ihren Mitgliedern Bekanntschaft voraussetzen darf mit allem, was sich Merkwürdiges auf dem vaterländischen Gebiete der Wissenschaften regt, so muß sie auch wissen, wo sie ihren Bedarf finden kann. Allein leider möchte wohl niemand dafür stimmen, ihr jede Wahl allein zu überlassen; die Universitäten sind im ganzen so berüchtiget wegen eines Geistes kleinlicher Intrigue, daß wohl jeder bei einer solchen Einrichtung von der Parteisucht, von den in literarischen Fehden gereizten Leidenschaften, von den persönlichen Verbindungen die nachteiligsten Folgen befürchten wird. Der Regierung und ihren Repräsentanten, denen freilich diese Versuchungen ganz fremd sind, fehlt dagegen als solchen gar vieles, was zur richtigen Beurteilung gehört, und auch wenn sie schon erworbenen Ruhm zum Maßstab nehmen, werden sie sich oft irren.

Am meisten Schwierigkeit scheinen in beider Hinsicht zu verursachen die Lehrstellen der reinen Philosophie. Denn dieses Gebiet liegt dem Staate am entferntesten, und am wunderlichsten müßte es ihm selbst vorkommen, wenn er entscheiden sollte, wer nun der echteste Philosoph sei, der am meisten begünstiget und hervorgezogen zu werden verdiene. Auch gibt es nichts Verhaßteres auf diesem Gebiete, nichts, was gutes Vernehmen und gegenseitiges Vertrauen so sehr schwächen muß, als wenn eine Regierung Partei nimmt in Sachen der Philosophie, indem sie eines oder das andere der streitenden Systeme ausschließt oder zurücksetzt. Auf der andern Seite aber sind die Universitäten selbst immer der Kampfplatz, wo am heftigsten, und bisweilen bis zur Vernichtung, dieser Streit der Systeme geführt wird, so daß man, wenn ihnen selbst die Entscheidung überlassen wäre, die heftigsten Bewegungen fürchten müßte. Hier scheint kaum eine andere Hilfe zu sein, als eben in jener Freiheit des Lehrens. Wer sich Bahn macht, dem vergönne man Raum; wem es gelingt, nachdem er sich in der gehörigen Form auf einer Universität niedergelassen, den größten Beifall zu erwerben und zu bewahren, und das Talent zur Spekulation aufzuregen, den bekleide man mit dem Charakter des öffentlichen Lehrers ohne Rücksicht auf sein System, ja selbst ohne Scheu vor den Streitigkeiten, die unter gewissen Umständen auf diesem Gebiet einmal nicht zu vermeiden sind. Nur hafte kein öffentlicher Fleck auf seinem sittlichen Ruf, nur sei zugleich von ihm bekannt, daß er auch irgend ein Feld des realen Wissens bearbeitet. Vielleicht ist dies das einzige Gebiet, wo ein Melden, ein Ansuchen um die öffentliche Lehrerstelle von seiten der Konkurrenten stattfinden dürfte, und die Entscheidung zwischen mehreren fast gleich qualifizierten überließe vielleicht der Kurator am besten derjenigen Klasse der Nationalakademie, welche am wenigsten in die Streitigkeiten der Parteien verflochten zu sein und den reinsten Sinn für jedes Talent an sich zu haben pflegt, nämlich der philologischen.

Auf jedem andern Gebiet scheint es weniger schwierig zu sein, wie sich am besten der Staat und der wissenschaftliche Verein in das Geschäft der Besetzung zu teilen haben. Für Stellen, an denen das Interesse des Staates als solchen sich unmittelbar ausspricht, möge der Kurator vorschlagen, mit Zuziehung derjenigen Mitglieder des ihm zugeordneten höchsten Studienrates, welche auf diesem Gebiet die höchsten gelehrten Würden erworben haben — denn andere sollten nie eine Stimme haben in Sachen der Universitäten — und wählen sollte die Fakultät, in welche der Anzustellende eintreten wird, mit Zuziehung derjenigen Sektion der philosophischen, an welcher ihre Mitglieder teilhaben, oder in welche der Anzustellende auch eintreten will. Für solche Lehrstellen aber, welche den wissenschaftlichen Charakter am strengsten beibehalten, schlage die Universität selbst vor etwa drei, wie sie in der Stimmenmehrheit aufeinander gefolgt sind, und unter diesen wähle mit ähnlicher Zuziehung der Kurator. Durch eine Einrichtung dieser Art, wie sie sich auch für jede Universität eigen modifiziere, scheint das Gleichgewicht am besten gesichert, und die meisten übeln Einflüsse abgehalten zu werden.

Aber wäre es nicht fast ebenso nötig zu fragen: wie kann man sich am besten zur rechten Zeit der trefflichen Lehrer wieder entledigen? Wahrlich, niemand spielt eine traurigere Rolle als ein Universitätslehrer, der sich als solcher überlebt hat, der dies fühlt, und doch noch genötigt ist, sein Geschäft fortzutreiben, um nicht in einen dürftigen Zustand zu geraten! Hier sieht man, wie wichtig es einem Staate ist, nur wenig Universitäten zu haben, weil so am besten ein Lehrer während seiner blühendsten Zeit für die spätere einigermaßen sorgen kann, und vor allem wohlbegabte, so daß die Anstalt jedem Verdienten eine ehrenvolle und bequeme Zurückziehung gewähren könne. Aber ebenso wichtig ist gewiß in dieser Hinsicht ein richtiges und freundliches Verhältnis zwischen den Universitäten und der Akademie. Die Gabe der Mitteilung, wie sie der Universitätslehrer haben muß, ist ein zartes Talent, das nur in dem schönsten Zeitpunkte des Lebens sich findet; und wenn sonst Philosophen den rechten natürlichen Anfang und das Ende der Zeugungskraft zu bestimmen sich nicht scheuten, so könnte man auch für dieses Talent wohl festsetzen, daß es in der Regel zwischen dem fünfundzwanzigsten und dreißigsten Jahre anfängt sich zu entwickeln, und rasch seiner schönsten Blüte zueilt, und daß, wer das funfzigste Jahr zurückgelegt hat, einer schnellen Abnahme desselben entgegensehen kann. Nicht sowohl der aus der Wiederholung entstehende Überdruß, wie man meint, bewirkt diese Abnahme; eine solche Wirkung hat der wahre geistvolle Lehrer auf einer wohl eingerichteten Universität erst sehr spät zu befürchten: sondern je mehr die Jugend schon einem ganz anderen Zeitalter angehört als der Lehrer, je weniger er sich ihr in Gedanken assimilieren und eine bestimmte Liebe und Freude mit ihr gemein haben kann, um desto mehr muß sich die Neigung und das Geschick verlieren, sich mit ihr in nähere Verhältnisse einzulassen, und um desto unerfreulicher und unfruchtbarer wird das Geschäft. Wird aber jemand sagen, wer dieses Talent nicht mehr besitze, der sei der Wissenschaft abgestorben? und die Akademie würdige sich herab zu einer Verpflegungsanstalt, wenn sie solche Männer unter sich aufnehme? Ist nicht auch in demselben Maß erst die in einzelnen schwierigen Untersuchungen so oft störende und übereilende Lebhaftigkeit der Phantasie verschwunden, und dagegen die Besonnenheit in ihrer vollen Kraft? Vollbringt nicht eben diese in solchen Jahren noch die herrlichsten Werke? Auch sehnt sich jeder wahrhaft wissenschaftliche Lehrer auf der Universität am meisten in späteren Jahren, je gründlicher er seine Wissenschaft gelehrt hat, um desto mehr nach der Muße des Akademikers, um seine Forschungen ruhiger verfolgen und die schönsten Früchte seiner Meditation zur Reife bringen zu können. Auch an solchen pflegt es nicht zu fehlen unter den Universitätslehrern, welche sich zum Geschäftsleben hinneigen, wenn ihre Lehrgabe anfängt zu verblühen. Für beide muß es einen ehrenvollen und verfassungsmäßigen Übergang geben, wenn die Universität nicht in dem Maß erkranken soll, als mehrere ihrer Mitglieder anfangen schwach zu werden für ihr Geschäft. Denn sollen sie gedeihen, so muß der Lehrer wie der Schüler eine, nur langsamer, vorübergehende Erscheinung sein.

Man sieht leicht, die natürliche Richtung der Universitäten geht dahin, den allmählich vorherrschend gewordenen Einfluß des Staates wieder in seine natürlichen Grenzen zurückzuweisen, und dagegen immer mehr den Charakter des wissenschaftlichen Vereins in diesen ihm zunächst angehörigen Anstalten hervortreten zu lassen. Dies muß also auch von ihren öffentlichen Handlungen gelten, und von den Formen, unter welchen die Universität oder ihre wesentlichen Glieder, die Fakultäten, als ein Ganzes auftreten. Es muß sich allmählich immer genauer trennen, was zum innern häuslichen Leben der Anstalt selbst gehört, von allem, wobei sie selbst oder ihre einzelnen Glieder nur als Mitglieder der bürgerlichen Gesellschaft anzusehen sind. In allem, was zu jenem Gebiet sicher gehört, muß die Universität sich frei und unabhängig ihr Hausrecht selbst bilden, und es nach Beschaffenheit der Umstände verändern können; der Staat kann sich dabei keiner Leitung anmaßen, sondern nur Mitwissenschaft fordern und Aufsicht führen, damit dieses Gebiet nicht überschritten werde. Nur von den Vorteilen und Besitztümern, welche er verliehen hat, mag er Rechenschaft fordern und verlangen, daß sie durch von ihm dafür anerkannte Sachverständige, aus deren Zahl aber doch die Universität muß auswählen können, verwaltet werden. Alles übrige ist Vormundschaft, welche nur in der Kindheit der Wissenschaft an ihrer Stelle sein kann, und gegen welche die natürliche Widersetzlichkeit um so stärker sein muß, je mehr die Universität ihre Mündigkeit fühlt und zu festen Ansichten und einem gründlichen Stil ihres Lebens gelangt ist. Was aber die Formen betrifft, unter welchen sie öffentlich auftritt und ihre Rechte und Ordnungen bildet: so ist die wissenschaftliche Gesinnung unserer Zeit ihrer Natur nach durchaus demokratisch, und das Bewußtsein lebendig, daß alle wissenschaftlichen Männer dem Geiste nach einander gleich sind, und die Geschäfte eines jeden gleich wesentlich dem Ganzen angehören. Je mehr also die Verfassung sich frei gestalten kann, um desto demokratischer wird sie sich bilden. Es sei nun, daß eine persönliche Repräsentation aller eigentlichen Mitglieder den öffentlichen Körper konstituiere, oder ein engerer Ausschuß: der Geist wird immer derselbe sein, und auch der Form nach wird ein Ausschuß immer nur entstehen können durch freie Wahl, um diejenigen in vorzügliche Tätigkeit zu setzen, welche man für die Geschicktesten hält, den gemeinsamen Willen aller zutage zu fördern und auszusprechen. Wo ein regierender Ausschuß durch bestimmtere Qualifikationen feststehend gebildet wird, da muß sich gewiß auch in andern Dingen die zum Grunde liegende aristokratische Gesinnung mit ihren vielfältigen Nachteilen offenbaren, vorzüglich durch Tyrannei gegen aufkeimende Verdienste, durch Haschen nach äußerem Ansehen, durch einen verschrobenen, unwissenschaftlich vornehmen Ton. Die innere demokratische Gesinnung hindert aber nicht, daß die Verfassung äußerlich eine monarchische Form habe, wie wir sie überall und gewiß zu großem Nutzen der Universitäten finden. Denn diejenigen, welche mit ihr verkehren, wenden sich natürlich zunächst an den, von dem die Ausfertigung ausgeht, sei es nun die mündliche oder die schriftliche. Ist dies nun nur ein untergeordneter Beamter, so wird dadurch nur zu sehr eine minder achtungsvolle Behandlung des ganzen Körpers erleichtert. Daher ist es sehr dienlich, daß *einer*, der übrigens innerhalb nur der erste ist unter Gleichen, außerhalb mit der Würde des ganzen Körpers bekleidet, diesen gegen die Staatsbehörden, gegen die einzelnen, und vorzüglich auch gegen die Jünglinge repräsentiere. Dies ist die wahre Idee eines Rektors der Universität, welcher, um dem demokratischen Charakter des Ganzen nichts zu vergeben, aus dem repräsentierenden Körper und von demselben nach bestimmten Formen und auf eine bestimmte Zeit muß wählbar sein. Wo ihn der Staat aber ernennt, vielleicht auf lange Zeit oder lebenslänglich, vielleicht gar auch innerlich ihn mit größern Vorrechten begabt, als nur der erste zu sein unter Gleichen, da ist schon die wahre wissenschaftliche Freiheit gefährdet, und ein verderbliches Übergewicht solcher Ansichten zu fürchten, welche die Wissenschaft zum bloßen Dienst des Staates herabwürdigen. Denselben demokratischen Charakter muß auch die Geschäftsführung einer jeden einzelnen Fakultät haben. Wo ein Präsidium ist, ist es wechselnd entweder durch Wahl, oder, was bei einer kleineren Anzahl natürlicher ist, durch Reihenfolge, und hebt innerhalb die Gleichheit aller nicht im mindesten auf. Wenn man irgend, sei es dem Lebensalter oder dem Geschäftsalter, oder aus sonst einem Grunde einem einzelnen einen inneren Vorzug einräumt: so muß das Ganze notwendig den Charakter der Schwächlichkeit bekommen, der dem Alter eigen ist, oder leiden durch die Abhängigkeit von der Beschränktheit eines einzelnen.

5. Von den Sitten der Universität und von der Aufsicht

Dies ist die größte Klage, welche seit langer Zeit geführt wird über die deutschen Universitäten, daß im ganzen rohe und allen Umgebenden lästige Sitten, daß eine höchst unordentliche Lebensweise der den Wissenschaften obliegenden Jünglinge fast unzertrennlich scheint von ihrer ursprünglichen Gestalt und Verfassung, und daß aus dem in ihr gegründeten Mangel an Aufsicht über eine bis zum Übermut mutige Jugend nicht nur eine Menge kleinen Frevels und Störungen der Ruhe entstehen, sondern auch viele von den vortrefflichsten Einrichtungen dadurch vergeblich gemacht werden, und selbst das Beste auf der Universität ohne Nutzen bleibt: so daß man zweifeln müßte, meinen viele, ob nicht dennoch wegen dieses *einen* Punktes eine Umarbeitung der ganzen bisherigen Form zu wünschen wäre.

Alles durcheinander, was den Gegenstand dieser Beschuldigung ausmacht, ist unter dem Namen der akademischen Freiheit bekannt und verschrieen, von den meisten gefürchtet, wenn es in ihre Nähe kommen sollte, und der Beschreibung nach gehaßt von denen, die sie nicht kennen, oder die vergeßlich und undankbar sind gegen ihre Jugend, vielen aber eine erfreuliche und anmutige Erinnerung an die reichste und kräftigste Zeit des Lebens, und wenigen, welche in den Zusammenhang eingeweiht sind, ein interessanter Gegenstand, und die dabei vorkommenden Schwierigkeiten zu lösen eine wichtige Aufgabe.

Sie hat zwei Seiten, diese Freiheit der Studenten, welche wir abgesondert betrachten wollen. Die eine ist die Freiheit, welche sie in Vergleich mit der Schule, von der sie herkommen, auf der Universität genießen, in bezug vornehmlich auf ihre geistigen Beschäftigungen. Sie sind dabei keiner Art des Zwanges unterworfen; nirgends werden sie hingetrieben, und nichts ist ihnen verschlossen. Niemand befiehlt ihnen, diese oder jene Lehrstunden zu besuchen; niemand kann ihnen Vorwürfe machen, wenn sie es nachlässig tun oder unterlassen. Über alle ihre Beschäftigungen gibt es keine Aufsicht, als nur so viel sie selbst einem Lehrer freiwillig übertragen. Sie wissen, was von ihnen gefordert wird, wenn sie die Universität verlassen, und was für Prüfungen ihnen dann bevorstehen; aber mit welchem Eifer sie nun diesem Ziel entgegenarbeiten wollen, und wie gleichförmig oder ungleich ihn verteilen, das bleibt ganz ihnen selbst anheimgestellt. Man sorgt dafür, daß es ihnen an Hilfsmitteln nicht fehle, um immer tiefer in ihr Studium einzudringen; wie gut oder schlecht sie sie aber benutzen, darüber zieht sie, wenn es auch bemerkt wird, wenigstens niemand unmittelbar zur Rechenschaft. So haben sie also volle Freiheit, sich der Trägheit zu überlassen und den nichtswürdigen Zerstreuungen, und können anstatt eines löblichen Fleißes die schönste Zeit ihres Lebens unverantwortlich verschwenden. Und was für ein großer Schade ist es nicht, meint man, wenn auf diese Art viele Jünglinge ohne bedeutenden Nutzen von der Universität zurückkehren, da sie allerdings viel würden gelernt haben, wenn sie in besserer Zucht und Ordnung wären gehalten worden, und einem heilsamen Zwang unterworfen gewesen.

Allerdings würden manche mehr lernen auf diese Art; allein man vergißt, daß das Lernen an und für sich, wie es auch sei, nicht der Zweck der Universität ist, sondern das Erkennen; daß dort nicht das Gedächtnis angefüllt, auch nicht bloß der Verstand soll bereichert werden, sondern daß ein ganz neues Leben, daß ein höherer, der wahrhaft wissenschaftliche Geist soll erregt werden, wenn er anders kann, in den Jünglingen. Dieses aber gelingt nun einmal nicht im Zwang; sondern der Versuch kann nur angestellt werden in der Temperatur einer völligen Freiheit des Geistes, schon an und für sich, vornehmlich aber unter Deutschen und mit Deutschen. So wie nur durch Liebe und Glauben, und dadurch, daß man ihn empfänglich annimmt für beides, der Mensch kann unter das Gesetz der Liebe und des Glaubens gebracht werden, nicht durch irgendeine Gewalt oder durch einen Zwang äußerer Übungen; so auch zur Wissenschaft und zum Erkennen, welches ihn befreit vom Dienst jeder Autorität, kann er nur kommen, indem man lediglich durch die Erkenntnis und durch kein anderes Mittel auf ihn wirkt, indem man schon die Kraft in ihm voraussetzt, welche ihn entbindet, irgendeiner Autorität zu dienen, als nur insofern sie sein eignes Erkennen wird, und also aufhört Autorität zu sein. Und nun wir Deutsche noch besonders, wir geschworenen Verehrer der Freiheit nicht nur, sondern der Eigentümlichkeit eines jeden, die wir nie etwas gehalten haben von einer allgemeinen Form und Norm des Wissens wie des Glaubens, noch von einer einzigen unfehlbaren Methode dazu zu gelangen für alle, wie können wir anders als annehmen, daß dieser höhere Geist des Erkennens in jedem auf eine eigene Weise hervorbreche? Wie können wir anders als annehmen und durch unsre Einrichtungen dartun, daß dieser Prozeß durchaus auf keine mechanische Weise könne gehandhabt werden, sondern einen ganz entgegengesetzten Charakter, nämlich den der Freiheit, in allen seinen Teilen an sich tragen müsse? Darum können wir alles, was dazu gehört, nicht anders als höchst zart behandeln; darum sind wir überzeugt, es müsse jedem von den Anleitungen, die dazu führen, eine große Mannigfaltigkeit dargeboten werden, und versetzen eben darum alle, denen wir zum Erkennen verhelfen wollen, in eine so große Gemeinschaft der geistigen Anregungen aller Art; darum setzen wir voraus, jeder müsse am besten wissen, wieviel von diesen Anregungen er vertragen und sich aneignen könne; darum wollen wir gern Raum lassen allem, was jedem von innen kommt, als den ersten Spuren und Andeutungen dessen, was wir zu erreichen streben, und wollen keinen darin beschränken, wie er beides miteinander mische und sich in jedes vertiefe; darum lassen wir jeden, soviel es in einer Gemeinschaft möglich ist, auswählen die schönsten und kräftigsten Stunden, und ihn die anderen nutzen, wie er will und kann.

So hängt dieser Teil der studentischen Freiheit innig zusammen mit unserer nationalen Ansicht von der Würde der Wissenschaft, und es müßte uns unmöglich sein, diejenigen anders zu behandeln, welche wir für bestimmt halten, Wissende zu werden. Guter Rat darf nicht fehlen, und die Einrichtung der Universitäten gibt Veranlassung genug, ihn zu erteilen; aber auch die mindeste Spur von Zwang, jede noch so leise bewußte Einwirkung einer äußeren Autorität ist verderblich. Bei einer mechanischen, schulmäßigen Einrichtung würde es ein Wunder sein, gesetzt auch die Lehrer wären alle vortrefflich, und alles übrige ebenfalls, wenn diejenigen, die wirklich fähig sind zur Erkenntnis zu kommen, auf der Universität und durch sie dazu gelangten; denn je mehr sich der Geist der Wissenschaft regt, desto mehr wird sich auch der Geist der Freiheit regen, und sie werden sich nur in Opposition stellen gegen die ihnen zugemutete Dienstbarkeit. Und diejenigen, welche die Natur für die Wissenschaft bestimmt hat, sind doch die würdigsten, die eigentlichsten Glieder der Universität; alles ist um ihretwillen da, alles muß sich auf sie beziehen, und nichts darf gelitten werden, was ihnen schlechthin zuwider sein müßte.

Wir haben freilich gesehn, daß die größere Anzahl immer aus solchen bestehen wird, welche nicht bestimmt sind, in das Innerste der Wissenschaft einzudringen; aber ebenso auch, daß es in dem Geiste der Universität liegt, keinen äußeren Unterschied in der Behandlung beider festzusetzen, sondern von der Voraussetzung auszugehn, als würden alle sich zu jener Höhe erheben lassen. Darum müssen alle sich dieser Freiheit erfreuen, und hievon ist um so weniger etwas nachzulassen, da ja gar nicht folgt, daß diejenigen, die freilich nicht den rechten Nutzen aus ihr ziehen, sie deshalb mißbrauchen müssen als eine Lokkung zur Trägheit und Zerstreuung. Ist doch auf jeder Universität bei weitem die größte die Anzahl der gar nicht genialischen oder sich eigentümlich und auszeichnend entwickelnden, aber doch treuen und fleißigen Jünglinge. Und das ist auch ganz natürlich. Denn diejenigen, in welchen sich keine höhere Kraft regt, und oft wild und verworren genug äußert, ehe sie aus der Gärung in die Klarheit des Bewußtseins übergeht, diese sind desto lenksamer durch alles, was ihnen edel erscheint. Auf sie ist zu wirken durch die Macht der Liebe und der Ehre, in ihnen ist lebendig zu erhalten die Anhänglichkeit an das Haus, an den Staat, an den Beruf, den sie sich vorgesetzt haben, an alles, was Gesetz und Ordnung heißt. Wenn also Eltern und Pfleger Jünglinge zur Universität senden, in denen sie den Genius vermissen, welcher die Freiheit schlechthin fodert; so mögen sie nur dafür sorgen, sie hinzusenden aufs festeste gebunden durch alle diese schönen Bande. Die Universität kommt ihnen ja auf alle Weise zu Hilfe. Sie bietet religiöse Anstalten dar, welche nicht etwa nur um dieser untergeordneten Glieder willen, sondern ebenso sehr auch für die edelsten und trefflichsten, um die Wissenschaft und die innerste Kraft des sittlichen Lebens auf das festeste zu binden, nirgends fehlen sollten; sie vergegenwärtiget in den Entlassungen derer, welche die öffentlichen Zeugnisse ihrer fortgeschrittenen Bildung ausstellen, die Zeit, wo jeder anfängt zu ernten, was er gesäet hat; sie besitzt eben in ihren Seminarien, ihren Preisaufgaben, ihren dargebotenen Belohnungen und Ehrenzeichen sehr kräftige Ermunterungen zum Fleiß und Erweckungen der Ehrliebe. Gibt es aber auf der Universität Jünglinge, welche weder durch diese Mittel zu einem regelmäßigen Studium zu bringen sind, noch kraft jener Freiheit selbst und der durch sie sich entwickelnden innern Lust und Liebe zur Wissenschaft unmittelbar den dargebotenen Unterricht nutzen: so sind dies unstreitig solche, welche gar nicht auf eine Universität, und gar nicht, auch nicht als treue Arbeiter in das Gebiet der Wissenschaft gehören, welche entweder ganz abgeneigt sind der Erkenntnis, oder gar auch einer niedrigen Denkungsart hingegeben. Daß sich dies eher zeigt in diesem Reiche der Freiheit und vielleicht schneller die Oberhand gewinnt, das ist weder für sie selbst, für ihre Sittlichkeit und ihren persönlichen Wert, noch auch für die Gesellschaft ein Verlust zu nennen, welche es lieber darauf wagen muß, daß solche, die schon einen unrichtigen Weg eingeschlagen hatten, die Zeit verlieren, oder eiliger in ihr Verderben gehn, als daß sie denen, auf welchen ihre schönsten Hoffnungen ruhen, das Mittel entziehen sollte, diese wirklich zu erfüllen. Mögen diejenigen zusehn, welche ihre Pflegebefohlenen in diesen reichen und üppigen Boden verpflanzen, wo freilich ganz umkommt, was seiner nicht bedurft hätte, um zu gedeihen! Die Freiheit aber, mit jedem den Versuch zu machen, wie er ihm zusagt, darf weder der Staat noch der wissenschaftliche Körper beschränken. Wenn der letzte schon auf den gelehrten Schulen über der angehenden Jünglinge geistigen Zustand Gutachten ausstellt, welche ihren Pflegern als Rat und Wink dienen können; wenn der erstere die gesetzliche Notwendigkeit, die Universität besucht zu haben, nicht über die Gebühr auch auf solche Geschäfte ausdehnt, die mit der Wissenschaft gar nicht zusammenhängen; wenn er das Vorurteil nicht beschützt, als seien die Universitäten das einzige Mittel, um zu einem gewissen, sehr mäßigen Grade einer ziemlich oberflächlichen geistigen Bildung zu gelangen: so ist alles geschehen, was geschehen konnte, um diejenigen vor der Universität zu bewahren, denen sie verderblich sein muß.

Doch betrachten wir nun auch die andere Seite der studentischen Freiheit. Diese nämlich ist Freiheit in Vergleich mit dem Zustande, welcher auf die Universität folgt, wenn jeder in die bürgerlichen und in die gewöhnlichen geselligen Verhältnisse eintritt. Das Wesentliche dieser Freiheit recht zu fassen, ist eigentlich nicht leicht. Der eigene Gerichtsstand ist wohl nur ein sehr weniges oder gar nichts davon. Auch kann man nicht sagen, daß den Studenten etwa Vergehungen gegen die Gesetze nachgesehen würden, welche in andern Verhältnissen der Strafe nicht entgehen könnten. Vielmehr genießen sie hierunter keiner andern Begünstigungen, als welcher sich die Jugend überhaupt erfreut, ja sie sind noch Strafen ausgesetzt, welche härter sind als alle sonst gewöhnlichen, weil sie, wenigstens der Absicht des Gesetzes nach, einen entscheidenden Einfluß auf die künftige Lebenszeit haben. Ebensowenig ist die Sache in andern bestimmten Vorrechten zu suchen, welche die Studenten als ein eigen privilegierter Stand genössen. Genau genommen möchte das Wesen dieser Freiheit nur darin bestehen, daß die Studenten unter sich von fast alle dem sich frei halten, was sonst in der Gesellschaft Konvenienz ist, daß sie sich an die Sitten nicht binden, denen hernach jeder in dem Stande, welchen er wählet, sich fügen muß, sondern daß sich auf der Universität die verschiedensten Sitten und Lebensweisen auf das freieste entfalten können. Auf der Straße leben und wohnen auf antike Art; sie mit Musik und Gesang, oft ziemlich rohem, erfüllen, wie die Südländer; schlemmen, wie der Reichste so lange es gehen kann, oder einer Menge von gewohnten Bequemlichkeiten bis zu zynischer Unordnung entsagen, wie der Ärmste, ohne eines von beiden zu sein; die Kleidung aufs sorgloseste vernachlässigen, oder mit zierkünstlerischer Aufmerksamkeit eigentümlich daran schnörkeln; eigne Sprachbildung, eigene geräuschvolle Arten, Beifall oder Tadel zu äußern, und ein vorzüglich auf diese ungestörte Mannigfaltigkeit sich beziehender, gewissermaßen öffentlich eingestandener und gestatteter Gemeingeist, dies ist unstreitig das Wesen der studentischen Freiheit, und alles, was sich sonst noch daran hängt, nur zufällig.

So die Sache angesehen, möchte man fast zuerst fragen, warum denn diese Freiheit so übel berüchtiget ist, und warum es sie denn nicht geben soll? Die kleinen Unordnungen und die Verschwendung väterlicher Güter, welche daraus in einzelnen Fällen entstehen, sind Kleinigkeit gegen das, was die Jugend der begüterten Stände, auch ohne alle Universität, in andern Verhältnissen ausübt. Die kleinen Unbequemlichkeiten, welche den Einwohnern eines Universitätsortes daraus erwachsen, müssen eben als ein lokales Übel angesehen werden, deren eines oder das andere es doch überall gibt, und nachteiligen Folgen dieser Art vorzubeugen, ist eine Aufgabe teils für die Polizei, teils für den Einfluß, welchen sich Lehrer und Vorgesetzte müssen zu erwerben suchen. Wenn doch diese Freiheit sich so von selbst bildet, daß sie von dem innersten Geiste der Universität unzertrennlich zu sein scheint; wenn doch hier die Mannigfaltigkeit und Eigentümlichkeit der Sitten um so stärker heraustritt, als in anderen Ständen die Gleichförmigkeit und Charakterlosigkeit überhand nimmt: so scheint sie ja ein heilsames Gegengewicht, welches man müßte gewähren lassen, wenn nicht die wichtigsten Gründe entgegenstehn. Man nehme hinzu, daß in der Art, wie die meisten Menschen sich eingestanden ungern den lästigen Formen fügen, wie die niedern Stände den höhern schmeicheln und sich schmiegen, diese Jünglinge, welche die Wahrheit und das Wesen der Dinge und des Lebens suchen, zunächst nichts anderes sehen können, als Feigherzigkeit, Trägheit, niedrigen Eigennutz. Soll man ihnen nicht vergönnen, hiegegen den Einspruch so stark und so praktisch als möglich auszudrücken?

Doch es ist wahrlich auch sehr leicht einzusehen, warum diese Freiheit stattfinden muß, und daß sie Beziehungen von der größten Wichtigkeit hat. Im allgemeinen ist die Zeit, wo der Mensch sein besonderes Talent unterscheiden lernt, wo er sich seinen Beruf bildet und aus dem Zustande des persönlichen Unterworfenseins, des Gehorsams, in ein selbständiges Dasein übergeht, zugleich auch die, wo sein Charakter sich festsetzt, wo sein Gemüt eine bestimmte Richtung nimmt, und ein bleibendes Verhältnis von Neigungen sich entwickelt. Daß also hier der Übergang zur Selbständigkeit, daß das Werden des Lebens durch freie Wahl sich auch äußerlich ausprägt, ist natürlich, und es zeigt sich dies auch mehr oder weniger in allen Verhältnissen. Bei denenjenigen aber, die sich der Erkenntnis ergeben haben, soll ja diese Entwicklung nicht nur die eigentümlichste sein, weil sie sonst auf einer niedrigeren Stufe zurückbliebe, als ihrem Streben nach Erkenntnis ziemt; sondern sie muß auch, damit nicht das alte Abgedroschene sich bewähre, daß die Gelehrtesten am wenigsten sehen, was vor den Füßen liegt, ebenfalls eine Sache des Erkennens sein, sie müssen sich selbst, wie sie werden, auf das bestimmteste finden. Darum eben sorgt man sie aus der Familie zu entfernen, damit nicht das Gemeinsame derselben die persönliche Eigentümlichkeit zu überwältigen scheine; darum hält man sie noch zurück von der Verbindung mit dem Staate, damit sie dieser großen Gewalt nicht eher anheimfallen, bis sie ihr eigentümliches Dasein, so wie es einem Erkennenden geziemt, festgestellt haben. Dies alles aber würde umsonst sein, wenn sie sich nicht eine Zeitlang in einer Lage befänden, wo sie ganz ihrem eigenen sittlichen Gefühl überlassen sind, wo nichts bloß Äußeres, wie eine in der Gesellschaft, welcher sie noch nicht angehören, gebildete Schicklichkeit für sie allerdings wäre, ihre Neigungen zurückhält, wo sie jede Weise und Ordnung des Lebens versuchen und sehen können, wie mächtig jede Lust und Liebe in ihnen zu werden vermag. Dadurch allein werden sie fähig, in der Folge ihre Stellung und ihre Lebensweise richtig zu wählen, und keine anderen Verbindungen zu knüpfen, als die ihrer

Natur angemessen sind. Die durch diese Freiheit hier zu weit geführt werden, die ihr eignes sittliches Gefühl nicht in solchen Schranken hält, daß sie ihrer Würde nicht verlustig gehen, das sind offenbar auch die, welche gar nicht auf die Universität gehörten, welche diese Würde, deren sie so leicht verlustig gehen, nie besessen haben, und deren, wie man meint hier erst verderbte, Sittlichkeit nichts gewesen ist als ein erzwungenes Werk äußerer Zucht und Gewöhnung. Denn wer in der Tat Wahrheit sucht, und andere sollten doch nicht sein Mitglieder dieser Anstalt, der ist auch in sich selbst sittlich und edel; bei ihm wird auch die Erkenntnis vorzüglich Eingang finden, die ihn das Niedrige als nichtseiend und leer verwerfen lehrt; und wenn ein solcher auch in mancherlei Verirrungen hineingeworfen wird, und so die Gewalt der Natur an sich selbst erfährt, so werden auch diese nicht an ihm verloren, und noch weniger von solcher Art sein, daß man aufhören müßte, ihn zu achten und zu lieben. Die aber keiner andern als einer von außen hervorgebrachten Sittlichkeit fähig sind, werden auch keiner wahren Erkenntnis fähig sein, ja auch nicht der Einsicht und Bildung, welche selbst in den mehr Untergeordneten auf der Universität soll hervorgebracht werden. Wenn sie also Schaden leiden durch die Art, wie sich diese Unfähigkeit offenbart, so ist er nicht den für ihre wahren Mitglieder notwendigen Einrichtungen dieser Anstalt zuzuschreiben.

Aber es lohnt wohl, daß man nicht nur das Innere, sondern auch das mehr Äußerliche dieser Freiheit betrachte, nicht nur was sie für den Charakter ist, sondern auch was für die Sitten. Die Sitten sind der Ausdruck der innern Sittlichkeit, und inwiefern sie sich als etwas Gemeinsames bilden, und als eine Norm für mehrere, sind sie der Ausdruck ihrer gemeinsamen Sittlichkeit, ein Werk des Bewußtseins, welches jede Gesellschaft und jede Abteilung derselben hat von ihren Verhältnissen. Soll nun die Sittlichkeit reiner werden, und das Bewußtsein klarer: so müssen auch die Sitten und das, was für anständig gilt, nicht unveränderlich sein, sondern bildsam, und müssen auch wirklich gebildet werden. Hier ist nun eben der Vorzug und die Eigentümlichkeit von Deutschland, daß von jeher die Bildung der Sitten nicht ausgegangen ist von den äußerlich höheren Ständen, deren Hoheit ja eben auch nur Sitte ist, und also in Frage steht, sondern von denen, welchen vermöge ihres Geschäftes die ursprünglich bildende Kraft der Erkenntnis einwohnen muß.

Diese haben teils in ihrem Kreise unmittelbar den freieren Stil des Lebens eingeführt, der sich von da aus verbreitet hinauf und hinabwärts; teils prüfend entschieden, was von dem Vorhandenen oder anderwärts neu Entstehenden verworfen zu werden verdiene oder angenommen. Die also auf der Universität sich zur Erkenntnis bilden, sind zugleich die, welche in Zukunft auch die Sitten bilden sollen. Können wir nun von diesen verlangen, daß sie immer nur aus Gehorsam in Gehorsam gehen sollen, aus dem des väterlichen Hauses in den der Konvenienz ihrer künftigen Verhältnisse? Sollen sie von Anfang an und immer dem unterworfen sein, was sie bilden sollen? Vielmehr kann ja der Übergang von dem Gehorsam zu ihren bildenden Einflüssen nur der sein durch eine Periode, in welcher sie sich frei fühlen von solchem Zwang, in welcher jeder, eine große Mannigfaltigkeit vor sich habend, seine eigenen Sitten sich frei bildet, wie er sie seinen jetzigen Verhältnissen angemessen findet; nicht damit sie so bleiben, was ja auch nicht geschieht, sondern damit er lerne, auch in künftigen Verhältnissen die Sitte, die er findet, ihnen angemessener gestalten. Darum ist die Universität so notwendig zugleich ein Sammelplatz von Menschen aus den verschiedensten Gegenden; darum arbeitet diese Freiheit, wie sie sich unter uns gestaltet hat, so vorzüglich auf das hin, was uns grade am meisten fehlt, auf den liberalen Ausdruck des Eigentümlichen auch in einer gemeinsamen Form. Wer Gelegenheit gehabt hat zu beobachten, dem wird auch nicht entgangen sein, wie sich die studentische Freiheit als ein wirksames Mittel zu diesem Zwecke bewährt, wie sehr sie, zumal wenn auch die Erkenntnis der Jünglinge auf diesen Punkt gerichtet wird, hilft das Wesentliche und Wahre vom Zufälligen und Leeren unterscheiden, und finden lehrt, was auf der einen Seite notwendig geschehen muß, und was auf der andern höchstens geschehen kann unter den gegebenen Umständen.

Daß die Jünglinge sich hernach anfänglich scheu zeigen und verlegen, daß ihre ersten Versuche in der Gesellschaft oft linkisch ausfallen, ist kein Unglück, und der Fehler würde sich noch eher verlieren, wenn das Verhältnis der Studenten zur Gesellschaft auf der Universität selbst richtiger organisiert wäre. Die Studierenden bedürfen einer großen Abgeschiedenheit von den übrigen; sie dürfen in die Leerheit des gewöhnlichen geselligen Verkehrs nicht hineingezogen werden. Auf der andern Seite aber kann sich nie eine

Klasse von Menschen ungestraft ganz isolieren. Das rechte Maß ist auch hier ein natürliches. Wenn der Umgang der Lehrer mit den Schülern lebendig und auf den rechten Ton gestimmt ist; wenn die Ausgezeichnetern, die allein daran teilnehmen können, auch von allen andern Seiten so qualifiziert sind, daß ihnen ein bedeutender Einfluß auf ihre Gefährten nicht entgehen kann; wenn die Älteren die rechte Gewalt ausüben über die Neulinge, alles ohne dem Wesen der studentischen Freiheit zu nahe zu treten: so wird auch hier das Rechte immer mehr erreicht werden, und das nach jedem vernünftigen Maßstab rohe und ungeschlachte Wesen sich immer mehr verlieren.

Wohl! wird auch dies alles zugegeben, so klagt man noch über zwei große und wesentliche Übel, welche jene Freiheit begleiten, und von welchen unrecht wäre ganz zu schweigen.

Das eine ist, daß die Studenten alles Nichtstudentische in diesen einen großen Gegensatz als Philisterwesen zusammenwerfen, und sich jede nur nicht offenbar straffällige Verhöhnung dagegen erlauben. Dieser herrschenden Stimmung liegt aber etwas sehr Wahres zum Grunde, nämlich der Gegensatz zwischen dem höchsten bildenden Prinzip, welches sie in sich zu entwickeln da sind, und der rohen, gemeinen, der Bildung widerstrebenden Masse, der sich ihnen desto stärker aufdringt, je weniger sie selbst noch in dem lebendigen bildenden Verhältnis zu dieser Masse stehn. Die Verachtung und Härte gegen die widerstrebende sittliche und geistige Roheit sollte man ihnen nur recht tief einprägen, und es ihnen zum Ehrenpunkt machen, in dieser Hinsicht immer Studenten zu bleiben. Wenn sie aber glauben, das bildende Prinzip nur unter sich, und überall sonst die verächtliche Masse zu finden: so ist das der Ausbruch des Übermutes, der zurückgedrängt werden muß, und die natürliche Folge jener zu starken Isolierung. Aber im ganzen kann man auch der Gesamtheit dieser Jünglinge Gerechtigkeitssinn nicht absprechen; das Achtungswerte, was sich ihnen als solches offenbart, wissen sie zu ehren. Man zeige ihnen nur recht viel Edles in recht freien Formen; man sorge nur dafür, daß sie nicht unter denen, die ihnen die Nächsten sind, unter ihren Lehrern, das Gemeine haufenweise erblicken: so wird auch hier der Mißbrauch leicht beseitiget werden, ohne daß das Gute verloren geht.

Das andere ist der Zweikampf, und dieser ist eine höchst natürliche und unvermeidliche Erscheinung. Diejenigen, welche die Wissenschaft suchen und in noch nichts anderes verflochten sind, sind dem Staate mehr als sonst irgend ein einzelner fremd, und können nicht gewohnt sein, einander aus dem Gesichtspunkte des Bürgers zu betrachten. Auch insofern sie damit beschäftiget sind, ihrer Person die höchste Würde zu verschaffen und sich innerlich durch Erkenntnis über alle anderen zu erheben, müssen sie, hinzugenommen das Feuer der Jugend, am reizbarsten sein gegen Kränkungen, die ihrer Person widerfahren, und können weniger als andere in Ehrensachen Recht und Genugtuung vom Gesetz nehmen, da dies fast überall Erörterungen vorschreibt, welche das reizbare Gefühl aufs neue empören — oder Abstufungen in der äußern Würde, und demgemäß auch Verschiedenheiten in der Zurechnung und Strafe der Beleidigungen annimmt, welche sie sich nicht können gefallen lassen. Dazu kommt, daß, so wie in den Augen der der Wissenschaft Beflissenen ihre Person den höchsten Wert hat, sie auf der andern Seite noch durch keine besondere Verbindung verpflichtet sind, ihrer zu schonen, und daß also für das höchste Gut auch der höchste Preis geboten und gewagt wird. Es liegt zutage, daß die Sühne für persönliche Beleidigungen die Aufgabe ist, welche der Staat noch am wenigsten zu lösen weiß, und in allen Ständen offenbart sich die Neigung, sich selbst zu helfen. Aus dem Gesagten erhellt nun wohl, daß, so lange es noch irgend einen Stand gibt, bei welchem der Zweikampf die übliche Form dieser Selbsthilfe ist, gewiß auch auf der Universität keine andere wird gebräuchlich sein, und daß in Zukunft wie bisher alle Anstalten, ihn abzuschaffen, vergeblich sein werden, bis etwa auf einem andern Wege die Gesetzgebung und das herrschende Ehrgefühl einander näher gekommen sind. Tragische Ausgänge sind auch so selten, daß man bei weitem weniger Aufheben von der Sache machen würde, wenn nicht unter den bürgerlichen Ständen eine panische Furcht herrschte vor dem Gedanken an das Klirren der Degen. Daß jedoch großer Mißbrauch mit dem Zweikampf getrieben wird, läßt sich nicht leugnen, auch wenn man die Sache selbst als unvermeidlich ansieht. Aber eben gegen diese Mißbräuche ließe sich viel tun, wenn man nicht so hartnäckig darauf bestände, alle Mittel, die man in Händen hat, nur an der vorderhand unmöglichen Abstellung zu verschwenden. Vorzüglich müßten alle gymnastischen Übungen und namentlich das Fechten unter öffentlicher Autorität kunstmäßig bis zur höchsten Vollkommenheit getrieben werden. Dadurch würde der Zweikampf nicht nur minder gefährlich werden, sondern auch, indem jeder sich den Ruf der Gewandtheit, der Stärke, des Mutes schon durch die Übungen erwerben könnte, würden die Trefflichsten es am leichtesten verschmähen dürfen, für jede Kleinigkeit Genugtuung zu fordern, weil doch niemand es auslegen könnte als Feigherzigkeit, und so würde das Ehrgefühl selbst von innen heraus sich allmählich berichtigen. Ja auch viele Veranlassungen zum Schlagen würden wegfallen. Denn auch hier zeigt sich, welch eine gefährliche Sache es ist, wie ein alter Weiser sagt, die Seele zu üben ohne den Leib. Weil es auf den Universitäten so viele gibt, die dieses tun, so entsteht eben daraus auch das Entgegengesetzte, daß viele wiederum den Leib üben ohne den Geist, und in diesen bildet sich dann das äußere Ehrgefühl des Standes, welchem sie angehören, auf eine desto herbere und leidenschaftlichere Art bis zur wirklichen Schlagesucht. Ist hierin das Gleichgewicht hergestellt, so werden nur noch wenige Fälle übrig bleiben für unvermeidlichen Zweikampf. Anerkennen kann der Staat, und selbst die Korporation der Universität, insofern sie gerichtliche Funktionen ausübt, freilich auch diese nicht; aber sie wird dann die Maßregel, die Zweikämpfe so viel möglich zu ignorieren, wenigstens auf diejenigen nicht mehr anwenden dürfen, welche die gymnastischen Übungen verabsäumt und sich geschlagen haben, ohne ausgelernte Fechter zu sein, auch auf diejenigen nicht, welche den bei weitem zufälligeren Schuß dem Gefecht vorziehen. Dadurch würde, bei gehöriger Wachsamkeit, ohne dem Ehrgefühl zu nahe zu treten, dieses gefährliche Spiel bald in die möglichst engen Schranken zurückgewiesen werden.

6. Von Erteilung der gelehrten Würden

Dies ist unstreitig die am meisten veraltete Partie unserer Universitäten. Die scholastische Form der Disputationen ist zu einem leeren Spielgefecht geworden: und da man es auch mit dem übrigen durchgängig nicht sonderlich genau genommen hat, so ist der Kredit fast aller auf der Universität erteilten Würden tief unter den Punkt der Satire herabgesunken. Es fehlt nur noch, daß man es als einen Maßstab der größten Schnelligkeit angäbe, wie ein Student sich in einen Doktor der Philosophie verwandelt. Der größte Beweis aber dieses allgemeinen Mißkredits ist, daß häufig der Staat diese Würden nicht einmal für zureichend hält, um den Besitzern ohne weitere Prüfung die Praxis in den Gerichtshöfen oder auch die ärztliche zu verstatten, was in der Tat eine solche Unzufriedenheit desselben mit den Universitäten voraussetzt, daß man sich nur wundern muß, wie er sie doch sonst anerkennt und unterstützt. Fast nur in den ehemaligen kleinen Reichsländern und Reichsstädten, die selbst keine Universitäten haben, gleichsam als ob dies nur bei minderer Kenntnis der Sache möglich wäre, hat sich noch die Achtung für diese Würden erhalten, welche der Idee derselben angemessen ist. Und doch geschehen diese öffentlichen Erklärungen großenteils für den Staat und in Beziehung auf ihn. So geht es, wenn ein Institut das klare Bewußtsein seines Zweckes sich nicht erhält, und also verfehlt, sich allmählich nach Maßgabe desselben umzubilden. Dann ist ihm späterhin nicht anders mehr zu helfen als durch große durchgreifende Reformen; und nur durch diese könnte auch den Graden, welche die Universität erteilt, ihr verlorenes Ansehn wieder verschafft werden.

Die wahre Bestimmung der gelehrten Würden ist leicht einzusehn, wenn man sich an das bisher Gesagte hält. Soll es einen wissenschaftlichen Verein geben als eine äußere Gesellschaft: so muß es auch eine äußere Handlung geben, durch welche der Einzelne aus der übrigen Masse abgesondert und in denselben aufgenommen wird. Da nun auf der gelehrten Schule diese Sonderung nicht streng und eigentlich erfolgen kann, sondern auch zur Universität noch alle diejenigen müssen zugelassen werden, welche sich auf der Schule nur ein vorläufiges Recht erworben haben, nach dieser Aufnahme zu streben: so kann diese Handlung nur nach zurückgelegter Laufbahn auf der Universität erfolgen. Natürlich aber ist die Aufnahme selbst und die Entscheidung über die Würdigkeit auf das genaueste verbunden, und die letztere kann nur dadurch entstehen, daß durch die Tat selbst ein einstimmiges Urteil des Aufzunehmenden und derer, welche den wissenschaftlichen Verein dabei repräsentieren, sich bilde. Hieraus erklärt sich auch die Form dieser Handlungen im allgemeinen. Es muß dadurch dokumentiert werden, daß der Einzelne den Geist der Wissenschaft als Prinzip in sich aufgenommen hat; dies geschieht durch das Gespräch, durch die Disputation, wodurch er veranlaßt wird, seine Denkungsart und das Innere seiner Ansichten zu eröffnen, und zu zeigen, welcher Kombinationen er fähig ist. Dabei liegt der alte Satz zum Grunde, daß die dialektische Konsequenz bewähren müsse, ob etwas Aufgestelltes in wissenschaftlichem Geist hervorgebracht sei oder nicht. Es soll aber auch ferner dokumentiert werden die Fähigkeit des Aufzunehmenden, die Wissenschaft weiter zu bilden. Darum muß er auch bewähren, wie er in einem einzelnen Felde des realen Wissens einheimisch, und mit dessen Fortschritten sowohl als dessen Bedürfnissen bekannt ist; und dies soll eben geschehen durch die abzufassenden Dissertationen oder durch die eigentlichen mündlichen Prüfungen. So kann es nicht fehlen, daß in dem Aufzunehmenden, wenn nicht eine von beiden Parteien bösen Willen hat, ganz dasselbe Urteil entsteht wie in seinen Richtern. Denn mit dem Produkt zugleich, welches ihnen die Anschauung von seinem Zustande gibt, muß sich auch sein eigenes Selbstgefühl dem analog entwickeln. Die eigentliche Aufnahme besteht nur in symbolischen Gebräuchen, welche die Handlung beschließen.

So erscheint die Sache ganz einfach; allein sie wird weit verwikkelter, wenn man sie näher betrachtet. Auf die Universität nämlich gehen viele, die sich zwar nicht durch lebendige Vereinigung des wissenschaftlichen Geistes und des Talentes zu wahren Mitgliedern des wissenschaftlichen Vereins ausbilden, aber doch vermöge ihres Talentes eine Menge von Kenntnissen einsammeln und Fertigkeiten erlangen, und so viel Ehrfurcht und Anhänglichkeit gewinnen für das, was auf dem eigentlich wissenschaftlichen Gebiet vorgeht, daß man erwarten kann, sie werden sich in der Anwendung ihrer Talente durch die wissenschaftlichen Geister leiten lassen. Dies sind Arbeiter auf dem Gebiet der Wissenschaft. Ob nun diese als Mitglieder des Vereins sollen angesehen, und also auch, wiewohl in einem andern Sinne und auf andere Weise, darin aufgenommen werden, oder ob er sie nur durch vorteilhafte Zeugnisse seinen Mitgliedern als brauchbare Werkzeuge für bestimmte Fächer empfehlen soll, das hängt schon davon ab, in wie strengem oder weitem Sinne der Begriff dieses Vereins gefaßt wird, und kann recht sein so oder so. Aber auch unter den wahren Mitgliedern zeigt sich ein Unterschied für den wissenschaftlichen Verein. Ihr Talent nämlich kann, wie wir zu sagen pflegen, mehr praktisch sein oder mehr theoretisch, und dann auch ihre Gesinnung und Lebensweise mehr gelehrt oder mehr politisch. Die letzteren werden, wie sehr sie auch vom wissenschaftlichen Geiste durchdrungen sind, dennoch mehr darnach streben, das Erkannte auf eine reale Weise darzustellen, die Wissenschaft mit dem Leben zu einigen, und ihre Früchte in dasselbe überzutragen, als daß sie an ihr selbst arbeiten und bilden sollten. Nur diejenigen aber, welche sich das letzte zum Geschäft machen, werden die höchsten sein für den wissenschaftlichen Verein; nur sie werden die Stellen ausfüllen auf der Universität und in der Akademie, und wenn sie an öffentlichen Geschäften teilnehmen, dieses, eben wie jene das Lehren, nur als Nebensache ansehn. Sie allein sind also die eigentlichen Doctores, von denen aber auch in einem höheren Grade muß gefordert werden, daß sie von dem Zustande einer besonderen Wissenschaft genaue Kenntnis, und in der Handhabung derselben großes Geschick beweisen. Hier sind nun vorzüglich die Proben der Gelehrsamkeit an ihrer Stelle, und müssen eigentlich immer von der Art sein, daß sie etwas Merkwürdiges bleiben für dieses Gebiet. Ein Doktor, welcher nicht gleich bei seinem Eintritt in diese Würde eine Spur von seinem Dasein zeichnet, welche allgemeine Aufmerksamkeit erregt und während der Epoche, in der sich die Wissenschaft eben befindet, nie ganz verschwinden kann, ein solcher ist eigentlich seines Namens unwürdig. Was der zu Erhebende mit einer solchen Probe noch weiter verbinden will, zum Beweise seines Talentes für das Lehrgeschäft, welches ihm natürlich anheimfällt, das hängt am besten von ihm selbst ab, ob ein gelehrtes Gespräch oder eine kleine Anzahl von Vorlesungen über einen bestimmten Gegenstand. Oder wenn er dennoch die Form der Disputation wählen wollte, die eigentlich hieher am wenigsten gehört, und nur in den scholastischen Zeiten der Theologie, aus denen sie herübergenommen ist, alles in allem sein konnte: so müßte ihr nur der Zweck untergelegt werden, daß er als Schiedsrichter der eigentlich Streitenden die Gabe zeigte, den Gang ihrer Rede so zu leiten, daß der Gegenstand klar werden müßte, und zu verhüten, daß sie sich nicht durch Mißverständnis immer tiefer verwickelten.

Welches ist nun aber weiter das richtige Verhältnis der Fakultäten in Absicht auf die Erteilung dieser Würden? Daß jene Zeugnisse, oder wenn es als mehr angesehen werden soll: der niedrigste Grad von jeder Fakultät für sich erteilt wird, versteht sich von selbst, da es hiebei nur auf die innerhalb ihres besonderen Gebietes erworbenen Kenntnisse ankommt. Dasselbige gilt von der höchsten Würde der Doktoren, inwiefern diese von dem vorangehenden mittleren Grade sich sondert und allemal auf ihn gepfropft wird. Ohnstreitig ist dies das Richtigste, da jeder, sobald er den wissenschaftlichen Geist in sich lebendig fühlt, auch nach den äußerlichen Zeichen dieses Vorzuges streben wird, jenes andere aber, ob Neigung und Talent mehr auf das Praktische hingehe oder auf das Theoretische, sich gewöhnlich erst später entscheidet. Dann also hat man es wiederum nur mit dem Gebiet jeder besonderen Fakultät bei Erlangung dieser höchsten Würde zu tun, und jede kann also auch unter dieser Voraussetzung für sich verfahren. Ob aber auch jene eigentlich erste Würde, da sie zugleich die Aufnahme in den gesamten wissenschaftlichen Verein ist, und dabei alles auf den Geist und das Vermögen der Erkenntnis überhaupt ankommt, ob diese zu erteilen auch die Sache der einzelnen, mehr positiven Fakultäten sein kann, die nur durch ihre Verbindung mit der philosophischen den wissenschaftlichen Verein repräsentieren können, und sie nicht vielmehr — wo nicht ausschließlich, doch vorzüglich — von der philosophischen Fakultät ausgehn muß, dies ist gewiß sehr zu überlegen. Am nächsten scheint hier die theologische Fakultät sich an das zu halten, was die Natur der Sache erfordert. Die niedrigste Bewährung pflegt sie nur durch Zeugnisse zu beurkunden; von zwei verschiedenen Graden zeigen sich fast nur noch da Spuren, wo sie sich mehr als Spezialschule, und nicht auf eine lebendige Weise mit den andern und der philosophischen zu einer Universität vereiniget zeigt. Bei Erteilung ihrer Doktorwürde aber setzt sie in der Regel die philosophische voraus, und läßt letztere allein auch bei sich den niederen Grad vertreten, natürlich in Voraussetzung der von ihr selbst eingeholten Zeugnisse. Offenbar wenigstens müßte überall bei dieser ursprünglichen Aufnahme die philosophische Fakultät mit zugezogen werden, da keine andere als sie für sich allein die Einheit des wissenschaftlichen Vereins unmittelbar repräsentiert. Innerhalb dieser Fakultät selbst aber tritt wiederum mit wenigen Abänderungen dasselbe Verhältnis ein, welches zwischen ihr und den andern Fakultäten stattfindet, weil sie nämlich in sich selbst auch ein Zentrum hat, die Philosophie im engen Sinne, und nach außen mehrere Seiten, die realen Wissenschaften. Zeugnisse kann sie nur ausstellen über geschichtliche und naturwissenschaftliche Kenntnisse; denn wer von der höheren Philosophie nur Kenntnisse hat, ohne den wissenschaftlichen Geist, abgerechnet, daß nach solchen kaum jemand fragen wird, der hat sie auch nur geschichtlich. Zwei Grade aber müßten in ihr auch unterschieden werden, indem alle, welche von der Universität aus entweder in die Staatsverwaltung oder in die Naturbearbeitung für den Staat in einem großen Sinne eingreifen wollen, billig den wissenschaftlichen Geist in sich müssen ausgebildet haben, dennoch aber manches entbehren können, was dem, der den Beruf des Lehrers fühlt, nicht fehlen darf. In beiden Graden wird jeder immer einen bestimmten Zweig des realen Wissens angeben können, von dem er vorzüglich ausgehn will; weshalb denn außer den Philosophen im engeren Sinne auch diejenigen vorzüglich seine Richter sein mögen, welche diesen Zweig bearbeiten, wiewohl auch das nicht das Ratsamste sein möchte, da doch in der Folge kein Gebiet dem Aufgenommenen verschlossen ist; auf jeden Fall aber werde, wer die Würde eines Doktors erhält, zum Doktor der Philosophie schlechthin ernannt, ohne einen Beisatz, der auf eine einzelne Disziplin hinweiset. Denn die Fakultät, welche vorzugsweise die Einheit aller Wissenschaften repräsentiert, die ohnedies von allen Seiten her genugsam verdunkelt wird, muß auch in ihren feierlichen Handlungen diese Einheit bestimmt aussprechen. Doktoren der Geschichte oder der Ästhetik zu ernennen, ist fremd und lächerlich, und wird gewiß, wenn man es auch willkürlich einführt, nicht bleibend sein und geschichtlich werden.

Was aber nicht wesentlich zu sein scheint bei diesen Handlungen, sondern nur dem früheren Zustande der Roheit und Unwissenschaftlichkeit unserer Sprache angemessen, das ist der durchgängige Gebrauch der lateinischen in allen diesen Geschäften. Gewiß hat diese Einrichtung, weil die größere Menge sich dabei zu mancherlei Verfälschungen versucht fühlen mußte, nicht wenig beigetragen, die gelehrten Würden selbst um ihren guten Ruf zu bringen. Je mehr wir auch Fortschritte machen, um desto mehr muß gewiß jene schon längst abgeschlossene Sprache sich zur wissenschaftlichen Darstellung für uns, außer auf dem philologischen und vielleicht mathematischen Gebiet, unbrauchbar zeigen. Was für Gewinn soll auch entstehn, wenn, was deutsch vortrefflich gesagt werden konnte, in römischer Sprache mittelmäßig auftritt? Es ist genug, wenn außer jenen Gebieten die römische Sprache rein und zierlich bei solchen öffentlichen

Gelegenheiten erscheint, welche mehr eine populäre und schöne, als eine wissenschaftliche und gründliche Darstellung fordern, und wo sich der Redner nach Belieben in dem Gebiet antiker Gesinnung und Ansicht halten darf.

So ohngefähr gestalten sich die gelehrten Würden, rein aus dem Gesichtspunkt des wissenschaftlichen Vereins angesehen; was für Rücksichten aber hat wohl der Staat darauf zu nehmen, oder überhaupt gar keine? Er gesellt sich doch zu der wissenschaftlichen Vereinigung und nimmt sich ihrer an, oder untergibt ihr die von ihm selbst gestifteten Unterrichtsanstalten, um gewiß für die Geschäfte, wozu es deren bedarf, Männer von Kenntnissen und von höherer Bildung zu finden. Stimmt dies wohl zusammen damit, daß er doch hernach dem Urteil dieses Vereins nicht traut, und sich nicht darnach richtet? Es läßt sich unterscheiden für den Staat ein niederer Dienst und ein höherer. Wie wohl es getan ist, auch diejenigen, welche eigentlich für den höheren bestimmt sind, sich dennoch zunächst eine lange Zeit im niedern Gebiet herumtreiben zu lassen; oder wie richtig die Meinung sein mag, daß, wer nur lange genug den niedern Dienst verrichtet hat, auch wohl geschickt sein werde für den höheren: dies gehört nicht hieher zu untersuchen; die Verschiedenheit in der Sache aber ist einleuchtend und bekannt. Im niedern Staatsdienst gibt es ein ansehnliches Gebiet, welches Kenntnisse wissenschaftlicher Art erfordert. Wenn die Universität im Namen des wissenschaftlichen Vereins einem einzelnen das Zeugnis ausstellt, daß er diese besitzt: so weiß ich nicht, was für einen Sinn die Prüfung noch haben soll, welche der Staat durch Beamte über ihn verhängt; so wie, wenn er sich auf das Zeugnis der letztern verlassen will, nicht einzusehen ist, warum er den Besuch der Universität zur Pflicht macht. Diese hinzukommende Prüfung sollte zur Qualifikation des einzelnen gar nicht gehören; sondern nur um zu erfahren, wozu er sich besonders eignet, und wieviel er schon von den kleinen Fertigkeiten und Notizen mitbringt, welche allenfalls auch erst durch die Übung dürfen erworben werden. Für den höheren Dienst bedarf es nicht nur einer Masse wohlerworbener Kenntnisse, sondern auch Übersicht des Ganzen, richtiges Urteil über die Verhältnisse der einzelnen Teile, ein vielseitig gebildetes Kombinationsvermögen, einen Reichtum von Ideen und Hilfsmitteln. Soll dies alles zuverlässig sein und geordnet, so muß, wer sich dieser Gaben rühmt, in das Heilig-

FRIEDRICH DANIEL SCHLEIERMACHER

Kupferstich von Albrecht Schultheiss nach einer Zeichnung von Ludwig Heine

tum der Wissenschaft eingedrungen sein. Darum eröffnet es auch der Staat seinen künftigen Dienern, und will sie nur aus diesem empfangen. Sollten nun nicht eben hierüber auch die Zeugnisse der wissenschaftlichen Anstalten, wenn sie zweckmäßig und streng erteilt werden, das erste sein, worauf der Staat sich verläßt? Das Vorurteil, als ob es etwa einem adlig Gebornen, oder überhaupt der Klasse, welche auf die höheren Geschäfte Anspruch macht, kaum anstehe, einen gelehrten Grad anzunehmen, und ein solcher sich dadurch schon selbst von den Geschäften ausschließe und zum Schulstaube verdamme, kann wohl kaum gerechtfertigt werden, sondern muß verschwinden, wenn Staat und Universität sich selbst und gegenseitig verstehen. Vielmehr sollte der höhere Staatsdienst gerade nur solchen eröffnet sein; diejenigen, welche sich mit dieser Würde ausschließlich in die politische Laufbahn begeben, sollten überall an die Spitze der Geschäfte gestellt zu werden Hoffnung haben, und auch die, welche mit der Würde der Lehrer bekleidet sich vorzüglich den Wissenschaften widmen, sollte doch der Staat als Aufseher, als Ratgeber bei allem, was in ihr besonderes Fach einschlägt, zu gebrauchen wissen. Doch diese Änderung in der gegenwärtigen Praxis müßten die Universitäten selbst vorbereiten; sie müssen ihre gotischen Formen beleben, sie müssen mit den Würden, die sie erteilen, nicht länger ein Spiel treiben und sie mißbrauchen lassen zu leeren Namen.

Anhang
über eine neu zu errichtende Universität

Man sagt, der preußische Staat fühle das Bedürfnis, auch für seinen verminderten Umfang die verlorene ehemalige Friedrichs-Universität durch eine andere, neu zu errichtende zu ersetzen, und man sagt, es sei beschlossen, in Berlin solle sie errichtet werden. Großenteils in dieser Hinsicht sind die vorstehenden Gedanken gerade jetzt niedergeschrieben und bekannt gemacht worden, und sie würden ihren Zweck verfehlen, wenn nicht von einigem wenigstens die Anwendung auf den vorliegenden Fall hinzugefügt würde.

Das Gefühl, welches diesen Entwurf erzeugt hat, ist gewiß sehr richtig und achtungswert. Es beweiset, daß Preußen den Beruf, den es lange geübt hat, auf die höhere Geistesbildung vorzüglich zu wirken und in dieser seine Macht zu suchen, nicht aufgeben, sondern vielmehr von vorne anfangen will; es beweiset ferner ganz bestimmt, was wohl ebenso viel wert ist, daß Preußen sich nicht isolieren will; sondern auch in dieser Hinsicht mit dem gesamten natürlichen Deutschland in lebendiger Verbindung zu bleiben wünscht. Zwei Provinzialuniversitäten hat es bereits. Königsberg für die außerdeutschen, oder vielmehr, da es ja jetzt keine Beziehung mehr gibt, in welcher das eigentliche Preußen weniger deutsch wäre als Brandenburg, für die nördlichen, Frankfurt für die südlichen Provinzen. Aber mehr können auch diese beiden Anstalten ihrer Natur nach nicht werden; auch Frankfurt ist zu abgelegen, um irgend Ausländer an sich zu ziehn, die für eine große Universität von der höchsten Wichtigkeit sind, um die Anlage zu einer hart manierierten intellektuellen Existenz, wie sie im eigentlichen Preußen so sehr auffällt, und wie man sie auch auf den königlich sächsischen Universitäten findet, in Schranken zu halten. Frankfurt war nur gut zu einer Missionsanstalt für die Polen, um welche sich Preußen hoffentlich jetzt weniger bekümmern wird. Auch müßte diese Universität, um sie bedeutend zu machen, durchaus neu geschaffen werden, und warum sollte der Staat die Kräfte, welche dazu gehören, an einem übel gelegenen Ort und an der Umbildung einer durchaus untergeordneten und in vieler Hinsicht schlechten Anstalt, was immer eine ebenso undankbare als schwierige Arbeit ist, verschwenden, da er mit fast gleicher Anstrengung Neues erbauen kann?

Aber warum gerade in Berlin? Potsdam freilich kann wohl kaum einem Sachkundigen einfallen, da eine Universität in einer kleinen Stadt mit dem privilegiertesten Militär und dem Hofe dicht zusammen, der alle Kleinigkeiten notwendig erfahren müßte, in der Nähe der Hauptstadt eigentlich der wunderlichste Gedanke ist, den man haben kann. Allein Brandenburg, Havelberg, mittlere Städte nahe an der Grenze, also gelegen für die Ausländer, und wo man zum Besten der Universität allmählich große Fonds einziehn könnte, dergleichen sollten einem jeden weit eher in den Sinn kommen, als Berlin. Sollte also bei einer so auffallenden Wahl eine Hinsicht auf Vorteile entschieden haben, welche Berlin allein darbietet? Diese sind freilich leicht zu sehn, insofern es in den preußischen Staaten der reichste Sammelplatz ist von Gelehrsamkeit, von Talenten, von Kunstübungen aller Art, insofern es viele Institute in sich faßt, welche die Universität unterstützen und wiederum durch die Verbindung mit ihr neuen Glanz oder einen höhern Charakter bekommen könnten, insofern es zugleich die gebildetsten Formen des Lebens darstellt, und die höchsten Würden, zu denen sich der anstrebende Jüngling in jedem Fache emporschwingen kann, ihm dicht unter die Augen bringt. Allein dies sind Vorteile, deren alle Universitäten, welche für die Wissenschaft und den Staat den meisten Nutzen gestiftet haben, immer entbehrten. Dagegen hat Berlin für eine solche Anstalt eigne, nicht zu verkennende Nachteile, die aus der Weitläuftigkeit der Stadt, der Teurung der Bedürfnisse, der Leichtigkeit der Zerstreuungen, der Mannigfaltigkeit andringender Versuchungen, der Ofensitzerei vieler Jünglinge, die hier schon auf Schulen erzogen, hier auch studieren, und hier gleich in die Verwaltung treten würden, und eigentlich von allen Seiten, könnte man wohl sagen, unausbleiblich entstehen müssen, Nachteile, welche dem großen Publikum am meisten in die Augen leuchten, und welche es der neuen Anstalt, die ohnehin mit mannigfaltiger Eifersucht zu kämpfen hätte, schwer machen würden, Vertrauen zu gewinnen. Sollte also jetzt wohl der Zeitpunkt sein, um jener mehr glänzenden als wesentlichen Vorteile willen einen mißlichen Kampf zu wagen mit diesen Nachteilen? Wer einen so bedeutenden Verlust gemacht hat, der darf nicht leichtsinnig spekulieren, sondern muß mit sichern Unternehmungen von neuem anfangen, um seinen Kredit zu heben.

Schon unter der vorigen Regierung, zu einer Zeit, wo der preußische Staat durchaus kein Bedürfnis hatte, eine neue Universität zu errichten, wurde ein Plan gemacht zu einer großen Lehranstalt in Berlin, welche eigentlich keine Universität sein, aber doch die Dienste der Universitäten leisten sollte, von einem sehr gebildeten Schriftsteller, der Prinzenlehrer gewesen war und zugleich das Schauspiel dirigierte.[1] An Feinheit und an Pracht, wie an höfischer Vornehmigkeit wird es also dem Entwurf nicht gefehlt haben. Zur Ausführung ist er indes nicht gekommen, wenn man nicht eine und die andere, um diese Zeit entstandene Spezialschule ansehn will als Versuche, mit solchen einzelnen Teilen dieses Ganzen — denn auf einen Mittelpunkt und dessen lebendige Kraft mag wohl wenig gerechnet worden sein — den Anfang zu machen, bei denen man am wenigsten in Grenzstreitigkeiten käme mit den bestehenden Universitäten. Die

[1] Gemeint ist Johann Jakob Engel. Seine Denkschrift siehe S. 3—10; vgl. Schleiermachers Brief an Brinkman vom 1.3.1808, S. 208f. (Anm. d. Hrsg.).

Hauptabsicht war ohnstreitig, die gotische Form und das Zunftwesen der alten Universitäten allmählich zu untergraben, vorzüglich aber den sogenannten Studentengeist zu tilgen, der von Furchtsamen für höchst furchtbar und verderblich gehalten wurde. Mit solchen Bildungsversuchen aus heiler Haut, ohne daß ein bestimmtes Bedürfnis bestimmte Maßregeln natürlich erzeugte, und ohne daß man von dem Umzubildenden eine vollständige Ansicht genommen hätte, um sich zu überzeugen, wie das wesentliche Gute und die dermaligen Mißbräuche sich gegeneinander verhalten und worin beide gegründet sind, ist es immer eine bedenkliche Sache. Wer Zeit und Kraft übrig hat und es nicht scheut, mit wichtigen Dingen auch zu spielen, der mag dergleichen wagen. Soll man aber wohl glauben, daß eine weise Regierung unter den gegenwärtigen Umständen einen so entstandenen Plan hervorsuchen werde, dessen Erfinder gewiß durch reife Einsicht in das streng wissenschaftliche Gebiet nicht vorzüglich glänzte, sondern vielmehr durch einseitiges Popularisieren für diesen Gegenstand sich mißempfiehlt, und dessen Hauptabsicht war, einen Geist zu untergraben, den man, mit möglichster Beseitigung seiner Auswüchse und verkehrten Äußerungen, jetzt mehr als je suchen sollte sorgfältig zu bewahren als Einigungsmittel für den besten Teil des künftigen Geschlechtes und als Gewahrsam für echt vaterländischen Sinn? Gewiß, das wollen wir nicht denken, um so weniger, da auch jene ganze Methode, die realen Wissenschaften aus dem Zusammenhang mit der Philosophie herauszureißen, und entweder auf willkürliche Theorien zu bauen, oder in bloße Empirie verwandeln zu wollen, sich unter uns wohl längst überlebt hat.

Es scheint also nichts übrig zu bleiben, um eine solche Wahl für das Locale einer neuen Universität zu erklären, wenn sie sich doch in Berlin nicht eben wesentlich besser befinden wird als anderswo, als daß irgend eine Notwendigkeit vorhanden ist, weshalb sie nur in Berlin überhaupt bestehen kann; und diese ist leicht aufzuzeigen. Denn wenn sie sogleich gestiftet und in Tätigkeit gesetzt werden soll, und wenn ihre Lage allerdings eine solche ist, daß sie sich bei einem kränklichen Anfang kein langes Leben versprechen darf: woher soll sie anderswo alle die Hilfsmittel nehmen, welche einer blühenden Universität notwendig sind? Hätte sie auch Geldkräfte in Überfluß, so sind doch Bibliotheken, Sammlungen von alten Denkmälern, botanische Gärten, anatomische, mineralogische und zoologische Kabinette unmöglich im Augenblicke herbeigeschafft; und wie könnte in unsern Tagen eine Universität mit Auszeichnung in die Schranken treten wollen, der es an diesen wesentlichen Attributen fehlte? Dies ist gewiß eine so einleuchtende Ursache, daß nach keiner andern weiter gesucht werden darf.

Wenn also nicht um irgend einer besondern Pracht und Herrlichkeit willen, sondern nur damit sie unmittelbar leben und rasch gedeihen könne, die Universität in Berlin wohnen soll: so scheinen die Maßregeln, die zu ergreifen sind, einander so untergeordnet werden zu müssen, daß man zunächst für alles dasjenige sorge, was der Universität zum selbständigen Dasein notwendig ist; dann darauf denke, wie die besondern Nachteile zu vermeiden sind, mit denen eben Berlin ihr vorzüglich droht, und nur erst nach diesem, und insofern dieses Nötigere nicht darunter leidet, dürfte man in Betrachtung ziehen, wie nun auch wiederum die besondern Vorteile, welche Berlin darbietet, recht zu benutzen wären.

Was das erste betrifft: so scheint zunächst schon die Art, wie die gesuchten notwendigen Hilfsmittel in Berlin vorhanden sind, der Unabhängigkeit der Universität nicht günstig zu sein, wenn man nicht durch Machtsprüche eingreifen will in die Ordnungen anderer Anstalten, und das würde ihr wiederum Haß zuziehen. Wo die Universität keinen andern Gebrauch zu machen hat, als der dem qualifizierten Publikum überhaupt verstattet ist, da ist sie in der Tat auch nur als eine Vermehrung desselben anzusehn, und die Sache hat keine Schwierigkeit. So müßten, was die Bibliothek betrifft, die Studierenden besondere Lesezimmer haben in dem Universitätsgebäude, und die Bücher von der Bibliothek allemal auf den Namen eines Professors oder der Universität überhaupt dorthin geholt werden. Nur müßte man freilich allmählich auf eine eigne Handbibliothek aus solchen Werken denken, nach denen die Nachfrage besonders häufig sein muß, und die doch auf der Königlichen Bibliothek für das übrige Publikum nicht fortdauernd können entbehrt werden. Bei andern Instituten könnte man es für die beste Auskunft halten, die gegenwärtigen Aufseher derselben zu Professoren ihrer Wissenschaft bei der Universität zu ernennen, und was könnte man in der Tat dieser Besseres wünschen, als einen *Willdenow* zu besitzen für die Botanik, und einen *Karsten* für die Mineralogie?

Allein teils ist damit nicht für immer geholfen, wenn neben der Universität noch die Bergakademie bestehen soll, und das medizinisch-chirurgische Collegium; und es wären dadurch entweder der Universität oder diesen beiden Korporationen, die unter ganz anderer Aufsicht stehen und eine ganz andere Bestimmung haben, die Hände gebunden für die Zukunft; teils ist es dem echten Geist einer Universität zuwider, daß nur *einer* ausschließend befugt oder instand gesetzt sein soll, eine Wissenschaft zu lehren. Hier entsteht also die freilich schwierige, aber doch auch nicht unauflösliche Aufgabe, solche Instruktionen zu entwerfen und solche Garantien zu geben, daß die Universität nichts aufgeben müsse, was ihre Natur wesentlich erfordert, und doch auch in frühere bestimmte Rechte so wenig als möglich eingegriffen würde. Ähnliches würde vielleicht geschehen müssen in Absicht des anatomischen Kabinetts und der Tierarzneischule, wiewohl letztere sich wohl am leichtesten und vorteilhaftesten auf gewisse Weise mit der Universität vereinigen ließe.

Doch nicht nur in Beziehung auf die Hilfsmittel, sondern auch auf die Personen der Lehrer und Schüler, ist es eine Aufgabe, die leicht verfehlt werden kann, der Universität ihre Unabhängigkeit gleich anfangs zu sichern. Wenn man nämlich etwa das Personal der Lehrer, ich will nicht sagen ausschließend, aber doch größtenteils aus solchen Gelehrten zusammensetzen wollte, die bereits in andern Verhältnissen in Berlin leben: so würde es, wie vortrefflich auch die Männer sein mögen, mit dem freien Dasein der Universität nur schlecht bestellt sein. Es ist bekannt, wie gefangennehmend das Geschäftsleben ist, zumal ein genau ausgearbeitetes und spitzfindig eingerichtetes, und Gelehrte, die einmal in dieses eingelebt sind, werden immer ihre Anstellung bei der Universität nur als eine Nebensache ansehn, nicht viel anders als die Vorlesungen, welche sie schon jetzt zu halten gewohnt sind. Hiezu kommt, daß sie durch ihre andern Geschäfte mit der Zeit beschränkt sind auf eine Weise, die mit der natürlichen Ordnung der studierenden Jünglinge nicht wohl vereinbar ist. Dasselbe gilt von denen, welche auf höheren oder besonderen Schulen als Lehrer angesetzt sind, und diese müßten sich überdies noch zwei ganz verschiedene Methoden des Lehrens aneignen, was schwerer sein mag, als man glaubt. Von solchen Kollisionen darf die Universität nicht abhängen; und überhaupt, wäre sie für die meisten Lehrer nur eine Nebensache, so würde sie es bald auch für die Schüler sein; sie würde trotz alles Vortrefflichen, was sie in sich vereinigte, nur wenig Vertrauen finden und auch wenig verdienen, weil sie bald gewissen administrativen Kollegien gleichen würde, in denen es auch nie an vortrefflichen Männern gefehlt, über die man doch aber immer geklagt hat, eben weil sie für alle diese Männer nur eine Nebensache waren. Gewiß ist es durchaus notwendig, Lehrer anzusetzen, welche kein anderes als gelehrtes Geschäft treiben, und auch nicht nötig haben, sich um ein anderes, am wenigsten administratives, zu bewerben, und welche zugleich schon als Universitätslehrer Übung und Ansehn haben, und zwar in solcher Anzahl, daß das Wesentliche in jeder Fakultät durch sie allein könnte gedeckt werden; und nur in diesem Fall wird man sagen können, daß die Universität auf festen Füßen steht. Endlich darf die Universität auch nicht, und zwar unter den gegenwärtigen Umständen am wenigsten, abhängen von der Wohlhabenheit der Eltern, welche glauben, ihre Söhne für einen Aufenthalt in Berlin hinreichend versorgen zu können. Auf diesem Wege würde man nur eine kleine Anzahl zierlicher und vornehmer, oder üppigreicher und lockerer Studierenden bekommen, deren größter Teil den Lehrern, welche es mit der Wissenschaft redlich meinten, eben nicht viel Lust und Liebe einflößen würden. Noch keine Universität hat ohne einen Unterstützungsfonds bestanden, und ein solcher müßte vorzüglich für Berlin herbeigeschafft werden. Würde er nach den oben aufgestellten Grundsätzen verwaltet: so würde die Besorgnis wegfallen, daß durch Unterstützungen nur ungeschickte und unerzogene Arme herbeigelockt würden. Besonders zweckmäßig aber wäre es für Berlin, wenn alle Unterstützungen nicht sowohl in barem Gelde beständen, als in unentgeltlicher und zugleich ehrenvoller Darreichung wesentlicher Bedürfnisse, Wohnung, Speisung, Heizung. Dadurch würde auch am leichtesten der Privatreichtum angelockt werden, zu diesen Unterstützungen beizutragen. Allein nicht nur für das wahre Bedürfnis muß gesorgt werden, sondern auch für die großenteils ungegründete Furcht der Auswärtigen vor einer unmäßigen Teurung in Berlin muß etwas geschehen. Viel tut freilich schon die Hoffnung, daß jeder Fleißigste und nicht nur der Ärmste an den öffentlichen Unterstützungen Anteil nehmen kann. Dann sorge man dafür, daß unter öffentlicher Autorität wenigstens für den Anfang einige Personen die Vermittlung zwischen den Studierenden und den Hausbesitzern und Speisewirten übernehmen, billige Kontrakte abschließen, und die verschiedenen Preise, welche sie halten können, gehörig bekannt machen, damit jeder die Sicherheit habe, bald und leicht zu finden, was seinen Vermögensumständen angemessen ist. Auch dieses muß man noch verhüten, daß nicht zu sehr überhandnehme das Unterrichterteilen der Studierenden, um sich Erleichterung zu verschaffen. Dies ist freilich in Berlin verderblicher als anderswo. Am besten aber geschähe dies durch Vorkehrungen, die nicht von der Universität ausgehen müßten, sondern von der Behörde, welcher die Aufsicht über den Unterricht überhaupt obliegt.

Wie dieses schon eine Zerstreuung ist: so möchte man im allgemeinen die mannigfaltigen Gelegenheiten zu Zerstreuungen aller Art obenanstellen unter den Nachteilen, die in Berlin vorzüglich zu befürchten sind. Auch hiemit möchte es aber so arg nicht sein, als man glauben will. Das Sehenswürdige der Stadt selbst und ihrer Umgebungen, und alles, was man unter dem Namen der Merkwürdigkeiten begreift, ist nur gefährlich durch die Neuheit, also nur für die erste Zeit, und es gibt gewiß keine Universität, wo nicht den meisten über solchen Neuigkeiten ein Teil von dieser verloren ginge. Natürlich wird sich auch die Universität in einem Teile, und wahrscheinlich nicht in der glänzendsten Mitte der Stadt zusammendrängen, und der Fleißige leichter, was in den übrigen vorgeht, ignorieren können. Von allen Ergötzungen aber und Lustbarkeiten, welche ebenso viel Aufwand fordern, als sie Zeit kosten, die theatralischen und musikalischen Darstellungen an der Spitze von diesen, ist eben des Aufwandes wegen wenig zu besorgen. Wenn nur der Studierende außer stand gesetzt ist, seine notwendigen Bedürfnisse fortdauernd unbezahlt zu lassen und den größten Teil seiner Zuschüsse an dergleichen Vergnügungen zu verwenden, so wird er bald auf ein für seine Zeit gar leidliches Maß gebracht sein. Und dies ist gewiß zu erreichen, wenn nur die Gesetze über das Kreditwesen der Minderjährigen wirklich in Anwendung gebracht werden. Dies ist in der Tat in Berlin leichter als anderswo, weil keine Klasse von Bürgern genötigt sein wird, fast ganz von den Studierenden zu leben und also um ihre Gunst zu buhlen. Auch werden schon alle diejenigen jungen Leute sich mehr vor nicht ganz ehrenvollen Schulden hüten, die nun beim Abgang von der Universität ihren Gläubigern nicht entgehen, sondern in Berlin bleiben, um dort ihre erste

Anstellung zu suchen, und dadurch wird bald eine ernstere Ansicht von dieser Sache herrschend werden. Nur daß man ja nicht auf den unseligen Gedanken einer Zahlungskommission komme! Doch man hat ja wohl gesehn, wie wenig Eingang, allen eingezogenen Nachrichten zufolge, sie anderwärts gefunden und wie noch viel weniger sie ausgerichtet hat. Auch ist nichts in der Welt dem Wesen einer Universität mehr zuwider. Soll die Bildung des Charakters mit der des wissenschaftlichen Geistes gleichmäßig fortschreiten; soll der Jüngling sich in dem Maß und Verhältnis seiner Neigungen kennen lernen: so muß er Freiheit haben, auch in seinen Ausgaben jetzt dieses, jetzt ein ganz entgegengesetztes Verhältnis einzuführen; er muß die Bequemlichkeiten sowohl, als die Gefahren der Ordnung wie der Unordnung und was sonst hierher gehört, kennen lernen, damit, wenn er ins tätige Leben tritt, er nicht erfahrungslos erscheine, sondern als ein gemachter Mann, der auch über seine eigene Lebensweise sicher ist. Diese Freiheit ist notwendig, Mißbrauch im einzelnen wird immer stattfinden; aber den gibt es ja auch in den späteren Perioden des Lebens, und übel wäre uns geraten, und schlecht wäre es um die Regierung jeder Angelegenheit bestellt, wenn uns nichts übrig bliebe, als um des Mißbrauchs willen dem unentbehrlichsten Gut zu entsagen. Sollte unsre Gesetzgebung und Polizei noch nirgends so weit gediehen sein, daß man ihr die reine Aufgabe vorlegen dürfte, den Mißbrauch möglichst einzuschränken ohne die Aufopferung wesentlicher Vorteile?

Dasselbige gilt auch wohl von den Ausschweifungen vorzüglich des Geschlechtstriebes und der Spielsucht, von welchen man unsägliches Unheil fürchtet für eine Universität, die in Berlin wäre. Freilich gefährliche Klippen! allein wohl nicht viel gefährlicher in Berlin als an jedem andern Orte. Es werden immer, solange Berlin eine Hauptstadt bleibt und seinen ehemaligen Charakter nicht ganz verleugnet, viele junge Leute sich dort aufhalten, die reicher sind und mehr üppige Verwöhnungen haben als die Studierenden, und daher werden auch diejenigen Klassen, welche von der Sittenlosigkeit der Jugend leben, ihre Nachstellungen mehr auf jene richten, als auf diese. Dagegen in kleineren Städten die Studenten fast die einzige Jugend sind, welche in Betracht kommt, und alle Künste der Verführung ausschließend gegen sie gerichtet werden; ein Umstand, durch welchen jener Unterschied reichlich aufgewogen wird; wie denn in einer Residenz freilich alles Böse glänzender und verführerischer ist als an andern Orten, aber auch zumal, was von dieser Art das Ausgesuchteste ist und das Glänzendste, die Geldkräfte eines Studenten, der seiner Natur nach überall Liberalität übt, gar bald übersteigt. Daher scheint in dieser Hinsicht nur zweierlei notwendig zu sein. Einmal, daß die Wachsamkeit der Polizei gegen alle Anstalten der Verführung geschärft werde, daß sie sich es z. B. zum Gesetz mache, welches gar nicht ausgesprochen werden darf, ihr sonst so oft vernachlässigtes Recht gegen Spielhäuser mit der größten Strenge auszuüben, sobald Studenten darin angetroffen werden; daß ferner bekannt gemacht würde, Klagen in Unzuchtssachen sollten gegen eine gewisse Klasse junger Leute, unter welche sich die Studenten ganz natürlich subsumieren müßten, gar nicht angenommen werden, und was für ähnliche gute Maßregeln sich sonst nehmen ließen. Dann aber auch müßte alles mögliche geschehen, um die Studenten vor niedrigen Arten des Umganges und der Vergnügungen zu bewahren, und strenge Ehrbegriffe auch in dieser Hinsicht unter ihnen aufrecht zu erhalten. Denn freilich in dem Maß, als sie sich mit dem Niedrigen auf dem Gebiete des Umganges und der Vergnügungen behelfen müßten, würden sie auch den niedrigsten Arten der Verführung preisgegeben und dann sicher verloren sein.

Beide Vorschläge hängen zusammen mit zwei wichtigen Fragen, die wir nicht ganz unerörtert lassen können; die eine ist die: unter welcher Obrigkeit sollen die Studenten stehen? die andre die: wie sollen sie in der Gesellschaft angesehen werden? Was die erste betrifft: so ist wohl jetzt niemand, der nicht die Unzweckmäßigkeit der eigenen Universitätsgerichte einsähe, und man kann sagen, daß sie auf preußischen Universitäten schon seit langer Zeit vorzüglich ist gefühlt worden. Es würde hier zu weit führen, die Sache historisch zu beleuchten, und zu zeigen, wie weit die gegenwärtigen Umstände von denen unterschieden sind, unter welchen diese Einrichtung ursprünglich ist getroffen worden. Auf der andern Seite muß es allerdings ein Mittel geben, gefährliche Subjekte zu warnen und sogar zu entfernen, wenn sie auch noch nichts begangen haben, was eine so strenge Ahndung von seiten gewöhnlicher Gerichtshöfe veranlassen könnte. Daher scheint man beides verbinden zu müssen. Die Studenten seien in allem, was sich zu einer gerichtlichen Klage qualifiziert, der gewöhnlichen Obrigkeit unterworfen; aber es gebe zugleich eine disziplinarische Kommission, aus den Vorstehern der Universität zusammengesetzt, welche nicht nur als Polizeimaßregel mancherlei Strafen, nicht ausgeschlossen die Entfernung der Studenten von der Universität, ausschließend verfügen könne, sondern an welche auch die Obrigkeit angewiesen sein muß, Klagesachen gewisser Art, nachdem sie sie gehörig eingeleitet, immer zurückzuweisen, und dann unter ihre Autorität die Entscheidung der Kommission zu publizieren und auszuführen. Wer diese Maßregel genauer durchdenkt, wird sehn, wie durch sie eine Menge von Schwierigkeiten bei weitem am leichtesten gehoben werden. Nur solange noch ein mehrfacher Gerichtsstand besteht, darf die Obrigkeit der Studenten keine andere sein als die der sogenannten Eximierten. Sie ist die Obrigkeit ihrer Lehrer, und größtenteils das Forum des Standes, dem sie entgegengehn. Ja schon deshalb kann es nicht anders sein, weil man doch den Adligen unter ihnen dies Vorrecht nicht streitig machen könnte, und unter den Studenten selbst alle Spuren von Unterschied des Standes soviel möglich müssen vertilgt werden.

Was aber die zweite Frage betrifft über die Gesellschaftsverhältnisse der Studierenden: so kann freilich weniger die Rede davon sein, was geschehen solle, als was wahrscheinlich geschehen werde, und nach welcher Seite hin man demgemäß die öffentliche Meinung müsse zu lenken suchen. Viele besorgen, der Student werde sich sehr zurückgesetzt fühlen in Berlin, und als ein armseliges, ganz unbedeutendes Wesen erscheinen, und das wäre allerdings ein großer Nachteil. Allein wird nicht jeder bessere Lehrer es sich zur Pflicht machen, seine ausgezeichneteren Schüler in seinen gesellschaftlichen Kreis zu ziehen und ihnen auch dadurch seine Achtung und seine nähere Teilnahme zu beweisen? Werden nicht sehr viele empfohlen sein an Bekannte des väterlichen Hauses? Für alle diese wäre gesorgt genug in dieser Hinsicht, und vielmehr bei der großen gesellschaftlichen Leichtigkeit Berlins nur zu befürchten, daß sich hieran schon zuviel gesellschaftliche Zerstreuungen anknüpfen möchten, und daß durch zu vielfaches und frühes Schmiegen in die gesellschaftlichen Verhältnisse und die eingeführten Sitten der Charakter der studentischen Freiheit verschwinden und die wohltätigen Einflüsse derselben verloren gehen möchten. Auf der andern Seite wäre dies gesellschaftliche Verkehr freilich nicht allgemein; die so Vorgezogenen würden leicht von ihren Genossen zu weit entfernt, und die Zurückgesetzten eben dadurch genötigt, sich entweder ganz zu isolieren, oder sich Gesellschaften von untergeordneter, niedriger Art aufzusuchen. Darum wäre es in Berlin ganz notwendig, auch wieder das Untersichsein der Studenten, wo der eigene und freie Stil des Lebens seinen Platz hat, und ihren eigenen Gemeingeist zu befördern, notwendig, sie fühlen zu lassen, daß sie schon als Studenten, als diejenigen, auf denen die wichtigsten Hoffnungen des Vaterlandes ruhen, eines Grades von öffentlicher Achtung und Aufmerksamkeit genießen, deren sie sich nicht unwürdig machen dürfen, und deshalb zweckmäßig, daß man die landschaftlichen Verbindungen, welche sich um so zuverlässiger bilden werden, als das Ganze den Charakter der Universität trägt und als die gymnastischen Übungen an der Tagesordnung sind, mit Klugheit dulde und leite, daß man nicht jede Art, sich äußerlich auszuzeichnen, verbiete, und daß man erlaube, daß bei gewissen Gelegenheiten die Studenten als Korporation öffentlich auf eine ehrenvolle Art erscheinen und repräsentieren dürfen. Auf solche Weise wird man am besten ihr ganzes Verhältnis zur übrigen Gesellschaft in die rechte Temperatur setzen.

Indem auf diese Weise der eigentümliche Geist der Universität und die notwendige Freiheit der Studierenden beschützt und erhalten werden, verschwinden zugleich zum Teil wenigstens die üblen Folgen davon, daß immer ein ansehnlicher Teil der Jünglinge seinen Aufenthalt nicht verändert und auf der Universität wie auf der Schule dem elterlichen Hause einverleibt bleibt. Denn um an der Achtung, welche die Korporation genießt, teilzunehmen, werden sie sich zu dieser halten müssen, indem der leichte Spott über diejenigen, die sich ausschließend auch in der Universitätsperiode an die Familie halten wollen, von dem echten Studentensinn, wenn er sich frei entwickeln darf, unzertrennlich ist. Auch die Verwandlung der öffentlichen Unterstützungen in Speisung und Behausung wird einiges beitragen, um einzelne aus dem beschränkten Familienleben herauszureißen, und darum sollte man vorzüglich auch allen für Berliner bestimmten Benefizien diese Einrichtung geben.

Sind nun im allgemeinen die ursprünglichen Einrichtungen in dem Sinne festgesetzt, um das unabhängige Bestehen der Universität zu sichern und die nachteiligen Verhältnisse, die in Berlin für sie eintreten, möglichst zu beschränken: dann erst und wenn sich das Wesentliche so bewährt hat, kann man fragen, wie nun auch die besondern Vorteile, welche Berlin darbietet, möglichst können benutzt werden.

Zuerst ist unstreitig Berlin der Ort, an welchem sich auch in Zukunft die Universität am vortrefflichsten mit Dozenten versorgen kann, mit Ausnahme des eigentlich spekulativen Faches, für welches man wahrscheinlich immer am besten tun wird, sie von auswärts zu holen. Was aber die übrigen Zweige betrifft, so ist oben auseinandergesetzt worden, wie bei manchem, der seine erste wissenschaftliche Bildung vollendet hat, unentschieden sein kann, ob er mehr Talent und Neigung habe, seine Einsicht und Gesinnung in der Verwaltung des Staates geltend zu machen, oder auf dem Lehrstuhl. Anderwärts muß dies oft übereilt oder nach bloß äußeren Beziehungen entschieden werden; und ist die Wahl einmal gemacht, so ist sie meistenteils unwiderruflich. An einem Orte hingegen, welcher beides, das Zentrum der Verwaltung und die Universität, in sich faßt, hat jeder Gelegenheit, sich hinreichend zu prüfen; er kann sich beide Schranken öffnen lassen, und sich so lange in beiden versuchen, bis der innere Zwiespalt ihm selbst überzeugend entschieden ist, und sich das eine Talent bedeutend über das andere herausgehoben hat. Ja auch die kürzesten Blüten der Lehrgabe dürfen an einem solchen Ort nicht verloren gehen; sondern in wem sich, wenn er einmal wissenschaftlich durchdrungen ist, vielleicht mitten in den Geschäften der Verwaltung irgend eine eigentümliche Ansicht so weit entwickelt hat, daß er fühlt, er könne eine klare, durchgreifende, aufregende Darstellung davon geben; oder wer in seinen wissenschaftlichen Nebenstunden irgend einen einzelnen Zweig einer Wissenschaft mit Gründlichkeit und mit solchem Erfolg getrieben hat, daß er glaubt durch seine Entdeckungen oder seine eigentümliche Methode auf dem Katheder nützlich zu werden, der kann es besteigen. Ebenso haben wir gesehen, wie gar oft, besonders bei denen, die als Lehrer auf der geschichtlichen Seite der Wissenschaft stehen, wenn das vergängliche Talent des eigentlichen, für die Universität gehörigen Lehrens zu verblühen anfängt, die Neigung zur praktischen und politischen Anwendung der Wissenschaft wieder die Oberhand gewinnt. Nirgends läßt sich nun dieser natürlichen Umwandlung milder und leichter entgegenkommen durch einen allmählichen Übergang, als in der Hauptstadt, so daß auf der einen Seite auch noch die letzten Äußerungen der Lehrgabe genutzt werden können, und auf der andern keiner, dessen Lust und Kraft nicht mehr der Universität gehört, ihr, weil er seine rechte Stelle nicht finden kann, eine unnütze Last sei. Aber freilich wird dieser Vorteil nur in dem Maß erreicht werden können, als der Staat das Vertrauen hat, daß, wer in der Wissenschaft gelebt hat und von Ideen durchdrungen ist, auch die notwendigen empirischen Einzelheiten schnell auffassen, sich leicht in die Kenntnis der Sachen versetzen, und durch ein höheres Talent die Länge der Dienstzeit ersetzen kann; nur in dem Maß, als er in der Organisation seiner ganzen Verwaltung den wesentlichen Unterschied zwischen dem kleinen Dienst und dem großen stärker hervortreten läßt als bisher; und nur in dem Maß, als gleich die Erteilung der gelehrten Würden, als der unentbehrlichen Qualifikation sowohl für einen angehenden Universitätslehrer, als für einen, der in den großen Staatsdienst treten will, auf einen solchen Fuß gesetzt wird, daß sie wieder allgemeinen Kredit gewinnen, und das Vorurteil keine Nahrung findet, daß, wer sich mit ihnen befasse, dadurch zugleich seine Unfähigkeit und Unlust zu Geschäften bekunde. Dann könnte eine Universität in Berlin vor allen andern den Vorzug haben, immer lauter frische, kräftige, lehrlustige und in dem rechten Verhältnis zur studierenden Jugend stehende Lehrer zu besitzen.

Nächstdem kann sie sich auch auszeichnen durch einen Reichtum an Lehrern auch für das Besonderste und für die vom Mittelpunkt der Erkenntnis am weitesten entfernten technischen Disziplinen. Man denke hiebei zunächst an die schon in Berlin bestehenden Spezialschulen, die chirurgische Schule, die Bauschule, die Bergwerksschule; denn Akademien wünschten wir sie nicht nennen zu müssen, wo Unterricht bis ins kleinste des äußern Apparats und der Hilfsfertigkeiten für einzelne Wissenschaften erteilt wird, Unterricht, welcher eigentlich auch dem Studierenden offen stehn muß, damit er selbst seine äußerlichsten Talente versuchen und verhältnismäßig ausbilden kann, und auch die äußerliche Seite des wissenschaftlichen Gebietes kennen lernt. Auf eine mehr zufällige und unsichere Weise könnten diese Anstalten der Universität nützlich werden, wenn nur die bei ihnen angesetzten Lehrer Erlaubnis erhielten, die wesentlichen Disziplinen ihrer Anstalt auch bei der Universität vorzutragen. Vielleicht aber könnte noch etwas Größeres ausgerichtet werden, wenn man die Anstalten selbst auf eine gewisse Weise mit der Universität vereinigte. Jetzt haben sie ein gar besonderes Ansehn. Neben dem Fach, welchem sie zunächst gewidmet sind, haben sie noch Lehrer in allgemeinen Wissenschaften, die mit jenem zunächst zusammenhängen, was sich in der Nähe der Universität hernach wunderlich ausnehmen wird. Man sollte sie vielleicht in zwei Teile teilen; der eine wäre die Schule, und bearbeitete diejenigen, welche sich diesem Fach gewidmet haben, ohne nach wissenschaftlicher Bildung zu streben. Der andere, höhere würde mit der Universität vereinigt; die Zöglinge wären Studenten in vollem Sinn, die Lehrer Professoren, und der Unterricht ganz in den der Universität aufgenommen. Die niedere Klasse könnte ebenso mit den gelehrten Schulen in Verbindung gesetzt werden, und diese mit der Universität selbst durch solche Mittelglieder in eine nähere Gemeinschaft treten, so daß beide, ohne von ihrer Eigentümlichkeit etwas aufzugeben, doch auch wieder als ein Ganzes anzusehn wären, und die Hauptstadt auch hierin das bestimmteste sinnliche Bild von dem Einssein aller Teile im Ganzen aufstellte.

Dasselbige könnte endlich auf der andern Seite auch geschehen in Beziehung auf die Akademie der Wissenschaften. Zwischen dieser und der Universität gibt es, wie wir schon gesehen haben, eine natürliche Gemeinschaft; der Universitätslehrer arbeitet sich allmählich in die Akademie hinüber, und ein großer Teil der Akademiker hat immer noch Zeiten, wo es ihn drängt, im einzelnen die Funktionen eines Universitätslehrers zu versehen. Diese Gemeinschaft könnte hier auf eine höchst wünschenswürdige Weise organisiert werden, ebenfalls ohne daß beide Anstalten äußerlich eins würden und aufhörten, das Eigentümliche ihres Zweckes und Wesens auf das bestimmteste auszusprechen, sondern nur so, daß durch die einzelnen, welche mit Recht beiden angehören, für das Leben ein allmählicher Übergang stattfände und eine freundschaftliche Verbindung beider Anstalten, in welcher sich wiederum die Einheit der ganzen wissenschaftlichen Organisation sinnlich darstellte. Die Einflüsse, welche wir der Akademie und den Akademikern auch auf die Universität zugeschrieben haben, und ihre überall unbeschränkt zu erhaltende Freiheit, sich selbst zu erneuern, sichert hinlänglich gegen die wunderliche Ansicht, als würde dann die Akademie nur eine Versorgungsanstalt sein für abgelebte Professoren; vielmehr wird sie durchaus in der wissenschaftlichen Republik erscheinen als die ehrwürdige Versammlung der Ältesten. Nur muß auch die Universität, indem sie diese wie die vorige Verbindung sucht, nicht erscheinen, als täte sie es aus einseitigem Bedürfnis, als würde sie ohne diese Stützen ärmlich und unscheinbar sein, und als sollten zu ihrem Besten andere Anstalten von ihrer Selbständigkeit aufopfern. Vielmehr muß auch sie unabhängig auftreten und selbständig, und die Verbindung muß eine von beiden Teilen gewünschte Annäherung sein. Denn was abgerungen wird auf diesem Gebiet, ist sicher als unrechtes Gut nie gedeihlich. Darum, wenn man nicht alles verderben will, denke man doch ja anfänglich auf nichts anders, als nur eine Universität zu stiften, die soviel möglich für sich bestehe. Ja, um recht deutlich zu machen, daß es zunächst nicht die Hinsicht auf diese künftigen Vorteile ist, was die Universität nach Berlin bringt, sondern der Drang des Augenblickes: so erkläre man doch am liebsten, sie solle nur provisorisch in Berlin sein, und denke darauf, ihr Kräfte zu sammeln, damit sie alles, was ihr notwendig ist, eigen habe. Sieht man dann, daß die eigentümlichen Nachteile von Berlin sich nicht besiegen lassen: so werde man ja nicht geblendet durch die etwanigen Vorteile, sondern die Universität wandere, so bald sie kann. Es wird ja wohl nicht nötig sein, steht zu hoffen. Aber durch die Kundmachung dieses Entschlusses und die Anstalten, um ihn nötigenfalls zu realisieren, wird die Universität Vertrauen auf ihre Moralität gewinnen, und nach Maßgabe ihrer Unabhängigkeit wird sich auch die Stimmung bilden, durch welche sie sich in Besitz der letzt erwähnten Vorteile setzen kann. Und dann ist eine wissenschaftliche Organisation gegründet, die ihresgleichen nicht hat, und durch ihre innere Kraft sich ein weiteres Gebiet unterwerfen wird, als die jetzigen Grenzen des preußischen Staates bezeichnen, so daß Berlin der Mittelpunkt werden muß für alle wissenschaftlichen Tätigkeiten des nördlichen Deutschlandes, so weit es protestantisch ist, und die Bestimmung des preußischen Staates für die Zukunft von dieser Seite einen sichern und festen Grund gewinnet. Bei einer solchen Aussicht müssen ja wohl kleinliche Rücksichten und Besorgnisse verschwinden, und es bleibt nur zu wünschen, daß die Regierung, welche diesen Entwurf gefaßt hat, sich bald imstande fühle, ernstlich zur Ausführung zu schreiten.

WILHELM VON HUMBOLDT

ÜBER DIE INNERE UND ÄUSSERE ORGANISATION DER HÖHEREN WISSENSCHAFTLICHEN ANSTALTEN IN BERLIN

[1809 oder 1810]

Der Begriff der höheren wissenschaftlichen Anstalten, als des Gipfels, in dem alles, was unmittelbar für die moralische Kultur der Nation geschieht, zusammenkommt, beruht darauf, daß dieselben bestimmt sind, die Wissenschaft im tiefsten und weitesten Sinne des Wortes zu bearbeiten, und als einen nicht absichtlich, aber von selbst zweckmäßig vorbereiteten Stoff der geistigen und sittlichen Bildung zu seiner Benutzung hinzugeben.

Ihr Wesen besteht daher darin, innerlich die objektive Wissenschaft mit der subjektiven Bildung, äußerlich den vollendeten Schulunterricht mit dem beginnenden Studium unter eigener Leitung zu verknüpfen, oder vielmehr den Übergang von dem einem zum anderen zu bewirken. Allein der Hauptgesichtspunkt bleibt die Wissenschaft. Denn sowie diese rein dasteht, wird sie von selbst und im Ganzen, wenn auch einzelne Abschweifungen vorkommen, richtig ergriffen.

Da diese Anstalten ihren Zweck indes nur erreichen können, wenn jede, soviel als immer möglich, der reinen Idee der Wissenschaft gegenübersteht, so sind Einsamkeit und Freiheit die in ihrem Kreise vorwaltenden Prinzipien. Da aber auch das geistige Wirken in der Menschheit nur als Zusammenwirken gedeiht, und zwar nicht bloß, damit einer ersetze, was dem anderen mangelt, sondern damit die gelingende Tätigkeit des einen den anderen begeistere und allen die allgemeine, ursprüngliche, in den einzelnen nur einzeln oder abgeleitet hervorstrahlende Kraft sichtbar werde, so muß die innere Organisation dieser Anstalten ein ununterbrochenes, sich immer selbst wieder belebendes, aber ungezwungenes und absichtsloses Zusammenwirken hervorbringen und unterhalten.

Es ist ferner eine Eigentümlichkeit der höheren wissenschaftlichen Anstalten, daß sie die Wissenschaft immer als ein noch nicht ganz aufgelöstes Problem behandeln und daher immer im Forschen bleiben, da die Schule es nur mit fertigen und abgemachten Kenntnissen zu tun hat und lernt. Das Verhältnis zwischen Lehrer und Schüler wird daher durchaus ein anderes als vorher. Der erstere ist nicht für die letzteren, beide sind für die Wissenschaft da; sein Geschäft hängt mit an ihrer Gegenwart und würde, ohne sie, nicht gleich glücklich von statten gehen; er würde, wenn sie sich nicht von selbst um ihn versammelten, sie aufsuchen, um seinem Ziele näher zu kommen durch die Verbindung der geübten, aber eben darum auch leichter einseitigen und schon weniger lebhaften Kraft mit der schwächeren und noch parteiloser nach allen Richtungen mutig hinstrebenden.

Was man daher höhere wissenschaftliche Anstalten nennt, ist, von aller Form im Staate losgemacht, nichts anderes als das geistige Leben der Menschen, die äußere Muße oder inneres Streben zur Wissenschaft und Forschung hinführt. Auch so würde einer für sich grübeln und sammeln, ein anderer sich mit Männern gleichen Alters verbinden, ein Dritter einen Kreis von Jüngern um sich versammeln. Diesem Bilde muß auch der Staat treu bleiben, wenn er das in sich unbestimmte und gewissermaßen zufällige Wirken in eine festere Form zusammenfassen will. Er muß dahin sehen,

1. die Tätigkeit immer in der regsten und stärksten Lebendigkeit zu erhalten;
2. sie nicht herabsinken zu lassen, die Trennung der höheren Anstalt von der Schule (nicht bloß der allgemeinen theoretischen, sondern auch der mannigfaltigen praktischen besonders) rein und fest zu erhalten.

Er muß sich eben immer bewußt bleiben, daß er nicht eigentlich dies bewirkt noch bewirken kann, ja, daß er vielmehr immer hinderlich ist, sobald er sich hineinmischt, daß die Sache an sich ohne ihn unendlich besser gehen würde, und daß es sich eigentlich nur so damit verhält:

daß, da es nun einmal in der positiven Gesellschaft äußere Formen und Mittel für jedes irgend ausgebreitete Wirken geben muß, er die Pflicht hat, diese auch für die Bearbeitung der Wissenschaft herbeizuschaffen;

daß etwa nicht bloß die Art, wie er diese Formen und Mittel beschafft, dem Wesen der Sache schädlich werden kann, sondern der Umstand selbst, daß es überhaupt solche äußere Formen und Mittel für etwas ganz Fremdes gibt, immer notwendig nachteilig einwirkt und das Geistige und Hohe in die materielle und niedere Wirklichkeit herabzieht;

und daß er daher nur darum vorzüglich wieder das innere Wesen vor Augen haben muß, um gut zu machen, was er selbst, wenngleich ohne seine Schuld, verdirbt oder gehindert hat.

Ist dies auch nichts als eine andere Ansicht desselben Verfahrens, so muß sich doch der Vorteil dann auch im Resultat ausweisen, da der Staat, wenn er die Sache von dieser Seite betrachtet, immer bescheidener eingreifen wird, und im praktischen Wirken im Staat auch überhaupt eine theoretisch unrichtige Ansicht, was man immer sagen möge, nie ungestraft bleibt, da kein Wirken im Staat bloß mechanisch ist.

Dies vorausgeschickt, sieht man leicht, daß bei der inneren Organisation der höheren wissenschaftlichen Anstalten alles darauf beruht, das Prinzip zu erhalten, die Wissenschaft als etwas noch nicht ganz Gefundenes und nie ganz Aufzufindendes zu betrachten, und unablässig sie als solche zu suchen.

Sobald man aufhört, eigentlich Wissenschaft zu suchen, oder sich einbildet, sie brauche nicht aus der Tiefe des Geistes heraus geschaffen, sondern könne durch Sammeln extensiv aneinandergereiht werden, so ist alles unwiederbringlich und auf ewig verloren; verloren für die Wissenschaft, die, wenn dies lange fortgesetzt wird, dergestalt entflieht, daß sie selbst die Sprache wie eine leere Hülse zurückläßt, und verloren für den Staat. Denn nur die Wissenschaft, die aus dem Innern stammt und ins Innere gepflanzt werden kann, bildet auch den Charakter um, und dem Staat ist es ebenso wenig als der Menschheit um Wissen und Reden, sondern um Charakter und Handeln zu tun.

Um nun auf immer diesen Abweg zu verhüten, braucht man nur ein dreifaches Streben des Geistes rege und lebendig zu erhalten:

einmal alles aus einem ursprünglichen Prinzip abzuleiten (wodurch die Naturerklärungen z. B. von mechanischen zu dynamischen, organischen und endlich psychischen im weitesten Verstande gesteigert werden);

ferner alles einem Ideal zuzubilden;

endlich jenes Prinzip und dies Ideal in Eine Idee zu verknüpfen.

Allerdings läßt sich das geradezu nicht befördern, es wird aber auch niemand einfallen, daß unter Deutschen dies erst befördert zu werden brauchte. Der intellektuelle Nationalcharakter der Deutschen hat von selbst diese Tendenz, und man braucht nur zu verhüten, daß sie nicht, sei es mit Gewalt oder durch einen sich freilich auch findenden Antagonismus, unterdrückt werde.

Da jede Einseitigkeit aus den höheren wissenschaftlichen Anstalten verbannt sein muß, so werden natürlich auch viele in denselben tätig sein können, denen dies Streben fremd, einige, denen es zuwider ist; in voller und reiner Kraft kann es überhaupt nur in wenigen sein; und es braucht nur selten und nur hier und da wahrhaft hervorzutreten, um weit umher und lange nachher zu wirken; was aber schlechterdings immer herrschend sein muß, ist Achtung für dasselbe bei denen, die es ahnen, und Scheu bei denen, die es zerstören möchten.

Philosophie und Kunst sind es, in welchen sich ein solches Streben am meisten und abgesondertsten ausspricht. Allein nicht bloß, daß sie selbst leicht entarten, so ist auch von ihnen nur wenig zu hoffen, wenn ihr Geist nicht gehörig oder nur auf logisch oder mathematisch formale Art in die anderen Zweige der Erkenntnis und Gattungen der Forschung übergeht.

Wird aber endlich in höheren wissenschaftlichen Anstalten das Prinzip herrschend: Wissenschaft als solche zu suchen, so braucht nicht mehr für irgend etwas anderes einzeln gesorgt zu werden. Es fehlt alsdann weder an Einheit noch Vollständigkeit, die eine sucht die andere von selbst, und beide setzen sich von selbst, worin das Geheimnis jeder guten wissenschaftlichen Methode besteht, in die richtige Wechselwirkung.

Für das Innere ist alsdann jede Forderung befriedigt.

Was nun aber das Äußere des Verhältnisses zum Staat und seine Tätigkeit dabei betrifft, so hat er nur zu sorgen für Reichtum (Stärke und Mannigfaltigkeit) an geistiger Kraft durch die Wahl der zu versammelnden Männer und für Freiheit in ihrer Wirksamkeit. Der Freiheit droht aber nicht bloß Gefahr von ihm, sondern auch von den Anstalten selbst, die, wie sie beginnen, einen gewissen Geist annehmen und gern das Aufkommen eines anderen ersticken. Auch den hieraus möglicherweise entstammenden Nachteilen muß er vorbeugen.

Die Hauptsache beruht auf der Wahl der in Tätigkeit zu setzenden Männer. Bei diesen wird sich ein Korrektiv, eine mangelhafte zu verhüten, erst bei der Einteilung der Gesamtanstalt in ihre einzelnen Teile angeben lassen.

Nach ihr kommt es am meisten auf wenige und einfache, aber tiefer als gewöhnlich eingreifende Organisationsgesetze an, von denen eben wiederum nur bei den einzelnen Teilen die Rede sein kann.

Endlich müssen die Hilfsmittel in Betracht gezogen werden, wobei nur im allgemeinen zu bemerken ist, daß ja nicht die Anhäufung toter Sammlungen für die Hauptsache zu halten, vielmehr ja nicht zu vergessen ist, daß sie sogar leicht beitragen, den Geist abzustumpfen und herabzuziehen, weshalb auch ganz und gar nicht die reichsten Akademien und Universitäten immer diejenigen gewesen sind, wo die Wissenschaften sich der tiefsten und geistvollsten Behandlung erfreuten. Was aber in Absicht der Tätigkeit des Staates von den höheren wissenschaftlichen Anstalten auch in ihrer Gesamtheit gesagt werden kann, betrifft ihr Verhältnis als höhere Anstalten zur Schule und als wissenschaftliche zum praktischen Leben.

Der Staat muß seine Universitäten weder als Gymnasien noch als Spezialschulen behandeln, und sich seiner Akademie nicht als einer technischen oder wissenschaftlichen Deputation bedienen. Er muß im ganzen (denn welche einzelnen Ausnahmen hiervon bei den Universitäten stattfinden müssen, kommt weiter unten vor) von ihnen nichts fordern, was sich unmittelbar und geradezu auf ihn bezieht, sondern die innere Überzeugung hegen, daß, wenn sie ihren Endzweck erreichen, sie auch seine Zwecke und zwar von einem viel höheren Gesichtspunkte aus erfüllen, von einem, von dem sich viel mehr zusammenfassen läßt und ganz andere Kräfte und Hebel angebracht werden können, als er in Bewegung zu setzen vermag.

Auf der anderen Seite aber ist es hauptsächlich Pflicht des Staates, seine Schulen so anzuordnen, daß sie den höheren wissenschaftlichen Anstalten gehörig in die Hände arbeiten. Dies beruht vorzüglich auf einer richtigen Einsicht ihres Verhältnisses zu denselben und der fruchtbar werdenden Überzeugung, daß nicht sie als Schulen berufen sind, schon den Unterricht der Universitäten zu antizipieren, noch die Universitäten ein bloßes, übrigens gleichartiges Komplement zu ihnen, nur eine höhere Schulklasse sind, sondern daß der Übertritt von der Schule zur Universität ein Abschnitt im jugendlichen Leben ist, auf den die Schule im Falle des Gelingens den Zögling so rein hinstellt, daß er physisch, sittlich und intellektuell der Freiheit und Selbsttätigkeit überlassen werden kann und, vom Zwange entbunden, nicht zu Müßiggang oder zum praktischen

Leben übergehen, sondern eine Sehnsucht in sich tragen wird, sich zur Wissenschaft zu erheben, die ihm bis dahin nur gleichsam von fern gezeigt war.

Ihr Weg, dahin zu gelangen, ist einfach und sicher. Sie muß nur auf harmonische Ausbildung *aller* Fähigkeiten in ihren Zöglingen sinnen; nur seine [so!] Kraft in einer möglichst geringen Anzahl von Gegenständen an, so viel möglich, allen Seiten üben, und alle Kenntnisse dem Gemüt nur so einpflanzen, daß das Verstehen, Wissen und geistige Schaffen nicht durch äußere Umstände, sondern durch seine innere Präzision, Harmonie und Schönheit Reiz gewinnt. Dazu und zur Vorübung des Kopfes zur reinen Wissenschaft muß vorzüglich die Mathematik und zwar von den ersten Übungen des Denkvermögens an gebraucht werden.

Ein so vorbereitetes Gemüt nun ergreift die Wissenschaft von selbst, da gleicher Fleiß und gleiches Talent bei anderer Vorbereitung sich entweder augenblicklich oder vor vollendeter Bildung in praktisches Treiben vergraben und sich dadurch auch für dieses unbrauchbar machen, oder sich, ohne das höhere wissenschaftliche Streben, mit einzelnen Kenntnissen zerstreuen.

Von dem Einteilungsgrunde der höheren wissenschaftlichen Anstalten und den verschiedenen Arten derselben

Gewöhnlich versteht man unter höheren wissenschaftlichen Anstalten die Universitäten und Akademien der Wissenschaften und Künste. Es ist nicht schwer, diese zufällig entstandenen Institute wie aus der Idee entstanden abzuleiten; allein teils bleibt in solchen seit Kant sehr beliebten Ableitungen immer etwas Schiefes zurück, teils ist das Unternehmen selbst unnütz.

Sehr wichtig dagegen ist die Frage: ob es wirklich noch der Mühe wert ist, neben einer Universität eine Akademie zu errichten oder zu erhalten? und welchen Wirkungskreis man jeder abgesondert und beiden gemeinschaftlich anweisen muß, um jede auf eine, nur ihr mögliche Art in Tätigkeit zu setzen?

Wenn man die Universität nur dem Unterricht und der Verbreitung der Wissenschaft, die Akademie aber ihrer Erweiterung bestimmt erklärt, so tut man der ersteren offenbar Unrecht. Die Wissenschaften sind gewiß ebenso sehr und in Deutschland mehr durch die Universitätslehrer, als durch die Akademiker erweitert worden, und diese Männer sind gerade durch ihr Lehramt zu diesen Fortschritten in ihren Fächern gekommen. Denn der freie mündliche Vortrag vor Zuhörern, unter denen doch immer eine bedeutende Zahl selbst mitdenkender Köpfe ist, feuert denjenigen, der einmal an diese Art des Studiums gewöhnt ist, sicherlich ebenso sehr an, als die einsame Muße des Schriftstellerlebens oder die lose Verbindung einer akademischen Genossenschaft. Der Gang der Wissenschaft ist offenbar auf einer Universität, wo sie immerfort in einer großen Menge und zwar kräftiger, rüstiger und jugendlicher Köpfe herumgewälzt wird, rascher und lebendiger. Überhaupt läßt sich die Wissenschaft als Wissenschaft nicht wahrhaft vortragen, ohne sie jedesmal wieder selbsttätig aufzufassen, und es wäre unbegreiflich, wenn man nicht hier, sogar oft, auf Entdeckungen stoßen sollte. Das Universitätslehren ist ferner kein so mühevolles Geschäft, daß es als eine Unterbrechung der Muße zum Studium und nicht vielmehr als ein Hilfsmittel zu demselben gelten müßte. Auch gibt es auf jeder großen Universität immer Männer, die, indem sie wenig oder gar nicht lesen, nur einsam für sich studieren und forschen. Sicherlich könnte man daher die Erweiterung der Wissenschaften den bloßen Universitäten, wenn diese nur gehörig angeordnet wären, anvertrauen, und zu diesem Endzweck der Akademien entraten.

Der gesellschaftliche Verein, der allerdings unter Universitätslehrern als solchen nicht notwendig gleich regelmäßig vorhanden ist, dürfte auch schwerlich ein hinreichender Grund sein, so kostbare Institute zu gründen. Denn einesteils ist dieser Verein auch auf den Akademien selbst locker genug, andernteils dient er nur vorzüglich in denjenigen Beobachtungs- und Experimentalwissenschaften, wo schnelle Mitteilung einzelner Tatsachen nützlich ist. Endlich entstehen in diesen Fächern, ohne Schwierigkeit, immer auch ohne Zutun des Staats Privatgesellschaften.

Geht man der Sache genauer nach, so haben Akademien vorzüglich im Auslande geblüht, wo man die Wohltat deutscher Universitäten noch jetzt entbehrt, und kaum nur anerkennt, in Deutschland aber vorzugsweise an Orten, denen Universitäten mangelten, und in Zeiten, wo es diesen noch an einem liberaleren und vielseitigeren Geiste fehlte. In neueren Zeiten hat sich keine sonderlich ausgezeichnet, und an dem eigentlichen Emporkommen deutscher Wissenschaft und Kunst haben die Akademien wenig oder gar keinen Anteil gehabt.

Um daher beide Institute in lebendiger Tätigkeit zu erhalten, ist es notwendig, sie dergestalt mit einander zu verbinden, daß, obgleich ihre Tätigkeit abgesondert bleibt, doch die einzelnen Mitglieder nicht immer bloß ausschließend der einen oder andern gehören. In dieser Verbindung läßt sich nun das abgesonderte Bestehen beider auf eine neue und treffliche Art benutzen.

Dieser Nutzen beruht aber alsdann viel weniger auf der Eigentümlichkeit der Tätigkeit beider Institute (denn in der Tat kann durch Universitätslehrer, ohne Einrichtung einer eigenen Akademie, vollkommen erreicht werden, was man durch diese bezweckt, vorzüglich da, was noch immer sehr verschieden von einer eigentlichen Akademie ist, diese letzteren wieder, wie in Göttingen, eine eigne gelehrte Gesellschaft bilden können), sondern auf der Eigentümlichkeit ihrer Form und ihrem Verhältnis zum Staate.

Die Universität nämlich steht immer in engerer Beziehung auf das praktische Leben und die Bedürfnisse des Staates, da sie sich immer praktischen Geschäften für ihn, der Leitung der Jugend, unterzieht; die Akademie aber hat es rein nur mit der Wissenschaft an sich zu tun. Die Lehrer der Universität stehen unter einander in bloß allgemeiner Verbindung über Punkte der äußeren und inneren Ordnung der Disziplin; allein über ihr eigentliches Geschäft teilen sie sich gegenseitig nur insofern sie eigene Neigung dazu führet, mit; indem sonst jeder seinen eigenen Weg geht. Die Akademie dagegen ist eine Gesellschaft, wahrhaft dazu bestimmt, die Arbeit eines jeden der Beurteilung aller zu unterwerfen.

Auf diese Weise muß die Idee einer Akademie als die höchste und letzte Freistätte der Wissenschaft und die vom Staat am meisten unabhängige Korporation festgehalten werden, und man muß es einmal auf die Gefahr ankommen lassen, ob eine solche Korporation durch zu geringe oder einseitige Tätigkeit beweisen wird, daß das Rechte nicht immer am leichtesten unter den günstigsten äußeren Bedingungen zu Stande kommt oder nicht. Ich sage, man muß es darauf ankommen lassen, weil die Idee in sich schön und wohltätig ist, und immer ein Augenblick eintreten kann, wo sie auch auf eine würdige Weise ausgefüllt wird.

Dabei entsteht nunmehr zwischen der Universität und Akademie ein Wetteifer und Antagonismus und eine solche Wechselwirkung, daß, wenn man in ihnen einen Exzeß und einen Mangel an Tätigkeit besorgen muß, sie sich gegenseitig von selbst ins Gleichgewicht bringen werden.

Zuerst bezieht sich dieser Antagonismus auf die Wahl der Mitglieder beider Korporationen. Jeder Akademiker muß nämlich das Recht haben, auch ohne weitere Habilitation Vorlesungen zu halten, ohne jedoch dadurch Mitglied der Universität zu werden. Mehrere Gelehrte müssen füglich Universitätslehrer und Akademiker sein, aber beide Institute müssen auch andere besitzen, die nur jedem allein angehören.

Die Ernennung der Universitätslehrer muß dem Staat ausschließlich vorbehalten bleiben, und es ist gewiß keine gute Einrichtung, den Fakultäten darauf mehr Einfluß zu verstatten, als ein verständiges und billiges Kuratorium von selbst tun wird. Denn auf der Universität ist Antagonismus und Reibung heilsam und notwendig, und die Kollision, die zwischen den Lehrern durch ihr Geschäft selbst entsteht, kann auch unwillkürlich ihren Gesichtspunkt verrücken. Auch ist die Beschaffenheit der Universitäten zu eng mit dem unmittelbaren Interesse des Staats verbunden.

Die Wahl der Mitglieder der Akademie aber muß ihr selbst überlassen und nur an die Bestätigung des Königs gebunden sein, die nicht leicht entsteht[2]. Denn die Akademie ist eine Gesellschaft, in der das Prinzip der Einheit bei weitem wichtiger ist, und ihr rein wissenschaftlicher Zweck liegt dem Staat als Staat weniger nahe.

Hieraus entsteht nun aber das oben erwähnte Korrektiv bei den Wahlen zu den höheren wissenschaftlichen Anstalten. Denn da der Staat und die Akademie ungefähr gleichen Anteil daran nehmen, so wird sich bald der Geist zeigen, in welchem beide handeln, und die öffentliche Meinung selbst wird beide, wo sie sich verirren sollten, auf der Stelle unparteiisch richten. Da aber nicht leicht beide zugleich, wenigstens nicht auf dieselbe Weise fehlen werden, so droht wenigstens nicht allen Wahlen zugleich Gefahr, und das Gesamtinstitut ist vor Einseitigkeit sicher.

Vielmehr muß die Mannigfaltigkeit der bei demselben in Tätigkeit kommenden Kräfte groß sein, da zu den beiden Klassen der vom Staate Ernannten und der von der Akademie Gewählten noch die Privatdozenten hinzukommen, welche wenigstens anfangs bloß der Beifall ihrer Zuhörer hebt und trägt.

---

[2] „entsteht" hier im Sinne von: ermangelt (Anm. d. Hrsg).

Eine ihr ganz eigentümliche Tätigkeit außer ihren akademischen Arbeiten aber kann die Akademie auch durch Beobachtungen und Versuche gewinnen, welche sie in systematischer Reihe anstellt. Von diesen müßten einige ihr freigestellt sein, andere aber ihr aufgetragen werden, und auf diese aufgetragenen müßte wiederum die Universität Einfluß ausüben, so daß dadurch eine neue Wechselwirkung entstände.

Außer der Akademie und der Universität gehören zu den höheren wissenschaftlichen Anstalten noch die leblosen Institute.

Diese müssen abgesondert zwischen beiden, unmittelbar unter Aufsicht des Staates stehen. Allein beide, Akademie und Universität, müssen nicht bloß, nur unter gewissen Modifikationen, die Benutzung, sondern auch die Kontrolle darüber haben.

Jedoch können sie die letztern nur dergestalt üben, daß sie ihre Erinnerungen und ihre Verbesserungsvorschläge nicht unmittelbar, sondern beim Staate anbringen.

Die Akademie gewinnt bei den Instituten durch die Universität, daß sie nun auch solche benutzen kann, die, wie das anatomische und zootomische Theater, sonst mit keiner Akademie verbunden waren, weil man dieselben von dem beschränkten Gesichtspunkte der Medizin und nicht von dem weiteren der Naturwissenschaft aus ansah.

Akademie, Universität und Hilfsinstitute sind also drei gleich unabhängige und integrante Teile der Gesamtanstalt.

Alle stehen, allein die beiden letzteren mehr, die erstern weniger, unter Leitung und Oberaufsicht des Staates.

Akademie und Universität sind beide gleich selbständig; allein insofern verbunden, daß sie gemeinsame Mitglieder haben, daß die Universität alle Akademiker zu dem Recht Vorlesungen zu halten zuläßt, und die Akademie diejenigen Reihen von Beobachtungen und Versuchen veranstaltet, welche die Universität in Vorschlag bringt.

Die Hilfsinstitute benutzen und beaufsichtigen beide, jedoch das letztere, wo es auf die Ausübung ankommt, nur mittelbar durch den Staat.

Von der Akademie[3]

[3] Hier bricht das Manuskript ab (Anm. d. Hrsg.).

ANFÄNGE

Wir errichten eine neue Schöpfung ...
Fichte

Friedrich Daniel Schleiermacher

BRIEF AN JOACHIM CHRISTIAN GASS VOM 18. 9. 1807 AUS BERLIN

... Man spricht mit ziemlicher Gewißheit davon, wiewohl eigentlich offizielle Nachrichten noch nicht da sind, der König habe beschlossen, daß als Surrogat der Hallischen eine Universität hier solle angelegt werden, die man allmählich zu einer Lehranstalt in sehr großem Stile ausbilden wolle. Ja man will wissen, in der darüber zu erwartenden Kabinettsorder seien schon eine Anzahl Hallischer Lehrer genannt, welche angewiesen werden sollten, vorläufig ihre Wohnung hier zu nehmen, indem die eigentliche Organisation ausgesetzt bleiben sollte bis auf des Königes Rückkunft. Bin ich nun unter diesen Glücklichen, und läßt es sich zu dieser Rückkunft, d.h. zur Räumung der Franzosen wirklich an: dann gehe ich nach Beendigung meines Collegii, d. h. in den ersten Tagen des Oktobers, auf drei Wochen etwa nach Halle, um dort Abschied zu nehmen und auszuräumen. Sollte sich aber unterdes vielleicht entscheiden, daß neue Feindseligkeiten ausbrechen, und die Mark provisorisch verschenkt werden: dann weiß ich hier nichts zu machen, sondern muß, um recht tüchtig arbeiten zu können, zu meinen Büchern und Papieren zurückkehren, die ich nicht aufs Geratewohl hierher transportieren kann; und in diesem traurigen Fall, lieber Freund, möchten wir uns also wohl schwerlich sehen. Wovon ich den Winter leben will, es sei nun hier oder in Halle, weiß ich ohnedies nicht, denn bei mir ist jetzt gar kein vorhandenes Geld... Nun glaube ich, daß man mit so gut als nichts doch besser in Halle leben kann als hier. Indessen will ich die Hoffnung noch nicht aufgeben, daß sich die Sachen doch gut anlassen und entscheiden. Vielleicht haben Sie sich gewundert über meine Zweifel, ob ich auch zu den glücklichen Berufenen gehöre. Allein ich weiß, daß sich Beyme neuerlich wieder gar mißvergnügt über mich geäußert hat: ich wäre doch ein Schwärmer, und es wäre eigentlich nichts mit mir. Persönliche Bekannte habe ich unter denen, welche dort vorläufige Ernennungen machen können, gar nicht, und also eigentlich nur die Hoffnung, daß vielleicht, wenn die Sache hier wirklich eingerichtet wird, eine allgemeine Stimme sich erhebt, welche die Leute zwingt. ...

Schleiermacher

BRIEF AN OBERKONSISTORIALRAT JOHANN WILHELM HEINRICH NOLTE VOM 3. 1. 1808

... Es ist gewiß zu bedauern, daß die Regierung jetzt noch über keinen Fonds für die zu errichtende Universität disponieren kann, allein unstreitig wäre noch weit mehr zu bedauern, wenn man deshalb den Entwurf selbst aufgeben wollte. Es heißt aber ihn aufgeben, wenn man jetzt nicht unverzüglich einen entscheidenden Schritt tut. ... Höchst nötig ist es, endlich bestimmte Vokationen auszufertigen, für die nicht nur, welche aus Halle berufen sind, sondern auch für die, welche man anderwärts her zu berufen denkt, damit endlich Glauben an die Sache entstehe. Mag auch die Gehaltszahlung erst von einem bestimmten weitern Termin an versprochen oder vorläufig in Verschreibungen geleistet werden, statt baren Geldes, das wird keinen rechtlichen Mann, dem es mit der Sache Ernst ist, und der die Lage der Dinge kennt, befremden oder abhalten. Längere Unsicherheit aber wird alle in andere Verhältnisse hineinzwingen, und woher will man dann, wenn der günstige Zeitpunkt kommt, die Lehrer nehmen? Mit aller Achtung vor den hiesigen Gelehrten sei es gesagt, aus ihnen allein wird sich keine Universität machen lassen. ...

Nächst diesen *Vokationen* aber an die künftigen Mitglieder scheint es mir auch höchst wünschenswert, ja fast notwendig, daß die Anstalt mit Anfang des Sommers wirklich eröffnet werde.... Hierzu aber wird erfordert, daß die Eröffnung spätestens im Februar auf eine ganz authentische und öffentliche Weise bekannt gemacht werde, weil sonst jeder schon seine Partie möchte genommen haben. Es gehört dazu meines Erachtens gar kein direkter Schritt der Regierung selbst, sondern nur etwa, daß die berufenen Lehrer, die ja alle ihre Wirksamkeit je eher je lieber werden antreten wollen, *privatim* oder halboffiziell autorisiert werden, öffentlich zu erklären: »sie wären entschlossen und befugt, hier in Berlin provisorisch *eine Universität* zu eröffnen, welcher alle Privilegien und Rechte preußischer Universitäten schon provisorisch zugesichert wären, und auf welcher von Anfang *Mai* oder *Juni* an erfolgende Vorlesungen werden gehalten werden«. Folgt dann nur ein tüchtiges Verzeichnis, und eine Anzahl berühmter Unterschriften, so wäre es übel, wenn nicht zu rechter Zeit Studierende ankommen sollten.... Ich meine, dies kann die Regierung, wenn nur ihr Entschluß feststeht, eine solche Anstalt zu gründen, nicht im mindesten kompromittieren, ja selbst, wenn die Frage ob in *Berlin* noch nicht entschieden sein sollte, wie ich doch glaube, so würden dadurch die Hände zu einer zweckmäßigen Verlegung für die Folge nicht gebunden. Nur Eile, Eile mit diesen notwendigsten Schritten zur ersten Begründung der Sache muß jeder, der einigen Teil daran nimmt, unter den gegenwärtigen Umständen gar sehnlich wünschen, weil sonst auch die Standhaftesten möchten wankend gemacht werden durch die Lockungen der Westfälinger oder durch die Werbungen der Russen....

Schleiermacher

BRIEF AN KARL GUSTAV VON BRINKMAN VOM 26. 1. 1808

... es gibt wenigstens einen Punkt, in Absicht auf den Du außer Sorgen sein darfst meinetwegen, nämlich die Arbeit, und was diesen betrifft, sollte man meinen, könnte mir der Stand eines privatisierenden Gelehrten auf einige Zeit sogar angenehm sein. Allein zu meiner geistigen Diät gehören notwendig bestimmte geistige Geschäfte; ich fühle mich dabei weit wohler, aufgelegter, fleißiger und das ganze Leben gedeihlicher. Daher warte ich sehr sehnlich darauf, wann und wie der Entwurf, den man zu einer neuen Universität gemacht hat, zu Stande kommen wird. Du bist in der Nähe unserer Regierenden und weißt darüber vielleicht mehr als ich. Eines liegt mir diese Sache betreffend gar sehr am Herzen, und ich möchte Dich sehr bitten, etwas dazu zu tun, wenn es die Gelegenheit gibt, nämlich die Vorurteile zu zerstreuen, welche man gegen Steffens zu hegen scheint, und zu bewirken, daß er doch ja mit hergerufen würde. Von wie ausgezeichnetem Einfluß auf den Geist und auf das gründliche Studium der jungen Leute er gewesen ist, darüber wird Dir Marwitz wohl mehr gesagt haben. Und ich weiß gar nicht, wie man (wenn man nicht Schelling oder einen seiner unmittelbaren Schüler rufen will, die ja wohl alle in noch schlechterem Kredit stehen) das Fach der Philosophie ausfüllen will ohne ihn. Man wird doch nicht den unseligen Einfall haben, den Fichte allein machen zu lassen? Ich habe schon erklärt, daß, was ich auf diesem Gebiete leisten kann, gar nichts ist ohne Steffens, und gar keine Wirkung tun kann, als nur durch seine Mitwirkung. ...

Schleiermacher

BRIEF AN BRINKMAN VOM 1. 3. 1808

Laß mich Dir zuerst eine kleine Apologie halten für die kleine Schrift über Universitäten. Meine Absicht war, sie ganz anonym herauszugeben, und dies bitte ich Dich ja nicht zu vergessen, wenn Du sie liesest. Freilich habe ich nicht gehofft, unentdeckt zu bleiben, wie ich denn fürchte, daß mir das nie gelingen wird, aber dennoch macht es einen großen Unterschied in der Art die Sachen zu sagen. Wie man manches von einem andern spricht hinter seinem Rücken, ganz unbesorgt darum, ob er es wieder erfahren wird oder nicht, was man ihm doch um keinen Preis selbst grade ins Gesicht sagen würde, so scheint es mir auch hiemit. Reimer überredete mich hernach, die Anonymität fahren zu lassen, weil die Schrift sonst zu lange für das größere Publikum unter einer Menge unbedeutender ähnlichen Inhalts sich verbergen würde: ein Grund, dem ich nachgeben mußte. Damals war aber nicht mehr Zeit, irgend etwas zu ändern. So hat man schon vorzüglich die paar Federstriche über Engel[1] getadelt, die mir sehr zweckmäßig schienen, um die regierenden Laien aufmerksam darauf zu machen, wie wenig der Mann sich eignete, einen solchen Plan zu entwerfen; die ich aber gewiß in meiner eignen Person anders würde gefaßt haben. Einige Freunde hier haben geurteilt, die ganze Schrift überzeuge so sehr davon, daß Berlin nicht der Ort für eine Universität sei, daß der Anhang den Eindruck nicht wieder verlöschen könne. Das wäre freilich sehr gegen meine Absicht, und sollte dieser Eindruck allgemein sein, so würde es mir leid tun, nicht noch ein paar Bogen an den Anhang gewendet zu haben. Meine Hauptabsicht indes war nur, den Gegensatz zwischen

[1] Siehe S. 179f. (Anm. d. Hrsg.).

den deutschen Universitäten und den französischen Spezialschulen recht anschaulich, und den Wert unserer einheimischen Form einleuchtend zu machen, ohne eben gegen die andere direkt zu polemisieren. Laß mich doch wissen, ob Du die ganze Schleiermachersche Schwerfälligkeit darin findest oder weniger davon. . . .

Wilhelm von Humboldt

BRIEF AN SCHLEIERMACHER VOM 23. 5. 1809 AUS KÖNIGSBERG

. . . Ich bin, wie Sie wissen, immer, obgleich nur bedingt, weil man Halle verloren hat, für die Berliner Universität. Ich habe auch hier nicht eigentlich Widerstand gefunden. Wo findet man jetzt Widerstand? Aber die Universität fordert Mittel, und ohne etwas bedeutende und *sichere* fange ich nichts an, und daran arbeite ich. Darum mußte ich warten, das Terrain erforschen, den Moment wählen. Jetzt ist die Sache in Gang gesetzt, wie ich sicher vertraue auf eine Weise, die das Gelingen in hohem Grade sichert; allein die Entscheidung ist noch nicht da, ich kann also über den Erfolg noch nichts sagen, und bitte Sie zugleich auch das Bisherige als im strengsten Vertrauen eröffnet anzusehen. Der Gedanke wegen der Witwenkasse scheint mir sehr zweckmäßig und soll gewiß beherzigt werden. . . .

Wilhelm von Humboldt

BRIEF AN SCHLEIERMACHER VOM 17. 7. 1809

Ich muß Sie sehr um Entschuldigung bitten, liebster Freund, daß ich Ihren gütigen Brief v. 14. v. M. bis heute unbeantwortet ließ. Allein mein Stillschweigen war nicht ohne Grund. Ihre beinahe sich regende Lust, nach Königsberg zu kommen, erschreckte mich, und ich eilte also, wenigstens an meinem Teile beizutragen, Ihre Lage in Berlin mehr zu sichern. Wie aber diese Dinge hier immer etwas langsam gehen: so bin ich erst jetzt damit zu Stande gekommen . . . Mit der Universität kann es leider so schnell als ich projektierte nicht gehen, aber vielleicht gelingt es mir doch, Sie mit etwas Unerwartetem zu überraschen. Schon die Langeweile ist hier in Königsberg zu groß, um nicht auf allerlei wundersame Ideen zu kommen, und die Versuche zu wagen, auch sehr schwierig scheinende Dinge durchzusetzen. ...

Wilhelm von Humboldt

AUS DEM ANTRAG AUF ERRICHTUNG DER UNIVERSITÄT BERLIN VOM 24. 7. 1809 AUS KÖNIGSBERG

An des Königs Majestät.

Es wird befremdend scheinen, daß die Sektion des öffentlichen Unterrichts im gegenwärtigen Augenblick einen Plan zur Sprache zu bringen wagt, dessen Ausführung ruhigere und glücklichere Zeiten vorauszusetzen scheint.

Allein Ew. Königl. Majestät haben auf eine so vielfache und einleuchtende Weise gezeigt, daß Sie, auch mitten im Drange beunruhigender Umstände, den wichtigen Punkt der National-Erziehung und Bildung nicht aus den Augen verlieren, daß ihr diese ebenso erhabene als seltene Gesinnung den Mut zu dem folgenden Antrage einflößt.

Ew. Königl. Majestät geruheten durch eine Allerhöchste Kabinettsorder vom 4. September 1807 die Einrichtung einer allgemeinen und höheren Lehranstalt in Berlin zu genehmigen; seitdem ist bei verschiednen Einrichtungen und Anstellungen darauf Rücksicht genommen worden; allein es wird zur wirklichen Ausführung noch immer ein zweiter entscheidender Schritt erfordert, und sie hält es aus einem doppelten Grunde für notwendig, diesen im gegenwärtigen Moment zu tun.

Weit entfernt, daß das Vertrauen, welches ganz Deutschland ehemals zu dem Einflusse Preußens auf wahre Aufklärung und höhere Geistesbildung hegte, durch die letzten unglücklichen Ereignisse gesunken sei, so ist es vielmehr gestiegen. Man hat gesehen, welcher Geist in allen neueren Staats-Einrichtungen Ew. Königl. Majestät herrscht, und mit welcher Bereitwilligkeit, auch in großen Bedrängnissen, wissenschaftliche Institute unterstützt und verbessert worden sind. Ew. Königl. Majestät Staaten können und werden daher fortfahren, von dieser Seite den ersten Rang in Deutschland zu behaupten und auf seine intellektuelle und moralische Richtung den entschiedensten Einfluß auszuüben.

Sehr viel hat zu jenem Vertrauen der Gedanke der Errichtung einer allgemeinen Lehranstalt in Berlin beigetragen. Nur solche höhere Institute können ihren Einfluß auch über die Grenzen des Staates hinaus erstrecken. Wenn Ew. Königl. Majestät nunmehr diese Einrichtung feierlich bestätigten und die Ausführung sicherten: so würden Sie Sich aufs neue alles, was sich in Deutschland für Bildung und Aufklärung interessiert, auf das festeste verbinden; einen neuen Eifer und neue Wärme für das Wiederaufblühen Ihrer Staaten erregen, und in einem Zeitpunkte, wo ein Teil Deutschlands vom Kriege verheert, ein anderer in fremder Sprache von fremden Gebietern beherrscht wird, der deutschen Wissenschaft eine vielleicht kaum jetzt noch gehoffte Freistatt eröffnen.

Diese zusammentreffenden Umstände machen dann auch, und dies gibt einen zweiten wichtigen Grund ab, gerade jetzt mehr Männer von entschiedenem Talent, als sonst, geneigt, neue Verbindungen einzugehen.

Der erste Gedanke an eine allgemeine und höhere Lehranstalt in Berlin entstand unstreitig aus der Betrachtung, daß es schon jetzt in Berlin außer den beiden Akademien, einer großen Bibliothek, Sternwarte, einem botanischen Garten und vielen Sammlungen eine vollständige medizinische Fakultät wirklich gibt. Man fühlte, daß jede Trennung von Fakultäten der echt wissenschaftlichen Bildung verderblich ist, daß Sammlungen und Institute, wie die oben genannten, nur erst dann recht nützlich werden, wenn vollständiger wissenschaftlicher Unterricht mit ihnen verbunden wird, und daß endlich, um zu diesen Bruchstücken dasjenige hinzuzusetzen, was zu einer allgemeinen Anstalt gehört, nur um einen einzigen Schritt weiter zu gehen nötig war.

Auch die Sektion bleibt diesem Gesichtspunkte getreu. Ihr Wunsch geht dahin,

die Akademie der Wissenschaften,
die der Künste,
die wissenschaftlichen Institute,

namentlich die klinischen, anatomischen und medizinischen, überhaupt in so fern sie rein wissenschaftlicher Natur sind, die Bibliothek, das Observatorium, den botanischen Garten, und die naturhistorischen und Kunst-Sammlungen

und die allgemeine Lehranstalt selbst dergestalt in Ein organisches Ganzes zu verbinden, daß jeder Teil, indem er eine angemessene

Selbständigkeit erhält, doch gemeinschaftlich mit den andern zum allgemeinen Endzweck mitwirkt.

Aus dieser Ansicht der Sache ergibt sich die örtliche Bestimmung, daß nämlich eine solche Anstalt nur in Berlin ihren Sitz haben könne, von selbst. Es würde, wenn nicht unmöglich sein, doch unglaubliche Kosten verursachen, die genannten Institute in einen andern Ort zu verlegen. Auch darf eine Anstalt, die alles, was zur höhern Wissenschaft und Kunst gehört, wie in einen Brennpunkt vereinigt, sich nirgend anders, als an dem Sitz der Regierung befinden, wenn nicht sie sich der Mitwirkung vieler schätzbarer Männer, und beide sich gegenseitig des Beistandes berauben wollen, den sie einander zu leisten im Stande sind.

Die allgemeine Lehranstalt aber muß die unterzeichnete Sektion Ew. Königl. Majestät ehrfurchtsvoll um Erlaubnis bitten, mit dem alten und hergebrachten Namen einer *Universität* belegen, und ihr, indem sie übrigens von allen veralteten Mißbräuchen gereinigt wird, das Recht einräumen zu dürfen, akademische Würden zu erteilen. In der Tat und Wirklichkeit müßte sie, welchen Titel man ihr auch beilegen möchte, doch alles enthalten, was der Begriff einer Universität mit sich bringt. Sie könnte, von richtigen Ansichten allgemeiner Bildung ausgehend, weder Fächer ausschließen, noch von einem höhern Standpunkt, da die Universitäten schon den höchsten umfassen, beginnen, noch endlich sich bloß auf praktische Übungen beschränken.

Ohne den Namen aber und ohne das Recht der Erteilung akademischer Würden würde sie immer nur wenig auswärtige Zöglinge zählen. Man würde im Auslande weder einen bestimmten Begriff von ihrer Beschaffenheit, noch eigentliches Vertrauen zu ihr haben, und sie mehr für einen wissenschaftlichen Luxus, als für ein ernstes und nützliches Institut halten. . . .

KABINETTSORDER KÖNIG FRIEDRICH WILHELMS III. VOM 16.8.1809

Mein lieber Staats-Minister Freiherr von *Altenstein*, Graf zu *Dohna* und Groß-Kanzler *Beyme!*

Die von Euch, den Staats-Ministern Freiherrn *v. Altenstein* und Grafen *zu Dohna*, unter dem 25. v. M. und von dem Geheimen Staatsrat v. Humboldt in dem Bericht der Sektion für den öffentlichen

Unterricht vom 24. dess. M. vorgetragene Angelegenheit wegen Einrichtung einer allgemeinen und höhern Lehranstalt in *Berlin*, finde Ich für höhere Geistesbildung im Staat und auch über die Grenzen desselben hinaus, für die Erhaltung und Gewinnung der ersten Männer jeden Fachs und für die Verbindung der in Berlin vorhandenen Akademien, wissenschaftlichen Institute und Sammlungen zu Einem organischen Ganzen so wichtig, daß Ich die Errichtung einer solchen allgemeinen Lehranstalt mit dem alten hergebrachten Namen einer Universität, und mit dem Rechte zur Erteilung akademischer Würden nicht verschieben, ihr ihren Sitz in Berlin anweisen, dabei aber die Universitäten *Königsberg* und *Frankfurt* bestehen lassen will. . . . Ich genehmige daher

. . . die Errichtung einer Universität in Berlin und deren Verbindung mit der Akademie der Wissenschaften sowohl als der Künste, und mit den dort schon existierenden wissenschaftlichen Instituten und Sammlungen, die medizinischen mit eingeschlossen, insofern diese letztern als rein wissenschaftlich zum akademischen Unterricht, nicht aber zu dem militärischen oder polizeilichen Medizinalwesen, oder den allgemeinen Kranken-Anstalten gehören. Ich erwarte deshalb den Vereinigungsplan, welchen die Unterrichts-Sektion dahin zu richten hat, daß

a) die neue Universität,
b) die beiden Akademien, und
c) die sämtlichen wissenschaftlichen Institute und Sammlungen (als Bibliotheken, Sternwarte, botanischer Garten, anatomisches Museum, Kunst-Kammer pp.),

jeder Teil eine angemessene Selbständigkeit erhalte, doch gemeinschaftlich mit den andern zum allgemeinen Zweck mitwirke, und die Sammlungen, namentlich zum Gebrauche der Universität sowohl, als der Akademien existieren und so wie diese von der Unterrichts-Sektion unmittelbar abhängen. . . .

Wilhelm von Humboldt

AUS DEM BERICHT DER SEKTION DES KULTUS UND UNTERRICHTS VOM 1. 12. 1809

. . . Von der Errichtung einer Universität in Berlin und der Verbindung beider Akademien damit läßt sich mit Recht etwas Glänzendes erwarten. Die Erhaltung des Geheimen Rats Wolf für Berlin ist, da sich in philologischer Gelehrsamkeit niemand mit ihm messen kann, von sehr großer Bedeutung. Ich werde darauf bedacht sein, auch für jedes der drei Fächer Theologie, Jurisprudenz und Medizin sogleich tüchtige Männer zu berufen, und alsdann wird mit ihrer Zuziehung die Wahl der übrigen Lehrer und die Entwerfung des Universitäts-Statuts geschehen können.

Im Prinz Heinrichschen Palais werden schon jetzt Vorlesungen gehalten, und die bedeutende Zahl von Zuhörern, welche Wolf bei einem lateinischen Collegio über einen griechischen Schriftsteller schon jetzt, wo noch keine Studierende da sind, hat, beweiset, daß es keinesweges an Lust auch zu ernsthaften und bloß gelehrten Studien fehlt.

Dies ist es, was für die Universitäten bis jetzt geleistet worden ist und noch künftig getan werden soll. Da die meisten deutschen Universitäten jetzt in Verfall geraten und doch nur durch die Universitäten der tiefe und gründliche Geist, welcher die deutsche Nation in Wissenschaft und Kunst vor andern auszeichnet, erhalten werden kann, so erwerben Sich Ew. Königl. Majestät durch die Vollendung der in Berlin beschlossenen Universität ein weit über die Grenze Allerhöchstihrer Staaten hinausgehendes Verdienst. ...

Die Sektion darf mit Grunde hoffen, daß in kurzem der Zeitpunkt gekommen sein wird, wo das Studieren auf auswärtigen Universitäten nicht wird mehr aus dem Grunde der Unzulänglichkeit der inländischen erlaubt werden dürfen. Allein ich muß diese Gelegenheit benutzen, um Ew. Königl. Majestät zu äußern, daß ich dringend wünschte, daß, wenn die Universität in Berlin vollständig organisiert sein wird, also in dem Augenblick, wo man mit vollem Vertrauen Ausländer zu sich einladen kann, ein Verbot förmlich aufgehoben würde, was mit der Liberalität streitet, die in allen wissenschaftlichen Dingen herrschen sollte, die deutschen Staaten, die in Rücksicht auf Geistesbildung und Gelehrsamkeit nur Ein Ganzes ausmachen sollten, auf eine höchst nachteilige Weise von einander absondert und gewöhnlich demjenigen Staate am meisten schadet, der es am strengsten bewachet, indem es durchaus zweckwidrig ist, dem Hange, durch Besuchen des Auslandes eine vielseitigere Bildung zu gewinnen, durch Verbote, die überdies beständig überschritten werden, entgegenzuarbeiten. ...

Wilhelm von Humboldt

AUS DER DENKSCHRIFT AN DEN MINISTER DES INNERN ALEXANDER GRAF ZU DOHNA-SCHLOBITTEN VOM 9. 5. 1810

... Ich kann diesen Gegenstand nicht verlassen, ohne Ew. Exz. und durch dieselben dem ganzen Staats-Ministerio die Universität in Berlin noch einmal auf das allerdringendste zu empfehlen.

Ich bin in mir lebendig überzeugt, daß das hiesige wissenschaftliche Gesamt-Institut nicht bloß in sich vortrefflich, sondern einzig in seiner Art werden, und daß es in der jetzigen auch für die Wissenschaften gefährlichen Zeit die deutsche Literatur für sich allein zu erhalten vermag. Schon die Eigentümlichkeiten, eine Universität mit einer Akademie zu verbinden, die ich in dem ausgearbeiteten Organisations-Plan vorzüglich zu benutzen gesucht habe, zeichnet es auf eine merkwürdige Weise aus. Es kommt nur darauf an, es wirklich nunmehr zu gründen und zu sichern.

Zur Sicherung kann der Staat nichts besseres tun, als ihm seine Einkünfte in Grundeigentum anzuweisen. Nicht bloß in Hinsicht auf Fälle, die auch nur als möglich gedacht, jeden irgend patriotisch Gesinnten so tief ergreifen müssen, daß er selbst gegen bloß literarische Institute und gegen diese gleichgültig werden könnte, sondern auch an sich ist eine vom Staat herrührende, aber von den Gesinnungen der jedesmaligen Regierenden unabhängige Dotation eines wissenschaftlichen Institutes im höchsten Grade ersprießlich. Sie gibt ihm mehr Selbständigkeit, mehr innere Würde, und größeres Vertrauen beim Ausland.

Eine andere innere Sicherung wird sich das Institut selbst schaffen, und ich kann behaupten, daß hierzu schon jetzt ein Grund gelegt ist. Es wird nämlich von seinem ersten Anfange an eine hinreichende Anzahl von Männern umfassen, die mit vorzüglicher Liebe für ihre Wissenschaft arbeiten, mit großen Hoffnungen sich dieser Anstalt widmen, und eine ehrenvolle Freude darin finden, sich, wie sie es in der Tat sind, mit als Gründer derselben zu betrachten. An diese werden sich bald andere anschließen, und da keine Regierung so sehr als die Preußische Gelehrte immer mit echter nicht geheuchelter Liberalität behandelt hat, so wird man anderwärts selbst glänzendere Aussichten verschmähen, um hierher zu kommen.

Allein es ist auch unumgänglich notwendig, die Universität nun wirklich zu eröffnen, und um Michaelis die Vorlesungen beginnen zu lassen. Daß dies mit der medizinischen, juristischen und philosophischen Fakultät möglich ist, dafür stehe ich Ew. Exz., wenn ich die Disposition über die noch nötigen Mittel erhalte, ein. Mit der theologischen Fakultät und den kameralistischen Wissenschaften könnte es eher schwierig sein.

Die Notwendigkeit des Anfangs liegt am Tage. Im gegenwärtigen Augenblick ist die Aufmerksamkeit Deutschlands auf das Institut gerichtet. Studierende fragen an, ob sie kommen können, oder weilen bereits hier. Dieser Eifer erkaltet, man hält das Ganze für ein aufgegebnes Projekt, wenn länger gezögert wird. Selbst ein unvollkommener Anfang wäre besser als Aufschub.

Auch ist nie ein Zeitpunkt der Gründung einer neuen Universität so günstig gewesen. Alle Universitäten haben gegenwärtig gelitten; kaum eine hat über 600 Studierende; Lehrer und Schüler sind bereiter als je, sich nach einem neuen Sitze des höhern Unterrichts zu wenden. Im Königreich Westphalen ist man allgemein zu der Überzeugung gekommen, daß die Regierung niemals den wahren deutschen Begriff einer Universität hinlänglich auffassen wird, um diesen Instituten Genüge zu leisten. In Bayern zerstören alberne Zänkereien das wenige kaum gestiftete Gute. Österreich und Sachsen haben gezeigt, daß sie diesen Zeitpunkt für ihre Universitäten zu benutzen weder Geschick noch Lust haben. Überdies sind in Göttingen, Kiel und Heidelberg aus verschiedenen Ursachen Unzufriedenheiten unter den Studierenden entstanden; Jena kann nicht aufkommen, da der Herzog von Weimar alles Interesse daran verloren hat; Halle ist durch Reils Abgang in der einzigen Fakultät zerstört, die noch da einigermaßen blühte.

Ich würde durchaus meiner Pflicht entgegenhandeln, wenn ich einen solchen Moment versäumte, und nicht Sr. Majestät dem König dringend vorstellte, was jetzt zu tun ist.

Ich kann und muß es um so mehr, als ich im Stande bin, mit Tatsachen zu beweisen, daß das noch nicht einmal gegründete Institut großes Vertrauen in Deutschland gewinnt. Noch keiner, an den der Ruf hierher ergangen ist, hat ihn ausgeschlagen; Reil und Savigny haben sehr gute Lagen verlassen, und allen Anerbietungen ihrer Regierungen widerstanden. Mehrere Gelehrte, die ich jetzt nicht zu berufen ratsam finde, haben mir selbst erklärt, daß sie gern kommen würden, und unter diesen einige, die nachher an sie für Halle ergangene Rufe ausgeschlagen haben. Hugo kommt nach seinen letzten Äußerungen höchst wahrscheinlich, wenn er sich irgend vor Verlust in Einkünften gedeckt halten kann. Kielmeyer in Tübingen, von dem fast alle guten neuen physiologischen Ideen herstammen, und der seit Jahren Rufe nach fast allen großen Universitäten, neuerlich auch nach Halle ausgeschlagen hat, hat sich in Absicht Berlins, ohne noch einmal offiziell befragt zu sein, so erklärt, daß sein Kommen sehr wahrscheinlich wird. Schon jetzt denn hat die noch nicht gegründete Universität an Willdenow, Klaproth, Karsten, Rudolphi, Reil, Hufeland, Fichte, Tralles, Eytelwein, Oltmann, Erman, Wolf, Savigny eine Anzahl von Männern, die man billigerweise wenigstens den Ersten ihrer Fächer beizählen muß, wie kaum eine andere Universität aufweisen kann.

Es wird aber allerdings notwendig sein, noch eine nicht unbeträchtliche Summe zur Disposition zu stellen, wenn die Eröffnung der Universität wirklich geschehen soll, und ich fühle, wie peinlich es ist, diese in den gegenwärtigen Umständen in Antrag zu bringen.

Allein man muß auch nicht vergessen, selbst nach außen die innere Wichtigkeit des Instituts in Erwägung zu ziehen:

daß der Preußische Staat jetzt wirklich keine Universität hat, die allgemein, zugleich gern und mit Vertrauen besucht würde, da Königsberg zu entfernt ist, und Frankfurt immer große Mängel behalten wird, daß also immer viele junge Leute regelmäßig ins Ausland gehen, wenige aber von dort hierher kommen werden, mithin eine neue Universität nicht Luxus, sondern Bedürfnis ist;

daß das auf die Universität gewendete Geld sämtlich wieder im Lande verzehrt wird, und der größere Verkehr durch dieselbe in Berlin, da man gewiß ohne Irrtum auf 1000 und lauter nicht ganz unvermögende Studierende zählen kann, selbst für die Stadt in allem Betracht wohltätig ist;

daß gegen die anderen Bedürfnisse des Staates selbst die ganze Summe von 150 000 Tlrn., geschweige denn die jetzt vielleicht notwendige von 25 000 Tlrn. nicht so groß zu nennen ist, daß wenn jene befriedigt werden, diese nicht aufzubringen wäre;

und endlich, daß der Preußische Staat kein anderes Mittel mehr hat, und kein Staat ein edleres haben kann, sich auszuzeichnen und hervorzutun, als liebevolle Beförderung der Wissenschaft und Kunst, und daß daher selbst politisch, da Achtung beim Auslande das ist, worauf ein Staat immer zuerst zu sehen hat, auch eine unverhältnismäßige Verwendung der Staats-Kräfte auf diesen Endzweck gerechtfertigt werden kann. Es kommt nur immer darauf an, nichts unnütz zu verwenden, und dafür glaube ich dem König in meiner Partie bei den neuen Verwendungen (denn die alten lassen sich nicht immer gleich weder übersehen noch abändern) einstehen zu können. ...

Schleiermacher

BRIEF AN BRINKMAN VOM 17. 12. 1809

... Unser Preußen kommt mir noch immer vor wie eine schwimmende Insel, die gerade eben so gut versinken als fest werden kann. Die Hoffnung zu einer zweckmäßigen Regeneration unseres Staates, zu der wirklich vieles sehr schön eingeleitet war, sinkt immer mehr; und indem man das wenige, was wirklich aufgebaut ist, einzeln wieder untergräbt, so ist früher oder später ein plötzlicher Zusammensturz sehr wahrscheinlich. Das nächste Schicksal dieser Gegenden wird wohl davon abhängen, in welche äußere Konjunkturen dieser treffen wird. Ich werde von nichts, auch was mich persönlich treffen kann, überrascht sein, selbst nicht von dem Elend im kleinsten Stil, wiewohl dies das Fatalste ist. Humboldt, der jetzt seine schwiegerväterliche Erbschaft in Empfang zu nehmen nach Thüringen gereist ist, soll uns nun zunächst hier eine Universität schaffen. Auf diese kann ich mich ordentlich kindlich freuen und sehnlich wünschen, daß sie nur drei oder vier Jahre ruhig bestehen möchte. In einem solchen Zeitraum würde ich im Stande sein — was ich jetzt ganz vorzüglich als meinen Beruf ansehe — meine ganze theologische Ansicht in einigen kurzen Lehrbüchern niederzulegen und, wie ich hoffe, dadurch eine theologische Schule zu gründen, die den Protestantismus, wie er jetzt sein muß, ausbildet und neu belebt, und zugleich den Weg zu einer künftigen Aufhebung des Gegensatzes beider Kirchen frei läßt und vielleicht bahnt. Dann würde ich glauben das Wichtigste getan zu haben, was mir in dieser Welt obliegt, und könnte jeder persönlichen Katastrophe ruhig entgegensehn. ...

Wilhelm von Humboldt

BRIEF AN ACHIM VON ARNIM VOM 24. 12. 1809

Ich danke Ew. Hochw. herzlich für den gütigen Wink, den ich auf der Stelle benutzt habe. Ich habe *Savigny* heute geschrieben, und ihn gefragt, ob er noch Lust hat, nach Berlin zu kommen. Einem Manne, wie er, sind die Rücksichten auf die Wissenschaften die ersten und wichtigsten. Ich habe ihm offen und ausführlich gesagt, was man hierin bei uns erwarten kann. Habe ich hierauf Antwort von ihm, so werden wir leichter über die äußeren Bedingungen fertig werden. — Sehr richtig ist, was Sie über die Erbsünde unseres Staats sagen. Aber die Gründung einer Universität kann aus vielen Gründen so schnell nicht gehen, und muß es nicht. Man muß reiflich überlegte Organisationspläne und sorgfältig gewählte Männer haben. Mein ernstes Streben ist, einiger vorzüglicher Männer in jedem Fach gewiß zu sein. Um und durch diese gestaltet sich das Übrige leichter. ...

Friedrich Karl von Savigny

BRIEF AN LEONHARD CREUZER VOM 13. 4. 1810 AUS LANDSHUT

Ich rüste mich zum Abzug nach Berlin, liebster Magister, und wenn mein Abschied kommt (den man freilich für den ganzen Sommer verweigern könnte), so gehe ich auf die Feiertage. Alle Bücher stehen schon gepackt in Kisten. Wenn es mir zuweilen bei dem Gedanken an diesen neuen, großen, glänzenden Schauplatz etwas unheimlich wird, so tröstet mich dann auch wieder die größere Freiheit, die jede große Stadt dem Leben des einzelnen verspricht. Und so sei es gewagt! ...

Savigny

BRIEF AN FRIEDRICH CREUZER VOM 12. 7. 1810 AUS BERLIN

Seit 8 Tagen bin ich hier, lieber Creuzer ... Ich bin allein hierher gekommen, um mein Haus einzurichten, und in ein paar Wochen

Frau und Kinder von Bukowan zu holen. Berlin ist mir recht angenehm vorgekommen, und ich verspreche mir ein ganz erfreuliches Leben.

... Wolfs Bekanntschaft habe ich in Töplitz auf eine sehr originelle Art gemacht. Seine ersten Worte waren: »nun, Humboldt geht als Gesandter nach Wien, und mit der Universität ist's aus«. Sie können denken, ich war wie vom Donner gerührt. Das Wahre ist, daß Humboldt geht, die Universität auf Michaelis eröffnet wird, und daß zwischen Wolf und der Regierung einige Differenzen obwalten. ...

Savigny

BRIEF AN FRIEDRICH CREUZER VOM 24. 7. 1810

... Berlin behagt mir bis jetzt ungemein wohl; ich habe Gutes gefunden, was ich erwartete: verständige, gebildete Menschen — Gutes, was ich nicht erwartete: recht herrliche Vegetation in Bäumen, und prächtige Gärten selbst in der Stadt — endlich auch Böses nicht gefunden, was ich so sehr befürchtete: vornehmes, anspruchsvolles Wesen. Die Minister sind hier vertraulicher und weniger umständlich, als in München die Referendäre. Dabei habe ich eine Bemerkung gemacht, die mir sehr tröstlich war. Ehemals war Preußen durch den eigenen Charakter, den ihm seine künstliche militärische Größe geben mußte, vielen verhaßt: jetzt ist jenes gebrochen, ein neues Wesen hat angefangen, und siehe da, es kehrt ohne einzelner Menschen Wollen und Bewußtsein die einfache, prunklose, häusliche Form wieder, die der Verwaltung guter deutscher Staaten von je her etwas so Gemütliches, Edles, Zutrauliches gegeben hat: ein schönes Zeichen, daß diese Form dem deutschen Sinn natürlich und notwendig ist. Ich glaube, es gibt keinen grelleren Kontrast, als wenn man jetzt plötzlich von Berlin nach Kassel kömmt. Das Leben hat hier etwas sehr Leichtes und Zierliches, bei der größten Sparsamkeit und Ordnung.

Sehr teuer ist es nicht, am teuersten wohl die Wohnungen, doch hätte ich z. B. eine recht freundliche von 13 Zimmern für 250 Tlr. (etwas über 420 fl.) haben können, ich nehme aber jetzt wahrscheinlich eine für 360 rh., die freilich weit schöner und gemächlicher ist. Die Stadt macht freilich von außen keinen Totaleindruck, weil sie weder durch ihre Lage, noch durch Türme markiert ist, aber im Innern hat sie so grandiose Partien, daß dagegen alles, was ich in Wien oder Paris von der Art gesehen habe, kleinlich erscheint.

Eine Menge sehr interessanter Bekanntschaften habe ich gemacht, Geschäftsmänner z. B., wie man sie an anderen Orten doch nicht leicht findet, und durch die Teilnahme mancher, selbst sehr vornehmer Leute an den Arbeiten der Professoren wird die Universität einen ganz eigenen Charakter bekommen, während auf der anderen Seite viele Leute im Amt Kollegien *hören* werden. ...

Schleiermacher ist ein sehr ausgezeichneter Mensch von seltener Regsamkeit. Er hat eine große Zahl ganz hingegebener Anhänger, und seine Gegner werfen ihm vor, daß er diese Jüngerschaft suche. Eine gewisse Würde fehlt ihm, und Herzliches, Erschließendes hat er auch nichts, obgleich ich ihm sehr reinen Willen zutraue, und ich persönlich über ihn gar nicht klagen kann. ...

Savigny

BRIEF AN JOHANN HEINRICH CHRISTIAN BANG VOM 1. 10. 1810

... Hier gefällt mir's bis jetzt recht sehr gut und mit der Universität, die in einigen Wochen eröffnet wird, läßt sich's gut an. In liberalerem Sinn und Geist ist wohl kaum je eine gestiftet worden. Oben ein Rektor mit großer Ehre und Würde, eigene Jurisdiktion, hoffentlich sogar eine Jury von Studenten. Das Ganze von oben geleitet durch die Sektion des öffentlichen Unterrichts. Diese ist seit Humboldts Abgang ohne Chef und besteht aus den Staatsräten Nicolovius (dem Eutiner), Uhden, Schmedding (Prof. in Münster gewesen) und Ancillon, endlich dem Professor Schleiermacher. Unter diesen ist keiner, der nicht die beste Gesinnung hätte, wie ich aus vielen Konferenzen weiß, zu denen ich zugezogen worden. Sie selbst sind ängstlich bemüht, der Universität die höchste Freiheit und Unabhängigkeit zu verschaffen. Überhaupt kann der *Stand* des Gelehrten und des Lehrers schwerlich in irgend einer Stadt geehrter sein als hier. Mehrere Staatsräte, unter ihnen fast alle oben genannte werden lesen als Privatdozenten oder prof. extraord., und Süvern z. B. hat erklärt, daß er sich willig denselben Prüfungen unterwerfen würde, die für andere Privatdozenten beschlossen sind (hauptsächlich Promotion und Probevorlesungen). ... Titel sollen die Professoren nicht bekommen, vielleicht nicht einmal Rang unter einander. . . . Schleiermacher ist sehr begünstigt, so sitzt er unter allen Professoren allein in der Sektion, und seine verschiedenen Ämter tragen ihm 4000 Tlr. fix.

. . . Die Stadt ist ungeheuer groß (die Friedrichstraße z. B., fast eine Stunde lang, ist bei weitem nicht der größte Durchmesser) und teilweise außerordentlich schön, so schön und grandios, wie kaum eine Stadt in Europa. Der Sand zum Verzweifeln, obgleich die Vegetation nicht schlecht. . . .

Johann Gottlieb Fichte

BRIEF AN JOHANN JAKOB GRIESBACH VOM 4. 10. 1810

Indem unsre neuentstehende Universität sich nach einem Lehrer umsah, den sie als Muster an die Spitze des *theologischen* Unterrichts stellen könnte, so fielen natürlich die Gedanken aller Kenner auf *Sie*. . . . Wir errichten eine neue Schöpfung, die so viel als möglich Muster für die künftigen Zeitalter werden soll. Wir befinden uns in der Hauptstadt eines bedeutenden Reichs, unter dem beständigen Anblicke der Regierung, und aller Höchsten des Landes, die nach uns die Wissenschaft schätzen, und an uns dieselbe entweder verehren, oder verachten lernen werden. In allen Fächern, ganz vorzüglich aber in der Theologie haben wir darum nicht bloß auf einen Umfang von Kenntnissen, die Sie freilich nach aller Geständnis in sich vereinigen, wie keiner, zu sehen; sondern auch auf männliche Würde, sittliche Festigkeit und Charakter (da auch bei unseren Geistlichen, wie es auch wohl anderwärts sein wird, Ernst und Würde gar sehr anfangen auszugehen). . . .

Wegen des Äußern sind wir durch die Liberalität unsers Königs fähig, Bedingungen zuzugestehen, wie nicht leicht irgend eine andere Universität . . .

Barthold Georg Niebuhr

BRIEF AN DORA HENSLER VOM 9. 11. 1810

Während ich gestern abend in unsrer philologischen Gesellschaft war, hat Male Dir Deine Fragen über meine Vorlesungen schon beantwortet: mir bleibt also nur noch eine Ährenlese. ... Über die unerwartet große Zahl der Zuhörer hat Male Dir geschrieben. Aber nicht nur die Zahl, sondern die Persönlichkeit derselben ermuntert und belebt zu fortgesetzter und eifriger Anstrengung. Wenn ich Dir unter diesen nur Savigny, Schleiermacher, Spalding, Ancillon, Nicolovius, Schmedding, Süvern nenne, wirst Du dies begreifen. Auf Deine andern Fragen muß ich Dir sagen, daß ich damit selbst mehr als mit irgend einer meiner frühern Arbeiten zufrieden bin: — die Einleitung habe ich ganz umgearbeitet — dazu mag der allgemeine Beifall mit wirken, dessen Ermunterung ich recht empfinde und in hohem Maße genieße. Denn nicht nur die Zahl und die Auswahl der Zuhörer, sondern auch die allgemeine Freude an den Vorlesungen übertrifft alles, was ich hätte erwarten können. Meine Einleitung hatte einen so starken Eindruck gemacht, als eine Rede hätte tun können, und alle Erudition der darauf folgenden Geschichte der altitalischen Völker, welche der eigentlichen Römischen zur Einleitung dient, hat auch die gemischten und nicht gelehrten Zuhörer nicht gemindert. Savignys Aufmerksamkeit, und seine Äußerungen, daß ich eine neue Epoche für die römische Geschichte anfange, gibt mir natürlich noch mehr Eifer, Untersuchungen in ihrem ganzen Umfang zu verfolgen, welche man sonst leicht auf halbem Wege liegen läßt, sobald man das Ziel bestimmt erblickt hat, und sich dann nach etwas Neuem umsieht. ...

Unsre kleine philologische Gesellschaft wird nicht ausarten. Wir lesen und emendieren den Herodot. Ich erkläre das Historische, andre diskutieren das Grammatische, und so haben wir eine wahre kleine Akademie.

Savigny

BRIEF AN FRIEDRICH CREUZER VOM 14. 11. 1810

Inskribiert sind nahe an 250, ich habe in den Institutionen, die ich in Verbindung mit Rechtsgeschichte 10 Stunden die Woche lese, 45, meist feine, gesittete Leute, bis jetzt von ganz ausgezeichnetem Fleiße. ... Wolf ist wieder hier, will zwar lesen, aber nicht Professor sein noch heißen; zwei angekündigte privata liest er nicht, weil sich nur 10—15 praenumerando eingestellt hatten, ein publicum soll er lesen. ... Ein Gelehrter hat mir hier bisher vor allen gefallen, der Geheime Staatsrat Niebuhr, Sohn des Reisenden. Dieser Mann, zwischen 30 und 40, hat von seinem 20. Jahre an in Geschäften gelebt, hat zuletzt im Finanzfach gearbeitet, ist aber jetzt als Historiograph ganz dem gelehrten Fach zurückgegeben. Aus Staatswissenschaften hat er ein eigentliches Studium gemacht, ist gründlicher Orientalist, ein Philolog, vor dem die hiesigen Philologen vom Handwerk den größten Respekt haben, sein eigentliches Fach aber ist alte und neue Geschichte, Statistik und Geographie mit eingeschlossen. Dabei ist er Weltmann, von der frömmsten Sitte und der liebenswürdigsten Bescheidenheit. Ich höre bei ihm römische Geschichte, die nun eigentlich Modekolleg ist, obgleich es durch die ungeheure Erudition und Gründlichkeit nicht berufen ist, die Menge zu locken. Ich kann Ihnen nicht sagen, wieviel ich auf ihn als Schriftsteller hoffe, wozu dieses Kolleg gewiß als Vorarbeit dienen wird.

Einen schneidenderen Gegensatz gibt es nicht, als zwischen diesem Mann und Fichte. Auch dieser gefällt mir in seiner kräftigen Bravheit gar wohl, obgleich ich sehe, daß wir in kein Verhältnis kommen werden. Er hat jetzt 90 Zuhörer, nicht bloß Studenten, und viele verehren ihn auf unbedingte Weise, so wie andere Schleiermacher. Arnim sagte neulich von Fichte ganz gut, daß er mit seinen Vorlesungen bei manchen den leeren Platz fülle, an welchem sonst Religion und Kirche zu stehen pflege. ...

Savigny

BRIEF AN LEONHARD CREUZER VOM 13. 12. 1810

... Ich habe hier wie in Landshut der Ruhe und Zufriedenheit meines Lebens dadurch ein Fundament gelegt, daß ich mir Freiheit von Rektorat, Dekanat pp. ausbedungen. In meinen Institutionen habe ich gegen 50 (fast alle Juristen, die hier sind) und in dem publicum über Pfandrecht noch mehrere, darunter über die Hälfte Obertribunalräte, Kammergerichtsräte und Referendäre. So splendid geht's hier zu. Ein anderes Kolleg höre ich zugleich mit dem Kurprinzen von Hessen, dessen Fleiß ich aber gar nicht rühmen kann. Doch im Ernst, es kann hier gut werden, Anteil und Empfänglichkeit ist hier in reichem Maße, und wir brauchen kaum ein mehreres als Ruhe und Dauer, um wirklich etwas Löbliches zu leisten. ...

Niebuhr

BRIEF AN DORA HENSLER VOM 5. 2. 1811

... Am vorigen Sonnabend hat mich die philosophische Fakultät, mit mehreren andern, zum Doktor gemacht.

Ich bin also der erste Doktor, den die hiesige Universität kreiert hat. Du wirst es nicht lächerlich finden, daß ich einen gelehrten Titel gewünscht, und da er noch überdies angeboten war, ihn mit Freude angenommen habe, da doch ein solcher Titel eben so wenig Wert gebe und eben so durch Mißbrauch entstellt sei wie jeder andere. Es ist dies doch nicht ganz so schlimm, und wäre es auch, so wäre es doch nur die Entstellung einer ursprünglich schönen Idee eines eigentlichen gelehrten Bürgerrechts, wodurch sich die gelehrten Bürger von den Liebhabern als Beisassen und Schutzverwandten auszeichnen, und unter denen die Akademiker wieder einen Adel bilden. ...

Niebuhr

BRIEF AN DORA HENSLER VOM 19. 3. 1811

... Mit etwas mehr Stille wäre meine Lage so erwünscht, als ich nicht mehr zu hoffen gewagt habe. Meine Bekannten sind mir, wie ich ihnen, so innig gut, und unsre Wissenschaften erhalten ein so unversiegendes Interesse des Gesprächs, daß ich in dieser Hinsicht jetzt wirklich besitze, was ich sonst vermißte. Denn dieser Umgang ist erweckend und lehrreich. Belebend sind auch meine Vorlesungen selbst, weil sie anhaltende Forschungen erfordern, von denen ich sagen darf, daß sie mir nicht fruchtlos bleiben können; und sie sind belebender als bloß schriftstellerische Arbeiten, weil ich mit der Wärme des ersten Funds vortrage, und nachher mit denen rede, die sie ebenfalls neu wie sie entstanden sind aufnehmen. Dies gibt mir eine wahre Lust zur Sache, und ich möchte schon nicht mehr damit aufhören. Was ich wünsche, wäre oft Tage lang ganz einsam zu sein, und dann eine Zeitlang auch mit lieben Bekannten nicht eine so lange Reihe von Stunden zusammen zu sein, wie es hier Gebrauch ist. Hier ist das wahre Land der Besuche und der Gesellschaften. Unsre Freitagsversammlung sogar hätte ich bisweilen einmal lieber nicht; obgleich sie mir immer wohl gaten hat, und noch tut. Weniger Gewäsch und weniger Schläfrigkeit kann in einer gemischten Gesellschaft nicht leicht sein. Der Geistreichste unter allen ist Schleiermacher. Besonders erfreulich ist die völlige Neidlosigkeit unter diesen Gelehrten. ...

Niebuhr

BRIEF AN DEN CHEF DER SEKTION FÜR KULTUS UND UNTERRICHT IM MINISTERIUM DES INNERN FRIEDRICH VON SCHUCKMANN VOM 2. 5. 1811

... Es war vielleicht ein verwegener Gedanke in unserer Lage, die Stiftung einer neuen Universität nach einem Plane und in einem Umfange von angemessener Größe zu entwerfen. Viele andere Bedenklichkeiten wegen des Orts sind durch die Erfahrung wirklich beseitigt, und wenn auch manche Fehler begangen sind, wenn in einzelnen Fällen dem Ruf zu viel und auf eine schädliche Weise gehuldigt sein sollte, ein großer Teil des Gebäudes besteht, und über die Erwartung schön. Wir übertreffen alle Universitäten Deutschlands für die philologischen Studien, und wie arg auch Universitäten-Eifersucht ist, wie wenig die, welchen den Wert der unsrigen begründen, fähig sind auszukramen: diese Vortrefflichkeit muß bald allgemein anerkannt werden. Sie wird und muß unseren Ruf gründen, und noch mehr das eigentümliche Verdienst, welchem der Ruf doch zuletzt gehorcht, und welches mehr als er wert ist.

Die philologischen Studien haben in den letzten Zeiten in Deutschland einen Schwung genommen, von dem die berühmtesten Philologen und Schulen der früheren Zeit nichts wußten. Strenge Interpretation, feine Grammatik verbinden sich mit forschender Ergründung der gesamten wissenschaftlichen Kenntnisse und Ansichten, so wie mit der der Geschichte und Einrichtungen des Altertums. Dadurch stellt sich auch ein zivilistisches Studium her, wodurch die Rechtskenntnis von der Barbarei zweier Jahrhunderte befreit wird. Eine nicht oberflächliche, doch exoterische und auch dem Nichtgelehrten erreichbare, sich seiner ganzen Seele anschmiegende Kenntnis des Altertums und der Klassiker fängt an sich zu verbreiten; unsere Schulen müssen sich auf einen unvergleichbar andern Fuß stellen; und dazu ist in der jetzigen Zusammensetzung unserer Universität alles geeignet, wie in der Tat nirgends sonst.

In den positiven Wissenschaften kann *ein* vorzüglicher Lehrer vielleicht für ein bedeutendes Fach genügen, aber in der Altertumswissenschaft ist Vielfachheit der Lehrer nicht nur deswegen notwendig, weil sie nur der geteilte Besitz mehrerer sein kann, sondern auch deswegen, weil sie von mehreren Gesichtspunkten aufgefaßt und mitgeteilt werden muß. Denn ihre Vortrefflichkeit ist eben so sehr die Übertragung von Ansichten und von Sinnesweisen, die in ihren Resultaten ein einzelner in sich vereinigen soll; aber nur mehrere so ergründen können, daß sie fähig sind, teilweise sie zu übertragen.

Selbst die griechische und römische Literatur sind nicht ganz und nicht gleich von Einem zu umfassen. Unter unseren Philologen bestehen freie und lebendige Privatvereinigungen, wie sie Ursache und Beweis der wahren Blüte der Wissenschaft sind: sie gehen in der Wahrheit Hand in Hand, so frei von Scheelsucht oder Eifersucht, daß jeder dem Erfolg des andern günstig ist. Daher sind die Pläne, für die Verbesserung der Schulen durch höhere Bildung der Lehrer zu wirken, ohne eigentliche Seminarien, hier ihres Erfolges gewiß. Es ist eine Gabe des Glücks, wie sich hier alles an einander fügt. Ohne von Wolfs Vorlesungen zu reden, der sich von den übrigen isoliert hat, hier ist die vollendetste Interpretation in Heindorfs Vorlesungen, eine für das ganze Leben auch außer dem Bezirk klassischer Studien heilsame Bildung, sich jede Lektüre scharf verständlich zu machen und keine halbverstandene Ideen zu dulden; an sie schließen sich die öffentlichen Vorlesungen Buttmanns, dessen lebendiger Geist den Zuhörer ergreifen und, wenn er auch schlummerte, wecken muß: an Böckhs Vorlesungen haben wir eine selbst untersuchte, nicht kopierte Archäologie, er bildet die Leser der Dichter zur Einsicht und wahren Freude an ihren Kunstschönheiten durch seine Metrik, und er lehrt sie, er strebt wenigstens schon jetzt mit großer Kraft dahin, die Philosophie der Alten aus ihrem eigenen Sinn zu verstehen. Savignys Jurisprudenz ist ganz humanistisch, und wenn Schleiermacher wieder Geschichte der Philosophie läse, so möchte der vorbereitete Jüngling auf die lebendigste Weise durch diese unzertrennliche Gesamtheit in den Geist eingehen und sich von ihm erfüllen, wodurch Altertumswissenschaft immer das Salz der Erde war. Was mir möglich ist, trage auch ich, aus Freude an dem Vortrefflichen, welches da ist, bei, und werde fortfahren es zu tun. Unter den Jünglingen höherer Stände beginnt Vorbereitung zu klassischer Bildung nicht ganz selten zu werden, wo früher nur lebloser Unterricht neben Barbarei war. Dieses zur Vollendung zu fördern, dadurch die Gemüter zu erheben, ist wohl die größte Wohltat, welche dem Ganzen erzeigt werden kann. Es bedarf aber dazu einer so glücklichen Vereinigung, wie es die ist, welche wir besitzen, zu der es nicht nötig ist, etwas mehr hinzuzufügen, der aber jede Verminderung einen nur für den Nahestehenden ganz zu schätzenden Verlust bringen würde. ...

Karl Wilhelm Ferdinand Solger

BRIEF AN FRIEDRICH VON RAUMER VOM 16. 5. 1811 AUS FRANKFURT/ODER

... Übrigens gestehe ich Ihnen, daß ich in mancher Rücksicht bei dieser Geschichte gleichgültig bin, indem mir die ganze Verlegung der Universitäten nach größeren Städten gar nicht gefällt. Unvermerkt wird dadurch der ganze Geist der deutschen Universitäten aufgehoben, der zwar mit allem Übrigen auch der Zeit akkommodiert werden darf, dessen Vernichtung ich aber als ein großes Leiden ansehe. Die schlechte Beschaffenheit der hiesigen Universität hat vielleicht meine Kenntnis der Sache noch verbessert, da ich sah, was fehlte, und was hätte werden können, und ich darf mir hier wohl ein Urteil anmaßen. Das Leben in einer kleinen Universitätsstadt, wo sich der Geist der Lehrenden und Lernenden freier erhält, ist den Wissenschaften unbedenklich am günstigsten; daß es aber auch dem künftigen Geiste der heranwachsenden Staatsdiener günstig ist, wird sich schon in der Folge zeigen. Ich mag nach Berlin oder Breslau gehn, Frankfurt, nicht die Universität, sondern die Universitätsstadt, verlasse ich mit Betrübnis: denn es ist mir so klar und gewiß, daß hier eine Universität sein sollte, und daß sie, gehörig behandelt, eine treffliche werden würde. Auch die Wissenschaften dürfen nicht zu sehr an äußern Gütern hangen. Sammlungen und Anstalten sind schön und gut, aber sie können den ganzen Geist verschlingen, und werden es auch zum Teil, dessen bin ich versichert. Wo ist aber wohl ein ungünstigerer Geist für eine Universität, als in Berlin? wo die herzlose Menge jeden neuen Laut nachschreit; wo sie bald nicht eher ruht, als bis sie das Gute und Edle unter sich gebracht und durch eine neue Mode verdrängt hat; wo sich gewisse Vorurteile und stehende Meinungen bilden, gegen die man nur als Ketzer auftreten kann; wo selbst unter Gelehrten, wie ich in den letzten Zeiten nur zu deutlich bemerkt habe, eine gelehrte Klatscherei recht einheimisch geworden ist, und mehr dergleichen! Dagegen ist Frankfurt eine hübsche Stadt, in einer Gegend, die man sich nicht angenehmer wünschen kann (was für Studenten so sehr günstig ist), grade von der rechten Größe, um die gelehrte Republik zusammenzuhalten, und frei von allen bösen Prinzipien größerer Städte. Wenn ich etwas zu sagen hätte, würde ich die Berliner Universität nach Breslau verlegen, und hier in Frankfurt die neue errichten. ...

Solger

BRIEF AN FRIEDRICH VON RAUMER VOM 2. 11. 1811 AUS BERLIN

... Es geht mir hier gut genug. Man hat mich gut aufgenommen und kommt mir mit Wohlwollen, wie es wenigstens scheint, entgegen. Ich lese schon seit vierzehn Tagen und habe eine große Anzahl Zuhörer; möchte sich dies nur so erhalten! In dem engen Verhältnis wie in Frankfurt bin ich noch nicht wieder mit meinen Schülern; vielleicht kann es auch ganz so hier nicht werden. Es ist sich hier alles gegenseitig fremder. Auch scheinen die Professoren überhaupt etwas kälter gegen ihr Publikum zu sein. Und doch haben sie mitunter chimärische Ansichten und Träume davon, die sich indessen gar wohl mit einer solchen Kälte vertragen. Indessen will ich noch nicht klagen. Im ganzen scheint alles hier recht gut und löblich betrieben zu werden, wiewohl mit zu viel Anmaßung. Lerne doch ein jeder bescheidentlich seine Lektion, so wird es wohl im Hause stohn. Die Anzahl unserer Studenten nimmt rasch genug zu; wir haben schon über sechshundert.

Mit den Berlinern im ganzen bin ich freilich unzufrieden, so zufrieden sie auch mit sich selbst sind; denn jeder weiß alles. ...

Niebuhr

BRIEF AN DORA HENSLER VOM 16. 11. 1811

... Wir setzen unser Leben unverändert und gleichförmig fort. Freitags besuche ich meine Gesellschaft: an vier Tagen höre ich Schleiermacher: zweimal lese ich. ...

In dem ausschließenden Umgang mit unsern Freunden, deren Seelen von ihren schuldlosen Studien erfüllt sind, bin ich denn mit Geschäftsleuten ganz fremd geworden. Es geht ein Totengeruch aus von diesem Treiben in der großen Welt: nicht der unverdrossenen Erfüllung eines arbeitsamen Berufs, sondern dem Herumtreiben mit Menschen, welches doch nichts als Unreinheit ist; und dies Erzählen über Personen, an denen sich weder Geist noch Herz interessiert, deren Dasein unnütz oder verderblich ist, quält, wenn man sich davon entwöhnt hat. Einen Abend in der Woche sind wir gewöhnlich mit Savignys zusammen; außerdem noch oft einen Abend hier oder dort: z. B. bei Fürst Radziwil oder andern.

Nach den wandelnden Umständen die Maximen meines Handelns auch zu wandeln, und dennoch eine feste Einheit zu behalten, dazu fehlt es mir gänzlich am Talente. *Fichte*

Fichte

ÜBER DIE EINZIG MÖGLICHE STÖRUNG DER AKADEMISCHEN FREIHEIT

Rede beim Antritt des Rektorats gehalten am 19. 10. 1811

... Der eigentlich belebende Odem der Universität, meine Herren, die himmlische Luft, in welcher alle Früchte derselben aufs fröhlichste sich entwickeln und gedeihen, ist ohne Zweifel die akademische Freiheit. Diese ist eben darum allen Studierenden mit Recht über alles teuer, und nichts kann ihre Liebe, Lust und Freudigkeit so niederschlagen, als wenn sie glauben, für diese befürchten zu müssen. Ich werde darum die heitere und freudige Stimmung, mit der ich Sie für Ihre Laufbahn ausrüsten möchte, am sichersten dadurch in Ihnen erzeugen und beleben, wenn ich Ihnen zeige und sichtbarlich dartue: *daß auf keiner Universität in der Welt diese akademische Freiheit mehr gesichert und fester begründet sein könne, als gerade hier, auf dieser unserer Universität.* Es wird Ihnen dies vollkommen einleuchten, wenn Sie zuvor mit mir bedenken und in Ihre Erinnerung zurückrufen, was eine Universität eigentlich sei; sodann, welches die durch das Wesen derselben geforderte akademische Freiheit sei.

Was also ist die Universität? Die Einsicht in das Wesen derselben gründet sich auf folgende Sätze. Die gesamte Welt ist lediglich dazu da, damit in ihr dargestellt werde das Überweltliche, die Gottheit; und zwar, damit es dargestellt werde vermittelst besonnener Freiheit. Dieses Überweltliche zwar offenbaret sich selbst durch sich selbst, und stellt sich dar, wie es ist, dem Vermögen der Freiheit, dem menschlichen Verstande; aber so wie dieser Verstand in sich selbst zu immer höherer Klarheit sich ausbildet, erscheint in ihm fortdauernd jenes Bild des Göttlichen gleichfalls in höherer Klarheit und Reinheit. Der ununterbrochene und stetige Fortschritt der Verstandesbildung unseres Geschlechtes ist darum die ausschließende Bedingung, unter welcher das Überweltliche, als Muster der Weltbildung, immerfort in neuer und frischer Verklärung heraustreten kann in der Menschheit, und von dieser dargestellt werden kann in der Außenwelt; diese Fortbildung des Verstandes ist das Einzige, durch welches das Menschengeschlecht seine Bestimmung erfüllt, und wodurch jedes Zeitalter seinen Platz sich verdient in der Reihe der Zeitalter. Die Universität aber ist die ausdrücklich für Sicherung der Ununterbrochenheit und Stetigkeit dieses Fortganges getroffene Anstalt, indem sie derjenige Punkt ist, in welchem, mit Besonnenheit und nach einer Regel, jedes Zeitalter seine höchste Verstandesbildung übergibt dem folgenden Zeitalter, damit auch dieses dieselbe vermehre, und in dieser Vermehrung sie übergebe seinem folgenden, und so fort bis an das Ende der Tage. Alles dieses aber lediglich in der Absicht, damit das Göttliche immerfort in frischer Klarheit heraustrete im Menschlichen, und der Zusammenhang beider, und der lebendige Einfluß des ersteren in das letztere erhalten werde; denn ohne diesen Zweck ist sogar die Verstandesbildung, obwohl sie das Höchste ist unter dem Nichtigen, und der unmittelbare Vereinigungspunkt des Nichtigen mit dem wahrhaft Seienden, dennoch in der Tat auch nur leer und nichtig. — Ist nun die Universität dies, so ist klar, daß sie die wichtigste Anstalt und das Heiligste ist, was das Menschengeschlecht besitzt. Indem die Mitteilung auf derselben alles, was jemals Göttliches in der Menschheit herausbrach, wenigstens in seinen letzten Folgesätzen aufbehält und weiter gibt, lebt in ihr das eigentliche Wesen der Menschheit sein ununterbrochenes, über alle Vergänglichkeit hinweg gesetztes Leben, und die Universität ist die sichtbare Darstellung der Unsterblichkeit unseres Geschlechtes, indem sie nichts wahrhaft Seiendes ersterben läßt: indem über diese Mitteilung hinaus, und in dem zum Inhalte derselben neu hinzutretenden, die Gottheit immerfort sich entwickelt zu einem neuen und frischen Leben, ist in der Universität alle Trennung zwischen dem Überweltlichen und Weltlichen aufgehoben, und sie ist die sichtbare Darstellung der Einheit der Welt, als der Erscheinung Gottes, und Gottes selbst. —

Was zur inneren Einrichtung einer Universität gehöre, geht aus der dargelegten Bestimmung derselben hervor. Von der einen Seite: die gesamte Verstandesbildung des Zeitalters und die gesamten Hilfsmittel und Gegenstände dieser Bildung müssen in der Gesamtheit der Lehrer, als den Stellvertretern desjenigen Zeitalters, welches seine

Bildung übergibt, vollständig umfaßt sein, und jeder einzelne Lehrer muß teils für sein Fach auf der Höhe der Ausbildung dieses Faches in seinem Zeitalter stehen, teils die Fähigkeit und Geschicklichkeit besitzen, sich vollständig und innigst mitzuteilen. Von der anderen Seite müssen, als die Stellvertreter desjenigen Zeitalters, welchem die höchste Bildung des gegenwärtigen übergeben wird, Lehrlinge vorhanden sein, die zu der Stufe, auf welcher der Universitätsunterricht anhebt, und notwendig anheben muß, wenn er in das Höchste enden soll, durch den früher erhaltenen Unterricht gehörig vorbereitet sind. Ist durch die Sammlung und Aneinanderfügung dieser beiden Grundbestandteile die Universität erst errichtet, und wird sie von nun an immerfort in diesem ihrem wesentlichen Bestehen erhalten, so geht sie ihren zweckmäßigen Gang durch sich selbst fort, und bedarf über diesen Punkt hinaus keiner Nachhilfe von außen. Vielmehr sind dergleichen äußere Einwirkungen und Eingriffe schädlich, und für den beabsichtigten Fortgang der Verstandesbildung störend. Eine Universität muß darum, falls sie ihren Zweck erreichen und in der Tat sein soll, was sie zu sein vorgibt, von diesem Punkte aus sich selbst überlassen bleiben; sie bedarf von außen und fordert mit Recht vollkommene Freiheit, die akademische Freiheit in der ausgedehntesten Bedeutung des Wortes.

Das gegenwärtige Zeitalter soll seine frei errungene Bildung ohne Rückhalt mitteilen dem künftigen, damit dieses auf jene fortbauen könne, es darf darum dem Lehrer durchaus keine Grenze der Mitteilung gesetzt werden, noch irgend ein möglicher Gegenstand ihm bezeichnet und ausgenommen, über den er nicht frei denke, und das frei Gedachte nicht mit derselben Unbegrenztheit dem dazu nur gehörig vorbereiteten Lehrlinge der Universität mitteile. Der Lehrling der Universität, als Stellvertreter des zweiten Zeitalters, soll ungeteilt und ganz sich hingeben der Mitteilung, die ihm geschieht; es muß ihm darum die schon als Menschen ihm zukommende persönliche Freiheit gesichert sein, innerhalb der Schranken des Gesetzes und der guten Sitte seine äußerliche Lebensweise so sich zu bestimmen, wie er es für seinen Zweck am angemessensten findet, und innerhalb dieser Grenzen seine erst sich entwickelnde Besonnenheit auf alle Weise zu versuchen; er muß für die Zeit seines Studierens anderer bürgerlicher Lasten und Anforderungen überhoben sein, um Zeit und Kräfte ganz seinem nächsten hochheiligen Zwecke zu widmen; es wird wünschenswert sein, daß er selbst von den Verwickelungen der strengen Rechtsform befreit, und unter einen möglichst einfachen Gerichtsstand gesetzt werde; endlich, da der letzte Zweck alles seines Studierens der ist, daß das Göttliche in ihm erscheine, und sich darstelle von irgend einer neuen Seite, dafür aber er in derjenigen sittlichen Unbefangenheit und Unverdorbenheit erhalten werden muß, in welcher allein sich abbilden kann die Gottheit; der letzte und höchste Zweck der Universität, sage ich, erfordert, daß die grundverderbenden Ärgernisse und die Versuchungen, die über die Kräfte des noch Ungeübten gehen, ganz entfernt werden aus dem Wege des Studierenden. Dies sind in kurzem die wesentlichen Bestandteile der akademischen Freiheit, welche eine Universität mit Recht fordert.

Ob unsere Universität die zuerst aufgestellten inneren und wesentlichen Eigenschaften an der Beschaffenheit ihrer Lehrer und der Gesamtheit derselben, sodann auch an der Beschaffenheit der Lehrlinge an sich trage, darüber ein Urteil zu fällen, kommt wohl schon jetzt, beim Beginnen des Werkes, am allerwenigsten uns Lehrern zu, ebensowenig als es Ihnen, meine Herren, zukommen würde, das Urteil sich antragen zu lassen, und es zu übernehmen. Wie es damit sich verhalten habe, wird wohl am treffendsten erst nach einiger Zeit unser Werk an Ihnen aussprechen müssen; und dermalen wird in dieser Rücksicht beiden Teilen bloß die Anstrengung und das Ineinandergreifen aller ihrer Kräfte aufgelegt, damit dieses Urteil vorteilhaft für beide Teile ausfallen möge. Dagegen, ob die äußeren Bedingungen des Gelingens gegeben seien, ist eine leichtere, schon jetzt füglich zu beantwortende Frage, indem seit einem Jahre die Vordersätze zu ihrer Beantwortung vor unser aller Augen liegen; es ist eine Frage, an deren Beantwortung den beiden Hauptbestandteilen der Universität schon jetzt alles liegt, indem sie mit Recht, schon ehe sie an die Arbeit gehen, wissen wollen, ob sie vernünftigerweise die Hoffnung des Gelingens fassen können. Ich habe darum kein Bedenken getragen, Ihnen heute eine Untersuchung dieser Frage anzubieten, um, falls ich es vermag, die freudige Zuversicht in dieser Rücksicht, die *mir* wenigstens beiwohnet, über Sie alle zu verbreiten.

Daß in diesem Zeitalter, unter der Herrschaft dieses Königsstammes, und desjenigen erhabenen Zweiges dieses Stammes, den wir als unseren König verehren, bei der hellen Denkart aller derer, die zu den Höheren der Nation gehören, irgend eine Beschränkung derjenigen Mitteilung, über die es unter Menschen keine höhere gibt, der Mitteilung an Universitäten, etwa durch äußere Vorschriften des allein zu Lehrenden, zu besorgen sei, hat durchaus nichts für sich, alles aber gegen sich, und ich würde meine Worte zwecklos verlieren, wenn ich eine Befürchtung heben wollte, die wohl nicht einer der Anwesenden hegt. Auch die persönliche Freiheit der Studierenden ist durch das Gesetz anerkannt und gesichert; für die einfache Pflege ihres Gerichtes ist alles festgesetzt, was geschehen konnte und sollte, ohne von einer anderen Seite der akademischen Freiheit den Schutz, dessen sie am meisten bedarf, zu entziehen. Ebenso hat sich nun auch durch die Erfahrung gezeigt, was jeder Sinnige auch unabhängig von derselben im voraus wissen konnte, daß in dieser großen Stadt, die uns umgibt, gegen die sittliche Herabwürdigung und Entheiligung derer, die zu Werkzeugen des Heiligsten bestimmt sind, entweder ebensogut, oder auch, wie ich glaube, noch weit besser gesorgt sei, als in kleineren Städten. Nirgend wird derjenige, der nur allein zu sein vermag, leichter und lieber allein gelassen, als in einer recht großen Stadt; und indem durch das lebhaftere Ringen so vieler Mitbewerber alle Stände nachdrücklicher an Ihre Geschäfte gedrängt werden, findet auch der Studierende, hier mehr als irgend wo, sich gar bald abgeschnitten, und ohne Störung von außen auf Sein Geschäft des Studierens sich beschränkt. Dazu kommt, daß in einer großen Stadt, so wie alle Lebensweisen, also auch das Laster seine zahlreiche geschlossene Gesellschaft schon hat, und weit weniger genötiget ist, zu bekehren und anzuwerben; und daß darum hier das Verderben mehr aufgesucht werden muß, als daß es zu uns in unsere reine Wohnung kommen sollte.

Und so sind denn insofern die äußeren Bedingungen einer Universität allhier gegeben; für die akademische Freiheit derselben ist nicht die mindeste Gefahr zu befürchten, weder von Seiten der Regierung, die sie verbürgt hat, noch von Seiten der anderen uns umgebenden Stände, die natürlicherweise, und wenn man sie nur sich selbst überläßt, irgend eine Berührung mit uns ganz und gar nicht begehren.

Wohl aber könnte es scheinen, daß von einer anderen weit bedenklicheren Seite unserer akademischen Freiheit große Gefahr drohe; soll ich sagen von außen, da ich soeben gezeigt habe, daß von außen wir durchaus gesichert seien, oder soll ich sagen von innen, da ich auf keine Weise zuzugeben gedenke, daß das uns bedrohende Element zur

Universität gehöre? — Allerdings, meine Herren, könnte, bei Erwägung dessen, was man über den Zustand anderer Universitäten häufig vernimmt, die Gefahr, auf die ich ziele, befürchtet werden; ja es ist mir sogar bekannt, daß sie von vielen unter Ihnen wirklich befürchtet wird; daß diese meine Rede gerade an diesem Punkte erwarten, und von mir Beruhigung über ihre Besorgnis sich versprechen. Ich muß diesen gerechten Erwartungen Genüge tun.

Dasjenige Element, woran diese für ihre Freiheit Gefahr besorgen, ist jene bekannte Menschenart, die, da sie in der Tat nichts ist, und in den übrigen menschlichen Verhältnissen nirgends geduldet wird, sich für Studierende ausgibt, und sich an die Universitäten anschließt. — Indem ich diese Menschenart fürs erste zu schildern habe, muß ich, um die ruhige Fassung, mit der ich angehört zu sein wünsche, zu sichern, noch ausdrücklich dasjenige erinnern, was sich ohnedies von selbst versteht, daß, da ich späterhin zu erweisen gedenke, es werde eine solche Menschenart unter uns niemals möglich sein, daß, sage ich, ich eben darum auch nicht voraussetze, daß sie sich dermalen unter uns befinde; daß sonach nichts von allem, was ich über diese Art sagen werde, irgend einen, der hier gegenwärtig ist, trifft; oder wenn es doch, wie ich nicht voraussetze, einen träfe, dies ganz ohne mein Wissen und meiner klaren Absicht zuwider also geschehen würde. Oder, daß ich recht unumwunden mich ausspreche! Diejenigen, von denen ich zunächst reden werde, sind, meinem besten Wissen nach, Sie insgesamt, die Sie hier zugegen sind, nicht; so weiß ich's, und anders weiß ich's nicht, noch kann ich es meiner ganzen Lage nach anders wissen. Sollte doch irgend einer es sein, so tut mir dies herzlich leid; aber es würde für uns beide das beste sein, wenn ein solcher weder jetzt noch in Zukunft meinen Irrtum mich bemerken machte, und ich in meiner glücklichen Unwissenheit verbliebe.

Die Menschenart, die ich meine, entsteht auf folgende Weise: Indem solche, die durch eigene Erfahrung durchaus keinen Begriff sich zu machen vermögen vom Studieren, Universitäten sehen, und die mancherlei Eigentümlichkeiten derselben erblicken, können sie, bei ihrem gänzlichen Unvermögen, alle diese Anstalten sich zu denken als das Mittel für den ihnen völlig verborgenen Zweck, dieselben nicht anders begreifen, denn als einen besonderen Stand von Studenten, der ebenso, wie etwa der Adel-, oder Bürger-, oder Bauernstand, auch in der Welt sein müsse, aus keinem anderen Grunde, als um zu sein, und um die Zahl der Stände voll zu machen; und welcher nun einmal, zufolge seines Daseins, die und die Befreiungen und Privilegien von Gottes und Rechts wegen besitze. Der eigentliche Mittelpunkt und Sitz ihres Irrtumes liegt klar am Tage. Das Studieren ist ein *Beruf*; die Universität mit allen ihren Einrichtungen ist nur dazu da, um die Ausübung dieses Berufes zu sichern; und nur derjenige ist ein Studierender, der eben studiert. Diese aber können die Sache nur also begreifen, daß es eine besondere Gattung von Menschen gebe, die da Studenten sind, ob sie nun studieren oder nicht studieren, oder was sie treiben; und daß der Stand dieser Studenten gewisse Privilegien besitze, die durch sein bloßes Dasein gesetzt, und von demselben unabtrennlich seien. . . . Es ist ein befreiter privilegierter Stand. Wo liegen die Grenzen dieser Befreiungen? In der wahren Ansicht von der Universität haben dieselben ihren Grund, und darum auch ihren Maßstab: das Studieren, als ausschließender und einziger Beruf des Lebens, soll nicht gestört werden; so weit darum reicht die Möglichkeit der Störung, so weit reicht, keinesweges aber weiter, die Befreiung. In dieser Ansicht sind die Befreiungen schlechthin und ohne allen Grund, sie sind darum auch ohne Maß, und von unendlicher Ausdehnung. Soll diese Unendlichkeit denn doch in der Anschauung dargestellt und unter einen Grundsatz gebracht werden, so läßt sie sich nur in der Formel fassen: Der Studenten-Stand solle zu alle dem berechtigt sein, was allen übrigen Ständen durch Gesetz und Sitte verboten ist, gerade darum, weil es ihnen verboten ist, indem nur dadurch das Ausschließende des Rechtes dargestellt wird. Und woher stammen diese Freiheiten? Hat sie etwa der Staat verliehen, der nun auch ohne Zweifel der ursprüngliche Ausleger seines Freiheitsbriefes bleiben und das Recht behalten wird, seine Verfügungen nach den Zeitbedürfnissen abzuändern? Keinesweges, sondern sie gebühren diesem Stande durch göttliches und natürliches Recht, welches durch die Anerkennung aller Zeiten bestätigt ist, und älter ist als alle bestehende Staaten, und diese selbst bindet. Errichtet darum ein Staat eine neue Universität, so kommt es nach diesem Lehrgebäude keinesweges ihm zu, die Rechte derselben zu bestimmen. Diese sind schon bestimmt, bloß dadurch, daß das Wort Universität ausgesprochen wird; es sind die bekannten, hergebrachten. Wäre es nicht so, so wäre es ja keine Universität, sondern etwas anderes, und Ehrenmänner, wie diese, könnten in eine solche

Verfassung sich nicht begeben. Und welch einen Rang mag dieser also privilegierte Stand, der zufolge natürlichen Rechtes als Berechtigung in sich aufnimmt, was alle andere Stände in sich als Verbot aufnehmen, — welch einen Rang mag er in der menschlichen Gesellschaft einnehmen? Nicht nur den höchsten, sondern einen solchen, der zu dem ganzen übrigen Menschengeschlechte gar kein Verhältnis hat; sie stellen dar das auserwählte Volk Gottes, alle Nichtstudenten aber werden befaßt unter den Verworfenen. Darum müssen alle andere Stände ihnen weichen, und ihnen allenthalben, wo sie hinkommen, den Vortritt oder Alleinbesitz lassen; alle müssen von ihnen sich gefallen lassen, was ihnen gefällt denselben aufzulegen, keiner aber darf es wagen, ihnen zu mißfallen; alle Nichtstudenten, ihre Lehrer und unmittelbare Obrigkeiten am wenigsten ausgenommen, müssen durch ehrerbietigen Ton, durch Reden nach dem Munde, durch sorgfältige Vermeidung alles dessen, was ihre zarten Ohren nicht gern hören, sich ihrer Geneigtheit empfehlen: das ist die Pflicht aller gegen sie; sie aber dürfen alle Menschen ohne Ausnahme aus dem Gefühl ihrer Erhabenheit und Ungebundenheit herab behandeln: das ist ihr Recht auf alle. Daß sie unter anderen auch die Berechtigung in Anspruch nehmen werden, mitten im Frieden die Waffen zu führen, und durch Krieg und Blutvergießen des Rechtes unter einander zu pflegen, ist um so natürlicher, da sie, die ja dürfen, was außer ihnen schlechthin niemand darf, in dieser Rücksicht neben sich noch einen anderen Stand sehen, der aus einem gleichen natürlichen und von allen Zeiten anerkannten Rechte dasselbe tut. Da nach ihnen der Studentenstand nur dazu da ist, um diese Gerechtsame auszuüben, und darin die ganze Bestimmung desselben aufgeht, so müssen sie notwendig wollen, daß diese Gerechtsame wirklich in einer ununterbrochenen Folge immerfort geübt werden, und daß durch sie, die gegenwärtigen Verwalter des Studenten-Lebens, als Glied in der Kette, dieselben so ungeschmälert auf die Folgezeit überliefert werden, wie sie sie erhalten haben von der Vorzeit, keinesweges aber, daß durch Nichtübung sie in Vergessenheit geraten und verjähren; sie müssen wollen, daß jeder, der auf den Namen des Studenten Anspruch macht, sie ausübe, indem er ja nur unter dieser Bedingung und zu diesem Zwecke ein Student ist, und ohne allen Streit derjenige nicht für einen Ehrenmann gelten kann, der sich seine Rechte auf eine feige Weise vergibt. Und so fällt denn ganz natürlich dieser Menschenklasse, die durch

Studieren oder irgend ein anderes Geschäft ungestört alle ihre Zeit diesem Zwecke widmen kann, auch noch das Zwangsrecht anheim, alle Mitbürger der Universität streng dazu anzuhalten, daß sie ihre Privilegien wirklich ausüben: daß sie, damit Regel in das Geschäft komme, an gewissen Tagen zu feierlicher Begehung der symbolischen Akte ihrer Freiheit sich versammeln, daß sie ihre Streitigkeiten durchaus auf keine andere Weise, als mit dem Degen in der Hand abmachen, und was noch sonst in der Grundverfassung des Standes liegt; alles dieses unter der gleichfalls ganz natürlichen Strafe, im Übertretungsfalle vom Studenten-Stande ausgeschlossen, mit dem Banne belegt, und als unehrlich geachtet und behandelt zu werden. Bei der Lauigkeit und Nachlässigkeit so vieler vom Stande selbst, die auf der Universität auch noch etwas anderes, z. B. das Studieren, zu treiben haben; auch gegen die eifersüchtigen Eingriffe anderer Stände sowohl, als der Obrigkeit, müssen denn auch noch besondere, durch Eidschwüre befestigte, zu Schutz und Trutz stets bewaffnete Bündnisse, unter den Namen von Landsmannschaften oder Orden, geschlossen werden, welche durch ihre Oberen immerfort das Ganze übersehen und leiten. ...

Daß ein solches Lehrgebäude über das Universitäts-Leben entstehen, und bis zu der Vollständigkeit und Folgerichtigkeit, in der wir es soeben aufgestellt, sich ausbilden könne nur in äußerst verschrobenen und wissenschaftlicher Begriffe durchaus unfähigen Köpfen, ist schon erinnert, und wird vorausgesetzt: aber dennoch läßt sich dieses Lehrgebäude, nachdem es nun erfunden ist, mit einem täuschenden Scheine umgeben, der selbst den wohlgesinnten und des Höchsten nicht unfähigen Jüngling blenden kann. Die Vorstellung von einer ganz besonderen und eigentümlichen, aller Fesseln des gewöhnlichen Erdenlebens entbundenen Lebensweise, die uns nur einmal zu Teil werde, und die schnell vorübergehe, schmeichelt dem Hange zum Wunderbaren und nicht wohl Begreiflichen. Diese Vorspiegelung des ausnehmenden Ranges, in welchen man mit einem Sprunge durch die Zauberkraft des Universitätsbriefes eingesetzt werde, empfiehlt sich der jugendlichen Eitelkeit. Die Aussicht auf innig sich hingebende und mehrere zu vollkommener persönlicher Einheit verschmelzende Freundschaft, die Darlegung persönlicher Tapferkeit, Selbständigkeit, festen Beruhens auf sich, spricht gerade die edelsten Regungen jugendlicher Gemüter an. Das Bild einer republikanischen Verfassung endlich, in der man sich selbst seine Gesetze gebe, und selbst über die Ausführung derselben halte, ist besonders für gewisse Zeitalter ein höchst verführerisches Spiel. Und finden sich ja noch einige Jünglinge, welche Kaltblütigkeit und Urteil genug haben, um die Täuschung zu durchschauen; wie wenige unter diesen werden mit diesem reifen Urteile zugleich den hohen Mut verbinden, einzeln stehend der gegen sie vereinigten Menge sich zu widersetzen, und den Schmähungen, so wie den stets sich erneuernden Angriffen derselben zu trotzen; wie wenige endlich werden mit diesem Mute die Weisheit verbinden, in dieser aufgedrungenen Selbstverteidigung den sie belauernden Augen aller niemals eine Blöße zu geben, und, indem sie nur sich selbst frei erhalten wollen von der allgemeinen Schuld, niemals sich selbst als Schuldige hinzustellen? So werden denn auch diese, die zwar nicht getäuscht werden konnten, hineingeschreckt in dieselbe Lebensweise, und müssen notgedrungen eine Sitte mitmachen, die ihnen innerlich widerstrebt.

Daß durch eine solche Sitte, wenn sie überhandnimmt und herrschend wird, die akademische Freiheit in allen Punkten angegriffen und vernichtet, ja das ganze Wesen der Universität aufgehoben wird, ist unmittelbar klar. Wo ein ausgelassenes, der Sitte ins Angesicht trotzendes Leben als einzige Bewahrheitung seines Standes als Student gefordert wird, wo Trinkgelage als ein Herkommen begangen werden müssen, wo Schlägereien als Ehrenpunkte betrachtet werden, und wo es den Gipfel des guten Namens ausmacht, für einen stets fertigen Schläger und Händelmacher zu gelten: da könnte ein Funke sich erhalten jener kindlichen Unschuld und Reinheit, in der das Göttliche sich gestalte zu einer sicheren und unüberwindlichen Macht über alles Irdische? Wo die Ehre darein gesetzt wird, daß man, unter dem lauten Widerspruche seines inneren Gefühles, und verfolgt von dem Hohngelächter der ganzen übrigen Welt, einigen kindischen Satzungen Folge leiste, und dadurch sich den Beifall einiger Wüstlinge erwerbe, wo der Mut darein gesetzt wird, daß man durch einen kurz vorübergehenden Zweikampf die Feigheit eines ganzen in schmählicher Sklaverei und in knechtischer Furcht vor verächtlichen Menschen hingebrachten Lebens auslösche: wie möchte daneben die wahre Ehre, die die mächtigste Triebfeder ist aller großen Taten, und der wahre Mut, der die einzige Bedingung derselben ist, stehen bleiben? Wo jedem, der nur Mitglied der Universität wird, die Sorge für die Ausübung und

Beschützung der mannigfaltigen Gerechtsame des Studenten-Standes zum ersten und Hauptberufe gemacht wird, und er zu allen den, alle Leidenschaften aufregenden, die Besonnenheit, die Klarheit und den inneren Frieden des Gemütes störenden Geschäften, die in jener Bestimmung liegen, täglich sich aufgefordert findet: wie viele Zeit und Kraft kann ihm noch übrigbleiben für das Studieren, und wie wäre es möglich, daß alles sein Denken und Sinnen, wie es soll, versunken sei in seine Wissenschaft? Solche, denen von ihresgleichen beträchtliche Abgaben und Kontributionen aufgelegt werden, die unter Gesetzen stehen, wie die folgenden: durchaus nur mit diesen und diesen Genannten Umgang zu pflegen, ob sie nun zu ihnen irgend eine Neigung fühlen oder nicht, und schlechthin mit keinem anderen, wie sehr sie sich auch zu demselben hingezogen fühlen möchten; ihre Streitigkeiten durchaus nur mit dem Degen in der Hand abzumachen, und nicht eher sich zu vertragen, bis sie Blut gesehen haben, häufig auch fremde Streitigkeiten mit ihrem Blute zu verfechten, oft und aus geringfügigen Ursachen sich in Gefahr zu setzen gemordet zu werden, oder auch zu morden, vielleicht einen innig geliebten Freund; — und alles dieses unter keiner geringeren Strafe, denn dieser, als unrein ausgestoßen und auf alle Weise, die ein hierin geübter Witz erfinden kann, gemißhandelt zu werden, dem Übel nicht einmal durch freiwillige Meidung dieser Universität entgehen zu können, indem der Bund alle deutsche Universitäten umfaßt, und die Vergehungen gegen seine Gesetze dem Schuldigen überallhin nachfolgen: — können solche, die unter solchen Abgaben, solchen Gesetzen, solchen Strafen stehen, und noch unter so vielem anderen, welches die Würde und die Schamhaftigkeit dieser Rede zu erwähnen verbietet, können solche sich wohl der allermindesten persönlichen Freiheit rühmen, wie sie fast allem, was menschliches Angesicht trägt, zu Teil wird, und müssen sie nicht bekennen, daß sie in das härteste Diensthaus verkauft sind? So ist darum durch solche Universitätssitte alle sowohl menschliche als akademische Freiheit des Studierenden, als des Einen Bestandteiles der Universität, rein ausgetilgt und vernichtet. Ja selbst die allgemeine Freiheit der ganzen Universität, die Lehrfreiheit, wird dadurch beeinträchtiget: denn es ist ja dieser Menschenklasse eingefallen, die Lehrer ohngefähr so anzusehen, als vom Staate zu ihrer Belustigung angestellte Schauspieler einer besonderen Art, die nur das sagen dürften, was solche Zuhörer gern hörten, und durchaus nichts anderes, und denen diese

Zuhörer, falls sie sich vergriffen, diese Fehlgriffe durch Zeichen, die gleichfalls vom Schauspielhause entlehnt sind, nur anzuzeigen hätten. Wären die Lehrer so, wie *sie* dieselben voraussetzen und fordern, so würde bald der alleingültige Lehrkanon durch solche Zuhörer zu Stande gebracht sein. —

Ich weiß nicht, meine Herren, ob die Klagen, die von mehreren Seiten, gleichwie nach einem lange gehaltenen Stillschweigen, gewaltsam ausbrechen und sich Luft machen, die Klagen, daß seit einer Reihe von Jahren die deutschen Universitäten immer tiefer verwildern; daß z. B., was freilich an sich nicht das Schlimmste, aber nur ein sogar gemeinen Augen auffallendes Zeichen des Schlimmen ist, daß, sage ich, in jedem Jahre mehrere unserer studierenden Jünglinge durch das Schwert ihrer Mitstudierenden fallen, als aus eben einem so starken Heerhaufen in mancher entscheidenden Schlacht gefallen sind; — ich weiß nicht, und ich will jetzt nicht wissen, ob diese Klagen Grund haben: aber dieses sehe ich klar ein, daß, wo die geschilderte Menschenart und die beschriebene Sitte festen Fuß faßt, alles dieses notwendig erfolgen muß, und daß es mit dem Beginnen eines jeden Halbjahres ärger werden muß. Wenn nun aber etwa jene Klagen Grund haben sollten, wie hat es doch geschehen können, daß man jenem Lehrgebäude über Universitätswesen erlaubt, Wurzel zu fassen und sich ruhig zu verbreiten? Unterscheiden wir zwei Klassen, die diese Entwickelung und diesen Fortgang des Verderbens der deutschen Universitäten hätten hindern sollen: zuerst das ganze gebildete Publikum überhaupt, welches sowohl durch seine allgemeinen Urteile und Ansichten, als durch seine Teilnahme an anderen öffentlichen Verwaltungsbehörden, einen zwar mittelbaren, jedoch bedeutenden Einfluß auf diese Angelegenheit hat; sodann die unmittelbaren Verwalter und Aufseher des Universitätswesens. Irre ich mich nicht, so sind unter den ersten sehr viele, die sogar unter die Geistreicheren gehören, in eine leichte, dem Ernste und der hohen Bedeutung des Gegenstandes durchaus nicht angemessene Stimmung gebracht worden durch folgenden Umstand. Es hat sich des deutschen, insonderheit des norddeutschen öffentlichen Lebens ein allgemeiner Ernst und eine feste Abgemessenheit bemächtiget, und es gibt in demselben ein öffentliches Hochkomisches eigentlich gar nicht mehr, außer das beschriebene Studentensystem und Studentensitte; dieses allein eignet sich noch dazu, den Abgang der aus der Sitte gekommenen öffentlichen

Possen zu ersetzen, und dem Volke zuweilen ein außerdem schwer an sich zu bringendes herzliches Gelächter zu verursachen. . . . Daß die tragischen Ausbrüche jener Lebensweise, durch welche diese Beobachter freilich nicht ergötzt wurden, mit den lustigen unabtrennlich zusammenhängen, und aus ihnen notwendig erfolgen, sahen sie nicht ein, und meinten, es stehe bei den unmittelbaren Aufsehern der Universitäten, bloß die lustige Narrheit aufkommen zu lassen, der tragischen aber alsbald einen Damm entgegenzusetzen. Diese fröhliche und leichte Ansicht der Sache konnte nun freilich bei der anderen Klasse, den unmittelbaren Aufsehern der Universitäten, keinen Eingang gewinnen; denn wenn man diese Lebensweise täglich unter den Augen hat, und mit denen, die sie führen, in den allernächsten Beziehungen steht, so ist sie keinesweges ergötzlich, sondern höchst beunruhigend und peinigend; und was in der Entfernung von einigen Meilen eine lustige Geschichte gibt, gibt oft in der Nähe einen höchst ärgerlichen Anblick. Was also konnte — immer unter der Voraussetzung, daß die angeführten Klagen Grund haben — was konnte diese Klasse bewegen, das Übel zu dulden, und demselben nicht die ernstlichsten Maßregeln entgegenzusetzen? Wenn ich auch gerade dieses nicht sagen könnte, so vermag ich doch recht wohl zu sagen, was es sei, wovon die Verteidiger der Studenten-Gerechtsame festiglich glauben, daß es jene bewege. Nämlich das letzte Strafmittel, welches diese Verteidiger, in dem Falle, daß es durchaus nicht nach ihrem Sinne gehen solle, anzudrohen pflegen, ist dies, daß sie sodann alle die Universität verlassen und weiter ziehen werden. Was mag doch in dieser Drohung, der sie eine so große Kraft zuschreiben, das eigentlich Gebietende und Schreckende sein? Welches mag das in ihnen ruhende Verdienst sein, um dessen willen sie voraussetzen, daß man sich eher alles andere werde gefallen lassen, als den Verlust ihrer Gegenwart? Ihre persönlichen Liebenswürdigkeiten sind es offenbar nicht, denn daß man an diesen keinen Wohlgefallen gefunden, haben sie eben gehört. Es bleibt nichts übrig, als daß sie meinen, es sei das Geld, welches sie ausgeben. . . .

Es gehört nicht hierher zu untersuchen, ob irgend eine deutsche Universität sich in der Lage befindet, daß eine gewissenhafte Verwaltung derselben in Vollbringung ihrer Pflicht wenigstens irre und wankend gemacht werden könne durch die gegründete Vorstellung, daß, wenn sie jeden wollen ziehen lassen, der die eigentlichen Studierenden stört, gar bald die Familienväter der Stadt kein Brot mehr für die Ihrigen haben würden. Unsere Universität wenigstens, die hier in dieser ersten Residenzstadt der preußischen Monarchie errichtete Universität, befindet sich nicht in dieser Lage. Dies ist es, geehrte und innigstgeliebte Jünglinge, die Sie lediglich in der Absicht, um hier Schätze der Weisheit und Tugend zu sammeln, sich zu uns begeben haben, und die Sie zu diesem Geschäfte unseren Schutz auffordern — dies ist es, was ich Ihnen zeigen wollte, um Ihnen dadurch darzutun, daß das einzige Element, von welchem aus Sie eine Beeinträchtigung Ihrer akademischen Freiheit besorgen könnten, bei uns durchaus nicht aufkommen kann, indem der einzige Grund, zufolge dessen es hier oder da geduldet worden sein mag, hier durchaus nicht stattfindet; daß sonach die akademische Freiheit auf keiner Universität in der Welt mehr gesichert und fester gegründet sein kann, als auf der unsrigen.

Der Beweis des aufgestellten Satzes läßt sich sehr kurz fassen. Das war sicherlich nicht die Absicht, der Stadt eine Nahrungsquelle zu verschaffen, um welcher willen man die Universität hierher verlegte. Die Stadt hat in sehr gutem Wohlstande geblüht, ehe an eine Universität in derselben gedacht wurde; die Stände, welche allenthalben auf ihren Erwerb zuerst sehen, haben dieselbe gar nicht gewünscht, sie haben sie vielmehr gefürchtet, vielleicht weil sie eine Universität gar nicht anders kannten, noch sich denken konnten, außer unter dem Bilde des soeben beschriebenen wüsten und aller menschlichen Sitte ins Angesicht trotzende Lebens. Die höchste Summe, welche durch die gesamten Studierenden in Umlauf gesetzt werden könnte, hat zu der Summe, welche durch den Königlichen Hof, durch die höchsten Landesbehörden, durch einen bedeutenden Handel und so viele höchst ausgebreitete Gewerbe, durch eine Menge begüterter Privatpersonen, die ihre Einkünfte aus den Provinzen ziehen, sich schon im Umlaufe befindet, ganz und gar kein Verhältnis und verschwindet in nichts. Mögen in manchen anderen Universitätsstädten die Studierenden die Mehrzahl ausmachen derer, die reinen Geldgewinn bringen: hier machen sie die in nichts verschwindende Minderzahl aus; mögen sie dort diejenigen sein, die nach Köpfen gerechnet am meisten ausgeben: hier geben sie nach demselben Durchschnitte ganz sicherlich am allerwenigsten aus. Wenn auch hier alle Studierende ohne Ausnahme an einem Tage zum Tore hinauszögen, wie sie wohl schon sonst an anderen Orten die Einwohner dadurch geängstigt haben, so würde dadurch kaum irgend eine merkliche Veränderung im öffentlichen Gewerbe erfolgen: was könnte denn also in dieser Rücksicht uns die Anwesenheit oder Abwesenheit einzelner verschlagen? Wenn darum eine solche Drohung an jedem Orte in der Welt höchst verkehrt und unwürdig ist, und an keinem Orte in der Welt die Standhaftigkeit dessen zu loben ist, der sich dadurch bewegen läßt: so ist sie hier noch obendrein höchst lächerlich, und wer hier vor derselben sich fürchtete, müßte sich des Ortes im Raume, wo er lebt, gar nicht bewußt worden sein. ...

Diese Lage unserer Universität haben auch die Gesetzgeber derselben richtig durchschaut und benutzt. Sie haben uns nicht aufgelegt, auf jedwede Bedingung aus allerlei Bestandteilen einen Haufen sogenannter Studenten aufzubringen, sondern nur derjenige, dessen ausschließender und einziger Lebensberuf dermalen das Studieren ist, kann als Mitbürger unserer Universität aufgenommen werden, und nur derjenige, welcher wirklich studiert, und in jedem Halbjahr seinen Fleiß in sichtbaren Proben nachzuweisen vermag, kann unser Mitbürger bleiben. Jene Klasse der nicht studierenden Studenten ist also, ganz unabhängig von ihrer anderweitigen Schädlichkeit oder Unschädlichkeit, schon durch den einzigen Umstand, daß sie nicht wirklich studieren, von uns ausgeschlossen, und sobald wir sie als solche kennen, wozu gar leicht zweckmäßige Anstalten zu treffen sind, können wir ohne offenbaren Ungehorsam gegen den ausdrücklichen Buchstaben des Gesetzes sie gar nicht länger dulden. Wir sind darum durch den klaren Buchstaben dieses Gesetzes aller Sorge und aller Rücksicht auf die sogenannte Frequenz unserer Universität gänzlich entbunden, und auf diejenige Zahl angewiesen, die nach jenen Grundsätzen sich von selbst machen wird. Es ist uns durch dieses Gesetz dasjenige, wozu ohnedies alle für Geistesbildung und Sittlichkeit entbrannte Gemüter schon ihr Herz treibt, auch noch zur besonderen Pflicht gemacht worden, an dem Studierenden durchaus keinen anderen Wert gelten zu lassen, als seinen persönlichen, den er durch seinen Fleiß und sein sittliches Betragen sich selbst erwirbt; einem einzigen fleißigen und sittlichen Studierenden einen höheren Wert beizulegen, als Hunderten von unfleißigen und ungesitteten, und wenn beide Teile sich nicht nebeneinander vertragen können, wie sie es denn nie können, die Hunderte dem einzigen weichen zu lassen. An

Frequenz, falls etwa dieselbe aus anderen Gründen, denn aus jenen staatswirtschaftlichen, wünschenswürdig sein sollte, wird es uns darum, besonders wenn wir nur unsere Zeit erwarten wollen, nicht fehlen. Wenn die eben erwähnten Klagen gegründet sein sollten, wenn es darum wahr sein sollte, daß die Mehrzahl der deutschen Universitäten weder ihre Übel länger zu ertragen vermag, noch das Heilmittel dagegen, so wird es allen, denen diese Angelegenheit am Herzen liegt, höchst erwünscht sein, wenn eine solche auftritt, die wenigstens das Heilmittel mutig erträgt. Legen wir nur eine kurze Zeit vor aller Welt Augen dar unseren rechten Ernst, die Schlechten nicht unter uns zu dulden, so werden bald von allen Enden her alle Guten, die eine solche sichere Stätte schon längst gewünscht haben, sich zu uns versammeln; die Eltern, welche ungern die wissenschaftliche Bildung, die auf den gewöhnlichen Universitäten zu suchen ist, gegen die Gefahr erkaufen, ihre Geliebten auf der Universität zu begraben, oder sie am Geiste verschroben, am Leibe als Siechlinge, von derselben zurückzuerhalten, werden die Ihrigen mit Vertrauen uns übergeben; andere Universitäten, unter denen gewiß keine einzige ist, die wirklich Wohlgefallen an diesem Zustande der Dinge hätte, und welche nur entweder durch jene staatswirtschaftlichen Rücksichten, oder durch die Meinung, daß gegen dieses Übel nun einmal nichts auszurichten sei, bisher verhindert worden, ernste Maßregeln dagegen zu ergreifen, diese anderen Universitäten werden sich mit uns vereinigen, werden, indem sie sehen, was uns möglich ist, unserem Beispiele folgen; und ehe ein Jahrzehent vergangen sein wird, wird über den ganzen deutschen Boden hinweg diese Klasse von Studenten verschwunden sein, indem es nirgend mehr einen Ort im Raume geben wird, wo man sie duldet; und, was nicht von geringerer Bedeutung ist, die ganze Ansicht der Nation über diesen tiefeingreifenden Gegenstand wird verändert sein.

... Und wenn Ihnen auch nicht sonst alles dafür bürgte, so müßte es schon der Umstand, daß wir eine neue Universität beginnen. Denn diese Überzeugung kann sich nimmermehr verbergen, daß es im Anfange noch leicht und möglich ist, jenes Verderben abzuhalten; wo es aber einmal festen Fuß gefaßt hat und eingewurzelt ist, da ist es nur noch durch Aufhebung der Universität selbst auszurotten, so wie ein verpestetes Gewand nur dadurch unschädlich zu machen ist, daß es durch das Feuer verzehrt wird. Auch würden wir, immerfort unter den Augen des Königs und der höchsten Behörden uns befindend, unseren wahren Zustand nicht lange verheimlichen, noch durch täuschende Vorspiegelungen unser inneres Elend verbergen können.

Was zuletzt mich anbetrifft, den dieser akademische Senat zum Geschäftsträger aller seiner liebevollen Gesinnungen für Sie gemacht hat, hoffen Sie, daß ich meine Kraft aufbieten werde, um dem guten Zeugnisse für mich, das er dadurch abgelegt zu haben scheint, nicht zu widersprechen.

Rechnen Sie darum mit der festesten Zuversicht auf uns alle, als auf die eifrigsten Verteidiger Ihrer akademischen Freiheit. Nur wenn Sie selbst, was durchaus sich nicht erwarten läßt, und was keiner unter uns erwartet, nur wenn Sie selbst sich alle in das Joch schlagen ließen, ohne daß auch nur Einer laut seufzte, könnten wir vielleicht getäuscht werden. Gehen Sie darum mit Mut und Freudigkeit an die Arbeiten des neu beginnenden Lehrjahres. Sie sehen, daß wir die Wichtigkeit und hohe Bedeutung dieser Arbeiten kennen, wir und mit uns alle verständige und gebildete Menschen wollen in Ihrem Anblicke, meine Herren, die Gegenwart vergessen und uns über dieselbe trösten; wir haben unsere teuerste Hoffnung, die, daß es besser und immer besser werde mit dem Menschengeschlechte, auf Sie niedergelegt und auf Ihre Häupter geflüchtet; wir wollen durch unser Werk an Ihnen unser Dasein und unsere Schuld an alle vorhergehende Zeitalter bezahlen; wir wollen einst freudig sterben, in dem Bewußtsein, daß Sie über unseren Gräbern leben werden unser verklärtes Leben. Gehen Sie hin in diesem Frieden und in dieser Freudigkeit! Der süßeste Lohn des mir aufgelegten Amtes ist mir schon in dieser Stunde zu Teil geworden, Ihr kräftiges Gedeihen im Geiste voraus zu erblicken, und unsere Hoffnungen von Ihnen, sowie die Segenswünsche für Sie, von denen um Sie herum aller Herzen schlagen, über Sie auszusprechen.

SCHREIBEN EINIGER STUDENTEN AN DEN REKTOR FICHTE 18. 10. 1811

Das Phantom der Studentenehre, das auf den Universitäten unzählige Händel anrichtet, und dem so mancher gute Jüngling Wunden, verstümmelte Glieder, oft auch sein Lebensglück zum Opfer bringt, hat auch auf unserer Universität seinen Thron aufgeschlagen und herrscht schon mit einer Gewalt, daß wohl nur die kleinste Zahl von uns noch nicht von seinem eisernen Zepter geblutet hat. Wir fühlen so tief, wie schmählich das Vorurteil gekränkter Studentenehre auf uns und unsere Brüder wirkt; wir fühlen, in welches Unglück wir uns durch die blutigen Händel stürzen. Der Staat drohet uns für das Verbrechen des Duells mit so äußerst strengen Strafen; wir setzen unsere Gesundheit, mitunter auch wohl unser Leben auf die Spitze; wir versäumen die köstliche Zeit, die wir zur Bildung unsers Kopfs und Herzens verwenden sollten, mit der Heilung der im Duell empfangenen Wunden; wir zerstören die Ruhe und oft das ganze Lebensglück unsrer Eltern, die in ihren Söhnen ihre Freude, ihr Glück, ihre Stütze erwarten. Wir fühlen den Schmerz des Vaters, die Tränen der Mutter über die Nachricht, daß ihr Sohn durch ein Duell unglücklich geworden ist; wir fühlen, welche Pflichten wir als Söhne, als künftige Staatsdiener, als dereinstige Beförderer der Wissenschaften zu erfüllen haben; wir verachten das elende Vorurteil, das von uns eine blutige Rache auf empfangene vermeinte Beleidigung von einem öfters noch verächtlichern Beleidiger fordert; wir verabscheuen die kannibalische Roheit einer grausamen Selbstrache, die gerade uns, die Zöglinge der Wissenschaften und der feinen Sitten, desto tiefer herabsetzt; — und doch sind wir durchaus nicht imstande, dieser Hydra auszuweichen. Einige von uns, die wir Ew. Magnifizenz diese Bittschrift einreichen, haben sich schon geschlagen, und jeder von uns kann alle Tage dazu kommen. Wir müssen uns schlagen, wann wir uns nicht der tiefsten Verachtung aussetzen wollen. Voll von dem Gefühl, welches dies schreckliche Übel in guter Jünglinge Herzen erregen muß, nahen wir uns Ew. Magnifizenz, wie gute Söhne einem guten Vater, mit der Bitte, diesem Übel zu steuern. Das Mittel dazu kann nicht in Ahndungen und strengen Gegenwirkungen bestehen. Alle Verordnungen, Drohungen und Strafen helfen da nichts; das Übel schleicht dann nur desto versteckter umher, und je strenger das Verbot, desto größer der Reiz, es zu übertreten. Das einzige Mittel, von welchem wir, die wir doch den Geist unserer Mitbrüder kennen, mit Grunde eine Wirkung erwarten, ist die Etablierung eines Ehrengerichts von Studenten über Studenten. Wenn wir uns selbst über den Punkt der Ehre richten, wenn diejenigen, die das mehreste Ansehen von den andern genießen, über empfangene Beleidigungen entscheiden und die Genugtuung bestimmen, die der Beleidiger dem Beleidigten zu leisten hat, so wird die Veranlassung zum Duell wegfallen und gerade das, was jetzt den Studenten zum Duell anreizt, die vermeintliche Schande in den Augen der andern, vorzüglich der Angesehenen, wird dann eine koerzitive Kraft auf die Unterwerfung unter den Ausspruch der Ehrenrichter äußern müssen, weil es dann keine Schande mehr in den Augen der andern geben kann, die Angeseheneren es vielmehr zu einem Ehrenpunkt machen werden, daß sich jeder einem für ihn ehrenvollen Ausspruche unterwerfe. Es hat schon lange geheißen, daß ein solches Ehrengericht errichtet werden soll; es hat sich bis jetzt verzögert. Wir bitten jetzt dringend, die Errichtung zu beschleunigen. Der weisen Beurteilung Ew. Magnifizenz und unsers hochverehrten akademischen Senats müssen wir die beste Maßregeln, wie das Ehrengericht zusammengesetzt sein und wie es in Wirkung gesetzt werden soll, anheimstellen. Wir sind zu schwach, darüber Vorschläge zu tun, wir fühlen nur, daß die Errichtung eines solchen Ehrentribunals, welches, aus unsern Mitbrüdern zusammengesetzt, über den bei uns so delikaten Punkt der Ehre nach Grundsätzen, die nach unsern Meinungen, ohne das Mittleramt des Degens nötig zu machen, Genugtuung geben könne, über uns richten wird, das einzige Mittel zur Ausrottung der Duelle werden kann. Wir bitten Ew. Magnifizenz dringend, die Sache zu befördern; wir bitten, durch einen Anschlag vorläufig schon bekannt zu machen, daß sie im Werk sei. Ew. Magnifizenz Autorität und unsre Verehrung Ihrer Person und Ihrer Verdienste wird schon der Bekanntmachung gute Wirkung verschaffen, und wenn das Ehrengericht aus unsrer Mitte etabliert sein wird, so geloben wir feierlichst, für uns und die uns gleichgesinnten Brüder, daß wir alles zur Erhaltung des Ansehens desselben beitragen werden, was in unsrer Kraft stehet.

Nicht Feigheit hat uns diese Bittschrift diktiert; wir haben es zum Teil schon bewiesen, und jeder von uns ist bereit, jeden Augenblick zu beweisen, daß er seine, wenn auch nur dem Vorurteile nach angegriffene Ehre mit dem Degen verteidigen und rächen könne; aber das in unsern Herzen brennende Gefühl der Ehrfurcht gegen die heiligen Gebote der Vernunft und Sittlichkeit treibt uns an, diesen unsern heißen Wunsch für die Ausrottung des unsägliches Unheil stiftenden Übels in Ew. Magnifizenz Hände zu legen, und wir hoffen, daß er den Weg in Ihr Herz finden werde, so wie er aus dem unsrigen geflossen ist.

BRIEF AN SCHUCKMANN VOM 8. 12. 1811

Eur Hochwohlgeborn

Weisheit und Herzensgüte empfehle ich das beigeschlossene Schreiben[2], die Facta, die es enthält, sind notorisch. Die Gesinnungen, die es ausspricht, kenne ich an vielen einzelnen. Glauben verdient es in jeder Rücksicht. Die bis jetzt beobachtete Anonymität wird durch viele Stellen hinlänglich erklärt.

Eur Hochwohlgeborn wissen selbst, wie wesentlich es in aller Universitätsverwaltung ist, einen guten Entschluß der Studierenden nicht durch Zögern erkalten zu lassen: überdies könnte hier, wie ich ohne weitere äußere Gründe bloß vermute, irgendein bedeutender Vorfall im Hintergrunde liegen, dessen Folgen von der Schnelligkeit der getroffenen Maßregeln abhängen. Dieses sowohl, als mein besonderes Vertrauen auf Eur Hochwohlgeborn besonders in der letzten Unterredung gegen mich geäußerte Denkart veranlaßt mich, mit Vernachlässigung der üblichen Form, unmittelbar an Sie mich zu wenden; worüber ich, in Betracht der Veranlassung, mir Verzeihung verspreche.

Das Gegenmittel, welches die Briefsteller vorschlagen, würde meines Erachtens, wenn es die Duelle auch nicht gänzlich aufhöbe, dennoch die Zahl derselben sehr verringern. Auch könnte es noch andere sehr wünschenswürdige Folgen, z. B. die Aufhebung der Landsmannschaften, die lediglich durch das Duell sich halten, und hinwiederum dieses halten, und dergl. herbeiführen. Nur ist der Sinn des Wunsches, wiewohl sie dies nur versteckt ausdrücken, ohne Zweifel dieser, daß *sie selbst*, die Studierenden, sich die Ehrenrichter wählen, und daß diese, ohne Zutun der akademischen Obrigkeit, die Händel entscheiden. Daß es so ist, geht aus dem Zusammenhange hervor, und ist durch die mir sehr bekannte, im ganzen biedere, aber gegen die Obrigkeit mißtrauische Denkart der Studierenden begründet.

Dies ist nicht die durch das Gesetz aufgestellte Form des Ehrengerichts. Die Abweichung ist fürs erste nur die, daß statt der *Dekane* die *Studierenden* selbst ernennen; sodann, daß *statt des Rektors* (bei

---

[2] Das voranstehende Gesuch einiger Studenten, ein Ehrengericht zu etablieren (Anm. d. Hrsg.).

welchem gegen seinen Kommilitonen zu klagen eben für ehrlos geachtet wird, und — *Lebensunsicherheit* auch *schon hier nach sich gezogen* hat) bei *dem Ehrengerichte* sich die Streitenden melden. Die schon bestehende Form so weit auszudehnen, wäre nötig zur Erreichung des Zwecks. Aber Rektor und Senat bedürfen dazu einer sie über Verantwortlichkeit hinaussetzenden Vollmacht. Diese kann, um mannigfaltiges Übel, das vielleicht im Anzuge ist, zu verhüten: noch mehr, um das Zutrauen der Studierenden, das seit Beginn der Universität jetzt zum ersten Male sich zeigt, nicht zu verlieren, nicht zu früh ankommen.

Die Form, in welcher ein solches Ehrengericht dem Wunsche der Studierenden entsprechen, und den Zwecken der Obrigkeit nicht nur nicht hinderlich, sondern sogar fördernd sein könnte, sehe ich recht wohl ein. Fürs erste würden wohl die Verfasser des Schreibens aufzurufen, und mit Ihnen über die Form der Ernennung zu beratschlagen sein. Sollte ein Hochpreisl. Departement diese Angelegenheit nicht mir allein anvertrauen wollen, wie ich selbst es nicht wünsche, ohne jedoch die allenthalben ins Breite und Weite gehende Deliberation des Senats bei dieser Sache stattfinden zu lassen, so wäre vielleicht ein engerer Ausschuß aus dem Senate, bei welchem das Vertrauen der Studierenden mit zu Rate zu ziehen wäre, der beste Mittelweg. ...

Solger

BRIEF AN FRIEDRICH VON RAUMER VOM 7.1.1812

Meine akademischen Verhältnisse sind noch immer angenehm genug, wenn nur die Universität überhaupt hier am rechten Orte wäre. Es gibt alle Augenblicke Anstoß und Händel, und vorzüglich unter einem so durchaus unpolitischen und unpraktischen Rektor wie Fichte. Auf Entgegenkommen von Seiten der Behörden oder sonst bedeutender Leute können wir gar nicht rechnen. Sie haben alle vergessen, daß sie auch einmal Studenten gewesen sind. Ich habe es vorausgesagt, Berlin ist der letzte Ort in der Welt für eine Universität. Die Berliner sind und bleiben Nicolaiten oder Modenarren. Sie stecken sogar manchen Professor an, und alle diese Koketterie, dieses Großtun könnte in einer kleinen Stadt gar nicht aufkommen. Die Studenten sind indessen anständig und fleißig genug. Ich für meine Person lehre mit Lust, wie immer, und ziehe mir Leute zu. ...

FICHTE

GESUCH AN DIE SEKTION FÜR KULTUS UND UNTERRICHT IHN SEINES AMTES ALS REKTOR ZU ENTHEBEN
14. 2. 1812

Ein Student namens *Brogy* hatte, nachdem er in der klaren Absicht, zum Duelle gereizt zu werden, von einem andern erst mit Ohrfeigen, sodann mit Peitschenhieben, auf dem freien Platze vor dem Universitätsgebäude behandelt worden, diesen andern, namens *Melzer*, bei der Universität angeklagt, und es waren beide, indem auch dem Brogy einiges zu Schulden kam, bestraft worden.

Späterhin hat demselben Brogy ein Student namens *Klaatsch* auf dem anatomischen Theater, als derselbe mit ihm der Demonstration eines Präparats durch einen andern Studierenden zuhören wollen, geboten, ihm aus den Augen zu gehen, indem er (der Brogy) im Studentenbanne sei, und unter honetten Studenten sich nicht dürfe sehen lassen, und als derselbe nicht gegangen, hat er ihm eine Ohrfeige gegeben, und die Worte hinzugefügt: nun gehen Sie hin und zeigen es beim Rektor an.

Ich kann diese Handlung nicht anders ansehen, denn als eine tätige Einführung des Grundsatzes, daß ein Studierender, der, statt sich zu duellieren, bei der akademischen Obrigkeit klage, als ein ehrloser zu behandeln sei; und besonders die letzten Worte muß ich ansehen als eine höhnende Herausforderung des Rektors.

Dagegen will der Universitäts-Syndikus sie angesehen wissen als eine bloße Ehrensache, unter erschwerenden Umständen, fügt er hinzu; und die Majorität des Senats tritt ihm bei. Diese Ansicht gründet sich, wie es mir scheint, auf Übergehung des eigentlichen Punktes, auf Beruhen in Nebendingen, z. B. der großen Unwürdigkeit des Brogy, und der übrigen guten Seiten des Klaatsch, auf einer gewissen Politik, und auf der Denkart, von welcher ich tiefer unten sprechen werde.

Der wesentliche Unterschied, der von Entscheidung dieser vorläufigen Frage abhängt, ist der. Im ersten Falle entscheidet der Senat allein; im zweiten werden fünf Beisitzer des Ehrengerichts mit entscheidender Stimme zugezogen. Auf die letzte Weise ist schon die Sache zwischen Melzer und Brogy behandelt worden, mit meinem Widerspruche. Denn ich glaube, daß das Ehrengericht nur in einem Studentenverhältnisse, über die [so!] das gemeine Gesetz nicht hinlänglich entscheidet, einberufen werden solle, nicht aber in so einfachen und durch die allgemeinen Gesetze so bestimmten Fällen, als Peitschenhiebe auf offener Straße sind. Das damalige Urteil hat, wie nebst mir auch der Herr St.-R. Hoffmann glaubt, der bei dieser Gelegenheit die Besuchung der Senatssitzungen aufgekündigt, zu keinem genügenden Resultat geführt, und wir haben diesem gelinden Urteil ohne Zweifel auch den jetzigen Auftritt zu verdanken. Ich glaubte bestimmt voraussehen zu können, daß bei gleicher Behandlung auch jetzt das gleiche erfolgen werde; daß es allen Studierenden klar werden würde, daß der Rektor keinen, der das Duell verweigere, schützen könne, daß derselbe darum auch mit gutem Gewissen diesen Schutz nicht ferner versprechen dürfe, sondern jeden Klagenden zum Duelle anmahnen müsse, und daß Klaatsch mit gutem Fug gehöhnt haben werde. Ich hielt es darum für entscheidend, auf jenem Punkte zu bestehen.

Ohnerachtet nun, ohne Verletzung der Form, nach welcher die Einleitung allein vom Rektor abhängt, der Senat seine Meinung nicht hätte durchsetzen können, wie ich demselben in einem Zirkular bemerkt, so würde doch ein Gericht in einer aufgedrungenen Form auch zu keinem Resultat geführt, und so, ohne Gewinn für die Sache, Auftritte herbeigeführt haben, welche man besser vermeidet. Ich habe darum, da auf die begehrte Weise an derselben Teil zu nehmen gegen meine klare Überzeugung ist, die ganze Sache dem Herrn G. R. Schmalz als Ex-Rektor und natürlichem Stellvertreter des Rektors in dessen Behinderungsfalle übergeben.

Die Akten, die auf diese Weise dermalen zum Spruche vorliegen, ersuche ich ein Hochpreisliches Departement pp. sich nochmals vorlegen zu lassen, um den Grund der von mir genommenen Ansicht zu beurteilen, und sich von der Wahrheit der von mir angegebenen Tatsachen zu überzeugen.

Es ist jedoch nicht die Absicht dieses Schreibens, die Dazwischenkunft eines Hochpreislichen Departements unmittelbar in dieser Sache aufzurufen, sondern meine Absicht ist die, die Entschließung, welche besonders während dieses Handels bei mir gereift ist, und die ich pflichtschuldig darlegen will, zu begründen.

Die Verwilderung nämlich, die jeder tiefere Beobachter an unsern Studierenden wahrnehmen wird, ist keinesweges die gewöhnliche, welche natürlicherweise sich selbst macht; sondern sie ist eine bewußte, mit Bedacht und Freiheit, und nach Gesetzen hervorgebrachte. Ich bin oft in Erstaunen gesetzt worden durch das konsequente, auf mißverstandene Geschichte und auf Naturphilosophie gegründete System von der Naturgemäßheit und Trefflichkeit der Ausgelassenheit, der Duelle, der Landsmannschaften pp. unter den Studierenden, welches von mehreren Studenten mir von Zeit zu Zeit vorgetragen worden, über die Behauptung, daß ja notorisch dieses alles von der Obrigkeit stillschweigend gebilliget werde, und besonders, wie an dem allen die Deutschheit sich so recht offenbare. Für einzelnes berief man sich wohl auch auf des Dr. Schleiermachers Schrift: Gelegentliche Gedanken über Universitäten pp. Ich hatte diese Schrift nie gesehen, und glaubte, daß diese Berufungen entweder auf gänzlichem Mißverständnisse, oder auf einzelnen aus dem Zusammenhang gerissenen wenig ernsthaften Stellen, die jenem Schriftsteller etwa entgangen wären, beruhten; als ich durch einige Erscheinungen im Senate veranlaßt wurde, jene Schrift selbst zu lesen, und das oben bezeichnete System (z. B. S. 126 ff. S. 166. der angezogenen Schrift[3]) getreu wiederfand.

Es sei fern von mir, das viele Treffliche, was diese Schrift außerdem, neben noch anderem gleichfalls Verwerflichem, in sich enthält, zu verkennen, ich will sogar nicht leugnen, daß selbst die vorerwähnte einseitige Weise, dasjenige, was nach sittlichen Gesetzen angesehen werden muß, zu betrachten, als bloßes Produkt der Natur und Geschichte, ihren Platz in einem Ganzen der Erkenntnis und an diesem ihre polemische Wahrheit habe: aber daß solche Äußerungen in die Hände der studierenden Jugend fallen, und, beglaubigt durch die Autorität eines verehrten Lehrers, ihnen zur Regel der Bildung ihres Studentenlebens werden, ist grundverderblich. Die Verirrungen der Jugend werden sich wohl von selbst machen; man braucht ihnen nicht erst zu sagen, daß sie ganz naturgemäß sind, und ihr Gutes auch haben, und daß es noch Schlimmeres gibt, denn sie.

Auch hierin sei es ferne von mir, dem Verfasser Gerechtigkeit zu versagen. Er hat S. VII der Vorrede[4] seine Schrift zunächst für die

---

[3] Vgl. S. 168 ff. und S. 188 dieser Gedenkschrift (Anm. d. Hrsg.).

[4] Vgl. S. 107 dieser Gedenkschrift (Anm. d. Hrsg.).

bestimmt, die auf diesem Gebiete schaffen, regieren pp. sollen, sodann freilich auch für alle, die einen lebhaften Anteil an der Sache nehmen. Der Studierenden selbst erwähnt er nicht. Aber nachdem die Schrift einmal publiziert war, war es nicht zu verhindern, daß sie auch in dieser Hände fiele. Das ist denn nun geschehen, und so ist der herrschende Geist der Studierenden der neuen Universität gebildet worden.

Und welches ist der Geist des Senats der neuen Universität? Zuvörderst hat gerade der Verfasser der angezeigten Schrift sich in demselben einen bedeutenden Einfluß verschafft, und es ist begreiflich, daß er seine Ansicht besonders gegen mich, der ich ohne mein Wissen durch meine Antrittsrede mit ihm in ein entschiedenes polemisches Verhältnis gekommen bin, geltend machen werde. Mehrere andere Mitglieder sind auf demselben Wege, oder auch auf ihrem eignen, zu denselben Ansichten »studentischer Freiheit« gekommen. Besonders aber ist der neu angestellte Syndikus ganz in ihr befangen, wie ich aus mehreren Stellen seiner amtlichen Korrespondenz mit mir klar darlegen könnte. In einem Senate aber, in welchem die bei weitem größere Majorität nicht Juristen sind, hat, wegen einer gewissen Scheu vor der Jurisprudenz, jedweder Syndikus ein großes Übergewicht über einen Rektor, der gleichfalls nicht Jurist ist.

Unter solchen Umständen muß die Führung des Rektorats durch einen Mann, der gegen einen solchen Geist sich so entschieden ausgesprochen hat, notwendig den heftigsten Widerstand erregen, und sie kann drum unmöglich ersprießlich sein. Entweder fügt er sich der entgegengesetzten Ansicht, so entstehen halbe Maßregeln und überhaupt ein Schwanken in der Verwaltung, oder er will seine Grundsätze durchführen, so tritt, wie im vorliegenden Falle, die Furcht größeren Übels ein, und eine Stellvertretung, die ja nicht wiederholt werden muß.

Es ergeht darum an ein Hochpreisliches Departement pp. mein gehorsamstes Ersuch, aufs baldigste eine neue Rektor-Wahl zu veranlassen, und mich von diesem Amte zu entbinden. Ein Hochpreisliches Departement pp. und alle die verehrungswürdigen Mitglieder desselben werden sich dadurch zu meinen höchsten Wohltätern machen. Nach den wandelnden Umständen die Maximen meines Handelns auch zu wandeln, und dennoch eine feste Einheit zu behalten, dazu fehlt es mir gänzlich am Talente. Nur indem ich nach einem festen Gesetze, und unwandelbaren Grundsätzen einhergehe, kann ich ein rechtlicher Mann bleiben. Ich habe bei meiner Wahl zum Rektor dem Senate diesen meinen Mangel deutlich erklärt; dieser, der nunmehr wohl die Unzweckmäßigkeit derselben einsieht, ist dennoch auf derselben beharrt.

Trete jetzt ein Hochpreisliches Departement ins Mittel und verhelfe einem Manne, der auf dem geraden Wege gehend bis in sein funfzigstes Jahr gekommen ist, daß er ohne zu große Kämpfe ferner auf demselben bleiben könne.

Meine Wirksamkeit als Lehrer an der Universität, die doch ohne Zweifel meine Hauptbestimmung bleibt, und welche durch den so deutlich zu Tage gekommenen Widerstreit, und durch die Verhetzungen und Ausstreuungen, an denen es nie gefehlt hat, allerdings gefährdet worden, wird durch diese Reinigung des Verhältnisses gewinnen. Denn ich sehe so tief ein, als einer von der Gegenpartei, daß solche jugendliche Verschrobenheiten einen Menschen nicht durchaus verwerflich machen, und kann auch an der Bildung solcher mit herzlicher Liebe arbeiten. Nur müssen diese Verschrobenheiten sich mir nicht zur Anerkennung aufdringen.

Um meine Bitte auch durch einen äußern Grund zu unterstützen, könnte ich anführen, daß mit dem Ende dieses Monats das erste Halb-Jahr meines Rektorats zu Ende geht, daß auf andern Universitäten die Dauer dieses Amtes nur halbjährig ist, daß ich durch eine so lange Dauer der Verwaltung unter solchen Umständen, dazu gerechnet die jährige Verwaltung des Dekanats der philosophischen Fakultät beim Beginnen der Universität, meinen Anteil an den gemeinsamen Pflichten für geraume Zeit abgetragen zu haben scheinen könnte. . . .

SCHREIBEN DES SENATS AN DIE SEKTION
20. 2. 1812

Durch ein Zirkular des gegenwärtigen Rektors der Universität Herrn Fichte haben wir mit Bedauern erfahren, daß derselbe seine Entlassung vom Rektorat bei Einem hochpreislichen Departement für den Kultus und öffentlichen Unterricht im Ministerium des Innern gebeten habe.

Es muß uns schmerzhaft sein, daß ein Mann, den die Wahl unserer hohen Achtung und Liebe an unsere Spitze gerufen hat, glaubt,

Veranlassung zu dieser Bitte gehabt zu haben. Wenn auch in einigen Dingen, die akademische Disziplin betreffend, die Mehrheit von uns andere Ansichten hat als er, so glauben wir doch, daß dies ebensowenig eine Ursache zur Niederlegung des Rektorats sein könne, als dadurch unsere Achtung und Liebe gegen ihn vermindert worden ist. Wir erkennen den Ernst und die Vortrefflichkeit seiner Absichten und die Tätigkeit seines Strebens auch selbst da, wo die meisten von uns glauben, daß er irre. Überdem glauben wir, daß gerade in dem jetzigen Zeitpunkte sein Zurücktreten mancherlei Nachteile selbst für die Disziplin haben müsse, wenn gesagt werden könnte, daß leere Gerüchte einer Insubordination (welche wahrlich unter unseren Studenten keinesweges stattfindet) selbst einen Mann von seiner Festigkeit zum Zurücktritt haben bewegen können.

Wir bitten daher Ein hochpreisliches Departement p. ehrerbietig, überall den Grundsatz aufzustellen, daß ein Rektor nie berechtigt sein könne, Entlassung von seinem Amte zu bitten, und daß es Hochdemselben gefällig sein möge, Herrn Fichte zur Beibehaltung seines Amtes hochgeneigt zu veranlassen.

SCHREIBEN DES SENATS AN DIE SEKTION
4. 3. 1812

... Im Anfange des Winters hatte ein hier studierender Jude aus Polen Händel mit einem Studenten, in welchen er Schimpfworte mit Schimpfworten, Schläge mit Schlägen erwidert und dann doch noch seinen Gegner denunziert hatte. Beide wurden damals bestraft. Es mag wohl sein, daß die übrigen Studenten den Umgang dieses Menschen (sein Name ist Brogy) vermieden, und nicht mit Unrecht, da er durch gegenseitige Injurien seinen Gegner zum äußersten gereizt und dann erst verklagt hatte.

Dieser Brogy bekam vor einiger Zeit neue Händel mit einem Studenten Klaatsch, welcher von seinen Lehrern überall das rühmlichste Zeugnis seines Fleißes und seines Verhaltens hat.

Auf der Anatomie, wo Klaatsch in einem Winkel zur Durchgehung eines Präparats mit einigen anderen sich zurückgezogen, drängte Brogy sich ein und lehnte sich über den Tisch hin, ohngeachtet er dorthin gar nicht gehörte. Klaatsch sah ihn mit der Miene des Unwillens an und sagte ihm, als das nichts half, er solle fortgehen, und setzte hinzu, er gehöre nicht in Gesellschaft honetter Studenten. Darauf fing Brogy an, das Wort »honette Studenten« wie höhnend zu wiederholen. Klaatsch hieß ihn nun gehen, mit dem Zusatze, er wolle ihm sonst ein paar Ohrfeigen geben. Brogy nannte ihn darauf einen Unverschämten und »Er« und forderte ihn auf zuzuschlagen, — und Klaatsch schlug zu und sagte: Nun möge er hingehen und klagen.

Brogy klagte auch. Nach vollendeter Untersuchung war der mitunterschriebene Syndikus der Meinung, daß bei dem Urteile, als in einer Injuriensache, ein Ehrengericht von Studenten zugezogen werden müsse. Der Herr Rektor hielt aber die Sache nicht für Injuriensache, sondern, wie er sich ausdrückte, zum mindesten für eine Rebellion und Auflehnung wider die Obrigkeit. Er, der Herr Rektor selbst, brachte nun die Sache vor den Senat, welcher per unanimia der Meinung des Syndikus beitrat.

Nach allen Gesetzen der Ordnung und des Dienstes hätte nun der Herr Rektor, wie es jedem Präses täglich vorkommt, das Urteil der Mehrheit, auch gegen seine persönliche Meinung, vollziehen sollen; er konnte als Rektor keine Meinung mehr haben als die des Senats. Indessen delegierte er wirklich den mit unterzeichneten Prorektor, das Ehrengericht zu regulieren und am Tage desselben im Senat zu präsidieren. Der Senat und das Ehrengericht erkannten nun 14 Tage Karzer dem Klaatsch, dem Brogy aber 8 Tage zu und fügte [so!] dem letzten eine Warnung bei, sich künftig bei Strafe der Exklusion vor Händeln zu hüten, die er anfinge, und in denen er seine Gegner selbst erst durch Injurien zu größeren reize und dann klage. Zugleich mußte ihm, weil seine Denunziation, so wie er sie beharrlich angebracht, falsch befunden war, die gerichtliche Lüge verwiesen werden.

Mit Befremden hatte der Senat erfahren, daß Abvotiert-sein dem Herrn Rektor ein Bewegungsgrund sein könne, seine Demission zu suchen. Aus gut meinender kollegialischer Freundschaft wandte er sich an Ein hochpreisliches Departement mit der Bitte, daß es vermittelt werden möge, wie er im Amte des Rektors bleiben könne — ein Wunsch, den freilich die Unterzeichneten nach folgenden späteren Vorfällen aufgeben müssen.

Denn eine kleine Zahl von Studenten reichten [so!] dem Herrn Rektor eine Vorstellung an den Senat ein, worin sie unter Vorspiegelung loyaler Gesinnung des Senats gegen Brogy gefälltes Urteil zu kritisieren sich erfrechen — ein Urteil, welches sie nichts anging. Nach sicheren Nachrichten ist die eingereichte Vorstellung in den Kollegien herumgegangen, um Unterschriften zu sammeln. Wie dieser Umstand von einer Seite die freche Insubordination der Unternehmer beweiset, so offenbart von der anderen die geringe Zahl der Unterschriften, wie wenig Teilnahme das Unternehmen jener Vorstellung nach Form und Inhalt unter den Studierenden gefunden. Statt eine solche strafbare Verbindung, die gegen ihre Obrigkeit wirklich sich auflehnt, sogleich nachdrücklich zur Strafe zu ziehen (wie von dem Herrn Rektor erwartet werden mußte, da er schon in des Klaatsch gesetzwidriger Handlung eine Auflehnung hart geahndet wissen wollte), sandte der Herr Rektor diese Vorstellung, die nicht an ihn mit, sondern bloß an den Senat gerichtet war, Einem hochpreislichen Department p. ein und kommunizierte uns eine Abschrift noticiae causa — als ob es nicht einmal Sache des Senats mehr sein könne, diesen groben Exzeß, der wahrlich zuerst ein Beispiel von Insubordination gibt, zu rügen. Ja, noch mehr; er hat die [so!] Studenten, die so grob den Senat angriffen, unerachtet er erklärt hatte, daß weder er noch der Senat als Parteien ihnen antworten könnten, dennoch schriftlich geantwortet, daß er in dieser Sache anderer Meinung sei als der Senat, und er soll, dem Vernehmen nach, ihnen sogar mündlich hinzugefügt haben, daß das Urteil des Senats auch nichtig sei, da er nicht teil daran genommen. ...

Wir überlassen es dem erleuchteten Ermessen Eines hochpreislichen Departements, ob bei Begünstigung solchen Betragens Disziplin und Subordination auf der Universität aufrecht erhalten werden können, und ob nicht geradehin ein Rottengeist gebildet werde, wenn man einigen verstattet, Urteile des Senats in Sachen, die noch dazu ihnen selbst fremd sind, frech zu kritisieren.

Welche Rücksicht Ein hochpreisliches Departement p. dem geschilderten Verfahren des Herrn Rektor Fichte bei der Beurteilung der Frage, ob derselbe auf sein Gesuch des Rektorats zu entlassen sei oder nicht, widmen will, müssen wir ganz gehorsamst anheimstellen. Wir sind aber aus der lebhaften Vorstellung, wie wir die Pflichten des Dienstes und die Grenzen unseres Amtes zu beachten gewohnt sind, der Überzeugung, daß ein so grober Verstoß gegen alle Ordnung zur Untergrabung alles Ansehens des Senats nicht ohne eine ernstliche Rüge von seiten der vorgesetzten Behörde bleiben kann. ...

Solger

BRIEF AN FRIEDRICH VON RAUMER VOM 22. 3. 1812

... Wir haben hier großen innerlichen und äußerlichen Krieg. Weil Sie doch nach Fichtes Händeln fragen, muß ich etwas davon melden. Er macht uns das Leben blutsauer, nicht allein durch seine paradoxen Grillen und wahren Verkehrtheiten, sondern auch durch seinen Eigensinn und Egoismus. Wenn einer beständig dadurch imponieren will, daß er sagt: »Nicht ich als Individuum sage und will das, sondern es ist die Idee, die durch mich spricht und wirkt«, so ist das eine schöne Redensart, in welcher ich herzlich gern redlichen Eifer erkenne; aber wenn er nun überall, im Kleinsten wie im Größten, von dem Axiome ausgeht, nur dieses eine Organ, den Herrn Fichte, habe sich die Idee gewählt, so dünkt mich, die Individualität, die doch sonst grade das Böse ist, das vernichtet werden soll, wird so ziemlich wieder in ihre Rechte, oder vielmehr erst recht in die Alleinherrschaft eingesetzt. Er hat durchaus für nichts einen Maßstab. Er behandelt die Studenten bei den geringsten Vergehungen, als wären sie Ausgeburten der Hölle, so daß es jeden, der die Ehre seines Nächsten respektiert, empören und erbittern muß. Er erkennt in keinem Gesetze und keiner Anordnung den Sinn, sondern immer nur den Buchstaben, den er oft wahrhaft lächerlich interpretiert. Nullum unquam magnum ingenium sine aliqua admixtione dementiae fuit. Der Satz ist richtig; aber seine dementia ist wirklich gar zu kindisch. Dagegen erlaubt er sich auf die auffallendste Weise vom Buchstaben und Sinn des Gesetzes abzugehen, wo er seine Grillen durchsetzen will. Wird er überstimmt, so will er den Senatsbeschluß nicht exekutieren, sucht die lächerlichsten Gründe auf, um eine Nullität in der Form zu finden, und gelingt das nicht, so verklatscht er uns beim Departement. Dazu hat er eine Anzahl Studenten, die seine Schüler sind, mit seiner verdammten Weltverbesserei angesteckt; diese machen die unverschämtesten Vorstellungen an den Senat, worin sie ihn wegen seiner Beschlüsse zur Rede stellen, und wofür sie wenigstens nachdrücklich Arreststrafe verdienen, und dies höchst gesetzwidrige, tolle Wesen unterstützt er nicht bloß, sondern gibt diese Vorstellungen, die an den Senat gerichtet sind, ohne sie uns einmal im Original mitzuteilen, an das Departement ab. Dieses Verfahren hat mich doch auch zuletzt empört, da ich noch immer der letzte war, der ihn bei den Angriffen S-s[5] und anderer verteidigte. Das Departement hat sich dabei, nach meiner Überzeugung, irrig benommen. Statt die Vorstellungen der Studenten brevi manu an uns, ihre wahre Behörde, zurückzugeben, und Fichten, der schon wegen des Zwistes mit uns um seine Entlassung als Rektor gebeten hatte, diese sobald als möglich zu erteilen, verlangt es von jedem einzelnen von uns eine Verantwortung über die Punkte, worüber sich die Studenten beschweren. Sie sehen, liebster Freund, leicht ein, daß dadurch die Universität als Behörde nunmehr so gut wie aufgelöst oder wenigstens suspendiert ist. Da Fichte den Studenten für sich allein geantwortet und ihnen noch gegen uns Recht gegeben hat, so ist unsere ganze Autorität zum Teufel, und wenn das nicht ordentlich wieder hergestellt wird, so mag ein anderer wieder in den Senat kommen, um sich öffentlich prostituieren zu lassen. Das Reskript des Departements, wodurch unsere Rechtfertigung gefordert wird, kam zuerst an den jüngsten Ordinarius, der ein paar unbedeutende Worte darauf schrieb, und hierauf an mich. Da habe ich mich's denn nicht verdrießen lassen, fürs allgemeine Beste ein ausführliches Gutachten aufzusetzen, worin ich die ganze Lage der Sachen dargestellt, jedoch die möglichste Höflichkeit in den Formen zu beobachten gesucht habe. Ich bin nun begierig, was dies für Wirkung tun wird. Das Ding zirkuliert noch, und wie ich höre, treten mir die meisten Kollegen bei. ...

August Böckh

GUTACHTEN VOM 27. 3. 1812

Nachdem bereits so viele ausführliche Gutachten über die in Frage gestellten Gegenstände abgegeben sind, glaube ich den Forderungen eines hochpreislichen Departements zu genügen, wenn ich nur einige Punkte, in welchen ich eine besondere, von den übrigen abweichende Ansicht habe, ausführlicher behandle und die übrigen kurz berühre.

Übereinstimmend mit Herrn Staatsrat Hoffmann suche ich die Quelle der Mißhelligkeiten, welche in der Injuriensache zwischen Brogy und Klaatsch entstanden sind, einzig in der sehr milden Strafe, welche früher gegen den Melzer erkannt worden war. Eine Real-

[5] Gemeint ist offensichtlich Schleiermacher (Anm. d. Hrsg.).

Injurie eines Studierenden gegen einen Studierenden muß meiner Überzeugung nach durchaus mit dem Consilio abeundi bestraft werden, worauf ich für meinen Teil in der Melzerschen Sache erkannt habe; denn wenn der Beleidiger nicht von der Universität entfernt und so von der Gemeinschaft der daselbst Studierenden ausgeschlossen wird, so kann nach meinen Begriffen von Ehre und noch mehr nach den Studentenbegriffen die Genugtuung nicht vollständig sein; sie ist aber vollständig, wenn der Angriff auf die Ehre des Beleidigten durch eine Vernichtung der Studentenrechte, d. h. durch das Consilium abeundi, bestraft wird. ...

Nach dieser gelinden Bestrafung des Melzer konnte es dem Senat unverhältnismäßig und inkonsequent scheinen, den Klaatsch, dessen Injurie unbedeutender war, härter als den Melzer zu bestrafen. Dieser Schein der Inkonsequenz konnte aber, meiner Überzeugung nach, überwunden werden, und ich trug daher bei der Beratschlagung über die Bestrafung des Klaatsch auf das Consilium abeundi an. Man konnte dem Klaatsch vorwerfen, daß er strafbarer sei als Melzer, weil er sich dessen Bestrafung nicht zum Beispiel genommen und sogar durch die Worte: »Gehen Sie nun zum Herrn Rektor« deutlich bewiesen, daß er sich um eine solche Strafe, wie sie gegen Melzer verhängt worden, wenig kümmere; daß seine Leidenschaft sich von der Strafe des Gesetzes keineswegs wolle im Zaume halten lassen, und daß er überhaupt das Urteil des Senats perhorresziere. ...

Nach dieser Darlegung meiner ursprünglichen Meinung gehe ich zur kurzen Beantwortung der von einem hochpreislichen Departement vorgelegten Fragen über.

Ad I. Dem Brogy konnte nach den Akten beider Rechtsfälle allerdings eine kleinliche Rechthaberei und Rachsucht zur Last gelegt werden; daß ihm aber Feigheit vorgeworfen worden, läßt sich wohl nicht entschuldigen.

Ad II. Wenn einem Menschen Ohrfeigen angeboten werden und noch dazu mit solchen Worten wie die Klaatschischen, so entsteht wohl in ihm ein leidenschaftliches Gefühl, welches ihm, wenn er auch sonst sehr besonnen ist, wie Brogy sein soll, für einige Augenblicke das Vermögen der genauen Auffassung der Worte des andern und das Gedächtnis für das, was man selbst gesprochen, rauben muß. Von Lüge scheint also gar nicht gesprochen werden zu können. Gesetzt aber auch, daß Brogy *Er* und *Unverschämter* gesagt, so scheint nach vorhergegangener grober Reizung des Klaatsch die Strafbarkeit des Brogy nicht groß zu sein. . . .

Ad III. Daß der Brogy zu der ersten Beleidigung von Melzer Anlaß gegeben, scheint mir aus den Verhandlungen über diese Sache hervorgegangen zu sein; einen Anlaß zur zweiten kann ich ihm aber nicht zur Last legen, sondern die entferntere Veranlassung suche ich in dem Umstande, welchen ich in dem Eingang genannt habe. Zwar wird dem Brogy Zudringlichkeit schuld gegeben, und zwar mit Recht; allein Zudringlichkeit kann zwar einen Menschen widerlich machen, so daß man ihn flieht, nicht aber reizen, daß man ihn angreift. Läßt sich jemand durch dieselbe zu letzterem bringen, so liegt die Schuld nicht mehr in der Zudringlichkeit des einen, sondern in der unbändigen Leidenschaft und dem Übermut des andern. . . .

Betreffend die beiden Eingaben der Studenten, so leugne ich nicht, daß Form und Ton derselben unpassend und verwerflich sind, daß darin Vorwitz und Anmaßung, welche unter den Studierenden der hiesigen Universität besonders gewurzelt zu haben scheinen, hervorstechend sind, sowie ein gewisses Renommieren mit Legalität und Unterwerfung unter die Gesetze; doch kann man dieses Jünglingen zugute halten, welche noch zu wenig Erfahrung haben, um den richtigen Ton zu treffen, und aus Eifer für den schwächern Teil und für die gute Sache sich etwa in die Brust werfen zu müssen glaubten. Übrigens haben sie meiner Überzeugung nach manches gesagt, was beherzigt zu werden verdient. Ich bin überzeugt, daß der Senat die besten Absichten gehabt hat und noch hat; aber ich bin auch ebenso überzeugt, daß, wenn er auf die Vorstellungen derjenigen, welche sich von den Burschikosen gedrückt fühlen, keine Rücksicht nimmt, die letztern sich allmählich eine Herrschaft anmaßen, welcher er anfangs aus Konsequenz, später aber darum, weil das Übel so groß geworden, nicht mehr steuern kann, bis endlich die Studenten sich selbst zu helfen suchen und die höhere Behörde zu gewaltsamen, zwar sichern, aber zugleich zerstörenden Mitteln greifen muß. Dieses beweist die Geschichte aller größern Universitäten, und ich habe dieses besonders auf der Universität Heidelberg ganz nahe und deutlich zu erfahren Gelegenheit gehabt. Eine harte Bestrafung der Verfasser der beiden Schriften würde aber gerade den burschikosen Studenten der vollständigste Sieg sein, und mir scheint daher eine solche völlig zweckwidrig, ein angemessener Verweis aber dem Vorwitz und der Anmaßung derselben ebenso notwendig. Auch scheint mir eine Bestrafung noch aus andern Gründen unstatthaft. Ich kann nämlich die Eingaben der Studierenden keinesweges als eine verbrecherische Auflehnung gegen den Senat und die Sprüche desselben ansehen. Daß die akademische Gerichtsbarkeit von jeder andern dadurch unterschieden sei, daß sie disziplinarisch sein müsse, ist von mehrern vor mir zu einem andern Zwecke bemerkt worden; hieraus folgt aber zugleich, daß sie in den Gemütern der Studierenden eine moralische Überzeugung von der Rechtmäßigkeit und der Zweckdienlichkeit der von der Behörde ausgesprochenen Urteile hervorbringen müsse. . . .

Niebuhr

BRIEF AN DORA HENSLER VOM 22. 1. 1813

. . . Seit dem Rückzuge des Kaisers aus Moskau hat die allgemeine Stimme gefordert, daß man sich befreien solle. . . . Unser Schicksal steht nun in jeder Hinsicht vor seiner Entscheidung. . . . Unnütz möchte ich nicht sein. Aber unsre Administration ist nicht für mich. Dagegen treibt es mich, an das Militär mich anzuschließen. Dazu habe ich die einzigen möglichen Schritte getan, nämlich zum Generalstab zu kommen. . . .

Solger

BRIEF AN EINE FREUNDIN VOM 8. 3. 1813

Ich brauche nicht zu fragen, ob Ihnen das Herz nicht aufgegangen ist bei unsern Kriegsrüstungen. . . . Wir gehen in einen Kampf auf Leben und Tod, auf Freiheit und Vernichtung, und für die größte Wohltat achte ich, daß wir eben dies noch einmal so rein und tüchtig tun können, daß wir wieder frei unser Haupt erheben und sprechen dürfen, wie wir es meinen. Dies allein ist schon alles wert. Und mich dünkt doch auch, wo eine ganze Nation sich so mit sich selbst verständigt und öffentlich erscheint, da müsse es fast nicht möglich sein, ihren Willen, wenn er irgend ausdauernd ist, zu bezwingen. Unsere Studenten sind größtenteils abgegangen, so daß die meisten Collegia vernichtet sind. Ich las drei und kann davon nur eins fortsetzen, welches ich der geringen übrigen Anzahl wegen in meiner Studierstube tue. Es ganz aufzugeben, schien mir gegen die übrig gebliebenen Ausländer nicht pflichtmäßig gehandelt. Ob wir im Sommer Zuhörer haben werden, steht dahin. Wenn es nicht wäre, so könnte man wohl lieber selbst die Waffen ergreifen. Mir ist dieser Gedanke überhaupt einige Tage im Kopfe herumgegangen, und Steffens, wie Sie wohl wissen werden, hat ihn ausgeführt. Alles aber wohl erwogen, habe ich es für richtiger gehalten, diese Aufwallung zu unterdrücken. Hände sind fürs erste wohl genug da, und weiter könnte ich, beim Mangel militärischer Kenntnisse und Übung, nichts bringen. Dagegen müßte ich meine wissenschaftlichen Entwürfe vielleicht auf Jahre in der Mitte unterbrechen, und so meinem eigentlichen Berufe, der mir heilig und dem mein ganzes Leben geweiht sein soll, in welchem auch nicht, wie in manchem andern, ein Stellvertreter möglich ist, vielleicht auf eine unheilbare Weise Eintrag tun. ... Mein Platz, glaube ich, ist bei dem Landsturm, der hoffentlich für den Fall der Not organisiert werden wird. ...

Niebuhr

BRIEF AN DORA HENSLER VOM 21. 3. 1813

... *Den 22. abends.* Ich komme von einem Geschäft, wovon Du Dir schwerlich vorstellest, daß ich es treibe: vom Exerzieren. Schon vor dem Abzug der Franzosen fing ich an das Exerzieren heimlich zu treiben: ein einzelner aber kann nichts Ordentliches lernen. Seitdem die Franzosen fort sind, exerziert eine Gesellschaft von einigen zwanzig Männern in einem Garten, und nun sind wir schon über das Schwierigste hinweg. Wenn meine Vorlesungen zu Ende sind, d. h. vom Anfang der künftigen Woche an, werde ich suchen an den Vormittagen mit ordentlichen Rekruten zu exerzieren, und so oft als möglich nach der Scheibe schießen. ... In vier Wochen hoffe ich so gut eingeübt zu sein als irgend ein Rekrut, den man als ausexerziert anerkennt. Das schwere Gewehr machte mir anfangs so viel zu schaffen, daß ich fast verzweifelte, ob es gehen würde; allein man findet die Kräfte wieder, die durch Nichtübung eingeschlafen waren.— Ich freue mich, daß sich nun schon Schwielen an den Händen bilden: denn so lange ich eine zarte Gelehrtenhaut hatte, schnitt das Gewehr gewaltig ein. ...

BRIEF AN DEN DIREKTOR DER ABTEILUNGEN DES KULTUS UND DES UNTERRICHTS GEORG HEINRICH LUDWIG NICOLOVIUS [APRIL 1813]

... Mein Plan ist, einen Versuch zu machen, die in letzter Instanz Beschließenden und Handelnden durch Beredsamkeit in die geistige Stimmung und Ansicht zu heben, von dem uns vorliegenden Vehikel der geistigen Ansicht heraus, dem Christentume. Ich tue dadurch freilich nur, was jeder Prediger auch tun soll; ich glaube es nur anders tun zu können, als die gewöhnlichen Prediger, weil ich eine höhere, und geradezu praktischere Ansicht vom Christentum habe. Da mir diese Aufgabe gerade sich nicht erst seit jetzt gestellt hat, der jetzige Zeitpunkt aber die schicklichste Gelegenheit ist, sie zu lösen, und ich nach allseitig gepflogenen Überlegungen jetzt nichts Besseres tun kann; so halte ich es für ein ausdrücklich an mich gestelltes Pflichtgebot. Gelingt mir der Versuch: so ist der Gewinn unabsehlich. Mißlingt er mir, so ist er denn doch deutlich ausgesprochen, und er wird irgend einem andern nach mir gelingen. Das Zurückziehen auf den Punkt, wo ich jetzt bin, in die Welt des reinen Begriffes, steht mir immer offen. Nachteiliger kann meine Ansicht von der Gegenwart, und vollständiger meine Verzichtleistung auf das unmittelbare Handeln in ihr nicht werden, als sie es jetzt schon ist. Auch befürchte ich kaum eine Verschlimmerung meiner äußern Verhältnisse.

Die Verabredungen für einen solchen Versuch wären nun folgende:

1. Ich von meiner Seite mache mich anheischig, wirklich Christentum und Bibel vorzutragen, nicht etwa, was so häufig geschehen ist, eine Bibelstelle nur zum Motto einer moralisch-philosophischen Abhandlung zu machen. Dies liegt in meinem Zwecke. Ich will in die geistige Welt heben: wo ich dies nicht durch Spekulation soll, da muß ich es durch das Christentum tun. Daß aber die Stellen dabei oft einen tiefern Sinn bekommen dürften, als der ihnen gewöhnlich beigelegt wird, muß man mir voraus zugeben.

2. Die Ordination kann füglich unterbleiben. Um so mehr rechne ich auf freiwillige Zuhörer. Bei der Brigade, wo ich stehe, kann neben mir der gewöhnliche Feldprediger predigen, und die Sakramente verwalten. Ich wünsche nur gebildete Zuhörer. Mein Platz wäre darum

das Königliche Hauptquartier: bei demselben sind unmittelbar die Garden, und die Freiwilligen der Garde, unter denen die meisten Studenten sind.

3. Ich erbitte mir, unter niemand stehen zu dürfen, als unter dem Könige oder dessen Stellvertreter im Hauptquartiere. Wie es sich versteht, daß man mich sogleich in mein altes Verhältnis zurücktreten lassen kann, falls man meine Anwesenheit nicht zulässig findet, so erbitte ich mir die Erlaubnis zu gehen, sobald ich sehe, daß der Versuch nicht gelingt.

Indem ich nur noch hinzusetze: daß ich mir nach genauer Selbstprüfung bewußt bin, daß keine Neigung auf diesen Entschluß mit einfließt, da es mir nach dieser persönlichen Neigung weit lieber wäre, das gewohnte Leben fortzusetzen, auch sich mir in diesen Tagen ein anderer Plan aufgeschlossen hat, der mich weit mehr reizt: so lege ich diese Sache in Ihre Hände, fest vertrauend, daß dieselbe durch Sie rein und klar entschieden werden wird.

Savigny

BRIEF AN FRIEDRICH CREUZER VOM 5. 3. 1814

Wenn ich Ihren Brief vom 24. Jan. 1813 erst jetzt beantworte, liebster Creuzer, so müssen mich diesmal die kleinen Versehen des großen Mannes von 1812 und 1813[6] entschuldigen, die uns hier geraume Zeit in Atem erhalten und besonders auch vom übrigen Deutschland abgeschnitten haben. Vorigen ganzen Sommer wurde weder gelesen noch studiert, sondern exerziert und nach der Scheibe geschossen, besonders aber war ich ein geplagter Mensch, da ich den ganzen Tag und manchmal auch die Nacht Landwehr und Landsturm formieren helfen mußte. Doch möchte ich diese Erinnerungen um keinen Preis missen. Indessen war auch schon vor dieser schweren und herrlichen Zeit hier ein sehr allgemeines und einstimmiges politisches Leben, welches mir viel wert war, da es zu meinen eigensten Bedürfnissen gehört. ...

[6] Gemeint ist Napoleon (Anm. d. Hrsg.).

Nun kommt endlich die von mir längst erwartete Periode, wo auch wir aus unserem bisher so schönen ruhigen Universitätsleben in die Verwirrungen der Zeit mit hineingerissen werden. *Solger*

Schleiermacher

BRIEF AN ALEXANDER GRAF ZU DOHNA-SCHLOBITTEN VOM 10. 5. 1816

... Mein Rektorat geht auch nicht sonderlich. Ohne daß ich eben sagen könnte, daß der Minister mir persönlich sehr entgegenwirkte, blitzt doch das Beste ab, was ich für die Universität wünsche. Die Frequenz geht immer noch an, nur mit meiner Fakultät steht es schlecht aus Mangel an Unterstützung, und ich werde am Ende weggehen müssen, weil ich mein großes Gehalt unnützer Weise ziehe. Sonst geht es mir sehr wohl in meiner Familie, und auch mit meiner Gesundheit ganz leidlich. Ich habe wieder kleine Anfälle von Magenkrampf gehabt, allein sie weichen der magnetischen Behandlung sehr gehorsam. Ich lese täglich 3 Stunden hinter einander von 6—9 und zwei Tage in der Woche bin ich von 6 Uhr morgens bis 6 Uhr abends in Einem Treiben, und es bekommt mir wohl. Ja ein etwas fauler Mensch, wie ich unleugbar bin, hat kein befriedigenderes Gefühl meines [so!] Lebens als in solchem Zustande. Ich schreibe jetzt neben dem Lesen meine Ethik und sehe den ersten Band des Platon und die erste Sammlung Predigten durch zum Behuf neuer Auflagen. ...

Minister Karl Freiherr von Altenstein

SCHREIBEN AN REKTOR UND SENAT 16. 1. 1819

Des Königs Maj. haben durch eine neuerlich erschienene politische Schrift eines öffentlichen Lehrers[7] in Ihren Staaten Sich allerhöchst

[7] Ernst Moritz Arndt, Geist der Zeit, Band IV (Anm. d. Hrsg.).

bewogen gefunden, durch eine unterm 11. d. M. an mich erlassene Kabinettsorder zu verfügen, daß Sie nicht geneigt seien, freie Diskussion zu beschränken, aber keinen Lehrer auf den preußischen Universitäten dulden könnten, der solche Grundsätze aufstellen und solche unschickliche und unnütze Dinge vortragen würde, wie diese Schrift enthalte, die besonders einem Lehrer der Jugend übel anstehe und auf diese nachteilig wirke; auch daß S. M. es mir zur Pflicht gemacht haben, sorgfältig darüber zu wachen, daß solche Äußerungen künftig abseiten auf preußischen Universitäten angestellter Lehrer nicht weiter stattfinden, und Allerhöchst Ihnen diejenigen sogleich namhaft zu machen, die sich dergleichen erlauben; den Kuratoren der Universitäten [und] angestellten Professoren bekanntzumachen und ihnen zugleich zu eröffnen, daß sie der Absicht Sr. Maj. am sichersten nachkommen würden, wenn sie die Würde ihres Berufs und des ihnen anvertrauten Lehramts dadurch behaupten, daß sie den nichtigen Schriftstellern des Tages sich nicht gleichstellen, sondern durch streng gelehrte Forschung und wissenschaftlichen mündlichen und schriftlichen Vortrag tiefe Einsicht und ernste Gesinnung dartun und verbreiten, die Wissenschaft wahrhaft fördern und ihre Zuhörer in gründliches Studium der Philosophie, der Geschichte, des Rechts und aller die Politik begründenden Wissenschaften führen, dadurch aber durch Lehre und Beispiel zu Männern bilden, die, entfernt von der aus seichtem Wissen entstehenden Anmaßung, als gereifte Ratgeber an der Verfassung des Staats Anteil zu erlangen verdienen, die Entwicklungen ihrer Zeit zu erkennen und in die Leitung derselben weise einzugreifen vermögen, so werden die preußischen Universitäten in der Tat hohe Schulen und ein Segen für das Vaterland sein und so auch ihre nach der Willensmeinung Sr. Maj. des Königs ihnen obliegende Bestimmung mit Auszeichnung erfüllen.

Schleiermacher

BRIEF AN ERNST MORITZ ARNDT VOM 27. 1. 1819

Es tut mir sehr leid, lieber Bruder, daß ich Dir nicht gleich wieder geschrieben, um Dir anzukündigen, daß Dir doch noch etwas Unangenehmes bevorstände, nämlich eine große allerhöchste Nase. Nun fürchte ich, Du hast die schöne Bescherung schon unvorbereitet erhalten, da wir auch schon heute abend ein allgemein drohendes und warnendes Ministerialreskript haben verlesen bekommen, welches gewiß seiner ganzen Fassung nach auf derselben Kabinettsorder beruht. Gern hätte ich es Dir vorher verkündet, da Du in den strengeren Staatsdienstverhältnissen doch gewissermaßen noch ein Neuling bist. Nun begrüße ich Dich aber hintennach auf das freundlichste als meinen Spezialkollegen im Besitz der großen Nase. Denn Du weißt doch wohl, daß auch ich im Jahre 1813 von wegen eines Artikels im Preußischen Korrespondenten eine solche bekam, die sich mit der Deinigen auf jeden Fall messen kann. Denn es war, sobald ich mich unterstehen würde, mich noch einmal in politische Dinge zu mischen (NB. als Zeitungsredakteur), von unfehlbarer Kassation von allen meinen Ämtern die Rede. Ich tat aber nichts als im Protokoll mir eine weitere Verteidigung vorbehalten und dann eine schriftliche Deduktion einreichen und um Untersuchung des mir angeschuldigten politischen Getreibes bitten. Diese Verteidigung hat Schuckmann gewiß ad acta gelegt und der König, ohnerachtet ich auch an Albrecht eine Abschrift schickte, nie einen Buchstaben davon gesehen. Ich habe aber alles sehr lustig abgeschüttelt und halte mir die Sache nur noch als einen Schinken im Salz. Hoffentlich, lieber Bruder, wirst Du es ebenso machen, und wenn Du noch eine zweite Nase bekommst, wie ich bald darauf noch eine Staatskanzlerische bekam wegen eines Zensurstreites mit Le Coq, auch die ebenso deponieren. Ich denke, aller guten Dinge sind drei, aber bis zur dritten habe ich es trotz aller angewandten Mühe noch nicht bringen können. Dir wird nun gewiß Altenstein die Pille doch etwas anständiger versilbern, als mir Schuckmann tat, der mit seiner ganzen Bärenhaftigkeit mündlich auftatzte, aber so im Gespräch von mir gekirrt wurde, daß er hernach ordentlich mit dem Maulkorb herumging. Es gibt wohl keine ärgere Erbärmlichkeit für einen König, als solche Schnippchen in der Tasche zu schlagen, und darum kann man sie ihm ja wohl gönnen. Der gute Mann hat sich so wieder vor einigen Tagen sehr prostituiert. Da hat am Krönungsfest der Eylert ein erbärmliches Geschwätze in der Domkirche von der Kanzel gemacht über den schrecklichen Zeitgeist, wie alle Kräfte über die Ufer getreten wären, wie überall Freiheit und Gleichheit gefordert würde, aller Respekt vor den höheren Ständen verschwunden wäre, und wie sich nun die Ritter alle verbinden sollten, dem Unwesen ein Ende zu machen. So daß sich auch die Ritter alle vornahmen, wenn Montag die Revolution ausbräche, wollten sie sie tüchtig auf die Finger klopfen, sollte sie aber auch Dienstag noch nicht kommen, so wollten sie sie abends mit der Laterne suchen. Da ist der gute Mann hernach auf der Cour herumgegangen und hat ausgerufen: »Schöne Rede gehört, sehr zweckmäßig, kann sich mancher ins Gewissen greifen!« — Doch was soll man über den albernen Schnack noch ein Wort verlieren! — Auf die an uns erlassene Verfügung aber, worin es heißt: »Der König wolle auf seinen Universitäten keine Lehrer dulden, die so unnütze und unschickliche Sachen schrieben«, haben wir beschlossen, eine recht ernstliche Gegenvorstellung an den Minister einzureichen, um ihn auf den Kontrast zwischen diesen unbestimmten Ausdrücken und der ganz bestimmten Drohung aufmerksam zu machen. Es wäre wohl sehr gut, wenn alle Universitäten — denn wahrscheinlich ist es doch eine Zirkularverfügung — dasselbe täten; aber doch bitte ich Dich, von meiner Mitteilung keinen Gebrauch im Senat oder sonst zu machen. Genannt bist Du übrigens in der Verfügung nicht, sondern es kommt alles für den, welcher die Geschichte nicht kennt, wie aus der Luft. . . .

SCHREIBEN VON REKTOR UND SENAT AN ALTENSTEIN 10. 2. 1819

Der königliche Wille, welchen Ew. Exzellenz uns in der verehrten Verfügung vom 16. Januar et praes. den 23. ej. zu eröffnen geruhet, ist von solcher Wichtigkeit für uns, daß wir nicht umhin können, Ew. Exzellenz in Beziehung auf denselben zugleich unsern innigsten Dank gehorsamst darzubringen und unsere besorglichen Empfindungen vertrauensvoll vorzulegen. Unsern innigsten Dank nämlich für die Art, wie Ew. Exzellenz erklärt haben, diese neue, Hochdenenselben durch die gedachte allerhöchste Kabinettsorder aufgelegte nähere Aufsicht auf unsere schriftstellerische Tätigkeit verwalten zu wollen; denn indem Ew. Exzellenz uns anweisen, wie wir der königlichen Absicht am sichersten nachkommen können, und hiebei alles auf die wahr und tief aufgefaßte Idee unseres großen Berufs zurückführen, so finden wir hierin die tröstlichste Gewährleistung, daß, wer von uns sich durch diese Idee auch bei seinen schriftstellerischen Arbeiten leiten läßt, sicher ist, wenn ihm auch einmal ein mißdeutlicher Ausdruck entschlüpfen sollte, von Ew. Exzellenz nicht als ein solcher bezeichnet zu werden, der durch Vortrag unnützer und unschicklicher Dinge seine öffentliche Stellung verwirkt hätte.

Aber diesem ehrfurchtsvollen Danke stellen sich bange Befürchtungen zur Seite, wenn wir, absehend von Ew. Exzellenz persönlicher Weisheit, die allerhöchste Willensmeinung, soweit sie uns mitgeteilt worden, an und für sich betrachten. Denn wir müssen uns auf die peinlichste Weise gehemmt und gelähmt fühlen, wenn wir, die wir zu schriftstellerischen Arbeiten so vorzüglich berufen sind, hinter andern, welche ein so hohes Gut, als unsere Stellung im öffentlichen Lehrwesen ist, nicht zu verlieren haben, so bedeutend sollen zurückgesetzt werden, daß gedruckte Äußerungen, welche für unnütz oder unschicklich können gehalten werden — und ein anderes als subjektives und höchst wandelbares Urteil findet doch hier nicht statt —, unsern ganzen Wirkungskreis sollen zerstören dürfen.

Die uns zunächst gelegene schriftstellerische Tätigkeit ist die eines jeden in seiner Wissenschaft. Sie ist, weil gar oft das vorüberrauschende Wort erst durch die bleibende Schrift recht befestigt und ins Licht gestellt werden kann, ein unentbehrlicher Teil unseres Berufs, und vorzüglich wohl, weil auch die Regierung sie so angesehen hat, sind wir hinsichts ihrer von der besondern Staatsaufsicht frei und lediglich an unsere allgemeine Amtsverantwortlichkeit gewiesen. Aber schon hier müßte die Besorgnis, daß manches von einzelnen für unnütz und unschicklich gehalten werden kann, unsere Tätigkeit lähmen, wenn wir nicht voraussetzen dürften, daß über eigentlich wissenschaftliche Produktionen immer dem wissenschaftlichen Gericht selbst das Urteil werde anheimgestellt bleiben. Noch mehr ist die Kunst, durch Schriften auf den Geist der heranwachsenden Jugend zu wirken, eine solche, deren Regeln noch nicht zur allgemeinen Anerkennung gekommen sind, und manches, was ein Lehrer der Jugend aus der reinsten Überzeugung geschrieben hätte, daß es nur Gutes wirken könne, möchte oft von andern, zumal solchen, welche, mit der Jugend nicht lebend, in unrichtigen Vorstellungen von ihr befangen sind, für verderblich gehalten werden.

Betrachten wir aber jenes andere, unmittelbar ins Leben eingreifende Gebiet der Schriftstellerei, welches man mit dem leider ominösen Namen des politischen zu bezeichnen pflegt, so ist es wohl eine allgemeine Überzeugung, daß gerade, weil hier so viel unberufene Stimmen auftreten, diejenigen nicht zurückbleiben dürfen, welche wirklich tiefere Einsichten und eine ernstere Gesinnung in sich tragen. Daher dürfen wohl auch wir uns nicht scheuen, jenen Unberufenen nicht allein indirekt durch unsere anderweitige Wirksamkeit, sondern auch geradezu im offenen Schriftwechsel entgegenzutreten, da doch natürlich diejenigen, in denen ein nicht unbedeutender Teil der schon handelnden Mitwelt seine ehemaligen Lehrer ehrt, sich einer allgemeineren Beachtung ihrer Stimme zu erfreuen haben.

Aber diesen heilsamen und sonst wohl öfters zum Nutzen des gemeinen Wesens bestandenen Kampf dürften die Lehrer preußischer hoher Schulen fortan schwerlich wagen bei den ungleichen Bedingungen, unter die wir gestellt sind, sondern werden im Gedränge zwischen dem innern Triebe, zur Förderung der Wahrheit und des Rechts zu reden, und zwischen der Besorgnis, ihre ganze öffentliche Stellung einer Gefahr preiszugeben, welche sie nicht zu berechnen imstande sind, lieber schweigen. Denn es ist nicht leicht, auf diesem Gebiet alles zu vermeiden, was von irgend einer Seite her, vielleicht nur aus Mißverständnis oder üblem Willen, als unnütz oder unschicklich dargestellt werden könnte, zumal diese Merkmale ihrer Natur nach so unbestimmt sind, daß wir uns auch durch eine nähere Erklärung oder durch Hinweisung auf die uns unbekannte Schrift, welche Sr. Maj. Mißfallen in einem so hohen Grade erregt hat, nur wenig würden gebessert finden.

Je mehr wir also überzeugt sind, daß gerade in Zeiten, wo die öffentliche Meinung leichter auf Abwege geführt werden kann, die freieste und kräftigste schriftstellerische Wirksamkeit öffentlicher Lehrer von der größten Wichtigkeit für das gemeine Wesen ist; je gewisser wir alle nur unter Voraussetzung des hergebrachten Grades dieser Freiheit unsere Ämter angetreten haben; je lebhafter endlich wir fühlen, daß ein seinem Beruf entsprechender öffentlicher Lehrer ein so bedeutendes Besitztum des Staates ist, daß dieser sich nicht in Gefahr setzen sollte, dessen leichter als billig beraubt zu werden: um desto mehr halten wir uns zu der gehorsamsten Bitte berechtigt, Ew. Exzellenz wollen geruhen,

> von Sr. Maj. dem Könige eine solche nähere Erklärung jener allerhöchsten Willensmeinung zu bewirken, welche die Sicherheit gewähre, daß in allen Fällen, wo nicht schon die Billigung des Zensors den Schriftsteller gegen alle Ansprüche sicherstellt, kein öffentlicher Lehrer wegen angeblicher Vergehen der Presse ohne Urteil und Recht von seiner Stelle werde entfernt werden.

Indem Ew. Exzellenz diese unsere angelegentlichste Bitte huldreich erfüllen, werden Hochdieselben Sich, wir wagen es zu sagen, zu so vielen noch ein neues und glänzendes Verdienst sowohl um die bessere Leitung der öffentlichen Meinung als um das fröhlichere Aufblühen der Wissenschaft erwerben.

Solger

BRIEF AN SEINEN BRUDER VOM 18. 4. 1819

... Nun kommt endlich die von mir längst erwartete Periode, wo auch wir aus unserem bisher so schönen, ruhigen Universitätsleben in die Verwirrungen der Zeit mit hineingerissen werden. — Man hat Gelegenheit gefunden an Ausschweifungen, die nicht einmal von den Universitäten ausgegangen, sondern zum Teil von einzelnen eingeleitet sind, als Jahn noch nicht toll genug war, vielmehr, wie ich genau weiß, noch angespornt werden mußte, um die Jugend toll zu machen. Aus solchem Zeuge sind denn die Wartburgsszenen hervorgegangen, wo freilich auch einige Professoren alberne, kindische Reden gehalten haben, um ihren hohlen Enthusiasmus auszubreiten. Dies konnte man entweder zeitig genug verbieten und verhindern, oder man konnte nachher diese politisch-philosophischen Narren so darstellen, daß sie in ihrer ganzen Blöße erschienen wären. — Nun erlebten wir gar das Unglück mit dem Sand in Mannheim, wovon die erste Nachricht mir einen nicht geringen Schreck machte. Wäre das nicht gekommen, so wäre noch nicht so viel zu fürchten gewesen. ... Indessen ist mir das alles nicht im geringsten neu. Ich weiß auch genau, woher alles kommt. Ich habe genug von diesen jungen Weisen kennen gelernt, deren jeder sich ein kleiner Gott-Vater dünkt, und deren jeder ein abgestandener Philister ist, dem nichts anderes heilig ist, als der leere, sinnlose Hochmut! Man hat ihnen ja seit zehn Jahren genug vorgepredigt, sie seien die Weisen und Vortrefflichen, von denen die Wiedergeburt des Staats und der Kirche ausgehen müsse. Wodurch diese zu bewirken sei und worin sie bestehe, hat ihnen niemand gesagt, weil es niemand wußte; sie glauben also, alles liege darin, daß sie es seien. ... Ich habe auch immer gesucht, die jungen Leute, die sich an mich als Lehrer anschlossen, zu retten, und es ist mir mit vielen gelungen. Bei den Weltverbesserern bin ich auch gewiß schlecht genug angesehen. Jetzt wird mir das freilich alles wieder lebhafter vor Augen gestellt. Die Folgen der Sandschen Geschichte für die Universitäten sind noch lange nicht ganz eingetreten; wir werden noch genug davon zu sagen haben. ... Aber auch das Benehmen der Behörden scheint mir durchaus nicht das richtige und zum Zwecke führende. ...

Geheimer Kabinettsrat David Ludwig Albrecht

SCHREIBEN AN DEN STAATSKANZLER KARL AUGUST FÜRST VON HARDENBERG 19. 9. 1819

Des Königs Majestät haben gestern bestimmt befohlen, daß der Professor De Wette seiner Anstellung bei der Universität entlassen werden soll. ...

SCHREIBEN DER THEOLOGISCHEN FAKULTÄT AN ALTENSTEIN 19. 10. 1819

Obgleich die theologische Fakultät an den allgemeinen Erklärungen der Universität in Rücksicht des Dr. De Wette teil hat und in derselben auch ihre eigenen Grundsätze und Gesinnungen ausgesprochen sieht, so glaubt sie doch bei dieser schmerzhaften Angelegenheit ein zwiefaches eigentümliches Interesse zu haben, welches sie zu einer besonderen Erklärung in dieser Hinsicht auffordert. Erstlich muß die theologische Fakultät den Verlust dieses ihres achtungswürdigen Kollegen besonders schmerzlich empfinden, da sie am besten zu schätzen weiß, wie viel er in einer Reihe von Jahren als akademischer Lehrer durch seine seltene Gelehrsamkeit und seine rastlose, auf Kosten seiner Gesundheit angestrengte Tätigkeit auf dieser Universität geleistet hat. Wenn gleich sämtliche Mitglieder der Fakultät in manchen sehr wichtigen Punkten von dem theologischen System des Dr. De Wette sich entfernen, so zwingt sie doch auch die Pflicht der Gerechtigkeit, den uneigennützigen und unermüdeten Lehreifer und den strengen sittlichen Ernst des Dr. De Wette, der an und für sich nicht anders als heilsam auf die Gemüter der Jugend einwirken konnte, durch eine gemeinschaftliche Erklärung anzuerkennen.

Indem die Fakultät sich gedrungen fühlt, ihre Trauer über den unerwarteten Verlust eines ihr so wichtigen und zumal in dieser Zeit so schwer zu ersetzenden Amtsgehilfen zu bezeugen, indem sie nicht umhin kann, den Wunsch zu äußern, daß wenigstens dem würdigen Manne die Ausführung mehrerer für die Wissenschaft wichtiger Arbeiten durch die Zusicherung eines sorgenfreien Lebens möglich gemacht werden möge, wird sie zugleich durch ein noch allgemeineres, aber doch rein innerhalb der Grenzen ihres Berufs liegendes Interesse, das Interesse für die Erhaltung und Förderung gründlicher theologischer Wissenschaft und echter christlicher Religion, in dieser Sache zu sprechen aufgefordert. Sie fühlt sich verpflichtet, sich hier bei einem einzelnen wichtigen Falle gegen die Anwendung eines Prinzips zu verwahren, welches notwendig, wo es in Ausübung kommt, für beide die gefährlichsten Folgen nach sich ziehen muß. ... Aber die von der Deutschen Bundesversammlung bekannt gemachten Beschlüsse drohen ja überhaupt mehr Beschränkung der akademischen Lehrfreiheit; und obgleich nicht ausdrücklich gesagt ist, daß sich diese insbesondere auf die theologische erstrecken würde, so gibt doch die Äußerung, wodurch zu den von den deutschen Universitäten verbreiteten, jetzt zu hemmenden Übeln auch die Vernichtung aller positiven Lehre gerechnet wird, zu Besorgnissen dieser Art wenigstens entfernte Veranlassung. Und die theologische Fakultät hält es daher für ihre heilige Pflicht, im voraus für die Behauptung der unbeschränkten theologischen Lehrfreiheit, mit welcher die öffentlichen Lehrer der Theologie notwendig das Vertrauen der Jugend und die Freudigkeit in ihrem Beruf verlieren müssen, den Schutz Seiner für das Interesse der protestantischen Kirche so eifrigen Majestät anzuflehen, um so mehr als Allerhöchstdieselben einen früher stattgehabten Zustand ähnlicher Beschränkung gleich beim Antritt Ihrer Regierung aufzuheben geruht haben.

Es sind zwei Parteien in der gegenwärtigen Zeit, welche aus zwei ganz entgegengesetzten Gesichtspunkten eine Beschränkung der theologischen Lehrfreiheit anraten. Die eine geht von einem nur politisch-juridischen Standpunkt aus. Sie setzt die kirchlichen Lehrformen in eine Klasse mit allen übrigen positiven Staatseinrichtungen; die Kirchenlehrer sind nach dieser Ansicht nur Staatsdiener, und die theologischen Fakultäten sollen nach dieser Ansicht gleich allen anderen Fakultäten nur Staatsdiener bilden. ... Näher steht der theologischen

Fakultät die andere Partei, bestehend aus wahrhaft frommen Männern, welche mit Freude bemerken, daß das Bedürfnis nach dem reinen göttlichen Worte, durch die großen Fügungen der Vorsehung hervorgerufen, sich wieder mächtiger bei dem Volke regt; aber mit einer dem menschlichen Eifer natürlichen Heftigkeit möchten sie gern auf einmal die Ernte vor sich sehen, die doch nach den Gesetzen menschlicher Entwicklung nur nach und nach reifen kann. Sie bedenken nicht, daß der Mensch am leichtesten schadet durch Zuvieltun, wenn er den Wegen der unerforschlichen Weisheit, welche die Entwicklung der Kirche Christi leitet, vorzugreifen und in die Rechte dessen, der allein über das Innere der freien Geister waltet, dadurch einzugreifen wagt.

Wir stimmen mit solchen Männern überein in der Überzeugung, daß nur durch die Rückkehr zu dem Glauben an das einfache reine Evangelium die inneren Übel der Zeit auf eine gründliche Weise geheilt werden können; aber wir sind zugleich überzeugt, daß die protestantische Kirche in diesem Zeitalter der Gärung und Krisis am wenigsten durch gewaltsame Unterdrückung einer der in diesem Gärungszustande hervorgetretenen und auf den Universitäten miteinander streitenden theologischen Geistesrichtungen jenem Ziele näher geführt werden könne. Die Geschichte der christlichen Kirche, von dem apostolischen Zeitalter an, zeigt uns, daß die christliche Lehre am leichtesten verfälscht und verderbt wurde, wo menschliche Autorität sie schützen wollte, hingegen, wo sie sich streng entwickeln konnte, durch ihre innere göttliche Kraft im Kampf mit mancherlei Irrtümern desto reiner und gewaltiger sich offenbarte, durch die verschiedenen Gegensätze menschlicher Geistesrichtungen, deren eine der andern nach der weisen Leitung der Vorsehung das Gegengewicht hielt, den Weg sich bahnte. . . .

Doch man hält uns die traurigen Folgen entgegen, welche der Streit der Lehrer für die hin und her gerissenen und zuletzt in gänzliche Zweifelsucht und Ungewißheit gestürzten Gemüter der studierenden Jugend hat. . . . Wir wollen jene von einer Seite nachteiligen Folgen des gegenwärtigen Zustandes der theologischen Fakultäten nicht wegleugnen; aber nach dem oben Gesagten sind wir auch überzeugt, daß alle Mittel, welche man dazu anwendete, um dies Übel mit einem Mal zu beheben, nur dazu dienen könnten, es ärger zu machen und andere nicht weniger große Übel herbeizuführen. Denn es ist dies einmal in dem ganzen Zustande des jetzigen Zeitalters gegründet, und man müßte, um dies zu ändern, den Faden der Geschichte gewaltsam durchreißen, ein neues Zeitalter auf einmal herbeischaffen, was nicht in der Gewalt des Menschen steht und was zu versuchen sich immer selbst straft. Einer einmal in dem Leben der Zeit vorhandenen Geistesrichtung würde man, wie die Geschichte lehrt, dadurch, daß man sie von außen zu unterdrücken suchte, nur desto zahlreichere und eifrigere Anhänger verschaffen.

. . . Der Streit der entgegengesetzten theologischen Systeme in der gegenwärtigen Zeit hat auch wieder bei manchen den vorteilhaften Einfluß, daß er ihre geistige und sittliche Selbsttätigkeit weckt und sie dadurch dahin führt, das Rechte endlich zu finden. Dieselben Einwürfe, welche man hin und wieder gegen die unbeschränkte theologische Lehrfreiheit in der protestantischen Kirche gemacht hat, lassen sich mit durchgeführter Konsequenz selbst gegen das Wesen des freies Forschen in der Schrift behauptenden Protestantismus im ganzen machen, und lassen sich dazu gebrauchen, wie sie von manchen dazu schon gebraucht worden sind, um die Notwendigkeit der Anerkennung einer äußeren Kirchenautorität zur Erhaltung der Einheit des Glaubens zu behaupten. Wirklich ist die Beschränkung der theologischen Lehrfreiheit unvereinbar mit der Verfassung der protestantischen Kirchen. Denn wer soll hier über die Reinheit der Lehre entscheiden? Die höchste Staatsgewalt? Wäre ihr das Recht einmal zugestanden, so ließe sich für die Zukunft gar keine Bürgschaft dafür geben, daß nicht aus der Anwendung desselben alle jene traurigen Zerrüttungen sollten hervorgehen können, welche aus dem Einflusse des Hofes auf die Kirche und der Vermischung des politischen und des kirchlichen Interesses unter den byzantinischen Kaisern hervorgegangen sind. Oder eine höchste geistliche Behörde? So droht die Gefahr einer neuen, dem Protestantismus feindseligen Hierarchie.

Demnach glaubt die theologische Fakultät, deren Mitglieder durch ihren Beruf und ihren Doktoreid für das Beste der evangelischen Kirche nach Kräften zu arbeiten verpflichtet sind, und auf deren Gewissen man die Sorge für diese Gegenstände vorzüglich niederlegen sollte, durch Schweigen sich verantwortlich zu machen in jedem Falle, wo einem derselben so wichtigen Rechte auch nur von fern eine Beschränkung droht.

Die theologische Fakultät hiesiger Universität.

Schleiermacher. D. Marheineke. Neander.

BERICHT DER MINISTERIALKOMMISSION AN DEN KÖNIG ÜBER DIE STELLUNGNAHME DER THEOLOGISCHEN FAKULTÄT ZUM FALL DE WETTE

16. 3. 1820

Das in der Druckschrift: »Aktensammlung über die Entlassung des Professors D. De Wette vom theologischen Lehramte zu Berlin, Leipzig 1820«, Seite 41 bis 43 enthaltene Schreiben der hiesigen theologischen Fakultät an den De Wette vom 25. Oktober v. J. stimmt wörtlich mit dem Konzepte überein, welches sich in den den De Wette betreffenden Akten der gedachten Fakultät vom vorigen Jahre fol. 13 findet.

Es ist dieses Konzept von dem Professor Dr. Schleiermacher eigenhändig geschrieben und von demselben auch allein unterzeichnet, wobei es jedoch keinen Zweifel haben kann, daß die Reinschrift desselben, so wie die Druckschrift dieses angibt, von den Professoren Neander und Marheineke mit unterschrieben sein wird.

Der Inhalt des in Frage seienden Schreibens muß auf jeden Unbefangenen und Gutdenkenden einen höchst widrigen Eindruck machen. Nur zwei Wege gab es, auf welchen die theologische Fakultät das an sie erlassene, eine Rechtfertigung enthalten sollende Schreiben des De Wette vom 16. Oktober v. J. (Seite 21 bis 34 der Druckschrift) angemessen und mit Würde beantworten konnte. Entweder *ganz kurz*, mit Zurücksendung des eben gedachten Schreibens und Verweigerung jedes ferneren Urteils in einer Angelegenheit, worüber des Königes Majestät bereits entschieden hatten, oder *ganz ausführlich*, mit gründlichster Widerlegung des ganzen sophistischen Gewebes, mit ernster Zurechtweisung und heilsamer Ermahnung. Statt dessen enthält das Schreiben Bezeigung des tiefen Schmerzes über das Ausscheiden des De Wette, durch welches die Fakultät in ihrer Laufbahn sich gehemmt und gelähmt fühle; großes Lob der kollegialischen Freundschaft, treuen Mitberatung und Unterstützung, des musterhaften Eifers, der Gelehrsamkeit und der akademischen Lehrgaben des Ausgeschiedenen; Dank für die Anwendung dieser Eigenschaften, selbst im Namen der akademischen Jugend. Es enthält ferner die Bitte um die Fortdauer geistiger Verbindung für den Dienst der Wahrheit und für die Förderung der Berufswissenschaften; die Äußerung, daß, wenn der De Wette das Bekanntwerden seines Briefes an die Mutter des

Meuchelmörders Sand hätte voraussehen können, er manches darin Enthaltene *genauer erwogen* und vorsichtiger ausgedrückt haben würde, um von denen, die seinen Charakter und seine allgemeinen Grundsätze nicht kannten, nicht mißverstanden zu werden; endlich noch der Ausdruck des Trostes, daß der Herr des Weinberges die Gaben eines Arbeiters, wie der De Wette sei, nicht unbenutzet lassen werde.

Der unbefangene Beurteiler muß in diesen Zusammenstellungen *einen starken Anschein* der Rechtfertigung des De Wette, der Entschuldigung des von demselben an die Mutter des Mörders Sand geschriebenen Briefes und der Verteidigung der darin ausgesprochenen Grundsätze, *unverkennbar und zweifelfrei* aber einen Tadel der Verfügung des Königes Majestät gegen den De Wette finden.

So strafbar das eine und das andere in jeder Rücksicht sich darstellt, zumal bei Männern, die berufen sind, die christliche Religion und Moral zu lehren, und die daher die erhöhte Pflicht haben, nach den Grundsätzen beider zu handeln, so dürfte es doch nicht ratsam und angemessen sein, wegen des Inhalts des Schreibens vom 25. Oktober v. J. gegen *die theologische Fakultät* im ganzen jetzt etwas zu verfügen. . . .

Durchaus verschieden von dieser Ansicht der Sache stellt sich aber das Verhältnis dar, in welchem hier der Professor Dr. Schleiermacher erscheint. Er stand und stehet noch mit dem De Wette in der vertrautesten freundschaftlichen Verbindung. Er, der Klügesten und Verschmitztesten einer, der den Wert der Worte genau kennt und wiegt und die Kraft des Ausdrucks in seiner Gewalt hat, verfaßte das Konzept des in Frage seienden Schreibens mit Muße und Bedacht. Wegen alles dessen, was das Schreiben Zweideutiges und Anstößiges enthält, kann ihm daher die Vermutung der Übereilung, des Mißverstehens, der Unparteilichkeit oder eines zu weit getriebenen Mitleidens nicht zustatten kommen, und zwar um so weniger, da er ganz der Mann ist, zu dem man sich einer lebhaften Teilnahme an den bösartigen Verirrungen des De Wette versehen darf.

Schon seit einer Reihe von Jahren befaßte der Professor Schleiermacher, höchst unberufen dazu, sich mit politischen Zwecken und Verbindungen. Er mißbrauchte bekanntermaßen nicht selten die Kanzel zu politischen Vorträgen und verfaßte durch den Abdruck bekannt gewordene politische Aufsätze, von denen einer die nachstehende allerhöchste Kabinettsorder vom 17. Julius 1813 an den damaligen Geheimen Staatsrat von Schuckmann veranlaßte:

»Aus den Anlagen werden Sie ersehen, wie der Professor Schleiermacher geständigermaßen einen höchst anstößigen Artikel über die politische Lage des Staats in den Preußischen Korrespondenten vom 14. d. M. hat einrücken lassen. Der Zensor wird dafür zur Verantwortung gezogen werden, daß er diesem Aufsatze das Imprimatur erteilt hat. Dieses verringert aber die Schuld des Schleiermacher nicht, der schon bei mehreren Gelegenheiten eine Tendenz gezeigt hat, die Ich durchaus nicht gestatten kann. Ich trage Ihnen auf, demselben in Meinem Namen sein Benehmen ernstlich zu verweisen und ihn zu bedeuten, daß eine Wiederholung desselben aufs nachdrücklichste und mit unfehlbarem Verlust seiner Dienststelle wird geahndet werden.«

Das hat der p. Schleiermacher sich aber keineswegs zur Warnung dienen lassen. Mit vielen der jetzt wegen revolutionärer Tendenz bekannt gewordenen und in Anspruch genommenen Individuen stehet er in Bekanntschaft, und die mehrsten von diesen betrachten ihn als einen vorzüglichen Stützpunkt.

Am 14. März 1818 schrieb er unter andern an den Professor Arndt zu Bonn: »Görres' Adresse ist ein recht erfreuliches und kräftiges Wort, einiger burschikosen Ausdrücke hätte er sich ebenso gut enthalten können. Außer dem akademischen Sprechzimmer habe ich leider wenig Leute in dieser Zeit gesehen und kann nicht einmal sagen, wie der Eindruck im ganzen gewesen ist. Der König soll verdrießlich darüber sein, und das würde ich glauben, wenn ich es auch nicht gehört hätte. Seine Persönlichkeit wird immer ein ungeheures Hindernis sein, die allgemeine Angelegenheit vorwärts zu bringen, nie wird sich der Mann in ein frei öffentliches Wesen finden lernen, und wie ihm schon die Universität hier zu viel ist, wie sollte er je eine frei redende Versammlung in seiner Nähe dulden. Ich glaube, muß es endlich einmal so weit kommen, so begibt er sich während der Sitzungen an einen seiner Lieblingsörter, Paris oder Petersburg. Neulich hat Beyme die alte Bekanntschaft wieder angeknüpft und mich zu sich geladen, und ich glaubte ein Wunder Gottes zu hören, als auch der mir sagte, er sei überzeugt, es werde keine Generation vergehen, so würden alle europäischen Regierungen Parlamente an ihrer Seite haben.« . . .

Am 2. Mai v. J. wohnte der Schleiermacher auf eine für ihn durchaus unanständige Art mit den Professoren Hegel und De Wette einem Studentenschmause auf dem Pichelsberge bei, dessen Umstände der Student Bernhard Lindenberg in einem Briefe an seinen Vater folgendermaßen beschreibt: »Auf den Pichelsberg zogen wir am 2. Mai, um 7, 9 und 11 Uhr. Um 9 Uhr kamen die drei eingeladenen Professoren Schleiermacher, ein alter sehr fröhlicher, kleiner, bucklichter Mann, Hegel, De Wette. Endlich gings ans Mahl; wir sangen dabei das Lied »Sind wir vereint zur guten Stunde«, dann ein Lied auf Scharnhorsts Tod bei Görschen. Endlich nahm Ulrich (ein Bursch) sein Glas, bot es Schleiermacher und sagte: »Bring Du das erste Lebehoch aus!«, und jener stand auf, wir alle mit ihm, und er sprach: »daß der Geist, der die Helden bei Görschen beseelte, nie erlösche!« Dann sprach Dr. Förster, nach Verlesung eines Gedichts auf Kotzebues Tod: »Für Sand kein Lebehoch, sondern daß das Böse falle, auch ohne Dolch!« Aber der Wein fing schon an laut zu werden; wir alle riefen: »Hoch lebe unser innig geliebter Freund und Bruder, der deutsche Bursch Sand!« Dann tranken wir auch das andere. Auch die Professoren jubelten wie Jünglinge. Haake sagte zu Schleiermacher: »Sieh, Du bist sehr klein, und ich sehr groß; doch bin ich Dir sehr gut«. Ich selber sagte zu dem lieben alten Mann: »Ach Schleiermacher, wie wirst Du in Deiner Ästhetik morgen um 6 Uhr Dich finden!« Denn so früh lieset er schon. Er meinte: »Ja so seid Ihr; Ihr liegt auf dem Ohre und denkt: Nun was, der Professor muß ja doch lesen!« — Wir haben 375 Flaschen, meist Rheinwein, getrunken. Alles war trunken, und doch kein unfreundlich Wort den ganzen Tag. So geht's unter Burschen! Unser waren nicht mehr als 130; und darum ist mir hier so wohl und bleibt mir so wohl, wenn ich gleich jetzt z. B., da es Mittag wird, nicht weiß, ob und wo ich essen werde.« . . .

Wer so redet, so schreibt und so handelt, wie der Professor Schleiermacher nach diesem allen geschrieben, geredet und sich betragen hat, sollte nicht länger als Seelsorger, Prediger und akademischer Lehrer der Religion und Moral geduldet werden.

Eine nach den Vorschriften des Allgemeinen Landrechts T. 2 Tit. 10 § 99 u. f. gegen den Schleiermacher zu verfügende Dienstverabschiedung möchte jedoch wegen der besonderen Beschaffenheit der dabei zum Grunde zu legenden Beweismittel bedenklich und schwierig sein.

Zur Verminderung des Übels, welches der Schleiermacher hier in seinem großen Wirkungskreise unstreitig stiftet, zu seiner Warnung und — wenn es möglich ist — zu seiner Besserung, erscheint es daher ratsam, daß der Professor Schleiermacher nach seiner Dienst-Anciennität und mit Beibehaltung seines Diensteinkommens in seiner doppelten Amtseigenschaft als Universitätslehrer und Prediger an eine andere Universität und etwa nach Königsberg in Preußen als Professor der Theologie ohne das Anführen eines besonderen Grundes dieser Translokation versetzet werde.

Nach den Grundsätzen des Staatsdienstes muß der Schleiermacher sich diese Versetzung gefallen lassen, und will er dieses nicht, so hat er die Folge davon, nämlich die völlige Dienstentlassung, seiner Weigerung, der allerhöchsten Bestimmung zu folgen, zuzuschreiben.

Die Predigerstelle, welche der Schleiermacher bekleidet, ist königichen Patronats.

Schleiermacher

BRIEF AN AUGUST IMMANUEL BEKKER VOM 18. 3. 1820

... Außerdem aber scheint noch ein großes Ungewitter über dem Haupte meiner Wenigkeit zu schweben. Man soll wütend sein über den Brief der Fakultät an De Wette und gar zu gern mir darüber zu Leibe wollen, nur sehe ich nicht, wie man in dieser Angelegenheit mich von den andern trennen kann. So viel ist gewiß, daß der Staatskanzler seit 14 Tagen sich die Fakultäts-Akten über diese Sache hat geben lassen, und daß er noch darüber brütet. Auch soll der Regierungsbevollmächtigte mich angeschwärzt haben, als ob ich Umtriebe machte im Senat. Kurz, gestern wollte die ganze Stadt aus sehr guter Hand wissen, ich sei suspensiert, und es ist leicht möglich, daß ich es heut oder morgen auch erfahre. ... Bei der Universität geht es ziemlich bunt her. Der Regierungsbevollmächtigte hat 2 Studenten, welche die Immediat-Kommission entlassen hatte, verhaftet, und da der Universitätsrichter erklärt, es gäbe dazu in den Akten keinen rechtlichen Grund, so hat es Szenen gegeben, in Folge deren letzterer einen Anfall von Nervenfieber bekommen und seinen Abschied gefordert hat. ... Dabei kommt mir noch ein kleiner Prozeß in Sinn, den die Akademie gewonnen hat. Es sollten nämlich nach dem neuen

Zensur-Edikt nun auch die Memoiren zensiert werden. Als nun in der philosophischen Klasse die Kommission versammelt war, um die Abhandlungen auszuwählen, erklärte ich, ich würde unter diesen Umständen keine hineingeben, sondern hielt[e] mich durch diese statutenwidrige Einrichtung auch meiner Verpflichtung entbunden. Savigny trat dieser Erklärung bei, und als die Sache ins Plenum kam, ward nun beschlossen, wobei Humboldts Votum vorzüglich wirksam war, an den Minister zu schreiben, daß er eine günstige Interpretation bewirken möge, der Minister aber wollte nichts damit zu tun haben. Indes hatte Ancillon die Sache in demselben Sinne auch im O[ber]-Zensur-Collegio in Anregung gebracht, und die Akademie beschloß, nun an den Staatskanzler zu gehn. Da ist nun die günstige Entscheidung gekommen, und diese Schmach wenigstens abgewehrt. Sonst hatte ein Graf Eglofstein bei der Regierung schon angefangen, Böckhs und Tralles' Abhandlungen zu zensieren. In Kleinigkeiten kann man schon einmal mit Erfolg remonstrieren. Der Universität aber wird schwerlich eben so zu helfen sein, wiewohl es toll ist, daß Anschläge an das schwarze Brett erst das Imprimatur haben müssen. . . .

Savigny

BRIEF AN FRIEDRICH CREUZER VOM 5. 8. 1820

Überhaupt macht mir mein Lehrerverhältnis fortwährend, ja zunehmend, große Freude, und ich lasse mich darin durch die in Karlsbad vorbereiteten allgemeinen Universitätswidrigkeiten nicht irre machen. Sollte jemals, was ich aber nicht glaube, die Lehrfreiheit angetastet werden, dann würde man vielleicht aufhören, mit Ehren Professor bleiben zu können: bis dahin läßt sich das übrige natürliche und gewiß nicht gar ferne Ende ruhig abwarten. . . . Unser Böckh hat vorgestern an des Königs Geburtstag in einer trefflichen Rede diejenigen hart angelassen, welche den Staatsdienst anstatt der Wissenschaften zum Ziel der Universitäten setzen wollen, und unsren König hoch gepriesen, der es hierin anders halte und stets gehalten habe. . . .

G. PH. L. VON BECKEDORFF, R. F. EYLERT, B. M. SNETHLAGE, F. SCHULTZ

DENKSCHRIFT
ÜBER DEN ZUSTAND DES PREUSSISCHEN ERZIEHUNGSWESENS
15. 2. 1821

... Jeder unbefangene, redlich teilnehmende Beobachter der Ursachen, welche in der neuesten Zeit unsern sonst so glücklichen innern Zustand auf eine beunruhigende Weise zu verändern drohen, wird seit mehreren Jahren mit lebhaftem Kummer, ja mit Entsetzen, das zunehmende moralische Verderben beobachtet haben, welche[s] durch das seit 1809 eingeführte System des Schul- und Erziehungswesens im Preußischen Staate immer allgemeiner und zerstörender geworden ist. Da aber alle Bemühungen, im einzelnen diesem Verderben entgegenzuwirken, bei der vorhandenen Lage der Dinge stets fruchtlos bleiben müssen, so beruht die letzte Hoffnung zur Rettung des Volkes aus der täglich wachsenden Gefahr in der Erkenntnis, daß die Einsicht in dieses große Unheil als Weisung der göttlichen Vorsehung betrachtet werden muß, durch die freimütigste Darstellung desselben endlich die Ergreifung kraftvoller und schleuniger Maßregeln dagegen zu bewirken. ...

Die äußeren Zeichen des immer tiefer eindringenden Verderbens sind Seiner Königlichen Majestät erleuchteten Einsicht längst nicht entgangen. Sie lassen sich in folgenden Hauptpunkten darstellen:

1. Die positiven christlichen Religionswahrheiten werden der Jugend je länger je mehr unbekannt; die Religion und Sittlichkeit soll, nach dem jetzigen Systeme, sich in den Kindern selbst entwickeln, und so schlägt einerseits phantastischer Mystizismus und Frömmelei, andererseits Gottesverleugnung und Dünkel auf menschliche Vollkommenheit in der jetzigen Generation tiefe Wurzeln. ...

2. Die von der Jugend stets lauter ausgesprochene Verachtung des moralischen Wertes des höheren Alters hängt damit zusammen; Mangel an äußerer Achtung, Ungehorsam und Trotz gegen Eltern, Lehrer und Vorgesetzte werden unter den Knaben und Jünglingen in allen Verhältnissen allgemeiner und finden selbst häufig bei Lehrern und Oberen beredte Entschuldigung und Fürsprache, indem solche als Zeichen des Bewußtseins inneren Wertes gepriesen werden. Phantastische Roheit in Kleidung und Gebärde und übermütige Keckheit

im Betragen gegen Andersgesinnte werden als Zeichen eines echt deutschen, nach sogenannter Volkstümlichkeit strebenden Gemüts und eines redlichen offenen Charakters gelobt und geschützt.

3. Berufsmäßige, folgerechte Anleitung der Jugend zu der dem Stande, der individuellen Fähigkeit und den Mitteln jedes einzelnen angemessenen Bestimmung gilt für unwürdige Beschränkung der menschlichen Natur und ist den Schul- und Erziehungsanstalten untersagt; daher denn die allgemeine Klage der Überhäufung der gelehrten Schulen mit einer Menge von Schülern, deren bürgerlicher Beruf sie von der gelehrten Ausbildung fern halten würde, daher die übertriebenen Zumutungen, welche in Absicht der Lehrgegenstände an alle, besonders aber an die niederen Volksschulen gemacht werden, und durch welche die wahre Bestimmung derselben vernichtet wird; daher endlich die gänzliche Planlosigkeit und Willkür, welche in den Universitätsstudien nicht nur gestattet, sondern als Grundsatz der akademischen Freiheit behauptet wird, und der Mangel an allen Vorschriften, wodurch Lehrer und Schüler zu einem gewissen Ziele zu streben verpflichtet werden.

Jeder soll, so heißt es, ohne Berücksichtigung des Unterschiedes der persönlichen Verhältnisse lediglich eine freie, geistige Entwicklung erzielen, und mit jedem andern die gleiche reinmenschliche Ausbildung zu gleichen Ansprüchen im bürgerlichen Leben erhalten, damit er nach höherem innern Berufe (d. h. nach den Forderungen jugendlichen Ehrgeizes und einer verworrenen Phantasie) dereinst seine Bestimmung für die Welt sich selbst wähle.

Daraus erzeugt sich zunächst die befremdende Erscheinung,

4. daß vor allen andern Gegenständen die jugendlichen Gemüter vorzüglich auf die der innern und äußern Staatsverhältnisse gerichtet sind. Mit dem Dünkel erfüllt, berufen zu sein, politische Verhältnisse zu beurteilen und zu verbessern, findet man die jungen Leute in überhandnehmendem heftigen Streben nach einer revolutionären Wirksamkeit befangen.

Infolge der gleichsam unter öffentlicher Autorität, von öffentlichen Lehrern organisierten und geleiteten Turnverbindung sieht man in dieser revolutionären Richtung, vornehmlich unter den Studierenden, Verbindungen auf Verbindungen sich folgen, die, ungeachtet sie nach Seiner königlichen Majestät Allerhöchst unmittelbaren Befehlen seit einigen Jahren in ihrem Treiben gestört worden, doch in anderer

Form und unter scheinbar unschuldigen Vorwänden sich erneuern und leider bei Lehrern und Oberen einen Schutz und eine Begünstigung finden, die bis jetzt alle Bemühungen dagegen fruchtlos gemacht haben.

5. Diese revolutionäre Tendenz der Jugend hängt genau mit dem oben geschilderten Mangel wahrer, christlichen [so!] Religionslehre zusammen. . . .

6. Entsetzlich ist es und Schauder erregend, daß diese grundverdorbene Gesinnung, wie aus der Verantwortung des Professors De Wette vor die Augen aller Welt getreten ist, von Lehrern des göttlichen Wortes und der christlichen Moral öffentlich in Schutz genommen und sophistisch aus Gründen des göttlichen Rechts verteidigt wird.

Wäre dieses beispiellose Ereignis als eine einzeln stehende Verirrung zu beklagen, so ließe sich hoffen, daß die verderbliche Wirkung desselben mit der Entlassung eines solchen Lehrers vom öffentlichen Amte beendigt wäre; allein es hat sich leider

7. durch das Benehmen seiner Kollegen und der Behörden, deren höchste Pflicht es gewesen wäre, dem Gifte solcher Irrlehre mit aller Macht entgegenzuwirken, vielmehr dadurch gezeigt, wie dieses Gift unter den Lehrern des Christentums und der Moral und unter den Vorgesetzten der Lehranstalten bereits eine solche Herrschaft erlangt hat, daß die einzelnen Bessergesinnten ihre Stimme dagegen zu erheben nicht mehr wagen, wie denn

8. das ganze Benehmen und Verhalten großer, einflußreicher Lehranstalten, namentlich der hiesigen Universität, unmittelbar unter den Augen des vorgesetzten Ministeriums, jene Unordnungen und Verführungen der Jugend zu dünkelvollem Trotze gegen die Regierung und ihre Gesetze verteidigt und selbst das Beispiel dazu gibt. Es hat sich endlich

9. aus den Untersuchungen über die demagogischen Umtriebe und gegen die Burschenschaft unter den Studierenden ergeben, daß gerade die eifrigsten Teilnehmer und Beförderer dieser Verbindungen die dreistesten Bekenner jener religiösen und moralischen Irrlehre sind, und daß diese mit ihrer moralisch-politischen Irrlehre in unmittelbarer Kausalverbindung steht.

Da nämlich nach jenem neueren Moralsysteme nur diejenige Handlung recht und sittlich genannt werden kann, welche mit der innersten

Überzeugung des Menschen übereinstimmt, jede Handlung nach Bestimmung äußerer Autorität aber unsittlich und des reinen Menschen unwürdig ist; so ist es danach auch unsittlich und seiner unwürdig, sich Gesetzen zu unterwerfen, von deren Güte er nicht überzeugt ist, und zu denen er, laut oder schweigend, seine Einwilligung nicht gegeben hat. »Du sollst Gott mehr gehorchen als den Menschen« wird nach dieser neuen Moral so gedeutet, daß, da Gott im Menschen selbst oder nichts anders als des Menschen tiefstes Wesen, seine innerste Überzeugung sei, dieser Überzeugung mehr als allen Gesetzen zu gehorchen ist. . . .

Daher entspringt denn also auch für die Bekenner dieser Moral die absolute Notwendigkeit, jedem einzelnen seinen Anteil an der Gesetzgebung zu vindizieren, mithin die Notwendigkeit einer gesetzgebenden Volksrepräsentation; so wie sich für selbige andererseits aus dem Grundsatze der Nichtigkeit aller Autorität, selbst der göttlichen Gesetze und Offenbarung, und aus dem Grundsatze des absoluten gleichen Wertes der Menschen als Inhaber des höchsten göttlichen Wesens, die notwendige Forderung der Souveränität des Volkes ergibt. . . .

So darf man denn nach der wiederholten ruhigsten Prüfung und Erwägung freimütig zu bekennen nicht anstehen, daß der Grund dieser Gefahren und dieses Verderbens für die Preußische Monarchie hauptsächlich und zunächst in der Wirksamkeit derjenigen Personen des Ministeriums der Geistlichen und Unterrichtsangelegenheiten beruht, welchen seit 1809 fast ausschließlich die Leitung dieses höchst wichtigen Gegenstandes anvertraut war.

Es würde überaus hart und gewiß sehr ungerecht sein, anzunehmen, daß diese Personen die zerstörenden Folgen des von ihnen ergriffenen Systems des Schul- und Erziehungswesens vorher erkannt und solches mit frevelhafter Absicht bis jetzt durchgeführt hätten; vielmehr darf mit voller Überzeugung behauptet werden, daß sie weder damals noch jetzt das Verderbliche desselben erkannt haben, und daß eine fortwährende unglückliche Verblendung sie, aller Warnungen ungeachtet, darüber nicht hat zur Einsicht gelangen lassen. Auch ist dieses verderbliche System keineswegs von ihnen selbst erfunden, sondern, wie ausführlich darzutun Pflicht ist, in gedruckten Schriften wie in öffentlichen Vorträgen zunächst von zweien Gelehrten ausgegangen, welche beide seit ungefähr zwanzig Jahren unter stetem großen

Beifalle hier öffentlich aufgetreten sind, von den Professoren Fichte und Schleiermacher, von denen der erstere seitdem bereits verstorben ist.

a) Dieser Professor Fichte, dessen öffentliche Lehren die wirksamste Grundlage der Entwicklung dieses gefährlichen Systems gewesen sind, war schon im Jahre 1798, als damaliger Lehrer der Philosophie an der Universität zu Jena, auf den Antrag des Dresdener Hofes wegen atheistischer Lehren in Anspruch genommen worden.

Er verteidigte sich dagegen in gedruckten Schriften auf eine Weise, welche den Grund dieser Anklage gegen ihn nur zu sehr bestätigte und das Gift seiner Lehre um desto allgemeiner verbreitete.

Nachdem er dem zufolge von dem Lehramte zu Jena entlassen war, wurde er zu unserm großen Unglück, gleichsam als Entschädigung für die ihm dort widerfahrene Kränkung, nach Erlangen berufen; ja er erhielt sogar die Aufforderung, anstatt zu Erlangen, hier zu Berlin vor einem gemischten Publikum, also in populärer Sprache, seine Lehren vorzutragen.

Von diesen populären Vorlesungen, welche Professor Fichte hier bis zum Jahre 1808 mit steigendem Beifalle gehalten hat, schreibt sich die gänzliche Zerstörung der christlich-religiösen und moralischen Gesinnung her, welche weiterhin unter einem großen Teile der hiesigen Staatsbeamten, Gelehrten und Jugendlehrer zur Erscheinung gekommen ist, indem der feste Glaube an philosophische Allmacht und Allwissenheit des Menschen in deren Stelle trat. . . .

Die bald darauf zur Leitung des Schul- und Erziehungswesens, nach Entfernung des vorher damit beauftragten Personals, ernannten Personen gehörten zu den hingegebensten Anhängern dieser Lehren, und so wurde, ohne weitere Prüfung, diese wichtigste aller menschlichen Angelegenheiten, soviel als möglich, nach jenen von Fichte anempfohlenen Vorschlägen normiert, so daß jene oben geschilderten, trostlosen Erscheinungen jetziger Zeit sich als die direkten Wirkungen jener Vorschläge nachweisen und selbige deutlich erkennen lassen, wohin sie zuletzt uns führen würden, wenn ihre weiteren Folgen nicht durch die entschiedensten Maßregeln gehemmt würden.

Ja selbst die am 18. Oktober 1817 von dem Studierenden Sand auf der Wartburg in gedruckter Rede verkündigte *»wissenschaftlich-bürgerliche Umwälzung«* liegt wörtlich in dem oben dargelegten Plane des genannten philosophischen Weltreformators, dessen Ausführung die oberste Schulbehörde mit ewig beklagenswertem Eifer beförderte.

b) Weniger direkt als Fichte hat Professor *Schleiermacher* durch öffentliche Vorträge und Schriften auf die neuen Anordnungen im Schul- und Erziehungswesen eingewirkt, indem derselbe seine ausgezeichnete Beredsamkeit, Scharfsinn und Gewandtheit zunächst nur der siegenden Durchführung und Befestigung einer gänzlich unbeschränkten öffentlichen Lehr- und Lernfreiheit in religiöser, wissenschaftlicher und politischer Beziehung als einer vermeintlich dem Menschen zustehenden heiligen Berechtigung und Verpflichtung widmete, und sich, wie es scheint, nur in dieser Rücksicht und zur Beförderung der dieserhalb für notwendig angenommenen politischen Regeneration dem Fichteschen Systeme anschloß und die Ausführung solcher und ähnlicher Ideen durch seine persönlichen Verbindungen, auch von 1810 bis 1815 als Mitglied des Unterrichtsdepartements, selbst tätig zu unterstützen beflissen war. Besonders wirksam aber war derselbe durch seine im Jahre 1808 herausgegebene Schrift: *über Universitäten im deutschen Sinne*, welche die äußere und innere Unabhängigkeit dieser Lehrinstitute von dem Staate und der Kirche als erstes Prinzip derselben aufstellt und den Grund zu dem System verderblicher Universitätseinrichtungen gelegt hat, die von dem Ministerium seit 1809 bis jetzt in Ausführung gebracht worden sind, indem die Vorschläge der genannten Schrift für diesen Teil der Unterrichtsanstalten ebenso genau von der obern Behörde befolgt zu sein scheinen, als die Fichteschen Vorschläge in den *Reden an die deutsche Nation* für die untern Schul- und Erziehungsanstalten. ...

Vor allen Dingen verdienen die Gymnasien und Universitäten eine ganz besondere Aufmerksamkeit in Rücksicht des in ihnen herrschenden Geistes und ihrer Disziplinareinrichtung.

Die leitende Behörde wird sich mit ihnen aufs sorgfältigste zu beschäftigen haben, da aus ihnen der Lehr-, Gelehrten- und Staatsdienerstand, also der einflußreichste Teil der Nation hervorgeht. Bei den Gymnasien wird die Verbesserung so schwierig nicht sein, wenn es gelingt, sie unter die Leitung gelehrter, kräftiger, sittlicher und zuverlässiger Direktoren zu bringen; bei den Universitäten hingegen wird man mit weit mehr und größeren Hindernissen zu kämpfen haben.

Diese müssen unseres Erachtens einer durchgreifenden Reform unterzogen werden. Denn in den wissenschaftlichen Vorträgen herrscht anjetzt fast nur Willkür, und ihre Grenzen (nicht nur der wissenschaftlichen Disziplinen unter sich, sondern vorzüglich) in Rücksicht auf das, was den Studierenden zu wissen not und nützlich, und was ihnen verderblich ist, sind ganz und gar verschoben und beinahe unkenntlich. Die Universitäten betrachten sich als wissenschaftliche Erfindungs- und Experimentieranstalten, da sie doch ihrem jetzigen Hauptzwecke nach Institute sind zur Bildung tüchtiger Diener der Kirche und des Staats.

Deshalb ist eine erneuerte Fakultätseinrichtung unerläßlich notwendig, wodurch die einzelnen wissenschaftlichen Disziplinen wieder in feste Grenzen und zu einem positiven Kern zurückgeführt und besonders die Anmaßungen der sogenannten philosophischen Fakultät, die fast alle Wissenschaften in ihren willkürlichen Bereich gezogen hat, gehörig beschränkt werden.

Die theologische Fakultät muß vor allen andern wieder einen unerschütterlichen Mittelpunkt der Lehre erhalten, zu deren Bewahrung, Verbreitung, Fortpflanzung und nötigenfalls Verteidigung sie berufen ist; die philosophische aber wird sich gefallen lassen, ferner nur als vorbereitende Fakultät zu gelten und, je nachdem sie einer der drei übrigen besonders vorarbeitet, in eigene Unterabteilungen zu zerfallen.

Vor allen Dingen sind diejenigen, welche dem Dienst der Kirche und des Staates sich widmen wollen, einer ernsten Studienkontrolle zu unterwerfen, alle aber unter Spezialinspektoren zu verteilen. Es sind mehrere Abstufungen sowohl in der Tüchtigkeit für den öffentlichen Dienst als in den akademischen Lehrwürden einzuführen und durch angemessene Prüfungen zu kontrollieren, worüber demnächst ausführliche Pläne vorgelegt werden müssen.

Die Disziplinargesetze für die Studierenden erfordern dringend eine neue konsequente Bearbeitung.

Im allgemeinen aber ist wesentlich zu beachten notwendig, daß die Gefahren, welche gegenwärtig den positiven kirchlichen Gesetzen und staatsrechtlichen Lehren von seiten deren wissenschaftlicher Behandlung drohen, vornehmlich von der in neueren Zeiten so nachteilig überwiegenden kritischen und spekulativen Richtung der geistigen Tätigkeit herrühren, und daß es daher notwendig ist, nicht nur mittelst richtiger Vorkehrungen, ohne daß die Freiheit wissenschaftlicher Forschung dadurch beschränkt wird, zu verhüten, daß durch Spekulation und Kritik nicht ferner, wie bisher, die Grundfesten der

Kirche und des Staates angegriffen und erschüttert werden, sondern andererseits der geistigen Tätigkeit eine zweckmäßig ablenkende angemessenere Richtung zu verschaffen, indem vornehmlich auf die unter uns vernachlässigten praktischen, realen, experimentellen Wissenschaften, auf mechanische und schöne Künste ein vorzüglicher Wert gelegt und für deren Beförderung eifriger gesorgt wird, worüber nähere Anträge zu machen wir uns jedoch submissest enthalten. ...

Schleiermacher

BRIEF AN KÖNIG FRIEDRICH WILHELM III. [15. 8. 1822]

Ew. Königlichen Majestät Staatsminister Freiherr von Altenstein hat mir wiederholt und kategorisch, wie er bemerkt aus erheblichen Gründen, den nachgesuchten Urlaub zu einer Erholungsreise versagt, ohnerachtet die bei der Akademie und Universität eintretenden Ferien meine Anwesenheit in Bezug auf beide überflüssig machen, und hinsichtlich meines Pfarramtes das Konsistorium, als die unmittelbar vorgesetzte Behörde, mir den Urlaub schon erteilt hatte. Auch können wohl der Reise, die ich über Prag und die Salzburger und Tiroler Alpen nach Regensburg, wo ich Familienverhältnisse habe, richten wollte, politische Hindernisse nicht entgegenstehen, da Ew. Königlichen Majestät auswärtiges Ministerium mir einen von allen betreffenden Gesandtschaften visierten Paß bereits ausgefertigt hatte.

Da nun, wie Ew. Königliche Majestät aus der Anlage Allergnädigst zu ersehen geruhen wollen, mein Arzt mir eine Reise auf das dringendste anrät, und mir nichts so sehr am Herzen liegt, als auch ferner ungeschwächt allen meinen Geschäften obliegen zu können: so bleibt mir in dieser harten und mir in ihren Gründen völlig unbegreiflichen Beschränkung meiner persönlichen Freiheit nichts anderes übrig als zu Ew. Königlichen Majestät Allerhöchster Person meine Zuflucht zu nehmen mit der alleruntertänigsten Bitte, Ew. Königliche Majestät möge geruhen, Allerhöchstselbst mir den nachgesuchten Urlaub zu erteilen, von dem ich jedoch, da ein Teil der für mich freieren Zeit bereits verstrichen sein wird, nur für eine Reise in die Lausitzischen, Schlesischen und Glatzischen Gebirge, indem die Gebirgsluft ganz vorzüglich wiederherstellend auf meine Gesundheit wirkt, Gebrauch machen würde, um in den ersten Tagen des Oktobers zurückgekehrt zu sein. ...

Schleiermacher

BRIEF AN KÖNIG FRIEDRICH WILHELM III. [undatiert]

Nachdem im Jahre 1819 unter den in Beschlag genommenen Papieren zweier Verwandten und Freunde von mir mehrere Briefe von meiner Hand waren gefunden worden, so sind mir erst im Januar dieses Jahres in Auftrag der beiden Staatsminister Freiherrn von Altenstein und von Schuckmann einige derselben vorgelegt worden, um gewisse Fragen über einige Stellen darin zu beantworten.

Jetzt erfahre ich, daß diese Sache, nachdem sie wiederum so lange geruht, Ew. Königlichen Majestät Allerhöchstselbst zur Entscheidung vorliegt. So unerwartet mir dieses ist, weil ich überzeugt bin, jeden scheinbaren Verdacht, als ob gesetzwidrige Absichten und Entwürfe aus jenen Briefen hervorgingen, vollkommen entkräftigt zu haben: so herzlich freue ich mich über diese Wendung, weil ich nicht zweifle, der unmittelbare Befehl meines Allergnädigsten Königs Selbst werde mir nun auf eine für mich um so viel befriedigendere und rühmlichere Art jene lossprechende Erklärung verschaffen, auf welche ich seit meiner Vernehmung vergeblich gewartet und gedrungen habe. Da ich jedoch nicht weiß, in welcher Vollständigkeit Ew. Königlichen Majestät diese Sache vorliegt: so glaube ich, bin ich mir selbst schuldig, Allerhöchstdenenselben auch meinerseits dasjenige in der Anlage alleruntertänigst vorzulegen und dessen huldreiche Beachtung zu erflehen, was ich nach geendigter Vernehmung zu meiner Rechtfertigung dem Protokoll habe beifügen lassen. ...

Anlage

... Schon im Jahr 1813 ist mir in einer Allerhöchsten Kabinettsorder an den Herrn Staatsminister von Schuckmann der Vorwurf eines politischen Treibens gemacht worden; allein weder konnte der Herr Minister mir damals einen nähern Aufschluß darüber geben, noch ist mein Gesuch, mir diejenigen gegenüber zu stellen, welche solche Beschuldigungen gegen mich vorgebracht, in dem damaligen Drang der Verhältnisse berücksichtigt worden, und ich habe daher keine

Gelegenheit gehabt, mich zu rechtfertigen und die gute Meinung Sr. Majestät wieder zu erlangen. ... Was aber meine Grundsätze in politischer Hinsicht betrifft: so müßten briefliche Äußerungen, die dahin einschlagen, wenn ich sie auch nicht so leicht und ungezwungen aus dem unmittelbaren Zusammenhang in ihrer ganzen Unschuld hätte darlegen können, doch vorzüglich aus geordneten und streng zusammenhangenden Darstellungen meiner Ansicht beurteilt werden. An solchen fehlt es nicht, und wenn sich darin etwas Verdächtiges fände, würden sie gewiß auch sein zum Gegenstande der Vernehmung gemacht worden. Darum rechne ich mit Zuversicht darauf, daß die hohen Behörden, welche die Vernehmung veranlaßt haben, auch in dieser Hinsicht keinen übelwollenden Zuflüsterungen weiter Eingang verstatten werden.

Indes etwas höchst Schmerzliches bleibt mir noch zu erwähnen aus dieser Vernehmung, nämlich die mir vorgelegten Äußerungen über die Allerhöchste Person Sr. Majestät des Königs. Da sie mir gänzlich aus dem Gedächtnis entschwunden waren: so überraschten sie mich, als sie mir vorgelesen wurden, auf eine so erschütternde Weise, daß ich auch das nicht für hinreichend halten kann, was ich in dieser Stimmung darüber zu Protokoll gegeben. Was mir hierbei am meisten, und weit mehr als irgend ein Erfolg, der mir aus der Auffindung dieser Äußerungen entstehn könnte, am Herzen liegt, ist die sittliche Beurteilung der Sache. Nachdem ich nun mir selbst in aller Schärfe vorgehalten, was es auf sich habe, über die geheiligte Person des Monarchen auf eine unehrerbietige Weise zu reden oder zu schreiben, dann aber auch im Bewußtsein meiner wahren Gesinnung und meines ganzen Lebens mich beruhigt und gestärkt habe: kann ich doch kein andres Resultat aufstellen, als daß es sehr unbillig sein würde, von diesen Äußerungen auf eine Entfremdung meines Herzens von der Person des Königs oder auf einen habituellen Mangel wahrer innerer Ehrfurcht vor Allerhöchstdemselben schließen zu wollen, weil dann auf diese einzelnen Äußerungen mehr Gewicht gelegt werden müßte, als auf mein ganzes Leben, welches das Gegenteil bezeugt. Wenn mein Herz dem Könige entfremdet wäre, warum würde ich in früherer Zeit öfter, und als ich im Vaterland noch wenig Aussicht hatte, Berufungen ins Ausland abgeschlagen haben ohne dabei irgend einen äußeren Vorteil in Anspruch zu nehmen? Warum würde ich, als Halle abgetreten ward, meine dortige unbestrittene und sichre Lage aufgegeben haben und ganz aufs ungewisse hierher gegangen sein? ... Bei jenen Äußerungen aber ist vorzüglich zu berücksichtigen, daß sie aus einem vertraulichen Familienbriefwechsel genommen sind, in welchem nicht nur die größte Flüchtigkeit unverkennbar ist, sondern auch überall die derbste Sprache vorherrscht, von welcher auch Äußerungen über andre verehrte Personen zeugen, die anderwärts gewiß anders würden abgefaßt worden sein. Will man diese Stellen nun billig beurteilen: so muß man sie erst in die Sprache übersetzen, deren ich mich gegen irgend einen dritten, und überall wo mehr Überlegung im Vortrage herrscht, würde bedient haben. Eine solche Übertragung jeder einzelnen Stelle würde ich zu Protokoll gegeben haben, wenn es mir nicht in dem Augenblick, wo diese Äußerungen mir in ihrer ursprünglichen Gestalt vorgelesen wurden, ehrfurchtswidrig erschienen wäre, sie, wenngleich in einer milden Form, zu wiederholen. Übersetzt man sie so: so bleiben sie ihrem Inhalte nach immer freimütige Äußerungen, aber das Anstößige und Ehrfurchtswidrige ist mit dem Ausdruck verschwunden. Wer z. B. gesagt hätte, es sei vielen unangenehm aufgefallen, daß der König die ihrer Ansicht nach schwache Rede des Bischofs Eylert so öffentlich gerühmt habe, über welche Rede übrigens kaum der Mühe lohne, viel zu sagen: der hätte sich einen solchen Vorwurf nicht zugezogen, und doch im wesentlichen dasselbe gesagt, was in einem meiner Briefe steht. Es ist also nur der Ausdruck, der tadelnswürdig ist und bleibt; denn gewiß kann man mit vielem Recht die Forderung aufstellen, daß von geheiligten und verehrungswürdigen Personen nie anders als in gemessenen Ausdrücken solle gesprochen werden. Ich bemerke hierbei nur zweierlei. Erstlich daß, wenn zwei vertraute Verwandte einmal gewohnt sind, unter sich über alles in einer derben und ungeglätteten Sprache zu reden, alsdann die Ausdrücke für sie nicht mehr dasselbe Gewicht haben, welches ihnen nach der Skala des Wörterbuchs oder des gesellschaftlichen Tons zukommt, sondern ein weit geringeres. Zweitens aber möchte ich fragen, so richtig die aufgestellte Regel ist, ob wohl selbst unter denen, die dem Könige am nächsten stehen, irgend einer von seinen treuen und bewährtesten Dienern sie immer wird beobachtet haben, und ob nicht jeder vielmehr nach dem Maß, wie er lebhafter Eindrücke fähig, und gewohnt ist, sie lebhaft wiederzugeben, bisweilen in einem Augenblick mutwilliger Laune oder aufgeregten Unmutes, sei es nun bei sich selbst oder zu einem Vertrauten, denn dies beides gilt völlig gleich, in Ausdrücken sollte gesprochen haben, die über die Grenzen des Gehörigen und Anständigen hinausgehen.

Wenn nun über diese unselige Stelle in meinen Briefen das einzig richtige sittliche Urteil dasjenige ist, welches aus diesen Erwägungen hervorgeht: so lebe ich auch der festen Zuversicht, sie werden, so wenig sie Grund zu einer gerichtlichen Verfolgung geben könnten, eben so wenig sich auch eignen, eine disziplinarische Ahndung herbeizuführen, indem sie überall gar keine Tat, sondern nur flüchtige Gedanken und als solche dem menschlichen Urteil entzogen sind, zumal auch in meinem Leben und Wirken nichts nachgewiesen werden kann, was als Tat oder auch nur als zufälliger Erfolg aus ihnen hervorgegangen wäre. Würden sie Anlaß zu einer weiteren Verhandlung: so würde unvermeidlich die Neugierde des Publikums auf sie hingelenkt, und würde sich dann auch ihre Befriedigung zu verschaffen wissen, wie denn leider nur zu gewiß auch jetzt schon diese und andre Briefe Personen sind mitgeteilt worden, welche sie auf dem Wege des strengen Geschäftsganges gar nicht würden gesehen haben. Erst durch die Verbreitung wird solchen flüchtigen Äußerungen ein bleibendes Dasein gegeben, und dieses möchte ich weit weniger zu verantworten haben, als daß ich sie meinem Schwager hingab, wie sie mir in die Feder flossen.

Wird nun in Bezug auf diese Stellen mir die billige Behandlung zu Teil, welche ich von der Weisheit der Regierung mit Zuversicht erwarte: so bleibt mir nur noch Eins zu bemerken.

Nur über die vorgelegten Briefe bin ich vernommen worden; von meinem Wirken auf die Jugend ist nicht die Rede gewesen: und doch sind mir Spuren genug vorgekommen, daß auch dieses bei meinen Vorgesetzten ist angeschwärzt worden. Was nun mein Lehrgeschäft betrifft: so ist dieses so öffentlich, daß keiner Beschuldigung kann Gehör gegeben werden, welche nicht die bestimmtesten Beweise und Zeugnisse sogleich zur Hand bringt. Aber mein außerordentliches geselliges Leben mit der Jugend kann seiner Natur nach einer eigentlichen Untersuchung nicht unterworfen werden. Ich hoffe indes, da seit so langer Zeit bei der genausten Aufmerksamkeit von der einen und der ungestörtesten größten Unbefangenheit von der andern Seite auch nichts zum Vorschein gekommen ist, was sich dazu qualifiziert hätte, mich auch nur darüber zu befragen, kann ich mit Recht erwarten, daß auch dieses abgetan sei, und im Dunkeln schleichende Insinuationen keinen Spielraum weiter finden werden, welche sich in so langer Zeit durch nichts ans Licht zu Bringendes haben bewähren können.

Schleiermacher

BRIEF AN WILHELM MARTIN LEBERECHT DE WETTE [SOMMER 1823]

Es ist mir doch nicht möglich, den Hagenbach nach Basel reisen zu lassen, ohne Dir ein paar Zeilen zu schreiben, ohnerachtet daß es so um mich steht, daß ich nicht weiß was. Denn außerhalb des häuslichen Kreises, den Du ja kennst, in dem sich nichts Wesentliches geändert hat und der gar kein Gegenstand für das Schreiben ist, wird das Leben hier so unaussprechlich trocken, daß ich nur immer die Goetheschen Verse im Munde führe »Könnt' ich irgendwie verdienen, mich von diesem Volk zu trennen, das mir lange Weile macht!«[8] Aber ich kann eben nicht, denn wenn ich bedenke, daß ich durch Weggehen von hier 460 Tlr. jährlich für meine Frau in die Schanze schlage, die sie nach meinem Tode behält, wenn ich unkassiert durchkomme: so muß ich mich doch billig scheuen, irgend eine Anstalt dazu zu machen. Die Wirksamkeit bei der Fakultät (der Universität habe ich mich schon längst entzogen) ist völlig getrübt dadurch, daß weder Deine Stelle besetzt wird, noch für Bleek etwas geschieht. Ein paar Mal sind wir noch wegen des letzteren eingekommen, ohne irgend eine Antwort zu erhalten. . . . Endlich haben sie mich denn auch zu Anfang des Jahres in die Untersuchung gezogen und mir ein paar alte Briefe an Arndt und Reimer vorgelegt mit allerlei Äußerungen über das Turnwesen, über den Verdacht gegen die Universitäten und andere dergleichen Albernheiten, worin indes auch ein paar bitter scherzhafte Äußerungen über den König waren. Ich habe zum Protokoll die andern Punkte sehr einfach erklärt und über das, was den König betrifft, eine allgemeine Erklärung eingereicht, wie dergleichen müsse angesehen werden. Das war noch im Januar, und seitdem ist alles still, so daß

[8] Schleiermacher denkt vermutlich an die Worte des Crugantino in der *Claudine von Villa Bella*: „O, Basko, das Leben wird mir unter den Kerls unerträglich! Eine Langeweile, ein ewig Einerlei." (Anm. d. Hrsg.)

ich nicht weiß, was mir bevorsteht. Ich könnte noch mancherlei aufzählen, aber es langweilt mich schon über und über, und Du wirst wohl auch hieran genug haben, um zu gestehen, daß ich vollkommen berechtigt bin zur Anwendung jener Zeilen, welche Rugantino in der Claudina von Villabella singt.

Schleiermacher

BRIEF AN NICOLOVIUS
VOM 30. 11. 1829

Mein Kollege Marheineke fängt an, mir wieder Fakultätssachen zuzuschicken. Er hat Recht; denn meine Dispensation ist abgelaufen; ich habe das inzwischen ignoriert und sie abgelehnt. Wahrscheinlich wird er nun das Ministerium in Kenntnis setzen. Der Herr Minister hat mich vorläufig dispensiert, bis ich mir anderweitige Erleichterungen würde verschafft haben. Ich habe auch nicht aufgehört, die Sache hin und her zu erwägen; aber ich muß immer dabei stehen bleiben, daß alles nur auf halbe und für meinen Zweck, Zeit zu schriftstellerischen Arbeiten zu gewinnen, ganz unzureichende Maßregeln hinausläuft. In die Universitätsgeschäfte will ich aber durchaus nicht wieder hinein; der Zustand ist zu schlecht, als daß, wer einmal glücklich heraus ist, wieder gutwillig hineintauchen sollte. Will der Herr Minister mich also nicht definitiv dispensieren: so bleibt mir nichts übrig, als meine Professur aufzugeben. Es fragt sich, auf wie milde Weise, das heißt, mit wie wenigem Verluste dies nach fünfundzwanzigjähriger Dienstzeit geschehen kann. Ich will mich gern erbieten fortzulesen, aber ungebunden und so, daß für die Vollständigkeit des Unterrichts auf mich nicht gerechnet wird; dann kann ich meine Vorlesungen so einrichten, daß sie meinen schriftstellerischen Arbeiten den möglichst wenigen Eintrag tun. Glaubt der Herr Minister es unter diesen Umständen verantworten zu können, daß er mir von meinem Gehalt nur soviel abnimmt, als womit er einen jungen Professor anstellen kann — ich denke, Bleek hatte 600 Tlr. anfänglich —, nun so kann die Sache auf diesem Wege gehen. Will er mich aber auf die Hälfte setzen: so würde mich das nötigen, mein Predigtamt auch aufzugeben, um mit beiden Ruhegehalten an einen wohlfeilen Ort zu ziehen, wo ich davon mit den Meinigen leben könnte. . . .

... auf hiesiger Universität, der Universität des Mittelpunktes, muß auch der Mittelpunkt aller Geistesbildung und aller Wissenschaft und Wahrheit, die Philosophie, ihre Stelle und vorzügliche Pflege finden. *Hegel*

SCHREIBEN VON REKTOR UND SENAT AN SCHUCKMANN 1. 4. 1816

Ew. Exzellenz hat der Senat hiesiger Universität, indem er der ehrenvollen in der hochgeneigten Verfügung vom 22. Februar a. c. enthaltenen Aufforderung, auswärtige Gelehrte zu den erledigten Professuren der Philosophie und Staatswirtschaft in Vorschlag zu bringen, Folge leistet, zunächst seinen Dank auszudrücken für diesen neuen Beweis der oft bewährten väterlichen Sorgfalt, mit welcher jede Veranlassung zur Belebung einer allgemeinern und erfolgreichern Wirksamkeit der Universität auf das Weiseste benutzt wird.

Die Angelegenheit hat dem mitunterzeichneten Rektor eine so hochwichtige geschienen, daß er sie erst nach vorgängiger besonderer Beratung jeder einzelnen Fakultät, und nachdem die Vorschläge von einer jeden derselben an ihn eingereicht worden, in der Senatsversammlung zum Vortrag und zur Entscheidung bringen zu dürfen geglaubt hat. Folgendes ist nun das durch Stimmenmehrheit gewonnene Resultat dieser Verhandlungen.

Was zunächst das Bedürfnis der Universität in Hinsicht auf den Vortrag der rein philosophischen Disziplinen betrifft, so ist der Senat der fast einstimmigen Überzeugung, daß ein einzelner, zu dem jetzt für dies umfassende Lehrfach allein unter uns tätigen Professor Solger hinzuzuberufender Gelehrter, selbst in der planmäßigsten Verbindung mit ihm, demselben nicht werde genügen können. Denn, wie ohnehin in keinem Fach eine gewisse Konkurrenz mehrerer Lehrer ersprießlicher und wünschenswerter als gerade in diesem, so scheint es besonders für die Anregung und Erhaltung eines wissenschaftlichen Geistes unter den Studierenden unserer Universität notwendig, daß kein Teil des philosophischen Studiums ihnen zu irgend einer Zeit so unzugänglich bleibe, daß nicht jeder während seines akademischen

Cursus Gelegenheit habe, die wichtigste Disziplin und am liebsten nach verschiedenen Ansichten von mehr als einem ordentlichen Lehrer abgehandelt zu hören.

Wenn nun auch unser Kollege Solger, wie er allerdings diese Ansicht erklärt hat, in Zukunft auch die praktische Philosophie in den Zyklus seiner Vorträge mit aufnimmt, und noch ein anderer öffentlicher Lehrer neben ihm ebenfalls beides, spekulative und praktische Philosophie, vorträgt, so würden doch beide so viel Zeit brauchen, um diesen Kreis zu durchlaufen, daß jener Zweck nicht könnte erreicht werden, zumal die propädeutischen Vorträge doch wenigstens jährlich wiederkehren müssen. . . .

Für den *Lehrstuhl der spekulativen Philosophie* schlägt der Senat daher zuoberst vor: Herrn Hegel, Professor in Nürnberg. Unter allen jetzt in Deutschland lehrenden Philosophen besitzt dieser die größte Gewandtheit und Sicherheit in den allgemeinsten philosophischen Operationen. Er ist ein großer Dialektiker und hat diese Seite der Philosophen, die er nicht bloß formal behandelt, sondern auch über den Stoff alles Philosophierens ausdehnt, vollkommen in seiner Gewalt. Dieser Besitz der Kunst zu denken hat ihn auch zum Erfinder gemacht, so daß man ihm wesentliche Fortschritte der ganzen Philosophie zu danken hat und nicht bloß eine Bearbeitung und Erläuterung des schon Bekannten. Indem der Senat ihn in Vorschlag bringt, nimmt er besonders auch auf das Verdienst Rücksicht, welches sich dieser Philosoph dadurch erworben, daß er die Naturphilosophie auf den Begriff und das System zurückgeführt und dem gestaltlosen vagen Denken der neuern Schule ebensosehr als dem leeren Formalismus der bisherigen Philosophie eine tief eindringende strenge Wissenschaftlichkeit entgegengesetzt hat. Da nicht zu verkennen ist, daß das alte Gebäude der Wissenschaft, namentlich die bisherige Logik, ganz erschüttert und in sich zusammengesunken, daraus aber ein Zustand der Gärung und Verwirrung hervorgegangen ist, so wird ein Philosoph, der ein ganz neues gediegenes System des Wissens aufgeführt hat, wie Herr Hegel, auf die Erregung und Ausbildung des echten wissenschaftlichen Denkens unserer studierenden Jugend sehr vorteilhaft wirken können. Diese Vorzüge sind so überwiegend, daß man ihretwegen über manches andere hinwegsehen muß.

Dem nächst nennt der Senat Herrn Schelling in München, von welchem die Universität ohne Zweifel am meisten Glanz und Ruhm zu erwarten hätte. Seine Verdienste um die Wissenschaft brauchen nicht entwickelt zu werden, da sie allgemein bekannt sind. Er verbindet damit auch noch das Talent eines ganz vorzüglichen Vortrages und die Gabe, die Gemüter der Zuhörer außerordentlich anzuregen. Wie fruchtbar seine Lehre auch gewesen ist, beweist der ganze neue Zustand der Philosophie. Er nimmt hier den zweiten Platz nur teils deshalb ein, weil es unwahrscheinlich ist, daß er seine jetzigen Verhältnisse werde verlassen wollen, teils auch wohl deshalb, weil es vielleicht vorteilhafter ist, einen Lehrer zu haben, der in einer neuen Entwicklung noch begriffen ist. . . .

SCHUCKMANN

BRIEF AN GEORG WILHELM FRIEDRICH HEGEL VOM 15. 8. 1816

Aus einem Schreiben des Herrn Geheimen Staatsrates Niebuhr hat das Ministerium des Innern ersehen, daß Sie wünschen, bei der hiesigen Universität angestellt zu werden. Die Lehrstelle der Philosophie ist auch vakant; und in Hinsicht des Rufes und der Achtung, die Sie sich durch Ihre philosophischen Schriften erworben haben, wird das Ministerium gern bei Besetzung dieser Stelle auf Sie Rücksicht nehmen. Jedoch glaubt es, zum Besten der Anstalt und Ihrer selbst ein Bedenken zuvor beseitigen zu müssen, welches Ihnen als einem redlichen Manne zur Prüfung und Beantwortung offen dargelegt wird. Da Sie nämlich nun schon seit einer bedeutenden Reihe von Jahren nicht akademische Vorträge gehalten haben, auch vorher nicht lange Zeit akademischer Lehrer gewesen sind, so ist von mehreren Seiten der Zweifel erregt worden, ob Ihnen auch die Fertigkeit, über Ihre Wissenschaft lebendigen und eindringenden Vortrag zu halten, noch völlig zu Gebote stehe, die, wie Sie selbst überzeugt sein werden, so sehr nötig ist, weil gerade zu dieser Wissenschaft jetzt, wo das leidige Treiben in den Brotstudien überall bemerkbar ist, der Geist der jungen Leute besonders durch lebendigen Vortrag aufgeregt und hingeleitet werden muß. Mit Vertrauen auf Ihre eigene Einsicht von den Pflichten eines Lehrers der Philosophie und von den Bedürfnissen der Wissenschaft überläßt das Ministerium Ihnen daher, sich zu prüfen, ob Sie den hier zu übernehmenden Verbindlichkeiten auch völlig zu genügen sich für tüchtig halten und erwartet Ihre Erklärung, um darauf das Weitere zu beschließen.

Altenstein

BRIEF AN HEGEL VOM 26.12.1817

Euer Wohlgeboren werden sich gefälligst erinnern, wie sehr ich es im vorigen Jahre bedauerte, daß Sie uns für Berlin durch einen unglücklichen Zufall entgangen sind, indem Sie, als der Ruf hieher an Sie erfolgte, gerade Ihre jetzige Stelle in Heidelberg angenommen hatten. Euer Wohlgeboren mündliche Äußerung gegen mich und gegen unsere gemeinschaftlichen Freunde erlaubten mir aber gleich damals die Hoffnung, daß es noch möglich sein werde, Sie nach einiger Zeit dennoch für die Universität in Berlin zu gewinnen. . . .

Bei meiner Übernahme der obersten Leitung des öffentlichen Unterrichts ist es für mich eine der wichtigsten Angelegenheiten, den durch den Tod des Professors Fichte erledigten Lehrstuhl der Philosophie auf eine würdige Art zu besetzen. Ich lade Sie daher hierdurch ein, die Lehrstelle bei der hiesigen Königlichen Universität als ordentlicher Professor in der philosophischen Fakultät anzunehmen. Es würde mit dieser Stelle ein Gehalt von jährlich zweitausend Talern preuß. Courant verbunden werden, und ich würde Ihnen gerne eine angemessene Entschädigung für die Reisekosten bewilligen. Ich mißkenne die Verpflichtungen nicht, welche Sie an Heidelberg zurückhalten können, allein Sie haben noch größere Verpflichtungen für die Wissenschaft, für die sich Ihnen hier ein ausgebreiteterer und wichtigerer Wirkungskreis eröffnet. Sie wissen, was Ihnen Berlin in dieser Hinsicht gewähren kann. Ihre Erwartungen sollen aber, wie ich hoffe, noch übertroffen werden, wenn sich verschiedene Pläne näher entwickeln, deren Verfolgung für mich Pflicht ist. . . .

Hegel

BRIEF AN ALTENSTEIN VOM 24.1.1818 AUS HEIDELBERG

Euer Exzellenz

gnädiges Schreiben vom 26. vor. Mon., empf. den 6. dieses, hat die lebhaftesten Gefühle für Derselben mir so gütig erhaltenen huldvollen Gesinnungen in mir erwecken, die Wichtigkeit des Standpunktes aber, den mir Euer Exzellenz bestimmen, sowie die Veränderung meiner gegenwärtigen Lage, in der ich soeben einheimisch geworden, hat mich zu einer um so ernsthaftern Überlegung auffordern müssen. Das Glück, Euer Exzellenz an der Spitze des Studienwesens in den Königl. Preußischen Staaten zu sehen und Derselben in mich gesetztes Zutrauen hat mich darin vornehmlich unterstützt und zur Erklärung der Bereitwilligkeit entschieden, dem gnädigen Auftrage Euer Exzellenz, die Lehrstelle der Philosophie an der Universität zu Berlin mit dem zugesicherten Gehalt von 2000 Tlrn. pr. Cour. zu übernehmen, mich zu unterziehen. Indem Euer Exzellenz zugleich die Zusicherung einer angemessenen Entschädigung der Kosten der Reise hinzufügen, so ist es zwar wenig, worüber mir weitere Wünsche blieben; meine Verantwortlichkeit als Hausvater dringt mich aber, dieselben Euer Exzellenz offen vorzulegen und eine gnädige Berücksichtigung dafür zu erbitten.

Die allgemeinen Nachrichten von dem so äußerst bedeutenden Unterschiede des Preises der Lebensmittel in Berlin und insbesondere von dem exorbitanten Preise der Hausmieten ließen es mich als eine wesentliche Vergünstigung betrachten, wenn unter dem Gehalte ein Quantum Naturalien, wie bei meiner hiesigen Besoldung, die dadurch dermalen eine namhafte Erhöhung gegen ihren Nominalwert hat, noch mehr, wenn eine Wohnung darunter begriffen sein könnte. Indem mir jedoch unbekannt ist, inwiefern die dortigen Einrichtungen ein solches Arrangement zulassen, stelle ich dies gänzlich dem Ermessen Euer Exzellenz anheim und beschränke meine Wünsche hierüber auf die Ansprüche, die mir ähnliche Verhältnisse anderer Professoren geben könnten. Dringender aber muß mir die Rücksicht auf das Schicksal meiner Frau und Kinder auf meinen Todesfall sein. Die Aussicht, die ich für dessen Erleichterung in der Witwen- und Waisenkasse hiesiger Lande hatte, und die geleistete namhafte Eintrittssumme und Beiträge gehen mit meinem Austritte aus hiesigen Diensten verloren. Über diesen Gegenstand, wegen dessen ich bei meiner Vermögenslosigkeit einer Beruhigung nicht zu entsagen vermöchte, nehme ich mir daher die Freiheit, Euer Exzellenz um die Erwirkung einer allerhöchsten verhältnismäßigen Bestimmung gehorsamst nachzusuchen.

Indem ich noch die Bestimmung der zugesicherten Entschädigungssumme für die Kosten der Reise zwar ganz dem gnädigen Ermessen Euer Exzellenz überlassen zu können glaubte, erlaube ich mir jedoch in Erwägung zu bringen, daß ich soeben erst eine neue häusliche

Einrichtung mit großem Verluste machen zu müssen im Falle gewesen und nach kurzem Zwischenraume einen abermaligen Aufwand dieser Art bevorstehend haben sollte. Dieser Umstand legt mir auf, mich nicht in der Ungewißheit von Aufopferungen zu sehen, die meine Kräfte übersteigen würden, und sogleich eine Summe namhaft zu machen, daher, wenn ich dieselbe jedoch nur nach der von hiesiger Regierung zugestandenen Entschädigung und der größern Entfernung bei einem bevorstehenden Umzuge nach Berlin bemesse, Euer Exzellenz um gnädige Aussetzung von 200 Friedrichsdor gehorsamst zu ersuchen.

Die Akzisefreiheit endlich in den Kön. Preußischen Staaten für meine bei meinem Einzug führenden Effekten ist noch eine Vergünstigung, die ich in Anspruch nehmen zu dürfen glaube. . . .

Altenstein

SCHREIBEN AN KÖNIG FRIEDRICH WILHELM III. VOM 20. 2. 1818

Die Lehrstelle der Philosophie auf der hiesigen Universität ist mehrere Jahre lang seit dem Tode des Professors Fichte unbesetzt geblieben, und die den Studierenden so nötigen philosophischen Vorträge mußten sehr unregelmäßig, teils von einigen Professoren nebenher, teils von jungen Privatdozenten gehalten werden. Es ist dieses für das Wesen und den Ruf der Universität höchst nachteilig. Bei keinem Lehrfache ist Reife des Lehrers und ernste Gründlichkeit wichtiger als bei diesem, da so sehr leicht Abwege möglich sind. Es ist daher wichtig, daß ein Mann von entschiedenem Rufe, der sich ausschließlich dieser Wissenschaft widmet und für den Erfolg ganz verantwortlich ist, als Lehrer bestellt werde. Da jede wissenschaftliche Ausbildung mehr oder weniger eine tüchtige philosophische Grundlage voraussetzt, so ist die Besetzung dieses Lehrstuhls für das Wesen der ganzen Universität nicht nur höchst wichtig, sondern auch von dem entscheidendsten Einfluß auf ihren Ruf im In- und Auslande. Dieses Bedürfnis der Universität ist zwar schon längst anerkannt worden; allein die Schwierigkeiten, einen Mann für die Lehrstelle zu gewinnen, der den Anforderungen ganz entspricht, hat bisher alle Versuche vereitelt, solchem abzuhelfen. Es hat große Schwierigkeiten, in der gegenwärtigen Zeit einen Universitätslehrer für das Fach der Philosophie zu finden, der

GEORG WILHELM FRIEDRICH HEGEL
Gemälde von Jakob Schlesinger

gleich fern von paradoxen, auffallenden, unhaltbaren Systemen und von politischen oder religiösen Vorurteilen mit Ruhe und Besonnenheit seine Wissenschaft lehrt. Der einzige Gelehrte, welchem der Unterricht in der Philosophie auf der Universität hier in einem hohen Grade mit Zuversicht in dieser Beziehung anvertraut werden könnte, ist nach meiner Überzeugung der Professor Hegel, gegenwärtig Lehrer der Philosophie zu Heidelberg, ein Mann von dem reinsten Charakter, von seltenen mannigfaltigen Kenntnissen, von Reife des Geistes und von philosophischem Scharfsinn, wovon seine verschiedenen Schriften zeugen. Gleich weit entfernt von religiöser Schwärmerei und von Unglauben, hat er bei seiner philosophischen Tiefe doch auch schätzbare Ansichten in der allgemeinen Erziehungskunst und sogar praktische Kenntnisse in solcher.

Er hat, nachdem er geraume Zeit akademischer Lehrer mit Nutzen und Beifall gewesen ist, mehrere Jahre die Stelle eines Direktors einer höheren Erziehungsanstalt in Nürnberg mit Beifall bekleidet und ist sehr nützlich gewesen. ... Ich hatte Gelegenheit, seine persönliche Bekanntschaft zu machen und habe alles bestätigt gefunden, was der Ruf von ihm sagte.

Mein Vorgänger im Departement der geistlichen und Unterrichts-Angelegenheiten, der Staatsminister von Schuckmann, wünschte ihn damals schon für die Universität hier zu erhalten; allein der Ruf gelangte zu spät an ihn, als er gerade seine jetzige Lehrstelle in Heidelberg angenommen hatte. Jetzt habe ich es versucht, ihn zu veranlassen, einem Ruf hieher zu folgen. Er ist nach seiner vorläufigen Erklärung auch bereit zu kommen, nur wird seine Versetzung mit Familie von einem wohlfeilen Orte wie Heidelberg hieher billigerweise erfordern, daß er in seinem Gehalte und in der Vergütung der Reise- und Einrichtungskosten so gesetzt werde, daß er ruhig und zufrieden seinem Lehramte und seiner Wissenschaft hier leben kann. Er verläßt eine sehr angenehme Lage in Heidelberg bloß aus Vorliebe für den Preußischen Staat und dessen wissenschaftliche Bestrebungen, wenn er den Ruf annimmt.

Ew. Königl. Majestät stelle ich daher ehrfurchtsvoll anheim, ob Allerhöchstdieselben geruhen wollen, huldreichst zu genehmigen, daß der Professor Hegel als ordentlicher Professor der Philosophie bei hiesiger Universität mit einem dem ehemaligen Fichteschen gleichen Gehalte von jährlich 2000 Tlr. berufen und ihm nach seinem Wunsche eine Vergütung der Reise-, Umzugs- und Einrichtungskosten von 1000 Tlr. zugesichert werde.

Der Hegel wird hierdurch noch nicht ganz entschädigt, und er hat mich daher aufgefordert, für ihn freies Quartier oder eine Entschädigung wegen der hier so hohen Mieten und die Zusicherung einer Pension für seine Witwe im Fall seines Ablebens zu bewirken. Ich hoffe aber, daß er sich bei den vorstehenden Bewilligungen vorerst beruhigen wird, wenn ihm Aussicht zu einer künftigen Verbesserung seiner Lage und zur Erleichterung seines Beitritts bei der Witwenkasse hier eröffnet wird.

SCHREIBEN DES PREUSSISCHEN KULTUSMINISTERIUMS AN HEGEL VOM 16. 3. 1818

Dem unterzeichneten Ministerio ist es überaus angenehm, Euer Wohlgeboren auf Ihre Erklärung vom 24. Januar jetzt benachrichtigen zu können, daß des Königs Majestät mittels Kabinettsorder vom 12. d. M. Ihre Berufung zum ordentlichen Professor der Philosophie bei der hiesigen Universität mit einem Gehalte von zweitausend Talern jährlich und Zusicherung einer Summe von eintausend Talern als Vergütung der Reise-, Umzugs- und Einrichtungskosten zu genehmigen geruht haben. Was an der letztern Summe gegen die von Ihnen gewünschte noch fehlt wird das Ministerium Ihnen durch Anweisung des Gehalts von einem etwas frühern Termine, als es eigentlich zahlbar sein sollte, zu ersetzen imstande sein, Ihnen dadurch auch noch einige andre Erleichterung für Ihre hiesige Einrichtung verschaffen können. Auch wird es keine Schwierigkeit haben, Ihnen einen Paß zu impostfreier Einbringung Ihrer Effekten auszuwirken, wenn Sie nur eine Angabe der Zahl der Kollis, worin sie verpackt sind, bei Zeiten einsenden.

In Ansehung Ihrer übrigen Wünsche wird es Ihnen zuvörderst Beruhigung gewähren, daß hier eine solide begründete und wohl eingerichtete Witwenkasse für die Professoren der Universität besteht, die auch der Staat durch einen bedeutenden Zuschuß unterstützt und wozu der Beitritt Ihnen offen steht. Eine freie Wohnung Ihnen auszumitteln, ist aber nicht möglich, teils weil dies Emolument nur Professoren, mit deren anderweitigen amtlichen Beziehungen es verbunden sein muß, erteilt zu werden pflegt, teils auch weil es an Gelaß dazu fehlt. Das Ministerium glaubt aber, daß Sie, da Ihre hiesige Subsistenz gut begründet sein und Frequenz an Zuhörern Ihren Vorlesungen gewiß nicht fehlen wird, keine Besorgnis in Hinsicht auf jene hegen dürfen. Sollte indes künftig sich ein Grund dazu entwickeln, so schätzt es den Gewinn eines so tiefen, mit gründlicher Wissenschaft ausgerüsteten und von so ernstem und richtigem Streben beseelten Denkers und akademischen Lehrers zu hoch, als daß es nicht gern alles beitragen sollte, was zur Erleichterung Ihres hiesigen Aufenthalts nötig sein dürfte. . . .

Hegel

SCHREIBEN AN DAS BADISCHE INNENMINISTERIUM VOM 21. 4. 1818 AUS HEIDELBERG

Nachdem das Königlich-Preußische Ministerium mich zum ordentlichen Professor der Philosophie an der Universität zu Berlin berufen und mir nunmehr auch auf meine Erklärung darüber die allerhöchste Königliche Bestätigung dieser Anstellung hat zugehen lassen, so habe ich dem Großherzoglichen Ministerium hievon nicht nur meine pflichtschuldige Anzeige zu machen, sondern glaube auch hinzufügen zu dürfen, daß mir außer der namhaften Gehaltsvermehrung, welche mir für meine Familie von der wichtigsten Rücksicht sein muß, vornehmlich die Aussicht zu mehrerer Gelegenheit, in weiter vorgerücktem Alter von der prekären Funktion, Philosophie auf einer Universität zu dozieren, zu einer andern Tätigkeit übergehen und gebraucht werden zu können, mich zu dem Entschlusse, den hiesigen, mir in so vielen Rücksichten höchst schätzbaren Verhältnissen zu entsagen, hat bestimmen können. . . .

Hegel

SCHREIBEN AN DAS PREUSSISCHE KULTUSMINISTERIUM VOM 10. 9. 1818 AUS HEIDELBERG

In dem ministeriellem Erlasse vom 16. März d. J., meine Anstellung an der Königl. Universität zu Berlin betreffend, ist mir die impostfreie Einbringung meiner Effekten mit der Weisung gnädigst zugestanden worden, daß ich beizeiten eine Eingabe der Zahl der Kolli, worin sie verpackt sind, einzusenden habe. Indem ich dieser Weisung nicht eher Folge leisten konnte als nach geschehener Verpackung, nehme ich nun die Freiheit, die Liste der bereits auch von hier abgegangenen hier zu verzeichnen:

PHE	1 Faß Bettung und Hausgeräte, wiegt Pfd. 336	n. 1,	hiesig. leichtes Gewicht
	1 dito, wiegt Pfd. 264	n. 2,	
	1 Kiste Bücher, wiegt Pfd. 586½	n. 3,	
	1 Kiste Bücher, wiegt Pfd. 382	n. 4,	
	1 Koffer Kleidung und Weißzeug, wiegt Pfd. 172	n. 5,	

und beizufügen, daß ich

1 Faß mit Betten und Hausgeräte p. p. n. 6,
von derzeit noch unbestimmbarem Gewichte,

abzusenden auf den Tag meiner Abreise von hier, die ich den 18. oder 19. dieses bewerkstelligen werde, anstehen lassen, auch einen Teil Effekten in einem Reisekoffer mit mir nehmen muß. . . .

Solger

BRIEF AN HEGEL [undatiert]

Ew. Wohlgeboren haben mich durch Herrn Prof. Wilken fragen lassen, welche Collegia ich diesen Winter lesen werde, weil Sie mit mir abzuwechseln wünschen. Mir würde eine solche Einrichtung gleichfalls sehr angenehm sein, wenn es nur Ihrer Konvenienz angemessen sein wird. Bisher habe ich jeden Winter Logik gelesen und ein andres Collegium dazu, aus einem Zyklus, den ich mir eingerichtet, einen Umriß der ganzen Philosophie (wie Ihre Enzyklopädie ungefähr), Ethik, Rechtslehre, Politik, Ästhetik. Von Naturwissenschaften habe [ich] nicht Kenntnis genug, und ich freue mich doppelt darauf, daß Sie dieses Fach hier einnehmen werden. Für diesen Winter habe ich nun vorläufig die Politik bestimmt, da ich jetzt Rechtslehre lese. Doch lasse ich es gern mit davon abhängen, auf wie viel durch das Vorige vorbereitete Zuhörer ich rechnen kann.

Möchte es mir gelingen, mir, wenn Sie hier sein werden, Ihre Freundschaft zu erwerben! Ich will keine lange Vorreden machen über die innige und tiefe Verehrung, die mir von jeher Ihre Schriften eingeflößt haben. Ich habe das Werk auf meine Weise und auf einem andern Wege versucht und wünschte, daß Ihnen dies auch nicht ganz mißfiele. Vielleicht ist es möglich, daß wir nicht nur in Eintracht, sondern auch im Einverständnis arbeiten, und dies Glück würde ich um so höher schätzen, da man dessen so wenig gewohnt ist. ...

Solger

BRIEF AN LUDWIG TIECK VOM 26. 4. 1818

... Meine Collegia sind nun auch wieder im Gange; der Zuhörer sind aber wieder nur wenige. Ich bin begierig, was Hegels Gegenwart für eine Wirkung machen wird. Gewiß glauben viele, daß mir seine Anstellung unangenehm sei, und doch habe ich ihn zuerst vorgeschlagen, und kann überhaupt versichern, daß, wenn ich etwas von ihm erwarte, es nur eine größere Belebung des Sinnes für Philosophie, also etwas Gutes ist. Als ich noch neben Fichte stand, hatte ich zehnmal so viel Zuhörer als jetzt. Ich verehre Hegel sehr und stimme in vielen Stücken höchst auffallend mit ihm überein. In der Dialektik haben wir beide unabhängig von einander fast denselben Weg genommen, wenigstens die Sache ganz von derselben und zwar neuen Seite angegriffen. Ob er sich in manchem anderen, was mir eigentümlich ist, eben so mit mir verstehen würde, weiß ich nicht. Ich möchte gern das Denken wieder ganz in das Leben aufgehen lassen, gern das aussprechen und als gegenwärtig darstellen, was durch alles Konstruieren und Demonstrieren doch nicht geschaffen, sondern nur gereinigt und entwickelt werden kann. ...

Hegel

BRIEF AN SEINE SCHWESTER CHRISTIANE VOM 12. 9. 1818 AUS HEIDELBERG

Da die Zeit meiner Abreise aus hiesigen Gegenden nun bestimmt ist, so will ich Dir noch Nachricht davon geben, daß ich zu Ende der nächsten Woche, etwa den 18. von hier abgehe. Es sind freilich schöne Gegenden, die ich verlasse, aber es ist nicht die Gegend, der man andere, für seine Bestimmung wesentliche Umstände aufopfern kann. Berlin ist ein großer Mittelpunkt für sich, und die Philosophie war von jeher mehr im nördlichen Deutschland Bedürfnis und zu Haus als im südlichen . . .

Hegel

ANTRITTSVORLESUNG IN BERLIN
22. 10. 1818

Indem ich heute zum ersten Male auf hiesiger Universität in dem Amte eines Lehrers der Philosophie auftrete, zu dem mich die Gnade Seiner Majestät des Königs berufen hat, erlauben Sie mir, ein Vorwort darüber vorauszuschicken, daß ich es nämlich für besonders wünschenswert und erfreulich hielt, sowohl gerade in diesem Zeitpunkte, als auf hiesigem Standpunkte in ausgebreitetere akademische Wirksamkeit zu treten.

Was den Zeitpunkt betrifft, so scheinen diejenigen Umstände eingetreten zu sein, unter denen sich die Philosophie wieder Aufmerksamkeit und Liebe versprechen darf — wo diese beinahe verstummte Wissenschaft ihre Stimme wieder erheben mag. Denn vor kurzem war es einesteils die Not der Zeit, welche den kleinen Interessen des täglichen Lebens eine so große Wirksamkeit gegeben, andererseits waren es die hohen Interessen der Wirklichkeit, das Interesse und die Kämpfe, um zunächst das politische Ganze des Volkslebens und des Staats wiederherzustellen und zu retten, welche alle Vermögen des Geistes, die Kräfte aller Stände, sowie die äußerlichen Mittel so sehr in Anspruch genommen, daß das innere Leben des Geistes nicht Ruhe gewinnen konnte; der Weltgeist, in der Wirklichkeit so sehr beschäftigt, nach außen gerissen, war abgehalten, sich nach innen und auf sich selbst zu kehren und in seiner eigentümlichen Heimat sich zu ergehen und zu genießen. Nun, nachdem dieser Strom der Wirklichkeit gebrochen und die deutsche Nation überhaupt ihre Nationalität, den Grund alles lebendigen Lebens, gerettet hat, so ist dann die Zeit eingetreten, daß in dem Staate neben dem Regiment der wirklichen Welt auch das freie Reich des Gedankens selbständig emporblühe.

Und überhaupt hat sich die Macht des Geistes so weit in der Zeit geltend gemacht, daß es nur die Ideen sind, und was Ideen gemäß ist, was sich jetzt erhalten kann, daß, was gelten soll, vor der Einsicht und dem Gedanken sich rechtfertigen muß. Und es ist insbesondere dieser Staat, der mich nun in sich aufgenommen hat, welcher durch das geistige Übergewicht sich zu seinem Gewicht in der Wirklichkeit und im Politischen emporgehoben, sich an Macht und Selbständigkeit solchen Staaten gleichgestellt hat, welche ihm an äußern Mitteln überlegen gewesen wären. Hier ist die Bildung und die Blüte der Wissenschaften eines der wesentlichsten Momente selbst im Staatsleben; auf hiesiger Universität, der Universität des Mittelpunktes, muß auch der Mittelpunkt aller Geistesbildung und aller Wissenschaft und Wahrheit, die Philosophie, ihre Stelle und vorzügliche Pflege finden.

Nicht nur ist es aber das geistige Leben überhaupt, welches ein Grundmoment in der Existenz dieses Staates ausmacht; sondern näher hat jener große Kampf des Volkes in Verein mit seinem Fürsten um Selbständigkeit, um Vernichtung fremder gemütloser Tyrannei und um Freiheit im Gemüte seinen höheren Anfang genommen: es ist die sittliche Macht des Geistes, welche sich in ihrer Energie gefühlt, ihr Panier aufgesteckt und dies ihr Gefühl als Gewalt und Macht der Wirklichkeit geltend gemacht hat. Wir müssen es für unschätzbar achten, daß unsere Generation in diesem Gefühle lebt, gehandelt und gewirkt hat, einem Gefühle, worin sich alles Rechtliche, Moralische und Religiöse konzentrierte. — In solchem tiefen und allumfassenden Wirken erhebt sich der Geist in sich zu seiner Würde, und die Flachheit des Lebens und die Schalheit der Interessen geht zugrunde, und Oberflächlichkeit der Einsicht und der Meinungen steht in ihrer Blöße da und verfliegt. Dieser tiefere Ernst, der in das Gemüt überhaupt gekommen ist, ist denn auch der wahrhafte Boden der Philosophie. Was der Philosophie entgegensteht, ist einerseits das Versenktsein des Geistes in die Interesse[n] der Not und des Tages, andererseits aber die Eitelkeit der Meinungen; das Gemüt, von ihr eingenommen, läßt der Vernunft, als welche nicht das Eigne sucht, keinen Raum in sich. Diese Eitelkeit muß sich in ihrem Nichts verflüchtigen, wenn es dem Menschen zur Notwendigkeit geworden, sich um substantiellen Gehalt zu bemühen, wenn es so weit gediehen, daß nur ein solcher sich geltend machen kann. In solchem substantiellen Gehalt aber haben wir die Zeit gesehen, haben wieder den Kern sich bilden sehen, dessen weitere Entwicklung nach allen Seiten, der politischen, sittlichen, religiösen, wissenschaftlichen Seite unserer Zeit anvertraut ist.

Unser Beruf und Geschäft ist die Pflegung der phliosophischen Entwicklung, der substantiellen Grundlage, die sich nun verjüngt und bekräftigt hat. Ihre Verjüngung, die ihre nächste Wirkung und Äußerung in der politischen Wirklichkeit zeigte, hat ihre weitere Erscheinung in dem größeren sittlichen und religiösen Ernste, in der Forderung von Gediegenheit und Gründlichkeit überhaupt, welche an alle Lebensverhältnisse ergangen ist; der gediegenste Ernst ist an und für sich selbst der Ernst der Wahrheit, zu erkennen. Dies Bedürfnis, wodurch sich die geistige Natur von der bloß empfindenden und genießenden unterscheidet, ist eben deswegen das Tiefste des Geistes; es ist an sich allgemeines Bedürfnis, der Ernst der Zeiten hat es teils tiefer aufgeregt, teils ist es ein näheres Eigentum des deutschen Geistes. Was die Auszeichnung der Deutschen in der Kultur der Philosophie betrifft, so zeigt nämlich der Zustand dieses Studiums und die Bedeutung dieses Namens bei den andern Nationen, daß der Name sich noch bei ihnen erhalten, aber seinen Sinn verändert hat, und daß die Sache verkommen und verschwunden ist, und zwar so, daß kaum eine Erinnerung und Ahndung von ihr zurückgeblieben ist. Diese Wissenschaft hat sich zu den Deutschen geflüchtet und lebt allein noch in ihnen fort; uns ist die Bewahrung dieses heiligen Lichtes anvertraut, und es ist unser Beruf, es zu pflegen und zu nähren und dafür zu sorgen, daß das Höchste, was der Mensch besitzen kann, das Selbstbewußtsein seines Wesens, nicht erlösche und untergehe. Aber selbst in Deutschland ist die Flachheit der frühern Zeit vor seiner Wiedergeburt so weit gekommen, daß sie gefunden und bewiesen zu haben meinte und versicherte, es gebe keine Erkenntnis der Wahrheit, Gott, das Wesen der Welt und des Geistes sei ein Unbegreifliches, Unfaßbares; der Geist müsse bei der Religion stehenbleiben, und die Religion beim Glauben, Gefühl und Ahnden, ohne vernünftiges Wissen, das Erkennen betreffe nicht die Natur des Absoluten, — Gottes, und dessen, was in Natur und Geist wahr und absolut ist, sondern vielmehr allein teils nur das Negative, daß nichts Wahres erkannt, sondern daß allein Unwahres, Zeitliches und Vergängliches gleichsam den Vorzug genieße, erkannt zu werden, — teils, was eigentlich darunter gehört, das Äußerliche, nämlich das Historische, die zufälligen Umstände, unter denen das angebliche, vermeintliche Erkennen erschienen ist, und eben solche Erkenntnis sei nur als etwas Historisches zu nehmen und nach jenen äußerlichen Seiten kritisch und gelehrt zu untersuchen; aus seinem Inhalte könne kein Ernst gemacht werden. Sie sind so weit gekommen als Pilatus, der Römische Prokonsul, wie er Christus das Wort Wahrheit nennen hörte; erwiderte er dies mit der Frage: Was ist Wahrheit? — in dem Sinne als einer, der mit solchem Worte fertig sei und wisse, daß es keine Erkenntnis der Wahrheit gebe. So ist das, was von jeher für das Schmählichste, Unwürdigste gegolten hat, der Erkenntnis der Wahrheit entsagen, von unseren Zeiten zum höchsten Triumphe des Geistes erhoben worden. Die Verzweiflung an der Vernunft war, wie es bis zu ihr gekommen war, noch mit Schmerz und Wehmut verknüpft; aber bald hat der religiöse und sittliche Leichtsinn, und dann die Plattheit und Seichtigkeit des Wissens, welche sich Aufklärung nannte, frank und frei seine Ohnmacht bekannt und seinen Hochmut in das gründliche Vergessen höherer Interessen gelegt; — und zuletzt hat die sogenannte kritische Philosophie diesem Nichtwissen des Ewigen und Göttlichen ein gutes Gewissen gemacht, indem sie nämlich versichert hat, bewiesen zu haben, daß vom Ewigen und Göttlichen, vom Wahren nichts gewußt werden [könne]; diese vermeinte Erkenntnis hat sich sogar den Namen Philosophie angemaßt, und nichts ist der Seichtigkeit des Wissens sowohl als des Charakters willkommener gewesen, nichts so willkommen von ihr ergriffen worden, als diese Lehre, wodurch eben diese Unwissenheit, diese Seichtigkeit und Schalheit für das Vortreffliche, für das Ziel und Resultat alles intellektuellen Strebens ausgegeben worden ist. Das Wahre nicht zu wissen, und nur Erscheinendes, Zeitliches und Zufälliges, — nur das Eitle zu erkennen, diese Eitelkeit ist es, welche sich in der Philosophie breitgemacht hat und in unsern Zeiten noch breitmacht und das große Wort führt. Man kann wohl sagen, daß, seitdem sich die Philosophie in Deutschland hervorzutun angefangen hat, es nie so schlecht um diese Wissenschaft ausgesehen hat, daß eine solche Ansicht, ein solches Verzichttun auf vernünftiges Erkennen, solche Anmaßung und solche Ausbreitung erlangt hätte, — eine Ansicht, welche noch von der vorhergehenden Periode sich herübergeschleppt hat und welche mit dem gediegenen Gefühle, dem neuen substantiellen Geiste so sehr in Widerspruch steht. Diese Morgenröte eines gediegeneren Geistes begrüße ich, rufe ich an, mit ihm nur habe ich es zu tun, indem ich behaupte, daß die Philosophie Gehalt haben müsse, und indem ich diesen Gehalt vor Ihnen entwickeln werde; überhaupt aber rufe ich den Geist der Jugend dabei an, denn sie ist die schöne Zeit des Lebens, das noch nicht in dem Systeme der beschränkten Zwecke der Not befangen und für sich der Freiheit einer interesselosen wissenschaftlichen Beschäftigung fähig ist; — ebenso ist sie noch unbefangen von dem negativen Geiste der Eitelkeit, von dem Gehaltlosen eines bloß kritischen Abmühens. Ein noch gesundes Herz hat noch den Mut, Wahrheit zu verlangen, und das Reich der Wahrheit ist es, in welchem die Philosophie zu Hause ist, welches sie erbaut, und dessen wir durch ihr Studium teilhaftig werden. Was im Leben wahr und groß und göttlich ist, ist es durch die Idee; das Ziel der Philosophie ist, sie in ihrer wahrhaften Gestalt und Allgemeinheit zu erfassen. Die Natur ist darunter gebunden, die Vernunft nur mit Notwendigkeit zu vollbringen; aber das Reich des Geistes ist das Reich der Freiheit, —. alles, was das menschliche Leben zusammenhält, was Wert hat und gilt, ist geistiger Natur; und dies Reich des Geistes existiert allein durch das Bewußtsein von Wahrheit und Recht, durch das Erfassen der Idee.

Ich darf wünschen und hoffen, daß es mir gelingen werde, auf dem Wege, den wir betreten, Ihr Vertrauen zu gewinnen und zu verdienen; zunächst aber darf ich nichts in Anspruch nehmen, als dies, daß Sie Vertrauen zu der Wissenschaft, Glauben an die Vernunft, Vertrauen und Glauben zu sich selbst mitbringen. Der Mut der Wahrheit, Glauben an die Macht des Geistes ist die erste Bedingung des philosophischen Studiums; der Mensch soll sich selbst ehren und sich des Höchsten würdig achten. Von der Größe und Macht des Geistes kann er nicht groß genug denken; das verschlossene Wesen des Universums hat keine Kraft in sich, welche dem Mute des Erkennens Widerstand leisten könnte; es muß sich vor ihm auftun und seinen Reichtum und seine Tiefen ihm vor Augen legen und zum Genusse bringen.

Solger

BRIEF AN TIECK VOM 22. 11. 1818

... Ich war begierig, was der gute Hegel hier für einen Eindruck machen würde. Es spricht niemand von ihm, denn er ist still und fleißig. Es dürfte nur der dümmste Nachbeter hergekommen sein, dergleichen sie gar zu gern einen hätten, so würde großer Lärm geschlagen, und die Studenten zu Heil und Rettung ihrer Seelen in seine Collegia gewiesen werden. . . .

Schleiermacher

BRIEF AN BEKKER VOM 9. 1. 1819

. . . Bei uns ist nun Hegel angekommen, und man muß sehn, wie es sich auf die Länge hält; Klagen über Unverständlichkeit werden freilich schon gehört, aber vielleicht gibt sich das. Mir ist es lieb, daß ich nun meine philosophischen Segel wenigstens einziehen kann, sobald ich will. . . .

Hegel

BRIEF AN FRIEDRICH IMMANUEL NIETHAMMER VOM 26. 3. 1819

. . . Für einen Ankommenden ist der Charakter der hiesigen Weise nicht ansprechend: — ein Auseinanderfallen der Menschen bei vielem gesellschaftlichen, d. h. schmausendem Leben —, und zwar an regelmäßigen Wochentagen, zu deren vielen man in der Woche kommen kann, wenn es einem darum zu tun ist. Außer dem Schmausen aber hat dann ein jeder zur Not noch so viel Zeit, sein Geschäft zu beschicken. . . .

Hegel

BRIEF AN FRIEDRICH CREUZER VOM 30. 10. 1819

. . . Was mich und mein Leben betrifft, so habe ich hier Empfänglichkeit und Interesse für die Philosophie unter der Jugend gefunden, — hier kommt man sogar dazu, Majors, Obristen, Geheime Räte unter seinen Zuhörern zu haben. — Daß Sie deren vergangenen Sommer 200 hatten, habe ich gehört. Unsere Universität hat sich für ihre Anstalten der Munifizenz der Regierung zu erfreuen. Sie sind alle auf sehr breitem, reich ausgestattetem Fuße. Sammlungen, botanischer

Garten, Klinikum usf., das alles ist in einem Verhältnis wie an wenigen Orten. Über unsere Gelehrsamkeit brauche ich Ihnen nichts zu sagen, denn Sie kennen unsere Gelehrten. Das politische Treiben der Burschenschaft, De Wettes Friesianismus haben die Universität freilich nicht in Gunst gesetzt. Diese hat aber solchen Samen nicht in sich selbst gezogen, sondern er ist vielmehr meist anderswoher — und woher? —, vornehmlich von Heidelberg gekommen; — im Ernste, der größere Teil der Verhafteten sind solche, die vor meiner, zu Martins und Friesens Zeit in Heidelberg waren. — De Wette will, wie ich höre, nach Weimar gehen, Frau und Kinder nach Heidelberg. Die Studenten haben ihm, wie ich höre, einen silbernen Becher mit den biblischen Worten: Fürchtet euch nicht vor denen, die den Leib töten, aber nicht den Geist töten können etc. [überreicht]. Von einer Pension desselben hört man noch nichts; aber sein rasches Ankündigen seines Abreisens von hier, ein Abschiedsbrief an den König, — das alles kann wohl ein Korn von Trotz zu enthalten scheinen und einer etwaigen Geneigtheit, dazu zu helfen, ihre Wirksamkeit genommen haben. Unsere sonstige politischen und Zensur-Verfügungen kennen Sie aus den Zeitungen und sind uns ja zum Teil bundesmäßig gemein. ... Daß übrigens alles dieses nicht beiträgt, die Heiterkeit der Stimmung zu erhöhen, versteht sich wohl auch bei Ihnen. — Ich bin gleich 50 Jahre alt, habe 30 davon in diesen ewig unruhvollen Zeiten des Fürchtens und Hoffens zugebracht und hoffte, es sei einmal mit dem Fürchten und Hoffen aus. [Nun] muß ich sehen, daß es immer fortwährt, ja, meint man in trüben Stunden, immer ärger wird. —

Das Klima, mein ich, schlägt mir nicht ganz so gut zu wie in Heidelberg. Doch eine Reise nach Rügen hat mir diesen Herbst recht gut getan. Vorgestern habe ich Solger zu Grabe begleitet, es ist nicht weit von Fichtes; — da gehört also auch das meinige, neben meine Kollegen, hin; die Philosophen, scheint's nach jenen, werden hier nicht alt. ...

Schleiermacher

BRIEF AN HEGEL VOM 16. 11. 1819

Um nicht eines über dem anderen zu vergessen, wertester Herr Kollege: der Beauftragte des Hauses Hesse in Bordeaux heißt Rebstock und wohnt Alexanderplatz No. 4.

Übrigens muß ich Ihnen eigentlich sehr verbunden sein, daß Sie das unartige Wort[9], welches mir neulich nicht hätte entwischen sollen, sogleich erwiderten, denn dadurch haben Sie den Stachel wenigstens gemildert, den die Heftigkeit, welche mich überraschte, in mir zurückgelassen hat. Ich wollte demnächst wohl, es fügte sich, daß wir die Disputation da fortsetzen könnten, wo sie stand, ehe jene ungehörigen Worte fielen. Denn ich achte Sie viel zu sehr, als daß ich nicht wünschen sollte, mich mit Ihnen über einen Gegenstand zu verständigen, der in unserer gegenwärtigen Lage von so großer Wichtigkeit ist.

Hegel

BRIEF AN SCHLEIERMACHER [ENTWURF VOM 17. 11. 1819]

Ich *danke* Ihnen, wertester Herr Kollege, zuvörderst für die in Ihrem gestern erhaltenen Billette gegebene Adresse der Weinhandlung, — alsdann für die Äußerungen, welche, indem sie eine neuliche unangenehme Vorfallenheit zwischen uns beseitigen, zugleich auch die von meiner Aufregung ausgegangene Erwiderung vermittelt und in mir nur noch eine entschiedene Vermehrung meiner Achtung für Sie zurückläßt [so!]. Es ist, wie Sie bemerken, die gegenwärtige Wichtigkeit des Gegenstandes, welche mich in einer Ges[ellschaft] eine Disputation herbeizuführen verleitet hat, die mir mit Ihnen fortzusetzen und zur Ausgleichung unserer Ansichten zu bringen nicht anders als interessant sein kann.

Arthur Schopenhauer

BRIEF AN MARTIN LICHTENSTEIN AUS DRESDEN [ANFANG DEZEMBER 1819]

... Nachdem ich Ende Augusts von einer Reise nach Italien zurückgekehrt bin, auf welcher ich elf Monate zugebracht, bin ich seitdem ernstlich mit dem Vorhaben beschäftigt, mich auf irgendeiner

[9] »Erbärmlich« hatte Schleiermacher die anläßlich der Entlassung De Wettes geäußerte Meinung Hegels genannt, der Staat sei durchaus berechtigt, »einen Lehrer abzusetzen, wenn er ihm nur seinen Gehalt lasse«. Der Wortwechsel fand vermutlich statt am 13. 11. 1819, auf einer abendlichen Sitzung der »Gesetzlosen Gesellschaft«, deren Mitglied Hegel war. (Anm. d. Hrsg.)

Universität zu habilitieren, um endlich doch, soweit ein theoretischer Mensch wie ich es kann, ins praktische Leben zu kommen.

... Die neue Laufbahn wünsche ich nächste Ostern endlich anzutreten, aber über die Universität, zu der ich mich wenden werde, bin ich noch unschlüssig: Berlin, Göttingen und Heidelberg haben in Hinsicht auf meine Zwecke und Verhältnisse jede manches für sich und manches wider sich. Was nun Berlin betrifft, so ist zuvörderst mir, der ich seit 1814 hier in Dresden wohne, diese Universität unter jenen dreien die nächste, was wegen des Transports meiner Bücher und Effekten und auch in mancher andern Hinsicht in Betracht kommt. Gründe von größerem Gewicht sind aber diese: daß ich dort wohl mehr als irgendwo ein Publikum fände, wie es meinen Vorträgen angemessen ist, nämlich ein schon reiferes und gebildetes. Auf der dortigen Universität pflegen junge Leute ihre Bildung zu vollenden, nachdem sie auf anderen Universitäten den Grund gelegt haben; manche, besonders Mediziner, studieren dort noch nach der Promotion fort, manche andere, die Vermögen haben und mit ihren Studien nichts als allgemeine höhere Ausbildung bezwecken, wählen Berlin, weil es in dieser Hinsicht jeder anderen Universität weit vorzuziehen ist, und zugleich um die Annehmlichkeiten der Residenz zu genießen: ja es kommt hierzu noch, daß die höhere Geisteskultur, welche Deutschland heutzutage vor anderen Ländern auszeichnet, nirgends so sehr und so allgemein zu Hause ist als gerade in Berlin, weshalb ich in dieser großen Stadt, bei Vorträgen der Art, wie ich sie zu halten gedenke, und bei der Gabe eines sehr eindringlichen und lebendigen mündlichen Vortrags, die ich zu haben vermeine, wohl noch auf manche Zuhörer, die lange nicht mehr Studenten sind, mir Hoffnung machen dürfte.

Was mich nach solchen Betrachtungen allein noch Anstand nehmen läßt, nicht Berlin unbedingt zu erkiesen, ist bloß zweierlei: daß nämlich der Ort selbst wegen Eigenschaften, die allen sehr großen Städten gemein sind, und wegen der fatalen Lage in der Sandwüste mir nie gefallen hat, und sodann die Teuerheit des Aufenthalts, vermöge welcher ich dort beträchtlich mehr ausgeben würde, als etwa in Göttingen oder gar in Heidelberg, welches jedoch durch ein volleres Auditorium leicht kompensiert werden könnte.

Nun kommt endlich noch dieses in Betrachtung, daß durch Solgers Tod teils eine Lücke in den philosophischen Vorträgen entstanden und folglich auszufüllen ist, teils eine Professur erledigt worden, auf welche ich gestehe, mir Hoffnung zu machen, falls nicht ein Würdigerer, sie zu besetzen, gefunden wird. ...

Schopenhauer

BRIEF AN AUGUST BÖCKH VOM 31. 12. 1819 AUS DRESDEN

... Es liegt mir sehr viel daran, in den Lektionskatalog zu kommen, da es sonst ja fast unmöglich ist, daß ich Zuhörer erhalte. ... Die Stunde bitte ich nach Ihrem besten Dafürhalten auszuwählen: am passendsten ist wohl die, wo Herr Professor Hegel sein Hauptcollegium liest: doch möchte ich in keinem Fall zwischen 1 und 4 lesen.

Schopenhauer

BRIEF AN FRIEDRICH OSANN VOM 20. 4. 1822 AUS BERLIN

... Den Winter wieder in Berlin? — Was hab ich da? — nicht einmal Zuhörer, in einer Zahl, die die Mühe lohnt. Ich lebe teuer und schlecht und liebe das Nest überhaupt nicht. ...

Johann Wolfgang von Goethe

BRIEF AN HEGEL VOM 7. 10. 1810

... Mit Freuden hör ich von manchen Orten her, daß Ihre Bemühung, junge Männer nachzubilden, die besten Früchte bringt; es tut freilich Not, daß in dieser wunderlichen Zeit irgendwo aus einem Mittelpunkt eine Lehre sich verbreite, woraus theoretisch und praktisch ein Leben zu fördern sei. Die hohlen Köpfe wird man freilich nicht hindern, sich in vagen Vorstellungen und tönenden Wortschwällen zu ergehen ...

Savigny

BRIEF AN FRIEDRICH CREUZER VOM 6. 2. 1821

... Ein Hauptanhänger von Hegel, Henning, der auch Ihr Schüler ist, hat in diesen Tagen als Philosoph promoviert. Seine Schrift de systematis feudalis notione müssen Sie ja lesen. Er zeigt darin, daß die Sueven und Sachsen bloß philosophische Ideen sind, jene die Idee der generalitas, diese der singularitas: weil aber doch jedes Ding wieder eine totalitas sein müsse, so seien auch die Sueven nicht ganz ohne singularitas gewesen (die Verheerung der Grenzländer) und die Sachsen nicht ohne generalitas (ihre Auswanderungen). Überhaupt wird mir die ganze Wirksamkeit von Hegel immer bedenklicher. Fichte hatte und erzeugte nicht weniger Anmaßung, aber es war doch in ihm und seinen Erzeugnissen mehr frischer lebendiger Geist, hier kommt es mir weit philisterhafter vor, was auch von der sonderbaren versöhnenden Weltklugheit gilt, womit er, wenn von den unangenehmen Ereignissen und Einrichtungen der neueren und neuesten Zeit die Rede ist, auftritt. ...

Hegel

BRIEF AN NIETHAMMER VOM 9. 6. 1821

... Sie wollen mich, teurer Freund, vielleicht auch von meinen Verhältnissen sprechen hören. — Sie wissen, daß ich hieher gegangen bin, um in einem Mittelpunkt und nicht in einer Provinz zu sein. Und in einem solchen Mittelpunkte fühle ich meine Lage in Rücksicht meiner Amtswirksamkeit, auch in Rücksicht anerkennender Gesinnungen höhernorts für mich, sehr befriedigend, auch beruhigend. Was letzteres betrifft, so läßt sich mein Amt mit einem Bayerischen erläutern. Es gibt bei Ihnen, wenn ich mich recht erinnere, sogenannte Expositos; dies Amt fehlt auch hier nicht. Sie wissen ohnehin, daß der Professor der Philosophie an und für sich ein geborner Expositus ist. Die demagogische Not habe ich ohne Gefährde bestanden, — nicht ohne Besorgnis zwar, vor Verdächtigmachern, Verleumdern usf., bis ich *De Wettes* Brief gelesen und einige Individuen selbst näher kennen lernte, teils die demagogisch waren, teils aber welche gegen sie zu verfahren hatten, und so einesteils die Jämmerlichkeit und das wohlverdiente Schicksal jener, teils die bei so nebulosen Dingen freilich nicht gleich anfängliche, aber schließliche Gerechtigkeit der Behörden und noch mehr als dies erkannte (so wird mir seit 1 Jahr ein *Repetent* für meine Vorlesungen gehalten; sein Geschäft ist, meine *Vorlesungen* zu besuchen und wöchentlich 4 Stunden Repetition über sie zu halten — mit 400 pr. Talern jährl. Gehalt —, der 10 Wochen lang verhaftet wegen demagogischen Verdachts Tag und Nacht einen Gensdarme im Gefängnis bei sich hatte.) Eine neuerliche Gefährlichkeit wird, hoffe ich, mich ebenso unberührt lassen. Der König hat vor etlichen Wochen durch eine Kabinettsorder bei einer Veranlassung durch einen unnützen Tropfen den Minister verantwortlich gemacht, daß auf den preuß. Universitäten nicht Okensche Naturphilosophie oder ähnliche Lehren, die auf *den Atheismus führen*, vorgetragen und die Jugend verführt werde. — Sie selbst wissen ein Lied von solchen Nöten zu singen. — Ich lese die Religionsphilosophie diesen Sommer und habe ein gutes Gewissen dabei. — Sie wissen, ich bin einesteils ein ängstlicher Mensch, andernteils liebe ich die Ruhe, und es macht eben nicht gerade ein Behagen, alle Jahre ein Gewitter aufsteigen zu sehen, wenn ich gleich überzeugt sein kann, daß mich höchstens ein paar Tropfen eines Streifregens treffen. Aber Sie wissen auch, daß im Mittelpunkte sein auch den Vorteil hat, daß man hier richtigere Kenntnisse von dem hat, was *am Anschein* ist, und damit seiner Sache und Lage gewisser wird; und am Ende — am Ende, doch davon habe ich auch gegen Sie nicht, noch nichts zu sagen, da selbst noch kein Anfang vorhanden ist! . . .

Savigny

BRIEF AN FRIEDRICH CREUZER VOM 6. 4. 1822

. . . Der philosophische Enthusiasmus unsrer Studenten scheint sich doch schon etwas gemildert zu haben. Was ich an Hegel tadle, ist keineswegs bloß sein hochmütiges und oberflächliches Absprechen über manche fremde Wissenschaften . . ., sondern daß derselbe Dünkel sich auf alles in der Welt erstreckt, so daß seine eifrigen Schüler sich auch von allem religiösen Zusammenhang lossagen, und daß darin Fichte von ihm weit übertroffen wird; ferner sein durchaus schiefes, verkehrtes, verworrenes Benehmen und Reden in allen nicht wissenschaftlichen Dingen, besonders in den ziemlich schwierigen Verhältnissen der Universität zur Regierung, worüber nur Eine Stimme unter den übrigen Professoren ist. . . .

Schleiermacher

BRIEF AN DE WETTE
[SOMMER 1823]

... Hegel seinerseits fährt fort, wie er schon gedruckt in der Vorrede zu Hinrichs Religionsphilosophie getan so auch in Vorlesungen, über meine tierische Unwissenheit über Gott zu schimpfen und Marheinekes Theologie ausschließend zu empfehlen. Ich nehme keine Notiz davon; aber angenehm ist es doch auch nicht. ...

Leopold von Ranke

BRIEF AN HEINRICH RANKE VOM 12. 5. 1825

... Nun bin ich hier in Berlin, mein getreuer Bruder. Was sagest Du? Wünschest Du mir ganz Glück? Wünschen wirst Du's, prophezeien wirst Du's nicht. Die Hauptsache ist, daß ich Zuhörer finde und sie wohl unterweise. Wegen des zweiten tritt niemand sehr ein, da man mir in Hinsicht auf das erste das Glück fast absagt. Selbst Raumer hat ziemlich leere Auditorien, wie er mir selbst gesagt hat. Andere Dozenten haben 4, 6 Zuhörer. Dienstag den 17. Mai abends um 6 will ich anfangen. Mein Anschlag lautet auf eine Geschichte des westlichen Europa, mit Einschluß von Literatur- und Kirchengeschichte. Ich will öffentlich lesen und mir Mühe geben, so viel ich kann. ...

Leopold von Ranke

BRIEF AN HEINRICH RANKE VOM 11. 7. 1825

... Du mußt nun auch erfahren, wie es mir hier geht. Ich wohne Hinter der katholischen Kirche Nr. 2. Hier habe ich Stube und Kammer und lebe also ungefähr so wie ein Student. Doch ist die Stube sehr schön groß und sie hat die Aussicht nach zwei Gärten, dem einen Gneisenaus, dem andern eines Privatmannes. Von jenem sieht man nur die hohen und dichten Bäume, die ihn umgeben. Zwischen den Gärten und den Häusern ist ein Graben. Glücklicher Weise ist er ein fließendes Wasser und ohne Geruch. Hier nun wohne ich mitten in der Stadt, ganz nahe bei Bibliothek und Universität, fern von allem

Geräusch der Stadt; auch bin ich damit so zufrieden, daß ich in der Regel von früh bis abends zu Hause bin.

Mit dem Collegium ... geht es ziemlich gut. Mein Publikum ist zwar etwas wetterwendisch und flüchtig; es läßt sich selbst für einen, der liest, der also nicht lange zählen kann, fast in jeder Stunde ein Ab- oder Zunehmen der Zuhörer bemerken; indes werden ihrer doch in der Regel ungefähr 30 sein. Für Dich, denke ich, wäre es nun wichtiger zu wissen, wie ich's mache. Es läßt sich wenig davon sagen. Ich mache es freilich so gut ich nur kann, aber leider ist das nicht eben allzugut: meine Kenntnis ist lange nicht umfassend genug, oft stockt meine Rede mitten im Fluß. ...

Hegel

BRIEF AN PIET VAN GHERT VOM 8. 3. 1826

... Was mich und mein Treiben betrifft, so führe ich dasselbe gleichförmige Geschäft fort, in das mich das Schicksal gesetzt hat, Philosophie auf hiesiger Universität vorzutragen. Ich bin schon durch meine Stellung und die Natur der Sache gebunden, dies für die Hauptbestimmung anzusehen und zu behandeln, und ich fange gottlob an, hievon auch die Früchte an einer Anzahl gebildeter, sehr hoffnungsvoller Schüler aufblühen zu sehen und zu finden, daß die erste Philosophie Aufmerksamkeit und einen Fuß zu gewinnen angefangen hat. ...

Savigny

BRIEF AN BANG VOM 23. 4. 1826

... Auf unserer hiesigen Universität sind allerlei merkwürdige Tendenzen. Die Hegelianer halten sektenartig leidenschaftlich zusammen und sind meine gewaltigen Widersacher. In der Theologie ist viel erfreuliches Leben, und auf sehr mannigfaltige Weise durch Schleiermacher, den ganz herrlichen Neander und den vielseitigen phantasievollen Strauß. Nur Marheineke ist gar nichts. ...

EDUARD GANS

ZUR GRÜNDUNG DER JAHRBÜCHER FÜR WISSENSCHAFTLICHE KRITIK

... Den Tag, nachdem ich in Berlin angekommen war, begab ich mich gleich zu *Hegel* und fand ihn in einem grünen Schlafpelze mit schwarzer, barettartiger Mütze, eben mit der einen Hand eine Prise aus seiner Dose nehmend, mit der andern in Papieren, die unordentlich vor ihm aufgeschichtet waren, etwas suchend.

Ei, sind Sie auch endlich wieder da? sagte er lächelnd zu mir: Wir haben Sie schon seit einem Monate erwartet; der Geheimerat *Schulze* glaubte, Sie würden gar nicht wiederkommen, und die Professur, um die Sie sich beworben haben, gar nicht antreten.

Man läuft ja doch gerade nicht fort, wenn man etwas später kommt, erwiderte ich, und daß ich spät komme, hat einen guten Grund. Ich treffe nämlich nicht allein ein, sondern mit einer großen Berliner Literaturzeitung.

Das mag mir eine schöne Literaturzeitung sein; wo haben Sie denn den aufgegabelt, der die unternehmen will?

Es ist eben kein schlechter Mann, es ist Cotta, dessen Bekanntschaft ich in Paris machte, und mit dem ich in Stuttgart die Sache beinahe abgeschlossen habe. ... Ich meinte, eine Universität, wie die Berliner, könne nicht lange mehr ohne eine literarische Zeitung bleiben, und die Willkür und das bloß Negative, das in den bisherigen Unternehmungen der Art herrscht, erfordere, daß von einem großen Mittelpunkte aus dergleichen auf positive Weise betrieben würde.

So habe ich auch gemeint, und deshalb an das hohe Ministerium schon vor Jahren einen Aufsatz abgegeben, worauf indessen bis jetzt noch keine Resolution erfolgt ist. Will man dort nicht anbeißen, so können wir es ja unter uns machen. ...

Man nannte sie die *Hegelzeitung*, und die Hauptanklage bestand gegen sie in den ersten Jahren darin, daß sie nicht allen Systemen ihre Reihen eröffne, sondern nur einer bestimmten Lehre zugetan wäre.

Wir wollen diese Beschuldigung hier einen Augenblick betrachten und aufweisen, daß sie gar keinen Grund hatte. In dem ersten Hefte der Jahrbücher erschienen Abhandlungen von Böckh, Varnhagen von Ense und Streckfuß, im zweiten von Purkinje, Bopp und Hirt, das heißt von lauter Männern, die mit Hegel zwar in freundschaftlichen Beziehungen standen, aber mit dem System gar keine weitere Verbindung hatten. Zu den berühmten Namen, die bis zum ersten Januar 1828 beigetreten waren, gehörten *Goethe, Bessel, Wilhelm v. Humboldt, August v. Schlegel, v. Baer* in Königsberg, *Carus, Boisserée, Creuzer, Gesenius, Ewald, Meckel, v. Pfuel, Fr. Rückert, Thibaut, v. Wangenheim, v. Stägemann, Welcker* und eine Menge anderer, die in ihren verschiedenen Wissenschaften und Disziplinen schwerlich den Hegelschen Ansichten gefolgt waren. . . .

Eine Abneigung Hegels, irgend jemanden zuzulassen, der mit seinem System nicht im Einverständnisse gewesen wäre, ist mir während der fünf Jahre, die wir in der Redaktion der Jahrbücher zusammen verlebten, nur ein einziges Mal vorgekommen. Es war die Erklärung, daß, wenn man *Schleiermacher* Anträge machte, er, Hegel, sich von der Gesellschaft zurückziehen würde. Die Sitzung, in der dieses Thema besprochen wurde, gehörte zu einer der stürmischesten, die wir überhaupt gehabt haben, sie fand im Dezember 1826 statt. *Böckh* war, was späterhin sehr selten geschah, gegenwärtig, und da wir bei der bevorstehenden Herausgabe der Zeitschrift an eine Vermehrung der Mitarbeiter denken mußten, so las Böckh den Universitätskatalog vor und kam auch auf den Namen *Schleiermacher*. Viele Mitglieder, namentlich *Varnhagen*, waren der Ansicht, daß man auch diesen auffordern müsse, daß überhaupt gar keine Ausschließung stattfinden dürfe. *Hegel* aber sprang von seinem Sitze auf, ging mit heftigen Schritten auf und ab, und murmelte vor sich hin, daß dies nichts anderes heiße, als ihn selber vertreiben. Nachdem hin und her, für und wider gestritten und geschrien worden war, wurde endlich der immer stärker werdende Lärmen dadurch beseitigt, daß man darauf aufmerksam machte, es sei geratener, Schleiermacher nicht einzuladen, weil dieser der Aufforderung nicht Folge leisten und somit die Gesellschaft sich etwas vergeben möchte. Auftritte der Art kamen späterhin nie wieder vor, aber Hegels Widerwillen gegen Schleiermacher beruhte gar nicht auf wissenschaftlichen Verschiedenheiten, sondern lediglich auf persönlichen Verhältnissen, deren Initiative Schleiermacher zur Last fiel. Es hatte dieser nämlich mit allen Mitteln, welche ihm zu Gebote standen, Hegel von der philosophischen Klasse der Akademie der Wissenschaften fern gehalten, und die Aufnahme in die Akademie war nicht ohne Bezug auf diesen einen Mann durch

Schleiermacher bedeutend erschwert, und selbst, wenn eine Minorität sich widersetzte, unmöglich gemacht worden. Kurze Zeit vor Hegels Tode löste sich dieser Widerwillen in etwas, und einige Monate vor demselben sah ich Hegel und Schleiermacher im freundlichsten Gespräche den Rutschberg von Tivoli herunterfahren. ...

Hegel

REDE BEI DER ABGABE DES REKTORATS OKTOBER 1830

... Das Nächste, worüber ich zu berichten habe, ist die Frequenz der Universität. Das Sicherste, was sich darüber angeben läßt, ist die Anzahl der Immatrikulierten. Seit mehreren Jahren ist es der Fall gewesen, daß die Anzahl, die unter einem Rektorate immatrikuliert wurde, die Anzahl des vorhergehenden Jahres übertraf; dies ist denn auch diesmal eingetroffen. Mein Herr Vorgänger hat 1031 Studierende immatrikuliert, bei mir beläuft sich die Zahl auf 1085. Ich wünsche, daß dieselbe Regel sich diesmal auch bei meinem verehrten Herrn Nachfolger bewähre. ...

Für das verflossene Sommersemester ist die Anzahl der Studierenden auf 1787 angegeben. ... Das Verhältnis der verschiedenen Fakultäten stellt sich dabei so, daß bei 1787 Studierenden

die theol. Fak.	611	
die jurid. Fak.	633	— die stärkste
die mediz. Fak.	302	
die philos. Fak.	241	
	1787	

zählt.

Ausländer hatte	die theol. Fak.	133	
	die jurid. Fak.	134	
	die mediz. Fak.	126	
	die philos. Fak.	93	
		486	— also über den 4. Teil.

Außer diesen bei der Universität immatrikulierten Studierenden sind noch als Studierende bei der Universität und auf deren Vorlesungen angewiesene die Studierenden der Chirurgie und Pharmazie zu rechnen, die im verflossenen Semester 176 betrugen; ferner sind auch die

Eleven des Friedrich-Wilhelms-Instituts, der medizinisch-chirurgischen Militärakademie, Bauakademie usf. Vorlesungen an der Universität zu hören berechtigt; diese betrugen zusammen 280 Individuen. Mit den sonstigen Personen aus der Stadt, die sporadisch Vorlesungen an der Universität besuchen, machten die nicht immatrikulierten, die bei der Quästur sich gemeldet haben, 465 aus; so daß die Gesamtzahl der an der Universität Vorlesungen Besuchenden über 2200 anzunehmen ist. ...

Zur Beurteilung der Sitten der Studierenden liegen uns zwar nur die Resultate der disziplinarisch zur Untersuchung und Bestrafung gekommenen Fälle vor. Wenn der Schluß hievon auf die Sitten einerseits zwar nicht vollkommen bündig erscheint, so müssen wir andererseits zugestehen, daß wenigstens die Sitten in Ansehung der Roheit sich daraus beurteilen lassen, und daß selteneres Vorkommen solcher Fälle (von Roheit) auf relativ bessere Sitten mit Grund schließen läßt. — In dieser Hinsicht hat der durch längere Erfahrung anerkannte gute Zustand unserer Universität sich auch im verflossenen Jahre auf eine erfreuliche Weise bewährt. Während wohl beinahe in jeder Senatssitzung Pakete von Anschreiben anderer Universitäten bekannt zu machen waren, die uns von relegierten und konsiliierten Studierenden in Kenntnis setzten, ist auf der hiesigen Universität in diesem Jahre keiner relegiert, und nur ein einziger mit dem Consilium abeundi bestraft worden.

Doch erscheint die offizielle Liste der behandelten Disziplinarfälle noch immer stark, sie beträgt 129. Darunter ist aber vieles, in Rücksicht auf die Sitten überhaupt betrachtet, wenig bedeutend; z. B. 12 Fälle wegen Tabakrauchens, meist von fremden Ankömmlingen, die das Verbot, im Tiergarten zu rauchen, nicht kannten und mit einer Warnung entlassen wurden; — so wegen Unfleißes die, die keine Vorlesungen angenommen. — Wegen wörtlicher und Realinjurien kamen 21 Fälle vor, wegen vollzogenen Duells nur drei, aber wegen intendierten Duells 15; die bei weitem größere Anzahl von Herausforderungen zum Duell, besonders von Juden, ist vor der Vollziehung und zwar wahrscheinlich von den Beteiligten selbst angegeben und die Ausführung damit behindert worden. Die stärkste Anzahl machen die Fälle wegen Straßenunfugs, nächtlicher Ruhestörung, Unfug in Tabagien aus — sie betragen etliche um 30. Zwei Individuen sind wegen Teilnahme an einer Zusammenkunft bei den hiesigen Unruhen zur

Untersuchung gekommen, wovon jedoch der eine der polizeilichen Anzeige selbst nach sich eigentlich nichts hatte zu Schulden kommen lassen und selbst ohne Verweis entlassen wurde, der andere aber kein Student mehr war. Wir mögen es etwa für einen günstigen Zufall ansehen, daß jener Tumult in die Ferienzeit gefallen ist. — Aufsehen hat ein Studierender dadurch gemacht, daß er mit einer französischen Kokarde etwa eine Woche nach der französischen neuern Revolution an einem Sonntagvormittag über die Straße ging; es wies sich aus, daß er eine märkische Kokarde zu tragen meinte, — hiezu die Unbefangenheit, daß der einzige Ausgang, den er machte, ein Besuch bei einem Bekannten in der Hausvogtei war, zeigte die Sache, die zunächst bedenklich aussah, als etwas vollkommen Unbedeutendes, dem auch gar keine Folge gegeben wurde.

Die Anzahl der Strafen, zu den[en] der Senat genötigt worden, ist daher auch auffallend gering gewesen, und wir mögen dies als einen Umstand ansehen, zu welchem die Universität sich Glück wünschen kann. Außer dem angeführten Consilium sind an Strafen nur verhängt worden: 18 Unterschriften des Konsiliums, 3 Exklusionen und Exmatrikulationen, Karzerstrafen 14; — von 24 Stunden, zwei 3—4tägigen an bis zu einer 3- und einer 4wöchentlichen. Ich führe dabei zwei Erfahrungen an, α) daß die meisten strafwürdigen Exzesse, besonders Nacht-, Straßen-, Wirtshausunfug, solchen zur Last gefallen sind, die von anderen Universitäten auf die unsrige gekommen; β) im Laufe der Untersuchungen ist mir aufgefallen, daß häufig Westfälinger dabei erschienen; die in dieser Rücksicht auf dem Bureau gemachte Zusammenstellung des Gerichts ergab, daß von den 18, die das Consilium unterschreiben mußten, 8, und von den 14, welche Karzerstrafen erlitten, 7 — und zwar erhielten diese die schwersten — Westfälinger, und zwar meist katholische Mediziner gewesen sind; was ein Verhältnis von 15 : 35 oder 3 : 7 gibt, also nur $^1/_{14}$ weniger als die Hälfte der Anzahl aus dem ganzen Königreich und dem Auslande. Schuldsachen sind zwar in der Liste 441 verzeichnet, jedoch zum Teil gleichfalls sehr unbedeutend, und viele betreffen dasselbe Individuum. — Die Hälfte sind Klagen von fremden Universitäten, darunter allein 121 von Halle. ...

Hierauf habe ich ein für die Universität wichtiges Verhältnis zu erwähnen, in welches der Rektor in diesem verflossenen Jahre versetzt worden ist, indem das Königliche Ministerium mich beauftragt hat, die Mitstellvertretung des Königlichen außerordentlichen Regierungsbevollmächtigten zu übernehmen, nachdem dasselbe schon in unmittelbar vorhergegangenen, jedoch früher als meine Wahl zum Rektor stattgefundenen Verhandlungen es als eine allgemeinere Absicht ausgedrückt hatte, der Universität diesen Beweis seines Zutrauens zu geben, solche Mitstellvertretung mit dem Rektorate zu verknüpfen. So wenig ich eine Vermehrung von für mich ohnehin ungewohnten Geschäften wünschen konnte, so habe ich in jenem Sinne des Königlichen Ministeriums, der den Wünschen der Universität ebenso entsprechend sei, diese Funktion gerne übernehmen zu müssen geglaubt. Denn ich meinte die allgemeinere Gesinnung der Universität damit auszudrücken, daß dieselbe es als ein Zeichen des Zutrauens, das uns das Ministerium schenkt, darin dankbar anerkennte, daß es auf hiesiger Universität das Amt des außerordentlichen Königlichen Regierungsbevollmächtigten einerseits dem Herrn Universitätsrichter anvertraut, der mit dem Rektor im Universitätsgericht in fortwährender Gemeinschaft ist und ebenso als Mitglied des Senats mit diesem in enger Verbindung steht, andererseits aber dem Rektor übergibt, der von den Professoren selbst gewählt wird. Ich für mich wüßte insofern, teils da jenes Amt (eines außerordentlichen Königlichen Regierungsbevollmächtigten) durch allgemeine Beschlüsse des deutschen Bundes feststeht, teils aber Mitglieder der Universität dasselbe versehen sollen, kein unverfänglicheres und für die Universität annehmlicheres Verhältnis als das erwähnte, welches das hohe Königliche Ministerium bei uns hat eintreten lassen. Der Universitätsrichter und Rektor stehen für sich in der angeführten näheren Geschäftsbeziehung, vornehmlich aber sind beide dem Senate inkorporiert, so daß Aufträge des Königlichen Ministeriums an das Amt des außerordentlichen Königlichen Regierungsbevollmächtigten unmittelbar mit dem Senat verhandelt werden, ebensosehr als die Wünsche und Anträge des Senats aus unmittelbarer Verhandlung mit demselben, insofern es noch eines besondern Zwischenberichts bedürfte, auf diese Art an das Königliche Ministerium gebracht werden; — andere Vorteile dieser Verbindung in Ansehung der Erleichterung und Abkürzung vieler formeller Geschäfte nicht zu erwähnen.

In diesem Sinne einer in Gemeinsamkeit mit dem Senate zu pflegenden Amtsführung sind die Geschäfte dieses Jahr gehalten worden. Um weiterer noch anzuführender Umstände [zu erwähnen], habe ich eines derselben, und zwar das nicht unwichtigste, namentlich anzugeben. Die stellvertretenden Regierungsbevollmächtigten haben nämlich auch z. B., und zwar auf Veranlassung meiner verehrten Herrn Kollegen, in Ansehung der Vergebung des wichtigsten Teils der Benefizien, die ihnen zur Unterstützung dürftiger Studierender übergeben sind, die Mitberatung und Genehmigung des Senats sich erbeten. Der Teil, von dem ich spreche, sind die Freitische, zu denen schon von meinen verehrten Herrn Vorgängern in der Stellvertretung gemeinschaftlich mit dem Herrn Universitätsrichter die Hälfte[10] und darüber von der Summe bestimmt worden ist, welche sie für arme Studierende zu verwenden haben — eine Verwendungsart, die sich beim ersten Blick empfiehlt und ebenso durch die Erfahrung als höchst zweckmäßig ergibt. Über diese Partie aber überhaupt, die Dürftigkeit der Studierenden und die Größe des Bedürfnisses in dieser Rücksicht, ist noch mehreres anzuführen. Die hiesige Stadt bietet zwar große Ressourcen des Erwerbs für dürftige Studierende dar, lockt aber zugleich um so mehr herbei und macht die Konkurrenz um so größer; desto weniger [vermag] aber die Universität. Bei derselben war nur erst ein einziges Stipendium fundiert worden, nämlich von dem hiesigen Handelshause Bendemann. Dieses Jahr ist nun eine zweite Stiftung für Studierende der Theologie durch die Großmut unsers verehrten Herrn Kollegen v. Lancizolle hinzu[ge]kommen, welche von dem Königlichen Ministerium die höhere Autorisation bereits erhalten hat, deren Betrag noch von der weiteren Regulierung abhängig ist, welche der verehrte Herr Kollege weiter übernommen hat, zum bestimmtern Resultate zu bringen. Bei der Größe des Bedürfnisses, das dem stellvertretenden Regierungsbevollmächtigten insbesondere vor Augen kommt, hat der Senat sich bewogen gefunden, sich in einer Immediat-Eingabe an Seine Königliche Majestät selbst zu wenden und um Dotierung der Universität mit einer Anzahl von Freitischen ehrerbietigst nachgesucht. Diese Eingabe ist an das h[ohe] vorgesetzte Ministerium abgegeben worden, und die Universität hat den Resultaten der wohlwollenden Bemühungen des königlichen Ministeriums entgegenzusehen. Gleichfalls ist der Senat darüber den hiesigen Stadtmagistrat angegangen mit Anführung der großen Vorteile, welche die hiesige Stadt nach so vielen Seiten daraus zieht, daß die Universität hier etabliert worden ist (z. B. monatlich über 7000

[10] Am Rand: 5 ganze und 25 halbe. (Anm. d. Hrsg.)

Taler an Miete, welche die Studierenden bezahlen). Die Antwort des Magistrats gibt den Finanzzustand der Stadt als von solcher Beschaffenheit an, daß von da aus dermalen nichts zu tun sei; doch zeigte sich derselbe bereitwillig, zu einer Einleitung die Hand bieten zu wollen, daß die wohltätige Gesinnung von Privaten durch eine von uns ausgehen sollende, in Druck zu gebende Aufforderung in Anspruch genommen würde. Jedoch hat einesteils der Senat den Erfolg der Anregung bei Seiner Majestät abwarten wollen, um darin einen Anhaltspunkt für eine Aufforderung zur Nachfolge zu haben, andernteils ist jedoch die Privatwohltätigkeit nicht untätig. Es ist die unermüdliche, nicht genug zu preisende Menschenfreundlichkeit, Bemühung und Aufopferung eines unserer verehrten Kollegen, des Herrn Geheimrats Schmalz, in welchem diese Mildtätigkeit einen Mittelpunkt gefunden und durch ihn erkleckliche Wohltaten an die Studierenden spendet. Wenn wir einen Wunsch dabei äußern dürften, so wäre es das einzige, daß einiges von diesen dermal mehr zufälligen und durch persönliche Tätigkeit und Hochachtung bewirkten Gaben für die Nachkommen dauernd gemacht werden könne.

In dieser Rücksicht einer Hilfe für arme Studierende ist aber nun vornehmlich anzuführen, daß auf Veranlassung des Königlichen Ministeriums nach dem Beispiele anderer Universitäten von dem Senat der Plan eines allgemeinen Krankenvereins für die Pflege und Heilung dürftiger Studierender gefaßt worden ist. Durch die dankvollst zu erwähnende Bemühung des Herrn Dekans der Juridischen Faluktät, des Herrn von Lancizolle, ist ein Entwurf der Statuten zustande gekommen; wenn dessen endliche Redaktion vollends angefertigt sein wird, wird er selber dem verehrten Herrn Kollegen mitgeteilt werden; es ist der Gedanke, daß für den bevorstehenden Winter dieser Verein zur Ausführung kommen möge, — einstweilen ist durch einen Anschlag der vorläufige Vorschlag und die respektive Aufforderung zur Stiftung eines solchen Vereins an die Studierenden ergangen. Die weitere Ausführung aber habe ich meinem verehrten Herrn Nachfolger im Rektorat überlassen müssen. . . .

Ministerialrat Johannes Schulze
BRIEF AN ALTENSTEIN VOM 14. 11. 1831

Ew. Exzellenz melde ich im Auftrage der Frau Professor Hegel den heute nachmittag um fünf Uhr erfolgten Tod ihres edlen Gatten.

Kaum war ich von Ew. Exz. nach Hause zurückgekehrt, als ich ein offenes Billet von der Frau Professor Hegel erhalte, worin sie mich von der plötzlichen Krankheit ihres Gatten unterrichtet und mich bittet, zu kommen, denn bald möchte es zu spät sein. Bestürzt eilte ich fort und fand die Mutter und beide Söhne in ruhiger Haltung am Sterbebette ihres Gatten und Vaters, ungewiß, ob er noch lebe oder bereits geendet habe. Bald überzeugte ich mich, daß der Todeskampf schon vorüber sei; gemeinschaftlich schlossen wir die Augen des geliebten Freundes und verweilten still trauernd bei seiner Leiche. Die wenigen Äußerungen der Frau Hegel ließen mich die Natur der Krankheit, woran ihr Gatte gestorben, ahnden, allein ich wagte nicht den Namen auszusprechen. Erst nach der Ankunft der Herren Barez, Horn und Wagner erhielten wir die traurige Gewißheit, daß unser Freund an der intensivsten Cholera gestorben. Er war nur dreißig Stunden krank und bei vollem Bewußtsein bis zum letzten Atemzuge, ohne auch nur im entferntesten seinen nahen Tod zu ahnden. Seine Züge waren unentstellt und glichen denen eines ruhig Schlafenden. Kein Krampf ging seinem Ende vorher. Noch am letzten Freitage des Abends hat er mit ungewöhnlicher Kraft eine Vorlesung gehalten, von welcher alle Anwesenden tief ergriffen waren. Nach der Vorlesung ging er ungeachtet des ungünstigen Wetters zum Buchhändler Duncker, um mit demselben den Vertrag wegen der neuen von ihm beabsichtigten Ausgabe der Phänomenologie abzuschließen. Heute ist der letzte Druckbogen des ersten Bandes der neuen Ausgabe der Logik ihm übergeben worden.

Morgen abend um sechs Uhr werde ich ihn zur letzten Ruhestätte begleiten. ... Sein Verlust ist für die Universität unersetzlich; ich verliere mit ihm einen Freund, der sich mir in allen Verhältnissen bewährt hat.

Henrik Steffens

DIE UNIVERSITÄT ZU BEGINN DER DREISSIGER JAHRE

I.

... Mit meinem Empfang bei der Universität konnte ich zufrieden sein. Ich kam nicht mit großen Erwartungen an; fast 30 Jahre waren verschwunden, seit ich ein Gegenstand des öffentlichen Beifalls, ja des Enthusiasmus der Jugend gewesen war. Ich war alt, die Zeit eine andere geworden. Hegel war ein halbes Jahr früher gestorben, aber seine Philosophie beherrschte die Universität, und mein ganzes Leben, meine Persönlichkeit und meine geistige Richtung waren andere. Der Maßstab wissenschaftlicher Bestrebungen, der bei einer jeden Beurteilung in Berlin angelegt wurde, konnte mir nicht günstig sein. Die Naturforscher erwarteten von mir wenig, und wenn diese auch anfingen einzusehen, daß ich einige naturwissenschaftliche Kenntnisse besaß, und mich freundlich aufnahmen, so waren sie doch entschiedene Gegner der Naturphilosophie. Die großen Entdeckungen einerseits in der Physik, dann in der Geologie, endlich in der komparativen Physiologie, hatten einen jeden Keim spekulativer Ansichten erstickt, und die Naturphilosophie ward als ein willkürliches, phantastisches Spiel betrachtet, welches vielleicht hier oder da ein dichterisches, keinesweges ein wissenschaftliches Interesse erregen konnte. Aber jetzt hatte ich nicht allein die Naturforscher, sondern auch die in Berlin herrschenden Philosophen gegen mich. Wenn jene behaupten, daß jede Betrachtung der Natur sich streng innerhalb der Grenzen der Sinnlichkeit halten, hier aber alle Verhältnisse mit Klarheit und Bestimmtheit auffassen müsse: so waren die Philosophen geneigt, dieser Bestimmtheit allen spekulativen Wert abzusprechen, und so mit den Naturforschern recht eigentlich gegen mich verbunden. . . .

Man konnte sagen, die ganze Universität war in zwei Hälften geteilt: die eine mit bloß vereinzelten Untersuchungen beschäftigt, bildete die eigentliche fruchtbarste Richtung des Universitätslebens; sie hat der Universität die positive wissenschaftliche Herrschaft verschafft und ihren Ruf begründet, aber auch die Elemente der Hochschule von einander gesondert und zersplittert. Es war eine allgemeine Neigung entstanden, nachdem der große Versuch, eine geistige Einheit aller wirklichen Erfahrungen zu erringen, erlahmt war, das Vereinzelte als eine gute Beute zu betrachten, deren Besitz man sichern wollte; und an der Stelle der Hingebung, die allein dem Ganzen einen Wert gibt, entstand ein Ringen nach Virtuosität, die sich allerdings selbst in dem kleinsten vereinzelten Objekt bis zur Bewunderung ausbilden läßt. Man glaube nicht, daß ich diese allgemein herrschende Richtung tadle; sie ist nicht willkürlich entstanden, sie hat eine wirkliche, echt geschichtliche Bedeutung: nur muß ich bekennen, daß ich sie nicht ohne einen gewissen Schauder in allen Richtungen sich ausbilden sehe, und die Hoffnung, daß diese immer zunehmende Zersplitterung fortgesetzt, zur Einheit führen soll, nicht zu teilen vermag. . . .

II.

. . . Nach dem Verlauf von drei Semestern ward ich mit einer überraschenden Stimmenmehrheit zum Rektor gewählt.

. . . Das Berliner Universitäts-Gebäude ist sehr imponierend und eins der ansehnlichsten der ganzen Stadt. Es war früher der Palast des Prinzen Heinrich, und hatte vielleicht, ehe es von dem Könige der Universität zur Benutzung übergeben ward, eine Reparatur und innere Umänderung verdient. Jetzt waren einige zwanzig Jahre verflossen, das Gebäude ward immer baufälliger. Die zur gründlichen Reparatur nötigen Kosten wuchsen auf eine bedenkliche Weise und veranlaßten eine immer längere Verzögerung. Endlich war eine gründliche Wiederherstellung des verfallenen Gebäudes nicht länger aufzuschieben, und eben während meines Rektorats erhielt der Senat den Auftrag, in dieser Sache die Vorschläge zu machen, die aber mit manchen Schwierigkeiten verbunden waren. Außer den Hörsälen waren die großen Institute, die mit der Erweiterung der Wissenschaft fortdauernd wuchsen, in dem Universitätsgebäude angebracht. Ja die Zahl der Sammlungen nahm bedenklich zu; die Direktoren derselben halfen sich, wie sie konnten, und das Universitätsgebäude konnte durch die damals entstandene Verwirrung wohl mit dem alten deutschen Reiche kurz vor seinem Untergange verglichen werden! Es kamen Inklaven der seltsamsten Art vor. Sammlungen und Hörsäle hemmten und störten sich wechselseitig, und jetzt, da diese Verwirrung gehoben werden sollte, entstand von allen Seiten eine Kollision der wechselseitigen Interessen, die schwer zu heben war, und mich mit manchem geschätzten Kollegen in unangenehme Berührung brachte. . . .

Savigny

BRIEF AN JAKOB UND WILHELM GRIMM VOM 12. 2. 1834

. . . Welche ungeheure Lücke Schleiermachers Tod macht, kann man nur hier empfinden. Nie habe ich ihn frischer, heiterer, kräftiger gesehen, als diesen Winter nach einer Reise durch Schweden. Er litt mehrere Tage an heftigem Husten, las aber noch den Donnerstag. Eigentlich krank war er nur vom Freitag bis zum Mittwoch, wo er starb. Er nahm noch die Kommunion mit den Seinigen, sprach dabei mit kräftiger Stimme, kehrte sich um und starb. Es war eine große Energie in seinem Geiste, und daneben ein edles, liebevolles Herz. Nichts weniger als was man gewöhnlich milde nennt, im Gegenteil scharf und zur Polemik geneigt, auch von anderen oft sehr gekränkt und angefeindet, habe ich doch *nie* in ihm gegen Personen Bitterkeit, Haß, oder hartes, schneidendes Urteil gefunden. Es ist ein ungeheurer Verlust. ...

Leopold von Ranke

BRIEF AN HEINRICH RITTER VOM 21. 2. 1834

... Ist es nicht ein rechtes Leiden, daß wir den guten Schleiermacher verloren haben? Denn er gehörte Dir, wie er selber bekannte, und in anderer Hinsicht auch mir noch näher an, als der übrigen Welt. Wir begraben nach und nach die Generation, die vor uns war. Es kommt mir doch beinahe vor, als würden wir nicht ganz fähig sein, sie zu ersetzen. Wie man auch sonst urteilen mag, so beginnen die kräftigen, wahren, in ihrer innersten Tendenz der Wahrheit und nicht dem Scheine zugewendeten Geister, die auch fähig sind, sie zu fassen, zu mangeln.

Sehr schön ist der gute Schleiermacher gestorben. Er sah sehr bald, daß er sterben mußte. Er hatte eine Lungenentzündung, die sich aus einer nach seiner Art von ihm wenig geachteten Erkältung gebildet. Man versäumte ein paar Tage, ihm zur Ader zu lassen — er hat, wie ich höre, einen Gichtelianer zum Arzt gehabt —; als man es endlich tat, erleichterte es ihn nicht mehr. Barez, der herbeigerufen wurde, fand ihn schon ohne Hoffnung. Er ergab sich sogleich darein und sagte den Seinigen, er werde sterben. Nachdem er sein Haus bestellt — sein Testament war schon vorher gemacht —, auch über seinen schriftlichen Nachlaß verfügt hatte, als er seinen Tod sich nähern fühlte, sagte er oder ließ es seinen Kindern sagen — denn man hatte die alberne Fürsorge, sie nicht vor ihn zu lassen —: er lasse ihnen das Gebot: liebet euch unter einander! er sterbe auf den Glauben, den er sie immer gelehrt. Er soll von seiner Seligkeit im Glauben an

Christum gesprochen haben. Dann ließ er sich Kelch und Hostie aus der Kirche bringen, konsekrierte es, gab es seiner Frau und den übrigen Umstehenden und nahm es selbst. Vernehmlich sprach er die Einsetzungsworte; mitten darin ward seine Stimme schwächer; er legte seinen Kopf auf die Seite und entschlummerte, in Gottesbewußtsein, wie er davon immer so viel gesagt, ohne Schmerz und Kampf. Als er tot war, gab man seinen Kindern das konsekrierte Abendmahl; sie knieten um das Bett des toten Vaters und beteten.

Dieser herrliche Tod hat hier viel Eindruck gemacht. Er hat die, welche an seinem Christentum zweifelten, beschwichtigt und wenigstens für den Augenblick still gemacht. Sein Leichenbegängnis war ohne gleichen: 20 000 bis 30 000 Menschen erfüllten die Straßen. Alles ging zu Fuß. Ich ging mit Savigny und Karl Ritter. Gegen diesen dachte ich auch Deiner: Dich hätte ich unendlich gern herbeigewünscht. Ich weiß nicht, warum gerade. Aber es war mir so, als ob Du fehltest. . . .

Der Lehrer vermag viel, aber er vermag nichts ohne die Schüler.
Schelling

Leopold von Ranke

BRIEF AN HEINRICH RITTER VOM 18. 2. 1835

... Übrigens leben wir hier auf die gewohnte Weise fort. Die Besetzung der philosophischen Professur erleidet noch immer die seltsamsten — wie soll ich mich ausdrücken? — Einflüsse, Modalitäten. Mit Gabler war man soweit, daß die Sache aufs neue zur Unterschrift vorlag. Ein alter guter Christ nimmt aber Anstoß an der Perpetuierung des Hegelianismus und trägt dem König Skrupel vor. Sein Schreiben wird an den Minister herabgeschickt und zur Widerlegung des Pietisten eine gewaltige Schutzschrift aufgesetzt. Indem man aber hofft, alles beseitigt zu haben, erheben sich neue Verwickelungen. Es tritt der Wunsch hervor, Schelling zu besitzen. Der Minister meint, man solle ihm nur 100000 Rtlr. mehr geben, so wolle er schon noch andere Illustrationen nach Berlin ziehen. Es läßt sich nicht absehen, was daraus werden soll. Auf der einen Seite will man Gabler nicht aufgeben, auf der andern wird man sich hüten, zu neuen Bewilligungen zu schreiten. Das eigenste wäre doch, wenn der alte Schelling noch hierher käme. Ich glaub es aber im Leben nicht. ...

Jakob Burckhardt

BRIEF AN HEINRICH SCHREIBER VOM 15. 1. 1840

... Als ich die ersten Stunden bei Ranke, Droysen und Böckh gehört hatte, machte ich große Augen. Ich sah, es war mir bisher ergangen, wie jenen Rittern im Don Quixotte mit ihren Damen, ich hatte meine Wissenschaft auf Hörensagen hin geliebt, und nun trat sie plötzlich in gigantischer Größe vor mich, und ich mußte die Augen niederschlagen. Jetzt erst bin ich fest entschlossen, ihr mein Leben zu widmen, vielleicht mit Entbehrung des häuslichen Glückes; von nun an soll kein Zwitterzustand meine Seele ängstigen. ...

Alexander von Humboldt

BRIEF AN KARL AUGUST VARNHAGEN VON ENSE VOM 22. 4. 1841

... Ich hatte Veranlassung, in Potsdam, da er es forderte, dem König Schellings Rede über Natur und Kunst... vorzulesen. Die Stellen über Raphael, Leonardo da Vinci und die Möglichkeit einer erneuerten Blüte der Kunst gehören zu dem Anmutigsten, was unsre Sprache gewährt. Die Vorlesung machte auf den König den Eindruck eines schönen Gesanges. Der Vogel ist aber jetzt siebenundsechszig Jahr alt, und kommt aus einem goldenen Käfig in einen andern.

Friedrich Wilhelm Joseph von Schelling

BRIEF AN DEN MINISTER FÜR KULTUS UND UNTERRICHT JOHANN ALBRECHT FRIEDRICH EICHHORN VOM 5. 5. 1841 AUS MÜNCHEN

... Ich kann ... Euer Exzellenz nicht bergen, daß bei der Ungewißheit, wie lange in Jahren, wie die meinigen, auf die gegenwärtige Gesundheit zu zählen sei, bei der Ungewißheit insbesondere, ob nach der elastischen Bergluft, in der ich so lange Zeit gelebt, die Berliner Atmosphäre nicht eine bedeutende Alteration meines physischen Befindens zur Folge habe, der Gedanke, im Fall eintretender Unfähigkeit Preußen eine unnütze Last zu sein, stets etwas Drückendes für mich hatte, daß ich daher dringend wünschen mußte, es möchte mir eine Probe verstattet sein, ehe ich mich gänzlich entscheide.

... Urlaub ist mir schriftlich — wenigstens auf ein Jahr — zugesagt; es liegt schon im Ausdruck eine mögliche Verlängerung; was ich aber in ein bis zwei Jahren nicht wirken kann, würde ich auch in zehn nicht wirken können. Denn es kommt, in wissenschaftlicher Hinsicht, überhaupt nur darauf an, daß ein Ausweg, den viele (ich bin es überzeugt) gern ergreifen würden, ihnen *gezeigt* werde. Sie wollen nur nicht *glauben*, was sie nicht glauben *können*, und darin kann man ihnen nicht unrecht geben. Es bedarf keiner, am wenigsten einer fortgesetzten Polemik, es bedarf nur, daß ihnen als möglich dargetan werde, was sie für unmöglich halten, — als möglich im Verein mit strengster Wissenschaftlichkeit, ohne Beeinträchtigung des freiesten Denkens, ohne irgend etwas aufzugeben, das wahre und echte Wissenschaft seit Kant wirklich errungen. Überlege ich diesen Stand der Sache, so muß ich es allerdings für meinen *Beruf* ansehen, in Berlin wenigstens eine Zeitlang zu wirken, da ich die beruhigende Gewißheit habe, dadurch, auch in kurzer Zeit, bewirken zu können, daß aus einer allerdings gräßlichen Verwirrung der Übergang zu erstaunender Klarheit nicht durch einen Rückfall, sondern durch ein *wirkliches Fortschreiten*, nicht durch eine neue Verwirrung und neue Stöße, sondern einfach und leicht, am Ende sogar, mit wenigen Ausnahmen, zu allgemeiner Zufriedenheit geschehe.

Demgemäß kann ich nichts mehr wünschen, als daß auch Seiner Majestät dem König, welchem auf diese Weise wirklich *dienen* zu können ich das tröstliche Bewußtsein habe, dem auf diese Weise zu dienen ich für die größte Freude ansehe, die mir in diesem Leben noch zuteil werden konnte, daß auch dem König, dessen Absichten mich zur höchsten Verehrung, dessen gnädige Gesinnung gegen mich mich zur höchsten Dankbarkeit auffordern, dieses Erbieten genehm und gefällig sein möge.

Dieses mir zu vermitteln ist Ihre Sache, Höchstverehrter Herr Staatsminister, an den ich hierüber nicht bloß als solchen, sondern, wozu Ihr Schreiben mich berechtigt, das sich unsrer alten Freundschaft so gütig erinnert, als bewährten Freund vertrauensvollst schreibe.

Es kann bei den obwaltenden Umständen meinem so entschiedenen Willen nicht schwer fallen, zu bewerkstelligen, um was allein es sich handeln kann, mir möglich zu machen, nur überhaupt auf eine anständige und schickliche Weise nächsten Herbst oder auch noch früher nach Berlin zu kommen. Da mein Abgang jedenfalls mit Umständen verknüpft sein wird, so wünsche ich allerdings, mich bald dazu anschicken zu können, um mit Anfang des Wintersemesters auf meinem Platze zu sein und noch zuvor auf eine leidliche, meiner Gesundheit zusagende Weise mich dort einrichten zu können. . . .

Johann Albrecht Friedrich Eichhorn

BRIEF AN SCHELLING VOM 17. 5. 1841

Ew. Hochwohlgeb. geehrtes Schreiben vom 5. d. M. war mir sehr erfreulich, besonders auch deswegen, weil es mir allen Zweifel über unsern Wunsch benimmt, Sie in unserer Mitte zu sehen. Schon unter dem 4. d. M. hatte ich nämlich den Herrn Grafen v. Dönhoff in Kenntnis gesetzt, daß des Königs Majestät es lediglich von Ihren eigenen Vorschlägen abhängig machte, wann und unter welchen Bedingungen Sie sich hierher begeben, und wie lange Sie Ihren Aufenthalt hier nehmen wollten. Diese Allerhöchste Eröffnung, welche alle äußeren Hindernisse und Bedenklichkeiten gänzlich beseitigt, wird Ew. p. mittlerweise zugekommen sein und Ihren Vorbereitungen zur Reise den freiesten Spielraum gegeben haben. An freundlichen, gesunden und bequemen Wohnungen finden Sie hier eine gute Auswahl, und was das Klima betrifft, so wird es Ihrer Gesundheit hoffentlich zusagen, vielleicht sogar wohltätig sein. Die Luft ist im ganzen rein und gesund.

Was Ew. p. über Ihre hiesige Wirksamkeit andeuten, trifft ganz den Punkt, auf welchen es auch meiner Überzeugung nach ankommt. Das in der evangelischen Kirche neu erwachte Leben hat das Band, mit welchem die neuere Philosophie auf ihrer vermeintlichen höchsten Entwicklungsstufe die Theologie unauflöslich umschlungen zu haben glaubte, mit einer Energie zerrissen, von der man keine Ahndung hatte, zeigt in dieser selbst errungenen Freiheit eine merkliche Hinneigung zum Mißtrauen nicht nur gegen die Philosophie überhaupt, sondern auch gegen die unter dem Einflusse des Zeitgeistes historisch gewordenen Ordnungen, zum Teil sogar ein tumultuarisches Überspringen derselben. Die große Zahl derer, die diese Anregungen nicht teilen, haben den sichern Halt einer gesunden Philosophie verloren und bilden, zum Teil von zuchtloser Selbstüberhebung, mit jenen einen Gegensatz, der nicht weniger verwirrend auf Kirche und Staat einwirkt. Eine große philosophische Autorität, die in der Kraft des eigenen Geistes sich zur Klarheit eines die Theologie und Philosophie vermittelnden Zentralmoments hindurch gearbeitet hat, vermag es allein, in lebendiger Rede dem deutschen Geiste eine seinen eigentümlichen Bedürfnissen angemessene neue und zu einer heilsamen Entwicklung hinführende Bahn zu öffnen. Gelingt Ihnen dieses, woran ich nicht zweifele, dann haben Sie sich ein Verdienst erworben, welches den größesten und herrlichsten an die Seite gesetzt werden darf. An aufmerksamen und empfänglichen Zuhörern auch unter denen reiferen Alters wird es Ihnen hier nicht fehlen.

Ew. Hochwohlgeb. wollen hieraus entnehmen, wie tiefen Anteil ich an dem Wunsche unseres hochherzigen und edelen Königs nehme, und wie willkommen Sie allen denen sein werden, welche echte Wissenschaft der weiteren Entwicklung des kirchlichen Lebens sichern möchten. . . .

Schelling

BRIEF AN DORFMÜLLER VOM 9. 11. 1841 AUS BERLIN

. . . Die Hegelianer betreffend, so werden die meisten bei mir hören, nachdem sie mir öffentlich und privatim jede Ehrerbietung versichert, und bezeugt. Nächsten Montag abend werde ich anfangen. Die Spannung ist unglaublich und schon jetzt von Seiten der Universitätsvorsteher alles in Bewegung, zu verhüten, daß der allzugroße Zudrang zu dem verhältnismäßig kleinen größten Auditorium kein Skandal verursache. Ich werde mit voller Freimütigkeit vortragen, ohne etwas zu verbergen, und fürchte eben nur den Zudrang, da die Studenten schon erklärt haben, wenn nicht durch die Türen, würden sie durch die Fenster hereinkommen. Unter den eingeschriebenen Zuhörern befinden sich selbst die proceres Universitatis sowie die Söhne von solchen, wie Savigny, Lichtenstein, Steffens usw., wobei mir rührend, daß diese beiden, die mich in Jena gehört, mich noch einmal im Alter hören werden. . . .

Schelling

ANTRITTSVORLESUNG IN BERLIN
15. 11. 1841

Ich fühle die ganze Bedeutung dieses Augenblicks, ich weiß, was ich mit demselben auf mich nehme; wie könnte ich es mir selbst verhehlen oder wie *Ihnen* verbergen wollen, was durch meine bloße Erscheinung an dieser Stelle ausgesprochen und erklärt ist? Gewiß, m[eine] H[erren], hätte ich nicht die Überzeugung, durch meine Anwesenheit der Philosophie einen wesentlichen, ja einen größern Dienst zu leisten, als ich ihr je früher zu leisten im Stande gewesen; so stünde ich nicht vor *Ihnen*. Dieses also ist mein Glaube: allein ich bin weit enfernt zu erwarten, und kann noch weniger daran denken zu verlangen, daß dies auch die allgemeine Meinung über mich sei. Nur so viel hoffe ich zu erlangen, daß niemand mich mit Mißgunst an dieser Stelle sehe; daß man mir willig Zeit und Raum gönne zu der ausführlichen Antwort auf das Dic cur hic, die ich durch die ganze Folge meiner Vorträge zu erteilen im Begriff stehe. Habe ich doch auch andern Raum gelassen, keinem gewehrt, das gleiche Ziel in der Wissenschaft mit mir zu erreichen! Bin ich in derselben zu etwas gelangt, das wert ist, hier vorgetragen zu werden und die Aufmerksamkeit einer Versammlung, wie ich sie hier vor mir sehe, in Anspruch zu nehmen, — der Weg dazu stand jedem offen, und niemand kann sagen, daß ich ihm durch Eile zuvorgekommen.

Es sind jetzt vierzig Jahre, da gelang es mir, ein neues Blatt in der Geschichte der Philosophie aufzuschlagen; die eine Seite desselben ist jetzt voll geschrieben; gern hätte ich einem andern überlassen, das Fazit, das Resultat derselben zu ziehen, das Blatt umzuwenden, und eine neue Seite anzufangen.

Wenn ich versichere, daß ich die ganze Größe und Schwierigkeit der übernommenen Aufgabe gefühlt, und sie dennoch nicht abgelehnt habe: so spricht sich darin allerdings das Bewußtsein eines entschiedenen Berufs aus. Aber ich habe diesen Beruf nicht mir selbst gegeben, er ist mir ohne mein Zutun geworden; nun er mir geworden, darf ich ihn auch nicht verleugnen noch gering achten. Ich habe mich nicht aufgeworfen zum Lehrer der Zeit, wäre ich ein solcher, so hätte die Zeit selbst mich dazu gemacht, und ich würde mir kein Verdienst dabei zuschreiben, denn was ich für die Philosophie getan, ich habe es nur in Folge einer mir durch meine innere Natur auferlegten Notwendigkeit getan.

Die Umstände nötigen mich, bei dieser Gelegenheit von mir selbst zu reden: doch eitles Selbstrühmen ist mir fern. Der Mann, der, nachdem er das Seinige für die Philosophie getan hatte, für geziemend erachtete, nun auch andere frei gewähren und sich versuchen zu lassen, der, selbst vom Schauplatz zurückgezogen, inzwischen jedes Urteil schweigend über sich ergehen ließ, ohne selbst durch den Mißbrauch, der von diesem Schweigen, durch Verfälschungen selbst des geschichtlichen Hergangs der neuern Philosophie gemacht wurde, sich bewegen zu lassen, es zu brechen; der im Besitz — nicht einer nichtserklärenden, sondern einer sehnlichst gewünschte, dringend verlangte wirkliche Aufschlüsse gewährenden, das menschliche Bewußtsein über seine gegenwärtigen Grenzen erweiternden Philosophie ruhig sagen ließ: es sei mit ihm *gar aus*, und der dies Schweigen, ganz und vollständig, nicht eher bricht, als bis eine unzweifelhafte Pflicht ihn dazu auffordert, bis ihm unwidersprechlich klar geworden, jetzt sei die Zeit gekommen, das entscheidende Wort zu sprechen: dieser Mann, m. H., hat wohl gezeigt, daß er der Selbstverleugnung fähig ist, daß er nicht an voreiliger Einbildung leidet, daß es ihm um mehr als um eine vorübergehende Meinung, als um einen flüchtigen, schnell zu erlangenden Ruhm zu tun ist.

Lästig, das fühle ich, muß ich wohl zum Teil sein. Man hatte mich untergebracht, ich war konstruiert, man wußte aufs genauste, was an mir war. Nun soll man mit mir von vorn anfangen und einsehen, daß doch etwas in mir gewesen, von dem man nicht wußte.

Der natürlichen Ordnung der Dinge gemäß sollte statt meiner an dieser Stelle ein jüngerer der Aufgabe gewachsener Mann stehn. Er komme — ich werde ihm mit Freuden den Platz einräumen. Habe ich doch so manche treffliche jüngere Talente bedauert, die ich aller Orten sich mit Mitteln und Formen abmühen sah, von denen ich wußte, daß sie zu nichts führen können, daß ihnen nichts abzugewinnen sei: wie gern hätte ich sie an mich gezogen, wie gern denen geholfen, die von mir nichts wissen wollten! Nun ich sehen mußte, daß ich selbst Hand anlegen müsse, wenn zu Stande kommen sollte, was ich als notwendig, als gefordert durch die Zeit, durch die ganze bisherige Geschichte der Philosophie erkannte, und daß ich für dieses Werk eigentlich aufgespart worden — da, als von mir verlangt wurde, in dieser Metropole der deutschen Philosophie, hier wo jedes tiefer gedachte Wort für ganz Deutschland gesprochen, ja selbst über die Grenzen Deutschlands getragen wird, wo allein die entscheidende Wirkung möglich war, wo jedenfalls die Geschicke deutscher Philosophie sich entscheiden müssen, hier als Lehrer zu wirken: da, in einem so bedeutenden Moment, und nachdem Gott so lang das Leben mir gefristet, der Philosophie, die der Schutzgeist meines Lebens gewesen, nicht zu fehlen, mußte ich als unabweisliche Pflicht erkennen, und nur dieser Gedanke, diese klare Überzeugung allein konnte mich entscheiden.

Zwar ich leugne nicht, viel anderes stand vor mir, das mich bewegen konnte. Einem König, wenn auch nur kurze Zeit, zu dienen, den ein glorreicher Thron nicht höher erhebt, als er durch Eigenschaften des Herzens und des Geistes erhoben wird, dem längst meine

Verehrung gewidmet war, ehe der königliche Purpur ihn schmückte; das Land und Volk, dessen sittlicher und politischer Kraft jeder echte Deutsche von Kindheit an zu huldigen gewöhnt, und durch die letzten, ewig denkwürdigen Ereignisse aufs neue zu huldigen gelehrt worden; die Stadt, die zuerst genannt wird, wenn von den Sitzen der Wissenschaft und immer fortschreitenden Bildung in Deutschland die Rede ist, die zwar wie ein großes mächtiges Wasser nicht von jedem leichten Hauch bewegt wird, und auch wohl zuweilen retardierend gewirkt hat (ich erinnere an die Zeit, wo bereits *Kants* Philosophie in ganz Deutschland, nur nicht in der Hauptstadt seines Vaterlandes Widerhall gefunden), die aber dagegen auch das einmal erkannte Tüchtige mit Macht ergreift und fördert; sodann dieser Kreis von Männern der Wissenschaft, den vornehmsten Zierden dieser Stadt, unter denen ich viele, zum Teil von Jugend auf, mir befreundete, andere längst hochverehrte Männer wußte, mit denen vereint zu leben, vereint zu wirken ich jeder Zeit mir zur Freude, zum Glück gerechnet hätte; endlich diese Jugend, von der bekannt ist, daß sie dem Ruf der Wissenschaft zu folgen gewohnt ist, daß sie, wenn ihr ein würdiges Ziel vorgehalten wird, vor Schwierigkeiten nicht erschrickt, sondern wo ihr nur die Spur und Fährte echter Wissenschaft gezeigt ist, freudig auf den Weg sich stürzt und selbst dem Lehrer voraneilt — dies alles, m. H., waren Anziehungskräfte von großer, ja fast unwiderstehlicher Gewalt, aber dies alles, so mächtig es war, hätte doch andern Betrachtungen weichen müssen, die so nahe liegen, daß ich sie eben darum nicht anzuführen nötig habe. Nur erst als ich in der ohne alles Zutun mir gewordenen Aufforderung ein Gebot erkennen mußte, dem ich widerstreben nicht dürfte, nicht könnte, ohne meinen letzten und höchsten Lebensberuf zu verfehlen: da war ich entschlossen, und so trete ich denn auch entschlossen und mit der Überzeugung unter *Sie*, daß, wenn ich je etwas, es sei viel oder wenig, für die Philosophie getan, ich hier das Bedeutendste für sie tun werde, wenn es mir gelingt, sie aus der unleugbar schwierigen Stellung, in der sie sich eben befindet, wieder hinaus zu führen in die freie, unbekümmerte, von allen Seiten ungehemmte Bewegung, die ihr jetzt genommen ist: denn diese Schwierigkeiten, mit denen die Philosophie zu ringen hat, sind offenbar und lassen sich nicht verheimlichen.

Noch nie hat sich gegen die Philosophie eine so mächtige Reaktion von Seiten des Lebens erhoben, als in diesem Augenblick. Dies beweist, daß die Philosophie bis zu jenen Lebensfragen vorgedrungen ist, gegen die es keinem erlaubt, ja möglich ist, gleichgültig zu sein. So lange sich die Philosophie in ihren ersten Anfängen oder auf den ersten Stufen ihres Fortschreitens befindet, kümmert sich niemand um sie, der nicht selbst Philosophie zum Geschäft seines Lebens gemacht hat. Alle andern erwarten die Philosophie bei ihrem Ende, für die Welt erlangt sie erst Wichtigkeit durch ihre Resultate.

Nur tiefe Unerfahrenheit indes könnte sich einbilden, daß die Welt bereit sei, jedes Resultat, das man ihr als Ergebnis gründlicher und strenger Wissenschaft versichert oder darstellt, jedes Resultat ohne Unterschied sich auflegen zu lassen. Wäre dem so, so müßte sie nach Umständen z. B. auch einer wesentlich unsittlichen oder selbst die Grundlagen der Sittlichkeit in sich aufhebenden Lehre sich unterwerfen. Dies erwartet aber niemand von ihr, und es ist noch kein Philosoph erfunden worden, der ihr dies zugemutet hätte. Sie würde sich nicht damit abweisen lassen: sie verstehe die Prinzipien nicht, nicht den künstlichen und verwickelten Gang der Beweise, sondern, ohne nach diesen sich umzusehen, würde sie behaupten, daß eine Philosophie, die zu solchen Resultaten gelangt sei, auch in ihren Prinzipien nicht richtig sein könne. Was römische Sittenlehrer vom Nützlichen gesagt: nihil utile nisi quod honestum, müsse auch von dem Wahren gesagt werden. Was nun aber in Bezug auf das Sittliche jeder zugesteht, das muß auch von allen anderen das menschliche Leben zusammenhaltenden Überzeugungen, also vorzüglich von den religiösen gelten. Keine Philosophie, die auf sich etwas hält, wird zugestehen, daß sie in Irreligion ende. Die Philosophie befindet sich nun aber grade in der Lage, daß sie in ihrem Resultat religiös zu sein versichert, und daß man ihr dies nicht zugibt, namentlich ihre Deduktionen christlicher Dogmen nur für Blendwerk gelten läßt. Dies sagen selbst einige ihrer getreuen oder ungetreuen Schüler. Wie es sich verhalten möge, ist vorerst gleichgültig: genug, daß der Verdacht erregt worden, die Meinung vorhanden ist. Das Leben behält aber am Ende immer Recht, und so droht denn zuletzt von dieser Seite wirklich der Philosophie selbst Gefahr. Schon stehen sie bereit, die gegen eine bestimmte Philosophie zu eifern vorgeben, aber im Grunde alle Philosophie meinen, und in ihrem Herzen sagen: Philosophie soll überhaupt nicht mehr sein. Auch ich bin hiebei nicht unbeteiligt, denn der erste Impuls zu dieser Philosophie, die nun so allgemein wegen ihrer religiösen Resultate übel angesehen wird, ist, wie man dafür hält, von mir ausgegangen. Wie werde nun ich mich dabei benehmen? Gewiß, ich werde keine Philosophie von Seiten ihrer letzten Ergebnisse angreifen, was ohnedies nicht leicht ein philosophischer, die ersten Begriffe zu beurteilen fähiger Mann tun wird. Zudem ist es bekannt genug, daß ich gleich von vorn herein mit den Anfängen jener Philosophie mich wenig zufrieden und nichts weniger als übereinstimmend erklärt habe. Demgemäß möchte man denken, ich werde mir zum Hauptgeschäft machen, jenes System zu bestreiten, dessen Resultate eine solche Aufregung gegen Philosophie hervorgebracht haben. So ist es nicht, meine Herren. Vermöchte ich nur dieses, so wäre ich nicht hier; so gering denke ich nicht von meinem Beruf. Ein solches unerfreuliches Geschäft überlasse ich gern andern. Unerfreulich nenne ich es; denn es ist schon immer traurig, etwas, das mit besonderer Energie zusammengefügt worden, von selbst sich auflösen zu sehen. Die geistige und moralische Welt ist in sich so zertrennt, so zur Anarchie geneigt, daß man froh sein darf, wenn, wie immer, wenn auch nur für den Augenblick ein Vereinigungspunkt gegeben ist. Noch trauriger aber ist, etwas zu zerstören, wenn man nichts an dessen Stelle zu setzen hat. . . .

Also — Polemik, was man gewöhnlich so nennt: als Zweck wird sie nie erscheinen und jedenfalls nur als Nebensache vorkommen. Allerdings *so* lehrreich, als ich ihn wünsche, würde dieser Vortrag nicht sein, wenn ich nicht zugleich in die Vergangenheit zurücksähe, den Gang der bisherigen Entwickelung nachwiese; allein ich werde dabei weniger bemüht sein zu zeigen, worin dieser oder jener, als worin wir alle gefehlt, was uns allen gemangelt, um in das gelobte Land der Philosophie wirklich durchzudringen. Hat einer mehr geirrt, so hat er mehr gewagt; hat er sich vom Ziel verlaufen, so hat er einen Weg verfolgt, den die Vorgänger ihm nicht verschlossen hatten.

Nicht um mich über einen andern zu erheben, bin ich gekommen, sondern um meinen Lebensberuf bis zum Ende zu erfüllen.

Die Erkenntnis der Wahrheit mit völliger Überzeugung ist ein so großes Gut, daß dagegen, was man sonst Existimation nennt, Meinung der Menschen und alle Eitelkeit der Welt für gar nichts zu rechnen ist.

Ich will nicht Wunden schlagen, sondern die Wunden heilen, welche die deutsche Wissenschaft in einem langen, ehrenhaften Kampfe davon getragen, nicht schadenfroh die vorhandenen Schäden aufdecken, sondern sie wo möglich vergessen machen. Nicht aufreizen will ich, sondern versöhnen, wo möglich als ein Friedensbote treten in die so vielfach und nach allen Richtungen zerrissene Welt. Nicht zu zerstören bin ich da, sondern zu bauen, eine Burg zu gründen, in der die Philosophie von nun an sicher wohnen soll; aufbauen will ich auf dem Grunde, der durch die früheren Bestrebungen gelegt ist. Nichts soll durch mich verloren sein, was seit *Kant* für echte Wissenschaft gewonnen worden: wie sollte ich zumal die Philosophie, die ich selbst früher begründet, die Erfindung meiner Jugend, aufgeben? Nicht eine andere Philosophie an ihre Stelle setzen, sondern eine neue, bis jetzt für unmöglich gehaltene Wissenschaft ihr hinzufügen, um sie dadurch auf ihren wahren Grundlagen wieder zu befestigen, ihr die Haltung wieder zu geben, die sie eben durch das Hinausgehen über ihre natürlichen Grenzen — eben dadurch verloren hat, daß man etwas, das nur Bruchstück eines höheren Ganzen sein konnte, selbst zum Ganzen machen wollte — dies ist die Aufgabe und die Absicht.

Es ist eine große Sache darum, daß die Philosophie in dieser Zeit eine allgemeine Angelegenheit geworden ist; selbst die erwähnte Aufregung, diese Bewegung der Gemüter, die ich bei meinem Auftreten um mich wahrnehmen konnte, zeigt, daß die Philosophie aufgehört hat, bloß eine Sache der Schule zu sein, daß sie eine Sache der Nation geworden ist. Die Geschichte der deutschen Philosophie ist von Anfang verflochten in die Geschichte des deutschen Volks. Damals, als es die große Tat der Befreiung in der Reformation vollbrachte, gelobte es sich selbst, nicht zu ruhen, bis alle die höchsten Gegenstände, die bis dahin nur blindlings erkannt waren, in eine ganz freie, durch die Vernunft hindurchgegangene Erkenntnis aufgenommen, in einer solchen ihre Stellung gefunden hätten. In der Zeit der tiefsten Erniedrigung hielt Philosophie den Deutschen aufrecht, über den Trümmern untergegangener Herrlichkeit hielten Männer von Kraft das Panier deutscher Wissenschaft hoch empor, um das die beste Jugend sich sammelte. In den Schulen der Philosophen — wer gedenkt hier nicht *Fichtes*, wer nicht zugleich *Schleiermachers*? — fanden manche die Entschlossenheit, in den Kämpfen um Philosophie den Mut und die Besonnenheit, die sich nachher auf ganz andern Schlachtfeldern erprobte. — Auch später noch blieb Philosophie der Deutschen Ruhm und Erbteil. Sollte nun diese lange ruhmvolle Bewegung mit einem schmählichen Schiffbruch enden, mit Zerstörung aller großen Überzeugungen und somit der Philosophie selbst? Nimmermehr! Weil ich ein Deutscher bin, weil ich alles Weh und Leid wie alles Glück und Wohl Deutschlands in meinem Herzen mitgetragen und mitempfunden, darum bin ich hier: denn das Heil der Deutschen ist in der Wissenschaft.

Mit solcher Gesinnung bin ich hergekommen, ohne andere Waffe als die der Wahrheit, ohne auf einen andern Schutz Anspruch zu machen, als den diese in ihrer eignen Stärke hat, ohne ein anderes Recht für mich zu begehren, als das ich jedem unverkümmert erhalten wünsche, das Recht der freien Forschung und ungehemmten Mitteilung des Erforschten. So gesinnt trete ich in *Ihre* Mitte. Ich komme mit dem ganzen Ernst meines Geistes und meines Herzens. Mir ist es Ernst, möge es auch denen Ernst sein, die mich hören werden! Mit Liebe begrüße ich *Sie*, nehmen *Sie* auch mich mit Liebe auf! Der Lehrer vermag viel, aber er vermag nichts ohne die Schüler. Ich bin nichts ohne *Sie*, nichts ohne *Ihr* bereitwilliges Entgegenkommen, ohne Empfänglichkeit, ohne Eifer auf *Ihrer* Seite. Hiemit weihe ich mich dem übernommenen Beruf, ich werde für *Sie* leben, für *Sie* arbeiten und nicht müde werden, so lang' ein Hauch in mir ist, und so weit derjenige es verstattet, ohne dessen Willen kein Haar von unserem Haupte fällt, geschweige ein tiefempfundenes Wort, ein echtes Erzeugnis unseres Innern, ein Lichtgedanke unseres nach Wahrheit und Freiheit ringenden Geistes verloren geht.

Schelling

BRIEF AN GOTTHILF HEINRICH VON SCHUBERT VOM 30. 1. 1842

... Wie gern hätte ich Dir alsdann von hier geschrieben; aber da geriet ich gleich in die große Strömung und Bewegung des hiesigen Lebens, daß ich alle Mühe hatte nur über Wasser mich zu halten, und keine Zeit, um so wie ich wünschte an Dich zu schreiben. Auch heute muß ich mich begnügen, diese wenigen Zeilen dem Schreiben meiner Frau anzuhängen. Das Unangenehmste in B. sind die großen Entfernungen; hat man nun einen oder gar mehrere Besuche zu machen, so bringt man leicht einen halben Vormittag auf der Straße zu. Sonst ist mir hier von allen Seiten so viel Liebes und Gutes widerfahren, daß ich mich bald heimisch fühlte; auch der unglaublich gelinde Winter trägt dazu bei, mir das Neue und Ungewohnte der Lage weniger fühlbar zu machen. Unter den Gelehrten, die ich öfter sehe, ist auch vorzüglich Ranke, den ich seiner Heiterkeit und gesellschaftlichen Gewandtheit halber nicht weniger gern sehe, als ich ihn wegen seines Geistes und seiner Gesinnung hochschätze. . . .

Eichhorn

BRIEF AN SCHELLING VOM 16. 8. 1842

Es ist nunmehr ein Jahr verflossen, seit Ew. Hochwohlgeboren der Einladung Sr. Majestät des Königs, meines Allergnädigsten Herrn, in hiesiger Residenz durch Ihr lebendiges Wort auf eine ersprießliche Richtung der philosophischen Bestrebungen einzuwirken, mit Zustimmung Sr. Majestät des Königs von Bayern, bereitwillige Folge leisteten. Sie erkannten die Motive dieses Königlichen Wunsches an, und hielten dieselben Ihres hervorragenden Verhältnisses zur deutschen Philosophie und Ihres dadurch begründeten hohen wissenschaftlichen Berufs nicht für unwürdig. Berlin war lange der Hauptschauplatz jener tief in das Leben der deutschen Nation eingreifenden philosophischen Entwicklungen gewesen, zu welchen Sie selbst die erste große Anregung gegeben hatten. Fichte und nach ihm Hegel hatten, neben Schleiermacher, von hier aus durch akademische Vorträge und Schriften auf die Behandlung der positiven Wissenschaften und die reale Seite des Lebens überhaupt auf eine Weise eingewirkt, daß nicht nur der gelehrte, sondern der intelligentere Teil der Nation überhaupt in die durch die neuere Philosophie angeregte geistige Bewegung, nach den besondern Richtungen ihrer Systeme, hineingezogen wurde. Bei den neuerlich hervorgetretenen Verirrungen und Extravaganzen auf dem Gebiete der Philosophie, welche alle Verhältnisse des Staats, der Kirche und des sozialen Lebens teils zu verrücken, teils aufzulösen drohen, erschien es daher um so notwendiger, gerade hier der echten Philosophie eine große Stimme wiederzugeben und ihren bildenden Einfluß, im Gegensatze zu einer zerstörenden Sophistik, besonders der auf dem Wege zur praktischen Wirksamkeit befindlichen jüngeren Generation, zu sichern. Dieser großen Aufgabe waren Ew. Hochwohlgeboren allein gewachsen, und Sie haben den

Erwartungen, die des Königs, meines Allergnädigsten Herrn, Majestät in dieser Beziehung hegten, durch die Tat vollkommen entsprochen. Ihre hiesige Wirksamkeit hat unseren einsichtigen Vertretern deutscher Wissenschaft, die der Ausgelassenheit einer anspruchsvollen Sophistik mit Besorgnis zusahen, neuen Mut eingeflößt, gesunde, wenngleich unklare Überzeugungen, haben sich an dem entschiedenen Hervortreten einer großen Autorität gestärkt, und auf dem Gebiete des öffentlichen literarischen Austausches gewinnt eine edlere Richtung mehr und mehr die Oberhand. Selbst die Äußerungen der Gereiztheit der Gegner haben den unparteiischen Beobachtern nur zum Beweise dieser erfreulichen Erfolge dienen können und werden mit jedem Tage der Fortdauer Ihrer Wirksamkeit an Einfluß verlieren.

Dagegen könnte denen, welche einer entgegengesetzten negativen Richtung der Philosophie folgen und allem, was sich ihnen aus der Region politischer und kirchlicher Tendenzen angehängt hat, nichts erwünschter, der guten Sache der Wissenschaft aber nichts nachteiliger sein, als wenn Ew. Hochwohlgeboren Berlin jetzt wieder verlassen wollten. Man würde dieses als ein Aufgeben des Begonnenen zu deuten suchen, und bei einem großen Teile des Publikums vielleicht nicht ohne Erfolg.

Indem des Königs, meines Allergnädigsten Herrn, Majestät der in Rede stehenden Angelegenheit von diesem Standpunkte aus Allerhöchstihre besondere Aufmerksamkeit widmen, hegen Sie den angelegentlichen Wunsch, daß Ew. Hochwohlgeboren zur Fortsetzung des angefangenen Werks Ihren dauernden Aufenthalt in Berlin durch Übertritt in den diesseitigen Staatsdienst nehmen möchten, und haben mir den Auftrag erteilt, darüber mit Ihnen in Unterhandlung zu treten. Es ist dabei nicht die Absicht Sr. Majestät, Ihnen bestimmte Verbindlichkeiten aufzuerlegen, vielmehr soll Ihnen eine freie Disposition über die Verwendung Ihrer Kräfte, sei es zu Vorlesungen oder zu schriftstellerischen Arbeiten, verbleiben; temporärer Entfernung von Berlin, Reisen in wissenschaftlicher Absicht wird kein Hindernis entgegenstehen.

Was die äußern Verhältnisse betrifft, so bestätigen Seine Majestät der König, mein allergnädigster Herr, wiederholt sämtliche Propositionen, die ich Ihnen desfalls bereits in einem besondern Schreiben gemacht habe.

Se. Majestät der König konnten, indem Sie mir gegenwärtig Auftrag zu erteilen geruheten, um so weniger die Gefühle der Dankbarkeit und Treue übersehen, welche Ew. Hochwohlgeboren Sr. Majestät dem Könige von Bayern widmen, als Allerhöchst Sie selbst mit diesem hohen Souverän durch die Bande der Verwandtschaft, der persönlichen Freundschaft und des gegenseitigen Vertrauens innigst verbunden sind. Da aber die Angelegenheit, um welche es sich hier handelt, eine gemeinsame deutsche ist, die, wie sie hauptsächlich von Berlin aus die Bedeutung gewonnen, welche sie jetzt in dem geistigen Leben der Nation äußert, so auch am wirksamsten nur von hier aus in die rechte Bahn geleitet werden kann, so können Se. Majestät die Ihnen angetragene dienstliche Veränderung nicht als eine solche betrachten, wodurch Sie Ihren bisherigen Verhältnissen der Pietät zu dem Könige von Bayern würden entfremdet werden; Allerhöchstdieselben sind vielmehr überzeugt, daß des Königs von Bayern Majestät, dem alle großen Nationalinteressen so warm am Herzen liegen, die hier in Rede stehende Sache in demselben Gesichtspunkte betrachten und daher der gewünschten dienstlichen Veränderung Allerhöchstihre beifällige Zustimmung nicht versagen werden. . . .

König Ludwig I. von Bayern

BRIEF AN SCHELLING VOM 6. 10. 1842

Herr Geheimer Rat von Schelling! Als im Jahre 1840 Mein Freund und Schwager, des Königs von Preußen Majestät mit zarter Rücksichtnahme auf Meine bekannten Gesinnungen für Sie die erste Anfrage bezüglich Ihres Übertrittes in Seine Dienste an Mich stellen ließ, haben die Erwägung der Größe des Verlustes und der Glaube an die Möglichkeit, die große Ihnen zugedachte Aufgabe auch ohne jenen Übertritt zu lösen, Mich in Meinem Entschlusse nicht schwanken lassen. Ich habe ablehnend geantwortet, um nicht einen so ausgezeichneten Mann aus Meinen Diensten scheiden zu sehen, zu gleicher Zeit aber Ihnen den gewünschten Urlaub zu längerem Aufenthalte in Berlin mit Freude erteilt. — Aus Ihrem Schreiben vom 24. des vor. Monats entnehme ich nun, daß Mein Königlicher Freund und Schwager, nachdem Sie seit einem Jahre mit segenvollem Erfolge für die übertragene große teutsche Angelegenheit gewirkt, nach den gemachten Erfahrungen in der Fortdauer Ihres Aufenthaltes und Wirkens zu Berlin die unerläßliche Bedingung der Erreichung des vorgesteckten Zieles erblickt und deshalb die Zustimmung zu Ihrem Übertritte in Seine Dienste von Mir als ein den höchsten National-Interessen zu bringendes Opfer verlangt; Ich sehe aus eben diesem Schreiben, daß Sie die Überzeugung Meines Königlichen Freundes und Schwagers und daher auch, um der großen teutschen Sache willen, Seinen Wunsch teilen. Unter diesen Umständen verzichte Ich, zum Nutzen des teutschen Gesamt-Vaterlandes, den größten aller lebenden Philosophen in Bayern zu besitzen, und werde, dem Wunsche Meines Königlichen Freundes und Schwagers und dem Ihrigen willfahrend, die nötigen Ausfertigungen durch Mein Ministerium des Innern zugehen lassen. ...

Sören Kierkegaard

BRIEF AN PETER JOHANNES SPANG VOM 18. 11. 1841

... Schelling hat begonnen, aber unter solchem Lärmen und Schreien, Pfeifen, An-die-Scheiben-Klopfen derer, die nicht zur Tür hereinkamen, vor einem so zusammengepferchten Auditorium, daß man fast versucht ist, es aufzugeben, ihn zu hören, wenn das so weitergehen soll. ... Schelling selbst sieht wie ein ganz unbedeutender Mann aus, er sieht aus wie ein Steuereinnehmer; indessen gelobte er, der Wissenschaft und uns mit ihr zu jener Blüte zu verhelfen, die sie längst verdient habe, der höchsten, die sie erreichen würde. Für einen alten Mann kann das ganz erfreulich sein; für einen jungen Menschen ist es immer bedenklich, in so jungen Jahren Zeitgenosse dieser seltenen Blüte zu werden. Indessen habe ich doch mein Vertrauen in Schelling gesetzt und will unter Lebensgefahr noch einmal wagen, ihn zu hören. Vielleicht kommt es schon in den ersten Stunden zum Blühen, und dann könnte man doch freudig sein Leben einsetzen. ...

Kierkegaard

TAGEBUCHAUFZEICHNUNG [undatiert]

Ich bin so froh, Schellings zweite Stunde gehört zu haben — unbeschreiblich. So habe ich lange genug geseufzt, und die Gedanken

FRIEDRICH WILHELM JOSEPH VON SCHELLING
Photographie

haben geseufzt in mir; als er das Wort »Wirklichkeit« nannte über das Verhältnis der Philosophie zur Wirklichkeit, da hüpfte die Gedankenfrucht in mir vor Freude wie in Elisabeth. Ich erinnere fast jedes Wort, das er von diesem Augenblick an sagte. Hier kann vielleicht Klarheit kommen. Dieses eine Wort, es erinnerte mich an alle meine philosophischen Leiden und Qualen. ... Nun habe ich alle meine Hoffnung auf Schelling gesetzt...

Kierkegaard

BRIEF AN FRIEDRICH CHRISTIAN SIBBERN VOM 15. 12. 1841

... *Schelling* liest vor einem erlesenen, zahlreichen und zugleich doch *undique conflatum auditorium*. In den ersten Stunden war es fast mit Lebensgefahr verbunden, ihn zu hören. Ich bin mein Lebtag noch nie in einem mir so ungemütlichen Gedränge gewesen — doch was tut man nicht, um *Schelling* zu hören. Sein Hauptpunkt ist ständig, daß es zwei Philosophien gibt, eine positive und eine negative. Die negative ist gegeben, jedoch nicht von Hegel; denn Hegel ist weder negativ noch positiv, sondern ein verfeinerter Spinozismus. Die positive soll nun kommen. In Zukunft werden es somit nicht allein die Juristen sein, welche *doctores juris utriusque* werden, ich darf mir schmeicheln, daß ich, ohne eine neue Abhandlung einzureichen, *magister philosophiae utriusque* werde. ...

Berlin ist wohl der einzige Ort in Deutschland, wohin es in wissenschaftlicher Hinsicht sich lohnt zu reisen. Ich hoffe darum, von diesem Semester rechten Gewinn zu haben. Der Aufenthalt hier hilft mir, mich zu konzentrieren und zu begrenzen. ...

Kierkegaard

BRIEF AN SPANG VOM 8. 1. 1842

... Schellings Stellung ist nicht angenehm; er ist in das Interesse des Hofes hineingezogen, dies macht sein Auftreten ein wenig verhaßt, und ist natürlich, wie jede äußere Rücksicht stets, schädlich. Die Hegelianer blasen ins Feuer. Schelling sieht so ingrimmig aus wie ein Essigfabrikant. Man braucht ihn bloß sagen zu hören: ich werde morgen (er spricht dies im Unterschied von den Berlinern, die das g sehr weich sprechen, sehr hart, wie ein k: *morken*) fortfahren, um eine Vorstellung von seiner persönlichen Verbitterung zu bekommen. — Neulich kam er eine halbe Stunde zu spät. Jakob v. Thyboe kann kein furchtbareres Gesicht aufgesetzt haben bei der Belagerung von Amsterdam als dasjenige, welches Schelling schnitt, und womit er seinem Zorn Luft machte in einigen Angriffen auf die Berliner Einrichtungen, daß es keine öffentlichen Uhren gebe. Um das wieder gutzumachen, wollte er ein wenig über die Zeit hinaus lesen. Dergleichen duldet man in Berlin nicht, man scharrte und hustete, Schelling wurde rasend und wetterte los: ist es meinen Herren Zuhörern unangenehm, daß ich lese, so kann ich gerne aufhören: ich werde morken fortfahren. . . .

Kierkegaard

BRIEF AN EMIL BOESEN VOM 27. 2. 1842

Schelling schwatzt grenzenlos, sowohl in extensivem wie in intensivem Sinne. Ich verlasse Berlin und eile nach Kopenhagen. . . .

Friedrich Engels

SCHELLING IN BERLIN

I.

Wenn ihr jetzt hier in Berlin irgendeinen Menschen, der auch nur eine Ahnung von der Macht des Geistes über die Welt hat, nach dem Kampfplatze fraget, auf dem um die Herrschaft über die öffentliche Meinung Deutschlands in Politik und Religion, also über Deutschland selbst, gestritten wird, so wird er euch antworten, dieser Kampfplatz sei in der Universität, und zwar das Auditorium Nr. 6, wo Schelling seine Vorlesungen über Philosophie der Offenbarung hält. Denn für den Augenblick sind alle einzelnen Gegensätze, die der Hegelschen Philosophie jene Herrschaft streitig machen, gegen die *eine* Opposition Schellings verdunkelt, verwischt und zurückgetreten; alle die Angreifer, die außerhalb der Philosophie stehen, Stahl, Hengstenberg, Neander, machen einem Streiter Platz, von dem man sich versieht, daß er den Unbesiegten auf seinem eignen Gebiet bekämpfen wird. Und der Kampf ist wirklich eigentümlich genug. Zwei alte Jugendfreunde, Stubengenossen im Tübinger Stift, treten sich nach vierzig Jahren als Gegner wieder unter die Augen; der eine tot seit zehn Jahren, aber lebendiger als je in seinen Schülern; der andere seit drei Dezennien, wie jene sagen, geistig tot, nun urplötzlich des Lebens volle Kraft und Geltung für sich ansprechend. Wer »unparteiisch« genug ist, sich beiden gleich fremd zu wissen, d. h. kein Hegelianer zu sein — denn zu Schelling kann nach den paar Worten, die er gesagt hat, sich bis jetzt wohl niemand bekennen — wer also diesen vielberühmten Vorzug der »Unparteilichkeit« hat, der wird in der Todeserklärung Hegels, die durch Schellings Auftreten in Berlin ausgesprochen ist, die Rache der Götter sehen für die Todeserklärung Schellings, die Hegel seinerzeit verkündete.

Ein bedeutendes, bunt gemischtes Auditorium hat sich eingefunden, um dieses Kampfes Zeuge zu sein. An der Spitze die Notabilitäten der Universität, die Koryphäen der Wissenschaft, Männer, deren jeder eine eigentümliche Richtung hervorgerufen hat, ihnen sind die nächsten Plätze um das Katheder überlassen, und hinter ihnen, durcheinander gewürfelt, wie der Zufall sie zusammenführte, Repräsentanten aller Lebensstellungen, Nationen und Glaubensbekenntnisse. Mitten zwischen der übermütigen Jugend sitzt hier und da ein graubärtiger Stabsoffizier, und neben ihm wohl gar ganz ungeniert ein Freiwilliger, der in anderer Gesellschaft sich vor Devotion gegen den hohen Vorgesetzten nicht zu lassen wüßte. Alte Doktoren und Geistliche, deren Matrikel bald ihr Jubiläum feiern kann, fühlen den langvergessenen Burschen wieder im Kopfe spuken und gehen ins Kolleg, Judentum und Islam wollen sehen, was es für eine Bewandtnis mit der christlichen Offenbarung hat; man hört deutsch, französisch, englisch, ungarisch, polnisch, russisch, neugriechisch und türkisch durcheinander sprechen — da ertönt das Zeichen zum Schweigen, und Schelling besteigt das Katheder.

Ein Mann von mittlerer Statur, mit weißem Haar und hellblauem, heitern Auge, dessen Ausdruck eher ins Muntere als ins Imponierende spielt und, vereint mit einigem Embonpoint, mehr auf den gemütlichen Hausvater als auf den genialen Denker schließen läßt, ein hartes, aber kräftiges Organ, schwäbisch-bayrischer Dialekt mit beständigem »eppes« für etwas, das ist Schellings äußere Erscheinung. ...

II.

. . . So zog denn die Gewitterwolke herauf und entlud sich in Donner und Blitz, die von Schellings Katheder aus ganz Berlin aufzuregen begannen. Jetzt ist der Donner verhallt, der Blitz leuchtet nicht mehr; hat er sein Ziel getroffen, schlägt das Gerüste des Hegelschen Systems, dieser stolze Palast des Gedankens, in Flammen auf, eilen die Hegelianer zu retten, was noch zu retten ist? Bis jetzt hat das noch niemand gesehen.

Und doch hatte man von Schelling alles erwartet. Lagen nicht die »Positiven« auf den Knien und ächzten über die große Dürre im Lande des Herrn und flehten die Regenwolke heran, die am fernen Horizont hing? War es nicht gerade wie damals in Israel, wo Elias beschworen wurde, die weiland Baalspfaffen zu vertreiben? Und als er nun kam, der große Teufelsbanner, wie verstummte da auf ein Mal all die laute, schamlose Denunzation, all das wüste Toben und Schreien, damit nur ja kein Wort verloren gehe von der neuen Offenbarung! Wie zogen sich die tapferen Helden von der Evangelischen und Allgemeinen Berliner Kirchenzeitung, vom Literarischen Anzeiger und Allgemeinen Berliner Kirchenzeitung, vom Literarischen Anzeiger, von der Fichteschen Zeitschrift bescheiden zurück, um dem Sankt Georg Platz zu machen, der den greulichen Lindwurm der Hegelei, dessen Odem Flammen der Gottlosigkeit und Rauch der Verfinsterung war, erlegen sollte! War nicht eine Stille im Lande, als sollte der heilige Geist hernieder fahren, als wollte Gott selbst aus den Wolken reden?

Und als der philosophische Messias nun seinen hölzernen, sehr schlecht gepolsterten Thron im Auditorium maximum bestieg, als er Taten des Glaubens und Wunder der Offenbarung versprach, welch jubelnder Zuruf scholl ihm aus dem Heerlager der Positiven entgegen! Wie waren alle Zungen voll von Ihm, auf den die »Christlichen« ihre Hoffnung gesetzt hatten! Hieß es nicht, der kühne Recke werde allein, wie Roland, auf feindliches Gebiet gehen, im Herzen des feindlichen Landes seine Fahne aufpflanzen, die innerste Burg der Verruchtheit, die nie bewältigte Feste der Idee in die Luft sprengen, daß die Feinde ohne Basis, ohne Zentrum, in ihrem eignen Lande keinen Rat, keine sichere Stätte mehr finden könnten? Proklamierte man nicht schon den bis zu Ostern 1842 erwarteten Sturz des Hegelianismus, den Tod aller Atheisten und Unchristen?

Alles ist anders gekommen. Die Hegelsche Philosophie lebt nach wie vor auf dem Katheder, in der Literatur, in der Jugend; sie weiß, daß alle bis jetzt gegen sie geführten Streiche ihr nichts anhaben konnten und geht ruhig ihren eignen innern Entwicklungsgang fort. Ihr Einfluß auf die Nation ist, wie schon die vermehrte Wut und Tätigkeit der Gegner beweist, in raschem Steigen, und Schelling hat fast alle seine Zuhörer unbefriedigt gelassen. . . .

Varnhagen von Ense

TAGEBUCHAUFZEICHNUNGEN

Donnerstag, den 6. Januar 1842

. . . Der erste Hegelianer, der den von Schelling hingeworfenen Fehdehandschuh aufhebt, ist Michelet, der in der Vorrede zur eben erschienenen neuen Auflage von Hegels »Encyklopädie« (Zweiter Teil, Naturphilosophie) gegen die gedruckte erste Vorlesung Schellings ankämpft, scharf und herb, doch noch mit großen Ehren für den früheren Schelling, von dem sogar das Motto des Bandes entlehnt worden. Da Schelling sich selber in zwei Hälften durchschnitten, so macht's nun auch der Gegner so, haut ihn mitten durch, und läßt das ältere Stück unberührt, das jüngere aber hackt er kurz und klein. Für den Streit ist das Wichtigste hier die Parteinahme der Nicht-Philosophen, des Königs, des Ministers, des Gesandten Bunsen, der Frömmler und Höflinge, die alle für Schelling sind, und die Hoffnung von ihm hegen, er werde die Philosophie durch Philosophie zur Unterwerfung unter den Glauben zwingen! Nun hat er zwar schon laut ausgesprochen, daß er solch nichtswürdiges Unternehmen nicht bezweckt, aber die Leute hoffen doch noch, und meinen, wenn nur erst Hegel geschlagen worden, sei schon viel gewonnen.

Sonnabend, den 19. März 1842

. . . Schelling soll Exzellenz werden. Großer Schreck darüber bei vielen. Man tut, als sei er Sieger, Hersteller, Wohltäter! . . .

Der Fackelzug, obwohl von oben her begünstigt und fast geboten, sehr dürftig — nur dreißig Fackeln — muß dennoch in den Zeitungen prahlen, als wäre es eine große Herrlichkeit gewesen. Schellings Anrede an die Bringer ist voll Lüge und Tücke; Brot hat er nicht gegeben, und wenn er statt dessen keinen Stein angeboten, so war es doch Brei und Teig.

Freitag, den 23. September 1842

... Großes Leid hat Eichhorn, daß Schelling nicht besser hier eingehen will; er tut aber dafür, was er kann. Neulich sagte er zu jemand: »Glauben Sie nur nicht, daß der König sich um Philosophie nicht bekümmere; er ist im Gegenteil sehr eifrig in dieser Richtung; nur will er keine negative, sondern eine positive Philosophie haben, und darin stimm' ich ihm von ganzer Seele bei.« Das Beistimmen fände wohl unter allen Umständen statt, das lassen wir beiseite! Aber mit der positiven Philosophie ist es schlimm! Machen wollen Sie sie doch wohl nicht, Herr Minister? Und wenn nun die Zeit keine solche hat? Philosophie muß man nehmen, wie sie sich gibt! Tragala perro! Friß, was da ist, denn du mußt es fressen, und kannst nichts andres fressen. So habt ihr Kant fressen müssen und Fichten, und sehr wider Willen den frühern Schelling; Hegel aber habt ihr noch im Leibe, und schluckt noch immerfort! ...

Montag, den 21. November 1842

Schelling wird neuerdings stark besprochen, die Staatswelt bekümmert sich um den Mann, der da Rat erster Klasse geworden. Er hat seine Vorlesungen diesmal für das halbe Honorar angesetzt, und sein Hörsaal ist wieder gedrängt voll. Die Berliner sagen, er lese zu herabgesetzten Preisen; das täten alle Virtuosen und Raritätenleute, wenn's zu Ende ginge! ...

Burckhardt

BRIEF AN GOTTFRIED KINKEL VOM 13. 6. 1842

... *Schelling* ist, wie es heißt, so gut als gescheitert mit seiner philosophia secunda. ... Ich habe ein paarmal hospitiert während der dicksten dogmatischen Auseinandersetzungen, und mir die Sache etwa so zurechtgelegt: Schelling ist *Gnostiker* im eigentlichen Sinne des Wortes, so gut wie Basilides. Daher das Unheimliche, Monströse, Gestaltlose in diesen Teilen seiner Lehre. Ich dachte jeden Augenblick, es müsse irgendein Ungetüm von asiatischem Gott auf zwölf Beinen dahergewatschelt kommen und sich mit 12 Armen 6 Hüte von

6 Köpfen nehmen. Es wird selbst den Berliner Studenten nach und nach unmöglich werden, diese furchtbare, halbsinnliche Anschauungs- und Ausdrucksweise auszuhalten. ... En attendant interessiert sich die hiesige große Welt für Schelling vom orthodox-pietistisch-aristokratischen Standpunkt aus, wie denn dies unglückliche Berlin immerfort Sympathien und Antipathien für dies und jenes mitmacht, ohne zu wissen warum, auf das einem Minister entfallene Wort hin. ...

Schelling

BRIEF AN SEINEN BRUDER KARL [undatiert]

... mich hat zwar Gott unter den Mühen und Anstrengungen der letzten 1½ Jahre wunderbar erhalten, ja wie man hier finden will, verjüngt; aber der Krug geht so lange zu Wasser, bis er bricht, und einmal muß doch der Punkt kommen, wo es zu Ende geht. Die Freude an der Welt ist nicht mehr groß; wenn mir nur die paar Jahre geschenkt werden, die ich bedarf mein Leben wissenschaftlich abzuschließen, so will ich der Abspannung mich freuen. Du hast ganz richtig erraten, daß mich die wissenschaftlichen Angriffe, deren Gegenstand ich geworden bin, wenig anfechten, die Leute glauben nur auf dem Rückzug noch einmal das Gewehr abschießen und einigen Lärmen machen zu müssen. Aber in der Tat ist die Bosheit der ganzen, überall zusammenhangenden antireligiösen und auf Zerstörung ausgehenden Clique grenzenlos, und sie wird nicht ruhen, so lang ich unter den Lebenden bin, die ganze Hölle wird sich in diesen Werkzeugen gegen mich auftun; aber es bleibt nichts anderes übrig, und ich kann es, wie die Sachen stehen, mir nicht einmal zum Verdienst rechnen, das völlige Opfer meiner Persönlichkeit zu bringen und nur die Sache fest und unerschütterlich im Auge zu behalten. ...

ANEIGNUNG UND VERWANDLUNG

Henrik Steffens

ZUR GRÜNDUNG DER UNIVERSITÄT BERLIN

... Die Gründung der Universität in Berlin ist ... eine der merkwürdigsten geschichtlichen Ereignisse unserer Tage. Vergleichen wir, was damals geschah, mit dem, wozu die Regierung sich etwa entschlossen haben würde, wenn man sie wenige Jahre früher auf die dürftige Lage der Universität in Halle aufmerksam gemacht hätte, so muß man in der Tat in Erstaunen geraten. Diese Universität war in den letzten Jahren vor allen übrigen begünstiget: und dennoch waren die dortigen Institute in einer so dürftigen Lage, die keineswegs den damaligen wissenschaftlichen Bedürfnissen entsprach; und doch würden die Vorschläge einer zeitgemäßen Erweiterung derselben entschieden abgeschlagen worden sein, wenn man gewagt hätte, sie vorzutragen. Jetzt, nachdem der Staat halb zerstört erschien, nachdem alle Hülfsmittel verschwunden waren, ein Teil der reichsten Provinzen in feindlicher Gewalt, und das innerlich zerrüttete Land einer traurigen Zukunft entgegensah, war man einer Anstrengung fähig, die man kurz vorher, nach einem zehnjährigen Frieden, für schlechthin unmöglich erklärt haben würde. Wodurch entstand diese mächtige, großartige Tat? Es war die Überzeugung, daß das geschlagene Preußen berufen war, vor allem in Deutschland einen, Adel und Bürgerschaft, militärische und administrative Institutionen auf gleiche Weise durchdringenden Mittelpunkt zu bilden; es war die innere Zuversicht, mit welcher man diesen Ruf freudig anerkannte, und an seine Erfüllung die schönsten Hoffnungen knüpfte.

... In dem glänzendsten Teile der Stadt, ausgezeichnet unter den mächtigen Gebäuden, die sich hier, wie in keiner andern Stadt zusammendrängen, liegt das Gebäude der Universität, als sollte es durch diese Lage die hohe Bedeutung wissenschaftlicher Bildung für den Staat andeuten, der, äußerlich dem Druck und der Schmach unterliegend, dennoch den innersten Kern eines zukünftigen frischen, ja mächtigen Lebens in sich bewahrte. Die naturwissenschaftlichen Institute hatten schon vom Anfange an einen Reichtum und ein

Ansehen, welches auf die zukünftige große Bedeutung derselben hinwies. Der botanische Garten vor der Stadt hatte einen großen wissenschaftlichen Ruf, und in den letzteren Jahren war dieser durch Willdenow noch gestiegen. Dr. Gersheim in Dresden, ein vertrauter Freund des berühmten Pallas, besaß eine Sammlung von Korallen, die damals zu den ausgezeichnetsten gehörte. Er bot sie der sächsischen Regierung zum Verkauf an; diese setzte einen so geringen Preis, daß er verdrießlich erklärte: er würde, wenn eine Universität in Berlin errichtet werden sollte, seine Sammlung ihr schenken. Graf Hofmannsegg hielt sich in Berlin auf, und hatte einen Entomologen nach Brasilien gesandt, um für ihn zu sammeln. Durch diesen erhielt er Säugetier- und Vogelbälge, die er ebenfalls schenkte. So lebhaft war das Interesse für die eben begründete Universität, daß jedermann gern die bedeutendsten Opfer brachte.

... Männer von großem Ruf glänzten schon bei der ersten Errichtung in allen Fakultäten. Schleiermacher vor allen in der theologischen. Es gibt keinen, der wie er die Gesinnung der Einwohner hob und regelte, und in allen Klassen eine nationale, eine religiöse, eine tiefere geistige Ansicht verbreitete. Berlin ward durch ihn wie umgewandelt und würde sich nach Verlauf einiger Jahre in seiner frühern Oberflächlichkeit selbst kaum wieder erkannt haben. Was ihm den großen Einfluß verschaffte, war dieses: daß er Christ war im edlen Sinne, fester unerschütterlicher Bürger, in der bedenklichsten Zeit kühn mit den Kühnsten verbunden, rein Mensch in der tiefsten Bedeutung des Worts, und doch als Gelehrter streng, klar, entschieden. Die Kinder strömten zu seinem Unterricht, Frauen und Männer aus allen Klassen hingen ihm an. Sein Entschluß, sich für das schmachvoll gedrückte Vaterland zu opfern, hatte damals eine ansteckende Gewalt, und unterhielt die kühne Gesinnung, die entschlossen war, nicht bloß bessere Zeiten untätig zu erwarten, sondern auch, wo sich die Gelegenheit darbot, durch die Tat herbeizuführen. Sein mächtiger, frischer, stets fröhlicher Geist war einem kühnen Heere gleich in der trübsten Zeit. Denn die Kräfte, die er in Bewegung setzte, waren keine vereinzelten, beschränkter Art, es waren die tiefsten und edelsten des ganzen Menschen in der höchsten, alle durchdringenden Einheit. So fand ich meinen Freund, als er eine Laufbahn anfing, deren Wert zu schätzen nur derjenige vermag, der sie anzuerkennen weiß.

Savigny, von Landshut nach Berlin berufen, hob die juridische Fakultät. Schon damals der Begründer einer neuen Juristenschule, die trotz aller Angriffe immer mächtiger wurde. Reils Name und Zelebrität verschaffte der medizinischen Fakultät einen ausgezeichneten Ruf, und bei einer neu errichteten Universität konnte keine Akquisition glücklicher sein. Unternehmend wie er war, fortdauernd mit großen Plänen beschäftigt, duldete er in seiner Nähe keine müßige Ruhe, und selbst, wo man ihn heftig bekämpfte, ward der Kampf für die heranwachsende Universität heilsam. Auch durch Hufelands Verdienste gewann die Fakultät an Glanz.

Unter den Philosophen war Fichte, wenn er auch viele Gegner fand und finden mußte, doch von großem Einfluß. Seine Gesinnung, ja selbst seine abgeschlossene scharfe Eigentümlichkeit bildete einen festen Haltpunkt, und durch seine rücksichtslose nationale Kühnheit gewann er viele Menschen, von denen er wissenschaftlich getrennt war; ja er hatte schon den Grund gelegt zu einer Ansicht des Lebens, die in einer schwankenden Zeit, wie die damalige, eine große geschichtliche Bedeutung erhielt. Die Verwirrung, in welche die religiöse und wissenschaftliche wie die bürgerliche Existenz geraten war, mußte einen jeden zu der Einsicht führen, wie notwendig es war, sich vor allem in sich zu fassen und zu bestimmen, und der Mann, welcher berufen war, einen großen, alles leitenden Gedanken kühn hervorzuheben als den absolut gebietenden, mußte als ein Herrscher anerkannt werden, auch wo er nicht verstanden ward. . . .

Böckh und Bekker waren als Philologen berufen. Es ist bekannt, wie sehr der letztere durch seine tiefen stillen Studien die Wissenschaft gefördert hat, wie viel der erstere, der schon damals als Philolog einen großen Ruf erlangt hatte, indem er das Leben und Denken der Griechen mit ihrer Sprache zugleich auffaßte, dazu beitrug, das Studium der alten Welt in ihrer schönsten Blüte zu beleben und zu fördern. Den 15. Oktober 1810 fingen die ersten Vorlesungen an.

Noch nie war eine Universität gleich von ihrer ersten Stiftung an glanzvoller hervorgetreten, noch nie die Idee der Begründung eines großen wissenschaftlichen Instituts großartiger aufgefaßt. Man hat mit Recht in der Geschichte die Stiftung der Universität Göttingen im Anfange des vorigen Jahrhunderts als die gelungenste

Unternehmung ihrer Art genannt, und v. Münchhausen ist nach Verdienst dadurch unsterblich geworden. Aber die Aufgabe war in einer ruhigen, mit sich selber zufriedenen Zeit eine viel einfachere. Die ausgezeichneten Gelehrten waren in anerkanntem und wenig bestrittenem Besitz ihres einmal erworbenen Rufs, die Wahl der Lehrer also weniger schwierig. Ein reiches Land bot in einer im ganzen friedlichen Zeit ohne Schwierigkeit die Mittel dar, und der König von England, als Herrscher des Landes, stand als der große Beschützer und Gönner im Hintergrunde. In Berlin aber trat ein Institut mit überraschendem Glanz hervor, als alle Stützen des Staates eingestürzt schienen, und aus einer unsäglichen Armut floß wunderbarer Weise die reiche Quelle der Bildung derselben. Ich habe nie eine Klage vernommen über die Summen, die so durch eine große Anstrengung errungen und angewandt wurden.

Einen bedeutenden Vorteil hatte die Universität durch ihre Verbindung mit der Akademie. Es wurde gleich festgesetzt, daß die Mitglieder der Akademie als solche zwar nicht die Verpflichtung, wohl aber das Recht hätten, Vorträge zu halten. Dieses Institut ward selbst durch die Universität neu belebt. Der berühmte Niebuhr, nachdem er ein paar Jahre hindurch auf die wichtigsten Angelegenheiten des Staates, besonders die finanziellen, einen großen Einfluß gehabt hatte, zog sich unzufrieden zurück und trat als Lehrer bei der Universität auf.

Wie verschieden, ja widerstreitend auch die Ansichten der Lehrer sein mochten, so liegt doch in der Macht des frischen zuversichtlichen Anfanges unter so bedenklichen Verhältnissen eine vereinigende Kraft, die alle Differenzen überwindet. . . .

August Böckh

ÜBER DIE PREUSSISCHEN UNIVERSITÄTEN UNTER DER REGIERUNG FRIEDRICH WILHELMS III.

Aus der Rektoratsrede gehalten am 3. 8. 1847

. . . Friedrich Wilhelm III. fand beim Antritt seiner Regierung, um geringere Anstalten nicht in Betracht zu ziehen, die Universitäten zu Halle, Königsberg, Frankfurt a. d. O. und Erlangen vor. Unter diesen hatten Halle und Königsberg den bedeutendsten Einfluß auf die deutsche Bildung ausgeübt. In Halle war frühzeitig eine freiere Entwicklung der Philosophie, bald auch der Kritik vorherrschend, und dies verfehlte seinen Einfluß auf die Theologie nicht. Christian Thomasius, welcher den rohesten Überrest alter Barbarei und des alten Aberglaubens, die Hexenprozesse ausrottete, und der Muttersprache Eingang in den Vorlesungen der Universitäten erwarb, fand dort vor den Verfolgungen zu Leipzig eine Zuflucht; Christian Wolff beherrschte von dort aus eine Zeitlang Deutschland als Philosoph; von frömmelnden Gegnern vertrieben, wurde er durch Friedrich den Großen wieder auf seinen Lehrstuhl gesetzt. Die Theologie erhielt daselbst vorzüglich durch Semler eine freiere Richtung, deren Vertreter in der ersten Regierungszeit Friedrich Wilhelms III. vorzüglich noch Nösselt war. In Königsberg, hervorragend durch einen schönen Verein geistiger Kräfte, die zu allen Zeiten mutvoll und unerschrocken in die Schranken traten, wurde Kant der Lehrer zunächst des gesamten Deutschlands, und bereitete eine Verjüngung nicht bloß der Philosophie, sondern fast aller Wissenschaften, namentlich der Rechtslehre und der Theologie. Ehe Friedrich Wilhelm III. den Thron bestieg, war die Lehrfreiheit der Hallischen Theologen und des großen Kant durch Wöllner und seine Gehülfen angefochten worden; Friedrich Wilhelm III. beseitigte diese Anfechtungen mit ihren Urhebern, und stellte die Freiheit der Lehre wieder her, indem er gleichzeitig die Freiheit der Mitteilung durch die Presse begünstigte. Man erkennt schon hieraus, daß er die Universitäten nicht als Anstalten für die Zurichtung von Dienern auf vorgeschriebene Lehrsätze ansah, sondern als Pflanzschulen einer freien Erkenntnis, welche auch auf die für den Staat zu bildenden Diener einwirken soll; aber noch deutlicher hat er dies in den letzten Jahren vor dem verhängnisvollen Tage von Jena bewiesen. Jena war kurz vorher der Hauptsitz der deutschen Philosophie gewesen; der kühnste und freiste Denker der neuern Zeit, Fichte, von Kursachsen der Gottesleugnung angeklagt, wie seit Anaxagoras so viele edle Forscher, verließ Jena, und fand in Preußen Zuflucht und Schutz; er lehrte halbjährig wechselnd in Erlangen und Berlin, hier zuerst in freigebildeten Kreisen Wißbegieriger, da in dieser Hauptstadt damals Achtung und Liebe für die Philosophie unter den Edlern verbreitet war, späterhin als eine der ersten und schönsten Zierden der jungen Universität: zugleich griff er mächtig ein in das Leben, und wirkte zur Erweckung des deutschen Volksgefühles und freisinniger Ansichten mit seinem gedankenreichen, urkräftigen, scharfen Wort. Hier zeigte sich von neuem, was jederzeit sich bewährt hat, daß die Freiheit des Gedankens, wenn sie an einer Stelle und für kurze Zeit gehemmt wird, anderwärts, bisweilen freilich erst später, nur desto glänzender hervorbricht; fast ohne Ausnahme alle, die vornehmer und gelehrter oder niedriger und unwissender Pöbel ihrer Zeit als Gottlose angeklagt hat, sei es, weil sie herrschenden Aberglauben bekämpften, sei es, daß sie wie Aristarch von Samos und Kopernikus und Galilei nur einzelne von der Religion ganz unabhängige Lehren aufstellten, welche den befangenen Zeitgenossen religionswidrig schienen, sind von der Nachwelt freigesprochen und als Verkündiger der Wahrheit hoch gepriesen worden: die Unterdrückung selbst gibt der Wahrheit die stärkere Kraft der Gegenwirkung. Auch für Halle wurde die Verminderung des Glanzes der Universität Jena benutzt, um der vaterländischen neue Zierden zu geben; mehrere Professoren wurden von Jena dorthin berufen, und um daselbst einen neuen Mittelpunkt wissenschaftlicher Tätigkeit zu gründen, die damals sehr einflußreiche Allgemeine Litteraturzeitung, gleichviel mit welchem Erfolge für den ersten Anfang, nicht ohne Aufopferungen von Jena nach Halle herübergezogen; ohne Scheu vor den neuen Ideen, welche den von Kant unterwühlten Grund der alten Vorstellungen noch einmal unterwühlten, verpflanzte man dahin, wenn auch nicht unmittelbar von Jena aus, die neuen Ansichten: ich nenne nur Schleiermacher, der, ein erklärter Verehrer des heidnischen Platon und des verrufenen Spinoza, als Lehrer der Philosophie und Theologie eingesetzt wurde, und Steffens, der die gleichfalls viel verleumdete Naturphilosophie, die sich erst später unschädlich erwies, in Halle vertreten sollte. Obgleich nicht alle Spuren der alten Roheit verschwunden waren, herrschte doch in Halle, welches damals wie Göttingen eine bedeutende Anzahl von Ausländern anzog, ein durch die alten Kräfte, unter denen Fr. Aug. Wolf die wirksamste war, und gleich oder mehr noch durch die jüngern angeregter echt wissenschaftlicher Sinn voll jugendlicher Begeisterung. Der Kampf gegen Napoleon hatte schon in jenen Jahren, wie es der Blüte der vaterländischen Jugend ansteht, die übrigens politisch noch nicht aufgeregten Studierenden zu vaterländischen Gefühlen erweckt: der freie Geist der deutschen Universitäten war dem Weltherrscher längst verhaßt; dieser Geist schien bereits damals so furchtbar, daß der Kaiser gleich bei seiner Ankunft die Universität Halle auflöste, und alle Studierenden, die ärmeren mit einem Taler Reisegeld, aus der Stadt vertrieb. Wie die niederschlagende Verringerung des Umfanges und der Macht des Staates nur eine Verjüngung und Wiedergeburt des ihm Verbliebenen in allen Zweigen hervorrief, so auch in den Universitäten: auch für sie finden wir hier den Wendepunkt zum Bessern in den wesentlichsten Beziehungen. Was an physischen Kräften verloren war, sollte durch geistige ersetzt werden, die schon früher den Staat gehoben hatten, und die sicherste Grundlage der Erneuerung der Staaten sind: denn die physische Kraft ist die beschränkte der Masse, der Masse, die einfürallemal dieselbe ist und nur durch Hinzufügung anderer Masse vermehrt werden kann; die geistige Kraft ist in sich selbst unendlich und ohne äußere Hinzufügung aus eigener Spannung einer unermeßlichen Steigerung und Vervielfachung fähig. Dabei ließ sich nicht verkennen, daß junge Kräfte gebildet werden mußten; Bildung und Erziehung der Jugend war neben der Befreiung des Volkes aus alten Fesseln und einer volksmäßigern Heeresordnung dasjenige, worauf der neue Staat mußte gegründet werden. Kein Wunder also, daß gerade in der drückendsten Not und Bedrängnis eine so hohe Summe wie früher niemals zur Verbesserung und Gründung der wissenschaftlichen Anstalten der Hauptstadt ausgeworfen wurde; der größte Teil dieser Summe fiel auf die neue Universität, die zwar zunächst an die Stelle der verlorenen Hallischen trat und von ihr schöne Erwerbungen machte, aber nicht etwa eine Provinzialanstalt, sondern eine allgemeine deutsche, ja eine europäische werden sollte. Noch war in neuern Zeiten keine protestantische Universität in dem Sitze eines Fürstenhauses errichtet worden; ja das freiere Leben der Studierenden schien mit der Nähe eines Hofes unvereinbar: es bewies eine vorzügliche Liebe zu den Wissenschaften, daß man dieses Vorurteil überwand, daß man eine Universität als Zierde der Hauptstadt ansah und von ihr gerade an dieser Stelle eine ersprießliche Wirksamkeit erwartete; und Berlin mußte dafür wegen der mannigfachen wissenschaftlichen Hülfsmittel, die hier schon vereinigt waren und leicht vermehrt werden konnten, nicht minder wegen der schon anwesenden Gelehrten und wegen der Neigung der Einwohner zu wissenschaftlicher Bildung, besonders geeignet scheinen. Man faßte gleichzeitig den Grundsatz, die Universitäten vorzugsweise in die Hauptstädte zu legen; und hierdurch ist unstreitig der Gesichtskreis der Lehrer erweitert, kleinlichen Reibungen unter diesen vorgebeugt und mancher törichte und schädliche Brauch unter den Studierenden vertilgt oder gemildert worden. Die Universität zu Frankfurt wurde zwar anfangs durch treffliche neue Lehrer verstärkt, würde aber schwerlich zu bedeutender Blüte gelangt sein, und litt besonders an der Unsitte des alten Tons; ihre Übertragung nach Breslau und Verbindung mit der dortigen katholischen Universität ging aus demselben Grundsatze wie die Errichtung der hiesigen hervor. Die Hallische wurde nach der Herstellung des Reiches durch die Überreste der Wittenberger in zweckmäßiger Vereinigung verstärkt, die Königsberger und die neuzugefallene Greifswalder nach den Umständen gehoben; acht Jahre nach der Stiftung der hiesigen wurde die Bonner gegründet und blühte schnell auf. Hier scheint die Regierung den Grundsatz, der selbst für Dresden, wenn es an Preußen käme, hatte Anwendung finden sollen, verlassen zu haben, die Universitäten den bedeutendsten Städten des Landes zu verleihen; wirkten dazu auch äußere Gründe mit, der alte Anspruch des Ortes, wo Maximilian Friedrich der Erzbischof von Köln eine Universität errichtet hatte, die Freundlichkeit der Stadt, große zur Aufnahme einer wissenschaftlichen Anstalt wohl geeignete Schloßgebäude, so ist mir aus dem Munde derer, welche damals diese Angelegenheiten leiteten, nicht minder bekannt, daß man besorgte, in dem ehrwürdigen alten Sitze des Erzbistums würde die neue Stiftung geistlichen und hierarchischen Einflüssen ausgesetzt sein. So erhielt allmählich, die Akademie zu Münster eingerechnet, jede deutsche Provinz des Reiches eine hohe Schule. . . . Wenn nun in den nächsten Jahren nach dem Kampfe um die äußere Unabhängigkeit Deutschlands sich auf den Universitäten, neben eifriger Wissenschaftlichkeit und einer sehr bedeutenden Verbesserung der Sitten, eine durch geheime Gesellschaften genährte politische Richtung der Jugend bildete, so ist diese Jugend weniger durch einzelne Wortführer hierzu verleitet, als durch den früheren, begünstigten Geist hineingestoßen worden: wie konnte man erwarten, daß die Bewegung an einem willkürlich gesteckten Ziele stehen bleiben oder sich umbeugen werde? War sie doch eine notwendige Folge der Begebenheiten, des Anteils der studierenden Jugend an den Kriegen, aus denen sie ernst und mit frühen Lebenserfahrungen heimgekehrt war, bald auch des Zwiespaltes zwischen der innern, schon in den Grundlagen der heiligen Allianz angedeuteten Politik und einem allgemein verbreiteten Zeitgeiste. Seit Napoleons den Universitäten feindseliger Macht in Deutschland ist diesen das Jahr 1819 das drohendste gewesen; doch ging es unter besonnenen und milden Herrschern, für uns unter Friedrich Wilhelm III. ohne weitgreifende Nachteile vorüber. Schon im Januar erregte eine gegen die Professoren erfolgte Androhung bange Besorgnisse, und veranlaßte unsern Senat, eine nähere Erklärung der Königlichen Willensmeinung zu erbitten, welche die Sicherheit gewähre, daß in allen Fällen, wo nicht schon die Billigung des Zensors den Schriftsteller gegen alle Ansprüche sichere, kein öffentlicher Lehrer wegen angeblicher Pressvergehen ohne Urteil und Recht werde entfernt werden. Zunächst veranlaßte dann jener an einem weltbekannten, damals als Gast in Deutschland lebenden Manne verübte fanatische Frevel den Verlust eines teuren Amtsgenossen[1]; hat auch die Zeit darüber ihren Schleier gezogen, so mag doch die Teilnahme enthüllt werden, welche wir in natürlichem Gemeinsinn seinem Geschick zollten. Wenn der König sich durch sein Gewissen gedrungen fand, diesen Mann zu entsetzen, fühlte der Senat sich nicht minder gedrungen, für ihn sich unmittelbar an den Thron wendend auszusprechen, daß wir diesen Mann ebensosehr wegen des Ernstes, der Redlichkeit und der Offenheit seines Charakters als wegen seiner Kenntnisse und seines Lehreifers hochzuschätzen Ursache gefunden haben, und zu bitten, es möge über die Art, wie er in seinem Lehramte gewirkt, und über die Grundsätze, die er darin verbreitet habe, die strengste Untersuchung durch die vorgesetzte Behörde angeordnet, und bis zu deren Beendigung der bereits verfügten Entlassung Anstand gegeben werden. Nachdem diese Bitte sowohl als ein darauf folgender Antrag des Senats fruchtlos gewesen, dem ohne vorhergegangene Untersuchung und Urteil Entsetzten sein Gehalt zu belassen, sicherte man, was damals nur insgeheim geschehen konnte, dem Ausgeschiedenen bis auf bessere Zeiten den Betrag seines Gehaltes, und hierzu trugen nicht bloß Freunde, sondern auch Gegner bei. Mittlerweile hatte der Bund die Beschlüsse gegen die Universitäten gefaßt, die nicht sowohl diesen zum Schaden gereichten, als zur Herabsetzung von Männern, die eine ehrenvolle Stellung gewohnt waren. Es wird gestattet sein, nach achtund-

[1] Wilhelm Martin Leberecht *De Wette* (Anm. d. Hrsg).

zwanzig Jahren, als Beitrag zur Würdigung unserer Körperschaft in jener Zeit, was damals verborgen blieb, zu veröffentlichen. An demselben Tage, da die letzte Verwendung für den entlassenen Amtsgenossen beschlossen worden, schrieben Rektor und Senat im Gefühle erfüllter Pflicht und erlittener Kränkung: »In der Einleitung zu den Gesetzentwürfen, welche von der Kaiserl. Österreichischen Bundesgesandtschaft der hohen Bundesversammlung vom 20. September 1819 vorgelegt worden, seien gegen die deutschen Universitäten im allgemeinen und die an denselben wirkenden Lehrer die härtesten und die Ehre derselben auf das Empfindlichste kränkenden Beschuldigungen ausgesprochen worden: nicht allein daß einem großen Teile der akademischen Lehrer zur Last gelegt werde, die wahre und ursprüngliche Bestimmung der Universitäten verkannt, ihr eine willkürliche und oft verderbliche untergeschoben, und anstatt die Jünglinge für den Dienst des Staates und zum Besten des Vaterlandes zu bilden, sie mit leeren Träumen und mit Widerwillen gegen die bestehende gesetzliche Ordnung angefüllt zu haben, so werde sogar eine gefahrvolle Ausartung der deutschen hohen Schulen, und zwar in einer durch einige unbestimmt gelassene Ausnahmen wenig beschränkten Allgemeinheit behauptet, und in gleicher Allgemeinheit selbst von bestimmten Feindseligkeiten gesprochen, welche von dieser Seite her gegen die Grundsätze und die Ordnung ausgegangen seien, auf welchen die bestehende Verfassung und der innere Friede Deutschlands beruhe. Dagegen glaubten wir es der Würde unserer Anstalt und den Verpflichtungen gegen dieselbe schuldig zu sein, ohne alle Anführung von Tatsachen hingestellte Anklagen nicht mit Stillschweigen zu übergehen. Hätten einzelne akademische Lehrer sich vergangen, worüber uns das Urteil nicht zustehe, so möchten diese als einzelne von den Maßregeln, welche den Regierungen zu Gebote ständen, betroffen werden; daß aber bei weitem auf die Mehrzahl der Lehrer auch nicht der leiseste Verdacht einer solchen Schuld falle, darüber dürften wir uns getrost auf das Urteil der Welt berufen. Sei ein großer Teil der Jugend Deutschlands von einem gefährlichen Dünkel ergriffen, so werde jede unparteiische Nachforschung ergeben, daß dieses Übel nicht sowohl den Universitäten als vielmehr anderen, von außen auch auf sie nachteilig einwirkenden Ursachen zuzuschreiben sei. Wenn endlich diesem Übel nicht anders als durch strenge Wissenschaftlichkeit in den Lehrvorträgen und eine ernste akademische Disziplin gesteuert werden könne, so müßten diese beiden allein zum Ziele führenden Mittel ihre Wirksamkeit verlieren, wenn die akademischen Obrigkeiten und Lehrer selbst in den Augen ihrer Pflegebefohlenen und Schüler öffentlich herabgesetzt würden. Wir hätten das beruhigende Bewußtsein, daß unsere Universität ihrem wohlerkannten wissenschaftlichen Berufe treu geblieben sei, und daß sie, selbst in diesen allerdings bedenklichen Zeiten, gestrebt habe, sich stets ihrer wahren Bestimmung würdig zu erhalten, und wir dürften uns wegen der Führung unseres Lehramtes, der Verwaltung der uns anvertrauten Disziplin, des Geistes und Verhaltens der großen Mehrzahl unserer Studierenden, vertrauensvoll auf das Zeugnis unserer vorgesetzten Behörde berufen. In diesem Bewußtsein und in der Überzeugung, daß ein Gleiches von den deutschen Universitäten im allgemeinen und von der bei weitem größeren Zahl ihrer Lehrer gelte, fühlten wir uns, jemehr wir das uns zur Last gelegte Benehmen verabscheuten und dessen unbedingte Strafbarkeit anerkennten, umsomehr verpflichtet, die deutschen Universitäten und die unsrige insbesondere gegen die oben erwähnten Anklagen, in der Allgemeinheit genommen, wie sie ausgesprochen worden, auf das Feierlichste zu verwahren.« Der jederzeit höchst wohlwollende Minister von Altenstein, ersucht, »diese unsere Protestation an die hohe Bundesversammlung befördern zu wollen«, übersandte sie bereitwillig an den Fürsten Staatskanzler. Als hiernächst die Versammlung der Minister zu Wien eröffnet worden, übersandten Rektor und Senat auch noch eine Abschrift ihrer Verwahrung an den Staatskanzler, damit sie jener Konferenz vorgelegt würde. Der Fürst behielt Urschrift und Abschrift zurück, und benachrichtigte uns hiervon mit der Milde, welche, wie den König, so seinen ersten Diener zierte. Die vermöge jener Beschlüsse eingeführte Unterordnung der Universität unter einen Königlichen außerordentlichen Bevollmächtigten führte gleich anfangs Zerwürfnisse nach allen Seiten herbei; bald trat das vorgesetzte Ministerium, in Gesinnung und Grundsätzen mit der Universität übereinstimmend, wieder mit dieser in unmittelbare Verbindung, bis der erste Bevollmächtigte entlassen wurde. Von seinem Nachfolger hat sie nur Wohlwollen erfahren, und bedauerte seine plötzliche Entlassung aufrichtig. Seit dieser bestand nur eine Stellvertretung dieser Aufsichtsbehörde aus der Mitte unserer Körperschaft selbst, bald ausschließlich durch den erwählten Rektor mit Beiordnung des Richters. Ohne beengende Formen war alles doch wohlgeordnet; selbst unter bedenklichen Umständen, die von Zeit zu Zeit sich erneuerten, entstand nach keiner Seite Anstoß oder Verlegenheit: die Universität erreichte bald die höchste Zahl der Zuhörer; zwar kein Beweis der Vollkommenheit, aber doch eines weitverbreiteten Rufes und des öffentlichen Zutrauens. Im Winter 1833—1834 zählte sie 2001 eingeschriebene Studierende, und mit den übrigen zum Hören der Vorlesungen Berechtigten 2561 Zuhörer; eine Zahl, wie sie keine deutsche Universität in der neuern Zeit aufzuweisen hatte. Und was das Erfreulichste war, wir genossen wieder das ganze Vertrauen einer die Wissenschaft liebenden Regierung und eines für den Ausdruck der Liebe und Verehrung, den ihm auch die akademische Jugend bezeigte, empfänglichen Königs. Er erkannte den innern Wert dieser hohen Schulen, und sie überlebten die Zeiten einer auch über ihr Gebiet weit hinaus greifenden Verdächtigung, die, ich darf es leider nicht verschweigen, von einem Mitgliede unserer Universität, einem sonst wohlwollenden und liebenswürdigen Amtsgenossen, welcher der erste Rektor dieser Universität gewesen[2], fast zuerst ausgegangen war. Es ist, ich sage es im Vollgefühle der Wahrheit, nach vierzigjähriger Amtsführung, es ist eine unvertilgbare Lebenskraft, ein unverwüstlicher Gesundheitskern in diesen protestantischen Universitäten Deutschlands, solange sie sich selber treu bleiben; und die, welche im Drang alles umzugestalten auch diesen Überrest alter Zeiten noch vernichten möchten, wissen nicht, daß sie ein edles und heiliges Erbteil, ein Palladium deutscher geistiger Freiheit und Einheit antasten, welches von Geschlecht zu Geschlecht, von den Eltern auf die Kinder überliefert wird wie das Licht des Lebens. . . .

August Böckh

ZU ZEITGENÖSSISCHEN PLÄNEN EINER UNIVERSITÄTSREFORM

Aus der Rede gehalten am 15. 10. 1850 in der Universität

. . . es ist bei der versuchten Umgestaltung aller Verhältnisse der deutschen Staaten auch eine Umbildung oder Verbesserung

[2] Theodor Anton Heinrich *Schmalz* (Anm. d. Hrsg.).

der Universitäten beabsichtigt und in Aussicht gestellt worden. Erlauben Sie mir daher, hochgeehrte Zuhörer, bei diesem Gegenstande zu verweilen, ohne daß ich den Anspruch mache, mehr als einige flüchtige Bemerkungen zu geben, da die mir zugemessene Zeit eine volle und ausführliche Erörterung auch nur der wichtigsten Punkte nicht erlaubt.

. . . Die Wissenschaft war für frei erklärt worden. An diesen Gedanken heften sich fast alle Versuche und Vorschläge zur Verbesserung des Universitätswesens. Jene Freiheit ist . . . teils eine innere, teils eine äußere. Unter der inneren verstehen wir die Freiheit der Lehre, welche darin besteht, daß das, was schriftlich oder mündlich vorgetragen wird, nur von dem wissenschaftlichen Manne aus wissenschaftlichen Gründen seine Bestimmung erhalte, nicht durch eine außer der Wissenschaft liegende fremde Vorschrift oder Gesetz, wodurch der Überzeugung des Lehrenden Zwang angetan wird. Wer wollte erst noch einen Beweis dafür verlangen, daß diese Freiheit notwendig sei, wenn irgend ein Fortschritt im Erkennen stattfinden soll, und wer wird nicht zugeben, daß Lehren, welche nicht frei erzeugt und innerlich begründet, sondern äußerlich vorgeschrieben sind, die Natur vielmehr von Glaubensartikeln als von wissenschaftlichen Sätzen haben? Ja mindestens eben so gut, als man die Unabhängigkeit der Kirche vom Staate verlangt, kann man die Unabhängigkeit der Wissenschaft von Staat und Kirche verlangen, obgleich ich, offen gestanden, bei aller Freiheit, die ich für die Wissenschaft in Anspruch nehme, ihre Aussonderung aus dem Staatsverbande dennoch nicht für richtig halte; aber um diesen letzteren Punkt, sowohl in Bezug auf die Wissenschaft als auf die Kirche, jetzt bei Seite liegen zu lassen, so ist die Forderung, Wissenschaft und Lehre sollen frei sein, eben so einfach als wohl unterstützt, die Anwendung jedoch und die Ausführung derselben unterliegt im Verhältnis zum Staat und zur Kirche fast unüberwindlichen Schwierigkeiten, die sich in allen Zeiten zum Teil auf die abenteuerlichste und schaudervollste Weise herausgestellt haben, indem staatliche oder kirchliche Gewalten Lehren für frevelhaft oder gottlos erklärt und mit den äußersten Strafen bedroht oder geahndet haben, die im weiteren Fortschritt der menschlichen und gelehrten Bildung nicht nur als vollkommen unschädlich und unschuldig, sondern auch als einzig wahr allgemein anerkannt worden sind: wogegen sich freilich nicht leugnen läßt, daß auch wirklich verderbliche und die Grundfesten der Sittlichkeit und der bürgerlichen Gesellschaft untergrabende Lehren auftauchen können, über deren Duldung, zumal im Schoße einer vom Staat gesetzten oder zugelassenen Körperschaft, wenigstens großer Zweifel obwalten kann. Viele Zweige des Wissens sind freilich ganz unverdächtig: niemand wird von der Grammatik oder der Zoologie oder Botanik, der Anatomie oder Chemie oder der reinen Mathematik eine Gefahr für Kirche oder Staat erwarten; aber wer sollte es glauben, wenn es nicht tatsächlich feststände, daß schon Staatsmänner der römischen Republik sich vor der griechischen Rhetorik fürchteten? wer weiß nicht, daß die Kirche den Lehren der Astronomie willkürliche Grenzen setzen wollte, daß die Studien des klassischen Altertums von politischer und religiöser Seite verdächtigt worden, daß die politische Wissenschaft, die Darstellung der Geschichte, die Philosophie mit der Staats- und Kirchengewalt häufig in Zusammenstoß geraten sind? Und in der Tat kann es in der Monarchie nicht gleichgültig sein, wenn republikanische, der Republik nicht, wenn monarchische Grundsätze durch die Lehrer der Wissenschaft verbreitet werden: die demokratische Staatsgewalt wird aristokratische, die aristokratische Staatsgewalt demokratische Lehren als gefährlich ansehen müssen, und jede Staatsgemeinschaft wird diejenigen als ihre Feinde betrachten, deren Theorien an die Stelle des Staates irgend eine andere Verbindung wie eine höhere und angeblich sittlichere setzen. Kann man es ferner der Kirche von ihrem Standpunkt aus verargen, wenn sie keinen Gefallen an den Lehren hat, wodurch ihre Dogmen wankend gemacht werden? Aber soll wiederum nichts gelehrt werden, als was der herrschenden Macht genehm ist? Soll die Wahrheit in jedem Staat und in jeder Kirchengemeinschaft eine verschiedene und für alle Ewigkeit vorausbestimmte sein? In diesen wenigen Sätzen, die sich leicht erweitern und vermehren lassen, liegen die Schwierigkeiten und Widersprüche zu Tage, in welche der an sich herrliche Grundsatz von der freien Wissenschaft verwickelt, und es dürfte sich auch in dieser Beziehung bewähren, was Tacitus dem Galba in den Mund legt, daß die nicht völlig geknechteten Menschen weder die ganze Freiheit noch die ganze Knechtschaft ertragen können. Sollen jene Schwierigkeiten dadurch gelöst werden, daß man jede Lehre, wie mißfällig sie auch der herrschenden Macht sein mag, so lange sie nicht in Taten übergeht oder zu Taten auffordert oder anreizt, gewähren lasse, in der bekannten Voraussetzung, daß das Falsche in sich selbst zerfalle und durch die unbesiegliche Wahrheit jederzeit werde überwunden werden? Oder sollen verderbliche Lehren der richterlichen und disziplinarischen Ahndung unterliegen? Soll die Freiheit der Wissenschaft, in der doch allerdings nicht eine unbedingte Straflosigkeit enthalten sein kann, mit solcher Ahndung vereinbar sein, so müssen freisinnige Staatsgesetze und Rechtsgewohnheiten, und Richter von hohem Sinn, tiefer Einsicht in das innerste Wesen der Wissenschaft und unbefangenem hellen Blicke vorausgesetzt werden, wenn nicht ähnliche Urteile erfolgen sollen, wie sie gegen Sokrates, Johannes Huß, Jordanus Brunus, Galilei und unzählige andere erfolgt sind, wo nicht eben gerade blutige und grausame, die unsere fortgeschrittene Bildung nicht mehr verträgt, aber doch dem Geiste nach gleich unrichtige und verwerfliche. Wollte man etwa sagen, damit sich die Wissenschaft ganz frei in sich selbst bewege, möge sie sich der Berührung alles dessen enthalten, wobei sie mit dem Staat oder der Kirche zusammenstoßen könne, wie Platon, der zuerst und im ganzen Umfange den Widerstreit der damals herrschenden Staatskunst und der Philosophie erkannt und mit kräftigen Zügen gezeichnet hat, dem Philosophen anrät, sich mit der Staatsverwaltung überhaupt nicht zu befassen, so ist dagegen zu erwidern, eine solche Ausübung der wissenschaftlichen Freiheit sei vielmehr eine Ergebung in die Knechtschaft: die Wissenschaft verzichte dadurch auf die Behandlung der wichtigsten Aufgaben der praktischen Vernunft, eine Verzichtleistung, wovon selbst Platon so weit entfernt war, daß er vielmehr theoretisch sich den zu seiner Zeit verwirklichten politischen Ansichten unverhohlen entgegensetzte; ferner gebe sich die Wissenschaft dann dem so oft gehörten Vorwurfe preis, daß sie eine tote, und allem, was den Geist des Volkes und der Zeit bewege, entfremdet sei: endlich haben namentlich die Universitäten, außer der allgemeinen Bildung zur Wissenschaft den besonderen Beruf zugewiesen erhalten, ihre Zuhörer zum Eintritt in die verschiedenen Zweige des höheren Staats- und Kirchendienstes tüchtig zu machen, und können sich folglich der wissenschaftlichen Betrachtung des Politischen und Kirchlichen keineswegs entschlagen, des letzteren wenigstens so lange nicht, als auch die positive Religion, wie im Protestantismus geschieht, als Gegenstand der Wissenschaft anerkannt wird.

Ich wende mich nun zur äußeren Freiheit, welche darin liegt, daß die wissenschaftlichen Anstalten, besonders also auch die Universitäten, durch ihre Verfassung wie möglichst freie Gemeinden hingestellt und mit solchen Befugnissen ausgestattet werden, daß sie sich, vorbehaltlich einer Oberaufsicht der vorgeordneten Staatsbehörde und einer Verantwortlichkeit gegen diese, selbst regieren, was vorzüglich im Jahre 1848 teils von oben herab, teils im Schoße der hohen Schulen beabsichtigt wurde: man wollte die obersten Universitätsbehörden gegen die Staatsbehörde unabhängiger stellen, der Gesamtheit der Lehrer im Gegensatze gegen bevorzugte Klassen derselben nach dem demokratischen Grundsatz gleicher Berechtigung (Isonomie und Isegorie) und zur Erhöhung des Gemeingeistes einen größeren Einfluß auf die Verwaltung geben, und die Unterschiede der verschiedenen Arten der Lehrer, namentlich der ordentlichen und außerordentlichen Professoren und der Privatdozenten, wo nicht aufheben, doch minder fühlbar machen, und es konnte nicht ausbleiben, daß auch die Studierenden den Lehrern gegenüber mehr Freiheit und sogar eine Mitwirkung bei den Universitätsangelegenheiten verlangten. Obgleich niemals dürfte verkannt worden sein, daß die Macht der Regierung über die Universitäten aufrecht zu erhalten sei, und die völlige Befreiung der letzteren eher zu ihrem Verderben als zu ihrem Vorteil gereichen würde: so hielt man doch die Selbstverwaltung den Universitäten für angemessen und zuträglich, und insbesondere erwarteten die meisten eine wesentliche Verbesserung von der Entfernung jener zwischen dem vorgeordneten Minister und den Universitäten gestellten Mittelbehörde der Kuratoren, welche, ohnehin schon ein sprechender Ausdruck der Unselbständigkeit und Unmündigkeit der Universitäten, vollends um so lästiger erschienen, seitdem sie als außerordentliche Regierungsbevollmächtigte mit der ganzen Schwere der nach den Bundesbeschlüssen diesen zugeteilten Befugnisse auf die Universitäten gedrückt hatten, selbst wenn an einigen Orten, und namentlich an der hiesigen hohen Schule, jene Bundesgesetze niemals zur völligen Gültigkeit gelangt und durch die Huld unseres erhabenen Königs wesentlich gemildert worden waren. ...

Je nach der verschiedenen Verfassung der einzelnen Universitäten haben schon bisher mehr oder weniger Lehrer an der Leitung oder Verwaltung derselben Teil genommen; bei den neuesten Verbesserungsbestrebungen arbeitete man, wie schon bemerkt worden, von verschiedenen Seiten dahin, allen Lehrern einen gewissen Einfluß auf die allgemeinen Angelegenheiten zu geben, und aus den Beratungen der hierselbst abgehaltenen Konferenz der Abgeordneten ist der Antrag hervorgegangen, es möge gleichmäßig auf allen preußischen Hochschulen ein engerer Ausschuß, welcher gewöhnlich Senat genannt wird, eingesetzt werden, und neben demselben ein Generalkonzil, in welchem alle ordentlichen Professoren und auch eine gewählte Anzahl der außerordentlichen Sitz und Stimme hätten. Die wenigen älteren Mitglieder dieser Universität, welche noch aus den ersten Jahren derselben übrig sind, werden sich erinnern, daß hierselbst ursprünglich alle ordentlichen Lehrer den Senat bildeten, daß diese Einrichtung aber sich bald als unzweckmäßig herausstellte und eben deswegen aufgehoben wurde: wogegen sich, wie wir hoffen, das Nebeneinanderbestehen einer engeren und weiteren Versammlung mit verschiedenen Befugnissen wohl bewähren dürfte. Die Teilnahme der außerordentlichen Professoren an diesen Versammlungen ist zwar... im allgemeinen den strengen Begriffen zuwider, indem das Wesen der außerordentlichen Professoren sich eben dahin bestimmt hat, daß sie als jüngere Lehrer oder als solche, für welche das Lehren an der Universität nur ein Nebengeschäft neben einem anderen Hauptamte ist, in die Vertretung der Universität nicht hineingezogen werden sollten; aber man hat, zumal bei der an manchen Universitäten sehr gestiegenen Anzahl der außerordentlichen Lehrer und der hieraus entsprungenen Unmöglichkeit, ihren Verdiensten durch zeitiges Einrücken in ordentliche Stellen gerecht zu werden, mit vollem Grunde geltend gemacht, die Verhältnisse hätten sich allmählich so umgestaltet, daß die außerordentlichen Professoren auch in dieser Hinsicht Ansprüche machen könnten, um hinter den ordentlichen nicht zu weit zurück zu stehen, namentlich in Beziehung auf Bestellung der akademischen Ämter und diese Ämter selbst, und es hat daher zweckmäßig geschienen, dem natürlichen Verlangen derselben nachgebend, ihnen eine verhältnismäßige Mitwirkung in der Vertretung der Universitäten einzuräumen. Wenn für die Privatdozenten nicht dasselbe beschlossen worden, so ist dabei der Gedanke maßgebend gewesen, daß sie der Universität völlig frei verbunden sind, ihre Tätigkeit ganz von ihrem Willen abhängt und sie nicht einmal die Pflicht, sondern nur das Recht zu lehren haben, dessen Ausübung ihrem Belieben überlassen ist: übrigens ist die große Bedeutung derselben für die Universitäten, die gerade ihnen den Ursprung verdanken und in ihnen den sichersten und gedeihlichsten Nachwuchs ihrer Lehrer haben, nicht verkannt, und die Aufhebung einiger ungerechtfertigten oder unbilligen Beschränkungen ihrer Lehrtätigkeit vorgeschlagen worden. Was die Studierenden betrifft, so sind von diesen auf der Wartburg allerdings Beschlüsse gefaßt und Anträge gestellt worden, deren Maßlosigkeit selbst einem großen Teil derselben bald einleuchtete. Die Studierenden der hiesigen Universität, weit entfernt, größere Rechte zu verlangen, haben sich großenteils darauf beschränkt, ihrem privilegierten Gerichtsstande entsagen zu wollen, und die Konferenz konnte sich nicht veranlaßt finden, die ihr vorgelegte Frage, ob die Studierenden an den Wahlen zu akademischen Ämtern, insbesondere an der Rektorwahl Teil nehmen sollten, bejahend zu beantworten, weil kein Studierender bei der Flüchtigkeit seines Aufenthaltes auf einer bestimmten Universität, und bei dem Mangel aller Verantwortlichkeit ein Recht zum Einfluße auf die Verwaltung haben könne. . . .

Aus dem reichen Stoffe, welchen der von mir besprochene Gegenstand darbietet, habe ich einige wenige Punkte ausgewählt, auf deren Erörterung mich die in den letzten Jahren beabsichtigten Verbesserungen des Universitätswesens geführt haben: wie gesagt, gingen diese Versuche alle von dem Streben nach größerer Freiheit aus, welches durch die politischen Bewegungen der Zeit seine Schwungkraft erhalten hatte. So wie anfangs das Maß der politischen Freiheit überschritten wurde, so waren auch die Plane der Verbesserer des Unterrichtswesens und namentlich der hohen Schulen zuerst zum Teil ausschweifend, haben aber mit der Zeit bei wiedergewonnener Besonnenheit die richtige Mitte gefunden; und es ist eben so wenig zu befürchten, daß jetzt Änderungen zur Zerstörung führen, als daß die auf dem Boden des Unterrichtswesens entstandene Bewegung spurlos verschwinde. . . .

Adolf Trendelenburg

DIE ÜBERKOMMENE AUFGABE UNSERER UNIVERSITÄT

Aus der Rektoratsrede gehalten am 3. 8. 1857

. . . Friederich Wilhelm III. stiftete unsere Universität wie eine neue Anstalt auf dem Grunde der alten; er stiftete sie im Sinne des überkommenen Geistes, der in den deutschen Hochschulen lebte. Mögen zum Zeichen, daß er in Berlin fortpflanzen und erneuern wollte, was sich auf den deutschen Universitäten seit mehr als vier Jahrhunderten gebildet hatte, die von ihm der Universität verliehenen Szepter dienen, welche hier gekreuzt liegen. Denn es sind die Szepter der alten, in den Zeitereignissen aufgelösten Universität Erfurt; es sind die ehrwürdigen Szepter, auf welche einst nach alter Sitte Martin Luther seine Finger legte, da er zu Erfurt Magister wurde und den Eid schwur.

Mag es heute gestattet sein, auf das Alte in dem Neuen und auf das Neue in dem Alten einen Blick zu werfen; mögen wir heute . . . die neue Aufgabe unserer Universität auf dem Grunde des alten Wesens betrachten. . . .

In allen Umgestaltungen der Geschichte haben die Universitäten, wenigstens im ganzen, ihren korporativen Charakter erhalten, welcher sich zuerst in dem Namen der *universitas* kund gab, und als eine solche in sich gegliederte Körperschaft unterscheiden sie sich von andern Staatsanstalten.

Zünfte und Innungen, in welche Formen das Mittelalter seine politischen Bildungen kleidete, sind auf andern Gebieten dem Angriff der Zeit erlegen; aber die Zunft und Innung der hohen Schulen hat sich, wenn auch abgeschwächt und den Staatsanstalten angenähert, bis auf den heutigen Tag behauptet, und die Zukunft der Universitäten und die Bedingungen ihres Gedeihens liegen in der Körperschaft.

Die Innung einer Universität ist eine Innung eigentümlicher Art. Die andern Zünfte und Gilden des Mittelalters, wie die Gilde der Kaufleute, der Schiffer, der Handwerker, schlossen gleichartige Tätigkeiten in sich und stellten nach innen meistens nur dieselbe Tätigkeit in einförmiger Wiederholung dar. Sie schlossen sich zwar nach außen ab, wie zu gemeinsamer Abwehr des Fremden; aber selten wohnte ihnen nach innen das tiefere Gefühl bei, daß einer des andern bedürfe; vielmehr herrschte in ihnen nicht selten die bittere Empfindung, daß auf dem Markt des Lebens der eine dem andern im Wege stehe.

In den Hochschulen und ihren Fakultäten ist es nach der innern Anlage anders. Da ist statt der Zusammenhäufung gleichartiger Tätigkeiten eine gegenseitige Ergänzung, eine notwendige Gliederung für die vielseitige Wissenschaft und den vielseitigen Unterricht, und daher eine Empfindung der Einheit aller. Wie sich die Eine Wissenschaft in viele Wissenschaften verzweigt und die vielen Ein großer Zusammenhang bindet: so verzweigen sich die Tätigkeiten an der Universität und fordern sich gegenseitig. Weil die Körperschaft ein äußeres Abbild der sich vielgliedrig entwickelnden Wissenschaft ist, erscheint sie als die dem Inhalt ihrer Zwecke entsprechende Gestalt. In ihr fließt die Bedeutung des einzelnen Lehrers auf das Ganze und die Bedeutung des Ganzen auf den einzelnen Lehrer über. Darum treibt in ihr der Gemeingeist tiefere Wurzeln und erzieht uns mitten in der Freude an der eigenen, in das Ganze eingefügten Tätigkeit zur Hingabe an das Ganze. Es ist die Weisheit des Staates, solche gegliederte Körperschaften zu pflegen und nicht als ein Hindernis seiner Befehle wegzuräumen. Denn wo die einzelnen ohne Zwischengliederung, ohne in ein höheres, aber ihnen eigenes Ganze aufgenommen zu sein, einzeln dem übermächtigen Staat gegenüberstehen, da fühlt jeder, wie verlassen und ohne Anhalt, den Staat nur als Druck und Last; und umgekehrt stehen dann dem Staate die Vielen ungegliedert und unverbunden, gleichsam nur stückweise gezählt, gegenüber. Durch die Körperschaften, welche er in ihren anerkannten Zwecken gewähren läßt, und die Vereine, welchen er nach innen Freiheit gibt, gewinnt er Glieder statt addierter Kräfte.

Die älteren Universitäten waren Korporationen mit mehr Eigenrecht und Eigenmacht ausgestattet, und unsere Hochschulen erscheinen trotz des neuen Purpurs wie des alten Glanzes entkleidet. Die Gerichtsbarkeit z. B., früher die Universitätsverwandten umfassend, früher so ausgedehnt, als das Zivil- und Kriminalrecht, ist auf die Verhältnisse der Studierenden eingeschränkt. Die Pfalzgrafenwürde, die sog. *comitiva*, mit welcher der Kaiser selbst einzelne Gelehrte begnadigte, wie z. B. der Kaiser Friederich III. den Johannes Reuchlin, wurde noch bei der Stiftung von Halle und Göttingen mit dem Amt des Prorektors verbunden; es war darin das Recht enthalten, Vormünder und Kuratoren zu setzen, Adoptionen vorzunehmen, Bastarde zu legitimieren, Notarien zu bestellen, Entehrte in die bürgerliche Ehre wieder einzusetzen, Kirchen und Gemeinheiten *in integrum* zu restituieren, oder bisweilen selbst das Recht, würdige Männer mit Wappen zu ehren und sie dadurch des Besitzes von Lehnsgütern fähig zu machen. Es waren große Privilegien, ein bedeutender Maßstab für den Wert, welchen man damals auf die Universitäten legte — und insofern des dankbaren Andenkens würdig.

Aber haben den Universitäten solche und andere Vorrechte gefrommt? Sie hängten ihnen viel Fremdartiges an und trieben in eine falsche Vielgeschäftigkeit. Sie entfremdeten sie nicht selten dem eigentlichen Kreise, in welchem ihr Beruf und ihre Würde liegt. Wenn nach einer alten Anschauung das Recht und die Gerechtigkeit darin beruht, das Eigene zu treiben und das Eigene zu wahren, und wenn das Fremde verhindert, das Eigene zu vollenden: so verlangt kein Einsichtiger solche Privilegien zurück. Selbst das tiefer gegründete Vorrecht der alten Universitäten, daß die Professoren die Lehrer berufen und der Landesfürst nur bestätigt, hat mehr gehemmt, als gefördert. Denn der korporative Geist zeigt zu allen Zeiten eine Neigung, Söhne und Freunde seiner Glieder zu begünstigen und den Alleinbesitz und den Alleingenuß des gerade Berechtigten zu behaupten. Die Korporationen halten zähe am Alten, weil die einzelnen vom Alten Besitz ergriffen haben, und widerstehen, weil das Bessere Opfer fordert, Verbesserungen hartnäckig. ...

Die neueren Universitäten sind unter der höhern Fürsorge wissenschaftlicher Männer aufgeblüht; aber späterhin nur allzu lange Gegenstand polizeilicher Befürchtungen, sind sie in ihrer überkommenen Berechtigung auch geknickt worden. Es sind nicht selten Eingriffe in das eigentlichste Bereich der Körperschaften geschehen. Soll der korporative Gemeingeist, den man mit Recht fordert, erstarken, soll die Einsicht der mitten in der Wissenschaft stehenden Männer der Zukunft der Universitäten zu gute kommen, soll geschichtliche Erhaltung und weiterbildende Entwickelung Hand in Hand gehen: so bedürfen die Universitäten eines Rechtes, das — wir danken es den fürsorgenden Behörden — zumeist, aber doch nur zumeist, Sitte ist, sie bedürfen das Recht des vorgängigen Gutachtens in *allen* ihren Angelegenheiten; es ist ein bescheidenes Recht, das nur ideelles Gewicht hat, der Behörde Einsicht gibt und doch freie Hand läßt, aber das die Glieder der Universität in Liebe zu ihrem Gemeinwesen übt und durch die Mitwirkung für das Beste desselben befriedigt. Die Universitäten müssen ein solches Recht, welches aus ihrer Geschichte und ihrem Wesen fließt, als ein durchgehendes wünschen und, wo sie es haben, wie ein Kleinod unbefleckt erhalten.

Der korporative Geist der Universitäten lebt in den Wissenschaften und atmet auf ihren Höhen reinere Luft, als andere Körperschaften.

Denn zwei... Bedingungen, welche sich nicht voneinander lösen dürfen, vereinigen sich, um den deutschen Universitäten die Bedeutung zu geben und zu erhalten, welche sie in ihrer Geschichte haben. Ihre Glieder sind nach der theoretischen Seite an die Wissenschaft im höchsten Sinne und nach der praktischen an den Unterricht der reiferen Jugend gewiesen. Was der durch Jahrhunderte, ja durch zwei Jahrtausende vereinte menschliche Geist in sich fortsetzender Arbeit als erspähende, ergründende Wissenschaft hervorgebracht hat und hervorbringt, muß unter den Lehrern der Universitäten seinen Vertreter und Fortbildner finden; und was die Wissenschaft erschlossen, sollen ihre Lehrer so lebendig wiedererzeugen, daß es sich, gleich der Idee in ihren Abbildern, in den Köpfen der Jugend vervielfältige, und, gleich einem Keim, in ihnen zu weiterer Frucht aufgehe. Ihr Unterricht zieht den wissenschaftlichen Schüler von der fest gegründeten Basis bis in die letzten Tiefen der menschlichen Erkenntnis, in welche nur der höher gestimmte Geist oder der erfahrene Verstand oder der in steter Übung gesteigerte Scharfsinn eindringt, und von der andern Seite bis in die ersten Anfänge der Anwendung, durch welche die Wissenschaft bestimmt ist, das Leben zu beseelen und zu leiten, zu berichtigen und zu heilen. Es liegt in der Idee des Universitätslehrers, daß sich in ihm Forschung und Unterricht vereinigen, und es liegt darin der eigentümliche Reiz der Berufes, daß sich Unterricht und Forschung gegenseitig beleben. Es ist selten, daß sich in Einem Manne beide Gaben, beide Richtungen zu einem Ebenmaß ausgleichen. Aber in dem Ganzen der Universität muß sich beides gleichmäßig bekunden. Nur *die* Universität blüht, in welcher die Forschung den Unterricht an die Tiefe und der Unterricht die Forschung an das Leben knüpft. In diesem Sinne berief König Friederich Wilhelm der Dritte, wie dessen dieser Kranz von Büsten, der die Aula schmückt, ein redendes Zeugnis ist, die ersten Lehrer unserer Hochschule.

Dies Bewußtsein der Bestimmung zu Forschung und Lehre, zu Wissenschaft und Unterricht durchdringt die Universitäten. Es beseelt den stillen Forscher ein eigentümliches Gefühl, wenn er in seiner Wissenschaft das als wahr und wesentlich, das als notwendig Angenommene noch einmal durchdenkt, um es in sich zu bewähren und zu besiegeln, oder zu sichten und zu reinigen, oder wenn es ihm in nachhaltiger Arbeit gelingt, in die noch dunkeln und bedeckten Gegenden der Wissenschaft einen hellen Funken hineinzuwerfen und auch seines Teils, wenn auch nur in einem kleinen Stück und an dem bescheidensten Ort, Licht an Licht zu entzünden. Ein anderes mit nichts zu vergleichendes Gefühl beseelt den unter die Jugend tretenden Lehrer, der als Forscher den Trieb seiner Wissenschaft zu dem eigenen gemacht hat, wenn er hoffen darf, daß er für *die* Wahrheit, welche ihm am Herzen liegt, junge Geister werbe, welche das Erkannte neu anerkennen und fortsetzen, oder welche einst für die Anwendung auf die Dinge die Folgerungen ziehen und dadurch das Leben erweitern und erhöhen, vertiefen und veredeln werden. Zwar dämpfen sich vielfach diese Empfindungen, und es ist dafür gesorgt, daß die Bäume nicht in den Himmel wachsen. *Kant* schreibt vor nunmehr 90 Jahren, da er mitten in jugendlicher Kraft schon als *Lehrer* berühmt war, wie zum Trost anderer: »Jedermann weiß, wie eifrig der Anfang der Kollegien von der muntern und unbeständigen Jugend gemacht wird, und wie darauf die Hörsäle allmählich etwas geräumiger werden.« Aber das doppelte Gefühl, das aus dem Forschen und Lehren entspringt, erneuert sich immer wieder und lebt in allen Gliedern der Universitäten und erhebt alle. In niemandem pflegt es reiner und kräftiger zu leben, als in den jüngeren Männern, welche, vom Staat nicht gerufen, aber von innerm Beruf getrieben, von wenigen oder keinen Vorteilen begünstigt und nicht selten mit der Schwierigkeit des Lebens kämpfend, aber von der Hoheit der Wissenschaft und dem Reiz des Lehramtes angezogen, sich lediglich auf die eigene Kraft stellen, um an dem Werke der Universität Teil zu haben und mitzuhelfen. In ihnen liegt der eigentliche Hebel unserer Hochschulen, den man in früherer Zeit da heraushob, wo man den Fortschritt nicht wollte, und neuerdings an denselben Universitäten wieder einsetzt, da man im Wetteifer mit den übrigen für Wissenschaft und Unterricht neue Bewegung erstrebt. Aus dem Verlangen, das in jeder Habilitation eines Privatdozenten neu in die Universität eintritt, quillt von neuem, und in edler Weise die älteren Glieder anregend, das ideale Gefühl des Forschers und Lehrers, das die rechte und echte Gesinnung der Körperschaft ist. ...

Die philosophische Fakultät ist die eigentliche Grundlage, auf welcher die übrigen beruhen. ... Es liegt das eigentümliche Wesen der deutschen Universitätsbildung in dem stetigen Zusammenhang der übrigen Fakultäten mit der philosophischen, in dem lebendigen Einfluß, den der Unterricht der philosophischen Fakultät auf die Studierenden der andern Fakultäten fortwährend behauptet. In demselben Maße als sich die Studierenden von den Vorlesungen der philosophischen Fakultät lossagen, überwiegt das Fach die Wissenschaft. Wenn überhaupt in neuerer Zeit — die fortschreitende Teilung der Arbeit bringt es mit sich — die Ausbildung von »Spezialitäten« herrschend wird, so ist es nötig, in jeder Fakultät *die* Wissenschaften nachdrücklich zu betonen, welche in ihr die allgemeinern sind. Sonst droht die Universität über kurz oder lang in Spezialschulen zu zerfallen. Es mag dabei der Philosophie nur im Vorübergehen gedacht werden, welche einst im Sinne der unveräußerlichen Einheit den Namen der *facultas artium* in die *facultas philosophica* verwandelte. Wollen wir unser deutsches Universitätswesen erhalten, so kann es nur nach dem Maße des ihm innewohnenden Ursprungs geschehen. . . .

Nächst Göttingen hat vielleicht die Universität Berlin für die mannigfaltige Gliederung und die Durchbildung der Disziplinen am meisten getan. Es war Eine der Wirkungen, die es haben mußte, da Friederich Wilhelm der Dritte in die Hauptstadt, welche die Schätze der Sammlungen und vielseitige Anschauungen in sich schließt, wissenschaftlich rege Geister berief, und zwei Könige in dem dauernden Frieden der Entwickelung Raum schafften und Mittel gewährten.

Wenn das Besondere nicht vom Allgemeinen sich ablöst, sondern das Ganze im Teil sich durchführt und widerspiegelt, so haben solche wissenschaftliche Verzweigungen, solche Bildungen von wissenschaftlichen Ganzen, die sich in einem eigenen Mittelpunkt gründen, große Bedeutung für die Wissenschaft überhaupt und eine eigentümliche Kraft für den Unterricht, aber es bleibt dabei die Bedingung, daß das Besondere im Allgemeinen verharre.

Wenn einsichtige Ausländer die eigentümlichen Bildungsstätten unserer deutschen Universitäten bewunderten, so liegt vielleicht in dieser Wechselwirkung, in welcher die Gliederung der Lehrämter und die Entwickelung der Wissenschaften stehen, und in der dem deutschen Geist bis dahin eigenen Verbindung des Allgemeinen und Besonderen der tiefste Grund.

So ist auf den Universitäten für Lehrer und Lernende die mannigfaltigste Berührung der in sich regen Wissenschaften, und der belebende Kontakt teilt sich gleichsam der geistigen Atmosphäre mit, in welcher die Studierenden weilen. Die Universitätsjahre sind ihnen wie die Jahre der theoretischen Weihe für das folgende Leben der Praxis.

Wenigstens sollten sie nach ihrem innern Gedanken so wirken. Sie tun es vielfach nicht, und wir müssen immer wieder nach den Ursachen forschen, welche den Erfolg stören.

Gewiß liegt ein Teil der Schuld an uns. *Friederich der Große* schrieb im Jahre 1770 einen Aufsatz über die Erziehung und warf auch auf den Unterricht der deutschen Universitäten seinen scharfen Blick. Unter anderm tadelt er, daß es an persönlichem Unterricht, an Wechselwirkung zwischen Lehrern und Lernenden fehle. Er tadelt es, daß die Studierenden nur das Gedächtnis zu üben gewöhnt werden und keine eigene Aufsätze schreiben, daß überall die Hauptseite der Ausbildung, die Übung des die Gründe entwickelnden Urteils, versäumt werde.

Jener erste Vorwurf ist von denen oft wiederholt worden, welche allen Unterricht elementar fassen und daher bei jeder Begriffsbildung sokratische Maieutik des Lehrers verlangen. Vielmehr ist es eine Zumutung an die geistige Kraft des Studierenden, daß er den größeren Zusammenhang eines Ganzen selbsttätig und ohne die stetige begleitende Nachhülfe des Lehrers auffasse, welche bei zahlreichen Zuhörern schon an und für sich unmöglich ist.

Der zweite Vorwurf, daß die eigenen Aufsätze und die Übungen des entwickelnden Urteils fehlen, dringt tiefer. Die alten Universitäten suchten beides durch die wöchentlich angeordneten Disputationen zu ersetzen, welche bei uns zum Beiwerk herabgesunken sind, teils weil die Richtung der Wissenschaften auf Tatsachen die Dialektik zurückdrängte, teils weil das Latein, das alte gelehrte Medium der Disputationen, nicht mehr genügend gehandhabt wird. Es muß an die Stelle dieses im Untergange begriffenen alten Elements ein der Wissenschaft entsprechendes neues treten. Wir sehen es in den Übungen, zu welchen die Seminarien das Beispiel gaben. Sie schaffen Gelegenheit zu persönlichem Verkehr mit den Lehrern und zu selbsttätigen Versuchen und ziehen den Studierenden in die Forschungen mit hinein. Es ist erfreulich, daß sie sich bei uns in den letzten Jahrzehnten vervielfältigt haben und schon in den meisten Wissenschaften dargeboten werden.

Ein anderer Teil der Schuld liegt in den Umständen. Ungefähr um dieselbe Zeit, da König Friederich Wilhelm III. unsere Universität gründete, führte er die allgemeine Kriegspflicht ein. ... Das freiwillige Dienstjahr entzieht meistens den Studierenden während zwei Semester Muße und Kraft, Sammlung und Frische für die Studien. Der wissenschaftliche Zusammenhang und die Gewöhnung zum Fleiß leiden durch die Unterbrechung, und der Verlust ist in *der* Fakultät am größten, in welcher der Gedanke an die sogenannte Karriere, an den Wettlauf auf der Rennbahn der Ehre, schon den Studierenden ungeduldig zieht, und der freie Zusatz eines siebenten Semesters seltener ist. Früher, als noch nicht Stadium für Stadium in den Prüfungen und den ersten Schritten des Amtes so streng vorgeschrieben war, gönnte die Sitte den Studierenden einen längeren Spielraum der Studien. Jetzt ist — und gerade auf unserer Universität — vielfach durch die Dienstzeit an dem Triennium ein ganzes Jahr gekürzt. Die Wissenschaften sind an Ausdehnung und Tiefe gewachsen, aber die Studienzeit hat abgenommen. Das Mißverhältnis springt in die Augen, und erklärt es nach manchen Seiten, wenn die Universität hinter dem Ziel, das sie erstrebt, zurückbleibt. Gesetz und Sitte müssen an dieser Stelle gemeinsam nachrücken.

Wie dies Verhältnis heute steht, können uns nur die Gymnasien helfen, sie, die alten treuen Verbündeten der Universitäten zu dem großen Zwecke, die wissenschaftliche Kraft in der Nation zu steigern. Wenn sie den Universitäten reifere Schüler zuführen, so können ihres Teils die Universitäten in der kurzen und gekürzten Zeit mehr leisten. Je höher die Gymnasien an gelehrter Bildung stehen, desto mehr haben sie ein inneres Recht, die Schüler in ihrer durcharbeitenden Disziplin zurückzuhalten. Ungeachtet des allgemeinen Maßstabes für die Reife hat jedes Gymnasium seinen eigenen und legt ihn da mit unbeschränktem Urteil an, wo es den Schüler für fähig erklärt, von Secunda nach Prima überzugehen. Wenn erst der Schüler die Prima erreicht hat, so treibt ihn seine und der Eltern Ungeduld zur Universität. Die Pforte nach Prima muß eng sein. Dann empfangen die Universitäten dankbar *reife* Schüler, reif an Willen und Urteil.

Nur dann vermögen die Universitäten die Höhe ihres Unterrichts zu behaupten und sonst nicht. Wenn die Gymnasien in Wenigem viel geben, wenn sie in der Hauptsache, nämlich in den alten Sprachen und in der Mathematik, von welchen beiden der Weg zu den Höhen der Menschheit und in das Innere der Dinge führt, das Wissen zum vielseitigen Können durchüben: so kann nun die Universität ihre große Richtung einhalten. Es ist das Wesen der akademischen Lehrweise in aller Wissenschaft, zur Gemeinschaft mit dem Klassischen und Ursprünglichen, in den historischen Disziplinen zu den klassischen Quellen, in den realen Wissenschaften in die Methoden und Arbeiten ihrer Klassiker, überhaupt in die Berührung mit den schöpferischen und erfindenden Geistern der Wissenschaft zu führen. Denn in dieser

Gemeinschaft liegt die Anregung der eigenen schaffenden Kraft, die Erhebung ins Große und Hohe, der Anreiz zur Geduld und Ausdauer.

Nicht selten sind die Universitäten von diesem Ziele abgefallen. Zur Zeit der Scholastik galten in Theologie und Philosophie die Kommentare mehr als die kommentierten Bücher, der Sententiarius mehr als die Heilige Schrift, die Kommentatoren mehr als der Aristoteles, in der Jurisprudenz die Glossen mehr als der Text; und der Kampf der Reform war ein beharrliches Streben, zur Quelle zu führen. Später haben Kompendien und Hefte, welche die Ergebnisse plan überliefern und keine Arbeit der Untersuchung, kein Eindringen in das Ursprüngliche fordern, immer wieder den Unterricht der Universitäten herabgezogen. Der hat trotz des Trienniums den Universitätsunterricht nicht genossen, wer in seiner Wissenschaft das Klassische nicht geschmeckt und ihren weiterbildenden Trieb nicht gespürt hat. Wo keine strenge und volle Schule vorangegangen ist, da ist dies Ziel unmöglich, da sinken die Ansprüche, welche der Studierende an den Lehrer, und der Lehrer an den Studierenden machen soll.

Mit der Reife der wissenschaftlichen Ausbildung wird von selbst die größere Reife des Willens verbunden sein. Unsere Universitäten geben, eingedenk dessen, was sie der Bildung des Charakters schuldig sind, den Studierenden jene akademische Freiheit, welche so oft mißverstanden, so oft mißbraucht ist. Für *unsere* Universität ist es wie eine gute Vorbestimmung gewesen, daß ihr erster gewählter Rektor, *Johann Gottlieb Fichte*, dessen scharf und kräftig ausgeprägtes Antlitz uns in dieser ersten Büste hier zur Rechten anblickt, früh in Jena gegen die eingewurzelte, durch Alter und Herkommen geschützte Unsitte der Studierenden mit der Zuversicht einer bessern Zukunft ankämpfte. . . . Weder die größern Anschauungen Berlins, noch der ernstere wissenschaftliche Sinn, den man früh an den hiesigen Studierenden wahrnahm, sind auf der neuen Hochschule den alten Vorurteilen günstig gewesen. Wer in der Geschichte der Universitäten die wilden Raufereien zur Zeit der Reformation und den noch greulicheren Zustand nach dem dreißigjährigen Kriege liest, mag sich der Meinung getrösten, daß verhältnismäßig eine bessere Sitte die Oberhand gewann. Vielleicht trug auch Berlin dazu bei. Aber es sind noch hartnäckige Reste des Alten da. Schon der große Kurfürst erläßt einen Befehl gegen die Duelle, und der erste König, noch als Kurfürst, ein scharfes Edikt, in welchem er das Duell, oder, wie er es bezeichnend nennt, das Zweibalgen mit der strengsten Strafe verfolgt. Die meisten Studierenden sehen indessen noch heute in dem Zweikampf die Bewährung des Charakters und die Übung des Mutes, welche gewiß der Jugend wohl ansteht, aber sie vergessen, daß sich noch mehr Charakter in der Entsagung der Selbsthülfe und noch mehr Mut im Kampf mit der Unsitte hervortnn kann. Man verwechselt den ritterlichen Geist und seine Karikatur. . . .

So alt als unsere deutschen Universitäten sind auch die akademischen Würden, welche sie erteilen. Es liegt in dem Sinn der mittelalterlichen Zunft, daß niemand anders als sie selbst, die aus Meistern besteht, den Lehrling zum Gesellen und den Gesellen zum Meister spricht. Kaiser und Papst sicherten den Universitäten die Anerkennung der von ihnen erteilten Würden im ganzen Umfang des deutschen Reichs, ja in der ganzen Christenheit zu. Die Universität heißt eben darum in erster Zeit *studium generale*, weil ihre Ehren allgemein gelten. So spricht auch unser königlicher Stifter in den Statuten ausdrücklich der Universität das Recht zu, akademische Würden zu erteilen. Früher gab es keine wissenschaftliche Prüfung *über* dieser; sie war die höchste. In päpstlichen Dekreten und kaiserlichen Privilegien wurde den einzelnen Universitäten zugesagt, daß ihre Doktoren in jeder andern Universität ohne weitere Prüfung die Befugnis haben sollen, die Studien zu leiten und zu lehren (*regere et legere*). Es war nun die Sache der Universitäten, dies Ansehen durch Strenge aufrecht zu halten. Aber es ist leider anders geschehen. Schon Ludovicus Vives im 16. Jahrhundert klagt bitter über die Verschleuderung akademischer Ehren an Unfähige und Unwürdige. Der Staat setzt später für seine Zwecke neben den Fakultäten Prüfungsausschüsse ein, und es ist dahin gekommen, daß die Fakultäten zwar die Ehre, aber die Staatsbehörde erst die Rechte verleiht. Es ist dahin gekommen, daß die *iura et privilegia*, welche noch jedes Diplom aufführt, sehr beschränkt sind, nur ein Schatten der frühern. Es ist dahin gekommen, daß fast auf keiner deutschen Universität der Doktor einer andern ohne weitere Prüfung zur Habilitation (zum *regere et legere*) zugelassen wird. Hier liegt eine Schuld der Universitäten. Wer sich nicht selbst auf der Höhe hält, wird von niemandem darauf gehalten. Noch heute besteht auf einzelnen deutschen Universitäten der Gebrauch und Mißbrauch, Abwesende und Kandidaten ohne vorgängige mündliche Prüfung zu Doktoren zu kreieren, obwohl schon vor mehr als zwei Jahrhunderten, z. B. in den Statuten der juristischen Fakultät zu Greifswald, solche sogenannte *creationes per bullam* verboten werden. Wäre das Verbot allgemein geworden und durchgedrungen, so brauchte das gelehrte Deutschland nicht zu erröten, wenn man vor nicht allzu langer Zeit die Nachricht las, daß deutsche Doktordiplome in London und Paris feil geboten wurden. Wir verdanken dem Stifter unserer Universität die strikte Bestimmung unserer Statuten, daß kein Doktor anders als nach vorgängiger mündlicher Prüfung, auf das bleibende Dokument einer gedruckten Dissertation und nach einer öffentlichen Disputation kreiert werden dürfe, es sei denn einstimmig *honoris causa*. Es wäre der erste Schritt zu einem bessern Zustande unserer gelehrten Würden, zu einer Herstellung ihrer Ehren, wenn diese zweckmäßige Anordnung, welche auch in die Fakultätsstatuten der Universität Bonn aufgenommen ist, sei es aus der eigenen Bewegung der deutschen Universitäten, sei es durch die vereinigte Fürsorge der Regierungen, zu einer allgemeinen aller deutschen Universitäten würde. Es wäre der erste Schritt, aber nur der erste. Der zweite liegt lediglich in den Fakultäten. Es liegt ihnen ob, die wissenschaftliche Strenge durchzuführen. Der sparsamere Ehrenkranz wird zu neuem Ansehen gelangen, und das hoch gesteckte Ziel wird die wissenschaftliche Kraft der Bewerber spannen. Es muß bei den Promotionen der ursprüngliche Maßstab, ob der Kandidat fähig sein werde, seine Wissenschaft lehrend zu vertreten, in sein altes Recht eingesetzt werden. Es zieht die Universitäten herab, wenn ihre Ehren, ohne den Wert ihres alten Gepräges, nur als Titel erstrebt werden, und die Universitäten darin zu Dienerinnen törichter Eitelkeit werden. In jenen alten kaiserlichen Statuten liegt das Ziel, dessen die Universitäten durch eigene Schuld verlustig gegangen und das sie aus eigener Kraft wieder erstreben müssen. In dem Ursprung spricht auch bei den akademischen Würden die Idee am reinsten. . . .

Hermann von Helmholtz

ÜBER DIE AKADEMISCHE FREIHEIT DER DEUTSCHEN UNIVERSITÄTEN

Rede beim Antritt des Rektorats gehalten am 15. 10. 1877

Indem ich das ehrenvolle Amt übernehme, zu welchem mich das Vertrauen meiner Amtsgenossen berufen hat, ist die mir zunächst obliegende Pflicht, nochmals hier öffentlich meinen Dank gegen diejenigen auszusprechen, die mir ein solches Vertrauen geschenkt haben. Ich habe Grund, dasselbe um so höher zu schätzen, da es mir übertragen wurde, trotzdem ich erst eine kurze Reihe von Jahren in Ihrer Mitte weile, und trotzdem ich dem Kreise der Naturwissenschaften angehöre, die als ein etwas fremdartiges Element in den Kreis des Universitätsunterrichts eingetreten sind und zu mancherlei Abänderungen in der altbewährten Organisation der Universitäten gedrängt haben, zu anderen vielleicht noch drängen werden. Ja gerade in dem von mir vertretenen Fache der Physik, welches die theoretische Grundlage sämtlicher anderen Zweige der Naturwissenschaften bildet, treten die besonderen Charakterzüge ihrer Methode am schärfsten hervor. Ich selbst bin schon einige Male in der Lage gewesen, Veränderungen der bisherigen Normen an der Universität zu beantragen, und hatte die Freude, stets die bereitwillige Unterstützung meiner Fakultätsgenossen und des Senates zu finden. Daß Sie mich zum Leiter der Geschäfte dieser Universität für das nächste Jahr gewählt haben, zeigt mir, daß Sie mich nicht für einen unbedachten Neuerer halten. In der Tat, so sehr auch die Objekte, die Methoden, die nächsten Ziele naturwissenschaftlicher Untersuchungen von denen der Geisteswissenschaften äußerlich unterschieden sein mögen, und so fremdartig ihre Ergebnisse, so fernliegend das Interesse daran oft denjenigen Männern erscheinen mag, die gewöhnt sind, sich nur mit den unmittelbaren Äußerungen und Erzeugnissen des Geisteslebens zu beschäftigen, so besteht doch . . . in Wahrheit die engste Verwandtschaft im innersten Wesen der wissenschaftlichen Methode, wie in den letzten Zielen beider Klassen von Wissenschaften. Wenn die meisten Untersuchungsobjekte der Naturwissenschaften nicht unmittelbar mit Interessen des Geistes verknüpft sind, so darf man andererseits nicht vergessen, daß die Macht der echten wissenschaftlichen Methode in ihnen viel deutlicher heraustritt, daß das Echte vom Unechten durch die unbestechliche Kritik der Tatsachen viel schärfer geschieden wird, als es den verwickelteren Problemen der Geisteswissenschaften gegenüber der Fall ist.

Aber nicht bloß die Entwickelung dieser neuen, dem Altertum fast unbekannten Seite wissenschaftlicher Tätigkeit, sondern auch der Einfluß mannigfacher politischer, sozialer, selbst internationaler Beziehungen machen sich fühlbar und fordern Berücksichtigung. Der

Kreis unserer Schüler hat sich erweitern müssen, das geänderte Staatsleben stellt andere Anforderungen an die ausscheidenden, immer mehr teilen sich die Zweige der Wissenschaften, immer größere und mannigfaltigere äußere Hülfsmittel werden für das Studium noch neben den Bibliotheken nötig. Kaum ist vorauszusehen, welchen neuen Anforderungen und Entscheidungen wir uns in nächster Zeit gegenübergestellt finden werden.

Andererseits haben die deutschen Universitäten sich eine Ehrenstellung nicht bloß in ihrem Vaterlande errungen; die Augen der zivilisierten Welt sind auf sie gerichtet. Schüler der verschiedensten Zungen strömen ihnen selbst aus fernen Weltteilen zu. Eine solche Stellung kann durch einen falschen Schritt leicht verloren, aber schwer wiedergewonnen werden.

Unter diesen Umständen ist es unsere Pflicht, daß wir uns klar zu machen suchen, was der innere Grund der bisherigen Blüte unserer Universitäten ist, welchen Kern ihrer Einrichtungen wir als unberührbares Heiligtum zu erhalten suchen müssen, wo hingegen nachgegeben werden dürfte, wenn Änderungen verlangt werden. Ich halte mich keineswegs für berechtigt, hierüber endgültig abzusprechen. Der Standpunkt jedes einzelnen ist ein beschränkter; Vertreter anderer Wissenschaften werden von anderen Gesichtspunkten hier noch anderes zu erkennen vermögen. Aber ich denke, ein endgültiges Ergebnis kann nur festgestellt werden, wenn jeder sich klar zu machen sucht, wie die Verhältnisse ihm von seinem Standpunkte aus erscheinen.

Die mittelalterlichen Universitäten Europas haben ihren Ursprung zunächst als private freie Vereinigungen ihrer Studierenden genommen, welche unter dem Einflusse berühmter Lehrer zusammentraten und ihre Angelegenheiten selbst ordneten. In Anerkennung des öffentlichen Nutzens dieser Vereine erhielten sie bald von Seiten der Staatsgewalt schützende Privilegien und Ehrenrechte, namentlich eigene Gerichtsbarkeit und das Recht, akademische Grade zu verleihen. Die Studierenden jener Zeit waren überwiegend reife Männer, die zunächst nur zur eigenen Belehrung und ohne unmittelbaren praktischen Zweck die Universitäten aufsuchten . . .

Eine solche freie Vereinigung selbständiger Männer, wo Lehrer wie Lernende von keinem anderen Interesse zusammengeführt wurden, als von der Liebe zur Wissenschaft, die einen durch das Streben, die

Schätze geistiger Bildung, welche das Altertum hinterlassen, kennen zu lernen, die anderen bemüht, die ideale Begeisterung, welche ihr Leben durchwärmt hatte, in einer neuen Generation zu entzünden, war der Anfang der Universitäten, der Idee nach und in der Anlage ihrer Organisation auf die vollste Freiheit gegründet. Aber man darf bei ihnen nicht an Lehrfreiheit im modernen Sinne denken. Die Majorität pflegte sehr intolerant gegen abweichende Meinungen zu sein. Nicht selten wurden die Anhänger der Minorität gezwungen, die Universität ganz zu verlassen. Das geschah nicht bloß da, wo die Kirche sich einmischte, und wo politische oder metaphysische Sätze in Frage kamen. Selbst die medizinischen Fakultäten, die von Paris als berühmteste von ihnen an der Spitze, litten keine Abweichungen von dem, was sie als die Lehre des Hippokrates betrachteten. Wer Arzneien der Araber brauchte oder an den Kreislauf des Blutes glaubte, wurde ausgestoßen.

Die Umformung der Universitäten in ihre jetzige Verfassung wurde wesentlich dadurch bedingt, daß ihnen der Staat seine materielle Hülfe gewährte, dafür aber auch das Recht in Anspruch nahm, bei ihrer Leitung mitzuwirken. Der Gang dieser Entwickelung war in den verschiedenen Ländern Europas verschieden, teils bedingt durch die Abweichungen der politischen Verhältnisse, teils durch die der nationalen Sinnesweise.

... Zu arm an eigenem Vermögen, um nicht bei den wachsenden Ansprüchen an die Mittel des Unterrichts die Hülfe des Staats annehmen zu müssen, und zu machtlos, um in den Zeiten, wo die modernen Staaten sich zu festigen suchten, den Eingriffen in die alten Rechtsverhältnisse widerstehen zu können, mußten die deutschen Universitäten sich dem leitenden Einfluß der Staatsgewalt fügen. Prinzipiell ging in Folge dessen die letzte Entscheidung in fast allen wichtigeren Universitätsangelegenheiten an den Staat über, und gelegentlich wurde auch in Zeiten politischer und kirchlicher Spannung von dieser Obergewalt rücksichtsloser Gebrauch gemacht. In den meisten Fällen aber waren die sich neu zu selbständiger Herrschaft herausarbeitenden Staatsgewalten den Universitäten günstig gestimmt; sie bedurften intelligenter Beamten; der Ruhm der Landesuniversität gab auch dem Regimente einen gewissen Glanz. Die verwaltenden Beamten waren außerdem meist Schüler der Universität, sie blieben ihr anhänglich. Es ist sehr merkwürdig, daß trotz der Kriegsstürme und politischen Umwälzungen in den für die Befestigung ihrer jungen Souveränität mit dem zerfallenden Kaisertum kämpfenden Staaten — während fast alle übrigen alten Standesrechte zu Grunde gingen — sich die Universitäten Deutschlands einen viel größeren Kern innerer Freiheit, und zwar der wertvollsten Seiten dieser Freiheit gerettet haben, als in dem gewissenhaft konservativen England und dem der Freiheit stürmisch nachjagenden Frankreich.

Es ist bei uns stehen geblieben die alte Auffassung der Studierenden als selbst verantwortlicher junger Männer, die aus eigenem Triebe die Wissenschaft suchen, und denen es frei überlassen bleibt, ihren Studienplan einzurichten, wie sie es für gut finden. Wenn für einzelne Berufsarten das Hören bestimmter Vorlesungen, sogenannter Zwangskollegien, noch vorgeschrieben wurde, so erging die Vorschrift nicht von der Universität als solcher, sondern von den Staatsbehörden, welche später den Kandidaten zu einem bestimmten Berufe zulassen sollten. Dabei herrscht jetzt und herrschte schon früher, mit vorübergehenden Ausnahmen, vollkommene Freizügigkeit der Studierenden zwischen allen Universitäten deutscher Zunge von Dorpat bis Zürich, Wien und Graz, außerdem an jeder einzelnen Universität freie Wahl zwischen den Lehrern, welche dasselbe Fach vortragen, unabhängig von deren Stellung als ordentlicher, außerordentlicher Professoren oder Privatdozenten. Ja es bleibt den Studierenden die Möglichkeit offen, daneben einen beliebig großen Teil ihrer Belehrung in Büchern zu suchen; es ist sogar höchst wünschenswert, daß die Werke der großen Männer vergangener Zeit einen wesentlichen Teil des Studiums ausmachen.

Außerhalb der Universität fällt jede Aufsicht über das Treiben der Studierenden fort, so lange sie nicht mit den Dienern der öffentlichen Sicherheit in Kollision geraten. Außer diesen Fällen ist die einzige Aufsicht, der sie unterliegen, die ihrer eigenen Kommilitonen, welche sie hindert, etwas zu unternehmen, was gegen das Ehrgefühl des Standes verstößt. Die mittelalterlichen Universitäten bildeten fest geschlossene Korporationen mit eigener Gerichtsbarkeit, die bis zum Recht über Leben und Tod ihrer Mitglieder reichte. Da sie meist auf fremdem Boden lebten, so war diese eigene Gerichtsbarkeit nötig, teils um die Mitglieder vor Willkürlichkeiten fremder Gerichtsherren zu schützen, teils um denjenigen Grad von Achtbarkeit und Ordnung innerhalb der Korporationen zu erhalten, der nötig war, um ihr die Fortdauer des Gastrechts auf fremdem Gebiete zu sichern und um die Streitigkeiten zwischen ihren eigenen Mitgliedern zu schlichten. Unter den neueren staatlichen Verhältnissen sind die Reste dieser akademischen Gerichtsbarkeit allmählich an die ordentlichen Gerichte übergegangen oder werden in der nächsten Zeit an sie übergehen; aber die Notwendigkeit, für einen so großen Verein lebhafter und kräftiger junger Männer gewisse Beschränkungen festzuhalten, welche den Kommilitonen und den bürgerlichen Bewohnern der Stadt gegenüber den Frieden sichern, besteht fort. Dahin zielt in Kollisionsfällen die disziplinarische Gewalt der Universitätsbehörden. Hauptsächlich jedoch muß dieses Ziel durch das Gefühl der studentischen Ehrenhaftigkeit erreicht werden; es ist ein Glück zu nennen, daß dieses Gefühl der korporativen Zusammengehörigkeit und die damit zusammenhängende Forderung der Ehrenhaftigkeit des einzelnen bei den deutschen Studenten lebendig geblieben ist. Ich will damit keineswegs alle einzelnen Bestimmungen in dem Kodex studentischer Ehre verteidigen; es sind einige mittelalterliche Ruinen darin, die besser weggeräumt würden; das kann jedoch nur durch die Studierenden selbst geschehen.

Für die meisten Ausländer ist die aufsichtslose Freiheit der deutschen Studierenden, da ihnen zunächst nur einige leicht erkennbare Auswüchse dieser Freiheit in die Augen fallen, ein Gegenstand des Staunens; sie begreifen nicht, wie man ohne den größten Schaden junge Männer so ganz sich selbst überlassen könne. Dem deutschen Manne bleibt an seine Studienzeit eine Rückerinnerung, wie an das goldene Alter des Lebens; unsere Literatur und Poesie ist durchweht von Äußerungen dieses Gefühls. Dagegen findet man nichts Ähnliches auch nur angedeutet in der Literatur der übrigen europäischen Völker. Nur dem deutschen Studenten wird diese volle Freude an der Zeit, wo er im ersten Genusse junger Selbstverantwortlichkeit — zunächst noch von der Arbeit für fremde Interessen befreit — ausschließlich der Aufgabe leben darf, dem Besten und Edelsten nachzustreben, was das Menschengeschlecht bisher im Stande war an Wissen und Anschauungen zu gewinnen, eng verbunden in freundschaftlichem Wetteifer mit einer großen Anzahl gleichstrebender Genossen und in täglichem geistigem Verkehr mit Lehrern, von denen er lernt, wie die Gedanken selbständiger Köpfe sich bewegen. Wenn ich an meine eigene Studienzeit zurückdenke und an den Eindruck, den ein Mann wie *Johannes Müller* der Physiolog, auf uns machte, so muß ich diesen letztgenannten Punkt sehr hoch anschlagen. Wer einmal mit Männern ersten Ranges in Berührung gekommen ist, hat seinen geistigen Maßstab für das Leben verändert; zugleich ist solche Berührung das Interessanteste, was das Leben bieten kann.

Sie, meine jungen Freunde, haben in dieser Freiheit der deutschen Studenten ein kostbares und edles Vermächtnis der vorausgegangenen Generationen empfangen. Wahren Sie es und hinterlassen Sie es den kommenden Geschlechtern, wo möglich noch gereinigt und veredelt. Zu wahren aber haben Sie es, indem Sie, jeder an seiner Stelle, dafür sorgen, daß die deutsche Studentenschaft dieses Vertrauens wert bleibe, welches ihr bisher einen solchen Grad der Freiheit eingeräumt hat. Freiheit bringt notwendig Verantwortlichkeit mit sich. Sie ist ein ebenso verderbliches Geschenk für haltlose Charaktere, als sie wertvoll für starke ist. Wundern Sie sich nicht, wenn auch bei uns Väter und Staatsmänner zuweilen darauf drängen, daß ein dem englischen ähnliches, strengeres System von Beaufsichtigung und Kontrolle eingeführt werde. Es ist keine Frage, daß durch ein solches noch mancher gehalten werden könnte, der an der Freiheit zu Grunde geht. Dem Staat und der Nation freilich ist besser gedient mit denjenigen, welche die Freiheit ertragen können und welche zeigen, daß sie aus eigener Kraft und Einsicht, aus eigenem Interesse an der Wissenschaft zu arbeiten und zu streben wissen.

Wenn ich vorher den Einfluß der geistigen Berührung mit bedeutenden Männern betont habe, so führt mich dies zur Besprechung einer anderen Eigentümlichkeit, durch welche sich die deutschen Universitäten von den englischen und französischen unterscheiden. Bei uns geht man darauf aus, den Unterricht wo möglich nur von Lehrern erteilen zu lassen, welche ihre Fähigkeit, die Wissenschaft selbst zu fördern, dargetan haben; wir sehen hierin unbedingt die hauptsächlichste Qualifikation des Lehrers. Auch über diesen Punkt sprechen Engländer und Franzosen häufig ihre Verwunderung aus. Sie legen mehr Gewicht als die Deutschen auf das sogenannte Lehrtalent, das heißt auf die Fähigkeit, in wohlgeordneter, klarer Form, und wo möglich in beredter, die Aufmerksamkeit fesselnder und unterhaltender Weise die Gegenstände des Unterrichts auseinanderzusetzen. Vorlesungen berühmter Redner am Collège de France, wie am

Jardin des Plantes, ebenso wie in Oxford und Cambridge, sind häufig Sammelpunkte der eleganten und gebildeten Welt. In Deutschland ist man nicht nur gleichgiltig, sondern sogar mißtrauisch gegen oratorischen Schmuck, und oft genug nachlässig in der äußeren Form des Vortrages. Es ist keine Frage, daß einem guten Vortrage mit viel geringerer Anstrengung zu folgen ist, als einem schlechten, daß der Inhalt des ersteren sicherer und vollständiger aufgefaßt wird, daß eine wohlgeordnete, die springenden Punkte, wie die Abteilungen deutlich heraushebende, die Gegenstände anschaulich erläuternde Darstellung in gleicher Zeit mehr Inhalt überliefern kann, als eine von den gegenteiligen Eigenschaften. Ich will also unsere oft zu weit getriebene Verachtung der Form in Rede und Schrift keineswegs befürworten. Auch läßt sich nicht leugnen, daß häufig genug Männer von bedeutenden wissenschaftlichen Leistungen und geistiger Originalität recht schwerfällig und stockend vortragen. Dennoch habe ich nicht selten gesehen, daß Lehrer dieser Art zahlreiche und anhängliche Zuhörer hatten, während gedankenleere Redner bei der ersten Vorlesung Bewunderung, bei der zweiten Ermüdung erregten, nach der dritten verlassen waren. Wer seinen Zuhörern volle Überzeugung von der Richtigkeit seiner Sätze geben will, der muß vor allen Dingen aus eigener Erfahrung wissen, wie man Überzeugung gewinnt und wie nicht. Er muß also für sich selbst solche zu erkämpfen gewußt haben, wo ihm noch kein Vorgänger zu Hülfe kam; das heißt, er muß an den Grenzen des menschlichen Wissens gearbeitet und ihm neue Gebiete gewonnen haben. Ein nur fremde Überzeugungen berichtender Lehrer genügt für Schüler, die auf Autorität als Quelle ihres Wissens angewiesen werden sollen, aber nicht für solche, die Begründung ihrer Überzeugung bis zu den letzten Fundamenten verlangen.

Sie sehen, meine Herren Kommilitonen, hierin liegt wieder ein ehrenvolles Vertrauen, mit dem die Nation Ihnen entgegenkommt. Man schreibt Ihnen nicht bestimmte Kurse und bestimmte Lehrer vor. Man betrachtet Sie als Männer, deren freie Überzeugung zu gewinnen ist, die das Wesen vom Schein zu unterscheiden wissen, die man nicht mehr mit einer Berufung auf irgend welche Autorität beschwichtigen kann, und die sich auch so nicht mehr beschwichtigen lassen sollen. Immer besser ist dafür gesorgt worden, daß Sie selbst zu den Quellen des Wissens, soweit diese in Büchern und Denkmälern, oder in Versuchen und in Beobachtungen natürlicher Objekte und

Vorgänge liegen, herantreten können. Selbst die kleineren deutschen Universitäten haben ihre eigenen Bibliotheken, Sammlungen von Gipsen usw. In der Errichtung von Laboratorien für Chemie, Mikroskopie, Physiologie, Physik ist wiederum Deutschland den übrigen europäischen Ländern vorangegangen, welche erst jetzt nachzueifern beginnen. Auch an unserer Universität dürfen wir schon in den nächsten Wochen wieder die Eröffnung zweier großer, dem naturwissenschaftlichen Unterrichte gewidmeten Institute erwarten.

Die freie Überzeugung der Schüler ist nur zu gewinnen, wenn der freie Ausdruck der Überzeugung des Lehrers gesichert ist, die *Lehrfreiheit.* Diese ist nicht immer geschützt gewesen, ebenso wenig in Deutschland wie in den Nachbarländern. In Zeiten politischer und kirchlicher Kämpfe haben sich die herrschenden Parteien oft genug Eingriffe erlaubt; von der deutschen Nation sind solche immer als Eingriffe in ein Heiligtum empfunden worden. Die vorgeschrittene politische Freiheit des neuen Deutschen Reiches hat auch hierfür Heilung gebracht. In diesem Augenblicke können auf deutschen Universitäten die extremsten Konsequenzen materialistischer Metaphysik, die kühnsten Spekulationen auf dem Boden von *Darwins* Evolutionstheorie ebenso ungehindert, wie die extremste Vergötterung päpstlicher Unfehlbarkeit, vorgetragen werden. Wie auf der Tribüne der europäischen Parlamente bleiben Verdächtigungen der Motive, Schmähungen der persönlichen Eigenschaften der Gegner — beides Mittel, welche mit der Entscheidung wissenschaftlicher Sätze offenbar nichts zu tun haben — untersagt; ebenso jede Aufforderung zur Ausführung gesetzlich verbotener Handlungen. Aber es besteht kein Hindernis, irgend welche *wissenschaftliche* Streitfrage *wissenschaftlich* zu diskutieren. . . .

Noch über eine andere Seite unserer Lehrfreiheit habe ich zu sprechen. Das ist die Ausdehnung, welche Deutschlands Universitäten in der Zulassung der Lehrer bewahrt haben. Nach dem ursprünglichen Sinne des Wortes ist *»Doctor«* ein *»Lehrer«*, oder jemand, dessen Fähigkeit als Lehrer anerkannt ist. An den mittelalterlichen Universitäten konnte jeder Doktor, welcher Schüler fand, auch als Lehrer auftreten. Der Lauf der Zeiten änderte die praktische Bedeutung des Titels. Die meisten, welche ihn erstrebten, brauchten ihn nur als öffentliche Anerkennung ihrer wissenschaftlichen Bildung und beabsichtigten nicht als Lehrer zu wirken. Nur in Deutschland ist ein

Teil jenes alten Rechtes stehen geblieben. Der veränderten Bedeutung des Doktortitels und der weiter gegangenen Spezialisierung der Unterrichtsfächer entsprechend, wird allerdings von denjenigen Doktoren, welche das Recht des Unterrichts ausüben wollen, noch ein besonderer Nachweis tiefer gehender wissenschaftlicher Leistungen in dem besonderen Fache verlangt, für welches sie sich habilitieren wollen. An den meisten deutschen Universitäten ist die gesetzliche Berechtigung dieser habilitierten Doktoren, als Lehrer, genau dieselbe wie die der Ordinarien. An wenigen Orten sind einzelne beschränkende Bestimmungen für sie geltend, die kaum erhebliche praktische Tragweite haben. Nur in sofern sind die älteren Lehrer der Universität, namentlich die ordentlichen Professoren, tatsächlich begünstigt, als sie einerseits in denjenigen Fächern, welche äußeren Apparates für den Unterricht bedürfen, die freiere Verfügung über die Mittel der Staatsinstitute haben und ihnen andererseits gesetzlich die Abhaltung der Fakultätsexamina, oft auch der Staatsexamina zufällt. Dies übt einen gewissen Druck auf die schwächeren Gemüter unter den Studierenden. Übrigens ist der Einfluß der Examina häufig übertrieben worden. Bei dem vielen Hin- und Herziehen unserer Studierenden findet eine große Zahl von Prüfungen vor Examinatoren statt, deren Vorlesungen die Examinanden niemals gehört haben.

Über keine Seite unserer Universitätseinrichtungen pflegen Ausländer ihre Verwunderung so lebhaft auszusprechen, als über die Zuziehung der Privatdozenten. Man staunt und man beneidet uns, daß sich jüngere Männer in so großer Anzahl finden, welche ohne Gehalt, bei meist sehr unbedeutenden Honorareinnahmen und recht unsicheren Aussichten in die Zukunft, sich anstrengender wissenschaftlicher Arbeit widmen. Und indem man vom Standpunkt irdisch praktischer Interessen aus urteilt, verwundert man sich ebenso, daß die Fakultäten bereitwillig eine solche Zahl junger Männer zulassen, welche sich in jedem Augenblick aus Helfern in Konkurrenten verwandeln können; wie auch darüber, daß man nur in seltensten Ausnahmefällen von der Anwendung schlechter Konkurrenzmittel in diesem einigermaßen delikaten Verhältnisse hört.

Wie die Zulassung der Privatdozenten hängt auch die Neubesetzung der erledigten Professuren, wenn auch nicht unbedingt und nicht in letzter Instanz, von der Fakultät, d. h. der Versammlung der ordentlichen Professoren ab. Diese bilden an den deutschen Universitäten denjenigen Rest der ehemaligen Doktorenkollegien, auf welchen die alten Korporationsrechte übergegangen sind. Sie bilden gleichsam einen unter Mitwirkung der Regierungen konstituierten, engeren Ausschuß der Graduierten der alten Zeit. Es ist die üblichste Form für die Ernennung neuer Ordinarien, daß die Fakultät der Regierung drei Kandidaten zu Wahl und Berufung vorschlägt, wobei die Regierung sich freilich nicht unbedingt an die vorgeschlagenen Kandidaten gebunden betrachtet. Übergehungen der Fakultätsvorschläge haben indessen zu den Seltenheiten gehört, Zeiten erhitzter Parteikämpfe abgerechnet. Wenn nicht sehr augenfällige Bedenken vorliegen, ist es für die ausführenden Beamten immerhin eine unangenehme persönliche Verantwortlichkeit, den Vorschlägen der sachverständigen Korporation entgegen einen Lehrer zu berufen, dessen Fähigkeiten sich öffentlich vor breiten Kreisen bewähren müssen. ...

Wie sehr die Universitäten unter diesem System im Stande waren, die wissenschaftlichen Köpfe Deutschlands an sich zu ziehen, zeigt sich am besten an der geringen Zahl bahnbrechender Männer, welche außerhalb der Universitäten übriggeblieben sind. Ein Beweis dafür liegt schon darin, daß gelegentlich darüber gescherzt oder gespottet werden kann, wie in Deutschland alle Wissenschaft Professorenweisheit sei. Blickt man auf England, so stößt man sogleich auf Männer wie *Humphrey Davy, Faraday, Darwin, Grote,* welche keinerlei Verbindung mit englischen Universitäten gehabt haben. Zieht man dagegen von den deutschen Forschern diejenigen ab, welche von den Regierungen aus kirchlichen oder politischen Gründen fortgedrängt wurden wie *David Strauß,* und diejenigen, welche als Mitglieder deutscher Akademien das Recht hatten, Vorlesungen an den Universitäten zu halten, wie *Alexander* und *Wilhelm v. Humboldt, Leopold v. Buch* u. a. m., so wird die Zahl der Übrigbleibenden nur ein kleiner Bruchteil sein von der Zahl derjenigen Männer gleichen wissenschaftlichen Gewichts, die an den Universitäten gewirkt haben...

In Deutschland sind unverkennbar die Universitäten noch immer diejenigen Lehranstalten, welche auch auf die Lehrenden die stärkste Anziehungskraft ausüben. Diese Anziehungskraft beruht darauf, daß der Lehrer hoffen kann, an der Universität nicht nur gut vorbereitete, an Arbeit gewöhnte und begeisterungsfähige Zuhörer zu finden, sondern auch solche, die das Bedürfnis nach Bildung einer selbständigen Überzeugung haben. Nur eine solche kann die Erkenntnis des Lehrers auch im Schüler wieder fruchtbar machen. ...

Emil Du Bois-Reymond

DIE HUMBOLDT-DENKMÄLER

Rektoratsrede gehalten am 3. 8. 1883

...

I

Als 1869, nur zehn Jahre nach *Alexanders von Humboldt* Tode, ein Jahrhundert seit seiner Geburt verflossen war, faßte Hr. *Virchow* den Plan, das Andenken des außerordentlichen Mannes durch ein in Berlin, seiner Heimat und der Stätte seiner Wirksamkeit während der letzten dreißig Jahre seines Lebens, zu errichtendes öffentliches Denkmal zu ehren. Eine Bittschrift, welche er in Verbindung mit mehreren Gelehrten deshalb an das damals hier tagende Zollparlament richtete, blieb erfolglos. Um so günstiger wirkte ein Aufruf an das deutsche Volk, den bald darauf ein durch Hrn. *Virchow* vereinigtes Komitee von Notablen erließ. Während hier in Berlin Ihre Majestät die Königin *Augusta*, Ihre Königlichen Hoheiten der Kronprinz und die Kronprinzessin mit reichen Gaben voraufgingen, liefen von den entlegensten Punkten der Erde Spenden dort wohnender Deutschen ein, und auch Nichtdeutsche, besonders Franzosen, Engländer, Holländer, beteiligten sich in solchem Maße, daß aus einer nationalen Sammlung ganz von selbst eine internationale ward. Nach kaum einem Jahre waren ausreichende Mittel beisammen, allein der französische Krieg brachte unser Unternehmen ins Stocken. Als wieder davon die Rede sein konnte, war natürlich die nächste Sorge, einen geeigneten Platz für das Denkmal zu finden. Nach verschiedenen vergeblichen Versuchen, wie die Geschichte der in Berlin durch Privatmittel errichteten Standbilder sie aufzuweisen pflegt, wandte sich der geschäftsführende Ausschuß des Komitees an Rektor und Senat der Universität mit der Bitte, dem Denkmal *Alexanders von Humboldt* auf ihrem Grund und Boden einen Platz zu gönnen, wobei der Ausschuß ursprünglich nur an die Gartenanlagen hinter dem Universitätsgebäude, etwa das sogenannte Kastanienwäldchen, dachte. Der Ausschuß verkannte nicht, daß *Alexander von Humboldt* mit der Uni-

HUMBOLDT

ALEXANDER
HUMBOLDT

versität in keiner unmittelbaren Verbindung stand, und daß mindestens zwei Fakultäten kaum Grund hatten, sich besonders für ihn zu interessieren. Abgesehen von *Humboldts* allgemeiner Bedeutung konnte er seine Bitte nur damit begründen, daß einst in den Räumen der Universität *Humboldt* seine Kosmos-Vorlesungen hielt, und daß er bei jeder Gelegenheit seinen Einfluß für sie verwandte. Trotzdem fanden sich der damalige Rektor, unser verstorbener Kollege *Bruns*, und der Senat gern bereit, dem Wunsche des Ausschusses zu willfahren, doch erhob sich ein anderes Bedenken. Die Errichtung eines Standbildes *Alexanders von Humboldt*, der eigentlich der Universität nicht näher verbunden war, auf ihrem Grund und Boden zu gestatten, ohne daß zugleich *Wilhelm von Humboldt*, ihrem geistigen Stifter, dieselbe Ehre zu Teil würde, hielten Rektor und Senat für unstatthaft.

So schön nun auch der Plan erschien, den der verstorbene Geheime Ober-Hofbaurat, Professor *Strack*, dem Ausschuß vorlegte, die Standbilder der beiden Brüder, wie wir sie jetzt sehen, in Buchten des Universitätsgitters symmetrisch aufzustellen, so hatte doch das Komitee weder Mittel noch Befugnis, auch *Wilhelm von Humboldt* ein Denkmal zu errichten, und ebenso wenig den Beruf, für diesen Zweck eine neue Sammlung zu veranstalten, von der man sich ohnehin keinen Erfolg versprach. Abermalige Stockung des Unternehmens, bis zum Frühjahr 1874, war die Folge dieser Sachlage.

Da beschloß der Ausschuß, an Seiner Majestät des Kaisers und Königs erhabenen Sinn in einem Immediat-Gesuche sich zu wenden. Im Hinblick auf die anerkannt hohen Verdienste *Wilhelms von Humboldt* um Preußen und Deutschland, und auf seine Stellung im Rate König *Friedrich Wilhelms III.*, richtete der Ausschuß, unter dem 25. April 1874, die ehrfurchtsvolle Bitte an den Monarchen, Seine Majestät wolle geruhen, die Herstellung des Standbildes *Wilhelms von Humboldt* als Parallelstatue zu dem vom Komitee zu errichtenden Nationaldenkmal *Alexanders* aus Staatsmitteln zu befehlen, und zu gestatten, daß die Standbilder in der von Professor *Strack* angegebenen Art dem Kaiserlichen Palaste gegenüber aufgestellt würden.

Unser Gesuch wurde in huldreichster Weise aufgenommen. Mit dessen Gewährung erfolgte zugleich die Weisung, daß die Standbilder mit den benachbarten Statuen *Bülows* und *Scharnhorsts* in Harmonie zu halten seien, ohne sie zu überragen, und daß vom Opernplatze gesehen *Wilhelm* links, *Alexander* rechts zu stehen kommen solle. Übrigens behielt Sich Seine Majestät die Genehmigung der Entwürfe vor. ...

Die Jury bestimmte keinen der fünf von den zur Bewerbung eingeladenen Künstlern eingereichten Entwürfe zur Ausführung. Darunter befand sich auch einer von Hrn. Professor *Reinhold Begas*, der an sich bewundert wurde, aber nicht berücksichtigt werden konnte, weil er den Bedingungen des Programms in keiner Weise entsprach. An Stelle von Denkmälern in der gewöhnlichen Form hatte Hr. *Begas* von Genien bekränzte, hermenähnliche Kolossalbüsten gesetzt. Dagegen hatte einer der sich freiwillig bewerbenden Künstler, der in Rom lebende Bildhauer Hr. *Martin Paul Otto* aus Berlin, einen Entwurf zur Statue *Wilhelms von Humboldt* eingesandt, welcher sogleich die Meinung der Jury für sich gewann, und zur Ausführung bestimmt wurde. Es ist der, welcher in monumentalen Dimensionen, was nicht immer der Fall ist, noch reizvoller als in der Skizze, nun vor unserem Hause eine der edelsten künstlerischen Zierden der deutschen Hauptstadt bildet. Seit *Michelangelos Pensiero* wurde der Ausdruck tiefsten Sinnens schwerlich so erreicht, wie in *Ottos Wilhelm von Humboldt*. Aber Lorenzo ist ein über einer Staatsaktion brütender Herrscher, der jeden Augenblick zur entschlossenen Tat aufspringen kann; *Ottos Wilhelm von Humboldt* ist ein in die Anschauung eines unendlichen Problems schwermütig versunkener Denker.

Durch die Annahme des *Otto*schen Entwurfes war zugleich die bis dahin offene Frage entschieden, ob die Statuen stehen oder sitzen sollten. *Alexander von Humboldt* betreffend empfahl die Jury dem Ausschuß, Hrn. *Begas* mit der Anfertigung einer Parallelstatue zu *Ottos Wilhelm* zu beauftragen. ...

Die Enthüllung der Denkmäler gestaltete die Staatsregierung, unter Entfaltung eines edlen Gepränges, zu einer eindrucksvollen Kundgebung ihres idealen Sinnes für die freie Wissenschaft. »Zu pietätvoller Obhut« übergab des Hrn. Ministers *von Goßler* Exzellenz das Denkmal *Wilhelms von Humboldt* der Universität als Eigentum und ebenso Hr. *Virchow*, als Vertreter des Komitees, dasjenige *Alexanders von Humboldt*. Zu einem besonderen Ehrentage der Universität aber ward der 28. Mai 1883 dadurch, daß Seine Majestät der Kaiser und König, gefolgt von Ihren Hoheiten dem Kronprinzen und dem Prinzen *Wilhelm*, aus Seinem Palast herniederstieg, und durch

Sein Erscheinen in unserer und unserer Studierenden Mitte dem wahrhaft einzigen Verhältnis Ausdruck gab, welches die Berliner Universität mit dem Herrscherhause verknüpft.

II

... *Friedrich der Große* hielt ein halbes Jahrhundert lang die Augen der Welt auf die Hauptstadt seiner Monarchie gerichtet. Durch Berufung von Männern wie *Maupertuis, Euler, Lagrange* hatte er der von ihm neubegründeten Akademie der Wissenschaften zeitweise hohen, zum Teil vom Auslande geborgten Glanz verliehen. Ein Sitz deutschen Geisteslebens war Berlin unter ihm nicht geworden. Der Schwerpunkt der Berliner Bildung lag in der französischen Kolonie. Sieht man ab von *Lessings* kurzen Aufenthalten, vom Vorbild des Nathan, *Moses Mendelssohn*, vom korrekt frostigen *Ramler* und vom Verfasser der »Freuden des jungen Werther«[3], dessen Gesichtsphantasmen das nun für immer mit dem Namen *Humboldt* verbundene Tegel seinen Platz in der Brockenszene des Faust verdankt — so hat im vorigen Jahrhundert Berlin in der deutschen Literatur kaum eine Bedeutung erlangt. In *Karl Augusts* winziger Residenz an der Ilm, in der kleinen Thüringer Hochschule, wo wir die *Humboldt* mit *Goethe* und *Schiller*, die Dioskuren der Wissenschaft mit den Dioskuren der Poesie im Verkehr trafen, da fand sich das, wonach *Geibels* Dichtung den alternden Weltweisen von Sans-Souci so schmerzlich sich sehnen läßt.

Wenn seitdem Berlin, wie es politisch Deutschlands Hauptstadt ward, auch in geistigem Bezuge den deutschen Städten voranschritt, so war dies natürlich nicht die Wirkung Einer Ursache, nicht das Werk eines einzigen Mannes. Obenan in der Reihe der Umstände, welche dazu führten, steht aber unstreitig die Schöpfung der Berliner Universität. Neben der Allgemeinen Wehrpflicht, der *Stein*schen Gesetzgebung ursprünglich als Hülfsmoment gedacht im Verjüngungsprozeß des Preußischen Staates, wirkte diese Schöpfung weit über das ihr im Augenblick scheinbar zukommende Maß hinaus.

Einen neuen deutschen Parnaß zu erhöhen, vermochte freilich die Universität nicht, selbst wenn das damalige Berlin

[3] Friedrich Nicolai (Anm. d. Hrsg.).

»․ ․ ․ ․ ․ ․ ․ ․ ․ ․ mit seinem dicken Sande,
Und dünnen Tee, und überwitz'gen Leuten,
Die Gott und Welt, und was sie selbst bedeuten,
Begriffen längst mit *Hegel*schem Verstande«[4]

der Ort dazu gewesen wäre; und auch zur Blüte der Kunst konnte sie nur mittelbar beitragen. Dagegen ward sie, in Verfolgung ihres Berufes, von ihrer Entstehung an im großen und ganzen der vornehmste Mittelpunkt deutscher Wissenschaft.

Zwar blieb über Deutschland, zu seinem Heile, noch immer die allgemeine geistige Helle verbreitet, welche der Nation so oft als ein Trost in ihrer Zersplitterung vorgehalten wurde. In manchen Stücken sah sich Berlin von kleinen Universitäten wie Gießen überflügelt. Zwischen diesen und Berlin bestand aber der wichtige Unterschied, daß, während dann und wann die eine oder andere kleine Universität im einen oder anderen Fache gleich einem veränderlichen Sterne zu erster Größe aufflammte, um bald darauf wieder in vergleichsweises Dunkel zu versinken, die Summe der in der Berliner Universität und Akademie vereinigten geistigen Kräfte von Anfang an dieselbe blieb, ja sogar noch wuchs.

Etwa gleichzeitig mit dem Aufblühen der Universität, im Anschluß an die nationale Erhebung, und begünstigt durch das Wachstum der Stadt und ihres Wohlstandes, hatte sich denn auch endlich hier eine wirklich deutsche Kultur entwickelt, und eine vielleicht nicht sehr produktive, doch geistreich kritische Gesellschaft zusammengefunden, deren Einflüsse im deutschen Geistesleben sich um so fühlbarer machten, mit je größerem Übergewicht Berlin aus dem Befreiungskampf hervorgegangen war. Soweit das herkömmliche Ansehen so vieler älterer Kulturstätten, und der unabhängige, der Zentralisation abholde Sinn der Deutschen es zuließ, behauptete fortan Berlin den ihm als Hauptstadt des Staates der Intelligenz gebührenden Rang. Jener bedeutende Kreis von Schriftstellern, Künstlern und auch lebhaft teilnehmenden Frauen ist nun aber undenkbar ohne den Hintergrund der Berliner Universität: ohne *Schleiermacher* und *Friedrich August Wolf*, *Savigny* und *Karl Ritter*, *Böckh* und *Lachmann*, *Buttmann* und *Bopp*, *Hegel* und *Gans*; und so kann man sagen, was noch nicht gehörig beachtet wurde, daß durch die Gründung der Universität

[4] Aus dem Gedicht *Friedrike* von *Heinrich Heine* (Anm. d. Hrsg.).

Wilhelm von Humboldt Berlin zur geistigen Hauptstadt Deutschlands erhob.

Weil die Berliner Universität jederzeit in fast allen Richtungen die Wissenschaft vollständig vertrat, spiegelte sich in ihr jede geistige Phase der Nation ab. Hier wurde in der Jurisprudenz der Kampf zwischen der historischen und der philosophischen Schule gekämpft; hier sah man in der Theologie den Rationalismus der dogmatischen Reaktion weichen. Hier herrschte noch lange die ungezügelte Spekulation, warf die Naturphilosophie ihre letzten schillernden Blasen auf, wurde sogar die *Goethe*sche Farbenlehre noch vom Katheder doziert.

Hier war es dann aber auch, wo jene Schar von Männern erstand, welche, im Verein mit noch vielen über Deutschland zerstreuten vorzüglichen Köpfen, die Scharte der naturphilosophischen Verirrung auswetzten, und der Naturwissenschaft einen Schwung gaben, der nicht nur für Preußen und Deutschland, sondern für die Welt folgenreich wurde, und noch heute nachhält. Ist es nötig, sie zu nennen, da ihrer so viele von diesen Wänden auf uns herabblicken: *Eilhard Mitscherlich*, *Heinrich* und *Gustav Rose*, *Encke* und *Poggendorff*, *Weiß* und *Lichtenstein*, *Ehrenberg* und *Johannes Müller*, *Dove* und *Gustav Magnus*, dazu die Mathematiker *Lejeune-Dirichlet* und *Steiner* und später noch *Jacobi*; endlich, noch unter uns weilend, als der letzte jenes Geschlechtes, Hr. *Peter Rieß*. Es war für die deutsche Wissenschaft eine glorreiche Zeit, wie gering auch eine altkluge und verwöhnte Jugend jetzt oft die Männer schätze, die, selber fast ohne Lehrer, ihr die Lehrer bildeten; eine Zeit, deren Geschichte zusammenhängend zu schreiben, wozu in mehreren Gedächtnisreden die Materialien bereit liegen, eine lohnende Aufgabe und sogar vaterländische Pflicht wäre: denn sie war es, in welcher das deutsche Nationalgefühl, worauf jetzt so großes Gewicht gelegt wird, auch in der Wissenschaft zu stolzer Unabhängigkeit erstarkte.

Die Krönung aber erhielt jene Epoche dadurch, daß *Alexander von Humboldt* seinen bisherigen Wohnsitz Paris mit Berlin vertauschte. Die italienische doppelte Buchführung, die er auf der Handelsschule in Hamburg jung gelernt hatte, befähigte ihn, so sagte er mir, ganz genau zu verfolgen, wie in den Summen, welche die Herausgabe des Reisewerkes verschlang, sein ursprünglich sehr ansehnliches Vermögen dahinschwand. Wenn dieser äußere Anlaß ihn zwang, dem

Wunsche König *Friedrich Wilhelms III.* gehorchend sehr gegen seine Neigung nach Preußen überzusiedeln, so kann man doch nur in dieser Wendung des Geschickes die Erfüllung seiner hohen Bestimmung sehen, und in dem Epos seines »vielbewegten Lebens« die merkwürdige Verkettung bewundern, vermöge welcher, während *Alexanders* langer Abwesenheit, sein Bruder *Wilhelm* durch Stiftung der Berliner Universität ihm eine würdige Stätte für seine fernere Wirksamkeit bereitete.

Von der beherrschenden Stellung, welche ihm hier ganz von selbst zufiel, ist es schwer, in dieser alles nivellierenden Zeit ein Bild mitzuteilen. Es fehlt dazu eine wesentliche Grundlage. In Folge des langen Darniederliegens der Naturwissenschaft in Deutschland und ihrer gleichzeitigen Blüte in Frankreich erschien den deutschen Naturforschern Paris in einem Glanze, von dem das heutige Geschlecht nichts mehr weiß. Aus französischen Lehrbüchern lernte, mit Instrumenten aus Pariser Werkstätten arbeitete man, ein längerer Aufenthalt in Paris galt für den unerläßlichen Abschluß seiner guten wissenschaftlichen Erziehung. Danach läßt sich ermessen, welch ein Nimbus das Haupt eines Mannes umgab, der in Paris eine Rolle gespielt hatte, wie *Humboldt*. Er kehrte zurück, wie nach langem Eroberungszuge ein König wieder einzieht in sein Reich, und ehrfurchtsvoll, wie der Fürst von seinen Großen, wurde er von jenem mittlerweile erwachsenen Berliner Forscherkeis empfangen.

Leichter kann man sich auch heute noch die bevorzugte Lage vergegenwärtigen, welche dem Bruder *Wilhelms von Humboldt* sein Zuhausesein in den höchsten Kreisen der Gesellschaft, seine Beziehungen zum Hofe sicherten. Die Kosmos-Vorlesungen, die Versammlung der deutschen Naturforscher in Berlin im Jahre 1828, die im Auftrage des Kaisers von Rußland unternommene Reise nach Zentralasien drängten sodann *Alexanders von Humboldt* Gestalt bei dem deutschen Publikum in den Vordergrund, wie die keines anderen Gelehrten. Seine eigentümliche abhängig-unabhängige Stellung zwischen Hof und Ministerium; der unangreifbare Boden wissenschaftlichen Ruhmes und uneigennützigen Strebens, auf dem er stand; seine tiefe Menschen- und Geschäftskenntnis und sein vollkommener Takt; eine Arbeitskraft, die zahllosen Besuchen, Briefchen, Briefen ebenso gewachsen war, wie den Tag und Nacht fortgesetzten magnetischen Termin-Beobachtungen; endlich eine jeden Widerspruch entwaffnende »Anmut« im Verkehr — so nannte er selber es bei anderen —: dies alles vereint machte ihn zu einer wahrhaften Macht; und wie oft hat er seine Macht zum Besten dieser Universität geübt!

Denn in damaliger Zeit, wo es bei den beschränkten Mitteln des Staates und der dadurch gebotenen Sparsamkeit schwerer war, für wissenschaftliche Zwecke ein paar hundert Taler aufzutreiben, als jetzt ebensoviel tausend Mark, kam keine schwierigere Berufung vor, zu welcher nicht *Humboldt* durch seine persönliche Dazwischenkunft die Mittel verschaffte; und wenn heute meist ein Antrag in der Akademie der Wissenschaften dazu genügt, daß einem jungen Manne das Geld zu einer nur irgend aussichtsvollen wissenschaftlichen Unternehmung nicht fehle, so war damals *Humboldt* aller Gelehrten irdische Vorsehung. Was tut es, daß dann und wann sein Eifer fehlgriff, daß unter der Unzahl derer, welchen er die Bahn ebnete, der eine oder der andere die auf ihn gesetzten Hoffnungen minder erfüllte? Auch Akademien sind bei Auswahl ihrer Schützlinge nicht unfehlbar. Wenn er eine Vorliebe für Reisende, für seine eigene »Spezialität« verriet, ließ er denn nicht seine Sonne leuchten über Philologen wie über Naturforscher? Und wer mag gern mit psychologischer Lupe den geheimen Beweggründen nachspähen, die ihn zu solcher fortwährenden rührenden Aufopferung für ihm völlig Fernstehende trieben? Natürlich hatte *Humboldt* die Fehler seiner Tugenden. Ehrgeiz ist der Quell alles Großen, aber freilich die Linie schwer zu ziehen, die ihn von Eitelkeit trennt. Seine scharfe Zunge und Feder gebrauchte *Humboldt* nicht bloß, wie vorher bemerkt, als Schutzwaffe, sondern auch ungereizt ließ er ihnen oft freieren Lauf als vielleicht gut war. Was aber hat das Wort: *On tremble de le quitter* — nämlich aus Furcht vor dem, was er nun über den Fortgegangenen sagen würde — zu bedeuten neben eines *August Böckhs* Zeugnis: noch nie habe er *Humboldt* verlassen, ohne sich gehoben und neubegeistert zu fühlen für alles Große und Edle!

. . . Man hat früher bemerkt, daß Franzosen unter Science schlechthin Naturwissenschaft, Deutsche unter Wissenschaft schlechthin Geisteswissenschaft verstanden. *Goethes* naturwissenschaftliche Bestrebungen hatten bei ihrem halbästhetischen Charakter, ihrer Vereinzelung, und bei dem erbitterten Kriege, den er gegen die zunftmäßige Naturforschung führte, daran nichts ändern können. Wenn es jetzt anders ward, und wenn auch der Staat die volle Bedeutung der

Naturwissenschaft erkannte, so ist dies natürlich zunächst die Folge der von ihr gefeierten technischen Triumphe. Aber die Wendung zum Besseren bei uns schreibt sich ursprünglich her von den Kosmos-Vorlesungen, welche zum ersten Mal in Deutschland eine gebildete deutsche Zuhörerschaft ahnen ließen, daß es noch etwas anderes auf der Welt gebe, als schöne Literatur und Musik, als das »Morgenblatt« und *Henriette Sonntag*. Und wenn *Humboldt* selber ... nicht bis zur letzten Sprosse der Naturwissenschaft emporstieg, so war es gerade diese minder gewaltige Höhe, welche ihm gestattete, sich noch gewöhnlichen Menschenkindern verständlich zu machen. Gerade weil er nicht so sublim war wie *Newton* oder *Laplace*, nicht so einseitig weltspiegelnd in absoluter Vollkommenheit wie *Gauß*, konnte er den von solchen Erzengeln der Wissenschaft erkannten Wahrheiten bei der Menge Eingang verschaffen. Gerade weil er mit dieser noch allgemein menschliche Empfindung für das Schöne im Erhabenen teilte, reizte es ihn, ein »Naturgemälde« zu entwerfen, auf die Gefahr hin, daß es die Tiefen nicht wiedergebe, und daß doch auch in der Ebene kein Rahmen die Unendlichkeit des Gegenstandes fasse. Aus *Heynes* Schule hervorgegangen, und noch als Sechzigjähriger mit der Kollegienmappe unter dem Arm in unseren Hörsälen unter *Böckhs* Studenten Platz nehmend, war er der Mann, die Brücke zu schlagen zwischen der alten und neuen Zeit, zwischen dem philologisch-historischen, ästhetisch-spekulativen Deutschland, wie die Jahrhundertwende es sah, und dem mathematisch-naturwissenschaftlichen, technisch-induktiven Deutschland unserer Tage.

Das deutsche Volk, ja die Welt, hat ihm seine liebevoll begeisterte Hingabe gedankt. Nicht die Tausende von wohl beobachteten, wichtigen und neuen Tatsachen, mit welchen er die einzelnen Disziplinen bereicherte; nicht die glücklichen und sinnreichen Gedanken, die als Samenkorn von ihm hingeworfen oft zu neuen Wissenschaften erwuchsen; noch weniger seine mit unendlichem Fleiß zusammengetragenen geschichtlich-geographischen Werke sind es gewesen, wegen deren er jetzt da draußen im Marmorbilde sitzt. Das von ihm angestrebte Zusammenfassen des Weltganzen in künstlerisch-harmonischer Gestalt, die in ihm verwirklichte Verbindung des Idealen mit dem Realen, des Dichters mit dem Naturforscher, machten ihn, in *Emersons* Sinne, zum repräsentativen Mann der Naturforschung, und jenes Marmorbild hat die Kulturmenschheit *Alexander von*

Humboldt als Personifikation der neuen Phase ihres eigenen Genius errichtet, die ihr durch ihn zum Bewußtsein kam.

Die Sitte, das Andenken eines großen Mannes durch ein Denkmal zu ehren, hätte wenig Sinn, wenn das Denkmal keinen anderen Zweck erfüllte, als dies Andenken zu erhalten: denn wenn ohne das Denkmal das Andenken verloren ginge, wäre es ja der Erhaltung nicht wert gewesen. Vielmehr soll das Denkmal uns den geschwundenen Heros öfter ins Gedächtnis rufen, und im Hinblick auf seine Tugenden sollen wir den Entschluß erneuern, ihnen nachzueifern. Wir sollen uns fragen, wie der Mann, zu welchem wir dankbar bewundernd emporblicken, wenn er unter uns wiederkehrte, wohl über uns urteilen, ob er uns für würdige Fortsetzer des von ihm Begonnenen anerkennen würde. ...

Zu den Glaubenssätzen, von welchen *Humboldt* als Kind der Zeit, wo das »Lied an die Freude« entstand, fast leidenschaftlich durchdrungen war, gehörte die Einheit des Menschengeschlechtes. Dadurch begründete er theoretisch seinen Abscheu gegen die Sklaverei, deren schlechte Seiten in der Praxis er an Ort und Stelle kennen gelernt hatte, und er versäumte keine Gelegenheit, diese Überzeugungen an den Tag zu legen. Die abolitionistische Partei in den Vereinigten Staaten verfehlte nicht, eine so erwünschte Bundesgenossenschaft sich zu Nutze zu machen, und bei manchem *Anti-Slavery-Meeting* wurde neben »Onkel Toms Hütte« der »Kosmos« in das Treffen geführt. *Humboldt* hat das traurige Schauspiel des Sezessions-Krieges nicht mehr erlebt; die schließliche Niederlage der Sklavenhalter, die Abschaffung der Sklaverei hätten ihn hoch erfreut. Wie aber würden wir vor ihm bestehen, wenn er von der bei uns eingerissenen Rassenverfolgung hörte, er, der Freund des *Mendelssohn*schen Hauses, der mit *Henriette Herz* in jüdischer Kurrentschrift korrespondierte?

In der Wissenschaft könnten wir dann wohl mit einigem Stolz auf die seitdem so gewachsene Einsicht in die Einheit der Naturkräfte, auf die Spektralanalyse, auf die im Verfolg seiner Beobachtung in Cumaná erkannte Natur der Kometen, auf die Begründung der Abstammungslehre nebst der die Endursachen beseitigenden natürlichen Zuchtwahl hinweisen. Heute, wo die Nebular-Hypothese durch die mechanische Wärmetheorie mit der Geologie verknüpft ist, und, freilich über den Hiat der Urzeugung fort, durch die Paläontologie der Abstammungslehre die Hand reicht; wo wir das Werden des Kosmos aus dem Chaos so weit übersehen, daß wir die wahrhaft rätselhaften Punkte scharf anzugeben vermögen; heute allenfalls ließe ein »Kosmos« sich schreiben, aber niemand denkt mehr daran, es zu tun. Zwei Eigenschaften, welche *Humboldt* im höchsten Grade besaß und ungern bei uns vermissen würde, waren dazu nötig und finden sich nicht mehr: der Überblick über das Ganze der Wissenschaft, und das sorgfältig gestaltende Streben nach der schönen Form, welche in der Wissenschaft meist auch die richtige ist. Auch das Absterben des geschichtlichen Sinnes, der uns in dem Werden der Wissenschaft oft erst den wahren Zusammenhang der Dinge lehrt, würde *Humboldt* tief beklagen.

Weil *Alexander von Humboldt* als Naturforscher universell war und geschichtlich dachte, während in den Geisteswissenschaften der nicht minder universelle *Wilhelm* oft als Naturforscher verfuhr, begegneten sich beide Brüder an vielen Punkten, wo Natur- und Geisteswissenschaften an einander grenzen, und dem erweiterten Stande der Kenntnis gemäß bildeten sie zu zweien eine *Universitas litteraria,* wie es seiner Zeit von *Leibniz* hieß, er für sich allein sei eine ganze Akademie. Die Standbilder beider Brüder, in welchen durch die seltenste Schicksalsfügung die verschiedenen Richtungen des menschlichen Geistes auseinanderfielen und doch wieder verbunden waren, wie in einer deutschen Universität, sind deshalb der sinnigste denkbare Schmuck unseres Gebäudes, sie verleihen ihm erst, vermöge einer sprechenden Symbolik, den Charakter eines Palastes der Wissenschaft. . . .

Paul Kleinert

ZUM PLAN EINER UNIVERSITÄTSGRÜNDUNG VON 1667

Rede beim Antritt des Rektorats gehalten am 15. 10. 1885

. . . Im Frühjahr 1667 wurde hier in Berlin ein gedrucktes Patent ausgegeben, welches der Kurfürst am 12. April des Jahres vollzogen hatte. Die aus 17 Paragraphen bestehende Urkunde ist in Form einer Einladung lateinisch abgefaßt. Sie wendet sich an alle Liebhaber der Musen, Forscher in den Wissenschaften; an alle, die an Ausübung ihres Gottesdienstes gehindert, die der Tyrannei überdrüssig sind; an alle politischen Flüchtlinge, sofern nicht unehrenhafte Gründe ihre Verbannung verschuldet haben; an alle, die an wissenschaftlichem

Umgang und Gespräch Freude haben; an die Kunst- und Industrieverständigen aller Nationen. Ihnen allen sei kundgetan, daß der Kurfürst beschlossen habe, eine Universität für die Völker, die Wissenschaften und Künste aufzurichten. Er wolle zu diesem Zweck eine besonders günstig und angenehm gelegene Stadt seines Landes widmen, und bis zur Herstellung der nötigen öffentlichen und Privatgebäude den Ankömmlingen ein Schloß zum Aufenthalt herrichten lassen, die nötigen Beamten anstellen, für Küche und Heizung Vorsorge treffen. Wer freiwillig seiner Wissenschaft oder Kunstfertigkeit nicht bloß leben, sondern sie auch weiter mitteilen will, hat Anspruch auf Honorar; daneben aber wird der Kurfürst von sich aus sorgen, daß hervorragende Gelehrte mit ständigem Gehalt angestellt seien, um Vorträge zu halten, nicht nach Art des Jugendunterrichts, sondern zur Förderung der bereits in Gelehrsamkeit und Kunst Eingeweihten. Alle Christen, welcher Kirche sie angehören, werden in Ausübung ihres Gottesdienstes ungehindert sein; aber auch Hebräern, Arabern und den Angehörigen anderer nichtchristlicher Religionen soll die Genehmigung des Aufenthaltes erteilt werden, wofern sie unanstößig zu leben und sich der Lehrverbreitung ihrer besonderen Religionsmeinungen zu enthalten versprechen. Freiheit von Abgaben auf eine gewisse Zeit, Freiheit von Einquartierungen und Durchmärschen wird zugesichert, ebenso eine eigene Verwaltung und Gerichtsbarkeit unter dem Präsidium eines vom Kurfürsten zu bestellenden Direktors. Die Erteilung weiterer Privilegien wird den Vorschlägen der Ankömmlinge vorbehalten. Um aber die Stille dieses parnassischen Heiligtums vor allen äußeren Störungen zu bewahren, soll bei allen benachbarten Potentaten eine vollkommene und immerwährende Neutralität für dasselbe ausgewirkt werden.

Größe des Wurfs wird sich dem Projekt nicht absprechen lassen. Wenn in den der Stiftung zugedachten Immunitäten und Privilegien wenig ist, das sich nicht auch bei andern Universitäten der Zeit fände, so greift über diese Analogien der Gedanke einer schlechterdings allumfassenden Wissenschaftspflege hinaus. Er erinnert an die gleiche Weite des Studienhorizonts, welche dereinst Kaiser Friedrich II., der Hohenstaufe, seinem *studium generale* in Neapel zugedacht, und welche seither hinter den Dämmen der Fakultätsgrenzen verschwunden war. Und noch weiter gehend mahnt die Widmung eines ganzen Stadtgebiets für den ungestörten Zweck der Studien an die Ausnahmestellung, mit welcher der Philhellenismus der römischen Kaiser die Stadt Athen als das Museion des Weltreichs umhegt hatte.

Nähere Orientierung über Entstehung und Absicht des Entwurfs empfangen wir durch den Aktenfaszikel des hiesigen geheimen Staatsarchivs, welcher die Vorverhandlungen enthält. Als nächster Urheber des Gedankens erscheint da ein schwedischer Flüchtling, der Reichsrat Benedikt Skytte von Duderhof. Aus einer literarisch gerichteten Familie entsprossen, selbst durch einen Panegyricus auf Gustav Adolf schriftstellerisch bekannt, war er — nach seiner Angabe durch Hofintriguen — aus dem Vaterlande vertrieben. Zu den zahlreichen literarischen Beziehungen, welche er in langjährigem Wanderleben angeknüpft, zählte auch de Bonnet, der gelehrte Leibarzt des Kurfürsten. Durch diesen läßt er seine Gedanken über die Stiftung einer Universal-Universität dem Kurfürsten nahebringen und erhält die Erlaubnis schriftlicher Vorlage, welche er im Herbst 1666 von Zwingenberg in Hessen einsendet. Durch Schwerin beauftragt der Kurfürst den Geheimrat von Bonin, mit Skytte zusammen den Plan zu bearbeiten. Ungern augenscheinlich entschließt sich der nüchterne Verstand des kenntnisreichen und geschäftskundigen Bonin, den, wie er sagt, »nicht digerierten, sondern à *la volée* aufgenommenen« Gedanken des phantasievollen Schweden näherzutreten. Aber von Interesse ist es wahrzunehmen, sowohl wie der starke Wille des Kurfürsten trotz der gleichzeitigen Schwierigkeiten der äußeren Politik die einmal erfaßte Sache nicht aus der Hand läßt, als auch wie unter der Einwirkung Bonins die Nebel des ersten Entwurfs sich allmählich zu festeren Umrissen verdichten. Skytte macht Angaben über zahlreiche ansehnliche Männer und Familien in Frankreich, Flandern, England, Irland, die nur des Rufes warten, um zu kommen. Den praktischen Zweck des Projekts anlangend wird ein Hauptnachdruck darauf gelegt, daß das Zusammenströmen der erlesensten Geister des Auslandes der vornehmen Jugend des Landes selbst die höchsten Dienste leisten werde. Wie viel anders, wie viel schneller als auf den älteren Universitäten — gegen deren traurige Verwilderung eben damals der Kampf aufgenommen war — müsse ein Abschluß tüchtigster Bildung sich da erreichen lassen, wo mit den Vorträgen zugleich der lebendige Verkehr, das Gespräch mit berufenen Führern in der Erkenntnis, die umgebende Atmosphäre allseitiger wissenschaftlicher Anregung und Betriebsamkeit den Studierenden zugut komme. Allerdings kann Skytte diese Gedankenreihe nicht verfolgen, ohne sich zu neuen Forderungen betreffend Jagd und Fischerei, Parkanlagen und Promenaden zu begeistern, welche jedoch von Bonin in der schließlichen Fassung des Patents ebenso unterdrückt sind, wie die wesentlicheren eines botanischen und zoologischen Gartens, eines physikalischen Kabinetts, chemischen Laboratoriums und ähnliche mehr. Anderseits wird auf die eigenste Anregung des Kurfürsten die starke Betonung zurückgehen, mit der die Einbeziehung ausländischer Manufakturen und Kunstgewerbe in den Arbeitsbetrieb der Gelehrtenstadt gefordert wird. Endlich erfahren wir aus den Verhandlungen auch dies, daß zum Sitz für dies Universum geistiger Tätigkeit Tangermünde an der Elbe bereits ausersehen war. Der alte Residenzbau, den Kaiser Karl IV. dort errichtet, schien dem Zweck sich von selbst darzubieten, und glücklich erneuerte die Wahl des Ortes das Andenken an den Herrscher, der zuerst den Osten Deutschlands für die Kultur gewonnen und die erste deutsche Universität gegründet hatte. . . .

Das Projekt der Universal-Universität ist nicht zur Ausführung gelangt. Äußerlich scheiterte es zunächst an der Begehrlichkeit Skyttes, der alsbald mit der Fundation seine Ernennung zum Direktor und andere Vergünstigungen verknüpft wissen wollte. Bonin stellte dem nicht nur die Sachgründe gegenüber, welche für diese Stelle einen dem Kurfürsten verpflichteten Inländer forderten, sondern auch die Erwägung, daß vor weiteren Schritten die Ankunft der in Sicht gestellten ansehnlichen Ausländer abzuwarten sein werde. Und diese kamen fürs erste nicht. Politische Bedenken traten hinzu. Im April 1668 berichtete von Brandt, der brandenburgische Geschäftsträger in London, die dortige Königliche Gesellschaft der Wissenschaften habe unter warmer Anerkennung der in dem Patent dargelegten Gedanken und Absichten durch eine Deputation bei ihm anfragen lassen, ob das Unternehmen demnächst ins Leben treten werde; eine starke Beteiligung aus England stehe zu erwarten. Er unterläßt aber nicht anzudeuten, daß die Geneigtheit, der Einladung zu folgen, vornehmlich bei den aufgeregten Nonkonformern vorhanden und nicht ohne politische Gefahr sei. Die Antwort aus Berlin zeigt, daß das Projekt in der Hauptsache zurückgelegt ist. Lediglich in Betreff der Aufnahme englischer Industriellen solle Brandt die fortgehende Bereitwilligkeit des Kurfürsten versichern.

Immerhin — diese äußeren Gründe würden an sich nicht ausreichen, den Verzicht auf die große Idee in dem festen und zähen Geiste Friedrich Wilhelms zu erklären. Vielmehr die Zeit des Projektes war noch nicht gekommen, denn die Voraussetzungen, unter denen es seine Lebenskraft und Fruchtbarkeit erweisen konnte, waren im 17. Jahrhundert in England vielleicht gegeben, in Deutschland sicher nicht. ...

Eine andere Gegenwart umgibt uns; und nicht bloß im Hinblick auf die umfassende Weite ihres Studienkreises dürfen wir sagen, daß unsere Hochschule den Universitätsgedanken des großen Kurfürsten beerbt hat. ...

Rudolf Virchow

DIE GRÜNDUNG DER BERLINER UNIVERSITÄT UND DER ÜBERGANG AUS DEM PHILOSOPHISCHEN IN DAS NATURWISSENSCHAFTLICHE ZEITALTER

Rektoratsrede gehalten am 3. 8. 1893

... Viele Jahre hindurch waren wir gewöhnt, an dieser Stelle und zu dieser Zeit das Wort eines der Männer zu hören, welche Zeitgenossen und Mitarbeiter an der Errichtung unserer Universität gewesen waren, die den ehrenvollen Vorzug genießt, den Namen Friedrich Wilhelms zu führen. Sie waren befähigt und berufen, lebendiges Zeugnis abzulegen von den Absichten, mit denen das große Werk begonnen war; sie konnten aus eigener Erfahrung erzählen von den Schwierigkeiten, welche zu überwinden gewesen waren, um die grundlegenden Gedanken zu verwirklichen; als Mitlebende hatten sie einen vollgültigen Anspruch darauf, gehört zu werden über die Erfolge, welche die neue Anstalt erzielt hatte, und über die Hindernisse, welche so oft dem Fortgange der inneren und äußeren Entwickelung des akademischen Lebens entgegengetreten waren. Wie andächtig lauschten wir Jüngeren den Worten, welche aus so beredtem Munde hervorgingen, und wie weite Kreise erwarteten, in diesen Worten ein besonnenes und doch freimütiges Urteil zu hören über die Wege, welche eingeschlagen waren, Rat zu empfangen und Ermutigung zu erhalten für die Zukunft!

Die Zahl dieser Männer ist schnell erschöpft worden, schon ist der letzte von ihnen dahingeschieden. Selbst die Ältesten unter den

Lebenden, die den König Friedrich Wilhelm III. noch gesehen haben, gehören einem jüngeren Geschlecht an, das weder die Erniedrigung des Vaterlandes, noch den glorreichen Wiederaufbau des Staates mit Bewußtsein erlebt hat. Wenn wir auf die Geschichte der Gründung unserer Lehranstalt zurückgehen wollen, so können wir es nur an der Hand der historischen Überlieferung, und jedermann weiß, wie lückenhaft und unsicher diese ist, auch wo es sich um nahe zurückliegende Ereignisse handelt. Wir können wohl mit einiger Sicherheit beurteilen, was wir geworden sind, aber wir stoßen auf Zweifel, wenn wir sagen sollen, wie wir es geworden sind. Ein höheres Maß von Zuversicht findet der Fachgelehrte eigentlich nur in seinem eigenen Fache, und so erklärt es sich, daß die meisten neueren Redner dieses Tages es vorgezogen haben, den Fortschritt der Entwickelung an dem Beispiel ihres Faches zu erläutern.

Und doch hat keiner von ihnen sich der Betrachtung entziehen können, wie sich der Gedanke der Gründung dieser Universität in der schwersten Zeit zu der schöpferischen Tat durchgerungen hat. So oft das auch schon erzählt worden ist, es muß doch immer von neuem gesagt werden, zum Nutzen der heranreifenden Jugend und zur Veredelung des Strebens in allen Kreisen der akademisch gebildeten Menschen. Sie alle müssen es wissen, daß die Stiftung der Berliner Universität nicht bloß ein Akt der höchsten politischen Weisheit, sondern auch eine eminent sittliche Tat war. . . .

Es kann nicht die Aufgabe der heutigen Betrachtung sein, weiter in die Schilderung der einzelnen Hergänge einzutreten. Das Erinnerungsfest, das wir begehen, ladet weit mehr zu einer allgemeinen Erörterung der Ergebnisse ein, welche die neue Anstalt geliefert hat. In wie weit sie die Erwartungen erfüllt, welche der König an ihre Begründung geknüpft hatte? Welche Bedeutung hat sie für die Entwickelung der Wissenschaft gehabt? . . .

Seit der Reformation hatte sich auf den norddeutschen Universitäten mehr und mehr eine dominierende Stellung der philosophischen Fakultäten herausgebildet. Obwohl in der hierarchischen Rangordnung die letzte, übte die philosophische Fakultät doch in Wirklichkeit eine bestimmende Einwirkung auf die Gesamtrichtung der Studien aus, sowohl in Betreff der Methode, als in Betreff des materiellen Inhaltes der Lehre. In dieser Fakultät waren die klassische Philologie und die

Geschichte einerseits, die Mathematik und ein Teil der Naturwissenschaften andererseits vertreten, und da zu ihnen die Philosophie im engeren Sinne hinzutrat, so fand hier der universelle Charakter des akademischen Unterrichts seinen deutlichsten Ausdruck. Die philosophische Fakultät stellte gewissermaßen den Mikrokosmos der Universitas dar. Die anderen Fakultäten erhielten dadurch mehr die Stellung von Fachschulen; selbst die medizinischen Fakultäten, obwohl sie häufig Lehrstühle für Chemie, Botanik und Naturkunde enthielten, konnten sich dem nicht ganz entziehen. Je kräftiger sich dann die eigentliche Philosophie entwickelte, um so mehr erschien sie als der wirkliche Mittelpunkt oder geradezu als die höchste Spitze der gelehrten Studien. Ihre Methode wurde maßgebend auch für die Spezialfächer.

Diese Entwickelung hatte sich zuerst in glänzender Weise in Halle vollzogen. ... In Halle war es, wo zuerst auf deutschem Boden die Philosophie die Führung gewann. Christian Wolff sammelte zahlreiche Schüler um sich, welche die neue Weise schnell über Deutschland verbreiteten. ...

Der Ruhm, eine zweite und lang dauernde Periode des Glanzes für die Philosophie herbeigeführt zu haben, fiel der Universität in Königsberg zu. ... Immanuel Kant, der 1770 die Professur der Logik und Metaphysik erhielt, ward der anerkannte Lehrer von Mitteleuropa; mit ihm trat die Kritik an die Stelle des Dogma. Seine Autorität war trotzdem auch in den kirchlichen Schulen anerkannt; selbst katholische Universitäten von Mitteldeutschland sandten ihm Schüler, die bestimmt waren, daheim als Lehrer zu wirken. Die Strenge seines Sittengesetzes, die absolute Gültigkeit des kategorischen Imperativs, welche er lehrte, bildeten das versöhnende Glied zwischen sonst weit auseinandergehenden Richtungen. ... Kants Erfolge haben nicht am wenigsten dazu beigetragen, die Hoffnungen zu stärken, die in den Regierungskreisen auf die Errichtung einer neuen Universität gesetzt wurden.

Diese Hoffnungen sammelten sich ganz besonders auf einen der Schüler Kants, auf denjenigen, welcher in Wirklichkeit unserer Universität als Taufpate gedient und ihr in ihrem Beginn gleichsam die Signatur gegeben hat, auf Fichte. Ihm war das Glück zu Teil geworden, in Jena zu lehren in jener Zeit des höchsten Glanzes, wo die Dichterfürsten eine neue Periode der Literatur begründeten und eine Fülle der trefflichsten Gelehrten sich zu ihnen gesellte. Unter den jüngeren

Männern, die von allen Seiten heranströmten, waren auch die Gebrüder Humboldt, welche für Fichte später die Brücke nach der nordischen Hauptstadt schlugen. 1793 war ihm die Professur für Philosophie in Jena übertragen worden. Damit beginnt jene neue Wendung der Philosophie, die, obwohl im Grunde rein idealistisch, zur Naturphilosophie führte und in schneller Folge einen Zweig der Wissenschaft nach dem anderen in aprioristischer Weise umgestaltete. Fichte wurde bald des Atheismus angeschuldigt, und als auch aus dem eigenen Lager in Schelling ein starker und gewandter Widersacher erstand, zog er es vor, die kleine Musenstadt zu verlassen. Friedrich Wilhelm III. nahm ihn in Berlin auf, noch ehe die Universität ins Leben trat, und gewährte ihm so die Möglichkeit, seinen Idealismus in eine praktisch-politische Tätigkeit umzusetzen, wie es vor ihm kaum einem Philosophen vergönnt gewesen ist. Sein Feuereifer, seine Beredsamkeit, seine Liebe zur Freiheit sicherten ihm einen Einfluß, der gewiß auf lange bestimmend geworden wäre in der Zeit des wiedergewonnenen Friedens. Aber das Geschick wollte es anders. Schon am 27. Januar 1814 starb Fichte am Typhus, angesteckt am Krankenbette seiner Gattin, welche die Krankheit aus den Kriegslazaretten mitgebracht hatte.

Zur Besetzung des vakanten Lehrstuhles wurde 1816 auf Schleiermachers Vorschlag Hegel dem Ministerium vorgeschlagen. Trotz eines Separatvotums von De Wette, welcher darlegte, daß das System dieses Philosophen in Widerspruch stehe sowohl mit dem Christentum als mit den zuverlässigen Prinzipien der aristotelischen Logik, und im Grunde nur eine andere Form von Naturphilosophie sei, erhob die Regierung keine Bedenken. Aber die Verhandlungen zerschlugen sich für diesmal. Indes nur für kurze Zeit, denn schon 1818 wurde der schlagfertige Dialektiker für Berlin gewonnen. Alles erwartete seine Vorlesungen mit Spannung. Der Kreis seiner Anhänger wuchs schnell und erweiterte sich jährlich mehr. Bald war sein Einfluß auf die Denk- und Sprechweise der Zeitgenossen so groß geworden, daß in jeder Fakultät Hegelianer zu finden waren. Die ganze Wissenschaft wurde von ihnen neu umgearbeitet und die Terminologie des Meisters bis in die letzten Tiefen jeder Spezial-Disziplin getragen. Als ihn am 14. November 1831 die Cholera bei ihrem ersten Gange durch unser Vaterland hinwegraffte, hinterließ er einen förmlichen Generalstab geschulter Jünger, die es übernahmen, in seinem Sinne weiterzuwirken und die Tradition seiner Lehre auf die kommenden Geschlechter zu übertragen. Nichts schien fester gefügt zu sein, als diese in sich geschlossene Schule. Theologie und Jurisprudenz, Staatswissenschaft und Ästhetik waren in Hegelsche Sprache und Anschauung übertragen; nur in der Medizin und den Naturwissenschaften beschränkte sich die Invasion auf einzelne Vertreter. Obwohl der Meister fehlte, erhielt sich der Nimbus noch ein volles Jahrzehnt, man kann sagen, bis zum Tode König Friedrich Wilhelms III., vorzugsweise getragen durch die Gunst des Ministers Altenstein, der selbst ein begeisterter Hegelianer war. Aber in keinem der Schüler fand sich die schöpferische Initiative, auch nicht die schwärmerische Begeisterung, welche große Kreise von Menschen bewegt; das oft pedantische und gedankenleere Phrasenwerk, welches als Rückstand der einstigen Bewegung übrig blieb, wurde schließlich ein Gegenstand des Spottes, wie es früher ein Gegenstand des Staunens oder gar der Bewunderung gewesen war.

Mit dem Hegelianismus endete für König Friedrich Wilhelm III. die Reihe der philosophischen Schulen, die er eine nach der anderen hatte aufstehen sehen. Die Naturphilosophie in ihrer strengeren oder besser gesagt in ihrer konsequenteren Durchführung war ihm nicht unmittelbar nahe getreten. Ihr Vertreter Schelling, erst Schüler, dann Rival, schließlich Nachfolger Fichtes in Jena, hatte bald seine Wirksamkeit nach Bayern verlegt, und hier war es ihm gelungen, durch kühne Einbrüche in die Physiologie und Pathologie die Aufmerksamkeit der Ärzte auf sich und seine Lehre zu lenken. Aber die leitende Stellung, welche die Naturphilosophie in der Tat einmal in der Medizin erreicht hat, dauerte nicht lange; für Berlin wäre sie vielleicht spurlos vorübergegangen, wenn nicht Hegel vieles aus der Lehre seines alten Freundes Schelling in sein System herübergenommen hätte.

Sonderbarerweise trat ein paar Dezennien nach der eigentlichen Blütezeit der Naturphilosophie, zehn Jahre nach dem Tode Hegels, gleich nach dem Ableben König Friedrich Wilhelms III. unerwartet eine Wendung ein, welche der Naturphilosophie die Anwartschaft auf den vakanten Lehrplatz zu eröffnen schien. Friedrich Wilhelm IV. berief Schelling nicht lange nach seiner Thronbesteigung nach Berlin (1841). Die größten Hörsäle waren nicht genügend, die Masse der Zuhörer, teils Studenten, aber auch zahlreicher Vertreter aller Schichten des gebildeten Volkes, aufzunehmen, welche die, fast einer Offenbarung gleich geachteten, Revelationen des berühmten Denkers aus seinem eigenen Munde vernehmen wollten. Man erfuhr bald, was man ohnehin wissen konnte, daß der alternde Philosoph die Schwächen seiner Lehre durch allerlei mystische Zusätze und durch eine dem entsprechende, verwirrende Phraseologie zu verdecken suchte, daß er aber im Denken weder weiter, noch tiefer vorgedrungen war. Der Versuch wurde daher bald abgebrochen, und mit dem Autor verschwand auch die Naturphilosophie aus Berlin, wo der Boden durch den Hegelianismus allerdings vorbereitet, aber auch ausgesogen war.

Überschaut man im Großen die Geschichte des inneren Lebens an unserer Universität, so läßt es sich nicht verkennen, daß dasselbe, wenn auch nicht durchweg, so doch dem äußerlichen Anschein nach, während der ganzen Zeit Friedrich Wilhelms III. unter dem Zeichen der Philosophie gestanden hat. Und doch war dieser König weder ein Philosoph im strengen Sinne des Wortes, noch ein begeisterter Bewunderer der Philosophie. Wir besitzen darüber Äußerungen des Biographen, der ihm während dieser Zeit nahe gestanden hat, des Hofpredigers und Bischofs Eylert. Es mag sein, daß die Aufzeichnungen desselben, entsprechend seiner kirchlichen Stellung, etwas einseitig ausgefallen sind, aber an ihrer Wahrhaftigkeit haben wir keine Veranlassung zu zweifeln.

Eylert sagt von dem Könige: »Philosophie als Wissenschaft liebte er nicht; die Neigung dafür war Ihm versagt. — In der Geschichte der Philosophie, die im allgemeinen Umriß wenigstens historisch Ihm nicht unbekannt war, fand Er auch keine Ermunterung, sich mit ihr näher zu befreunden. Der darin hervortretende Kreislauf wechselnder Systeme, wo das Gebauete zerstört, das vorher Hochgepriesene herabgesetzt und getadelt wird, und dann das Niedergerissene in neuen Formen und Farben wieder auflebt, hatte Ihm vielmehr Mißtrauen gegen menschliche Weisheit eingeflößt.« Eylert schildert dann, wie der König Kant lieb gewonnen habe. »Als aber«, heißt es weiter, »nach dem Tode Kants Fichte ein neues System erbaute und die Vergötterung, in der man jenem gehuldigt, nun diesem zugewandt wurde, aber dann nun auch dieser sich wieder von Schelling verdunkelt sah, und das nun unter den verschiedenartigsten Modifikationen in schnellem Wechsel so fortging, bis Hegel nach Berlin berufen wurde, da wurde es dem Könige doch zu bunt. Er verlor nun vollends alle Lust, die labyrinthischen Ideengänge ferner zu verfolgen, und gab Seine unmittelbare Teilnahme daran gänzlich auf.«

Danach scheint es, daß der König ungleich schneller zu dem Ergebnisse kam, welches die große Menge der Gebildeten, ja auch der Gelehrten erst weit später und nach großen Umwegen erreichte. Das ist jedenfalls sicher, daß mit dem Tode Hegels auch die Universität dauernd aus dem Bann der philosophischen Systeme erlöst worden ist. Kein Philosoph hat seitdem eine ähnlich beherrschende Stellung eingenommen und, wir dürfen es mit Anerkennung sagen, auch nicht beansprucht. Wollen wir aber die Zeit während der Regierung Friedrich Wilhelms III. kurz bezeichnen, so dürfte kein Wort den damaligen Zustand schärfer ausdrücken, als die Bezeichnung: *»die philosophische Zeit«*.

Eine solche Bezeichnung kann leicht mißverstanden werden. Wir haben seitdem ausgezeichnete Philosophen unter unseren Lehrern gehabt, treffliche Männer, welche geeignet waren, ihren Zuhörern das Wesen der Philosophie, die Denkgesetze, die Methode des Wahrnehmens und des Urteilens, den Hergang der geistigen Entwickelung und sein Maß, zu erklären und verständlich zu machen, aber glücklicherweise hat keiner von ihnen ein philosophisches *System* erfunden oder dasselbe durch eine kunstvolle Phraseologie in die Sprache der Jugend einzuführen versucht. Damit ist freilich ein starker Anreiz, sich mit Philosophie zu beschäftigen, hinweggefallen, denn gerade das Dunkle und Unverstandene zieht viele Geister mehr an, als das Klare und Verständliche. Auch mag es sein, daß, nachdem die Beschäftigung mit einem bestimmten philosophischen System in Wegfall gekommen war, die Neigung zur Beschäftigung mit Philosophie überhaupt und auf die Dauer geschwächt worden ist. Müssen wir Lehrer doch oft genug darüber klagen, daß die Kenntnis selbst der Logik und der Dialektik bei manchen Studierenden weit hinter den Anforderungen zurückbleibt, welche an einen akademischen Bürger, ja an einen gebildeten Menschen gestellt werden müssen. Daher lassen wir es an Ermahnungen nicht fehlen, diese schwere Lücke durch eigene Arbeit auszufüllen. Wie lange aber ein so beklagenswerter Mangel besteht, dürfte schwer auszumachen sein. Die naturphilosophische Schule, welche selbst in ihren Vertretern fehlerhafte Methoden und unzulässige Schlußfolgerungen genug hervorgebracht hat, war an sich wenig geeignet, die Lernenden zu derjenigen Sicherheit im Denken zu erziehen, die wir gegenwärtig fordern. Wenn De Wette schon vor 77 Jahren einen Gegensatz zwischen der Logik des Aristoteles und der von Hegel fand, so hat es etwas Tröstliches zu sehen, daß ein gleicher

Gegensatz heutigen Tages bei Gelehrten nur selten hervortritt. In dem Maße, als die philosophischen Systeme in den Hintergrund gedrängt wurden, sind die nüchterne Beobachtung und der gesunde Menschenverstand in ihr Recht getreten.

König Friedrich Wilhelm III. gehörte zu den nüchternen Naturen. Es ist höchst bezeichnend, daß sein vertrauter Biograph die Schilderung seiner geistigen Eigenschaften damit beginnt, als Grundlage seiner Eigentümlichkeit seinen »gesunden, natürlichen Menschenverstand« zu rühmen. »In einem seltenen Grade war er das Eigentum des Königs«, heißt es, »so daß man sagen kann, sein gesunder, natürlicher, gerader Menschenverstand prädominierte in allem und stand ihm mit seiner Hülfe stets zur Seite.« Darum liebte er auch die Natur und, wenngleich ihm eine eingehende Erziehung in den Naturwissenschaften nicht zu Teil geworden war, so war er doch gewohnt, auch den einzelnen und selbst kleinen Erscheinungen der Natur seine Aufmerksamkeit und sein Nachdenken zuzuwenden. Und hier wird ausdrücklich und wiederholt bezeugt, daß ihm »am nächsten stand und ihn am besten verstand und belebte Alexander von Humboldt — der tägliche Tischgenosse, der stete Begleiter auf Reisen, der vertraute Freund der unvergeßlichen Königlichen Herrn.«

Humboldt hatte seine naturphilosophische Zeit gehabt. In Jena, 1795, beschäftigte er sich anhaltend mit dem Problem, welches damals alle Geister erfüllte, mit jenem halb naturalistischen und halb spiritualistischen Wesen, das man die Lebenskraft nannte. Der »rhodische Genius«, diese anmutige Schöpfung der Phantasie eines Naturforschers, die er schweren Herzens in später Zeit preisgegeben hat, wird immer als ein charakteristisches Bild jener Verworrenheit erhalten bleiben, von der auch die besten Männer jener Zeit sich nicht losmachen konnten. Und doch war Humboldt damals schon, zuerst angeregt durch Girtaners Arbeit über das Prinzip der Irretabilität und dann besonders durch die Entdeckungen Galvanis und Voltas, anhaltend und mit höchstem Eifer zu den berühmten Experimenten über das Wachstum der Pflanzen und über die gereizte Muskel- und Nervenfaser geschritten, welche seine Befähigung dartaten, die strengen Methoden des Naturforschers zu handhaben. Wie rührend ist es, wenn er in einem Brief aus Jena von 1797 sagt: »Man fängt sich an zu überzeugen, daß diese Versuche einmal die Grundlage der praktischen Heilkunde werden können, und daß ich dadurch eine neue Wissenschaft (vitale Chemie) begründen kann.« Mehr und mehr wandte er sich der empirischen Betrachtung der Natur zu, und schon 1795 schrieb er an Blumenbach: »Tatsachen stehen fest, wenn das flüchtig aufgeführte theoretische Lehrgebäude längst eingestürzt ist. Ich habe die Tatsachen stets von meinen Vermutungen getrennt. Diese Art, Naturerscheinungen zu beobachten, scheint mir am fruchtbarsten und gründlichsten.«

Dann war die große amerikanische Forschungsreise gekommen. Kaum zurückgekehrt, am 3. September 1804, erklärte Humboldt sich bereit, dem Könige seine Dienste zu widmen. Friedrich Wilhelm empfing ihn mit hoher Auszeichnung und stattete ihn großmütig mit den Mitteln zur Fortsetzung seiner Arbeiten aus. 1808 wurde er als Begleiter des Prinzen Wilhelm nach Paris geschickt, wo er auch nach Erledigung der politischen Mission bis zum Jahre 1826 verblieb, im engsten Verkehr mit den ersten Naturforschern des Jahrhunderts. Hier vollendete er nicht nur seine experimentelle Ausbildung, sondern auch seine allgemeine philosophische Entwickelung. Und als er endlich 1827 zu dauerndem Aufenthalt in die Heimat zurückkehrte, da begann jenes nahe Verhältnis zu dem Könige, dem er Berater und Freund wurde. Das war für unsere Universität der *definitive Übergang in die naturwissenschaftliche Zeit*.

Es würde ungerecht sein, diese Wandlung allein *Humboldt* zuzuschreiben. Lange vor seiner Rückkehr war in Berlin ein kräftiger Stamm echter Naturforscher vereinigt. Die Akademie der Wissenschaften und das Collegium medico-chirurgicum zählten unter ihren Mitgliedern die tüchtigsten Männer. Ja, das letztere war schon vor der Gründung der Universität so voll ausgestattet, auch mit naturwissenschaftlichen Lehrkräften und Einrichtungen, daß es einer medizinischen Fakultät gleichgestellt werden konnte. So erklärt es sich auch, daß in der ersten Zeit der Universität die neugeschaffene medizinische Fakultät die größte Zahl der Studierenden hatte. Dazu kamen verschiedene andere Anstalten mit eigenem Personal, unter denen nur der botanische Garten, die Sternwarte und die Bibliothek genannt werden mögen.

Aber alles das war ungenügend, man darf wohl sagen, ärmlich ausgestattet, und es bedurfte des ganzen Wohlwollens des Königs und eines dauernden Interesses seitens der Minister, um die Anstalten im modernen Sinne und im Wetteifer mit den Einrichtungen anderer Staaten auszugestalten und zu vervollständigen. Es mußten neue

Stellen und neue Arbeitsgelegenheiten geschaffen werden. Dazu zu helfen war Alexander von Humboldt stets bereit. Man darf ihn wohl den Schutzgeist der fortschreitenden Wissenschaft in der Zeit Friedrich Wilhelms III. und noch darüber hinaus nennen. Seine umfassende Bildung, sein immenses Gedächtnis, seine zahlreichen Verbindungen ermöglichten es ihm, ein eingehendes Verständnis und ein geläutertes Urteil über Personen und Sachen zu gewinnen. Zugleich bürgte sein unbefangener rechtlicher Sinn dafür, daß er seinen Einfluß stets in unparteiischer Weise verwendete, gleichviel welchem Beruf, welcher Nation oder Konfession sein jeweiliger Schützling angehörte. Humboldt war der Mann des Vertrauens für jeden Gelehrten, nicht bloß für den Naturforscher, wenngleich selbstverständlich für diesen am meisten.

So erklärt es sich, daß wir ihn schon im Jahre 1828 an der Spitze der Versammlung deutscher Naturforscher und Ärzte treffen, welche damals, wenige Jahre nach ihrer Gründung, zum ersten Male in Berlin tagte. Wenn diese Versammlung, welche die Vertreter aller Zweige der Naturwissenschaften zu persönlicher Bekanntschaft und Aussprache in sich vereinigte, auf den Gang der wissenschaftlichen Bildung in Deutschland einen so großen und nachhaltigen Einfluß gewonnen hat, so verdankt sie das nicht zum wenigsten der persönlichen Beteiligung Humboldts. Mit der Berliner Versammlung begann der Aufschwung, der die Naturforscher-Versammlung zu der populärsten und besuchtesten Wanderversammlung gemacht hat. Das Erscheinen der ersten Gelehrten, auch des Auslandes, gab ihren Verhandlungen eine Autorität, welche für die Ausbreitung verbesserter Methoden, für die allgemeine Kenntnisnahme von den neuen Entdeckungen, insbesondere auch für die Wertschätzung der Regierungskreise entscheidend wurde. Es durfte als ein höchster Erfolg angesehen werden, daß Friedrich Wilhelm III. selbst in einer geselligen Zusammenkunft der Naturforscher erschien.

Humboldt war damals eben damit beschäftigt, den Bau einer neuen Sternwarte in Berlin zu betreiben. Der alte Turm in der Dorotheenstraße, der so lange für die astronomischen Beobachtungen gedient hatte, konnte nicht mehr als ein brauchbarer Ort für die verfeinerten Aufgaben der Wissenschaft gelten, nachdem die Astronomie ganz andere Ziele gewonnen hatte, als die Herstellung des Kalenders. Friedrich Wilhelm III., der in der schwersten Zeit die neue Sternwarte in Königsberg hatte errichten lassen, der durch Bessel ein Verständnis für die Wichtigkeit der Himmelskunde gewonnen hatte, gab dem Andrängen seines vielerfahrenen Ratgebers nach. Er bewilligte die Mittel zur Beschaffung vollkommenerer Instrumente und demnächst auch zur Erbauung der neuen Sternwarte.

Damit wurde jene neue Periode der Regententätigkeit inauguriert, welche seitdem in unaufhörlicher Folge die Zahl der wissenschaftlichen Spezialinstitute in der Hauptstadt vermehrt hat. Einige derartige Einrichtungen bestanden schon aus älterer Zeit. Das Bedürfnis, ein besseres technisches Personal für die ärztliche Pflege der Soldaten zu erziehen, hatte bereits 1713 zur Gründung eines anatomischen Theaters geführt. Die Akademie der Wissenschaften hatte unter Friedrich dem Großen in ihrem Hause in der Dorotheenstraße ein chemisches Laboratorium eingerichtet. Aus den Blumen- und Küchengärten, welche der große Kurfürst nach holländischem Muster angelegt hatte, war allmählich der botanische Garten erwachsen, freilich in so ärmlichem Zustande, daß Friedrich Wilhelm III. im Jahre 1801 unter Aufwendung größerer Mittel eine völlige Neugestaltung desselben in Angriff nehmen mußte.

Man begriff eben mehr und mehr, daß die Naturwissenschaft nur in der Beschäftigung mit der Natur selbst erfaßt werden könne und daß zu einer dauernden Verbindung der Wissenschaft mit den realen Dingen große Anstalten erforderlich sind: Museen, Sammlungen, Laboratorien, Institute. Ganz besonders trat dies hervor, als erkannt wurde, daß der Versuch das wichtigste Mittel ist, die Natur zu einer Antwort über das Wesen, die Ursachen und das Geschehen eines Vorganges zu zwingen. Aus den Studierzimmern der Philosophen war kein Aufschluß über wirkliche Naturvorgänge hervorgegangen. Seitdem der Glaube an Zauberformeln in die äußersten Kreise des Volkes zurückgedrängt war, fanden auch die Formeln der Naturphilosophen wenig Vertrauen mehr.

König Friedrich Wilhelm III. und seine Minister beschränkten, nicht zum wenigsten aus finanziellen Bedenken, ihre Teilnahme an der Neugestaltung der wissenschaftlichen Anstalten auf vereinzelte Fälle und auf gelegentliche Abhülfe der schlimmsten Mißstände. Zu einer prinzipiellen Stellungnahme kam es nicht. Auch die Sorge König Friedrich Wilhelms IV. war mehr den Kunstinstituten, als den wissenschaftlichen Anstalten zugewendet. Nur durch eine Verkettung günstiger Umstände geschah es, daß in seiner letzten Regierungszeit, im

Jahre 1856, das neue pathologische Institut errichtet wurde, das erste dieser Art, das überhaupt als selbständige Anstalt in der Welt geschaffen worden ist.

Es dauerte glücklicherweise nicht lange, bis auch anderen Disziplinen ähnliche Anstalten, die meisten in ungleich prachtvollerer Gestalt, geboten wurden. Unter Kaiser Wilhelm erstanden die Paläste für das physiologische und das physikalische Institut; das chemische Institut wurde ganz umgestaltet, daneben ein zweites chemisches und ein pharmakologisches Institut erbaut, es folgten zwei anatomische Institute, das große Museum für Naturkunde mit dem zoologischen Institut, das hygienische Institut — kurz, im Laufe weniger Jahrzehnte eine so große Zahl von Neubauten, daß gegenwärtig keine der experimentierenden Disziplinen bei uns ohne ein eigenes Haus und ohne die nötigen Instrumente ist. Auch die Krankenanstalten sind nicht leer ausgegangen, zumal da die städtischen Behörden in schönem Wetteifer bemüht waren, immer vollkommnere Hospitäler zu errichten.

So sind wir, um das stolze Wort zu gebrauchen, das einer der berühmtesten Vertreter der physikalischen Wissenschaft, unser kürzlich verstorbener Freund Siemens, auf der zweiten Berliner Naturforscherversammlung ausgesprochen hat, in *das naturwissenschaftliche Zeitalter* eingetreten. Jetzt verlangt man von dem Gelehrten, daß er auch ein Forscher sei, und die Ansprüche in Bezug auf die Lehre haben sich so sehr gesteigert, daß schon der akademische Unterricht sich die Aufgabe stellt, die lernende Jugend nicht bloß in die Methoden, sondern auch in die Praxis der Untersuchung einzuführen. Es bedarf keiner besonderen Beweisführung mehr, daß diese Art der Wissenschaft eine nützliche sei. Jedermann im Volke sieht es, welchen Nutzen Staat und Gesellschaft von den neuen Anstalten haben. Das alte Wort Bacos von Verulam ist eine Wahrheit geworden: Scientia est potentia.

Sicherlich ist es ein erhebender Ausblick, wenn wir von dem gegenwärtigen Zustande unserer Universität zurückschauen auf ihre Anfänge, wenn wir uns sagen, daß 80 Jahre ausgereicht haben, um die Wissenschaft und den Unterricht von Grund aus umzugestalten. Auch wer nur einen kleinen Teil dazu beigetragen hat, darf mit einem Gefühl tiefer Befriedigung auf seine Arbeit zurückschauen. Aber es wäre eine Torheit zu glauben, daß wir am Ende seien mit der Forschung, daß wir sicher wären vor neuen Gefahren. Nicht einmal die alten sind vollständig überwunden. Vielleicht sind die sogenannten exakten Naturwissenschaften, Physik und Chemie, auf lange Zeit gesichert, seitdem an die Stelle der vielen Naturkräfte die Erkenntnis von ihrer Einheit getreten ist. Aber jene große Schar von Disziplinen, welche das Leben und seine Geheimnisse zu ihrem eigentlichen Vorwurfe gemacht haben, die gesamte Biologie, ist noch keineswegs gesichert, und gerade von da aus hat von jeher der Mystizismus seine schlimmsten Einbrüche vollführt.

Es hat lange gewährt, ehe das Leben in seiner Besonderheit anerkannt worden ist. Die Anfänge einer einsichtigen Betrachtung desselben liegen nicht viel mehr als zwei Jahrhunderte hinter uns. Von diesen zwei Jahrhunderten sind drei Viertel verbraucht worden, um die Lehre von der Lebenskraft als einer besonderen δύναμις von mehr oder weniger spiritualistischer Natur zurückzuschlagen. Erst seitdem wir wissen, daß Leben Zellentätigkeit ist und seitdem wir in der Zelle das lebende Wesen unmittelbar sehen und zum Versuch zwingen können — eine Erkenntnis, welche die Welt hauptsächlich unserem Johannes Müller und seiner Schule verdankt —, spricht niemand mehr von Lebenskraft. Aber die Frage nach dem Wesen des Lebens ist damit nicht endgültig gelöst, so wenig als die Frage nach dem Wesen des menschlichen Geistes durch den Nachweis, daß die geistige Tätigkeit an Nervensubstanz gebunden ist. Und so lange diese Fragen noch offen sind, so lange sind auch die Tore für den Mystizismus nicht geschlossen.

Nichts ist in dieser Beziehung lehrreicher, als die Verhandlungen, welche seit dem Jahre 1812 über die Begründung einer Professur für tierischen Magnetismus in der medizinischen Fakultät stattfanden. Als eine größere Anzahl von Bittstellern, darunter auch sonst verständige Ärzte, die Anstellung eines solchen Professors verlangte, erklärte der Staatsminister v. Schuckmann freilich, so bequem es auch sein möge, wenn die Weisheit durch Schlaf gegeben werde, könne er doch nie dafür stimmen, einen Meister solcher Kunst zu berufen, da er, dem gesunden Menschenverstande getreu, dies für wahre Gaukelei halte. Auch die medizinische Fakultät und die Medizinal-Abteilung waren dagegen. Aber einige Jahre später äußerte der Staatskanzler v. Hardenberg den dringenden Wunsch, die beiden Hauptvertreter des tierischen Magnetismus in Berlin, Wolfart und Koreff, zu befördern, und seltsamer Weise stimmte auch Wilhelm von

Humboldt dafür. So geschah es, daß durch Königliche Kabinettsorder beide Männer zu ordentlichen Professoren ernannt wurden. Das trug sich in den Jahren 1816 und 1817 zu.

An die Stelle des tierischen Magnetismus ist in neuerer Zeit der Spiritismus getreten, und schon macht der Hypnotismus starke Anstrengungen, ihm zuvorzukommen und den Rang einer anerkannten Wissenschaft zu erlangen. Es ist ein Kampf, wie einst der für die Homöopathie. Wird es der Wissenschaft gelingen, die Gefahr abzuwenden, und wird die Regierung stark genug bleiben, die Wege der Wissenschaft frei zu halten?

Unsere Zeit, die in ihrem wissenschaftlichen Gefühl so sicher und siegesfroh ist, übersieht eben so leicht, wie die frühere, die Stärke der mystischen Regungen, welche von einzelnen Abenteurern in die Volksseele getragen werden. Noch steht sie ratlos vor dem Rätsel des Antisemitismus, von dem niemand weiß, was er eigentlich in dieser Zeit der Rechtsgleichheit will, und der trotzdem, vielleicht auch deshalb, faszinierend selbst auf die gebildete Jugend wirkt. Bis jetzt hat man noch keine Professur des Antisemitismus gefordert, aber es wird erzählt, daß es schon antisemitische Professoren gebe. Wer die Geschichte der Naturphilosophie in ihren radikalsten Ausläufern kennt, der wird über solche Erscheinungen nicht erstaunen. Der menschliche Geist ist nur zu sehr geneigt, den mühseligen Weg des ordnungsmäßigen Denkens zu verlassen und sich in träumerisches Sinnen zu versenken. Davor schützt nur, um mit Schuckmann zu reden, der gesunde Menschenverstand, und wer diesen durch eine fehlerhafte Erziehung verloren hat, der kann sich nur retten durch Gewöhnung an strenge empirische Arbeit. Man muß es eben lernen und sich daran gewöhnen, das Unbekannte von dem Bekannten aus zu erklären, aber nicht umgekehrt, das Dunkle und Unbekannte, gleichsam als wäre es eine neue Wahrheit, zum Ausgangspunkte phantastischer Schlußfolgerungen zu wählen. Die Naturwissenschaften haben ihren Siegeszug nur dadurch vollführen können, daß sie in treuem Festhalten an dem tatsächlichen Wissen immer weiter in das Dunkel noch unerforschter Gebiete eingedrungen sind und daß sie stets versucht haben, in neuen Erscheinungen zunächst das alte Gesetz und damit die Verknüpfung mit bekannten Erscheinungen aufzufinden. Wer in jeder Ausnahme ein neues Gesetz zu finden hofft, der ist nicht viel besser daran, als wer in jeder Ausnahme ein Wunder erblickt.

Und wie es in der intellektuellen Welt ist, so ist es auch in der sittlichen. Der Trieb, Gutes zu tun und recht zu handeln, beruht auf dem Gefühl der inneren Befriedigung, welches wir empfinden, wenn wir eine Handlung begehen, welche der menschlichen Natur, der Vernunft und den Pflichten der Menschen gegen einander gemäß ist. Die Befriedigung wird um so größer, wenn wir dabei den Eingebungen der Leidenschaft, dem persönlichen Interesse, der Sorge um äußeren Gewinn Widerstand leisten. Bedarf es dazu einer bestimmten Religion oder einer zwingenden Verpflichtung? Gibt es kein Sittengesetz, welches aus der inneren Natur heraus, ohne menschliche Satzung, uns treibt, wahr zu sein und Edles zu tun? War der kategorische Imperativ Kants nichts weiter, als eine philosophische Formel? Freilich gibt es eine sittliche Erziehung, welche die Gewohnheit, recht zu handeln und Unrecht zu meiden, die eigentliche Sitte, lehrt und stärkt, aber in Wahrheit kann keine Erziehung den sittlichen Trieb hervorbringen, wo er nicht vorhanden ist. Darum gewährt unsere akademische Erziehung dem Studierenden ein Maß von persönlicher Freiheit, welches ihm die eigene Verantwortlichkeit ohne Einschränkung zuweist und ihm gestattet, sich nach seiner Art selbständig zu entwickeln. Er ist nicht verpflichtet zu bestimmten Religionshandlungen; er empfängt keinen Kodex der Ethik, der nur für ihn geschaffen ist. Was wir von ihm erwarten und fordern, jetzt wie ehedem, das ist die freie Ausbildung einer in sich selbst ruhenden, ehrlichen und schönen Persönlichkeit. Möge dieses Ziel von allen, die zu uns kommen, angestrebt, möge es von recht vielen erreicht werden! Dann wird die Hoffnung, in welcher König Friedrich Wilhelm III. diese Universität gegründet und gepflegt hat, in Erfüllung gehen.

Adolph Wagner

DIE ENTWICKLUNG DER UNIVERSITÄT BERLIN 1810—1896

Aus der Rektoratsrede gehalten am 3. 8. 1896

... Bei den ersten finanziellen Veranschlagungen wurde auch in finanzieller, wie in administrativer und wissenschaftlicher Hinsicht eine nähere Verbindung von dreierlei Anstalten und Einrichtungen geplant: einmal der schon bestehenden beiden Akademien der Wissenschaften und Künste, sodann der bereits vorhandenen wissenschaftlichen Institute und Sammlungen, medizinischer und sonstiger, anatomisches Museum, botanischer Garten, Sternwarte, Bibliotheken, Kunstkammer usw., endlich der neuen Universität. Auch die finanzielle Grundlage der beiden ersten Gruppen war zum Teil neu zu ordnen. Für diese wissenschaftlichen Gesamtzwecke war eine Jahresdotation von 150000 Tlr. vorgesehen, wovon etwas über zwei Drittel auf die Universität kommen sollten, wenn sie voll ausgebildet war.

Das erscheint nach heutigem Maßstabe freilich beinahe winzig. Was die neue Universität zunächst wirklich kostete, einige 50- bis 60000 Tlr., war noch geringer, nur zwei Drittel der Summe, welche heute die kleinste, nicht einmal vollständige preußische Hochschule, die Akademie in Münster, erheischt. Aber auch ein solcher, alsbald flüssig zu machender Betrag war damals eine fühlbare neue Belastung des Etats.

Was dies damals besagte, ergeben einige Vergleichungen. In dem mindestens doppelt so finanzkräftigen alten Staate vor 1806 hatten damals die vier größeren Universitäten Halle, Frankfurt a. O., Königsberg und Erlangen und die freilich nur noch rudimentären Duisburg und Erfurt doch zusammen auch nur einen Ausgabeetat von etwas über 100000 Tlr. gehabt. In dem verarmten, finanzschwachen Rumpfstaate des Tilsiter Friedens bestanden doch immer noch neben Berlin zwei andere Landesuniversitäten, Königsberg und die neu vereinigte Breslau-Frankfurter in Breslau, welche ebenfalls damals erheblich besser als früher dotiert worden sind. So kosteten die drei Universitäten des Staates um 1812 über 150000 Tlr., nach voller Entwicklung Berlins über 200000 Tlr. Wahrlich kein kleiner Aufwand für diese Zwecke, die der Staatsanschauung der Zeit doch immer noch verhältnismäßig neue waren.

Nach dem freilich immer nur cum grano salis anwendbaren, aber darum doch nicht unbrauchbaren Maßstabe der sogenannten »Kopfquote« ergibt sich Folgendes. Man wird damals, um 1812, den Aufwand für die Universitäten — Berlin als vollständig entwickelt angenommen und einige Institute, welche damals noch nicht, wohl aber jetzt auf dem Universitätsetat stehen, hinzugerechnet — mit etwa 13—14 Pfg. unseres Geldes auf den Kopf der Bevölkerung veranschlagen können, wovon etwas über die Hälfte, etwa 7 Pfg. auf die Berliner Universität kommen. Selbst in dem heutigen, so unendlich viel reicheren Volk und Staat, und bei so ungemein gestiegenem

Universitätsaufwand kosten die sämtlichen 10 jetzigen preußischen Universitäten dem Staate an Zuschuß aus seiner Kasse nur 8,39 Mill. M., Berlin allein etwa 2,35 bis 2,4 Mill., d. h. auf den Kopf der Bevölkerung gegenwärtig bzw. 26,3 und 7,5 Pfg., also etwa in ersterer Hinsicht das Doppelte, in letzterer nur ebensoviel als schon 1812. Aber sicher wurde damals *ein* Pfg. schwerer getragen als heute das Vier- oder Fünffache. Auch so betrachtet flößt das finanzielle Opfer, das der Staat mit der Gründung der Universität brachte, Respekt ein.

Und über die Höhe dieses Opfers ist damals nicht einmal viel diskutiert worden. Mit dem Zweck erkannte man sie als geboten an. *W. v. Humboldt* hat den Betrag von 150000 Tlr. für die vereinigten Berliner höheren wissenschaftlichen Institute »nach einer zwar nur ungefähren, allein weder zu reichhaltigen, noch allzu sparsamen Berechnung« veranschlagt, und diese Jahresdotation ist nach kurzen Verhandlungen in derselben Kabinettsorder vom 16. August 1809, durch welche die Stiftung der Universität noch von Königsberg aus erfolgte, bewilligt worden. ...

Beachtenswert genug hatte der Finanzminister *von Altenstein* selbst angeregt, die der Universität und den übrigen Instituten zu gewährende Dotation nicht als Jahreszahlung auf die Staatskasse zu nehmen, sondern einen dieser Dotation als Rente entsprechenden Wertbetrag aus dem Staatsvermögen und zwar aus den Domänen auszuscheiden, der Universität usw. als *Eigentum* auf ewige Zeiten zu überweisen und ihr auch zur Verwaltung zu übergeben. *W. v.Humboldt*, in allen diesen Dingen stets das treibende Element, befürwortete diesen Plan lebhaft. Man glaubte dadurch das gemeinsame Interesse des Staates und der neuen Universität besser zu wahren, das Einkommen der letzteren in Kriegsfällen so völkerrechtlich mehr zu sichern, es auch unabhängiger von der Finanzlage des Staates zu machen und wies auch die sich schon verbreitenden Bedenken gegen öffentliches, von Körperschaften und Behörden verwaltetes Grundeigentum als nicht durchschlagend ab. In der Kabinettsorder von 1809 wird demgemäß auch die Domänenverleihung an die Universität in Aussicht genommen. Die beteiligten obersten Staatsbehörden sollten alsbald beraten, wie die Sache am besten durchzuführen sei. In der später auszustellenden Urkunde sollten dann *bestimmte* Domänen der Universität zu Eigentum übertragen werden. Man ging auch sofort ans Werk. Aus der Zahl der nicht verpfändeten kurmärkischen

Domänen, allenfalls mit Hinzufügung passender Forstparzellen, sollte ein Komplex, möglichst in der Nähe Berlins liegender Objekte, ausgeschieden werden, im Wertbetrag von 3—4 Millionen Talern.

W. v. Humboldt vertrat diesen Plan auch noch energisch, als doch in den Kreisen der Verwaltung mancherlei Bedenken dagegen auftauchten. Er meinte, nicht nur die größere finanzielle Sicherung der wissenschaftlichen Institute in unruhigen Zeiten werde bloß auf diese Weise genügend verbürgt, ein solches wichtiges und großes Institut könne überhaupt nur durch eine Dotation mit Grundeigentum ordentlich sicher gestellt werden: Für diese Rechtsform der Dotation macht dieser immer hochdenkende Staatsmann vielmehr auch noch einen wichtigen weiteren, einen *politischen* Gesichtspunkt geltend: es sei auch an sich eine vom Staate herrührende, aber von den Gesinnungen der jedesmaligen Regierenden unabhängige Dotation eines wissenschaftlichen Instituts im hohen Grade ersprießlich. Sie gebe ihm mehr Selbständigkeit, mehr innere Würde und mehr Vertrauen beim Ausland.

Das wirksamste Bedenken gegen die Maßregel war zunächst nicht ein prinzipielles, sondern ein formal rechtliches, dem sich das Staatsministerium auch anbequemte. Man überzeugte sich, daß die Ausscheidung von Domänen aus dem Staatsbesitz zu Gunsten der Universität in Widerspruch mit den Bestimmungen des erst jüngst erlassenen Edikts und Hausgesetzes vom 6. November 1809 stehe. Hierin war zwar das Verbot der Veräußerung von Domänen von 1713 aufgehoben, aber die Weggabe von solchen an Bedingungen geknüpft worden, welche bei der Dotation der Universität mit Domänen nicht vorlagen.

So glaubte man doch zunächst von der Übertragung von Domänen zu *Eigentum* an die Universität absehen zu müssen. Indessen sollten der letzteren kurmärkische Domänen bis zum Jahresertrage von 150000 Tlr., die im Staatseigentum zu bleiben hätten, zur freien Benutzung übergeben werden, wogegen rechtliche Bedenken nicht vorlägen. Die Dotation mit Domäneneigentum blieb vorbehalten, bis es gelungen sein werde, dem Staate aus zu säkularisierenden geistlichen Gütern vollen Ersatz zu schaffen.

Indessen, die Sache kam weder in der ursprünglich geplanten, noch in dieser modifizierten Weise zur Ausführung.

Dies war damals dem Einfluß des neuen Chefs der Abteilung für Kultus und öffentlichen Unterricht im Ministerium des Innern, *von*

Schuckmann, zu verdanken, der sich dabei freilich von ganz anderen Grundsätzen und Motiven als *W. von Humboldt* leiten ließ.

Schuckmann befürchtete gerade nachteilige Folgen davon, wenn »die höchsten wissenschaftlichen Zentralinstitute des Staates nicht bloß in ihrem freien wissenschaftlichen Bestreben und Wirken, sondern auch mit ihrer Subsistenz und Dauer vom Oberhaupte des Staates unabhängig, von dieser Seite gegen das Bestehen der jetzigen Verfassung, des Königs und seiner Dynastie in den Zustand der Gleichgiltigkeit versetzt würden«. Mit *politischen* Momenten, mit dem Hinweis auf die Gefahr der »Schwärmerei in Theorien«, des »Sich-Gefallens in Spiel und Wechsel mit solchen«, warnte er vor der Gewährung einer zu großen Unabhängigkeit an die wissenschaftlichen Institute und deren Angehörige, wie sie eine solche Dotation mit Domäneneigentum seiner Meinung nach leicht mit sich führen würde. »Wie aber«, schloß er, »auch die *Köpfe* exaltiert sein mögen, so behalten doch die *Mägen* immer ihr Recht gegen sie, die einzigen, die in diesem Zustande geschont werden. Wem die Herrschaft über letztere (die Mägen) bleibt, der wird immer auch mit den ersteren (den Köpfen) fertig, und wer die Befriedigung der letzteren an seine Wahl bindet, hat die beste Sicherung, daß die ersteren dafür arbeiten«. So beantragte *Schuckmann* beim Staatskanzler *von Hardenberg* und durch diesen beim König, von der Fundation durch Domänen abzusehen, mindestens bezügliche Anträge dilatorisch zu behandeln. Dieser Vorschlag wurde gebilligt, und dabei ist es denn auch in der Folge verblieben. Die Universität Berlin ist von Anfang an und bis in die Gegenwart größtenteils auf direkte Zuschüsse aus der Staatskasse angewiesen gewesen.

Die *Schuckmann*schen Motive sind charakteristisch für den Mann und wohl auch allgemein für Ansichten, welche in gewissen Kreisen der Bureaukratie verbreitet waren, vielleicht hie und da noch heute sich bisweilen finden. Die Gelehrten, die Professoren nicht zu unabhängig werden, sie nicht gefährlichen schwärmerischen Theorien nachhängen lassen, daher die Befriedigung ihrer Mageninteressen unter dem Daumen behalten, meinte *Schuckmann*. Ein wissenschaftliches Institut, das will eben doch auch hier sagen, seine Angehörigen, bei einer Universität ihre Lehrer, von den Gesinnungen der jedesmal Regierenden möglichst unabhängig machen, ihnen so größere Selbständigkeit, mehr innere Würde geben, meinte in seinem hohen Gedankenfluge

W. v. Humboldt). Wer den würdigeren Standpunkt vertrat, steht außer Frage.

Und dennoch: *sachlich* war die getroffene Entscheidung die richtige! Wie ihre Entwicklung, die Steigerung ihres Bedarfs zeigt, hat sich unsere Universität nicht darüber zu beklagen gehabt, daß die Entscheidung über ihre Dotation so gefallen ist, wie es geschehen.

Humboldts Standpunkt war prinzipiell nach den Motiven, und war auch nach der historischen Entwicklung der älteren Universitäten als selbständigerer Korporationen, nicht unmittelbarer Staatsanstalten, begreiflich, er war aber doch schon um diese Zeit der Gründung unserer Hochschule historisch und praktisch antiquiert.

Seine Ideen in Bezug auf die größere Unabhängigkeit der Universität und ihrer Lehrer ließen sich und lassen sich noch heute auch bei einer Dotation aus der Staatskasse, wenigstens in einem wichtigen Punkte, genügend verwirklichen, wenn man nur für die Besoldungen der Lehrer von dem mannigfach bedenklichen System reiner Individualverträge, wo dann hüben und drüben doch mitunter etwas, und nicht immer schön, gemarktet wird, und von ganz willkürlicher Verwendung von Mitteln aus allgemeinen Dispositionsfonds für Besoldungszuschüsse zu einem festeren Besoldungssystem wie im Staatsdienst übergeht, wobei sich durch einige Abweichungen den Eigentümlichkeiten der Stellung der akademischen Lehrer schon Rechnung tragen läßt.

Vor allem war die Anweisung einer Universität auf eine ein für allemal feste Dotation mit einem ihr eigentümlich gehörigen Domänenvermögen schon 1810 und wurde sie vollends für die späteren Zeiten unhaltbar, weil sie eine wesentliche Voraussetzung des Gedeihens einer solchen Anstalt, die richtige normale Weiterentwicklung, soweit diese von materiellen Bedingungen, wie Höhe der Einnahmen, abhängt, nicht erfüllt.

Es ist merkwürdig, daß selbst ein *W. v. Humboldt* das nicht richtig erfaßt hat.

Jener *Altenstein-Humboldt*sche Dotationsplan beruht übrigens auf einer Auffassung, welche in der Behandlung öffentlicher und namentlich auch finanzieller Angelegenheiten damals noch allgemein verbreitet und in hohem Grade charakteristisch ist. Man kennt und beachtet eben das Moment der *Entwicklung* nicht, man stellt sich alles immer wie in einem im wesentlichen festen *Beharrungszustande* vor; diesen, nicht die Entwicklung sieht man gewissermaßen als das Naturgemäße an, trifft danach seine Einrichtungen, danach für finanzielle Bedürfnisse deren Bedeckung. Die Entwicklung der Dinge als notwendige Ursache steigenden Finanzbedarfs, die Bereitstellung wachsender Einnahmen wieder als notwendige materielle Voraussetzung der gebotenen und naturgemäßen Entwicklung, das sind Gedanken, welche der Zeit, selbst den erleuchtetsten Köpfen noch ganz fern liegen. ...

Nach der Höhe und Zusammensetzung der studentischen Frequenz, der Zahl der Lehrkräfte aller drei akademichen Rangstufen, nach Zahl, Umfang und Bedeutung der Institute und Sammlungen, nach der Größe der finanziellen Erfordernisse ist die Entwicklung der Berliner Universität gewaltig und bedeutender als diejenige jeder anderen deutschen Hochschule gewesen.

Nach der studentischen Frequenz gemessen ist Berlin — allerdings mit starken Schwankungen — doch schon im zweiten Jahrzehnt seines Lebensalters, seit Mitte der 1820er Jahre an die Spitze aller deutschen Universitäten auf heutigem Reichsgebiete getreten, und neuerdings ist auch vor dem alten Wien, welches uns noch länger in der Frequenz überlegen geblieben war, der Vorsprung errungen worden. Eine um so bedeutsamere Entwicklung, weil auch fast alle anderen deutschen Universitäten in den letzten Jahrzehnten stark in der Frequenz zugenommen haben. Berlins Entwicklung vollzog sich also nicht gerade auf Kosten der übrigen Universitäten, von denen zudem Leipzig zeitweise uns übertroffen hat und neuerdings München uns nahe gekommen ist. Unsere beiden in diesem Punkte jetzt bedeutendsten hochachtbaren Rivalen. Von der Maximalfrequenz von 2000 und einigen hundert immatrikulierten Studenten in den bei uns bekanntlich immer etwas stärker besuchten Wintersemestern und einer höchsten Sommerfrequenz von 2000 in den 1860er Jahren vor dem französischen Kriege und der Wiederaufrichtung des Deutschen Reichs sind wir seit Mitte der 1880er Jahre regelmäßig auf die doppelte Höhe dieser Ziffern gekommen und, auch wieder mit einigen Schwankungen, darauf geblieben. Eine Winterfrequenz von 5000 und einigen hundert, eine Sommerfrequenz von weit über 4000 immatrikulierten Studenten bilden jetzt fast schon das Normale. Mehrfach sind diese Zahlen bereits erheblich überschritten worden. Die zahlreichen Hospitanten, unter denen wir ja das schöne Geschlecht neuerdings auch bereits in nicht ganz unerheblicher Zahl — und befriedigender Qualität, füge ich hinzu — vertreten sehen, sind hierbei noch gar nicht berücksichtigt. ...

Unsere Hochschule begann in ihrem ersten Jahre ihre Laufbahn unter ihren Schwesteranstalten mit einem Lehrkörper von 46 Personen, darunter 25 Ordinarien, 7 Extraordinarien, 14 Privatdozenten. Diese Anzahl war nach 20 Jahren, 1830-31, schon auf beinahe das Dreifache gewachsen, auf 121, nach den drei Kategorien der Lehrer 48—41—32. Von da an ging die Entwicklung einige Jahrzehnte lang, ja an vierzig Jahre bis in die siebziger hinein, verhältnismäßig langsamer vorwärts, zumal bei den Ordinarien, während die Extraordinarien und vollends die Privatdozenten immerhin sich noch rascher vermehrten. Im Jahre 1870 zählten wir 168 Lehrer, 54 Ordinarien, 53 Extraordinarien, 61 Privatdozenten. Letztere hatten sich seit 1830 bis 1831 also fast verdoppelt, die Gesamtzahl der Lehrer aber nur um $^1/_3$ erhöht. Gegen das erste Jahr der Universität hatte sie sich jedoch fast verdreifacht, indem die Dozenten auf das mehr als Vierfache, die Extraordinarien auf mehr als das Siebenfache, die Ordinarien allerdings nur auf etwas über das Doppelte gestiegen waren. ...

Natürlich ist mit der Vermehrung der Lehrkräfte auch das Erfordernis des persönlichen Aufwands für Besoldungen usw. stark gestiegen. Aber trotz der bedeutenden und dankenswerten Gehaltsverbesserungen, welche besonders in dem letzten Vierteljahrhundert, freilich nach den individuellen Anteilen in zu ungleichem Maße, erfolgt sind, ist der gesamte Besoldungsaufwand nicht so stark gewachsen, als zu erwarten gewesen wäre. Denn die Universität verfügt in den Privatdozenten, von den wenigen Empfängern von Dozentenstipendien abgesehen, und leider auch immer noch in der nicht unbedeutenden Zahl unbesoldeter Extraordinarien über ein starkes Kontingent ihr unentgeltlich dienender Lehrkräfte. ...

Anfangs kam, wie damals noch allgemein, der größte Teil des Universitäts-Finanzbedarfs auf die Besoldungen der Professoren. Die allgemeine Verwaltung kostete wenig, die Institute und Sammlungen ebenfalls nicht viel. Bei Berlin standen letztere allerdings nicht alle auf dem Universitätsetat. Auch sind, wie in den älteren und noch den gegenwärtigen amtlichen Etats, so auch bei allen meinen Daten und Veranschlagungen Posten, welche bei einer ganz rationellen Rechnung eigentlich mit zu berücksichtigen wären, wie namentlich die erheblichen Nutzungswerte der Amtsgebäude, hier nicht mit einbezogen.

Kein unbedeutender Betrag wäre z. B. gleich für unser Universitätsgebäude einzusetzen, den ehemaligen Prinz Heinrich-Bau, den bekanntlich unsere Hochschule gleich bei ihrer Stiftung durch Königliche Munifizenz als Geschenk überwiesen erhalten hat.

Im Jahre 1811/12 kostete die Universität dem Staate 54147 Tlr., davon die Gehalte der Professoren mit 38850 Tlr., 71,8%, die auf dem Etat der Universität stehenden Institute und Sammlungen mit 13098 Tlr., 24,2%. Im Jahre 1834, wo der Etat auf fast 100000 Tlr., die Gehalte der Professoren auf 64550 Tlr. gestiegen waren, erforderten die letzteren nur noch 64,6%, die Institute usw. mit 26148 Tlr. 26,2%, bei meist noch außerordentlich dürftigen Dotationen — bei der Universitätsbibliothek z. B. 500 Tlr.! Später, besonders seit der konstitutionellen Zeit werden die Etats vollständiger und rationeller, die Nebenetats einzelner Institute immer mehr auf den allgemeinen Universitätsetat gebracht. Die Daten sind aber eben deshalb mit den älteren nicht ganz genau vergleichbar. Doch wird es ziemlich stimmen, wenn man für 1870 die Besoldungen usw. auf 107000 Tlr., den Aufwand für die Institute schon auf 89000 Tlr. ansetzt, d. h. jene betrugen vom Gesamtbedarf nur noch 52,8, diese schon 40,1%.

Seitdem ist aber ein gewaltiges Übergewicht des Ausgabepostens für Institute und Sammlungen eingetreten. Im laufenden Etat (1896/1897) betragen die Besoldungen usw. des Lehrkörpers mit ca. 865000 M. nur noch ca. 30,9%, der unmittelbare spezialisierte Aufwand für Institute und Sammlungen aber, zu dem noch manch anderes hinzutritt, beträgt 1481000 M. oder ca. 52,9% der Gesamtausgabe. Würde man gar für die Gebäudeanlagen und Einrichtungen der Institute, welche mit Geldern aus dem Extraordinarium des Staatshaushaltsetats bestritten worden sind, Zins- und Amortisationsbeträge einrechnen, so würde sich der Aufwand für diese Institute noch beträchtlich erhöhen und das erlangte Übergewicht über den Besoldungsetat noch viel größer erscheinen.

Es ist von großem, nicht nur finanzstatistischem, sondern in der Tat auch von allgemeinem Interesse, für die Kenntnis der Entwicklungsgeschichte unserer Universitäten, genauer im einzelnen die eingetretenen Umänderungen zu verfolgen. Ganz ähnliche zeigen sich bei allen Universitäten. Es offenbart sich hierin eben auch die Wirkung eines bedeutsamen *methodischen* Umschwungs in der Pflege der Wissenschaften, in Forschung und Lehre. Doch muß ich, vollends hier im

Rahmen dieser Rede, darauf verzichten, auf das einzelne einzugehen und mich mit einigen Andeutungen begnügen.

Den Löwenanteil an dieser Steigerung des Bedarfs haben die naturwissenschaftlichen und medizinischen Institute und Sammlungen gehabt. Schon von 1834—1870 ist der Staatszuschuß dafür (ohne botanischen Garten) um das 1½fache, seitdem bis 1896 wieder um das 5fache und seit 1834 mindestens um das 14fache, von rund 60 000 auf rund 840000 M. gestiegen. Bis 1870 war die Vermehrung stärker bei den naturwissenschaftlichen Instituten und Sammlungen, als bei den klinischen Instituten, seitdem ist es umgekehrt. Neben dieser Steigerung und den erreichten absoluten Beträgen fällt die erfreuliche Erhöhung der Dotation des dem allgemeinsten Universitätsinteresse dienenden Instituts, der Bibliothek, zwar absolut wie relativ schon ins Gewicht. Ihr Etat ist von 1500 M. 1834 bis auf 10500 in 1870 und auf 56000 M. jetzt gestiegen. Aber allein z. B. das Museum für Naturkunde erheischt mehr als das Dreifache dieser Summe.

Hoch erfreulich ist sicherlich die Entwicklung der geisteswissenschaftlichen Seminare und Institute. Der Aufwand dafür, der 1870 kleiner war als schon 1834, hat sich seit 1870 immerhin verdreifacht, die Zahl der Institute ist von 4 auf 16 gestiegen, diese kosten aber jetzt zusammen immer noch nicht 18000 M., ein Betrag, der fast von jedem einzelnen naturwissenschaftlichen und medizinischen Institut, meist weit, überschritten wird. Die Dotationen einzelner geisteswissenschaftlicher Institute sind immer noch winzig, diejenigen des theologischen, philologischen und mathematischen Seminars sogar kleiner als schon 1870 und früher. Nur das etwas apart stehende orientalische Seminar, das zugleich praktischen Zwecken dient, hat einen Etat von ca. 100000 M., welcher sich mit demjenigen naturwissenschaftlicher und medizinischer Institute vergleichen läßt. . . .

Die ungeheure Steigerung des Finanzbedarfs dieser Institute ist besonders deswegen bemerkenswert, weil sie offenbar großenteils eine Folge des Umschwungs und Fortschritts der Naturwissenschaften aus der spekulativen in die exakte induktive Forschungsrichtung ist. Die ganz anderen Anforderungen, auch bezüglich der methodischen Ausbildung der Schüler, hängen damit zusammen. Je mehr andere Wissenschaften sich in ähnlichen Bahnen bewegen, desto mehr wird hier prinzipiell Ähnliches geboten sein. Die Entwicklung der geisteswissenschaftlichen Seminare und Institute ist ein Beleg hierfür. Aber auch in nationalökonomischer Hinsicht ist diese Entwicklung bemerkenswert: auch für den Wissenschaftsbetrieb sind nunmehr bedeutendere kapitalistische Hilfsmittel, größere stehende Kapitalanlagen, mächtigere technische Apparate notwendig, eine Mitfolge und wieder eine Bedingung des Fortschritts der Wissenschaft. Die »reine« Geistesarbeit reicht hier so wenig mehr aus als die bloße Handarbeit in der Wirtschaft. Daher denn in den großen naturwissenschaftlichen Instituten ein kapitalistisches Seitenstück zu den fabrikativen Großbetrieben. ...

Hermann Diels

INTERNATIONALE AUFGABEN DER UNIVERSITÄT

Aus der Rektoratsrede gehalten am 3. 8. 1906

Unsere Zeit, die so gern Säkularfeste feiert, hat keinen Anlaß, des Jahres 1806 mit Jubel zu gedenken. Ist es doch das trübste vielleicht in der ganzen deutschen Geschichte. In einigen Tagen werden es hundert Jahre, daß das heilige römische Reich deutscher Nation ruhmlos und würdelos dahinsank, und daß bald darauf das Friderizianische Preußen unter der Wucht der Schläge von Jena und Auerstädt nicht minder ruhmlos und würdelos zusammenbrach. Und doch darf an dem heutigen Festtage, der dem Andenken Friedrich Wilhelms des Dritten, des Stifters unserer Universität, geweiht ist, auch dieser jammerreichen Zeit in Segen gedacht werden. Denn in dem tiefen Weh dieser Leidensjahre vollzog sich die Wiedergeburt unseres Volkes an Haupt und Gliedern, die ein neues Preußen und in der Folge ein neues Deutschland erstehen ließ.

Schwer, aber glorreich waren die Anfänge dieser Neugestaltung. Der Gedanke, hier an dieser Stätte eine neue Universität zu gründen, ist der erste helle Sonnenstrahl, der in das nächtliche Dunkel fiel. Man begrüßte mit Jubel die erste Regung des jugendfrischen Geistes, von dem beseelt man wagen konnte, das Reich von Grund auf neu zu bauen. Begeistert scharte sich bald ganz Deutschland um die Losung: »Freiheit des Vaterlandes, Freiheit der Wissenschaft«, die von der jüngsten Hochschule in die preußischen und deutschen Lande hinausdrang. So ist es nicht wunderbar, daß unter den wißbegierigen Jünglingen, die im ersten Winter 1810 unser Universitätsgebäude füllten, fast die Hälfte Ausländer gezählt wurden. Die Zahl der einheimischen Immatrikulierten betrug, wie die von Rektor Dernburg 1885 veröffentlichte Übersicht ergibt, in jenem ersten Semester 152, die der Ausländer 104, zusammen 256. Ein kleines Häuflein, wenn man ihm die imposante Ziffer von fast 8000 Immatrikulierten des letzten Wintersemesters gegenüberstellt. Und doch beträgt die Zahl der Nichtdeutschen nur etwa ein Siebentel dieser Summe. Wenn also vor hundert Jahren sich das Verhältnis von Inländern und Ausländern die Waage hielt, ja nach den Befreiungskriegen in den Jahren 1815 und 1816 die letzteren sogar überwogen, so könnte man leicht falsche Schlüsse in bezug auf die Entwickelung des internationalen Elementes unserer Universität aus den mitgeteilten Zahlen ziehen, wenn man nicht beachtete, daß man damals unter »Ausländer« jeden Nichtpreußen verstand. Stellt man aber nach der sorgsam geführten Matrikel jener Gründungsjahre die Herkunft der einzelnen Studierenden genauer fest, so sieht man, daß unter den 104 Nichtpreußen des ersten Wintersemesters nur 20 Ausländer im heutigen Sinne des Wortes vertreten waren, 1 Däne, 1 Österreicher, 5 Schweizer, 5 Russen und 8 Balten. Denn wie damals, so werden auch heute noch in unserer Matrikel die Balten von den Russen geschieden. Die genauen Zahlen des ersten Semesters 1810 sind also nach unserer jetzigen Bezeichnung 152 Preußen, 84 Reichsdeutsche und 20 Ausländer. Es ist nicht uninteressant, mit diesem Verhältnis die Zahlen des letzten Winters zu vergleichen. Neben den 5489 Preußen, von denen wieder die Provinz Brandenburg fast die Hälfte stellt, stehen 1070 Reichsdeutsche und fast genau so viele Fremde, nämlich 1069. Auch dies entbehrt nicht des kulturgeschichtlichen und politischen Interesses, festzustellen und durch die Annalen unserer Universitätsgeschichte zu verfolgen, wieviel Studierende die einzelnen europäischen und außereuropäischen Länder uns in den einzelnen Jahren gesandt haben. Die Zahlen variieren sehr stark, und die Gründe dafür liegen keineswegs immer auf der Hand. Am stärksten vertreten sind jetzt bei uns außer den Russen, deren übermäßiges Anwachsen im letzten Jahre keiner Erklärung bedarf, drei Nationen, die Österreicher, die Schweizer und Amerikaner. Man erkennt leicht, daß es vor allem die enge Kulturgemeinschaft ist, in der wir mit diesen befreundeten und stammverwandten Nationen stehen, die uns jene besonders willkommenen Gäste aus dem Auslande sendet. Denn wenn die Schweiz und Österreich schon durch die Gemeinschaft der Sprache und der Universitätseinrichtungen eng mit den deutschen Hochschulen verknüpft sind, so laufen doch auch viele sichtbare und unsichtbare Fäden hinüber nach Amerika und zumal nach der Union. Die starke deutsche Einwanderung, die namentlich während des vorigen Jahrhunderts hinüberströmte, unterhält, auch wenn sie ganz eingebürgert und scheinbar amerikanisiert ist, doch ziemlich lebhafte geistige Beziehungen zu dem alten Vaterlande, und Familien deutscher Abstammung schicken gern ihre Angehörigen, auch wenn sie der deutschen Sprache nicht mehr mächtig sind, zu uns herüber. Wenigstens fällt in der Zahl der Amerikaner das Überwiegen deutscher Familiennamen auf. Das außerordentliche Interesse der Amerikaner an unseren Universitätseinrichtungen ist aber nicht nur durch die deutsche, z. T. geistig sehr hochstehende Einwanderung geweckt worden. Vielmehr sind viele unserer deutschen Dozenten seit mehreren Dezennien an den Hochschulen der Union mit Erfolg tätig. Sie haben die Achtung vor der deutschen Wissenschaft dort auch in den echt amerikanischen, naturgemäß nach England gravitierenden Kreisen verbreitet und den Wunsch rege gemacht, diesen Austausch geistiger Art, der sich bisher nur auf deutsche Professoren und amerikanische Studenten erstreckte, in eine wirkliche Gegenseitigkeit umzuwandeln. So hatten wir im vorigen Wintersemester die Freude, neben den 132 Studenten und 44 Studentinnen aus Amerika zum ersten Male auch einen hervorragenden Dozenten der ersten Universität Amerikas bei uns als Gast unserer Hochschule begrüßen zu können. Durch diesen Austausch war einerseits unseren Studenten die Gelegenheit geboten, die Anschauungen eines amerikanischen Theologen und Soziologen über moderne ethische und religiöse Probleme zu hören, andrerseits war es unserem Gaste vergönnt, durch seine amtlichen und außeramtlichen Beziehungen tiefere Blicke in die Verhältnisse unserer Universität, unserer Gesellschaft und unseres Staatswesens zu werfen, als es sonst dem Fremden wohl möglich wäre. Manche Frucht hat gewiß bei dem Dozenten wie bei seinen Hörern in der Stille angesetzt, die erst die Zukunft reifen wird. Und in geistiger Beziehung ist alles, was langsam und still reift, das Echte; Augenblickserfolge welken schneller als das Gras.

Deutschland und Amerika sind die beiden Staaten des europäischen Kulturkreises, die in dem letzten Jahrhundert sich am raschesten und überraschendsten entfaltet haben. Sie werden daher von den altbegründeten Weltmächten als Eindringlinge betrachtet und beargwöhnt. So ist es begreiflich, daß die besseren Elemente beider Staaten, die gegen die üblen Folgen so schnellen Wachstums keineswegs die Augen verschließen, sich zueinander hingezogen fühlen und voneinander zu lernen suchen. Die leitenden Männer hüben und drüben sind davon überzeugt, daß das Schicksal ihrer Nationen in erster Linie auf der Erziehung der Jugend und namentlich der akademischen beruht, die dazu vorgebildet und bestimmt ist, den maßgebenden Einfluß auf die Gesellschaft auszuüben.

Daß man bei uns über die Wichtigkeit der akademischen Vorbildung so denkt, und nicht erst seit gestern und ehegestern, brauche ich an dieser Stätte nicht auszusprechen. Allein auch in Amerika ist man keineswegs mehr der früher dort allgemein verbreiteten Meinung, man dürfe alles wild wachsen lassen. Vielmehr erkennt man auch dort jetzt allgemein den Wert, den das geistige *Training* der Universitäten für die Nation hat. Und wie bei uns, entwickelt sich auch drüben immer mehr, wie die dorthin im letzten Winter entsandten Sendboten deutscher Wissenschaft übereinstimmend berichten, ein idealer Trieb und akademischer Schwung, der bei uns längst als beste Schutzwaffe gegen Routine und Mammonismus anerkannt ist.

Da die Regierungen beider Länder und ihre obersten Lenker an dem »Professorenaustausch« lebhaftesten Anteil nehmen, und weitblikkende Vertreter des wohlhabenden Bürgerstandes hüben und drüben durch bedeutende Stiftungen ihr Interesse an dieser geistigen Verbrüderung der beiden Völker bekundet haben, so wird der Versuch des vorigen Winters sich in den nächsten Jahren im vergrößerten Maßstabe wiederholen. Es ist aber zu wünschen, daß, um jede Einseitigkeit zu vermeiden, auch andere hervorragende Kulturnationen allmählich in diesen Austauschverein einbezogen werden, damit der einst auf den europäischen Universitäten übliche Wechselverkehr der Doktoren und Scholaren sich in moderner Umgestaltung zum Segen der Wissenschaft und der Nationen selbst erneuere und erweitere. Es gilt also die bereits jetzt zwischen den Universitäten deutscher Zunge bestehende Freizügigkeit der Professoren und Studenten in etwas veränderter Form auf die Hauptkulturvölker der Welt auszudehnen.

An den technischen Hochschulen freilich hat man den Zuzug der Ausländer in neuerer Zeit etwas zu hemmen gesucht, da man nicht bloß eine Beeinträchtigung der heimischen Studierenden durch den allzugroßen Andrang fremder Elemente fürchtet, sondern auch eine weiterreichende Schädigung der deutschen Industrie besorgt, wenn die mit unserer Vorbildung und Kenntnis ausgerüsteten Ausländer in ihrer Heimat dem deutschen Importe eine empfindliche Konkurrenz bereiten. Diese Besorgnisse können auf den deutschen Universitäten nicht laut werden. Wenn man absieht von leicht zu beseitigenden Unzuträglichkeiten, die sich vereinzelt durch allzustarkes Vordrängen der Ausländer in den Instituten ergeben, wenn man ferner absieht von dem Raummangel, der zur Zeit an einigen Universitäten, wie an der hiesigen, eine Steigerung der Besuchsziffer kaum wünschenswert erscheinen läßt, ist der Zuzug fremder Studierender auf unsern Universitäten stets willkommen geheißen worden. Denn bei uns gibt es keine Fabrikgeheimnisse. Unsere Wissenschaft reicht wie die sieben Brote des Evangeliums für viele Tausende, und je mehr davon genommen wird, um so reicher quillt der Segen nach. Selbst wer nur gewohnt ist, an das Materielle zu denken, wird leicht ermessen können, daß der Same unserer Lehre durch die fremden Sendboten in alle Welt zerstreut hundertfältige Frucht bringen muß. Wir dürfen dabei auch nicht vergessen, daß diese Ausländer, namentlich diejenigen, die aus dem Westen und Norden zu uns kommen, in ihren Studien oft bereits vorgeschritten und darum den heimischen Studierenden Muster und Vorbild bei den gemeinsam betriebenen Studien geworden sind.

Die Aufgabe nun, diese internationalen Beziehungen von Universität zu Universität zu pflegen, kommt nicht unserer Berliner Hochschule allein zu. Sondern wie jede deutsche Universität von einer kleineren oder größeren Zahl von Ausländern aufgesucht wird, die dort vielfach bequemere Studiengelegenheit finden und sich rascher in die deutsche Art einleben als in der Großstadt, so sollte auch der Austausch keineswegs auf die Hauptuniversität jedes Landes beschränkt bleiben. Aber diese Ausgestaltung darf man ruhig der Zeit überlassen, da gerade solche zarten Beziehungen hin und wieder von selbst wachsen und organisch sich entwickeln müssen. Trotzdem ist es natürlich und berechtigt, daß sich unsere Hochschule an erster Stelle für die internationalen Aufgaben der Universitäten interessiert und betätigt. Schon seit längeren Jahren ist hier das Orientalische Seminar eingerichtet und unserer Universität angegliedert worden, das den Zweck hat, unsere in den auswärtigen Dienst oder Handel eintretenden jungen Beamten und Kaufleute in die Sprachen und Kulturen des Orients einzuführen. Vor kurzem ist ferner auf Antrag unserer philosophischen Fakultät durch das Entgegenkommen des vorgeordneten Ministeriums ein Lektorat für Deutsch an unserer Universität gegründet worden, das bestimmt ist, die hierher kommenden Ausländer rasch und sicher mit deutscher Sprache und Art vertraut zu machen. Auf Anregung desselben Ministeriums ist hier zuerst in Deutschland ein besonderes Vermittleramt ins Leben getreten, das die Ausländer über Berliner und deutsche Studienverhältnisse bereitwillig belehrt und unsere einheimischen Studenten wiederum über das Ausland auf das genaueste unterrichtet. Das unerwartete Wachstum dieser »Akademischen Auskunftsstelle« ist der beste Beweis dafür, daß diese internationale Vermittelung einem lebhaften Bedürfnisse unserer Zeit und unserer Stadt entgegenkommt. Denn in der Hauptstadt des Deutschen Reiches flutet natürlich der große Strom des Weltverkehrs und der Weltpolitik stärker als in der idyllischen Ruhe, die in den meisten unserer kleineren Universitätsstädte den Professoren wie den Studenten eine so beneidenswerte Arbeitsstätte schafft. Der deutsche wie der ausländische Studierende, der seinen Schritt nach Berlin lenkt, sucht und findet hier nicht diese schöne Behaglichkeit irdischen Daseins, er sucht und findet vielmehr hier das rastlose und ruhelose Leben und Weben einer Dreimillionenstadt, in der die großen Fragen der Politik, des Handels und der Industrie einen ganz anderen Widerhall finden als an jenen amönen Musensitzen. Überall tritt hier dem Studierenden, mag er in die Museen oder Kunstausstellungen, in die Theater oder Konzerte, in die Fabriken oder Exporthäuser gehen, das Bild des modernen Verkehrs entgegen, der nicht bloß das deutsche Vaterland und seine Nachbarn, sondern die ganze Welt umspannt. Was früher ein Vorrecht der Hansestädte war, in unmittelbarer Berührung mit den Ländern über See zu stehen, drängt sich jetzt auch in unserer Binnenstadt schon den äußeren Blicken auf. Ein flüchtiger Gang durch die Straßen der Hauptstadt mit ihren Schildern der fremden Botschafter und Konsulate, der Weltfabriken und Welthandelshäuser, mit ihrem bunten Wechsel der Sprachen zeigt, wie innig sich hier fremdes Leben mit dem heimischen mischt. Und darum erwartet der deutsche Student, der aus der Provinz, der Ausländer, der aus der Fremde hierher kommt, bei den Bewohnern unserer Metropole den großen Zug und den freien Blick zu finden, der das weltstädtische Leben von dem der Kleinstadt unterscheidet.

Wie sollte unsere Universität von diesem modernen Geiste unberührt bleiben? Ist sie doch inmitten der Residenz, inmitten der weltberühmten Gebäude gelegen, von denen aus unser Land regiert und seine Beziehungen zu den übrigen Staaten bestimmt werden. Sie kann sich nicht wie die großen Universitäten Englands abseits halten vom Strome der Zeit und in Beschaulichkeit die altererbten Ideale weiter pflegen, sie wird gewaltsam mit hineingerissen in den Strudel des Weltverkehrs, sie wird gezwungen, Stellung zu nehmen zu den Realitäten des nationalen und internationalen Lebens, zu den weltbewegenden politischen und sozialen Fragen, soweit nur immer sich dies mit den eigentlichen Aufgaben unseres Instituts verträgt. ...

Wie es die Aufgabe unseres Volkes und unserer Universität vor hundert Jahren war, vor allem Deutsche zu werden und das Deutschtum zu pflegen, so tritt jetzt zu der alten Aufgabe, die nicht verkürzt werden darf, eine neue und schwerere hinzu: die Verbindungen mit dem Auslande zu pflegen und aus nationalem Interesse sich international auszubilden. ...

Adolf von Harnack

DENKSCHRIFT ZUR BEGRÜNDUNG VON FORSCHUNGSINSTITUTEN 21. 11. 1909

Ew. Kaiserliche und Königliche Majestät haben in unermüdlicher Fürsorge für den Fortschritt der Wissenschaften auch dem Bedürfnisse nach Forschungsanstalten huldvollstes Interesse gewidmet und über den Plan, der bevorstehenden Jubelfeier der Berliner Universität durch Begründung eines neuen der Wissenschaft gewidmeten Instituts eine besondere Weihe zu verleihen, allergnädigst meine Meinung hören wollen. ...

I.

Die heutige Organisation der Wissenschaft und des höheren Unterrichts in Preußen beruht auf den Gedanken und Grundsätzen *Wilhelm von Humboldts*. Diese, von dem höchsten Idealismus und von dem sichersten Verständnis für das Notwendige und Praktische zugleich getragen, wurden vor hundert Jahren in der schwersten Zeit des

Staates durchgeführt. Sie haben, von Preußen auf ganz Deutschland einwirkend, unser Vaterland in seinem wissenschaftlichen Ansehen an die Spitze aller Kulturnationen gerückt.

Zwei Hauptsätze liegen der Organisation zugrunde; sie haben sich während eines Jahrhunderts bewährt und müssen daher auch heute noch in Kraft bleiben:

1. Forschung und Unterricht müssen aufs engste verbunden sein,
2. der vollständige und sichere Betrieb der Wissenschaften bedarf *Akademien, Universitäten und relativ selbständige Forschungsinstitute* (Humboldt nannte sie »Hilfsinstitute«). »Die letzteren« — schreibt er in einer Denkschrift von 1809/10 — »müssen abgesondert zwischen Akademie und Universität stehen; allein beide müssen, unter gewissen Modifikationen, nicht bloß die Benutzung, sondern auch die Kontrolle über die Hilfsinstitute haben. Akademie, Universität und Hilfsinstitute sind drei integrierende Teile der wissenschaftlichen Gesamtanstalt unter Leitung und Oberaufsicht des Staates.«[5]

Warum hielt *Humboldt* neben den Akademien und Universitäten besondere wissenschaftliche »Hilfsinstitute« für notwendig? Weil er erkannte, daß die gebotene segensreiche Verbindung von Forschung und Unterricht einer *Ergänzung* bedürfe, sollte schließlich nicht die Forschung doch Schaden leiden. Denn es werden auf den Universitäten die Bedürfnisse der Lehre und des Unterrichtes stets im Vordergrund stehen; ihnen werden die Universitäts-Laboratorien und -Institute in erster Linie dienen, und die Zeit des Professors wird zum größten Teile von ihnen ausschließlich in Anspruch genommen sein. Aber es gab schon zu Humboldts Zeit wissenschaftliche Aufgaben, die nur erledigt werden konnten, wenn sich ihnen der Forschende, unterstützt von einem Stabe von Gelehrten, Jahre hindurch ausschließlich zu widmen vermochte, und es gab schon damals tastende Forschungen, die für den Unterricht noch gar nicht fruchtbar gemacht werden konnten. Deshalb verlangte *Humboldt* wissenschaftliche Forschungsinstitute.

Aber am Anfang des vorigen Jahrhunderts war das Bedürfnis nach solchen »Hilfsinstituten« noch gering. Nur der Botanische Garten, die Sternwarte und die Königliche Bibliothek lagen in *Humboldts* Gesichtskreise. Um so bewunderungswürdiger ist sein prophetischer

[5] Freies Zitat, vgl. S. 202 dieser Gedenkschrift (Anm. d. Hrsg.).

Blick, der vorauseilend bereits eine ganze Gruppe von solchen Forschungsinstituten in das Auge gefaßt hat.

2.

Wie ist nun die Entwicklung fortgeschritten? Die Akademien und Universitäten haben ein Jahrhundert lang im Geiste *Humboldts* gearbeitet, und es wird ihnen bezeugt, daß sie den Aufgaben wesentlich entsprochen haben, die ihnen gestellt waren. Die technischen Hochschulen traten ihnen für die hochgesteigerten naturwissenschaftlich-technischen Aufgaben zur Seite und sind in den Grundzügen nach dem Muster der Universitäten organisiert worden. Endlich sind auch einige neue »Hilfsinstitute« — geschaffen worden, so das Meteorologische, das Astrophysikalische, das Geodätische Institut, sowie die Physikalisch-technische Reichsanstalt (die Aufgaben und Zwecke der letzteren sind jedoch nicht rein wissenschaftliche).

Dennoch steht heute, am Anfang des 20. Jahrhunderts, die deutsche Wissenschaft, vor allem die Naturwissenschaft, in einer Notlage, die nicht vertuscht werden darf. Zwar ist es eine Übertreibung, wenn jüngst von einem Hochschullehrer rund behauptet worden ist, die deutsche Wissenschaft sei bereits (namentlich von der amerikanischen) überflügelt, und ihre Universitäten ständen nicht mehr an der Spitze; wahr aber ist, daß die deutsche Wissenschaft *auf wichtigen Linien der Naturforschung* hinter der anderer Länder zurückgeblieben und in ihrer Konkurrenzfähigkeit aufs stärkste bedroht ist.

Diese Tatsache ist schon jetzt national-politisch verhängnisvoll und wird es auch wirtschaftlich immer mehr werden. National-politisch ist sie verhängnisvoll, weil, anders als früher, heutzutage bei dem außerordentlich gesteigerten Nationalgefühl jedem wissenschaftlichen Forschungsergebnis ein nationaler Stempel aufgedrückt wird. Man liest heute in den wissenschaftlichen Veröffentlichungen von deutschen, französischen, amerikanischen Forschungsergebnissen, bzw. Forschern, was früher in diesem Maße nicht der Fall war. Die Völker legen eben Wert darauf, jedem neuen Wissensfortschritt gleichsam das Ursprungszeugnis mit auf den Weg zu geben. Sie werden dabei in früher nie geübter Weise von ihrer Tagespresse unterstützt, in wohl erwogener Absicht. Wissen sie doch, daß nichts so sehr geeignet ist, für ein Volk auf der ganzen Welt zu werben und es als den führenden

Kulturträger erscheinen zu lassen als die Erweiterung des menschlichen Wissens und die Erschließung neuer Quellen für die Arbeit und Gesundheit der gegenwärtigen und künftigen Generationen. Deshalb hat die Führung auf dem Gebiete der Naturwissenschaften nicht mehr nur einen ideellen, sondern sie hat auch einen eminenten nationalen und politischen Wert. Daß sich an diesen auch ein wirtschaftlicher anschließt, braucht nicht erst nachgewiesen zu werden.

Eine Täuschung ist aber zurzeit nicht mehr möglich. Unsere Führung auf dem Gebiete der Naturforschung ist nicht nur bedroht, sondern wir haben dieselbe in wichtigsten Teilen bereits an das Ausland abgeben müssen. ...

Wodurch ist diese ernste Lage herbeigeführt? Diese Frage nach allen Seiten hier zu erörtern, würde zu weit führen. Es genügt aber, auf *ein* entscheidendes Versäumnis hinzuweisen, das durch energische Anstrengung beseitigt werden muß und sicher beseitigt werden kann:

Die Errichtung von Forschungsinstituten, wie sie einem Humboldt als dritter Faktor in der wissenschaftlichen Gesamtanstalt vorschwebten, hat in Preußen und Deutschland nicht Schritt gehalten mit der großen Entwicklung der Wissenschaft.

Seit einem Menschenalter hat sich die Naturwissenschaft fächerförmig ausgebreitet; zahlreiche neue Disziplinen, zum Teil von der Technik gefordert, zum Teil ihr vorauseilend, sind entstanden, zugleich aber sind Methoden der Massenbeobachtung, der Vergleichung und der Feinheit der Untersuchung gefunden worden, die es ermöglichen, eine Fülle neuer Aufgaben in Angriff zu nehmen.

Ganze Disziplinen gibt es heute, die in den Rahmen der Hochschule überhaupt nicht mehr hineinpassen, teils weil sie so große maschinelle und instrumentelle Einrichtungen verlangen, daß kein Universitätsinstitut sie leisten kann, teils weil sie sich mit Problemen beschäftigen, die für die Studierenden viel zu hoch sind und nur jungen Gelehrten vorgetragen werden können.

Dies gilt z. B. von der Lehre von den Elementen und von den Atomgewichten, wie sie sich gegenwärtig ausgebildet hat. Sie ist eine Wissenschaft für sich; jeder Fortschritt auf diesem Gebiet ist von der größten Tragweite für das Gesamtgebiet der Chemie; aber im Rahmen der Hochschule kann diese Disziplin nicht mehr untergebracht werden, sie verlangt eigene Laboratorien.

Ferner die organische Chemie, deren Führung bis vor noch nicht langer Zeit unbestritten in den chemischen Laboratorien der deutschen Hochschulen lag, ist heute von da fast völlig in die großen Laboratorien der Fabriken abgewandert. Damit ist diese ganze Forschungsrichtung für die reine Wissenschaft zu einem großen Teil verloren; denn die Fabriken setzen die Forschungen stets nur soweit fort, als sie praktische Resultate versprechen, und sie behalten diese Resultate als Geheimnisse oder legen sie unter Patent. Daher ist nur selten eine Förderung der Wissenschaft von seiten der mit noch so großen Mitteln arbeitenden Laboratorien der einzelnen Fabriken zu erwarten.

Wohl aber hat sich stets das Umgekehrte gezeigt, und die Industrie ist sich dessen selbst bewußt: die reine Wissenschaft hat der Industrie die größten Förderungen durch die Erschließung wirklich neuer Gebiete gebracht. Es sei an die Entdeckung der Konstitution des Indigo durch *Baeyer* erinnert, und hat nicht *Faradays* rein theoretische Entdeckung die heutige Dynamomaschine und damit die heutige Elektrizitätsindustrie geschaffen, haben nicht *Hertz'* rein wissenschaftliche Untersuchungen über die Fortpflanzung der elektrischen Wellen zur drahtlosen Telegraphie geführt? *Humboldts* Wort: »Die Wissenschaft gießt oft dann ihren reichsten Segen über das Leben aus, wenn sie sich von demselben gleichsam zu entfernen scheint«, bewährt sich fort und fort. Aber dann muß auch die Möglichkeit geboten sein, die reine Wissenschaft zu pflegen; *es müssen daher neue Forschungsstätten für Chemie und Physik geschaffen werden.*

Die Arbeitslaboratorien und die Kräfte unserer Universitäten und technischen Hochschulen genügen heutzutage um so weniger, als die Anforderungen, »Übungen« mit den Studierenden zu halten und den Schwerpunkt des Unterrichts auf sie zu legen, mit Recht immer größer werden und alles in Beschlag zu nehmen drohen.

Aber nicht minder dringend ist das Bedürfnis, den biologischen Wissenschaften Raum und Licht und Mittel zu gewähren, deren Bedeutung in schneller Progression eine immer größere wird. Hier kommt sowohl die rückschauende Biologie, die *Paläontologie*, als auch die *vergleichende Physiologie* der Pflanzen und Tiere in Betracht. Beide können im Rahmen der Hochschulen nicht wohl gepflegt werden.

Auch darüber hinaus meldet sich jener junge Forschungszweig gebieterisch an, der das praktisch wichtigste Gebiet der Naturwissenschaften darstellt. Es ist das die Wissenschaft, die sich mit der

Ergründung der exakten Krankheitserkennung und Krankheitsheilung, d. h. *der experimentellen Diagnostik und Therapie*, beschäftigt. Auch diese Disziplin eignet sich ihrem ganzen Wesen nach mindestens zurzeit *nicht* für den Rahmen unserer heutigen Hochschulinstitute. ...

3.

Was tut diesen neuen Bedürfnissen der Wissenschaft gegenüber das Ausland? *Nun — die großen anderen Kulturnationen haben die Zeichen der Zeit erkannt, und sie haben in den letzten Jahren ungeheure Aufwendungen für die Förderung der naturwissenschaftlichen Forschung gemacht.* In der Überzeugung, daß Universitätslaboratorien nicht ausreichen und der Unterrichtszweck mindestens zunächst zurücktreten muß, ist man im Auslande dazu übergegangen, besondere große Forschungsinstitute zu errichten, die frei von jeder Verpflichtung zum Unterrichte sind und nur der Ergründung neuer Tatsachen dienen soll[en]. Diese Institute stellen heute in dem Ringen, der Natur ihre Geheimnisse abzulauschen, und in dem Kampfe um den Vorrang in der naturwissenschaftlichen Forschung mächtige große Kampfeseinheiten dar. ...

4.

Das ist im Ausland geschehen, was geschieht bei uns? Es wäre unrichtig und undankbar zu sagen, daß nichts geschieht, *aber daß wir im bedenklichsten Rückstande sind, kann niemand leugnen!* Unsere Hochschul-Laboratorien und -Institute arbeiten, soviel sie nach ihren Kräften vermögen. ... Wir bleiben zurück, von Jahr zu Jahr mehr zurück, und hätten doch die persönlichen Kräfte in genügender Zahl, um die größten und umfangreichsten Arbeiten zu bezwingen, wenn nur Arbeitsstätten und Mittel vorhanden wären! ...

So kann und darf es nicht bleiben, soll nicht die deutsche Wissenschaft und mit ihr das Vaterland — seine Kraft nach innen und sein Ansehen nach außen — den schwersten Schaden nehmen. *Forschungsinstitute brauchen wir, nicht eins, sondern mehrere,* planvoll begründet und zusammengefaßt als *Kaiser-Wilhelm-Institut für naturwissenschaftliche Forschung.*

Wo ein Wille ist, da wird sich auch ein Weg finden. Es muß zu *allgemeiner* Anerkennung bei den Einsichtigen, in dem Staate und in dem ganzen Volke kommen, daß unser Betrieb der Naturwissenschaften eines neuen Hilfsmittels bedarf — des alten, aber neu ausgestalteten und erweiterten Hilfsmittels, das schon *Humboldt* vorgeschlagen hat, nämlich der Forschungsinstitute, die rein der Wissenschaft dienen sollen. Es gilt, die Unterlassungen eines Jahrzehnts mit allen Mitteln wieder gutzumachen! ...

Natürlich läßt sich das Versäumte nicht mit *einem* Schlage nachholen. Angezeigt erscheint es deshalb, mit der Gründung eines großen *chemischen* Forschungsinstituts zu beginnen, weil hier ein besonders starkes Bedürfnis vorliegt und bedeutende Vorbereitungen schon getroffen sind (s. u.).

Die Gründung eines *biologischen* Forschungsinstituts muß sodann sofort als nächstes Ziel ins Auge gefaßt werden. Bis es ins Leben gerufen wird, kann schon jetzt den zoologischen, botanischen usw. Fächern, die auf der Universität stets in Gefahr sind, lediglich als Hilfsfächer für das medizinische Studium betrachtet und behandelt zu werden, eine Verstärkung und Förderung durch Vermehrung der Hilfskräfte und Hilfsmittel gegeben werden.

Andere Forschungsinstitute müssen dann später nachfolgen, vor allem ein *physikalisches*. Das Bedürfnis wird hier durch die Tätigkeit der Physikalisch-technischen Reichsanstalt nicht gedeckt, da es sich vor allem um Verstärkung der experimentellen Untersuchungen im Dienste der neuen Erkenntnisse der physikalischen Grunderscheinungen handelt, und weil die, welche solche leiten sollen, von sonstigen Geschäften frei sein müssen. ...

5.

Sehr wichtig ist es, die Zwecke der zu gründenden Institute nicht von vornherein zu spezialisieren, sondern in den weitesten Grenzen zu halten. Die besondere Arbeitsrichtung sollen die Institute durch die Persönlichkeit des sie leitenden Gelehrten erhalten, sowie durch den Gang der Wissenschaft selbst. Die Institute müssen so angelegt und ausgestattet sein, daß sie die verschiedensten Untersuchungen ermöglichen; wenn man ihnen aber von vornherein spezielle Zwecke vorschreiben würde — sei es auch solche, die heute im Mittelpunkte des Interesses stehen —, würde man leicht auf einen toten Strang geraten, da auch in der Wissenschaft ein Acker sich oft überraschend schnell erschöpft und erst nach Jahrzehnten wieder mit Erfolg in Angriff genommen werden kann.

Die Organisation dieser Forschungsinstitute soll einfach und elastisch gehalten sein. ... Der leitende Direktor muß stets ein Mann sein, der sich durch große Erfolge auf experimentell-wissenschaftlichem Gebiete als hervorragender Forscher bewährt hat. Außer ihm, der sich je nach Bedarf auf längere oder kürzere Zeit Assistenten erwählt, sollte womöglich kein Gelehrter auf Lebenszeit angestellt, aber möglichst viele Arbeitsplätze für junge Gelehrte eingerichtet werden. So bleiben die Institute stets imstande, auf alle neuen Fragen und Bedürfnisse der Wissenschaft einzugehen. Auch Universitätsprofessoren sollten die Möglichkeit erhalten, ein oder mehrere Semester hier zu arbeiten, wenn ihre experimentellen Studien sie zu Forschungen geführt haben, für welche die Universitätslaboratorien zu enge sind. Kürzere Spezialkurse für schon Geförderte könnten nach Bedarf bei den Instituten abgehalten werden. Sehr wünschenswert ist es, daß in den Etats der Institute eine beträchtliche Summe vorgesehen wird, um wissenschaftliche Materialien, Präparate usw. anderen Instituten zu überweisen und auch sonst die Forschungen außerhalb der Institute gegebenenfalls zu unterstützen.

Die Institute sind verwaltungsmäßig, wie die bereits vorhandenen selbständigen wissenschaftlichen Institute, dem Unterrichtsministerium direkt zu unterstellen. Aber für die rein wissenschaftlichen Angelegenheiten ist ein wissenschaftlicher Beirat für jedes einzelne Institut einzusetzen. In diesem sollten die Akademie der Wissenschaften und — dem *Humboldt*schen Gedanken gemäß — die Universität Berlin das ausschlaggebende Gewicht haben.

Für die Universität Berlin bedeutet das eine ganz neue Kompetenz; aber sie ist sachlich gerechtfertigt, weil diese Forschungsinstitute *auch* als Hilfsinstitute für die Universität wirksam sein sollen, und weil ein personaler und sachlicher Austausch zwischen ihnen und der Universität erwartet werden muß. Das Jubiläum der Universität erscheint als besonders geeignet, um der Universität die wichtige Kompetenz zu übertragen. Wie sie dieselbe auszuüben hat, dies zu bestimmen kann ihr selbst überlassen werden.

Außer der Akademie der Wissenschaften zu Berlin und der Berliner Universität werden zweckmäßigerweise auch noch für dieses oder jenes Institut Vertreter der wissenschaftlichen Technik, der Göttinger

Gesellschaft der Wissenschaften, sowie hervorragende Fachgelehrte der übrigen Hochschulen in den Beirat zu berufen sein.

Diese naturwissenschaftlichen Forschungsinstitute sind in *Dahlem* zu begründen. Dort besitzt der Fiskus noch bedeutende Grundstücke; dort befinden sich schon mehrere wissenschaftliche Institute — so der Botanische Garten, das Pharmakologische Institut, die Biologische Reichsanstalt und das Königlich Preußische Material-Prüfungsamt —, und es treffen auch sonst alle Bedingungen zusammen, welche die Entwicklung der Institute an dieser Stelle begünstigen.

6.

Die Errichtung von naturwissenschaftlichen Forschungsinstituten ist ein so notwendiges Bedürfnis, die Ausführung und Organisation ist nach den Erfahrungen, die bereits gemacht sind, etwas so Einfaches und der Erfolg ein so sicherer, daß der Plan die allgemeinste Billigung finden muß. Allerdings sind bedeutende Mittel nötig; aber wenn es in den schwersten Tagen des Vaterlandes vor hundert Jahren möglich war, die Universität Berlin zu gründen, so wird es jetzt auch möglich sein, trotz der ungünstigen Finanzlage, die Mittel zu beschaffen, um die Wissenschaft im Vaterlande auf der Höhe zu erhalten. ... Das Jubiläum der Universität Berlin aber ist auch in dieser Hinsicht der gegebene Anlaß, Versäumtes nachzuholen und zugleich die Grundlage für eine neue Stufe wissenschaftlicher Arbeit zu legen. Neben die Friedrich-Wilhelms-Universität müssen die *Kaiser-Wilhelm-Institute* treten! Erkennt der Staat diese Pflicht an, und ist er bereit, sie nach Maßgabe seiner Kräfte zu erfüllen, so darf er aber auch auf die Beteiligung weiter privater Kreise rechnen; denn es ist allerdings kaum mehr möglich, daß der Staat allein allen Bedürfnissen der Wissenschaft gerecht wird.

Hier nun ist, wie von authentischer Seite berichtet wird, bereits Bedeutendes in Vorbereitung. Nimmt der Staat *grundsätzlich* den Plan der Errichtung von Instituten für naturwissenschaftliche Forschung auf, reserviert er für sie in Dahlem ein angemessen großes Grundstück, das ich — alle wissenschaftlichen Bedürfnisse für das nächste halbe Jahrhundert zusammengerechnet — auf nicht weniger als 40 Hektar veranschlagen kann, und beschließt er am Jubiläumstage der Universität den Grundstein für *eines* derselben, und zwar für das Chemische Forschungsinstitut, zu legen und zunächst dieses auszubauen, so sind die Aufwendungen, die er zu machen hat, keineswegs sehr beträchtliche.

Für die Errichtung eines großen *chemischen* Forschungsinstituts nämlich sind bereits von privater Seite bedeutende Mittel gesammelt worden (etwa 1000000 Mark Stiftungskapital und etwa 58000 Mark jährliche Beiträge). Denn in den Kreisen der Interessenten der chemischen Industrie ist seit geraumer Zeit das Bedürfnis nach einem wissenschaftlichen Forschungsinstitut hervorgetreten, und diese Herren sind entschlossen, mit eigenen Opfern die Errichtung eines solchen ermöglichen zu helfen. Sie werden es mit besonderem Dank begrüßen, wenn der Staat mit ihnen zusammenarbeitet, und die neue Schöpfung als erstes Institut die Reihe der »Kaiser-Wilhelm-Institute für wissenschaftliche Forschung« eröffnen wird. Zwar ist von ihnen ursprünglich an ein Reichsinstitut gedacht worden; allein es wird sich — zu dieser Erwartung ist aller Grund vorhanden — unschwer ein Modus finden lassen, um Preußen an die Spitze zu stellen und das Reich zu beteiligen, wie das ja auch der vom Reiche selbst vertretenen Auffassung entspricht, daß die Pflege der Wissenschaften bei den einzelnen Staaten liegt.

... Sehr erwünscht wäre es, wenn im Extraordinarium, sobald es die Finanzlage irgend gestattet, eine beträchtliche Summe (etwa eine Million) bereitgestellt würde, um die Fortsetzung des Baues von Forschungsinstituten — zunächst eines *biologischen* — zu sichern. *Könnte dies am Jubiläumstage der Universität angekündigt werden, und würde Ew. Majestät die Gnade haben, den zu begründenden naturwissenschaftlichen Forschungsinstituten den Gesamtnamen Kaiser-Wilhelm-Institut für naturwissenschaftliche Forschung zu erteilen,* so würde dadurch die große Sache der Wissenschaft ausgezeichnet gefördert werden, und es würde zugleich die neue Epoche, in welcher diese Institute entstanden sind, in glücklichster Weise gekennzeichnet sein.

7.

Der Staat ist nach unseren preußischen Traditionen Führer der Wissenschaft. Aber seine Leistungsfähigkeit in finanzieller Hinsicht hat, zumal in der Gegenwart, ihre Grenzen. Es gibt aber die Opferwilligkeit *privater Kreise,* die in bezug auf die Errichtung einer chemischen Forschungsanstalt und schon früher in bezug auf die Bereitstellung bedeutender Mittel zur Pflege der Wissenschaft hervorgetreten ist, einen Fingerzeig, wie im großen und dauernd Gelder für die Bedürfnisse der Forschungsinstitute und der Wissenschaft über die Staatszuschüsse hinaus aufgebracht werden können. Die großen wissenschaftlichen Einrichtungen und Institute in Amerika sind ... fast durchweg aus hochherzigen Stiftungen Privater entstanden. Bei uns in Deutschland sind dagegen in dieser Hinsicht nur Anfänge vorhanden, so Anerkennenswertes auch wenige Einzelne — es sind immer wieder dieselben — bereits geleistet haben und noch leisten. Der Grund dafür ist ein doppelter: *Man erwartete bei uns alles vom Staat, und wir waren nicht reich genug*. Jetzt haben wir genug erworben, und die bequeme Zuversicht zu dem Staate ist deshalb nicht mehr »nostri saeculi«. *Die Wissenschaft ist in ihrer Ausbreitung und in ihrem Betriebe an einen Punkt gelangt, an welchem der Staat allein für ihre Bedürfnisse nicht mehr aufzukommen vermag. Eine Kooperation des Staates und privater kapitalkräftiger und für die Wissenschaft interessierter Bürger ist ins Auge zu fassen; denn in ihr allein ist die Zukunft der wissenschaftlichen Forschung nach der materiellen Seite hin sicher verbürgt.*

Sobald dies erkannt ist, muß aber noch ein Schritt weiter getan werden; es genügt nicht, jedesmal ad hoc, wenn ein neues Bedürfnis sich auftut, mit dem Klingelbeutel im Lande umherzugehen und die nötigen Gelder mühsam zu sammeln, *sondern es muß auf Grund eines Appells an die Nation, daß ihre höchsten Interessen auf dem Spiel stehen, und daß es einer gemeinsamen großen Anstrengung bedarf, eine Orgasation geschaffen werden.*

Wie kann das geschehen? Die Antwort liegt nahe, weil sie im kleinen für einzelne wissenschaftliche Aufgaben bereits längst gegeben worden ist: *es muß eine Vereinigung von Mäzenaten, über die ganze Monarchie sich erstreckend, begründet werden,* eine Vereinigung, mit dem Zwecke, durch die Bereitstellung von Mitteln die Aufgaben rein wissenschaftlicher Forschung im Staate zu fördern, bzw. zu unterstützen. Die *Naturwissenschaften* mögen dabei im Vordergrunde stehen; aber auch die *Geisteswissenschaften* bedürfen heute für ihren Großbetrieb außerordentlicher Mittel; auch sie werden daher im Zusammenhang mit der Stiftung einer solchen Vereinigung angemessen zu berücksichtigen sein....

Max Lenz

ÜBER DIE DREI PERIODEN DER GESCHICHTE DER BERLINER UNIVERSITÄT

Rede zur Jahrhundertfeier der Friedrich-Wilhelms-Universität gehalten am 12. 10. 1910

... Vor hundert Jahren deckte das Dach des prächtigen Schlosses, das die Munifizenz des erhabenen *Stifters* der Universität geschenkt hatte, fast alles, was zu ihr gehörte. Außerhalb besaß sie zwei Kliniken, die medizinische für *Reil* und die chirurgische für *Graefe*, jede zu 12 Betten, beide untergebracht in einem Mietshause der Friedrichsstraße. In der Charité waren wir nur zu Gaste, denn diese stand unter dem Kriegsministerium und ganz unter militärischer Leitung. Dem anatomischen Unterricht diente noch das alte Theatrum anatomicum der Akademie, und auch dies mußten wir mit den Zöglingen der Pepiniére und den Pensionärchirurgen teilen, die für sich die vordersten Bänke beanspruchten. *Hufelands* Poliklinikum war in einem Parterreraum der Universität selbst, nach der Gartenseite, eingerichtet. Was für die Charité galt, galt auch für die Bibliothek: Professoren und Studenten waren lediglich auf die Bücherschätze der Königlichen Sammlung angewiesen, die uns heute in diesen Räumen Platz gemacht hat. Kein Institut besaß auch nur ein Buch; so wie die Chemiker ihre Apparate selbst anzuschaffen hatten, wenn sie nicht, wie *Klaproth* und später *Mitscherlich*, Chemiker der Akademie waren; Jahre lang flehte *Paul Erman* vergebens um kleine Summen zur Anschaffung physikalischer Apparate, und höchst willkommen war es der Regierung noch im dritten Jahrzehnt der Universität, in *Gustav Magnus* einen Physiker zu erhalten, dem die eigenen Mittel die Anschaffung gestatteten. In dem Hause der Universität hatten auch die drei naturwissenschaftlichen Sammlungen, über die man verfügte, Platz gefunden: im Westflügel, durch zwei Stockwerke hin, das anatomisch-zootomische Museum, *Rudolphis* und nach ihm *Johannes Müllers* ruhmreiche Arbeitsstätte, im Ostflügel und einem Teil des Mittelbaues das zoologische und das mineralogische, jenes im Dachgeschoß, dieses in dem ersten Stockwerk, beide beschützt durch ihre Direktoren, *Lichtenstein* und *Weiß*, welche prächtige Amtswohnungen nach dem Opernhause und dem Zeughause hin besaßen. Auch *Tralles* hatte als Astronom der Universität eine Wohnung in ihrem Hause erhalten, unter dem Dach, im Mittelbau, auf dem eine kleine Sternwarte errichtet werden sollte in Form einer »Gloriette«, zu der *Schinkel* den Plan entwarf; doch ist er niemals ausgeführt worden, schon weil die Instrumente fehlten. Weitab von Berlin, getrennt durch einen Gürtel von Wiesen und Sandäckern, kaum erreichbar für gewöhnliche Sterbliche auf der staubigen Potsdamer Landstraße, lag im Dorfe Schöneberg der botanische Garten. Der kleine botanische Garten hinter der Universität existierte noch nicht; an seiner Stelle war ein Holzplatz. Es versteht sich, daß auch alle Unterbeamten in dem Hause wohnten, welches überdies noch Kunstsammlungen, ministerielle Bureaus und die Sitzungszimmer der Akademie der Wissenschaften aufzunehmen bestimmt war. . . .

Zunächst lassen sich drei Epochen unterscheiden. Die erste, die sich in aufsteigender Linie bewegt, reicht, vom Standpunkt des Lehrkörpers und der Studentenschaft aus gesehen, bis in die dreißiger Jahre. Der Lehrkörper erreicht 1826 das erste Hundert, um es in acht Jahren bereits um die Hälfte zu überschreiten. Die Studentenschaft erlangt ihren Scheitelpunkt schon im Jahre 1833, das den zweitausendsten Studenten an unserer Hochschule sah. Von da ab tritt in beider Hinsicht ein Stillstand oder Rückgang ein. Erst in der Zeit des Norddeutschen Bundes, kurz vor dem Kriege gegen Frankreich, überwindet der Lehrkörper den Stand, den er bereits ein Menschenalter vorher erreicht hatte. Noch stärker kommt diese Zeit der Depression (es ist die der deutschen Einheitskämpfe) in der Frequenz zum Ausdruck. Nach langdauerndem Rückgang wird erst 1863 wieder das zweite Tausend überschritten; noch an unserem 50. Jubiläum mußten wir auf den Höhepunkt unserer Entwicklung wie auf Langvergangenes zurückblicken. In den folgenden Jahren hebt sich der Besuch bis unmittelbar vor dem Ausbruch des Krieges gegen Frankreich — um in dem Moment, wo Berlin zur Kapitale des Reiches wird, einen gewaltigen Absturz zu erleiden; in wenigen Jahren sinkt die Frequenz bis unter 1600 Studierende: es waren die Jahre, wo Leipzig Berlin überholt hatte, wo *Mommsen* daran dachte, an die sächsische Universität, von der er früher verstoßen war, überzusiedeln. Und eben so schroff nun, von der Mitte der siebziger Jahre ab, der Umschwung und das rapide Emporschnellen, das eben so sehr Frequenz und Lehrkörper wie die Institute und dementsprechend den Etat umfaßt.

Nicht ganz so scharf lassen sich die drei Perioden in bezug auf die zwei letztgenannten Kategorien unterscheiden, denn hier dauert der Beharrungszustand mit geringen Erhöhungen bis an das Ende der zweiten Periode heran. Besonders bei den Instituten wird dies sichtbar, denn von 1820, wo es ihrer 14 gab, wuchsen sie bis 1850 nur um 6 und betrugen 1870 erst 29; während der Etat nach zwei kleinen Anläufen zu Anfang des Ministeriums *Altenstein* und der Regierung *Friedrich Wilhelms IV.* erst im Jahre 1850, noch unter der Einwirkung der Revolution, um das Doppelte erhöht ward. Niemals aber ist man bei uns sparsamer gewesen als unter *Altenstein*, und ganz besonders in seinem letzten Jahrzehnt, als der Lehrkörper, die Frequenz und der Ruhm der Universität im Zenit standen und das Ideal des Ministers, aus Berlin eine Weltuniversität zu machen, erreicht war. Wie weit hatte man sich damals von den Zeiten *Humboldts* entfernt, welcher für die Ordinarien als Normalgehalt 1200 bis 1500, für den Extraordinarius 600 bis 800 Taler ausgesetzt hatte. Nur durch die äußerste Beschneidung der Gehälter, welche schon 1835 für 16 Extraordinarien auf den Nullpunkt gesunken waren, konnte *Altenstein* den Etat überhaupt balancieren. Das hieß denn in der Tat, wie er einmal schreibt, das Unmögliche möglich machen.

Es versteht sich, daß, wenn man nur auf die Zahlen sieht, jede Fakultät an der Steigerung aller Kategorien, um die es sich handelt, Anteil hat. Aber völlig verschieben sich die Bilder, wenn wir die Fakultäten unter sich vergleichen. Gegen das Anfangsjahr haben sich auch die Theologen, Dozenten wie Studenten, jene um das Fünffache, diese um das Zwölffache vermehrt; aber mit den anderen Fakultäten verglichen sind sie weit zurückgeblieben. Der juristische Lehrkörper, der von 4 Dozenten auf 32 gewachsen ist, tritt dennoch als solcher gegenüber den beiden folgenden Fakultäten in den Schatten; während seine Zuhörerschaft die der philosophischen Fakultät zu Zeiten sogar übertroffen hat und noch heute ihr weitaus am nächsten kommt. Umgekehrt ist es bei den Medizinern. Lehrer gibt es heute bei ihnen kaum weniger als bei den Philosophen, während ihre Zuhörerzahl weniger als ein Drittel derselben beträgt. Die philosophische Fakultät war anfangs nach der Studentenzahl die kleinste. Und daß dies so sein müsse, war noch im dritten Jahrzehnt der Universität die allgemeine Überzeugung. Damals jammerte die Fakultät über die Überfüllung aller Stellen; sie wollte die Zahl ihrer Ordinarien, die kaum das zweite Dutzend erreicht hatte, bis auf 17 Nominalprofessuren herunterdrücken, wodurch Männer wie *Ranke* und *Encke* ausgeschlossen worden wären, und so steht es noch in ihren Statuten; sie hat sich in jener Zeit der Beförderung *Droysens* zum Extraordinarius widersetzt und die *Gustav Roses* zum Ordinarius verbeten: Heute zählt die Fakultät 60 ordentliche Mitglieder, und jeder zweite Student an der Universität gehört ihr an.

Hierin spiegelt sich aber noch mehr ab als die Geschichte der Universität. Wir erkennen darin den Entwicklungsgang der wissenschaftlichen Erkenntnis im neunzehnten Jahrhundert überhaupt. Wenn Theologie und Jurisprudenz nach der Zahl ihrer Lehrer hinter den anderen Fakultäten, und zumal der philosophischen, zurückgeblieben sind, so hängt dies mit der Natur und den Zielen dieser Wissenschaften zusammen. Gewiß, auch sie werden immer tiefere Schächte in den Bau ihrer Gedankenwelt hineingraben; jede Wendung und Entfaltung in dem Leben des Staates und des Rechtes, der Religion und der Kirche wird sie zu neuen Ausblicken führen und in weitere Tiefen; und immer dichter werden die Linien werden, welche sie mit den benachbarten Gebieten der Erkenntnis verbinden. Dennoch gibt es für beide Fakultäten Grenzen, die sie nicht überschreiten dürfen, ohne sich selbst aufzugeben. Beide sind an ihre systematischen Prinzipien gebunden: oder sie müßten, die Theologie in Religionsgeschichte und Ethik, die Jurisprudenz in philosophischen, historischen und sozialen Sphären, sich verflüchtigen.

Allerdings ist beiden Fakultäten diese Entwicklung schon einmal prophezeit worden, noch vor der Gründung unserer Universität, im September 1807, und von keinem anderen als von *Fichte* in seinem Universitätsplan, den er damals auf Ersuchen *Beymes* ausarbeitete. Für ihn hatten beide Fakultäten kein Recht auf ihre Existenz. ...

Fichte sieht in der Universität nur den Übungsplatz der an den Prinzipien seiner Philosophie gemessenen, durch sie bedingten Theorie. Alles, was Praxis ist, zu unmittelbarem Dienst an Staat und Gesellschaft bestimmt, scheidet er aus. Auch die *Heilkunde*, soweit sie Praxis ist; auch sie verweist er auf ein für sich bestehendes Institut, wo sie nun ohne theoretischen Beisatz, der als zur Schule gehörend vorausgesetzt wird, betrieben werden mag. Diese sogenannten höheren Fakultäten, so sagt er, haben schon viel zu lange, auf ihre Unentbehrlichkeit und ihr Ansehen bei dem Haufen pochend, sich als die vornehmeren betrachtet, statt in schuldiger Demut ihre Abhängigkeit zu erkennen. Nur die *philosophische* Fakultät hat ein Recht auf die Universität: sie ist bereits die Universität.

Können wir aber leugnen, daß der Philosoph des Idealismus in diesem Entwurf, wie utopisch immer die Formen sein mögen, die er seiner Universität gibt, damit Linien in den Nebel der Zukunft hineingezeichnet hat, die heute bereits zu festen Straßen geworden sind oder doch als die Richtlinien in eine weitere Zukunft hinein erscheinen? Ist es nicht wahr, daß die *medizinische* Fakultät heute ein Leben für sich führt, welches, je größer die Universität wird, und je mehr die Heilkunde sich spaltet und entfaltet, um so mehr, wenn nicht ihre Lehrer, so doch ihre Schüler an sich fesselt? Ist nicht auch die *Jurisprudenz* immer tiefer in die Historie geraten, läuft sie nicht täglich Gefahr, durch die in Staat und Wirtschaft wirkenden Momente von ihrem Wege der Systematik hinweggedrängt zu werden, und nimmt nicht auch sie ihre Schüler täglich mehr ausschließlich für sich in Anspruch? Wer würde heute noch das Wort *Savignys* wiederholen, daß ein juristischer Student höchstens 13 bis 15 Stunden in der Woche hören dürfe, weil er sonst keine Zeit für philosophische, historische und vor allem philologische Studien haben würde? Ist es nicht bereits von *Theologen* selbst ausgesprochen worden, daß ihre Disziplin sich zur vergleichenden Religionswissenschaft auswachsen müsse, und drängt nicht in der Tat die Entwickelung der Theologie in solche Bahnen? Und endlich, treibt nicht die *philosophische* Fakultät immer neue Fächer aus ihrem Schoße hervor, also daß sie in der Vielgestaltigkeit ihrer Disziplinen wirklich fast schon wie eine eigene Universität erscheinen könnte? Nur daß freilich das Zentrum, um welches *Fichte* die philosophische Fakultät aufbauen wollte, immer mehr aus ihr gewichen ist, und daß sich diese unhemmbare Spaltung und Erweiterung in ihr gerade dadurch vollzieht, daß sich ihre Disziplinen des gegenseitigen Zusammenhanges mehr und mehr begeben, von der Systematik und jedem einigenden Prinzip durchaus abgewandt und sich auf sich selbst gestellt, in die Schranken ihrer empirischen Methoden gebannt haben. Und dies gilt für beide Gruppen, die in unserer Fakultät noch immer beisammen sind, und zwischen denen die Philosophie selbst halb geteilt erscheint.

Man sagt freilich gemeinhin, daß das neunzehnte Jahrhundert nicht sowohl den Geisteswissenschaften als den Naturwissenschaften gehöre, und daß jene diesen erst allmählich in Methoden und Zielen nachgehinkt seien. Die Geschichte unserer philosophischen Fakultät rechtfertigt solche Behauptung nicht. Freilich dürfen wir dann nicht mehr von dem Gegensatz zwischen Natur- und Geisteswissenschaften sprechen: sondern man muß nun den Gegensatz so fassen, wie ihn wieder *Fichte* in seiner Schrift aufgestellt hat, zwischen der Wissenschaft von der *historischen* und der *natürlichen* Welt. Von hier aus aber können wir allerdings fragen, ob nicht die historischen Wissenschaften (in die wir ja dann auch mit *Fichte* weite Gebiete der Theologie und Jurisprudenz mit hineinziehen können; so wie die medizinischen Disziplinen in der allgemeinen Kategorie der Naturwissenschaft begriffen sind) in der Entfaltung ihres Umfangs und ihres Einflusses die naturwissenschaftlichen Forschungsgebiete hinter sich lassen. Diese haben sich vielfach *gespalten*, jene aber seit hundert Jahren unaufhörlich *erweitert*. Physik und Chemie, Botanik, Zoologie und Geologie, Anatomie und Physiologie, und zumal Chirurgie sind in ihre Teile zerfallen, die in sich immer von neuem zerlegt werden — aber die Kategorien, die leitenden Begriffe, die Aufgaben, ja die Richtlinien waren bereits vor hundert Jahren vorhanden oder wurden doch mit aller Anstrengung gesucht. Und nicht bloß von Philosophen, welche Natur- und Geisteswelt aus dem gleichen Prinzip entwickeln, ihre Identität festzustellen versuchten, sondern (weit mehr als es die heutige empirische Forschung gewohnt ist und nötig erachtet) von den Naturforschern selbst. Gerade sie waren es, welche die Einheit, den Zusammenhang, das Weltgesetzliche in der natürlichen Welt aufsuchten und in dem Sinne des Kosmos zu verstehen trachteten, mochten sie nun auf *Kant* oder *Schelling*, auf *Fries* oder *Hegel* eingeschworen sein. Wie enggestellt waren dagegen zur Zeit der Gründung unserer Universität noch Wesen und Aufgaben der *Philologie*! Sie umschloß noch immer nur die beiden klassischen Sprachen, aus deren pädagogischer Pflege und Auffassung sie sich eben erst herausgewunden hatte. Der Neuhumanismus war doch nur von ästhetischen und literar-historischen Gesichtspunkten beherrscht. Selbst die Art, wie *Friedrich August Wolf* die Altertumswissenschaft auffaßte, war auf die klassische Vorbildlichkeit desselben gerichtet; hier wurzelte die Bewunderung, welche *Wilhelm von Humboldt* dem großen Philologen widmete, und welche alle Enttäuschungen, die ihm sein Hochmut und seine Selbstsucht bereiteten, nicht auslöschen konnten. Erst durch *August Böckh* kam das politisch-historische Element in die Altertumswissenschaft hinein, welches seitdem das Rückgrat für ihre Erforschung geworden ist; es ist nicht das geringste Ruhmesblatt in unserer Geschichte, daß sie diese Richtung der Philologie nicht nur begonnen, sondern auch in ihrer weiteren Entfaltung allen Hochschulen voraus verfolgt hat. Zunächst jedoch waren auch die Berliner Philologen von dem Gedanken einer Erweiterung ihres Faches auf andere Sprachgebiete noch weit entfernt. Vergebens suchte *Friedrich von der Hagen* eine Professur für die deutsche Altertumskunde, die er nach Aufgabe und Ziel vollkommen klar entwickelte, an der jungen Universität zu gewinnen. Die Einrichtungskommission beschied ihn in einem von *Schleiermacher* verfaßten Schreiben dahin, daß die Regierung erst die Stimmung der öffentlichen Meinung darüber abwarten müsse, ob ein solches Studiengebiet im Rahmen der Universität überhaupt zulässig sei. Als lächerlich bezeichnete *Wolf* den Anspruch der Sprachlehrer für das Englische und Französische und andere romanische Sprachen auf den Professortitel; er wollte ihnen kaum den Doktortitel zugestehen. Und nur literar-historische Gesichtspunkte leiteten Regierung und Fakultät, als sie dennoch eine Professur für romanische Literatur in den nächsten Jahren einrichteten. Noch immer galten die *Orientalia* als Appendix der theologischen Fakultät; ausdrücklich forderte ihr erster Vertreter an der Universität, *Bellermann*, letzterer beigefügt zu werden. Nur mit halber Neigung kam man *Bopp* in den Kreisen der Philologen entgegen, und nur *Altensteins* Gunst brachte ihn in die Stellung, die er zum Ruhm unserer Universität ausgefüllt hat. Immerhin trat der Orient viel früher als die romanische und die außerdeutsche germanische Welt in den Vordergrund des philologischen Interesses; und stets war es, bis zu *Schott* und *Schwartze*, *Petermann* und *Lepsius* hin, die Berliner Fakultät, welche in diesem Eroberungszug über den asiatischen Kontinent hin die Führung hatte.

Auch in der Entfaltung des Betriebes der historisch-philologischen Wissenschaften brauchen wir uns wahrlich nicht vor den Naturwissenschaften zu verstecken. Wenn bis 1860 nur vier geisteswissenschaftliche Institute existierten, so war auch der Unterricht in naturwissenschaftlichen Laboratorien noch nicht so verzweigt und intensiv wie später. Seitdem aber haben die Institute der Geisteswissenschaften nicht nur Schritt gehalten mit den Rivalen, sondern sind ihnen, ebenso wie die Zahl ihrer Lehrer, vorausgekommen. Und wenn noch ein

Unterschied vorhanden ist, so liegt dieser nur auf dem finanziellen Gebiete; die naturwissenschaftlichen Sammlungen erfordern freilich Zehntausende, wo sich die Institute der Geisteswissenschaften mit Hunderten zu begnügen haben.

Dennoch darf man zugeben, daß heute diejenigen Fächer, welche vor anderen dem unmittelbaren Nutzen dienen, auf den der praktisch-materielle Sinn unserer Zeit gerichtet ist, von besonderem Einfluß auf das unerhörte Anschwellen der Frequenzziffern in der philosophischen Fakultät geworden sind, und daß davon, mit Ausnahme der Theologie, alle Fakultäten die Wirkung gespürt haben. Den Hauptanteil hieran trägt die *Chemie*. Es ist die *wirtschaftliche Kraftentwickelung* Deutschlands, welche darin zum Ausdruck kommt. Vor hundert Jahren konnten sich der Staat und die Nation noch mit einer sehr geringen Anzahl von Ärzten, Juristen und Pädagogen begnügen, während dem Wachstum des Wohlstandes und der Bevölkerung die Fülle neuer Bedürfnisse entspricht. Ärzte gibt es heute selbst auf den Dörfern; Rechtsanwälte sitzen in den kleinsten Städten, und immer dichter überspannen die Netze der Richter und der Verwaltungsbeamten, staatlicher wie kommunaler, das Land; selbst Handel und Industrie wünschen bereits akademische Vorbildung. Und alles wirkt zurück auf die pädagogischen Fächer. Schulen jeder Gattung, für die Söhne wie die Töchter des Landes, wachsen aus der Erde; denn ohne Erziehung und Examen nimmt der Staat weder Beamte noch Ärzte und Advokaten an, und selbst Industrie und Handel fordern diese immer mehr. Aus solchen Ursachen (und nicht aus der Anziehungskraft der Studien an sich) erklärt es sich wiederum, daß das moderne Sprachstudium so ungemein zugenommen hat: jeder sechste Student unserer philosophischen Fakultät ist neuerer Philologe. Aber auch die klassischen Sprachen werden nicht vernachlässigt; denn das Gymnasium hat den Wettstreit, reformiert oder unreformiert, nicht zu scheuen: gerade in den letzten Jahren ist der Anteil der Altphilologen gewaltig gewachsen, während die naturwissenschaftliche Sektion im Verhältnis der Gesamtfrequenz der Fakultät sogar geringer geworden ist, als z. B. in den fünfziger und sechziger Jahren. Mehr noch als der Zuwachs der philosophischen Fakultät zeugen für dies Aufsteigen der nationalen Kraft die Akademien, Institute, Sammlungen, Versuchsstationen, Techniken aller Art, welche, seien sie staatlicher, kommunaler oder privater Natur, in den letzten Jahrzehnten entstanden sind, ohne daß auch nur ein Ende davon abzusehen wäre, und welche durchweg zu der naturwissenschaftlichen Gruppe unserer Fakultät in Verwandtschaft stehen. ...

Hier liegt das Richtige in *Schleiermachers* gelegentlichen Gedanken, wenn er sagt, daß es dem Staat nur um Macht, um Kenntnisse, nicht um Erkenntnisse, zu tun sei. Dennoch ist die Entwickelung damit nicht abgeschlossen. Denn die Welt der Ideen hat ihre Kraft in sich. Wenn der Staat die Wissenschaft in seine Arme nimmt und sie an sich preßt, zieht er damit (so will es die »List des Weltgeistes«) eine Macht groß, die ihm selbst gefährlich werden könnte, so weit er nichts als Macht sein oder sich einem der freien Forschung feindlichen Geiste beugen möchte, und die ihre Stellung um ihres Lebens, ihres Glaubens willen behaupten wird. Daß hierdurch Reibungen und Kämpfe entstehen, ist unvermeidlich. Die Geschichte unserer Universität weiß davon zu erzählen, und zumal diejenigen Wissenschaften, welche, wie Geschichte, Nationalökonomie, öffentliches Recht und vor allem die Theologie, in die Sphäre des Staates und in das Nervengeflecht des Lebens eingreifen, tragen ihre Narben; während die Naturwissenschaften in dieser Beziehung fast immer des Friedens genossen, die Philosophie aber unter *Hegels* Dominat sich sogar im Einklang mit dem Staate befand, bis nach dem Tode des Meisters die Dissonanz um so stärker hervortrat.

Würden diese Kämpfe sich erneuern, sie würden auf beiden Seiten noch stärkere Gegner finden, als in dem abgelaufenen Jahrhundert. Denn auch wir sind nicht bloß mit der Kraft der Ideen ausgerüstet, sondern unsere Verfassungsformen selbst sind gestärkt worden: das Recht der Selbstergänzung, das *Humboldt* ausdrücklich bestritt und *Altenstein* fast regelmäßig unbeachtet ließ, ist durch Statut und Tradition gewährleistet, also daß es jeder Regierung schwer fallen würde, es auszurotten oder es auch nur zu lähmen und zu umgehen. Auch würde es uns in solchen Fällen an Bundesgenossen niemals fehlen. Aber wir fürchten solche Kämpfe nicht mehr, weil wir nicht an sie glauben, weil wir heute von unserer Regierung wissen, daß sie unsere Freiheit will. Weil der Genius unseres Staates mit uns ist. Auch unsere Regenten wissen, wie wir und wie jedermann, daß die Freiheit der Forschung unhemmbar ist, daß die Erkenntnis eine welterobernde Kraft hat, daß es der Geist ist, der sich den Körper baut, und daß die Macht, welche nichts als Mechanismus ohne Ziel und Seele ist, ein

Körper ohne Leben ist und bald nur noch ein leerer Schatten sein wird. Sie ängstigt nicht die auflösende Kraft der Forschung, zumal der historischen Disziplinen, welche nichts, was in Staat und Kirche Tradition und Geltung hat (weder Dogma noch irgend eine Form des Lebens), unangetastet läßt, alles und jedes ihrer Kritik unterwirft und es auf seine historische Grundlage, wie auf seine innere Berechtigung prüft, — weil sie mit uns der Überzeugung leben, daß, je tiefer wir graben, um so fester der Grund wird, und daß, wie *Fichte* irgendwo sagt, »das Lieben des vergangenen Lebens, nämlich seiner Idee, dies innerliche Treiben und Kennenlernen des Altertums in seiner Tiefe zu Gott führt«. Wir aber danken ihnen dafür, in der Zuversicht, daß der Bund zwischen unserer Monarchie und unserer Universität auf solchem Grunde ruht und also, weil in der Tiefe des Gewissens wurzelnd, unzerstörbar ist, so wie im Vertrauen auf die Bekenntnisse des *Königlichen Stifters* unserer Universität und der Männer, die sie gebaut und diesem Geiste geweiht haben. Wie weit auch immer ihre Ideen und Entwürfe auseinander gehen mochten, in diesem Gedanken waren sie einig. Daß die Universität der Idee des Erkennens gewidmet sei, das höchste Bewußtsein der Vernunft als leitendes Prinzip in dem Menschen erwecken wolle, war *Schleiermachers* gewisseste Überzeugung. »Niemand hat«, so redete *Fichte* seine Zuhörer an, als er sie in den Kampf für des Vaterlandes Freiheit entließ, »uns verhindert, frei zu forschen in jeder Tiefe und nach allen Richtungen hin, und die Resultate dieser Forschung auszusprechen, und in jeder Weise zu arbeiten, um das aufblühende Geschlecht besser zu bilden als das gegenwärtige gebildet war. Wir haben diese Freiheit, und es bedürfte bloß, daß wir uns derselben recht emsig bedienten.« »Alles«, so schreibt *Wilhelm von Humboldt* in der Denkschrift, welche recht eigentlich die Grundlage unserer Hochschule bildet, »beruht bei der inneren Organisation der höheren wissenschaftlichen Anstalten darauf, das Prinzip zu erhalten, die Wissenschaft als etwas noch nicht ganz Gefundenes und nie ganz Aufzufindendes zu betrachten, und unablässig sie als solche zu suchen. Sobald man aufhört, eigentlich Wissenschaft zu suchen, oder sich einbildet, sie brauche nicht aus der Tiefe des Geistes heraus geschaffen, sondern könne durch Sammeln extensiv aneinander gereiht werden, so ist alles unwiederbringlich und auf ewig verloren; verloren für die Wissenschaft, die, wenn dies lange fortgesetzt wird, dergestalt entflieht, daß sie selbst die Sprache wie eine leere Hülse zurückläßt, und verloren für den Staat. Denn nur die Wissenschaft, die aus dem Innern stammt und ins Innere gepflanzt werden kann, bildet auch den Charakter um, und dem Staat ist es ebenso wenig als der Menschheit um Wissen und Reden, sondern um Charakter und Handeln zu tun.« So hat selbst ein *Clemens Brentano*, unter dem sichtbaren Einfluß *Schleiermachers* und *Savignys*, der jungen Schöpfung seinen Dichtergruß gewidmet. Daß hierin das Wesen der Universität, die untrennbare Verbindung von Lehre und Forschung zu suchen sei, daß wir sie darum noch heute in ihrer Einheit besitzen, wie sehr auch immer ihre Disziplinen zersplittert und ihren Zusammenhang verloren haben mögen, bleibt auch unser Glaube. Und so dürfen wir, vielleicht nicht ganz in dem Sinne des Dichters der Romantik, aber sicherlich in dem Geiste eines *Fichte*, *Schleiermacher* und *Wilhelm von Humboldt* die Deutung wiederholen, welche *Brentano* vor 100 Jahren *Humboldts* Inschrift gab, die noch heute über dem Portal unseres ehrwürdigen Hauses schimmert:

»Der Ganzheit, Allheit, Einheit,
Der Allgemeinheit
Gelehrter Weisheit,
Des Wissens Freiheit
Gehört dies Königliche Haus!
So leg' ich Euch die goldnen Worte aus:
Universitati Litterariae«.

Max Lenz

FREIHEIT UND MACHT IM LICHTE DER ENTWICKELUNG UNSERER UNIVERSITÄT

Rede beim Antritt des Rektorats gehalten am 15. 10. 1911

Nur vier Tage trennen uns noch von einer neuen Säkularerinnerung unserer Alma Mater, von der Stunde, da die Universität, die im Herbst 1810 ohne Sang und Klang eröffnet war, zum erstenmal zusammentrat, um den Beginn des neuen Studienjahres feierlich zu begehen: am 19. Oktober 1811 hielt ihr erster erwählter Rektor, *Johann Gottlieb Fichte*, seine Antrittsrede. Es war in der alten Aula, jedoch nicht an der Stelle noch auf dem Katheder, von dem später so oft Meister akademischer Beredsamkeit zu uns und unsern Vorgängern gesprochen haben. Denn dieser ist erst in den zwanziger Jahren nach einer Zeichnung Schinkels errichtet worden, und die alte Cathedra Universitatis stand auf der entgegengesetzten Seite, wo sie die Tür zum Senatssaal ganz verbaute, so daß die Professoren bei ihrem Einzuge in die Aula gezwungen waren, wie aus zwei Engpässen hervorzubrechen, um zu ihren Plätzen zu gelangen. Auch fehlte die Schar verehrter Gäste, welche die Universität, wie seit langen Jahren, so auch heute wieder begrüßen darf. Lehrer und Schüler waren ganz unter sich. So war es ausdrücklich beschlossen worden. Nur durch Anschlag am Schwarzen Brett war die Einladung ergangen, und nur an die Studierenden war sie gerichtet; wie ja noch heute die Tabula invitatoria, welche der Senat zu dem Ehrentage seines neuen Rektors aussendet, sich nur an die Lehrer, von der Akademie und der Universität, und an die Kommilitonen wendet. Diese aber — so werden wir sagen dürfen — waren vollzählig versammelt; denn der Saal konnte sie noch alle bequem fassen, und die Bedeutung des Tages wie des Redners war groß genug, um sie (vielleicht 500 Köpfe, kaum so viel als heute der Lehrkörper zählt) herbeizuziehen. Und so dürfen wir denn unter den Professoren, die den Worten ihres neuen Rektors lauschten, an Männer denken wie Hufeland und Rudolphi, Schleiermacher und De Wette, Böckh, Savigny und Eichhorn; unter den Studenten aber, um nur einige zu nennen, an Heinrich Eduard Dirksen und Homeyer, an Zumpt und Twesten, Peter Krukenberg und Arthur Schopenhauer, Söhne der Alma Mater, deren Ruhmeskränze heute neben denen ihrer Lehrer hängen . . .

Zu ihnen allen sprach der Philosoph. Es war in Wahrheit eine Oratio pro domo: den Geist, der in dem Hause der Alma Mater wohnen werde, deutete er aus. Es war — wie hätte es bei diesem Redner anders sein können — der Geist der *Freiheit*. Sie rief er als die Herrin des Hauses aus. Von allen Seiten sei sie gesichert: von oben durch das Wort des Königs und die helle Denkungsart seiner Räte; im Innern durch die akademischen Gesetze und die Gesinnung der Lehrer, denen nichts mehr am Herzen liege als sie zu pflegen und zu schützen; nach außen — durch die Gleichgültigkeit der andern Stände, welche gar keine Berührung mit der Universität begehrten, auch durch die Größe und Wohlhabenheit der Stadt, die noch andere Quellen des Wohlstandes besitze und darum von einer Auswanderung

DIE ALTE AULA DER FRIEDRICH-WILHELMS-UNIVERSITÄT ZU BERLIN

der Studentenschaft nichts zu fürchten habe; und selbst die sittlichen Gefahren, so meinte Fichte, kämen in Berlin an die Studenten weniger heran als in kleineren Städten. Nur von einer einzigen Stelle drohe noch die Möglichkeit einer Störung der akademischen Freiheit: aus dem Schoße der Studentenschaft selbst. Und nun folgte eine Zornrede des Kampfgewohnten gegen die Orden und Landsmannschaften, mit denen er schon in Jena Krieg geführt, und denen er abermals Fehde ansagte, nicht ahnend, daß er darüber mit seinen Kollegen selbst in unlösliche Konflikte geraten, daß er — der einzige von allen unsern Rektoren — schon nach einem halben Jahr den Platz, auf den sie ihn gestellt, räumen, und daß über sein Leben fortan der trübe Schleier der Resignation gebreitet sein würde, aus der ihn erst ein letzter Kampf, der Kampf für des Vaterlandes Freiheit, reißen sollte.

Wäre der Universitätsplan, den Fichte vier Jahre zuvor im amtlichen Auftrage ausgearbeitet hatte, zur Ausführung gelangt, es würde solcher Sorge nicht bedurft haben. Denn die Freiheit, die er meinte, hätte dann ein Haus, eine Burg gehabt mit unersteiglichen Mauern und unzerbrechlichen Toren. Lehrer und Schüler wären ungetrennt beieinander gewesen, einheitlich erzogen, genährt, gekleidet, abgeschlossen gegen jeden Hauch eines fremden Geistes, in Lehre und Forschung nur darauf aus, die eine Bahn zu ziehen, das Reich der Idee zu erweitern, den Gedanken zu immer höherer Freiheit, immer größerer Klarheit zu entwickeln. Der Philosoph des Idealismus selbst hätte den Schlüssel zu dem Hause dieser Freiheit und zu den Pforten jeder Fakultät gehabt; nur wer in seinem Geiste gebildet, durch ihn geprüft, Meister in seiner Philosophie geworden, wäre zur Anstellung im Staate gelangt. Ein heiliges Feuer hatte diese »Kunstschule des rechten Verstandesgebrauches« sein sollen, von dem unablässig Fluten des reinsten Lichtes, ein immer neu pulsierendes Leben in alle Poren und Adern der Gesellschaft, des Staates, der Nation, ja der Menschheit eindringen würden. Es wäre die Macht gewesen in der Hand der Freiheit: das Papsttum der Wissenden wäre damit aufgerichtet und beide Schwerter ihm ausgeliefert worden.

Jedoch aus diesem Plan war nichts geworden; wie eine Seifenblase war er zergangen, zugleich mit dem ersten Versuch einer Gründung der Universität, dem er entstammte. Humboldt aber hatte den Rat des Philosophen verschmäht, und grollend hatte dieser beiseite gestanden. Auch jetzt verriet Fichte von jenen Gedanken nichts. Nur auf das Ziel wies er hin, und auf die Gefahr, die auf dem nicht voll gesicherten Wege laure. Auch so aber werden seine streitbaren Worte unter den Zuhörern Widerspruch genug erweckt haben. Und nicht bloß unter den bemoosten Burschen im Parterre des Saales, die von fremden Universitäten oder aus der medizinischen Fachschule in Berlin herüber gekommen waren: auch die Kollegen mögen manche Wendung der Rede kopfschüttelnd vernommen haben. Von Einem können wir dies mit Gewißheit sagen; und von neuem glauben wir ihn vor uns zu sehen, das geistreiche Gesicht umrahmt von den noch braunen Locken und ein leises Lächeln um den feingeschnittenen Mund: ihn, den Senior der Theologen, den Schöpfer ihrer Fakultät, Humboldts Gehülfen beim Aufbau der Universität, *Friedrich Schleiermacher*.

Denn von jeher war Schleiermacher ein Widersacher, ja ein Hasser des Mannes gewesen, der von der Gegenpartei zum Haupte der Universität gewählt war. Auch er hatte im Jahre von Tilsit das Idealbild einer freien Universität entworfen, er jedoch nicht im vertraulichen Auftrage der Regierung (denn damals war *er* der Verschmähte), sondern offen und vor aller Welt, in einer Flugschrift, die dem utopischen Entwurfe Fichtes in jedem Zuge entgegengesetzt war und alle Formen erhalten wollte, die jener zerstört hätte. Denn für Schleiermacher gehörten Staat und Wissenschaft nach Ursprung und Entwickelung entgegengesetzten Sphären an, jener der Macht und diese der Freiheit. Nicht in der Verschmelzung von Lehrwesen und Staatswesen sah er das Heil, sondern in ihrer Trennung. Der Kampf zwischen beiden erschien ihm als das natürliche, das historisch gegebene Verhältnis, die allmähliche Durchdringung und Überwindung der Macht durch die Freiheit als die Aufgabe, der volle Friede aber als ein Ziel von unendlicher Ferne; und nur von der Absonderung der wissenschaftlichen Vereine, von ihrer Umwallung mit Privilegien, von ihrer Selbstregierung wollte er in dieser Zeitlichkeit den Schutz der freien Erkenntnis erhoffen. Und *er* hatte nun Humboldt zur Seite gestanden; auf niemand hatte dieser mehr gehört; auch nach seinem Abgang hatte Schleiermacher für Organisation und Besetzung der Lehrstühle das Beste getan; von seiner Hand war das Reglement, nach dem die Universität in den ersten

Jahren bis zu dem Erlaß der Statuten verwaltet wurde; und noch hatte er die Stelle im Ministerium inne, die ihm sein hochgestellter Freund an dem letzten Tage seines Dienstes verschafft hatte. So war es fast die Universität geworden, die Schleiermacher in jener Schrift geschildert hatte: keine andere als die bestehenden, eine Universität »im deutschen Sinne«, mit Senat und Fakultäten, Selbstverwaltung und Gericht, Wahl des Rektors und der Dekane, mit Syndikus, Quästor und Pedellen und allen sonstigen Privilegien und Emolumenten, die sich in den Gelehrtenzünften des alten Reiches erhalten hatten: wie sie ein Staat im Staate, eine sich selbst regierende Genossenschaft inmitten einer sonst alles von oben her regelnden Bürokratie.

Ein Recht jedoch war der Universität nicht bewilligt worden, ein Recht, ohne das alle jene Vorrechte für das, was Schleiermacher wollte, wenig bedeuteten, und das erst, wenn irgend etwas, der Schlüssel zu dem Hause gewesen wäre, in dem er die akademische Freiheit sichern wollte: *die Selbstergänzung des Lehrkörpers.* Zwar war das Recht der Promotion den Fakultäten verliehen und damit, ganz nach alter Weise, die Venia legendi unmittelbar verbunden, so daß die Aufzucht der akademischen Dozenten in ihrer Hand lag. Aber den Eintritt in die regierende Körperschaft, wie in den alten Zeiten, den Anteil an ihren Würden, Freiheiten und Einkünften erreichten die Träger ihrer summi honores nicht mehr; hier hatte sich der Machtwille des Staates eingedrängt: er hatte die Schlüsselgewalt voll in der Hand; kein Taler durfte ausgegeben, kein Lehrer und kein Diener angestellt werden ohne seine Erlaubnis; wem *er* nicht Einlaß gewährte, der konnte ewig vor den Toren bleiben.

Denn auch Humboldt war fern davon gewesen, dies Recht aus den Händen des Staates zu geben. Er glaubte bereits viel zu tun, wenn er der Akademie der Wissenschaften die Selbstergänzung ließ und ihren Mitgliedern gestatten wollte, an der Universität zu lesen; er traute der Unparteilichkeit der Fakultäten nicht und nannte es keine gute Einrichtung, ihnen auf die Ernennung der Universitätslehrer mehr Einfluß zu geben, als ein billiges und verständiges Kuratorium von selbst tun werde. Wenn das aber am grünen Holze geschah, was konnte die Universität von dem dürren des folgenden Ministeriums erwarten! In den Statuten der Universität, die 1812 entworfen wurden, und die bis heute gelten, stand kein Wort von dem Rechte der Selbstergänzung, und *Friedrich von Schuckmann* war nicht gewohnt, auch nur ein Tüttelchen von der Macht des Staates preiszugeben; er hat mehr als einmal und schroff genug Senat und Fakultäten zu verstehen gegeben, daß es seine Sache sei, für die erledigten Stellen und die ganze Ausstattung der Universität Sorge zu tragen. Dennoch verschmähte dieser starre Bürokrat den Rat der Fakultäten nicht; nur in wenigen Fällen hat er ihre Vorschläge nicht eingefordert; als es sich um den Ersatz für Fichte handelte, ersuchte er sogar den Senat um ein Gutachten, da er die Philosophie noch als eine gemeinsame Angelegenheit der Universität ansah.

Weit eigenmächtiger jedenfalls hat *Altenstein* das Regiment geführt. Unter ihm ward das Ministerium in Wahrheit die Krippe, zu der alle pilgern und jedermann Blick und Hände emporheben mußte, wer immer etwas erlangen wollte: Privatdozenten und Kandidaten, Extraordinarien und die Mitglieder der Fakultäten selbst. Zweimal, 1828 und 1831, versuchten Senat und Fakultäten Einfluß auf die Berufungen zu gewinnen, zuerst auch für die Extraordinariate, danach allein für die Nominalprofessuren, um deren Einführung sie jetzt baten. Und in dieser Form fand der Vorschlag Gnade vor den Augen des Ministers. Aber Altenstein ließ sich Zeit; erst mit den Fakultätsstatuten, welche 7 Jahre später, 28 nach der Gründung der Universität verliehen wurden, ward ihnen gewährt, worum sie suppliziert hatten. Es ist der Satz, auf dem bis heute unser Anrecht beruht.

Zwei Jahre darauf, im Herbst 1840, kam *Eichhorn* zur Regierung, Schleiermachers bester Freund, einst Syndikus der Universität, der Patriot von 1813, der »Jakobiner«, wie ihn die Männer der Reaktion noch immer nannten: alle Freunde des Vaterlandes, alle Liberalen sahen hoffend zu ihm auf. Aber niemals sind Erwartungen stärker getäuscht worden als durch ihn. Von allen Ordinarien, die er berufen, hat er nur bei *Puchta*, Savignys Nachfolger, die Vorschläge der Fakultät berücksichtigt; und nur, weil er in diesem Falle mit der Fakultät übereinstimmte. Alle anderen Stellen, auch die Extraordinariate zum guten Teil, sind unter seiner Verwaltung ohne oder gegen die Anträge der Fakultäten besetzt worden. Anhänger und Gegner des Ministers wurden gleichmäßig vor den Kopf gestoßen. Zwecke wurden mit den neuen Berufungen verbunden, welche überhaupt nichts mit der Universität zu tun hatten. Um das deutsche

Drama an der königlichen Bühne hochzubringen, wurde *Rückert*, um Eichhorn in der Presse zu helfen, *Victor Aimé Huber* geholt; *Nitzsch* und *Richter* gewann der Minister, damit sie ihm bei den kirchlichen Organisationen hülfen, in denen er den Geist des Evangeliums schirmen und entwickeln wollte, *Schelling*, damit er Philosophie und Offenbarung in Einklang bringe und die Hegelsche Drachensaat zertrete; und Schelling wie Rückert und beide Grimms wurden, gleich Mendelssohn und Cornelius, herbeigezogen, damit sie als die Koryphäen des deutschen Geistes den Thron Friedrich Wilhelms IV. umständen. Zweimal wagten Senat und Fakultäten zu protestieren; das zweite Mal unter Führung von *Stahl*, der sich damit, wie schon in Erlangen, und seiner Lehre vom Staate ganz gemäß, als Gegner des Absolutismus bewährte. Jetzt forderten sie es geradezu als ihr positives Recht, die drei Vorschläge zu machen, und drangen demgemäß auf eine Änderung der Statuten. Sie hatten vor, bis an den König zu gehen, gaben dies aber, da Eichhorn fest blieb, wieder auf. Den letzten dieser Kämpfe entfesselte Dieffenbachs jäher Tod, als sechs Berliner Ärzte, an der Spitze der Doktor von Arnim, sich unmittelbar an den König mit der Bitte wandten, Baum aus Greifswald herbeizuziehen, nachdem die Fakultät *Langenbeck* in Kiel gefordert hatte. Diesmal trat Eichhorn für die Bedrohten auf; er erinnerte sich sogar der Vorschlagserlaubnis der Fakultäten; noch am 8. März 1848 protestierte er selbst bei dem König gegen die unverantwortlichen Ratgeber. Aber noch war alles unentschieden, als eine stärkere Hand eingriff: die Revolution, unter der mit dem alten Preußen auch das Ministerium Eichhorn zusammenbrach, kam der Fakultät zu Hülfe; sie gab ihr den Mut ein, von dem Märzminister, dem *Grafen von Schwerin*, in fast trotzigem Ton ihren Kandidaten zu fordern, und die Regierung gab, wie überall in diesen Wochen, nach. So hat unsere Universität diesen großen Stern, den treuesten Diener seiner Könige, dem 18. März zu verdanken: von Oldesloe in Holstein, wo er mit seinen Studenten und Assistenten im Kampfe für Deutschlands Nordmark stand, hat Bernhard Langenbeck, noch im April 1848, seine Zusage gegeben. Und nun schien es wirklich, als würde der allgemeine Sturm die aristokratische Verfassung unserer Universität zugleich mit den absolutistischen Ordnungen des alten Staates über den Haufen werfen: Einsetzung eines akademischen Plenums, aus sämtlichen Lehrern gebildet, unter

Zuziehung studentischer Deputationen, mit dem Rechte der Rektorwahl und der direkten Korrespondenz mit dem Ministerium, Anteil der Extraordinarien an den Prüfungen und andern Geschäften der Fakultäten, Umsturz der akademischen Gerichtsbarkeit, das waren so einige der Forderungen, welche damals erhoben wurden. Die Brennpunkte der Bewegung lagen freilich außerhalb Berlins, an den nichtpreußischen Universitäten, in München, Heidelberg und Jena. Aber auch bei uns glaubten alle, die sich geschädigt, verkannt und zurückgesetzt fühlten, Extraordinarien und Privatdozenten, ihre Zeit sei gekommen; sogar aus der Mitte der Studenten, welche in der Aula über Wohl und Wehe des Vaterlandes und der Universität berieten und im Schmucke ihrer Schleppsäbel und Büchsen sich als die berufenen Hüter der neuen Freiheiten fühlten, kamen Adressen an das Ministerium oder den Senat, in denen Professuren für liberale Lehrer verlangt wurden. Auch das ging vorüber. Schon im August hatten Senat und Ministerium, jetzt eng aneinander gerückt, die Zügel wieder in der Hand. Auf dem Reformkongreß der deutschen Universitätslehrer zu Jena im September des »tollen Jahres« fehlte Berlin; und als die Wellen allseitig abgelaufen waren, stand die Universität so da, wie sie bis zum 18. März gewesen war; die Grundmauern des von Humboldt und Schleiermacher errichteten Baues waren nicht um eine Linie verschoben.

Aber auch das Recht, welches Altenstein den Fakultäten verliehen, und das erst durch die Revolution zur Anerkennung gebracht war, blieb gewahrt, in den Grenzen, die ihm die Statuten gesteckt hatten. Die Reaktion, welche mit Olmütz einsetzte, änderte daran nichts. Bei den wenigen Berufungen, welche der Minister *von Raumer* vollzog, richtete er sich möglichst nach den Vorschlägen der Fakultäten. Wie genau unter ihm das Statut beachtet wurde, zeigt eine Rückfrage, die er aus dem Kabinett erhielt, als er nach dem Tode von Johannes Müller auf Schönleins Rat statt Köllikers, den die Fakultät an erster Stelle gefordert, zunächst Henle, der als zweiter verlangt war, und, als dieser abgelehnt, den an dritter Stelle genannten *Reichert* in Breslau berufen hatte. Freilich geschah dies schon in der Zeit der Stellvertretung für den erkrankten König; der Prinz von Preußen hatte, durch eine Zeitungsnotiz aufmerksam gemacht, jene Verfügung erlassen. Man könnte also wohl in der Anfrage, die von Baden her erfolgte, bereits den Einfluß eines liberalen Geistes sehen. Aber gerade der Minister der neuen Ära, *August von Bethmann-Hollweg*, änderte wieder den Kurs. Männer wie *Georg Beseler* und *August Dorner* sind, der eine ohne, der andere gegen die Vorschläge ihrer Fakultäten von ihm berufen worden; und wenn die Philosophische Fakultät sich herbeiließ, als Ersatzmann für Friedrich von Raumer, jedoch an vierter Stelle und eigentlich nur so nebenher, *Johann Gustav Droysen* zu nennen, so geschah dies unter der Pression des Ministers und mit unverhehltem Widerstreben; mit Freude und Dank nahm sie *Theodor Mommsen* auf, aber angeboten war ihr auch dieser Gewaltige von dem Minister. Bethmanns Nachfolger hingegen, der Konfliktsminister *Heinrich von Mühler*, respektierte wieder den Willen der Fakultäten; als er die Nominalprofessur für die Geschichte der Medizin durch *August Hirsch*, unter scharfem Protest der Medizinischen Fakultät (nur Rudolf Virchow war in der Sache für den Minister), wieder besetzte, führte er damit nur eine Absicht aus, welche noch sein liberaler Vorgänger gefaßt hatte.

Welchem von den beiden Baumeistern unserer Universität hat nun ihre Geschichte bis zu jener Epoche recht gegeben? Dem Staatsmann, der den Schlüssel zu der Stätte der freien Gedanken in der Hand der Regierung am besten aufgehoben sah, oder dem Theologen, der in dem Staat den Erbfeind der reinen Erkenntnis erblickte und ihn daher von der Universität soweit wie möglich auszusperren bedacht war? Die zuletzt genannten Fälle sprechen nicht eben für Schleiermachers Anschauung; sie hätten ihn selbst schwerlich auf seiten der Fakultäten gesehen. Denn sie betreffen Gelehrte, auf welche unsere Universität mit gerechtem Stolze zurückblickt. Aber auch sonst entstammten die Argumente, mit denen die Fakultäten in den ersten Jahrzehnten unserer Universität ihre Vorschläge oder auch ihre Proteste begründeten, nicht immer der wissenschaftlichen Sphäre. Am wenigsten hatte Schleiermacher Ursache, seine eigene Fakultät als Hüterin des freien Gedankens zu loben. Ihr Abfall von dem Geiste, den er ihr eingehaucht, gehörte zu den großen Kümmernissen seines ausgehenden Lebens. Nach seinem Tode entwickelte sie sich vollends in dieser Richtung. Es war die Zeit, wo sie sich der Regierung als ihre Leibwache gegen jeden freien Gedanken in Staat und Kirche an die Seite drängte, wo sie sich nicht mehr als eine Institution des Staates, sondern als ein Organ der

Kirche betrachtete. Mit diesem Argument trat sie, um nur dies eine zu nennen, im Frühling 1845 dem Vorhaben des Königs, den Fakultäten die gemeinsamen Talare zu verleihen, entgegen; sie wollte das Recht ihrer Mitglieder, den Prediger-Talar tragen zu dürfen, das ihnen bald nach der Gründung der Universität gestattet war, nicht missen: denn dieser Wunsch liege im Wesen der Kirche, zu der sie gehöre und deren Fundament die Kenntnis des göttlichen Wortes sei; hieran wolle sie festhalten, besonders jetzt, wo von verschiedenen Seiten versucht werde, Universität und Kirche zu trennen und den Professoren der Theologie einen ausschließlich wissenschaftlichen Beruf anzuweisen. Alle ihre Vorschläge, ihre Wahlen, Prüfungen und Promotionen, ihre Proteste gegen die Eingriffe des Ministers selbst, das ganze innere und äußere Regiment ihrer Fakultät stellten unsere Theologen damals unter diesen Gesichtspunkt. Dies war der Geist, den sie ihren Schülern einhauchten, den sie von ihren Lizentiaten und Privatdozenten forderten: nicht die freie Erkenntnis, sondern die Erbauung und die Unterwerfung unter das Dogma war das Ziel geworden, dem sie nachjagten. Und so führten sie die Fakultät aus dem wissenschaftlichen Gesamtleben der Universität auf Jahrzehnte hinaus.

Dürfen wir etwa sagen, daß der Geist, gegen den sich damals nur noch Eichhorns Erwählter Emanuel Nitzsch mit schwachen Kräften wehrte (denn Neander und Twesten waren ihm nahezu erlegen), der Theologischen Fakultät ferngeblieben wäre, wenn sie von Anfang an das Recht der Selbstergänzung gehabt hätte? Er würde vielmehr noch ausschließlicher von ihr Besitz ergriffen haben — oder sie hätte sich nicht bloß gegen die Regierung, sondern gegen den Geist der Zeit selbst abschließen müssen. Denn von hier her, aus der Gesellschaft, aus der Kirche beider Konfessionen und weit über die Grenzen Deutschlands hinweg hatten sich die Kräfte erhoben, welche gegen Schleiermachers Theologie wie gegen die älteren, bereits von ihm bekämpften Richtungen andrangen. Also war der Weg, auf dem Schleiermacher die Freiheit der Erkenntnis ihrem Ziel entgegenführen wollte, in seinen Bereichen für jene Zeit überhaupt nicht gangbar. Aber das Bild, das seine Romantik von dem Verhältnis der Wissenschaft zum Staat und zumal von der Entwickelung der deutschen Universitäten entworfen, widerspricht sogar allen historischen Voraussetzungen, und kaum in geringerem Grade als dasjenige, welches Fichtes heroische Phantasie ersonnen hatte. Gerade das Umgekehrte muß für die deutschen Universitäten gelten; sie alle waren Schöpfungen ihrer Staaten und unentbehrlich für deren Aufbau gewesen. Aus den Händen des Staates empfing bereits unsere Universität ihre Medizinische Fakultät, die Fachschule, die ihm die Ärzte für das Heer ausgebildet hatte, auf dem seine Stellung in der Welt beruhte. Alle Disziplinen, die bis heute auf ihr Pflege finden, hängen in Entstehung und Entwickelung irgendwie mit dem Werdegang unserer Nation und unserer Monarchie zusammen. ...

Dennoch werden wir niemals zugeben, daß das Reich des Wissens, das Ringen um den Gedanken nichts weiter sei als ein Reflex des Spieles politischer Kräfte, ein Echo staatlicher Kämpfe, ohne Eigenleben und inneres Gesetz, machtlos und wertlos, ein Haufen welker Blätter, sobald es losgerissen wird von dem Stamm der staatlichen Macht, auf dem es erwuchs. Denn die Staaten selbst ruhen wieder auf Ideen, die ihr Dasein gestalten, ihr Wollen und Vollbringen lenken, alle Formen des öffentlichen und privaten Lebens durchdringen, mit ihnen wachsen und blühen, sterben oder versteinern. »Geistige Wesenheiten«, wie Ranke sie nennt, sind es, »irdisch-geistige Gemeinschaften, von Genius und moralischer Energie hervorgerufen, in unaufhaltsamer Entwickelung begriffen«. »Schaue sie an«, ruft er aus, »diese Gestirne, in ihren Bahnen, ihrer Wechselwirkung, ihrem Systeme!«

Von hier aus wird Schleiermachers Vorstellung, so wenig wir sie als ein allgemeines Gesetz anerkennen, verständlich und historisch gerechtfertigt. Der Staat, den er bekämpfte, war nicht der Staat an sich, wie er wähnte, der Staat der Theorie (ein Begriff, der niemals eine andere Existenz haben wird als der Homunkulus in Wagners Phiole), sondern der Staat des 18. Jahrhunderts, das alte Preußen, das sich von der Nation mit ihren Leidenschaften, ihren Traditionen und ihren Hoffnungen gelöst hatte. Daß auch in ihm noch Kräfte waren, welche zu den Lebensquellen der Nation hinführten, mochte er verkennen: aber deutlicher als andere hörte er das heimliche Rauschen der in der Tiefe quellenden Flut und empfand, je heißer sein Herz für Preußens Zukunft schlug, um so stärker den Druck, unter dem der einseitige Machtwille der Herrschenden die zum Licht empordrängende hielt.

Auch Humboldt suchte in der aus der Tiefe des Geistes geschöpften Erkenntnis das organisierende Prinzip der Universität und in der »Einsamkeit und Freiheit« ihre Lebenssphäre: nur wenn sie der reinen Idee der Wissenschaft soviel als möglich gegenübergestellt sei, werde sie ihren Zweck erreichen. Und so erblickte auch er in jeder Berührung durch den Staat eine Gefahr: der Eingriff des Staates, so schreibt er, wirke immer notwendig nachteilig ein und ziehe das Geistige und Hohe in die materielle und niedrige Wirklichkeit herab; darum müsse er vorzüglich das innere Wesen vor Augen haben, um gutzumachen, was er selbst, wenngleich ohne seine Schuld, verderbe oder gehindert habe. Aber der Sohn der deutschen Aufklärung, der Schüler Kantischer Philosophie, das Mitglied der preußischen Bürokratie, jener »neuen Aristokratie«, wie der große König sie genannt hatte, »in deren Obhut das heilige Feuer der Staatsidee war«, hatte doch ein stärkeres Empfinden für die sittlichen Fundamente des Staates und eine tiefere Einsicht in seine Wurzelgemeinschaft mit dem Reiche der Ideen als der Zögling der mährischen Brüder. Und so wagte er es und band die Sphäre der Freiheit an die Macht des Staates.

Die Nebel der Romantik trübten dies klare Auge nicht. Aber auch ihm, wie uns allen, war nur das Gegenwärtige sichtbar. Sein Glaube traf für den Moment noch das Rechte. Denn auch über dem zertrümmerten Deutschland webte noch Weimars lichter Geist und die auf Wolkenhöhen wandelnde deutsche Philosophie. War es doch, als hätte die eherne Faust, welche die deutschen Staaten geknechtet hielt, das alte Reich nur darum in Stücke geschlagen, damit die freien Gedanken Zutritt fänden zu den ihnen noch versperrten Gebieten: als sollte unser Volk erst durch den Untergang seines politischen Daseins zum gemeinsamen Bewußtsein seiner selbst gelangen. Es waren die Jahre, da Savigny und Sailer in Landshut Freundschaft schlossen, da ein alter Jenaer Professor zur Organisierung des bayerischen Schul- und Kirchenwesens berufen wurde und ein Rostocker Lyzealprofessor in München war, da Schelling an der Isar und Hegel an der Pegnitz philosophierten und Professor Paulus, der Erz-Rationalist, Theologie in Würzburg lehrte. Und doch war alles nur das Ausklingen einer zu Ende gehenden Epoche, ein letztes abendliches Leuchten. Schon regten sich, auf norddeutschem Boden zumeist, Kräfte, die dem deutschen Genius andere Bahnen wiesen.

Ihnen diente bereits der größte unter den Baumeistern des neuen Preußens. Sie lebten in den beiden vornehmsten Mitarbeitern Humboldts, neben Schleiermacher auch in Savigny, und noch in mehr als einem der von ihnen Erwählten. Sie drangen stürmisch ans Licht, als unser Volk, durch Preußen in den Kampf gegen den Eroberer hineingerissen, das Joch von seinen Schultern warf und neue Ideale von Freiheit und Vaterland, von Gott, Recht und Macht gewann. Wie hätte da unser Staat, der im Vorkampf, unsere Universität, die im Brennpunkte der preußischen Erhebung selbst gestanden, sich unabhängig erhalten, den Ideen, auf die Humboldt sie gegründet, durchaus treu bleiben können: zumal in den Fakultäten, welche die Sphäre der Politik und der Religion umfaßten, sie in Idee und Geschichte zu ergründen und die vaterländische Jugend für den Dienst in Staat und Kirche zu erziehen bestimmt waren. Wie sehr auch Altenstein sich bemühen mochte, die Freiheit der Wissenschaft zu retten, er selbst war nicht mehr frei. Je mehr unser Staat mit dem Leben der Nation verwuchs, je näher die Aufgabe an ihn herantrat, das in ihr neu pulsierende Leben mit seinem Selbst zu verbinden, je stürmischer die Besten der Deutschen dies von ihm forderten, und je höher der Preis wurde, der ihm dafür winkte, um so schwerer wurde es für ihn, sich in den alten Schranken und auf dem alten Grunde zu behaupten, um so lockerer wurden die Substruktionen, welche die Krone Friedrichs des Großen und seinen Geist getragen hatten. Auch Eichhorn und mit ihm sein König suchten noch sich auf der Mittellinie zu behaupten; die Willkürakte des Ministers selbst waren Versuche, dem Andrang der von rechts und links schiebenden Strömungen zu wehren. Aber neutral wollten auch sie nicht mehr sein. Sie wähnten, mit ihrer Politik die Gegensätze der Zeit ausgleichen, zu einer höheren Einheit verbinden zu können. Aber dieser Hoffnung entsprach nicht die Macht, über welche sie verfügten. Und so kam der Moment, wo alle ihre Stützen, die alten wie die neuen, zerbrachen und die Woge der Revolution mit allen Bereichen des Staates auch den Bezirk der Universität überschwemmte. ...

Wiederum aber würden wir die Frage, die wir uns gestellt, nur halb beantworten, wenn wir den Ton allein auf die Abwandlung des politischen Lebens legen wollten. Denn wenn irgend etwas als das Ergebnis dieses Jahrhunderts der Erkenntnis offenbar geworden ist, so ist es die *Macht des Wissens*, die es aufgehäuft hat. Mag der

Ursprung der einzelnen Disziplinen sein, wie er wolle, dem Machtstreben des Staates entstammen oder irgendwelchem Bedürfnis der Gesellschaft — sobald die Flamme entzündet ist, hat sie ihr eigenes Licht. Es ist der Grundtrieb der Wissenschaft, sich, wie die Flamme vom Rauch, zu reinigen von allem, was nicht ihres Wesens ist: sich auf sich selbst zu besinnen, ihre Aufgaben zu erkennen, ihre Grenzen zu suchen und in die Tiefe zu dringen. Je weiter aber eine jede vorankommt, um so mehr werden alle des Zusammenhanges untereinander bewußt werden. Mag immerhin für den Lernenden und wohl auch für manchen Spezialisten die Klage zu Recht bestehen, daß die Entfaltung des Wissens zur Isolierung seiner Teile führe — für die Gesamtheit der Forschung ist das Gegenteil richtig. Nicht auseinander laufen die Linien, sondern sie suchen gemeinsame Ziele. . . .

Einem Hochgebirge gleich, das keine Macht der Erde aus seinem Grunde reißen wird, so türmt sich die Fülle des Wissens empor — unverlierbar, solange der Glaube an die Macht der Idee leben wird, der Mut, das Ziel zu erreichen, und der Wille, es zu suchen; unzerstörbar selbst dann, wenn unsere Kultur abermals in die Nacht der Barbarei versinken würde: tausend und aber tausend Keime würden aufs neue zum Lichte dringen, sobald ein neuer Tag der Menschheit anbräche und ein neuer Wille zum Wissen erwachte.

Hier ist unsere, hier sei auch Ihre Stelle, Kommilitonen, die Sie unsere Hoffnung, unsere »Schwingen« sind, die unsere Gedanken in die Weite, in das Leben, in die Zukunft hinaustragen werden. Nicht das Wissen an sich ist schon das Letzte und Beste, das eigentlich Wertvolle, sondern der Entschluß des Willens, das Erkannte gelten zu lassen, der Glaube an das Wissen, an seine lebenschaffende Kraft, die Hoffnung, daß in den Tiefen der Forschung der Urgrund des Seins zu finden sei, die Gewißheit, daß die so gewonnenen klaren und bestimmten Begriffe, ja schon der zu ihnen hindringende Wille sich unmittelbar in Gefühl und Religion umsetzen und den Charakter, das Handeln selbst regeln und richten werden.

Ist dies unser Glaube und Tun, so werden wir dem Geiste treu bleiben, auf den Wilhelm von Humboldt unsere Universität gegründet hat, treu auch dem Geiste des Mannes, der vor hundert Jahren im Namen unserer Alma Mater zu ihren Söhnen sprach, und dessen Standbild, wie wir hoffen, bald an dem Eingang dieses Hauses stehen wird. Es sind die Gedanken jener beiden, es sind zum Teil ihre eigenen Worte. Wir wollen unsere Rechte treu und fest bewahren und schirmen, aber auch, wie sie, nicht vergessen, daß es der Geist ist, der lebendig macht. Wir wollen gleich ihnen darauf bauen, daß Wissen und Handeln, Freiheit und Macht miteinander leben, siegen, herrschen werden, daß sie zusammengehören wie Feuer und Licht, wie Blatt und Blüte, Idee und Erscheinung.

ANHANG

ALTHOFFS PLÄNE FÜR DAHLEM

St. M.

Acten

betreffend:

das Dr. Althoff'sche Projekt betr. Ausnutzung der Domäne Dahlem für staatliche Zwecke.

(Begründung einer durch hervorragende Wissenschaftsstätten bestimmten vornehmen Kolonie, eines deutschen Oxford)

vom 1909.

bis 19

Band

f. Band

Reichs- u.

Staatsverwaltung 5c.

ALTHOFFS PLÄNE FÜR DAHLEM

Denkschrift für Kaiser Wilhelm II.
[1909]

Der Wirkliche Geheime Rat Dr. Althoff hat eine zusammenhängende Darstellung seiner Vorschläge für die Verwendung der Domäne Dahlem leider nicht hinterlassen. Es muß sogar gesagt werden, daß seine Erwägungen in wesentlichen Punkten nicht zum Abschluß gediehen waren. Immer wieder zog er neue Anstalten und Behörden in den Kreis seiner Betrachtung, von denen er nach eindringendster Prüfung einen erheblichen Teil wieder ausschied. Sicher würde der Vielgewandte vor Abschluß seiner Arbeit in mancher Hinsicht noch neue Vorschläge an die Stelle fallen gelassener früherer gesetzt haben. Seine Gedanken fortzuspinnen, kann der Zweck der nachstehenden Zusammenstellung nicht sein. Vielmehr wird es nur darauf ankommen, aus der Fülle des Materials da[s]jenige herauszuschälen, was von seinen Plänen als feststehend angesehen werden darf.

In seinem schriftlichen Nachlaß findet sich eine Reihe eigenhändiger Aufzeichnungen über Dahlem, die im Zusammenhalt mit zahlreichen, offenbar von ihm veranlaßten gutachtlichen Äußerungen von Professoren und anderen Gelehrten, ein Bild davon geben, wie er sich die künftige Gestaltung von Dahlem dachte. Ihm schwebte die Begründung einer in ihrem Charakter durch hervorragende Wissenschaftsstätten bestimmten vornehmen Kolonie, eines deutschen Oxford, wie er es wohl nannte, vor Augen und er war bis in seine letzten Lebenstage von der Sorge erfüllt, daß die Aufteilung der Domäne ohne ausreichende Berücksichtigung der Bedürfnisse der Wissenschaft und anderer staatlicher Zwecke vor sich gehen könnte.

Freihaltung größerer Flächen

Die von der Königlichen Aufteilungskommission beschlossene Reservierung von drei Geländestreifen mit einer Durchschnittsgröße von 25 ha erschien ihm um so weniger genügend als nach neuerdings gefaßten Beschlüssen nur zwei Komplexe von zusammen 50 ha dauernd von der Veräußerung ausgeschlossen bleiben sollten. Seiner Meinung nach sollte von der noch zur Verfügung stehenden, rund 500 ha betragenden Gesamtfläche ein Komplex von 100 ha für bereits vorhandene und künftige Bedürfnisse der Wissenschaft und des Staates abgetrennt werden. Ja, er äußerte gelegentlich sogar, es sei ein Gebot weitausschauender Klugheit, die Hälfte des ganzen Geländes für Staatszwecke vorzubehalten.

Finanzieller Ausgleich durch Wertsteigerung

Hinsichtlich des finanziellen Effektes einer solchen Maßnahme verwies Althoff auf die ganz beträchtliche Wertsteigerung, die die Domäne allein schon durch die Anlegung des botanischen Gartens erfahren habe, indem er der Überzeugung Ausdruck verlieh, daß die weitere Bebauung mit öffentlichen Gebäuden, Museen und wissenschaftlichen Anstalten mindestens eine Verdoppelung des sonst erreichbaren Werts der zu verkaufenden Restgrundstücke zur Folge haben und so einen Ausgleich bringen werde für den durch Verringerung der Verkaufsfläche eintretenden Ausfall.

Verlegung möglichst vieler nicht an das Zentrum gebundenen Behörden und Anstalten

Er berechnete ferner, daß bei Verlegung einer Reihe von Behörden und Anstalten durch den Verkauf ihrer in wertvollen Gegenden Berlins liegenden Grundstücke sich beträchtliche Gewinne erzielen, mindestens aber durch Verwendung der Grundstücke für anderweite Staatszwecke große Ausgaben ersparen lassen würden. Dies veranlaßte ihn geradezu zu der Forderung, daß durch umfassende Prüfung festgestellt werde, welche Behörden und Anstalten an das Zentrum Berlins gebunden seien und welche als verlegungsfähig erschienen.

Voraussetzung: Beste Verkehrsmöglichkeiten

Als notwendige Voraussetzung bezeichnete er die Schaffung denkbar bester Verkehrsmöglichkeiten, namentlich für die Museen, so daß diese von Berlin aus etwa in der gleichen Weise erreichbar sein würden, wie von London aus die der City nicht näher gelegenen viel besuchten Kensington-Museen.

Erweiterung der Aufteilungskommission

Zur Wahrung der sich hierbei ergebenden vielgestaltigen Interessen erschien ihm die Erweiterung der gegenwärtig nur aus Vertretern des Finanzministeriums und des Landwirtschaftsministeriums bestehenden Königlichen Aufteilungskommission dringend geboten.

Auf alle diese Gedanken wird später zurückzukommen sein. Soweit Althoff für die Besiedlung der Dahlemer Flur unter Abschätzung des Raumbedarfs bestimmte Vorschläge macht, sind die Erwägungen, von denen er hierbei geleitet wurde, zum Teil aus eigenen Notizen und Mitteilungen, zum Teil aus Randbemerkungen zu den Äußerungen der von ihm befragten Sachverständigen zu entnehmen.

Es kommt für ihn hiernach insbesondere in Betracht:

1) Das Museum für Völkerkunde.

A. Bestimmte Vorschläge wegen einzelner wissenschaftlicher Institute und Sammlungen

1. Museum für Völkerkunde

10 ha

Es bestand früher der Plan, die notwendige Ausdehnung des Museums durch Erweiterung des jetzigen Gebäudes vorzunehmen. Nach dem Urteile der Generalverwaltung, insbesondere nach der von Geheimrat Bode im Februar 1907 ausgearbeiteten, dem Landtage vorgelegten Denkschrift würde aber auf diesem Wege, selbst bei bedeutendem Kostenaufwande nur etwas höchst Unvollkommenes zu erreichen sein. Eine in jeder Beziehung befriedigende Lösung bietet sich in Dahlem. Dort würde nach Bodes Vorschlägen auf einem Terrain von 10 ha eine Reihe freiliegender Einzelbauten aufgeführt werden können, so daß neben der amerikanischen, der afrikanischen und der ozeanischen Abteilung auch das prähistorische Museum mit der deutschen Volkskunde und die anthropologischen Sammlungen in gesonderten Bauten untergebracht würden, während das Kolonialmuseum, dessen Angliederung an die Museen seitens der Kolonialverwaltung lebhaft gewünscht wird, in einer großen Doppelhalle Platz finden könnte. Gartenterrain zur Einlassung von typischen germanischen Gräbern, einem kleinen Pfahlbau sowie kleineren ethnologischen Wohnungsanlagen u. dergl. dürften im Interesse der Belehrung nicht fehlen. Der mit der Ausführung der künftigen Bauten betraute Architekt, Geheimer Regierungsrat Dr. Ing. Messel, hat den auf dem beigefügten Plane[1] braunrot eingezeichneten an der Hauptverkehrsstraße nach Grunewald liegenden Platz als besonders geeignet bezeichnet. Grundsätzliche Einwendungen gegen diesen Platz sind auch seitens der Finanz- und der Landwirtschaftsverwaltung nicht erhoben. Die Verhandlungen wegen der Größe des erforderlichen Geländes sind jedoch noch nicht abgeschlossen.

Neben dem erheblichen Vorzug der ungehinderten räumlichen Ausdehnung bringt die Verlegung nach Dahlem eine höchst ansehnliche Verringerung der Kosten mit sich, denn, während nach der Schätzung der Generalverwaltung für eine einigermaßen zulängliche Erweiterung an Ort und Stelle 14 Mill. M aufzuwenden wären, wird der ganze Bau in Dahlem mit voraussichtlich etwa 8 Mill. M bestritten werden können. Hierin wäre sogar der Umbau des jetzigen Gebäudes einge-

[1] Der Plan, auf den sich der Verfasser der Denkschrift auch im folgenden mehrfach bezieht, konnte nicht aufgefunden werden; desgl. nicht die Anlagen zu den im Anschluß an die Denkschrift abgedruckten Voten (Anm. d. Hrsg.).

schlossen, das alsdann bestimmt wäre, als Museum für asiatische Kultur zu dienen.

2. Naturwissenschaftliche und medizinische Universitätsinstitute 30 ha

2) Naturwissenschaftliche und solche medizinische Universitätsinstitute, welche von den Studenten in den vorklinischen Semestern besucht werden.

Bereits im Jahre 1904 haben Rektor und Senat der Berliner Universität darauf hingewiesen, daß die Weiterentwicklung der Naturwissenschaften und der Medizin nicht nur die Vergrößerung der bestehenden Institute, sondern auch die Errichtung neuer Anstalten zur Pflege von Wissensgebieten, die eine größere Bedeutung erlangt haben, notwendig mache. Dabei wurde schon damals empfohlen, für einzelne Anstalten in Dahlem und zwar in möglichster Nähe des botanischen Gartens Terrains in Aussicht zu nehmen.

In gleichem Sinne sind mehrere ausgezeichnete Gelehrte (Harnack, Auwers, Diels, Waldeyer, Hertwig, Emil Fischer, Nernst) in einer Immediateingabe vom 8. März 1907 bei Seiner Majestät vorstellig geworden. Sie kommen zu dem Ergebnis, daß für die Erweiterung der bereits bestehenden und die Begründung neuer naturwissenschaftlicher Institute am besten in Dahlem der nötige Raum zu schaffen sei.

Althoff nahm sich dieser Bestrebungen auf das Wärmste an und erwirkte noch in den letzten Monaten seiner amtlichen Tätigkeit, daß Rektor und Senat zu einer eingehenden Darlegung aller Raumbedürfnisse veranlaßt wurden. In dem hierauf erstatteten Bericht wird der Standpunkt eingenommen, daß für die in Frage kommenden naturwissenschaftlichen und medizinischen, dem vorklinischen Studium dienenden Anstalten der Universität

(das physiologische Institut,
das anatomische Institut,
das anatomisch-biologische Institut,
das botanische Institut,
das zoologische Museum und Institut,
das geologisch-paläontologische Museum und Institut,
das mineralogisch-petrographische Institut,
das physikalische Institut
und
das meteorologische Institut)

vor allem der örtliche Zusammenhang gewahrt werden müsse. Eine Ausnahme macht nur das geologische Museum. Im übrigen wurde betont, daß entweder alles in Berlin in erreichbarer Nähe beieinander bleiben oder aber alles miteinander nach auswärts verlegt werden müsse.

Althoff sah keine Möglichkeit, den für die Erweiterung der genannten Institute sowie für die Errichtung neuer chemischer Anstalten von Rektor und Senat auf rund 30 ha geschätzten Raumbedarf im Innern von Berlin zu befriedigen und so erschien ihm Dahlem als der hierfür gegebene Ort, um so mehr als dort bereits eine Reihe naturwissenschaftlicher Institute, so der botanische Garten mit Museum, das pharmazeutische Institut, die biologische Reichsanstalt für Land- und Forstwirtschaft und das Materialprüfungsamt ein Unterkommen gefunden haben. Das Raumbedürfnis für die oben angeführten Zwecke der Wissenschaft wird jedoch nach Althoffs Ansicht selbst mit der vom Rektor und Senat angegebenen Fläche noch nicht erschöpft.

Schon eine nach modernen Grundsätzen erfolgende Ausgestaltung des Museums für Naturkunde fordert, wie Althoff annimmt, erheblich mehr Raum als er in dem Votum des Senats vorgesehen ist.

Nach den Anschauungen des Direktors des zoologischen Museums Professors Brauer, denen sich Althoff voll angeschlossen hat, soll das Museum für Naturkunde künftig nicht nur die Aufgabe haben, die Objekte zu sammeln, zu ordnen und sie der Forschung in weitgehendstem Maße zugänglich zu machen, sondern auch als Unterrichts- und Erziehungsanstalt für das Volk dienen. Es soll dem Volke auf einfache und leichte Weise ein großes gesundes Wissen übermitteln, mit einem Worte für die naturhistorischen Gebiete eine Volkshochschule im besten Sinne des Wortes werden. Zu diesem Zwecke wäre das Museum scharf in 2 Abteilungen, in die Hauptsammlung und in die Schausammlung zu trennen.

Die Hauptsammlung würde nur für die Forscher zugänglich sein, sie hätte ihnen Arbeitsstätten zu gewähren und Sammlungsobjekte zum Studium darzuleihen.

Die Schausammlung dagegen soll für den Unterricht des Volkes bestimmt sein und muß deshalb eine wohldurchdachte allein von didaktischen Gesichtspunkten geleitete Auswahl der Objekte enthalten. Die Aufstellung der Sammlungsgegenstände darf nicht trocken sein, nicht durch Einförmigkeit und Fülle erdrücken und abschrecken, sondern sie muß anregend, lebendig und anziehend wirken. Die Tiere sind daher in ihrer Umgebung zu zeigen, und in ihren Beziehungen zu anderen Tieren, zu den Pflanzen und zu den Menschen darzustellen. Dabei müßte Deutschlands Fauna im Vordergrunde stehen, dann die Tierwelt der Kolonien und zuletzt die Fauna der anderen Länder in beschränkter Auswahl folgen.

In der geologischen und mineralogischen Abteilung hätte die Schausammlung das Hauptgewicht darauf zu legen, daß das Verständnis für die Wirksamkeit der großen, die Erdoberfläche aufbauenden und umgestalteten[2] Kräfte (Vulkanismus, Wasser, Wind, Frost usw.) und ihre Folgen (Gebirgsbildung, Talbildung, Verwerfung, Erosion usw.) durch Schnitte, Modelle eröffnet und weiter auch die Lagerung und Gewinnung der Mineralien zur Anschauung gebracht würde.

Es liegt auf der Hand, daß ein dergestalt organisiertes Museum eine bedeutende räumliche Ausdehnung haben muß. Es dürfte aber auch keinem Zweifel unterliegen, daß es ebenso wie das deutsche Museum in München sich bald die Gunst breiter Schichten des Volkes erringen würde.

3. Neue naturwissenschaftliche Universitätsinstitute
6 ha

3) Neue naturwissenschaftliche Universitätsinstitute.

Zur Bemessung des Raumbedarfs für die in Betracht kommenden naturwissenschaftlichen Institute ist nach Althoffs Auffassung der Gesichtspunkt in den Vordergrund zu rücken, daß das naturwissenschaftliche Studium nach Art des Vorlesungsbetriebes innerhalb des Bereichs unserer Universitäten bisher zu sehr dem medizinischen Studium gedient hat und die Naturwissenschaften so in weitem Umfange gewissermaßen die Rolle der ancilla medicinae gespielt haben, wodurch die selbständige Entwicklung der ihnen gewidmeten Institute mehr als gut war, beeinträchtigt worden ist. Eine ihren eigentlichen Bedürfnissen entsprechende Förderung habe[n] nur diejenigen Zweige der Naturwissenschaft erfahren, die, wie die Chemie und die Physik unmittelbar der Praxis dienen. Im Auslande dagegen haben auch die übrigen Zweige eine gebührende Berücksichtigung gefunden. So gibt es beispielsweise in Paris 5, in Wien 2 Ordinariate für Zoologie und

---

[2] In einer der Abschriften Schmidt-Otts (vgl. Quellenverzeichnis, S. 533) handschriftlich verbessert in: »umgestaltenden« (Anm. d. Hrsg.).

ebensoviele selbständige Institute. In anderen Universitäten, wie Stockholm, Petersburg, werden die Universitätslehrstühle durch Akademiestellen ergänzt, in Berlin aber existiert nur *eine* etatsmäßige Professur für Zoologie. Andere sonst längst als wichtig erkannte Fächer wie Paläontologie, vergleichende Anatomie und Entwicklungslehre haben bei uns überhaupt noch keine selbständige Vertretung erlangt. Während in Wien zwei Lehrstellen für Paläontologie bestehen und in den Vereinigten Staaten schon vor 4 Jahren 16 Vollstellen dafür aufgezählt werden, ist in Preußen noch nicht eine Stelle für dieses Fach vorhanden. Der Preußische Staat wird sich daher nach Althoffs Meinung nicht länger der *Einrichtung neuer Universitätsinstitute für diese Fächer* entziehen können. Darüber hinaus erschien es Althoff angebracht, die organisatorische Grundlage der bisherigen staatlichen Pflege der Naturwissenschaften auf ihre gegenwärtige Zweckmäßigkeit zu prüfen. Bisher ist die Forschung wesentlich an die Universitäten gebunden. Jeder Forscher ist deshalb zugleich Dozent und als gewissenhafter Mann in erster Linie zur Erledigung seines Lehrauftrages verpflichtet.

Nach den reichen Erfahrungen Althoffs läßt es sich in vielen Fällen nicht ermöglichen, Lehrstühle mit Personen von gleicher Befähigung für Unterricht und Forscharbeit zu besetzen. Die höchste Begabung nach der letzten Seite scheint die erste auszuschließen, da für den Forscher Konzentration auf ein bestimmtes Gebiet erforderlich ist, während beim Universitätslehrer möglichst vielseitige Ausbildung und Behandlung weiterer Gebiete vorausgesetzt werden muß. Es ist zu bedauern, daß tüchtige Forscher abweichend von England bisher nur als Universitätslehrer eine ihren Leistungen entsprechende Anstellung finden können. Hierin ist Wandel zu schaffen durch

4) Begründung neuer ausschließlich der Forschung gewidmeter staatlicher Institute,

4. Neue Staatsanstalten für reine Forschung 6 ha

die nach Art der Nobelinstitute hervorragenden Gelehrten Gelegenheit zu freier Forschungstätigkeit bieten sollten. Die Erfüllung dieses Bedürfnisses erschien Althoff als eine der grundlegendsten Forderungen für weiteren wissenschaftlichen Fortschritt.

Althoff befindet sich damit in voller Übereinstimmung mit der Akademie der Wissenschaften, die ihrerseits ein Institut für Hirnforschung für besonders erwünscht hält und Forschungsanstalten für die Gebiete der Physik und Chemie fordert. Diese allgemein gehaltenen Wünsche der Akademie spezialisiert Althoff in der Richtung, daß er im Einvernehmen mit Professor Nernst folgende Institute in Vorschlag bringt:

1) Institut für Radioaktivität und Elektronenforschung,
2) Institut für Serumforschung,
3) Institut für Mineralchemie,
4) Institut für physiologische Chemie.

Ebenso erschienen ihm

5—7) Zentralforschungsinstitute für Anthropologie, vergleichende Anatomie und vergleichende Physiologie

erforderlich.

8) In besonderem Maße hielt er auch einen in neuester Zeit eingelaufenen Antrag für fördernswert, in dem für den berühmten Chemiker van t'Hoff eine landwirtschaftliche Fläche von 3000 qm zu Forschungen über Synthese in den Pflanzen und über den Einfluß[3] Enzymen (Gährungsstoffen) auf den Pflanzenaufbau erbeten wurde.

Da irgend eine überraschende Wendung auf einem Forschungsgebiet täglich neue Bedürfnisse hervorrufen kann, so ist nicht abzusehen, wieviel Raum im ganzen in der Zukunft beansprucht werden wird. Jedenfalls empfiehlt Althoff in möglichst weitherziger Weise Vorsorge zu treffen und etwa eine Fläche von 12 ha für neue Universitätsinstitute und reine Forschungsanstalten vorzusehen.

In die Nähe dieser der *reinen Forschung* dienenden Staatsanstalten würde nach Althoffs Ansicht auch die in Gründung begriffene

5. Chemisch-technische Reichsanstalt 3 ha

5) Chemisch-technische Reichsanstalt

zu legen sein, die wie ihre physikalisch-technische Schwesteranstalt ihre Hauptaufgabe darin zu erblicken hat, bestimmte ihr durch die Technik gestellte Probleme zu fördern.

6. Das Orientalische Seminar 3 ha

6) Das Orientalische Seminar (Dorotheenstraße 5),

welches wegen Raummangel schon jetzt genötigt ist, Hörsäle anderer Universitätsinstitute mitzubenutzen; der sprachliche Unterricht des

[3] In einem maschinenschriftlichen Durchschlag einer Abschrift Schmidt-Otts nach »Einfluß« handschriftlich ergänzt: »von« (Anm. d. Hrsg.).

Seminars nimmt besonders infolge der steigenden Anforderungen des Reichskolonialamts, des Reichspostamts und der Militärverwaltung fortgesetzt zu. Daneben erweist sich die Ausdehnung des Unterrichts in Landeskunde als dringendes Bedürfnis. Das durch diesen Unterrichtszweig zu vermittelnde Verständnis für Land und Leute ist um so wichtiger, als erfahrungsmäßig die das Seminar besuchenden Offiziere und Beamten meist unmittelbar nach Beendigung ihrer Studien in das Ausland entsandt werden. Althoff hielt deshalb die reichlichere Bemessung der Mittel für diesen Unterrichtszweig für unbedingt geboten.

Nach seiner Überzeugung ist aber vor allem eine Erweiterung des Lehrplans nach der Seite des Völkerrechts hin dringend notwendig. Angesehene Kenner des internationalen Rechts sollen zu diesem Behufe nicht allein systematische Vorlesungen, sondern je nach Zeit und Bedürfnis auch besondere Vortragsserien über die wichtigsten Fragen des politischen und wirtschaftlichen Völkerrechts halten. Von den Völkerrechtslehrern, mit denen Althoff diese Frage erörterte, besonders Geheimrat Zorn in Bonn, wurde der Gedanke um so lebhafter begrüßt, als auch die juristischen Fakultäten der Universitäten eine genügende völkerrechtliche Vorbildung nicht bieten und Einrichtungen anderer Art für diesen Zweck nicht bestehen. Als Vortragende würden Deutsche und Ausländer ins Auge zu fassen sein, so von Martitz — Berlin, Zorn — Bonn, Löhning — Halle, Ullmann — München, Triepel — Tübingen, Heilborn — Breslau, Meurer — Würzburg, Lammersch — Wien, Huber — Zürich, Meili — Zürich, Borel — Genf und Fromageot — Paris, als Praktiker hervorragende jetzige und frühere Angehörige des diplomatischen Dienstes.

Von größter Bedeutung erschien Althoff auch die Angliederung einer volkswirtschaftlichen Abteilung, indem er von der Meinung ausging, daß für unsere Konsuln gute Kenntnisse in der Volkswirtschaft und Handelspolitik noch wichtiger und notwendiger seien, als eine formal juristische Ausbildung, da die Vertretung wirtschaftlicher Interessen einem immer stärker auftretenden Bedürfnisse entspreche. Das in dieser Weise vergrößerte Orientalische Seminar sollte den Charakter einer Akademie zur Vorbereitung für den gesamten Auslandsdienst gewinnen und in dieser Eigenschaft dem Auswärtigen Amte, der Armee, der Marine, dem Reichspostamt sowie den privaten Interessen des deutschen Volkes in fremden Ländern in ähnlicher

Weise wie die altbewährte Kaiserliche Konsularakademie in Wien Nutzen bringen. Althoff warf hierbei die Frage auf, ob vielleicht künftige organisatorische Änderungen dahin führen könnten, daß sämtliche Anwärter des Kaiserlichen Dienstes sowohl des diplomatischen wie des konsularischen und des Dolmetscherdienstes eine einheitliche Fachbildung erhalten könnten, wie sie in der erwähnten k. k. Konsularakademie in Wien gewährt wird. Dabei schwebte ihm die Möglichkeit vor, daß, sobald die Vorbildung für den auswärtigen Dienst eine einheitliche, gleichmäßig sprachliche, juristische und volkswirtschaftliche sei, dies dahin führen würde, daß dem Deutschen Reiche für die höchste Vertretung seiner Interessen z. B. in Ostasien Männer zur Verfügung stehen würden, welche wie Sir Thomas Wade, Sir Harry Parker, Sir John Jordan, Sir Ernest Satow mit den chinesischen und japanischen Kaisern und Ministern in deren Muttersprachen verhandeln könnten.

7. Zeitungsmuseum
1 ha

7) Zeitungsmuseum.

Es ist heute allgemein anerkannt, daß die Sammlung und Aufbewahrung von Zeitungen im allgemeinen Kulturinteresse liegt. Diesem Interesse ist bisher nur in geringem Maße Rechnung getragen worden. Selbst die Königliche Bibliothek in Berlin weist in ihren Zeitungsbeständen große Lücken auf. In der Hauptsache enthält sie nur die Zeitungen aus den alten preußischen Provinzen. Erst seit Anfang dieses Jahres werden auf Anordnung des Generaldirektors Harnack neben den Pflichtexemplaren regelmäßig 37 Zeitungen, 15 inländische und 22 ausländische gehalten. Damit ist zwar ein erheblicher Anfang gemacht, auf dem weiter gebaut werden kann, indes erweisen sich weitergehende Maßnahmen, die in der Begründung eines Zeitungsmuseums gipfeln, als eine dringende Notwendigkeit, um so mehr als die Zeitungen die bibliothekstechnischen Maße, die in den Bibliotheken als Bücheraufbewahrungsstätten üblich sind, vollständig durchbrechen und als ferner bei nur einiger Vollständigkeit sich ein ganz bedeutendes Raumbedürfnis geltend machen wird. Die Errichtung eines Zeitungsmuseums wurde bereits im Jahre 1898 auf dem ersten internationalen Historikerkongreß im Haag erörtert und der von Professor Martin Spahn bei der letzten internationalen Tagung der Historiker im Anschluß an seinen Vortrag — die Presse als Quelle der neuesten Geschichte — entwickelte Gedanke, durch Zusammenwirken des Staates und der Zeitungsverleger ein Reichszeitungsmuseum zu schaffen, fand allgemeine Zustimmung. Es mag hierbei erwähnt werden, daß Schweden schon jetzt seine Zeitungen sorgfältig sammelt, Belgien bereits ein vorzüglich organisiertes Zeitungsarchiv besitzt und England wie die Vereinigten Staaten von Amerika große Zeitungsmuseen ihr eigen nennen.

Mit den Zeitungsmuseen wäre zugleich eine

8. Dublettenbibliothek
1 ha

8. Dublettenbibliothek

zu verbinden, die in erster Linie zur Entlastung der Königlichen Bibliothek dienen, zugleich aber auch sich zu einer Zentralstelle für die Sammlung der bei den staatlichen Bibliotheken vorkommenden Dubletten entwickeln müßte. Ein Bedürfnis für die Errichtung einer derartigen Anstalt ist schon heute vorhanden, da die Bibliotheken infolge von Raummangel genötigt sind, sich der Dubletten sobald als möglich zu entledigen, was die unerwünschte Folge hat, daß Dubletten, die vielleicht in anderen staatlichen Bibliotheken von Nutzen sein könnten, verkauft werden müssen.

9. Schulmuseum (Pädagogisches Museum).

9. Schulmuseum
2 ha

Schulmuseen haben die Aufgabe, einen vollständigen, geschichtlich entwickelten Überblick über die Lehr- und Lernmittel für die einzelnen Unterrichtsfächer zu geben, die Literatur über das gesamte Erziehungswesen zu sammeln, Modelle und Pläne für Schulbauten und die innere Ausstattung der Schulen als Muster zu zeigen, und die neben den normalen Schulen bestehenden Einrichtungen für vorschulpflichtige Erziehung (Kindergärten), für nicht Vollsinnige (Taubstumme, Blinde etc.), vorzuführen. Sie sollen für Lehrer, Erzieher und Eltern eine Fundgrube für zweckmäßige Maßnahmen im Schul- und Erziehungswesen bilden. In Deutschland gibt es zwar eine Reihe von Schulmuseen, meist von Lehrervereinigungen, zum Teil auch von Städten ins Leben gerufen, die aber nicht imstande sind, für das Schulwesen eines ganzen Landes befruchtend zu wirken. Für diesen Zweck bedarf es großer zentraler und mit reichen Mitteln ausgestatteter Anstalten, wie sie in Frankreich (Musée pédagogique in Paris), Dänemark

(Dansk Skolemuseum in Kopenhagen), in Rußland (Pedagogicěsky Muzeji vojennoucebnych zawedeny in St. Petersburg) und sogar in Japan (Kioiku Hakubutsukwan in Tokio) längst errichtet sind. Althoff schien es an der Zeit zu sein, daß Deutschland diesen Ländern nachstrebe und die Erfolge, welche die Unterrichtsverwaltung durch große Unterrichtsausstellungen in Chicago (1893) und St. Louis (1904) davon getragen, perpetuiere. Mit dem Museum würde zugleich eine Auskunftsstelle zu verbinden sein, die allen Interessenten zuverlässige, auf reichen Erfahrungen beruhende Auskunft erteilen könnte. Daß nach seiner Meinung diesem Museum durch Aufstellung von Büsten das Andenken an hervorragende Schulmänner (wie Hinzpeter) bewahrt werden sollte, sei nur nebenbei erwähnt.

10. Sport-und Spielplätze für Studierende und Schüler 6 ha

10. *Sport- und Spielplätze für Studierende und Schüler*

Immer wieder brachte Althoff zum Ausdruck, wie sehr ihm die sportliche Ausbildung der Jugend am Herzen liege. Die durchgreifende Förderung dieser Aufgabe war ihm zumal angesichts vielfacher in den größeren Städten wie in Berlin auch unter der Jugend hervortretender sittlicher Schäden eine Grundbedingung für die gesunde Weiterentwickelung unseres Volkes. Für diese Zwecke erschien ihm die Dahlemer Flur vorzüglich geeignet. Deshalb hatte er auch dem die harmonische Geistes-, Körper- und Charakterbildung ins Auge fassenden erfolgreich aufstrebenden Arndtgymnasium sein tatkräftiges Interesse zugewandt. Nicht minder interessierte er sich für die dahingehenden an der hiesigen Universität hervorgetretenen Bestrebungen. Schwer empfand er den Mangel an geräumigen Plätzen zu Freiübungen und Turnspielen für Studierende und Schüler und hielt auch in Dahlem die Offenhaltung größerer Flächen hierzu für unerläßlich.

B. *Erwägungen wegen Verlegung von Behörden und Anstalten des Reichs- bezw. des Preußischen Staates*

Bei einer großen Zahl von Staatsgebäuden besteht dauernd ein Erweiterungsbedürfnis, das im Anschluß an die vorhandenen Grundstücke entweder überhaupt nicht oder nur unter Aufwendung unverhältnismäßig hoher Kosten befriedigt werden kann. Bei manchen liegt es so, daß die vorhandenen Baulichkeiten besser zur Erweiterung anderer Staatsgebäude Verwendung finden. Eine Reihe von Behörden und Anstalten ist ferner zurzeit in teuren Stadtteilen untergebracht, ohne daß ihre Bedeutung oder Zweckbestimmung oder ihre zu anderen Behörden zu unterhaltenden Beziehungen eine solche Lage erforderlich machte. Durch die Verlegung aller derartiger Anstalten nach Dahlem würde der Ankauf kostspieliger Grundstücke zur Erweiterung der in Berlin vorhandenen zu vermeiden sein, indem die freigewordenen Grundstücke zur Erweiterung herangezogen werden könnten, zum Teil aber auch wäre die Verlegung allein schon unter dem Gesichtspunkt empfehlenswert, daß die Benutzung des im Laufe der Jahre wertvoll gewordenen Baugeländes einen jährlichen Mehraufwand bedeutet, während der zu erzielende Verkaufspreis anderen Staatszwecken zugute käme. Ein Vorgehen in dieser Richtung könnte nur allmählich erfolgen, müßte aber möglichst frühzeitig vorbereitet werden, insbesondere durch Feststellung der hierfür in Betracht kommenden Baulichkeiten und Aufstellung eines besonderen Bebauungsplanes für den zu reservierenden Teil der Domäne Dahlem. Daß durch solche Verlegungen die Domäne für private Bebauung erhöhte Anziehungskraft gewönne, war für Althoff zweifellos. Ein schlagendes Beispiel, wie bedeutende Vorteile auf diese Weise zu erzielen seien, war die Verlegung des Evangelischen Johannesstifts aus Plötzensee in den Spandauer Forst, da dieses von der Stadt Berlin einen Verkaufserlös von nahezu 12 Mill. M erzielt hat und für die Neubegründung wenig mehr als die Hälfte aufzuwenden genötigt sein wird.

Lediglich um sich in dieser Beziehung ein Bild zu machen, hat Althoff die Verzeichnisse der Grundstücke des Deutschen Reichs und des Preußischen Staates in Berlin nach folgenden Gesichtspunkten einer Durchsicht unterzogen.

a. Behörden und Institute, die mit Rücksicht auf zweckmäßigen Betrieb nach Dahlem zu verlegen sind, zunächst weil sie dort im Anschluß an die vorhandenen Behörden und Institute vorteilhafter liegen als in Berlin, dann aber auch, weil es möglich ist, Neuanlagen mit guter Belichtung auszuführen und Gelände für Versuchszwecke bereit zu stellen;
b. Anlagen, deren Verlegung deshalb erwünscht ist, weil die gegenwärtigen Grundstücke für anderweitige Zwecke geeigneter sind;
c. Anlagen, die in Berlin und Dahlem gleich zweckmäßig liegen, die aber zurzeit auf derartig kostspieligen Grundstücken untergebracht sind, daß der Verkauf empfohlen werden muß. Diese Gesichtspunkte schienen ihm mehr oder weniger bei nachstehenden Gebäuden vorzuliegen:

Grundstücke des Deutschen Reichs:	Flächeninhalt:
Kaiserlich Statistisches Amt, Lützowufer 8—12	67,77 ar
Militärturnanstalt, Scharnhorststr. 1	101,75 ar
Kommando des Kadettenkorps, Hallesches Ufer 24	14,04 ar
Invalidenhaus, Scharnhorststr. 3—8	632,00 ar
Grundstücke der Preußischen Staatsverwaltung:	
Statistisches Landesamt, Lindenstr. 28	55,80 ar
Königliches Seminar, Friedrichstr. 229	58,74 ar
Königliches Lehrerinnenseminar, Kleinbeerenstr. 16-19	39,33 ar
Taubstummenlehranstalt, Luisenstr. 83	24,60 ar
Tierärztliche Hochschule, Luisenstr. 56	654,13 ar
Landwirtschaftliche Hochschule, Invalidenstr. 42	113,00 ar
Bergakademie und Geologische Landesanstalt	70,00 ar
	1831,16 ar

Mehrere der vorgenannten Gebäude, so die Tierärztliche Hochschule, die Landwirtschaftliche Hochschule und die Bergakademie würden vermöge ihrer Lage in der Nähe der Charité und der naturwissenschaftlichen Universitätsinstitute sich zur Aufnahme von Lehr-, Seminar- und Sammelräumen der Universität vortrefflich eignen, während andere, so das Invalidenhaus, bei einer Veräußerung große Erträgnisse liefern würden. Der Wert des Invalidenhauses beträgt beispielsweise bei Annahme eines Einheitssatzes von 250 M pro qm, der in der Scharnhorststraße bereits gezahlt ist, 15800000 M. Da der Neubau einschließlich Grunderwerb bei gleicher Flächenausdehnung in Dahlem nur 2900000 M kosten würde, so ergibt sich ein Vorteil von 12900000 M.

Zu einem abschließenden Urteil und endgültigen Vorschlägen ist Althoff nicht mehr gelangt. Es ist auch nicht wahrscheinlich, daß es in seiner Absicht lag, unmittelbar der Ausführung zugrunde zu legende Vorschläge zu machen. Es kam ihm weniger darauf an, hinsichtlich der erörterten Anstalten in allernächster Zeit eine endgültige Beschlußfassung herbeizuführen, als vielmehr darauf, durch Zusammenwirken aller Ressorts der Preußischen Staatsverwaltung und womöglich auch des Reichs sobald wie möglich einen großzügigen Plan zustande zu bringen. Da es nun einmal nicht möglich ist, sämtliche Staatsgebäude in Berlin zu belassen, so soll möglichst frühzeitig Einvernehmen darüber erzielt werden, welche Behörden und Institute unter allen Umständen in Berlin verbleiben müssen und welche nach auswärts verlegt werden können, welche Grundstücke hierdurch frei werden und ob es zweckmäßiger ist, dieselben zu veräußern oder Anstalten dergleichen [der gleichen?] oder anderer Ressorts auf dieselben zu verlegen. Werden derartige Untersuchungen aller Ressorts am besten durch eine besonders zu bildende Kommission angestellt, so wird es in kurzer Zeit möglich sein, ein sicheres Urteil darüber zu gewinnen, welche Gesamtfläche verfügbar gehalten werden muß. Bei einem derartigen Vorgehen sollte allerdings darauf Rücksicht genommen werden, daß die Bebauung Dahlems seitens der Privattätigkeit nicht aufgehalten werden darf.

Schon aus diesem Grunde wäre es nach Althoffs Meinung notwendig, statt der bisher in Aussicht genommenen getrennt liegenden Reservate einen einzigen zusammenhängenden Komplex bereitzustellen, den er auf 100 ha bemaß. Nach den Intentionen Althoffs wäre für dieses Terrain ein besonderer, den höchsten künstlerischen Anforderungen entsprechender Bebauungsplan aufzustellen und zugleich die Lage so auszusuchen, daß die Benutzung der in Aussicht stehenden Verkehrseinrichtungen möglichst bequem sein würde. In dem beigefügten Plane, in dem die vorzubehaltenden Flächen von zusammen 100 ha gelb eingetragen sind, ist versucht worden, den Wünschen Althoffs möglichst unter Berücksichtigung der Interessen der Finanz- und Landwirtschaftsverwaltung durch Freilassung größerer Straßenzüge Rechnung zu tragen. Die Ausscheidung der dabei nicht in Betracht gezogenen gelb punktierten Streifen an den Straßen 30 und 40 aus der vorbehaltenen Fläche würde er kaum für zulässig erachtet haben. Überhaupt wies er darauf hin, daß bei der bereits erfolgten Vergebung von Terrain der biologischen Reichsanstalt und dem Luisenstift bestgelegenes Gelände an der Hauptstraße überlassen sei, obwohl für diese Anstalten die bequeme Zugänglichkeit nicht annähernd die Bedeutung habe, wie für die zu verlegenden Museen.

C. Verkehrsmöglichkeiten

In voller Würdigung der Wichtigkeit guter Verkehrseinrichtungen verfolgte Althoff aufmerksam die Absichten der Staatsbahnverwaltung wie die auf den Bau von elektrischen Schnellbahnen gerichteten Pläne der Städte Schöneberg und Wilmersdorf. Er erörterte auch die Verbindung Dahlems mittels Straßenbahn und Kraftomnibus. So erwog er ein Abkommen mit der Berliner Omnibusgesellschaft, wonach jene die Verbindung zwischen einem geeigneten Punkte der Luisenstraße (Charité) und Dahlem — ohne Fahrtunterbrechung — gegen eine Pauschsumme für jeden Wagen und jede Fahrt unter unentgeltlicher Beförderung der Studenten besorgen sollte. Mit Genugtuung stellte er noch die Zeitungsmeldungen fest, die über den neuen Bahnhof der Wannseebahn in der Nähe des Botanischen Gartens berichteten, ebenso die Nachricht, daß die Durchleitung einer elektrischen Schnellbahn mitten durch das Dahlemer Gebiet als gesichert zu gelten habe, nachdem der Fiskus für die Fortführung der von der Stadt Wilmersdorf geplanten, am Rastatter Platz[4] endigenden Strecke sich zur Gewährung eines Beitrages von 3½ Millionen bereit gefunden. Für das Museum für Völkerkunde wünschte er vor allem eine Haltestelle der Schnellbahn. Die beabsichtigte Linienführung ist in dem beigefügten Plane rot eingetragen. Nach Althoffs Ansicht wäre die grün punktierte Linie mit Haltestelle am Völkerkundemuseum und in der Nähe des Haupteingangs zum Botanischen Garten erwünschter gewesen. Entscheidend schien ihm indes nur, daß die staatlichen Anstalten, namentlich Museen und Sammlungen, hinsichtlich der Linienführung nicht hinter den privaten Bauten zurückgesetzt werden.

D. Notwendigkeit der Erweiterung der Aufteilungskommission

Wie schon eingangs angedeutet, hielt Althoff die Berücksichtigung derartiger Interessen nur dann für gewährleistet, wenn die Königliche Aufteilungskommission durch die Beiordnung von Vertretern der verschiedenen Interessensphären ergänzt würde. Er dachte hierbei vor allem an einen Kommissar Seiner Majestät, wofür er den Polizeipräsidenten Wirklichen Geheimen Oberregierungsrat von Stubenrauch vorschlug. Nicht minder aber erschien ihm der Eintritt je eines Vertreters der Wissenschaft, der die Berücksichtigung der wissenschaftlichen Aufgaben sichere, und eines großen Architekten erforderlich, der die würdige einheitliche Gestaltung der ganzen aus öffentlichen Bauten und Landhäusern bestehenden Anlage, auch wenn sie in einzelnen, wie das Völkerkundemuseum, anderen Architekten zu übertragen seien, zu beeinflussen, in der Lage sei. Als solche erschienen ihm der Generaldirektor der Königlichen Bibliothek Wirkliche

[4] Am Rande eines maschinenschriftlichen Durchschlags einer Abschrift Schmidt-Otts handschriftlich: »Breitenbachpl. ?« Der Rastatter Platz wurde später in Breitenbachplatz umbenannt. (Anm. d. Hrsg.)

Geheime Oberregierungsrat Dr. Harnack und der Geheime Oberhofbaurat von Ihne hervorragend geeignet.

Zu den Aufgaben dieser erweiterten Kommission sollte es unter anderem gehören, bei der Vergebung von Bauplätzen an Private durch geeignete Maßnahmen die Errichtung schöner Villen etwa im Stile englischer Landhäuser zu sichern, für die künstlerische Ausgestaltung des Bebauungsplanes zu sorgen, kurz alles zu tun, was dem Gesamtbilde der Kolonie eine möglichst einheitliche und ästhetisch reizvolle Wirkung zu geben vermag.

Sucht man die Gedanken Althoffs hiernach nochmals zusammenzufassen, so gelangt man zu folgenden Hauptgesichtspunkten:

I. Für die Aufteilung Dahlems darf nicht das Betreben maßgebend sein, das Gelände möglichst bald und gewinnbringend zu veräußern; es ist vielmehr für gegenwärtige und künftige Bedürfnisse des Staates ausreichende Vorsorge zu treffen und zu diesem Behufe eine große zusammenhängende Fläche vom Verkaufe auszuschließen. Die Größe dieses Reservats muß auf mindestens 100 ha festgesetzt werden, da schon 2 Drittel (rund 70 ha) durch den Bau der in Vorschlag gebrachten Museen und anderen wissenschaftlichen Anstalten pp. in Anspruch genommen werden, so daß für anderweite Staatsbedürfnisse nur etwa 30 ha verbleiben.

II. Die umfassende und planmäßige Prüfung der Frage, welche Behörden und Anstalten für die Verlegung nach Dahlem ins Auge zu fassen sein werden, ist einer Kommission zu übertragen, welche aus Vertretern aller in Betracht kommenden Ressorts des Reichs und des Preußischen Staates zu bilden ist.

III. Die Linienführung der für die Erschließung Dahlems notwendigen Bahnen darf nicht allein durch die Rücksicht auf eine möglichst vorteilhafte Verwertung des Geländes bestimmt werden, sie hat vielmehr insbesondere auch dem Bedürfnisse nach einem raschen und bequemen Verkehr mit den zu errichtenden Museen und Instituten gerecht zu werden.

IV. Die Geltendmachung dieser Interessen macht die Erweiterung der Königlichen Aufteilungskommission durch einen Kommissar Seiner Majestät (Stubenrauch), einen Gelehrten (Harnack) und einen besonders geeigneten Architekten (Ihne) unerläßlich.

SCHREIBEN DES GEHEIMEN ZIVILKABINETTS AN DAS STAATSMINISTERIUM. 24. 3. 1909

Seiner Majestät dem Kaiser und Könige war bekannt, daß der Wirkliche Geheime Rat Dr. Althoff sich namentlich in der letzten Zeit seines Lebens vielfach mit der Frage der zweckmäßigsten Ausnutzung der Domäne Dahlem für staatliche Zwecke beschäftigt hatte. Von dem Wunsche getragen, diese Vorarbeiten und Gedanken, von denen Althoff Seiner Majestät bei Lebzeiten öfter gesprochen, für die weitere Behandlung der Frage nutzbar zu machen, haben Seine Majestät die Sammlung und Zusammenstellung des von Althoff hierüber schriftlich Hinterlassenen angeordnet. Nachdem im Verfolg hiervon die in der Anlage ganz ergebenst beigefügte Ausarbeitung vorgelegt worden ist, haben Seine Majestät aus derselben den Eindruck gewonnen, daß die Pläne Althoffs — obschon nicht zum Abschluß gelangt — doch eine Reihe höchst beachtenswerter Vorschläge und Anregungen enthalten.

Während die Fragen der Ausnutzung des Terrains für die verschiedenen staatlichen Zwecke im einzelnen späterer Erörterung und Entschließung vorbehalten bleiben müssen, halten Seine Majestät die Festsetzung des Umfangs und der Belegenheit des für gegenwärtige und künftige Bedürfnisse des Staates unbedingt zu reservierenden Terrains schon jetzt für dringend geboten und sind geneigt, der Ansicht Althoffs beizupflichten, daß zu diesem Zwecke *mindestens* 100 ha vom Verkaufe auszuschließen sein werden

Ferner halten Seine Majestät es zur Wahrung der wichtigen konkurrierenden Interessen für erforderlich, daß schon jetzt mit einer anderweiten Ausgestaltung der Aufteilungskommission vorgegangen wird.

Seine Majestät wünschen, daß das Königliche Staatsministerium die in der Niederschrift berührten Pläne und Anregungen einer eingehenden Prüfung unterzieht, wollen zunächst aber wegen der beiden oben besonders betonten Punkte einem baldigen Bericht entgegensehen.

Dem Königlichen Staatsministerium habe ich die Ehre im Allerhöchsten Auftrage hiervon ganz ergebenst Mitteilung zu machen.

gez. von Valentini.

VOTUM DES MINISTERS FÜR LANDWIRTSCHAFT, DOMÄNEN UND FORSTEN BERND VON ARNIM-KRIEWEN UND DES FINANZMINISTERS GEORG FREIHERR VON RHEINBABEN 9. 6. 1909

Mit dem Schreiben des Geheimen Zivilkabinetts vom 24. März d. Js. ist dem Staatsministerium unter der Bezeichnung »Althoffs Pläne für Dahlem« ein umfangreiches Material unterbreitet worden, das im wesentlichen als eine Zusammenfassung der Gedanken bezeichnet werden kann, welche dem nunmehr heimgegangenen hochverdienten Förderer des wissenschaftlichen Fortschrittes hinsichtlich der weiteren Entwickelung und Neubegründung zahlreicher dem Ausbau der einzelnen Wissenszweige dienenden Anstalten vorschwebten, für deren räumliche Unterbringung ihm das aus Teilen der früheren Domäne Dahlem und den angrenzenden Gebieten des Forstbezirks Grunewald bestehende Dahlemer Aufteilungsgelände besonders geeignet erschien.

Als die zuständigen Ressortminister können wir diese von so beachtenswerter Seite ausgehende Anregung nur dankbar anerkennen und gestatten uns im übrigen zu bemerken, daß es von Anfang an unsere Absicht gewesen ist, den diesbezüglichen Bedürfnissen durch Reservierung des erforderlichen Geländes in Dahlem im vollen Umfang Rechnung zu tragen. Die Angelegenheit hat bereits den Gegenstand eingehender Erwägungen und Verhandlungen gebildet und Seine Majestät der Kaiser hat schon im verflossenen Winter hierüber Vortrag befohlen. Bei Gelegenheit dieses Vortrages, an dem der Eilbedürftigkeit wegen nur der unterzeichnete Finanzminister beteiligt war, hat Seine Majestät entschieden, daß die auf der beiliegenden Karte (Anlage A) in gelb, rot und blau angelegten Flächen in Gesamtgröße von 50 ha für staatliche Bauten reserviert werden sollten. Bei der Auswahl dieser Blocks ist auf eine günstige Lage zu der projektierten Schnellbahn, deren Trace in dem Plane verzeichnet ist, Rücksicht genommen worden.

Könnte danach die Angelegenheit an sich als erledigt erachtet werden, so dürfte es sich doch empfehlen, zunächst auf die Althoff'schen Pläne etwas näher einzugehen und zu prüfen, inwieweit diese Fläche als ausreichend betrachtet werden kann.

Prüfung der Frage, inwieweit die bereits reservierten Flächen zur Ausführung der Althoff'schen Pläne hinreichen

In der nachfolgenden Tabelle sind die einzelnen Flächen und die Zwecke, für welche sie bestimmt sind, übersichtlich zusammengestellt:

A. Bestimmte Vorschläge wegen einzelner wissenschaftlicher Institute und Sammlungen:

1.	Museum für Völkerkunde	10 ha
2.	Naturwissenschaftliche und medizinische Universitätsinstitute	30 „
3.	*Neue* naturwissenschaftliche Universitätsinstitute	6 „
4.	Neue Staatsanstalten für *reine Forschung*	6 „
5.	Chemisch-technische Reichsanstalt	3 „
6.	Orientalisches Seminar	3 „
7.	Zeitungsmuseum	1 „
8.	Dublettenbibliothek	1 „
9.	Schulmuseum	2 „
10.	Sport- und Spielplätze für Studierende und Schüler	6 „
		68 ha.

B. Verlegung von Behörden und Anstalten:

a. des deutschen Reiches:

	Gesamtfläche	*8.15.56* ha

b. des preußischen Staates:

1.	Statistisches Landesamt	0.55.80 ha
2.	Königliches Seminar	58.74 „
3.	„ Lehrerinnenseminar	39.33 „
4.	Taubstummenanstalt	24.60 „
5.	Tierärztliche Hochschule	6.54.13 „
6.	Landwirtschaftliche Hochschule	1.13.00 „
7.	Bergakademie und geologische Landesanstalt	70.00 „
	zusammen	10.15.60 ha.

Bezüglich der unter B. a. aufgeführten Fläche von 8.15.56 ha, welche für die eventuelle Verlegung von *Reichs*instituten nach Dahlem in Aussicht genommen ist, dürfen wir zunächst darauf hinweisen, daß das Reich eine rund 20 ha umfassende, im Süden von der Potsdamer Chaussee, im Osten und Westen von dem Dahlemer Gelände eingeschlossene Fläche käuflich erworben hat und für die Errichtung von Reichsanstalten bereit hält (vergl. Anlage C). Es dürfte sich daher erübrigen, nach dieser Richtung hin für die Bedürfnisse des Reiches Vorsorge zu treffen.

Was sodann die unter B. b aufgeführten Anstalten des preußischen Staates betrifft, deren Verlegung nach Dahlem der Althoff'schen Auffassung gemäß in Erwägung zu ziehen ist, so steht zunächst keineswegs fest, ob ihre Verlegung aus den gegenwärtigen Wohnsitzen mit den Zwecken und Zielen dieser Anstalten vereinbar ist und von den bezüglichen Ressorts gewünscht wird. Soweit die mir, dem Minister für Landwirtschaft, Domänen und Forsten unterstellten Anstalten, nämlich die tierärztliche und landwirtschaftliche Hochschule in Betracht kommen, muß ich mich auf das Entschiedenste gegen die Verlegung aussprechen. Bezüglich der tierärztlichen Hochschule erscheint die Verlegung schon deshalb ausgeschlossen, weil der Betrieb der Tierklinik, die Beschaffung von Material für Demonstrationen etc. den Verbleib der Anstalt im Innern der Stadt gebieterisch fordern. Aber auch einer Verlegung der landwirtschaftlichen Hochschule würde ich zunächst aus dem Grunde nicht zustimmen können, weil die bezüglichen Gebäude vor verhältnismäßig kurzer Zeit mit einem Aufwand von insgesamt 5,3 Millionen Mark für diesen speziellen Zweck errichtet worden sind und in hervorragender Weise ihrer Bestimmung entsprechen. Der Verkauf würde außerdem ein befriedigendes finanzielles Ergebnis kaum erwarten lassen, weil verhältnismäßig große, als Hinterland zu bezeichnende Flächen in Frage kommen und die auf die besonderen Bedürfnisse der Hochschule zugeschnittenen Bauten ohne beträchtliche Kosten für den Umbau zu modernen Zwecken kaum verwendbar wären. Schließlich steht auch die landwirtschaftliche Hochschule im engsten Konnex mit der Universität, bezüglich zahlreicher volkswirtschaftlicher und sonstiger Vorlesungen sind die Studierenden auf die Dozenten der Universität angewiesen, eine nicht unbeträchtliche Zahl von Studierenden der Universität und der Bergakademie, sowie der tierärztlichen und der technischen Hochschule hospitieren an der landwirtschaftlichen Hochschule, so daß deren Verlegung in zu große Entfernung von diesen Anstalten nicht angängig erscheint. Hinsichtlich der übrigen unter B. b genannten Anstalten, von denen das Lehrerseminar, das Lehrerinnenseminar und die Taubstummenanstalt ausscheiden, weil für sie bereits Neubauplätze außerhalb Dahlems ins Auge gefaßt sind, möchten wir ferner darauf hinzuweisen uns erlauben, daß selbst, wenn ihrer Überführung aus dem Stadtinnern nach außerhalb an sich sachliche Bedenken nicht entgegenstünden, keinerlei Gründe vorliegen dürften, welche die Verlegung dieser Anstalten gerade nach Dahlem erfordern würden, das infolge seiner günstigen Lage inmitten der westlichen Vororte und infolge der sehr beträchtlichen fiskalischen Aufwendungen für höhere Schulen und für die Verbesserung der Verkehrsverhältnisse schon jetzt recht hohe Bodenpreise aufweist. In dieser Beziehung sei der Hinweis auf die beiliegende Karte (Anlage B) gestattet, aus welcher hervorgeht, daß außer Dahlem noch zahlreiche Flächen in der Umgebung Berlin's sich im fiskalischen Besitz befinden, die durch so gute Verkehrswege mit dem Stadtinnern verbunden sind, daß der Verlegung von Anstalten der gedachten Art nach diesen Grundstücken durchaus nichts im Wege stünde.

Hiernach würden für die Unterbringung in Dahlem im wesentlichen nur die unter A aufgeführten Anstalten in Betracht kommen. Bezüglich der unter Nr. 10 dieses Abschnittes aufgeführten Sport- und Spielplätze für Studierende und Schüler gestatten wir uns zunächst darauf hinzuweisen, daß die Errichtung eines großen, diesem Bedürfnis Rechnung tragenden Spielplatzes in dem Teil des Grunewaldes, der für alle Zeiten als Volkspark erhalten bleiben soll, in Aussicht genommen ist. Die bei A geforderte Gesamtfläche reduziert sich also zunächst von 68 auf 62 ha. Dem in der Denkschrift geäußerten Wunsche, es möchte auch dem berühmten Chemiker van t'Hoff in Dahlem Gelegenheit geboten werden, sich auf dem von ihm gewählten besonderen Forschungsgebiet zu betätigen, ist, nebenbei bemerkt, bereits Rechnung getragen. Der Genannte hat dem Domänenfiskus eine entsprechende Ackerfläche im Bereich der Reservate für eine Reihe von Jahren abgepachtet und beabsichtigt, ein einfaches, für die Zwecke seiner wissenschaftlichen Arbeiten geeignetes Holzhaus darauf zu errichten. Andere Hilfsmittel scheint er für seine Forschertätigkeit nicht zu beanspruchen.

Weiter aber möchten wir der Meinung Ausdruck geben, daß der Maßstab, welcher bei der Bemessung der den einzelnen Zwecken dienenden Flächen in den »Plänen Althoff's« zur Anwendung kam, dem tatsächlichen Bedürfnis nicht entspricht. So sind beispielsweise unter Nr. 2 jener Aufstellung für naturwissenschaftliche und medizinische Universitäts-Institute 30 ha oder rund 120 preußische Morgen eingestellt. Die sämtlichen Gebäude der landwirtschaftlichen Hochschule nehmen jetzt, wie die Aufstellung unter B. b zeigt, kaum mehr als 1 ha in Anspruch. Es könnten also auf jener Fläche nicht weniger als 30 Anstalten von der Größe der landwirtschaftlichen Hochschule errichtet werden. Bringt man denselben Vergleich auf die mit je 6 ha in Ansatz gebrachten neuen naturwissenschaftlichen Universitäts-Institute, auf die Fläche von 3 ha für das orientalische Seminar und von 2 ha für das Schulmuseum in Anwendung, so ergibt sich auch bei Berücksichtigung der für Dahlem geltenden Bauordnung der Schluß, daß die von Althoff aufgeführten Bedürfnisse sich, selbst wenn man sie — obwohl sie darauf wohl keinen Anspruch machen — sämtlich als feststehend bezeichnet, sich neben anderweiten für die Zukunft etwa hervortretenden staatlichen Bedürfnissen sehr reichlich auf einer Fläche von 50 ha oder 200 preußischen Morgen befriedigen lassen. Dies ist die Fläche, die ich, der Finanzminister, bei Gelegenheit des Seiner Majestät dem Kaiser gehaltenen Vortrages als notwendig bezeichnet habe und mit deren Reservierung sich Seine Majestät einverstanden erklärt hat. Auf der beiliegenden Karte (Anlage C) sind 18 der bekanntesten Berliner Staatsbauten, nämlich:

1. das Kaiser Friedrich-Museum,
2. das Pergamon-Museum,
3. die Nationalgalerie,
4. das neue,
5. das alte Museum,
6. die Königliche Bibliothek,
7. die Universität,
8. das Zeughaus,
9. das Herrenhaus,
10. das Abgeordnetenhaus,
11. das Museum für Völkerkunde,
12. das Kunst- und Gewerbemuseum,
13. die Geologische Landesanstalt und Bergakademie,
14. das Museum für Naturkunde,
15. die Landwirtschaftliche Hochschule mit Museum,
16. die Kaiser Wilhelm-Akademie,
17. das Invalidenhaus,
18. die Technische Hochschule

mit reichlich bemessenen Gartenanlagen maßstäblich in die vorhandenen Baublocks eingetragen. Die in Anspruch genommene Fläche umfaßt 40—42 ha. Auch hieraus dürfte sich ergeben, daß man sich bei Berechnung des für die oben erwähnten Anstalten erforderlichen Baugeländes im Maßstab vergriffen hat.

Aufnahmefähigkeit der zukünftigen Gemeinde Dahlem für staatliche Institute

In den vorliegenden »Althoff'schen Plänen« ist aber ein Gesichtspunkt ganz außer acht geblieben, der unseres Dafürhaltens von der schwerwiegendsten Bedeutung ist, nämlich die Rücksicht auf die in der Entwickelung begriffene Kolonie und die Gemeinde, in welche die Kolonie später umgewandelt werden soll. Die Frage der Deckung der Kosten für die Verwaltung des Gemeinwesens ist zur Zeit in der Weise geregelt, daß der Fiskus die Gesamtkosten der Gutsbezirksverwaltung einschließlich der Kosten der Straßenreinigung, Straßenbeleuchtung, Unterhaltung der höheren Schulen etc. trägt. Die einzelnen Hausbesitzer beteiligen sich an diesen Kosten dadurch, daß von vornherein ein nach dem Kaufpreis jedes Grundstücks bemessener fester Betrag erhoben wird, der zur Zeit die fiskalischen Ausgaben keineswegs deckt. Dies ist insoweit gerechtfertigt, als man der bis jetzt angesiedelten, verhältnismäßig geringen Zahl von Einwohnern nicht zumuten kann, die Kosten der Unterhaltung und Beleuchtung der nur teilweise bebauten Straßen, die Zuschüsse zu den höheren Schulen etc. allein zu tragen. Daraus ergibt sich aber die Notwendigkeit, das Aufteilungsgeschäft in verhältnismäßig kurzer Zeit abzuwickeln und den Gutsbezirk in nicht allzuferner Zukunft in eine selbständige Gemeinde überzuführen. Es kann aber keinem Zweifel unterliegen, daß diese Umwandlung um so größeren Schwierigkeiten begegnet, je größer die Zahl der öffentlichen Gebäude ist, die zur Zeit der Gemeindebildung bereits vorhanden sind, oder in Zukunft auf ihrem Gebiet noch errichtet werden sollen. Ist das ganze Gebiet mit den Wohnhäusern steuerzahlender Privatleute besetzt, so wird die Bildung der Gemeinde ohne Schwierigkeiten sich vollziehen, je größer die Zahl der Staatsanstalten ist, desto später wird sich die Bildung der Gemeinde bewirken lassen, desto größer werden die Schwierigkeiten werden, welche ihrer Bildung entgegenstehen. Die Unterbringung einer übermäßigen Zahl von Staatsanstalten in der Kolonie wird aus demselben Grunde das Verkaufsgeschäft auf das Äußerste schädigen und verlangsamen. Es ist selbstverständlich nicht angängig, die Käufer beim Abschluß des Kaufvertrages über die Zukunft der Kolonie im Unklaren zu lassen. Die Reservate müssen vielmehr in die Pläne eingetragen werden, welche den Käufern beim Abschluß des Kaufvertrages vorliegen. Nehmen die Reservate einen übermäßigen Umfang an, so werden die Käufer abgeschreckt, weil sie sich mit Recht sagen müssen, daß das Vorhandensein so zahlreicher öffentlicher

Anstalten das Budget der späteren Gemeinde über Gebühr belastet, also für den Einzelnen äußerst drückende Steuerabgaben mit sich bringt.

Aber die Unterbringung einer zu großen Zahl von Staatsanstalten in einem bestimmten Gemeindegebiet bringt noch andere Nachteile mit sich. Durch die Reservate werden die einzelnen Teile der Gemeinde auseinandergerissen, es entstehen lange menschenleere Straßenzüge, wodurch der Sicherheitsdienst, zumal in den Abendstunden, wesentlich erschwert und die berechtigte Erwartung der bereits angesiedelten Käufer auf Entwickelung eines angenehmen Wohnplatzes getäuscht wird. Diese Erwägungen führen nebenbei bemerkt zu dem Ergebnis, daß es sich im allgemeinen mehr empfiehlt, die öffentlichen Gebäude über das Gebiet der Kolonie in kleineren Gruppen zu verteilen, als sie auf einem geschlossenen Komplex zusammenzudrängen. Die einzelnen Gruppen können dessen ungeachtet so zu den vorhandenen Verkehrseinrichtungen angeordnet werden, daß die Entfernungen der einzelnen Gruppen von einander nicht störend empfunden werden. Das Auflösen des für staatliche Anstalten bestimmten Areals in einzelne Gruppen kann auch für das Gesamtbild der fertigen Villenstadt nur von Vorteil sein. Vereinigt man alle die großen Bauten in eine zusammenhängende Fläche, so wird immer der eine Bau die Aussicht auf den anderen verdecken. Sind sie in einzelnen Gruppen verteilt, so daß die höheren Staatsgebäude aus den umgebenden Gärten und niedrigen Privatvillen hervorragen und schon von Weitem sichtbar sind, so wird das Gesamtbild ein viel ansprechenderes werden, die Wirkung der monumentalen Staatsbauten wird viel mehr zur Geltung kommen und es ist dadurch außerdem die Möglichkeit gegeben, die Umgebung der Staatsgebäude dem besonderen Charakter der letzteren anzupassen, was für den Eindruck der Gesamtlage nur vorteilhaft sein kann. Im wesentlichen muß übrigens an der von uns vorgeschlagenen Anordnung der Reservatflächen schon deshalb festgehalten werden, weil die bereits fertiggestellten Pläne der Chemisch-technischen Reichsanstalt auf den für diesen Zweck reservierten Block 165 zugeschnitten sind. Die Lage der Museen in den Blocks 105, 106 etc. ist von dem verstorbenen Geheimrat Messel nach eingehender Besichtigung des Geländes an Ort und Stelle selbst ausgesucht worden, auch hat diese Wahl bereits die Zustimmung Seiner Majestät gefunden, so daß es sich empfehlen dürfte, hieran unter allen Umständen festzuhalten.

Bei der Bemessung der Zahl und des Umfanges der öffentlichen Gebäude, die der zukünftigen Gemeinde Dahlem heute noch zugemutet werden sollen, darf übrigens nicht vergessen werden, daß die in Dahlem schon jetzt untergebrachten Institute des Reiches und Preußens bereits ein Areal von 75 ha umfassen.

Nachteile der Unterbringung eines Übermaßes von öffentlichen Instituten im Gebiet der zukünftigen Gemeinde Dahlem in finanzieller Beziehung

Was schließlich die finanzielle Seite der Frage betrifft, so gehen wir mit dem Verfasser der »Althoff'schen Pläne« darin vollkommen einig, daß die diesbezüglichen Erwägungen nicht in den Vordergrund gestellt werden dürfen. Ebensowenig scheint es aber gerechtfertigt, bei den sehr hohen Werten, um die es sich hierbei handelt, diesen Gesichtspunkt ganz aus dem Auge zu verlieren. Vorweg gestatten wir uns, an dieser Stelle zu bemerken, daß die Erlöse aus den Dahlemer Verkäufen zum Ankauf von Domänen und von Ödlandsflächen zum Zweck der Aufforstung im Osten der Monarchie schon bisher verwendet wurden und auch für die Zukunft verwendet werden sollen. Diese Summen dienen also zur Erfüllung einer in nationaler und kultureller Beziehung höchst bedeutsamen Aufgabe des Staates, so daß wir schon aus diesem Grunde Wert darauf legen müssen, daß die aus den Verkäufen zu erwartenden Einkünfte nicht ohne dringende Notwendigkeit geschmälert werden. Ferner aber müssen wir mit Nachdruck die Aufmerksamkeit auf eine Seite der Frage lenken, die in der vorliegenden Denkschrift anscheinend ganz übersehen worden ist. Es kann offenbar nicht die Absicht sein, das für Staatszwecke bestimmte Gelände für unabsehbare Zeit bereit zu halten, vielmehr wird notgedrungen auch eine zeitliche Begrenzung eintreten müssen. Zunächst sind 50 ha oder 500000 qm reserviert. Der Preis wird in den nächsten Jahren in der Gegend der Reservate durchschnittlich mindestens 25 M je qm betragen. Es handelt sich also um einen Wert von rund 12½ Millionen Mark. Wenn von der jetzt vorliegenden Verwertungsmöglichkeit 25 Jahre lang kein Gebrauch gemacht wird, so hat sich unter Zugrundelegung eines Zinsfußes von 4 Prozent der ganze Betrag bis zum Ablauf der genannten Frist aufgezehrt. Die Bemessung des Zeitraumes, für welchen das Baugelände zweckmäßigerweise bereit zu stellen ist, hängt naturgemäß davon ab, in welchem Maße staatliche Gelder für den Neubau derartiger Anstalten flüssig gemacht werden können. Nach meinem, des Finanzministers, Urteil, ist es aber gänzlich ausgeschlossen, daß in dem erwähnten Zeitraume von 25 Jahren Summen für diesen Zweck bereit gestellt werden, welche hinreichen, um eine Fläche von mehr als 50 ha oder 200 preußischen Morgen mit derartigen Anstalten zu besetzen.

Für den wider Erwarten während dieser Zeit etwa eintretenden höheren Bedarf und für die Bedürfnisse, welche nach 25 Jahren noch der Befriedigung harren, steht übrigens noch eine Fläche von rund 160 ha zur Verfügung, welche an Straße 76 westlich sich anschließt und zwischen dieser Straße und den Linien gezogen ist, die den dauernd als Volkspark zu reservierenden Teil des Grunewalds begrenzt (vergl. Anlage C).

Der in der Denkschrift kundgegebenen Auffassung, daß die Erbauung von weiteren Museen etc. in Dahlem mindestens eine Verdoppelung des sonst erreichbaren Wertes der Restgrundstücke zur Folge haben würde, können wir nach den beim Aufteilungsgeschäft bisher gemachten Erfahrungen und aus den auf Seite 13 ausgeführten Gründen zu unserem Bedauern nicht beitreten. Nur der schmale Geländestreifen zwischen den Gartenflächen der Gärtnerlehranstalt und des botanischen Gartens ist bebaut worden, weil die Besitzer dieser Grundstücke die Gewißheit haben, daß ihnen nach beiden Seiten hin die Aussicht nicht verbaut werden kann. Die übrige Umgebung beider Anstalten ist aber noch unbebaut. Als ausschlaggebend hat sich vielmehr die Beschaffenheit der Verkehrsverhältnisse erwiesen. Die beim Bahnhof Lichterfelde-West durch die Wannseebahn, beim Roseneck durch die dort vorbeiführenden Straßenbahnlinien gegebene Möglichkeit, bequem nach dem Innern von Berlin zu gelangen, hat im Verein mit der Begründung der höheren Schulen den größten Zuzug von Käufern bewirkt. Mehrere der vorhandenen Institute haben aber geradezu abschreckend auf den Anzug von Käufern gewirkt. Das Ausströmen von scharfen Gasen aus den Laboratorien des pharmazeutischen Instituts hat zur Folge gehabt, daß für die bezüglich des Verkehrs außerordentlich günstig gelegenen Grundstücke an der Steglitzer Grenze überhaupt noch keinerlei Nachfrage sich bemerkbar gemacht hat. Dieselben Erfahrungen wurden mit dem Block 159 an der Potsdamer Chaussee gemacht. Dieses neben der bakteriologischen Abteilung des Kaiserlichen Reichsgesundheitsamtes gelegene Gelände, für welches bereits vor der Erbauung jener Anstalt lebhafte Nachfrage bestand, ist nachher gänzlich unbebaut geblieben, weil die Käufer die zeitweise aus der Tätigkeit der Laboratorien sich bemerkbar machenden Gerüche fürchten. Wenn also auch da und dort der geräumige Garten eines Instituts einen Käufer anlocken mag, so stehen diesen Fällen ebensoviele andere entgegen, in welchen das Gegenteil zutrifft. Jedenfalls sind die aus der Errichtung der Institute für das Aufteilungsgeschäft zu erwartenden Vorteile, wenn solche überhaupt vorhanden sind, nicht ausreichend, um die aus einer *übermäßigen* Inanspruchnahme der Kolonie resp. der Gemeinde durch öffentliche Bauten herbeigeführten pekuniären Nachteile auszugleichen. Die Letzteren wurden zum Teil schon oben berührt, es sind in der Hauptsache die folgenden:

1. die Herstellungs- und Unterhaltungskosten für Straßenbau, Kanalisation etc., welche durch den Verkauf des Geländes nicht wieder eingebracht werden können, für die also auch jede Verzinsung fehlt.
2. die Verzögerung der Überführung der Kolonie in eine Gemeinde und damit im Zusammenhang stehend die daraus für den Fiskus erwachsende Notwendigkeit, sowohl die Kosten der Kommunalverwaltung, als auch namentlich die an den Kreis abzuführende Grundwertsteuer für eine lange Reihe von Jahren zu übernehmen.
3. die Schwierigkeit der Gemeindebildung überhaupt, die zur Folge haben dürfte, daß [der] Fiskus sehr beträchtliche Abfindungssummen für die Unterhaltung der durch die Staatsgebäude bedingten öffentlichen Anlagen an die neu zu bildende Gemeinde abzuführen hat.

In der Denkschrift über Althoff's Pläne wird sodann u. a. der Meinung Ausdruck gegeben, daß durch den Verkauf der alten, im Stadtinnern gelegenen Wohnsitze beträchtliche pekuniäre Vorteile sich erzielen ließen, weil der Wert der außerhalb gelegenen Baustellen einschließlich der Baukosten nur einen Bruchteil von dem Verkaufserlös ausmache, der für die Bauplätze im Stadtinnern erzielt werde. In dieser Beziehung scheint es uns angezeigt, vor einer allzu optimistischen Auffassung zu warnen. Man ist vielfach geneigt, die hierbei zu erzielenden Preise zu überschätzen und auch der in der Denkschrift angeführte Preis von 250 M für das qm oder rund 3600 M für die Quadratrute des Geländes des Invalidenhauses ist nach Ansicht des Leiters der Geschäftsstelle der Dahlem-Kommission, der über langjährige Erfahrung im Grundstücksgeschäft verfügt, wesentlich zu hoch gegriffen. Sodann gelingt es aber auch in vielen Fällen, wie das Beispiel der Königin-Luisenstiftung zeigt, nicht ohne weiteres, für die verlassenen Baustellen Käufer zu befriedigenden Preisen zu finden und schließlich, darauf bitten wir an dieser Stelle wiederholt hinweisen zu dürfen, liegt die Gewinnchance in gleichem Maße vor, wenn die bezüglichen Anstalten nach anderen fiskalischen Geländen außerhalb Berlins verlegt werden.

Die Frage der Erweiterung der Aufteilungskommission durch den Hinzutritt weiterer Mitglieder

Die Anregung der Denkschrift, die Kommission durch Hinzutritt eines von Seiner Majestät ernannten Mitgliedes, eines Vertreters der Wissenschaft und eines Architekten von Ruf zu erweitern, glauben wir in dieser Form nicht befürworten zu können. Schon bei der gegenwärtigen Verfassung der mit der Aufteilung der Domäne Dahlem betrauten Organe fällt es außerordentlich schwer, die Geschäfte mit der für eine derartige praktische Tätigkeit unbedingt erforderlichen Schnelligkeit zu erledigen. Die Kommission besteht jetzt außer dem Vorsitzenden aus je einem Mitgliede der Domänen- und Forstverwaltung, weil das Aufteilungsgelände sich aus domänen- und forstfiskalischen Gebieten zusammensetzt, außerdem aus zwei Kommissaren des Finanzministeriums und einem Architekten. Schon das Zirkulieren der einzelnen Schriftstücke bei diesen 6 Mitgliedern erfordert sehr viel Zeit. Um in wichtigeren Fragen gültige Beschlüsse zu extrahieren, ist nicht nur die Zustimmung der Mehrzahl der Kommissionsmitglieder erforderlich, sondern es muß auch unsere, der beiden Ressortchefs, Zustimmung eingeholt werden. Würden nun dem bisherigen Bestande weitere 3 Mitglieder hinzugefügt werden, so würde eine gesteigerte Komplikation der erfolgreich nur nach kaufmännischen Grundsätzen zu behandelnden Geschäftsführung eintreten, die der Sache selbst nur schaden könnte. Dagegen sind wir gern bereit, der erwähnten Anregung in der Weise Folge zu geben, daß in den Fällen, in welchen es sich um die Aufteilung der für Staatszwecke reservierten Flächen handelt, Vertreter der wissenschaftlichen und künstlerischen Interessen zugezogen werden. Damit dürfte sich der von der Denkschrift angestrebte Zweck in vollem Umfang erreichen lassen.

In der Denkschrift ist in diesem Zusammenhang dem Gedanken Ausdruck gegeben, daß es u. a. zu den Aufgaben der Kommission gehören sollte, bei der Vergebung von Bauplätzen an Private durch geeignete Maßnahmen die Errichtung schöner Villen, etwa im Stil englischer Landhäuser, zu sichern, für die künstlerische Ausgestaltung des Bebauungsplanes zu sorgen, kurz alles zu tun, was dem Gesamtbilde der Kolonie eine möglichst einheitliche und ästhetisch reizvolle Wirkung zu geben vermag. Die künstlerische Ausgestaltung des Bebauungsplanes hat sich die Kommission von jeher angelegen sein lassen und sie hat diesem Bestreben in letzter Zeit bereits vor Eingang der Denkschrift dadurch Rechnung getragen, daß sie jüngere Architekten, darunter hervorragende Schüler des verstorbenen Geheimrats Messel, bei der durch den bevorstehenden Bahnbau veranlaßten Neubearbeitung des Bebauungsplanes zugezogen hat. Auch die private Bautätigkeit hat die Kommission von Anfang an dadurch kontrolliert, daß sie sich die Pläne der zur Ausführung kommenden Villenbauten zur Genehmigung vorlegen läßt. In dieser Beziehung muß aber aus naheliegenden Gründen Maß gehalten werden. Der Erbauer einer Villa wird immer den Wunsch haben, diese ganz seinen persönlichen Wünschen und seiner spezifischen Geschmacksrichtung anzupassen. Jeder zuweitgehende Eingriff nach dieser Richtung würde eine Abschreckung der Kauflustigen zur Folge haben. Die Kommission hat weiterhin die private Bautätigkeit dadurch zu beeinflussen gesucht, daß sie den Käufern tüchtige Architekten namhaft machte. Aber auch hierin erscheint, wie die Erfahrung gelehrt hat, äußerste Vorsicht geboten, da die Käufer nur zu geneigt sind, bei etwa sich einstellenden Mißerfolgen die Kommission selbst hierfür verantwortlich zu machen.

Zusammenfassung

Die obigen Ausführungen dürfen wir zum Schluß dahin zusammenfassen, daß unseres Erachtens die bisher im Dahlemer Aufteilungsgebiet für Staatsbauten vorgesehene und von Seiner Majestät gutgeheißene Reservierung von Baugelände für absehbare Zeit dem Bedürfnis durchaus genügt, und daß, falls für die Zukunft ein weiteres Bedürfnis sich einstellen sollte, diesem in dem noch für die Aufteilung bestimmten Teil des Grunewalds in jeder Beziehung, namentlich auch hinsichtlich der vorteilhaften Lage zu den in Dahlem bereits vorhandenen öffentlichen Instituten und mit Rücksicht auf den Verkehr mit dem Innern der Stadt Berlin, Rechnung getragen werden kann. Die vorgeschlagene Erweiterung der Dahlemkommission erscheint uns mit Rücksicht auf einen erfolgreichen Geschäftsbetrieb nicht durchführbar. Dagegen sind wir bereit zu veranlassen, daß bei der zukünftigen Aufteilung der für staatliche Zwecke reservierten Flächen Vertreter der künstlerischen und wissenschaftlichen Interessen als Gutachter zugezogen werden.

Demgemäß gestatten wir uns, das Königliche Staatsministerium sehr ergebenst zu ersuchen, sich mit der Beantwortung der Denkschrift in diesem Sinne einverstanden erklären zu wollen und uns zu beauftragen, Seiner Majestät dem Kaiser und König in diesem Sinne Vortrag zu halten. Anträge

Gleichzeitig ersuchen wir das Königliche Staatsministerium in eine Prüfung darüber eintreten zu wollen, wie es möglich gewesen ist, daß Seiner Majestät dem Kaiser das Gesamtmaterial vorgelegt wurde, ohne daß wir, die zuständigen Ressortminister, die wir bereits Gelegenheit genommen hatten, Seiner Majestät in der Angelegenheit Vortrag zu halten, davon Kenntnis erhalten hatten.

VOTUM DES MINISTERS DES INNERN FRIEDRICH VON MOLTKE 19. 7. 1909

Weder in kommunaler noch in politischer Hinsicht ist es ratsam, dem Gedankengang des Geheimrat Althoff bis zur äußersten Schlußfolge nachzugehen. In besonders gearteten Einzelfällen wird man der Anregung gewiß folgen können. Will man aber einen Grundsatz daraus entnehmen, der folgerichtig von allen Ressorts beim Bau öffentlicher Anstalten durchzuführen wäre, so treten erhebliche Bedenken auf.

Die Stadt Berlin hat jetzt ihren Vorrang vor den Vororten immer weniger durch Bevölkerungszahl und Steuerkraft, als vielmehr dadurch, daß in Berlin sich außer dem Wintersitz des Hofes befinden die Parlamente und Behörden, die großen Bildungsanstalten von internationaler Bedeutung für Kunst und Wissenschaft, die größten Handels- und Verkaufsstätten, die Sammelpunkte für den Bahnverkehr und die größten Vergnügungs- und Versammlungsräume. Die zentrale Stellung von Berlin im Vergleich zu den Vororten wird aber bedroht, wenn dem Althoff'schen Gedankengang gemäß, draußen in Dahlem inmitten der, ohnehin schon am stärksten aufstrebenden westlichen Vororte systematisch ein zweites Zentrum geschaffen wird, in dem sich Behörden und Bildungsanstalten in großer Zahl vereinigen. Jede einzelne Behörde und Anstalt zieht eine ganze Anzahl von Interessen vom Stadtzentrum nach Dahlem hinaus. Es sammeln sich dort die Beamten, die Studierenden, die Fremden, es folgen Hotels, Handels- und Verkaufsstätten, Vergnügungs- und Versammlungsräume. Ist aber erst einmal für einen bestimmten Wissenszweig, für ein bestimmtes Ressort der *Schwerpunkt* in dieser Weise allmählich nach Dahlem hinausgelegt, so wirkt Dahlem für den, noch in Berlin verbliebenen Rest mit täglich verstärkter Anziehungskraft. Übersieht man solche Entwickelung auf Jahrzehnte hinaus, so ist es nicht zu kühn, sich einen Zeitpunkt zu denken, in dem der kulturelle, gesellige, politische und schließlich auch kommerzielle Schwerpunkt von Groß-Berlin aus der Stadt Berlin in die westlichen und südwestlichen Vororte hinausverlegt ist, und das jetzige Zentrum in zunehmender Bedeutungslosigkeit verkümmert. Eine solche Verschiebung, die in der natürlichen Entwickelung der Dinge ohnehin schon soviel Unterstützung findet (»Zug nach dem Westen« im Ausbau von Groß-Berlin), dürfte durch staatliche Maßnahmen nicht systematisch gefördert, müßte vielmehr eher gehemmt oder doch verlangsamt werden. Sie führt nicht nur zu einem bedenklichen, wirtschaftlichen Rückgang der Stadtkommune Berlin, sie führt auch zu einer zunehmenden Proletarisierung und Demokratisierung der Vororte Berlin's im Norden und Osten und weiterhin auch der Stadt Berlin selbst. Sie ist daher in kommunaler und in politischer Hinsicht unerwünscht.

Dazu kommt, daß die, in Verfolg der Althoff'schen Pläne unvermeidliche Minderung der Erlöse aus Dahlemer Grundstücksverkäufen, auch die nationalpolitischen Interessen schädigt; denn diese Erlöse werden schon jetzt und hoffentlich auch weiterhin zum Ankauf von Domänen in den national gefährdeten Landesteilen verwendet.

Wenn es mir also grundsätzlich richtiger scheint, Behörden und Bildungsanstalten, sei es auch unter Aufwendung sehr hoher Kosten für Bodenerwerb, in der Stadt Berlin zusammenzuhalten und sie nicht systematisch in geschlossenen Komplexen nach Dahlem hinauszulegen, so steht doch damit nicht in Widerspruch, daß man *einzelne* Behörden oder Anstalten, weil sie einen ungewöhnlich großen Bedarf an unbebautem Land haben oder für das Leben der Stadt sehr wenig bedeuten, hinaus nach Dahlem oder noch weiter von Berlin fortverlegt. Das *Statistische Landesamt* möchte ich zu diesen Behörden aber *nicht* rechnen, glaube vielmehr, daß es richtiger ist, für den bevorstehenden Neubau einen Platz in Berlin zu wählen. Diese Auffassung ist auch im Abgeordnetenhause von nationalliberaler Seite ohne Widerspruch anderer Parteien wiederholt zum Ausdruck gebracht worden.

In Übereinstimmung mit dem Herrn Finanzminister und dem Herrn Landwirtschaftsminister möchte ich schließlich annehmen, daß die Anhäufung einer größeren Zahl von Behörden und Anstalten in Dahlem der baldigen Umwandlung des Gutsbezirks in eine Landgemeinde Schwierigkeiten bereiten würde.

PROTOKOLL DER SITZUNG DES STAATSMINISTERIUMS VOM 23.10.1909

Das Staatsministerium trat heute zu einer Sitzung zusammen, in der folgendes beraten und beschlossen wurde:

1. bis 7. pp.

8. Bei der Beratung der Althoff'schen Pläne für Dahlem bemerkte der Herr Ministerpräsident zunächst, daß er die unterm 5. d. M. — St. M. 4018 — vorbehaltene Erwiderung auf das Votum des Herrn Landwirtschaftsministers und des Herrn Finanzministers vom 10. September, soweit sie die Form betreffe, inzwischen mit dem Herrn Landwirtschaftsminister besprochen habe und damit als erledigt betrachte.

Der Herr Finanzminister bemängelte zunächst, daß die Denkschrift, die aus hinterlassenen Papieren des Direktors Althoff zusammengestellt sein solle, durch einen Rat des Kultusministeriums direkt an Seine Majestät und erst von diesem an das Staatsministerium gelangt sei. Er bitte deswegen Remedur eintreten zu lassen.

Im übrigen habe Seine Majestät bei einem Immediatvortrage im vorigen Winter schon entschieden, daß in Dahlem außer den 75 ha, die dort bereits vom Reiche und Preußen für bestimmte Anstalten in Anspruch genommen seien, noch eine Fläche von 50 ha vom Verkaufe ausgeschlossen werde. Damit werde eine Befriedigung aller irgendwie absehbaren Bedürfnisse möglich sein. Für den Notfall seien überdies noch große anschließende Terrains im Grunewald zur Verfügung. Die Althoffsche Denkschrift verlange nun die Reservierung eines Komplexes von mindestens 100 statt 50 ha für eventuelle spätere Verlegung aller möglichen Gebäude. Durch Ausführung sämtlicher von Althoff empfohlenen Verlegungen werde, wie in dem Votum des Herrn Ministers des Innern vom 19. Juli 1909 — St. M. 3357 — näher dargelegt sei, der Schwerpunkt von Berlin in bedenklicher Weise nach Dahlem verschoben und die Gemeindebildung in Dahlem sehr erschwert werden. Ein Teil dieser Verlegungen widerspreche geradezu den Wünschen der Ressorts. Was verlegt werden könne, hänge überdies zum großen Teil auch von den Kosten etwaiger Neubauten im Stadtinnern ab. Das Bedürfnis könne heute auch z. B. vom Kultusministerium nicht einmal für die nächsten 25 Jahre angegeben werden.

Ferner werde der Raumbedarf für die einzelnen Anstalten von Althoff viel zu hoch veranschlagt. So verlange er für naturwissenschaftliche und medizinische Universitätsinstitute 30 ha, während die landwirtschaftliche Hochschule mit ihrem großen Gebäudekomplexe kaum mehr als 1 ha beanspruche und zur Verlegung von 18 der bekanntesten großen Berliner Staatsbauten nur 40—42 ha erforderlich sein würden.

Auch die Kostenrechnungen, die Althoff aufgestellt habe, seien unzutreffend. Althoff meine, daß durch den Verkauf der in Berlin freiwerdenden Grundstücke ein großer Gewinn zu erzielen sei, obgleich schon der Wert der reservierten 50 ha ohne die Zinsen für die Zeit der Nichtbenutzung auf 12½ Mill. M zu schätzen sei. Wie sehr er sich irre, zeige das Invalidenhaus, bei dem er 12 Mill. M Gewinn herausrechne, das Kriegsministerium dagegen nur 1,4 Mill.

Die Aufteilungskommission sei schon sehr schwerfällig, ihre von Althoff erstrebte Verstärkung daher unzweckmäßig. Die Heranziehung der von ihm gewünschten Personen empfehle sich dann, wenn bereits die Errichtung neuer Gebäude in Frage stehe.

Hiernach beantrage er, den Herrn Landwirtschaftsminister und ihn zu ermächtigen, Seiner Majestät mündlich in dem angegebenen Sinne Vortrag zu halten.

Der Herr Kultusminister entgegnete auf die formellen Ausführungen des Herrn Finanzministers, daß Althoff seine Dahlemer Pläne Seiner Majestät öfter mündlich vorgetragen habe. Seine Majestät habe nach Althoffs Tode beklagt, daß diesen Plänen nicht schon vorher eine feste Gestalt gegeben worden sei, und bei Frau Althoff Erkundigungen einziehen lassen, ob in dem Nachlasse nicht Aufzeichnungen darüber vorhanden seien. Als sich dies bestätigte, seien die Aufzeichnungen auf direkte Allerhöchste Bestimmung von einem Rate des Kultusministeriums geordnet worden. Daß dieser die Arbeit ausgeführt habe, sei wohl besser, als wenn es durch einen Dritten geschehen wäre.

Seine Majestät lege großen Wert auf die Durchführung der Althoffschen Pläne, die er gewissermaßen als seine eigenen betrachte, habe auch schon mit den zur Verstärkung der Kommission Ausersehenen darüber gesprochen. Hiernach sei es vielleicht doch besser, den Vortrag erst zu erstatten[,] nachdem von Sachverständigen noch genauer geprüft sei, ob die zur Verfügung stehenden Grundstücke für die in Betracht kommenden Institute auch ausreichend seien.

Der Herr Ministerpräsident riet ebenfalls, bevor Seiner Majestät im Sinne des Herrn Finanzministers Vortrag gehalten werde, nochmals möglichst genau zahlenmäßig zu prüfen, ob genug Land reserviert sei oder nicht. Die Berechnung müsse s. E. um so reichlicher aufgestellt werden, als leicht ein Wechsel der Anschauungen eintreten könne. So werde z. B. jetzt — in umgekehrtem Sinne — die Hinauslegung des Statistischen Landesamts vom Ministerium des Innern nicht mehr gewünscht, während sie früher erstrebt worden sei. Da überdies die Entwickelung der Bedürfnisse für einen etwas längeren Zeitraum nur schwer zu übersehen sei, so müsse um so sorgfältiger jede Möglichkeit erwogen werden. Man dürfe nicht wieder so wenig weitsichtig sein, wie vor 40 Jahren, als der Übergang der Voßstraße in Privatbesitz zugelassen worden sei.

Der Ansicht in dem Votum der Herren Ressortminister vom 10. v. M. — St. M. 4018 —, daß das Reich durch Erwerb weiterer Flächen in Dahlem für sich eventuell allein zu sorgen habe, müsse er entschieden widersprechen. Bei dem Verhältnis, in dem Preußen zum Reich stehe, könne sich Preußen der Rücksicht auch auf die Bedürfnisse des Reichs nicht entziehen. Dieser Verpflichtung Preußens habe er durch Anmeldung von Reichsansprüchen in seiner doppelten Eigenschaft als Staatsminister und als Staatssekretär des Innern in dem Votum vom 28. Juni d. J. — St. M. 3000 — vorläufig Ausdruck gegeben.

Der Herr Landwirtschaftsminister ließ seine früheren Bedenken gegen eine Berücksichtigung des Reichsbedarfs fallen. Wenn das positive Bedürfnis des Reichs und Preußens sich jetzt auch nicht genau angeben lasse, so werde es doch immerhin möglich sein, die Institute, deren Verlegung *nicht* angängig sei, sowie den ungefähren Bedarf der für die Verlegung in Frage kommenden Institute festzustellen und dadurch einen genaueren Anhalt für *die* Flächen zu gewinnen, um welche die Althoffschen Forderungen zu kürzen seien. Jedenfalls empfehle es sich nicht, die fraglichen Institute zu einem Komplex zu vereinigen, denn eine solche fast unbewohnte Fläche bilde geradezu ein Verkehrshindernis.

Schließlich sei zu bedenken, daß eine zu starke Inanspruchnahme von Terrains für den Fiskus die Gemeindebildung außerordentlich erschwere, da der Fiskus keine Kommunalsteuern zahle, der Gemeinde aber die Unterhaltung der kommunalen Anlagen auf dem fiskalischen Gebiet obliegen würde.

Nachdem die Herren Staatssekretäre des Innern und des Reichsschatzamts darauf hingewiesen hatten, daß die Bedürfnisse des Reiches denen Preußens gleich behandelt werden müßten und sich zu einer genaueren Prüfung des Reichsbedarfs bereit erklärt hatten, war das Staatsministerium darüber einig, daß erst eine nochmalige Prüfung nach den Vorschlägen des Herrn Landwirtschaftsministers stattfinden und dann je nach deren Ergebnis Seiner Majestät von den Herren Ressortministern im Sinne der Ausführungen des Herrn Finanzministers mündlich Vortrag gehalten werden solle.

gez. von Bethmann Hollweg. von Tirpitz. Frhr. von Rheinbaben.
Delbrück. Beseler. von Breitenbach. von Arnim.
von Moltke. Sydow. von Trott zu Solz. von Heeringen.

gez. von Guenther.

Zu den Dokumenten

Die »Begründung einer durch hervorragende Wissenschaftsstätten bestimmten vornehmen Kolonie, eines deutschen Oxford« (s. S. [485]) in Dahlem war das wichtigste unter den Projekten, mit denen sich Friedrich Althoff, seit 1900 Ministerialdirektor im Preußischen Kultusministerium, in seinen letzten Lebensjahren beschäftigte. Nach Althoffs Tode am 20. 10. 1908 beauftragte Kaiser Wilhelm II. den damaligen Rat im Kultusministerium und späteren Kultusminister Friedrich Schmidt-Ott mit der »Sammlung und Zusammenstellung des von Althoff hierüber schriftlich Hinterlassenen« (s. S. 504). Die Gestalt, die Althoffs Gedanken in dem Bericht Schmidt-Otts (s. S. 487—503) annahmen, umreißt dieser in seinen Memoiren (Erlebtes und Erstrebtes, Wiesbaden 1952, S. 99), wenn er schreibt, daß Althoff das Gelände der Domäne Dahlem »zu einer Wissenschaftsstadt unter Verlegung eines großen Teiles der Universität und anderer Wissenschaftsinstitute, wie unter Gründung neuer, dem Fortgang der Forschung entsprechender Forschungsstätten ausgestalten wollte«. Nach dem Zeugnis seines Biographen aber, der sich auf gegenwärtig unzugängliche Dokumente berufen kann, hatte Althoff bei seinen »Plänen für Dahlem« eine noch radikalere Umbildung der alten Verhältnisse im Auge: »Sein Endziel war, die ganze Universität Berlin dorthin zu verlegen« (Arnold Sachse, Friedrich Althoff und sein Werk, Berlin 1928, S. 282).

Das 500 Hektar große Gelände der Domäne Dahlem sollte auf Vorschlag des Landwirtschaftsministeriums parzellenweise zum privaten Verkauf freigegeben werden. Hiergegen wandte sich Althoff mit allem Nachdruck. Hatte er schon die 1904 von Rektor und Senat der Universität Berlin angesichts des Anwachsens der Naturwissenschaften und der Medizin erhobene Forderung nach Ausbau der bestehenden und nach Errichtung neuer Institute unterstützt, so bestimmte er, am 8. 3. 1906, einige besonders angesehene Berliner Professoren (Auwers, Diels, Waldeyer, Hertwig, Emil Fischer, Harnack und Nernst) zu einer Eingabe an den Kaiser. Mit dem Hinweis darauf, wie sehr gerade das Dahlemer Gelände den ständig steigenden Bedürfnissen der Wissenschaft in der Hauptstadt entspreche, wurde der Kaiser in der Eingabe gebeten, sich selbst der Sache anzunehmen. Dank der persönlichen Fürsprache Althoffs gebot der Kaiser dem Verkauf Dahlemer Bodens Einhalt.

Die im Anschluß an den Bericht Schmidt-Otts veröffentlichten Schriftstücke bekunden einerseits das außerordentliche Wohlwollen des Kaisers gegen Althoffs Pläne, andererseits das Mißtrauen der neben dem Kultusministerium zuständigen Ministerien. Den vom Landwirtschafts-, vom Finanz- und vom Innenminister geäußerten Bedenken (s. S. 505—519) schlossen sich der Kriegsminister, der Justizminister und der Minister für Handel und Gewerbe an. Deren Voten sind in der vorliegenden Gedenkschrift nicht mit abgedruckt, weil sie im wesentlichen nur auf Institute Bezug nehmen, die nicht zur Universität gehörten.

Auch diejenigen Urkunden des Staatsministeriums, die den Fortgang der Debatte über Althoffs Pläne nach der Sitzung vom 23. 10. 1909 (s. S. 519—522) dokumentieren, wurden wegen ihrer bloß peripheren Bedeutung für die Geschichte der Universität nicht aufgenommen.

Dem Beschluß des Staatsministeriums zufolge hatten die Ressortminister die Pläne Althoffs einer nochmaligen Prüfung zu unterziehen. Da aber der Kaiser nicht den vom Staatsministerium empfohlenen mündlichen Vortrag der Ressortminister, sondern schriftlichen Bericht des gesamten Staatsministeriums wünschte, übersandten Landwirtschafts-, Finanz- und Kultusminister am 10. 5. 1910 dem Staatsministerium den Entwurf eines Immediatberichts. Der Entwurf, am 28. 5. 1910 an den Kaiser weitergeleitet, enthält gegenüber den Voten wenig Neues: der Antrag, die nach Althoff zu reservierenden 100 Hektar auf 50 Hektar zu reduzieren, wird wiederholt, und lediglich die Absage an das Projekt einer Erweiterung der Aufteilungskommission (s. S. 502 f.) wird ersetzt durch den Vorschlag, der »erweiterten Kommission nur die Beratung der allgemeinen und prinzipiellen Fragen« vorzubehalten und die »eigentliche Geschäftsführung« einem aus Mitgliedern der Kommission zu bildenden Arbeitsausschuß zu überlassen. Von der Zusammensetzung der Aufteilungskommission handelt der folgende Schriftwechsel. Nachdem der Kaiser am 11. 6. 1910 dem Staatsministerium sein grundsätzliches Einverständnis mit dem Inhalt des Immediatberichts hatte mitteilen lassen, leiteten Landwirtschafts-, Finanz- und Kultusminister dem Staatsministerium am 9. 8. 1910 zwei Orderentwürfe zu, wonach die Zahl der Mitglieder der Aufteilungskommission von sechs auf zwölf erhöht, im übrigen aber für die eigentliche Geschäftsführung ein nur aus vier Mitgliedern bestehender Arbeitsausschuß eingesetzt werden solle. Doch der Kaiser widersetzte sich den Ministern in beiden Punkten. Er lehnte die Bildung eines Arbeitsausschusses ab und wollte die Kommission jetzt nur um zwei von ihm zu ernennende Mitglieder erweitert wissen; als diese berief er unter dem 5. 12. 1910 Adolf von Harnack und den Oberhofbaurat Ernst von Ihne.

Schon vorher aber, im Mai 1909, hatte sich der Chef des Geheimen Zivilkabinetts, von Valentini, mit der Frage an Schmitt-Ott gewandt, in welcher Weise der Kaiser die Berliner Universität anläßlich ihrer im nächsten Jahre stattfindenden Jahrhundertfeier ehren könne. Schmidt-Ott nutzte die Gelegenheit, um die Althoffschen Pläne erneut ins Spiel zu bringen. Er empfahl, der Kaiser möge der Universität die von Althoff für Dahlem vorgeschlagenen neuen Forschungsinstitute schenken. Auf seinen Rat hin wurde Harnack vom Kaiser mit einer Denkschrift hierüber (s. S. 446—456) betraut. Harnack erfüllte diese Aufgabe unter Mitwirkung mehrerer Gelehrter, vorzüglich Emil Fischers und August von Wassermanns, und überreichte dem Kaiser die Denkschrift am 21. 11. 1909. Auf ihrer Grundlage rief der Monarch bei der Jubiläumsfeier der Universität, am 18. 10. 1910, die Kaiser-Wilhelm-Gesellschaft ins Leben. Damit nun wurden auch die Ideen Althoffs zu einem Teile Wirklichkeit: freilich außerhalb der Universität, in eingeschränkter und gewandelter Form.

Quellenverzeichnis

Johann Jakob Engel, Denkschrift zur Errichtung einer großen Lehranstalt in Berlin. 13. 3. 1802. — Rudolf Köpke, Die Gründung der Königlichen Friedrich-Wilhelms-Universität zu Berlin. Berlin 1860. Urkunden, S. 147—153.

Theodor Anton Heinrich Schmalz, Denkschrift über die Errichtung einer Universität in Berlin. 22. 8. 1807. — Köpke, a. a. O. Urkunden, S. 159—163.

Christoph Wilhelm Hufeland, Ideen über die neu zu errichtende Universität zu Berlin und ihre Verbindung mit der Akademie der Wissenschaften und anderen Instituten [undatiert]. — Max Lenz, Geschichte der Königlichen Friedrich-Wilhelms-Universität zu Berlin. Bd. IV: Urkunden, Akten und Briefe. Halle a.d.S. 1910. S. 75—88.

Geheimer Kabinettsrat Karl Friedrich von Beyme, Brief an Johann Gottlieb Fichte vom 5. 9. 1807. — Köpke, a. a. O. Urkunden, S. 164f.

Fichte, Brief an Beyme vom 19. 9. 1807. — Lenz, a. a. O. S. 41.

Johann Gottlieb Fichte, Deduzierter Plan einer zu Berlin zu errichtenden höhern Lehranstalt, die in gehöriger Verbindung mit einer Akademie der Wissenschaften stehe. 1807. — Fichte, Schleiermacher, Steffens über das Wesen der Universität, mit einer Einleitung hrsg. v. Eduard Spranger. Leipzig 1910. S. 1—104. Spranger legt seiner Ausgabe den Text des Erstdrucks zugrunde.

Friedrich Daniel Schleiermacher, Gelegentliche Gedanken über Universitäten in deutschem Sinn. Nebst einem Anhang über eine neu zu errichtende. 1808. — Fichte, Schleiermacher, Steffens über das Wesen der Universität, hrsg. v. Eduard Spranger. Leipzig 1910. S. 105—203. Spranger legt seiner Ausgabe den Text des Erstdrucks zugrunde.

Wilhelm von Humboldt, Über die innere und äußere Organisation der höheren wissenschaftlichen Anstalten in Berlin. [1809 oder 1810]. — Wilhelm von Humboldts Gesammelte Schriften, hrsg. von der Königlich Preußischen Akademie der Wissenschaften. Bd. X (hrsg. v. Bruno Gebhardt). Berlin 1903. S. 250—260.

Friedrich Daniel Schleiermacher, Brief an Joachim Christian Gaß vom 18. 9. 1807. — Fr. Schleiermacher's Briefwechsel mit J. Chr. Gaß, hrsg. v. W. Gaß. Berlin 1852. S. 71—73.

Schleiermacher, Brief an Oberkonsistorialrat Johann Wilhelm Heinrich Nolte vom 3. 1. 1818. — Köpke, a. a. O. Urkunden, S. 183f.

Schleiermacher, Brief an Karl Gustav von Brinkman vom 26. 1. 1808. — Aus Schleiermacher's Leben. In Briefen. Bd. IV. Vorbereitet von Ludwig Jonas, herausgegeben von Wilhelm Dilthey. Berlin 1863. S. 142—146.

Schleiermacher, Brief an Brinkman vom 1. 3. 1808. — Aus Schleiermacher's Leben. Bd. IV. S. 149—151.

Wilhelm von Humboldt, Brief an Schleiermacher vom 23. 5. 1809. — Aus Schleiermacher's Leben. Bd. IV. S. 169f.

Wilhelm von Humboldt, Brief an Schleiermacher vom 17. 7. 1809. — Aus Schleiermacher's Leben. Bd. IV. S. 170f.

Wilhelm von Humboldt, Aus dem Antrag auf Errichtung der Universität Berlin vom 24. 7. 1809. — Wilhelm von Humboldts Gesammelte Schriften. Bd. X. S. 148—154.

Kabinettsorder König Friedrich Wilhelms III. vom 16. 8. 1809. — Köpke, a. a. O. Urkunden, S. 194f.

Wilhelm von Humboldt, Aus dem Bericht der Sektion des Kultus und Unterrichts vom 1. 12. 1809. — Wilhelm von Humboldts Gesammelte Schriften. Bd. X. S. 199—224.

Wilhelm von Humboldt, Aus der Denkschrift an den Minister des Innern Alexander Graf zu Dohna-Schlobitten vom 9. 5. 1810. — Denkschrift an Dohna zur Widerlegung der Einwände gegen die Dotation. Wilhelm von Humboldts Gesammelte Schriften. Bd. X. S. 264—271.

Schleiermacher, Brief an Brinkman vom 17. 12. 1809. — Aus Schleiermacher's Leben. Bd. IV. S. 171—173.

Wilhelm von Humboldt, Brief an Achim von Arnim vom 24. 12. 1809. — Adolf Stoll, Friedrich Karl v. Savigny. Ein Bild seines Lebens mit einer Sammlung seiner Briefe. Bd. III. Berlin 1939. S. 273.

Friedrich Karl v. Savigny, Brief an Leonhard Creuzer vom 13. 4. 1810. — Adolf Stoll, Der junge Savigny. Kinderjahre, Marburger und Landshuter Zeit Friedrich Karl von Savignys. Berlin 1927. S. 414f.

Savigny, Brief an Friedrich Creuzer vom 12. 7. 1810. — Adolf Stoll, Friedrich Karl v. Savigny. Bd. II. Berlin 1929. S. 43f.

Savigny, Brief an Friedrich Creuzer vom 24. 7. 1810. — Stoll, a. a. O. Bd. II. S. 44f.

Savigny, Brief an Johann Heinrich Christian Bang vom 1. 10. 1810. — Stoll, a. a. O. Bd. II. S. 53—56.

Johann Gottlieb Fichte, Brief an Johann Jakob Griesbach vom 4. 10. 1810. — J. G. Fichte, Biefwechsel, hrsg. v. Hans Schulz. Bd. II. Leipzig 1925. S. 553f.

Barthold Georg Niebuhr, Brief an Dora Hensler vom 9. 11. 1810. — Lebensnachrichten über Barthold Georg Niebuhr aus Briefen desselben und aus Erinnerungen einiger seiner nächsten Freunde. Bd. I. Hamburg 1838. S. 482f.

Savigny, Brief an Friedrich Creuzer vom 14. 11. 1810. — Stoll, a. a. O. Bd. II. S. 57—60.

Savigny, Brief an Leonhard Creuzer vom 13. 12. 1810. — Stoll, a. a. O. Bd. II. S. 60—63.

Niebuhr, Brief an Dora Hensler vom 5. 2. 1811. — Lebensnachrichten . . . Bd. I. S. 484—486.

Niebuhr, Brief an Dora Hensler vom 19. 3. 1811. — Lebensnachrichten . . . Bd. I. S. 488—490.

Niebuhr, Brief an den Chef der Sektion für Kultus und Unterricht im Ministerium des Innern Friedrich von Schuckmann vom 2. 5. 1811. — Köpke, a. a. O. Urkunden, S. 228—230.

Karl Wilhelm Ferdinand Solger, Brief an Friedrich von Raumer vom 16. 5. 1811.— Solger's nachgelassene Schriften und Briefwechsel, hrsg. v. Ludwig Tieck und Friedrich von Raumer. Bd. I. Leipzig 1826. S. 210—212.

Solger, Brief an Friedrich von Raumer vom 2. 11. 1811. — Solger's nachgelassene Schriften und Briefwechsel. Bd. I. S. 217—219.

Niebuhr, Brief an Dora Hensler vom 16. 11. 1811.—Lebensnachrichten. . . Bd. I S. 504f.

Fichte, Über die einzig mögliche Störung der akademischen Freiheit. Rede beim Antritt des Rektorats gehalten am 19. 10. 1811. — Johann Gottlieb Fichte's sämmtliche Werke, hrsg. v. I. H. Fichte. Bd. VI. Leipzig o. J. S. 449 *bis* 476.

Schreiben einiger Studenten an den Rektor Fichte. 18. 10. 1811. — Lenz, a. a. O. S. 141—143.

Fichte, Brief an Schuckmann vom 8. 12. 1811. — Lenz, a. a. O. S. 140f.

Solger, Brief an Friedrich von Raumer vom 7. 1. 1812. — Solger's nachgelassene Schriften und Briefwechsel. Bd. I. S. 219—222.

Fichte, Gesuch an die Sektion für Kultus und Unterricht ihn seines Amtes als Rektor zu entheben. 14. 2. 1812. — Köpke, a. a. O. Urkunden, S. 230—232.

Schreiben des Senats an die Sektion. 20. 2. 1812. — Lenz, a. a. O. S. 145.

Schreiben des Senats an die Sektion. 4. 3. 1812. — Lenz, a. a. O. S. 146—149.

Solger, Brief an Friedrich von Raumer vom 22. 3. 1812. — Solger's nachgelassene Schriften und Briefwechsel. Bd. I. S. 223—229.

August Böckh, Gutachten vom 27. 3. 1812. — Lenz, a. a. O. S. 170—173.

Niebuhr, Brief an Dora Hensler vom 22. 1. 1813. — Lebensnachrichten . . . Bd. I. S. 536—538.

Solger, Brief an eine Freundin vom 8. 3. 1813. — Solger's nachgelassene Schriften und Briefwechsel. Bd. I. S. 272—274.

Niebuhr, Brief an Dora Hensler vom 21. 3. 1813. — Lebensnachrichten . . . Bd. I. S. 541—545.

Fichte, Brief an den Direktor der Abteilungen des Kultus und des Unterrichts Georg Heinrich Ludwig Nicolovius [April 1813]. — J. G. Fichte, Briefwechsel. Bd. II. S. 600f.

Savigny, Brief an Friedrich Creuzer vom 5. 3. 1814. — Stoll, a. a. O. Bd. II. S. 98f.

Schleiermacher, Brief an Alexander Graf zu Dohna-Schlobitten vom 10. 5. 1816. — Schleiermachers Briefe an die Grafen zu Dohna, hrsg. v. J. L. Jacobi. Halle 1887. S. 58—61.

Minister Karl Freiherr von Altenstein, Schreiben an Rektor und Senat. 16. 1. 1819. — Lenz, a. a. O. S. 352f.

Schleiermacher, Brief an Ernst Moritz Arndt vom 27. 1. 1819. — Lenz, a. a. O. S. 353—355.

Schreiben von Rektor und Senat an Altenstein. 10. 2. 1819. — Lenz, a. a. O. S. 355—357.

Solger, Brief an seinen Bruder vom 18. 4. 1819. — Solger's nachgelassene Schriften und Briefwechsel. Bd. I. S. 721—723.

Geheimer Kabinettsrat Daniel Ludwig Albrecht, Schreiben an den Staatskanzler Karl August Fürst von Hardenberg. 19. 9. 1819. — Lenz, a. a. O. S. 365.

Schreiben der Theologischen Fakultät an Altenstein. 19. 10. 1819. — Lenz, a. a. O. S. 366—370.

Bericht der Ministerialkommission an den König über die Stellungnahme der Theologischen Fakultät zum Fall De Wette. 16. 3. 1820. — Lenz, a. a. O. S. 406 bis 414.

Schleiermacher, Brief an August Immanuel Bekker vom 18. 3. 1820. — Briefwechsel Friedrich Schleiermachers mit August Boeckh und Immanuel Bekker 1806—1820. Mitteilungen aus dem Litteraturarchive in Berlin, N. F. 11. Berlin 1916. S. 119—121.

Savigny, Brief an Friedrich Creuzer vom 5. 8. 1820. — Stoll, a. a. O. Bd. II. S. 267—269.

G. Ph. L. von Beckedorff, R. F. Eylert, B. M. Snethlage, F. Schultz, Denkschrift über den Zustand des preußischen Erziehungswesens. 15. 2. 1821. — Lenz, a. a. O. S. 390—401.

Schleiermacher, Brief an König Friedrich Wilhelm III. [15. 8. 1822]. — Aus Schleiermacher's Leben. Bd. IV. S. 430f.

Schleiermacher, Brief an König Friedrich Wilhelm III. [undatiert]. — Aus Schleiermacher's Leben. Bd. IV. S. 435—443.

Schleiermacher, Brief an Wilhelm Martin Leberecht De Wette [Sommer 1823].— Aus Schleiermacher's Leben. Bd. IV. S. 309—312.

Schleiermacher, Brief an Nicolovius vom 30. 11. 1829. — Aus Schleiermacher's Leben. Bd. IV. S. 393f.

Schreiben von Rektor und Senat an Schuckmann. 1. 4. 1816. — Lenz, a. a. O. S. 322—326.

Schuckmann, Brief an Georg Wilhelm Friedrich Hegel vom 15. 8. 1816.— Briefe von und an Hegel, hrsg. v. Johannes Hoffmeister. Bd. II. Hamburg 1953. S. 111f.

Altenstein, Brief an Hegel vom 26. 12. 1817. — Briefe von und an Hegel. Bd. II. S. 170f.

Hegel, Brief an Altenstein vom 24. 1. 1818. — Briefe von und an Hegel. Bd. II. S. 173—175.

Altenstein, Schreiben an König Friedrich Wilhelm III. vom 20. 2. 1818. — Lenz, a. a. O. S. 334f.

Schreiben des Preußischen Kultusministeriums an Hegel vom 16. 3. 1818.— Briefe von und an Hegel. Bd. II. S. 177—179.

Hegel, Schreiben an das badische Innenministerium vom 21. 4. 1818. — Briefe von und an Hegel. Bd. II. S. 181f.

Hegel, Schreiben an das Preußische Kultusministerium vom 10. 9. 1818. — Briefe von und an Hegel. Bd. II. S. 195f.

Solger, Brief an Hegel [undatiert]. — Briefe von und an Hegel. Bd. II. S. 198.

Solger, Brief an Ludwig Tieck vom 26. 4. 1818. — Solger's nachgelassene Schriften und Briefwechsel. Bd. I. S. 619—621.

Hegel, Brief an seine Schwester Christiane vom 12. 9. 1818. —Briefe von und an Hegel. Bd. II. S. 197—199.

Hegel, Antrittsvorlesung in Berlin. 22. 10. 1818. — Georg Wilhelm Friedrich Hegel, Berliner Schriften 1818—1831, hrsg. v. Johannes Hoffmeister. Hamburg 1956. S. 3—9. (Kursivdruck im Text der Quelle vom Hrsg. nicht berücksichtigt.)

Solger, Brief an Tieck vom 22. 11. 1818. — Solger's nachgelassene Schriften und Briefwechsel. Bd. I. S. 685—689.

Schleiermacher, Brief an Bekker vom 9. 1. 1819. — Briefwechsel Friedrich Schleiermachers mit August Boeckh und Immanuel Bekker. S. 97—103.

Hegel, Brief an Friedrich Immanuel Niethammer vom 26. 3. 1819. — Briefe von und an Hegel. Bd. II. S. 210—214.

Hegel, Brief an Friedrich Creuzer vom 30. 10. 1819. — Briefe von und an Hegel. Bd. II. S. 217—220.

Schleiermacher, Brief an Hegel vom 16. 11. 1819. — Briefe von und an Hegel. Bd. II. S. 221.

Hegel, Brief an Schleiermacher [Entwurf vom 17. 11. 1819]. — Briefe von und an Hegel. Bd. II. S. 221.

Arthur Schopenhauer, Brief an Martin Lichtenstein aus Dresden [Anfang Dezember 1819]. — Arthur Schopenhauers Briefwechsel und andere Dokumente, hrsg. v. Max Brahn. Leipzig 1911. S. 68—73.

Schopenhauer, Brief an August Böckh vom 31. 12. 1819. — Arthur Schopenhauers Briefwechsel und andere Dokumente. S. 72f.

Schopenhauer, Brief an Friedrich Osann vom 20. 4. 1822. — Arthur Schopenhauers Briefwechsel und andere Dokumente. S. 117.

Johann Wolfgang von Goethe, Brief an Hegel vom 7. 10. 1820. — Briefe von und an Hegel. Bd. II. S. 236f.

Savigny, Brief an Friedrich Creuzer vom 6. 2. 1821. — Stoll, a. a. O. Bd. II. S. 272f.

Hegel, Brief an Niethammer vom 9. 6. 1821. — Briefe von und an Hegel. Bd. II. S. 269—273.

Savigny, Brief an Friedrich Creuzer vom 6. 4. 1822. — Stoll, a. a. O. Bd. II. S. 287—289.

Schleiermacher, Brief an De Wette [Sommer 1823]. — Aus Schleiermacher's Leben. Bd. IV. S. 309—312.

Leopold von Ranke, Brief an Heinrich Ranke vom 12. 5. 1825. — Leopold von Ranke, Das Briefwerk, hrsg. v. Walther Peter Fuchs. Hamburg 1949. S. 82f.

Leopold von Ranke, Brief an Heinrich Ranke vom 11. 7. 1825. — Leopold von Ranke, Das Briefwerk. S. 86—88.

Hegel, Brief an Piet van Ghert vom 8. 3. 1826. — Briefe von und an Hegel. Bd. III. S. 105f.

Savigny, Brief an Bang vom 23. 4. 1826. — Stoll, a. a. O. Bd. II. S. 326—328.

Eduard Gans, Zur Gründung der Jahrbücher für wissenschaftliche Kritik. — Eduard Gans, Rückblicke auf Personen und Zustände. Berlin 1836. S. 229—252.

Hegel, Rede bei der Abgabe des Rektorats. Oktober 1830. — Georg Wilhelm Friedrich Hegel, Berliner Schriften. S. 763—780. (Kursivdruck im Text der Quelle nicht berücksichtigt.)

Ministerialrat Johannes Schulze, Brief an Altenstein vom 14. 11. 1831. — Lenz, a. a. O. S. 522.

Henrik Steffens, Die Universität zu Beginn der dreißiger Jahre. — Heinrich Steffens, Was ich erlebte. Bd. X. Breslau 1844. S. 290—293, S. 309—312.

Savigny, Brief an Jakob und Wilhelm Grimm vom 12. 2. 1834. — Stoll, a. a. O. Bd. II. S. 469—473.

Leopold von Ranke, Brief an Heinrich Ritter vom 21. 2. 1834. — Leopold von Ranke, Zur eigenen Lebensgeschichte, hrsg. v. Alfred Dove. Leipzig 1890. S. 265—267.

Leopold von Ranke, Brief an Heinrich Ritter vom 18. 2. 1835. — Leopold von Ranke, Zur eigenen Lebensgeschichte. S. 270—272.

Jakob Burckhardt, Brief an Heinrich Schreiber vom 15. 1. 1840. — Jacob Burckhardt, Briefe, hrsg. v. Max Burckhardt. Bd. I. Wiesbaden 1949. S. 131f.

Alexander von Humboldt, Brief an Karl August Varnhagen von Ense vom 22. 4. 1841. — Briefe von Alexander von Humboldt an Varnhagen von Ense aus den Jahren 1827 bis 1858. Leipzig 1860. S. 87f.

Friedrich Wilhelm Joseph von Schelling, Brief an den Minister für Kultus und Unterricht Johann Albrecht Friedrich Eichhorn vom 5. 5. 1841. — Lenz, a. a. O. S. 572f.

Eichhorn, Brief an Schelling vom 17. 5. 1841. — Lenz, a. a. O. S. 574f.

Schelling, Brief an Dorfmüller vom 9. 11. 1841. — Aus Schellings Leben. In Briefen. Hrsg. v. G. L. Plitt. Bd. III. Leipzig 1870. S. 171—173.

Schelling, Antrittsvorlesung in Berlin. 15. 11. 1841. — Schelling's Erste Vorlesung in Berlin. 15. November 1841. Stuttgart und Tübingen 1841.

Schelling, Brief an Gotthilf Heinrich von Schubert vom 30. 1. 1842. — Aus Schellings Leben. Bd. III. S. 174f.

Eichhorn, Brief an Schelling vom 16. 8. 1842. — Lenz, a. a. O. S. 579—581.

König Ludwig I. von Bayern, Brief an Schelling vom 6. 10. 1842. — Lenz, a. a. O. S. 581f.

Sören Kierkegaard, Brief an Peter Johannes Spang vom 18. 11. 1841. — Breve og Aktstykker vedrørende Søren Kierkegaard, udgivne ved Niels Thulstrup. Bd. I. København 1953. S. 75—77.

Kierkegaard, Tagebuchaufzeichnung [undatiert]. — Søren Kierkegaards Papirer, udgivne af P. A. Heiberg og V. Kuhr. Bd. III. København 1911. A 179 (S. 72).

Kierkegaard, Brief an Friedrich Christian Sibbern vom 15. 12. 1841. — Breve og Aktstykker vedrørende Søren Kierkegaard. Bd. I. S. 83—85.

Kierkegaard, Brief an Spang vom 8. 1. 1842. — Breve og Aktstykker vedrørende Søren Kierkegaard. Bd. I. S. 91—93.

Kierkegaard, Brief an Emil Boesen vom 27. 2. 1842. — Breve og Aktstykker vedrørende Søren Kierkegaard. Bd. I. S. 108f.

Friedrich Engels, Schelling in Berlin. — Karl Marx/Friedrich Engels. Historisch-kritische Gesamtausgabe. Abt. I, Bd. II: Friedrich Engels, Werke und Schriften bis Anfang 1844 nebst Briefen und Dokumenten. Berlin 1930.

I. Schelling über Hegel, von Friedrich Oswald [pseud.]. S. 173—180.

II. Schelling und die Offenbarung. Kritik des neuesten Reaktionsversuchs gegen die freie Philosophie. S. 181—227.

Varnhagen von Ense, Tagebuchaufzeichnungen. — Tagebücher von K. A. Varnhagen von Ense. Bd. II. Leipzig 1863². S. 3f., 40f., 104f., 120.

Burckhardt, Brief an Gottfried Kinkel vom 13. 6. 1842. — Jacob Burckhardt, Briefe. Bd. I. S. 201—203.

Schelling, Brief an seinen Bruder Karl [undatiert]. — Aus Schellings Leben. Bd. III. S. 179f.

Henrik Steffens, Zur Gründung der Berliner Universität. — Heinrich Steffens, Was ich erlebte. Bd. VI. Breslau 1842. S. 136f., 266—276.

August Böckh, Über die preußischen Universitäten unter der Regierung Friedrich Wilhelms III. Aus der Rektoratsrede gehalten am 3. 8. 1847. — Rectoratsrede zur Feier des Jahrestages Seiner Majestät des hochseligen Königs Friedrich Wilhelms III. gehalten auf der Universität zu Berlin am 3. August 1847. August Boeckh's Gesammelte Kleine Schriften. Bd. II: Reden, hrsg. v. Ferdinand Acherson. Leipzig 1859. S. 1—17.

August Böckh, Zu zeitgenössischen Plänen einer Universitätsreform. Aus der Rede gehalten am 15. 10. 1850. — Festrede gehalten auf der Universität zu Berlin am 15. October 1850. August Boeckh's Gesammelte Kleine Schriften. Bd. II. S. 50—66.

Adolf Trendelenburg, Die überkommene Aufgabe unserer Universität. Aus der Rektoratsrede gehalten am 3. 8. 1857. — Adolf Trendelenburg, Kleine Schriften. Teil II. Leipzig 1871. S. 165—188.

Hermann von Helmholtz, Über die akademische Freiheit der deutschen Universitäten. Rede beim Antritt des Rektorats gehalten am 15. 10. 1877. — Hermann von Helmholtz, Vorträge und Reden. Bd. II. Braunschweig 1896⁴. S. 191—212.

Emil Du Bois-Reymond, Die Humboldt-Denkmäler. Rektoratsrede gehalten am 3. 8. 1883. — Die Humboldt-Denkmäler. Rede am 3. August 1883 in der Aula der Königl. Friedrich-Wilhelms-Universität zu Berlin gehalten von dem zeitigen Rector Emil Du Bois-Reymond. Berlin o. J.

Paul Kleinert, Zum Plan einer Universitätsgründung von 1667. Rede beim Antritt des Rektorats gehalten am 15. 10. 1885. — Vom Antheil der Universität an der Vorbildung für's öffentliche Leben. Rede bei Antritt des Rectorats gehalten in der Aula der Königlichen Friedrich-Wilhelms-Universität am 15. October 1885 von Paul Kleinert. Berlin 1885.

Rudolf Virchow, Die Gründung der Berliner Universität und der Übergang aus dem philosophischen in das naturwissenschaftliche Zeitalter. Rektoratsrede gehalten am 3. 8. 1893. — Die Gründung der Berliner Universität und der Übergang aus dem philosophischen in das naturwissenschaftliche Zeitalter. Rede am 3. August 1893 in der Aula der Königlichen Friedrich-Wilhelms-Universität zu Berlin gehalten von dem zeitigen Rector Rudolf Virchow. Berlin 1893.

Adolph Wagner, Die Entwicklung der Universität Berlin 1810—1896. Aus der Rektoratsrede gehalten am 3. 8. 1896. — Die Entwicklung der Universität Berlin 1810—1896. Rede zur Gedächtnisfeier der Stiftung der Königlichen Friedrich-Wilhelms-Universität am 3. August 1896 gehalten in der Aula von dem zeitigen Rector Adolph Wagner. Berlin 1896.

Hermann Diels, Internationale Aufgaben der Universität. Aus der Rektoratsrede gehalten am 3. 8. 1906. — Internationale Aufgaben der Universität. Rede zur Gedächtnisfeier des Stifters der Berliner Universität König Friedrich Wilhelm III. in der Aula am 3. August 1906 gehalten von Hermann Diels. Berlin 1906.

Adolf von Harnack, Denkschrift zur Begründung von Forschungsinstituten. 21. 11. 1909. — Zur Kaiserlichen Botschaft vom 11. Oktober 1910: Begründung von Forschungsinstituten. Adolf Harnack, Aus Wissenschaft und Leben. Bd. I. S. 39—64.

Max Lenz, Über die drei Perioden der Geschichte der Berliner Universität. Rede zur Jahrhundertfeier der Friedrich-Wilhelms-Universität gehalten am 12. 10. 1910. — Rede zur Jahrhundertfeier der Königlichen Friedrich-Wilhelms-Universität zu Berlin gehalten in der Neuen Aula der Universität am 12. Oktober 1910 von Max Lenz. Halle a. d. S. 1910.

Max Lenz, Freiheit und Macht im Lichte der Entwickelung unserer Universität. Rede beim Antritt des Rektorats gehalten am 15. 10. 1911. — Freiheit und Macht im Lichte der Entwickelung unserer Universität. Rede zum Antritt des Rektorates der Königlichen Friedrich-Wilhelms-Universität in Berlin gehalten in der Aula am 15. Oktober 1911 von Max Lenz. Berlin 1911.

Anhang

Zum Faksimile S. [485]. — Titeldecke einer Aktensammlung, aufbewahrt im Hauptarchiv (ehem. Preuß. Geheimes Staatsarchiv) in Berlin-Dahlem: Rep. 90 Nr. 452a. Sie enthält die folgenden Akten:

1. Schreiben des Geheimen Zivilkabinetts Seiner Majestät des deutschen Kaisers und Königs von Preußen an das Königliche Staatsministerium vom 24. 3. 1909.
2. Schreiben des Vizepräsidenten des Staatsministeriums an die Staatsminister mit Ausnahme der Minister für Landwirtschaft, Domänen und Forsten und der Finanzen vom 29. 3. 1909.
3. Als Anlage zu 1 und 2: Althoffs Pläne für Dahlem.
4. Votum des Ministers für Landwirtschaft, Domänen und Forsten und des Finanzministers, dem Königlichen Staatsministerium vorzulegen. 9. 6. 1909.

5. Abschrift eines Schreibens des Vizepräsidenten des Staatsministeriums an das Königliche Staatsministerium vom 28. 6. 1909.
6. Votum des Ministers des Innern, dem Königlichen Staatsministerium vorzulegen. 19. 7. 1909.
7. Votum des Kriegsministers, betreffend Ausnutzung der Domäne Dahlem für staatliche Zwecke, zu dem Votum des Ministers für Landwirtschaft, Domänen und Forsten und des Finanzministers vom 9. 6. 1909, dem Königlichen Staatsministerium vorzulegen. 23. 7. 1909.
8. Votum des Justizministers, betreffend Ausnutzung der Domäne Dahlem für staatliche Zwecke, dem Staatsministerium vorgelegt. 2. 8. 1909.
9. Schreiben des Ministers für Landwirtschaft, Domänen und Forsten und des Finanzministers an das Königliche Staatsministerium vom 10. 9. 1909.
10. Schreiben des Präsidenten des Staatsministeriums an die Minister der Finanzen und für Landwirtschaft, Domänen und Forsten vom 5. 10. 1909.
11. Votum des Ministers für Handel und Gewerbe, dem Königlichen Staatsministerium vorzulegen. 13. 10. 1909.
12. Abschrift eines Protokolls der Sitzung des Königlichen Staatsministeriums vom 23. 10. 1909.
13. Schreiben des Ministers für Landwirtschaft, Domänen und Forsten, des Finanzministers und des Ministers der geistlichen, Unterrichts- und Medizinal-Angelegenheiten an das Königliche Staatsministerium vom 10. 5. 1910.
14. Als Anlage zu 13: Entwurf eines Immediatberichts des Staatsministeriums an des Kaisers und Königs Majestät über die Althoffschen Pläne.
15. Schreiben des Präsidenten des Staatsministeriums an die Minister der Finanzen, der geistlichen, Unterrichts- und Medizinal-Angelegenheiten und für Landwirtschaft, Domänen und Forsten vom 1. 6. 1910.
16. Schreiben des Geheimen Zivilkabinetts Seiner Majestät des deutschen Kaisers und Königs von Preußen an das Königliche Staatsministerium vom 11. 6. 1910.
17. Schreiben des Ministers für Landwirtschaft, Domänen und Forsten, des Finanzministers und des Ministers der geistlichen, Unterrichts- und Medizinal-Angelegenheiten an das Königliche Staatsministerium vom 9. 8. 1910.
18. Als Anlage zu 17: Entwurf eines Immediatberichts des Staatsministeriums an des Kaisers und Königs Majestät betreffend die Erweiterung der Kommission zur Aufteilung der Domäne Dahlem, Entwurf einer Order Seiner Majestät des deutschen Kaisers und Königs von Preußen an das Staatsministerium; Entwurf einer Order Seiner Majestät des deutschen Kaisers und Königs von Preußen an den Finanzminister und den Minister für Landwirtschaft, Domänen und Forsten.
19. Schreiben des Geheimen Zivilkabinetts Seiner Majestät des deutschen Kaisers und Königs von Preußen an das Königliche Staatsministerium vom 11. 10. 1910.
20. Schreiben des Präsidenten des Staatsministeriums an die Staatsminister mit Ausnahme des Ministers für Landwirtschaft, Domänen und Forsten, des Ministers der geistlichen, Unterrichts- und Medizinal-Angelegenheiten und des Finanzministers vom 13. 10. 1910.
21. Schreiben des Ministers für Landwirtschaft, Domänen und Forsten, des Finanzministers und des Ministers der geistlichen, Unterrichts- und Medizinal-Angelegenheiten an das Königliche Staatsministerium vom 22. 11. 1910.
22. Als Anlage zu 21: Erneuter Entwurf eines Immediatberichts des Staats-

ministeriums an des Kaisers und Königs Majestät betreffend die Erweiterung der Kommission zur Aufteilung der Domäne Dahlem; geänderter Entwurf einer Order Seiner Majestät des deutschen Kaisers und Königs von Preußen an das Staatsministerium.

23. Schreiben des Präsidenten des Staatsministeriums an die Staatsminister mit Ausnahme des Ministers für Landwirtschaft, Domänen und Forsten, des Finanzministers und des Ministers der geistlichen, Unterrichts- und Medizinal-Angelegenheiten vom 8. 12. 1910.
24. Abschrift einer Order Seiner Majestät des deutschen Kaisers und Königs von Preußen vom 5. 12. 1910.

Von diesen Akten wurden die hier mit den Ziffern 3, 1, 4, 6 und 12 bezeichneten in den Anhang der Gedenkschrift aufgenommen. Mehrere Abschriften der Akten 1, 2 und 3 verwahrt das Hauptarchiv Berlin-Dahlem im Nachlaß Friedrich Schmidt-Ott, Rep. 92 Nr. 13. Mit ihnen wurde der Text der ministeriellen Aktensammlung verglichen; handschriftliche Eintragungen Schmidt-Otts in ihnen sind in der vorliegenden Publikation der Dokumente angemerkt.

Althoffs Pläne für Dahlem. — In 3, erste Schreibmaschinenseite, links unten, handschriftl. Vermerk: St. M. 1191./09. St. M. 456⁰⁹.

Schreiben des Geheimen Zivilkabinetts an das Staatsministerium vom 24. 3. 1909. — In 1 folgender Briefkopf: Geheimes Zivilkabinett Seiner Majestät des deutschen Kaisers und Königs von Preußen. 2600. Berlin, den 24. März 1909.— Darüber handschriftlicher Vermerk: St. M. 456 pr. 31. März 1909 p. m. — Am Briefende: An das Königliche Staatsministerium.

Votum des Ministers für Landwirtschaft, Domänen und Forsten Bernd von Arnim-Kriewen und des Finanzministers Georg Freiherr von Rheinbaben. 9.6.1909. — In 4 folgender Briefkopf: Ministerium für Landwirtschaft, Domänen und Forsten. Geschäfts-Nr. II. 6067. M. f. L. pp. Geschäfts-Nr. III.6071. M. f. L. pp. Geschäfts-Nr. I.8712. F. M. 8 Anlagen 4 Pläne. Berlin W. 9, den 9. Juni 1909. Leipziger Platz 10. Votum des Ministers für Landwirtschaft, Domänen und Forsten und des Finanzministers dem Königlichen Staatsministerium vorzulegen. Am oberen Rand der Seite handschriftl. Vermerk: St.M. 837 pr. 26. Juni 1909 pm. Hinter »8 Anlagen 4 Pläne« handschriftl. Vermerk: bisher nicht eingegangen. 25. 6. Im Anschluß an den abgedruckten Text: Den übrigen Herren Staatsministern ist Abschrift dieses Schreibens — ohne Karten — mitgeteilt worden. Abschrift vorstehenden Votums beehren wir uns zur gefälligen Kenntnisnahme ergebenst mitzuteilen. Der Finanzminister. [gez.] Frh. v. Rheinbaben. Der Minister für Landwirtschaft, Domänen und Forsten [gez.] v. Arnim. An die übrigen Herren Staatsminister.

Votum des Ministers des Innern Friedrich von Moltke. 14. 7. 1909. — In 6 folgender Briefkopf: Der Minister des Innern. IV^b 5043. zu St. M. 1191. Berlin N.W. 7, den 19. Juli 1909. Unter den Linden 72/73. Votum des Ministers des Innern dem Königlichen Staatsministerium ergebenst vorzulegen. Am oberen Rand der Seite handschriftl. Vermerk: St. M. 949 pr. 23. Juli 1909 pm. — Im Anschluß an den abgedruckten Text: Abschrift habe ich sämtlichen Herren Staatsministern mitgeteilt. gez. [v. Moltke]. — Abschrift beehre ich mich zur gefälligen Kenntnisnahme ergebenst mitzuteilen. gez. [v. Moltke]. An sämtliche Herren Staatsminister.

Protokoll der Sitzung des Staatsministeriums vom 23. 10. 1909. — In 12, erste Schreibmaschinenseite, rechts oben: Berlin, den 23. Oktober 1909. Am linken Rand: Abschrift. Sitzung des Königlichen Staatsministeriums. Anwesend: der Präsident des Staatsministeriums Dr. von Bethmann-Hollweg, die Staatsminister von Tirpitz, Frhr. von Rheinbaben, Delbrück, Dr. Beseler, von Breitenbach, von Arnim zu 3—8, von Moltke, Sydow, von Trott zu Solz, von Heeringen; — der Staatssekretär des Reichsschatzamts, Wirkliche Geheime Rat Wermuth —; der Unterstaatssekretär Dr. von Guenther. — St. M. 4520. Abschrift haben sämtliche Herren Staatsminister und Herr Geheimer Oberregierungsrat Wahnschaffe erhalten. — Am oberen Rand der Seite handschriftl. Vermerk: St. M. 1346 pr. 10. November 1909 pm.

VERZEICHNIS DER ABBILDUNGEN

INHALTSVERZEICHNIS

ANFÄNGE

Seite

Seite

ANEIGNUNG UND VERWANDLUNG

FSC
www.fsc.org
MIX
Papier | Fördert gute Waldnutzung
FSC® C083411

Kolibri 360 GmbH
Ferdinand-Jühlke-Straße 7
99095 Erfurt, Deutschland
produktsicherheit@kolibri360.de